Tip des Monats

In der selben Reihe erschienen
außerdem als Heyne Taschenbücher

3 Romane in einem Band

Alistair MacLean

Nacht ohne Ende
Dem Sieger eine Handvoll Erde
Jenseits der Grenze

WILHELM HEYNE VERLAG
MÜNCHEN

HEYNE TIP DES MONATS
Nr. 23/17

Titel der englischen Originalausgabe
NIGHT WITHOUT END
Deutsche Übersetzung von Paul Baudisch

Titel der englischen Originalausgabe
THE WAY TO DUSTY DEATH
Deutsche Übersetzung von Georgette Skalecki

Titel der englischen Originalausgabe
THE LAST FRONTIER
Deutsche Übersetzung von H. E. Gerlach

Copyright © by Kindler Verlag GmbH, München
Printed in Germany 1987
Umschlagfoto: Photodesign Mall, Stuttgart
Rückseitenfoto: dpa, München
Umschlaggestaltung: Atelier Ingrid Schütz, München
Gesamtherstellung: Ebner Ulm

ISBN 3-453-00064-1

Inhalt

Nacht ohne Ende

Erstes Kapitel

Jackstraw hörte es zuerst. Wie üblich. Jackstraw, dessen Gehör von der gleichen phänomenalen Schärfe war wie sein Auge. Ich hatte es satt bekommen, abwechselnd erst an der einen und dann an der anderen entblößten Hand zu frieren, hatte das Buch weggelegt, den Reißverschluß des Schlafsacks bis ans Kinn hochgezogen und sah nun schläfrig zu, wie Jackstraw aus einem minderwertigen Stück Narwalzahn Figürchen schnitzte. Plötzlich hielten seine Hände inne, und er blieb regungslos sitzen. Dann warf er gemächlich wie immer das Knochenstück in den Kaffeekessel, der auf unserem Ölofen vor sich hin brodelte – Kuriositätensammler zahlen Fantasiepreise für das bräunlich-dunkle angebliche Elfenbein fossiler Elefantenzähne –, stand auf und legte das Ohr an den Ventilationsschacht. Seine Augen hatten den leeren Blick eines Menschen, der angestrengt lauscht. Zwei Sekunden genügten ihm.

»Flugzeug«, erklärte er in gleichgültigem Ton.

»Flugzeug?« Ich stemmte mich auf dem Ellbogen hoch und sah ihn streng an. »Jackstraw, Sie haben sich wieder über den Spiritus hergemacht!«

»Aber nein, Dr. Mason, bestimmt nicht!« Die blauen Augen, die so gar nicht zu dem dunkelbraunen Gesicht und den breiten Eskimobackenknochen paßten, zwinkerten belustigt – Jackstraw trank nie etwas Stärkeres als Kaffee. Das wußten wir beide. »Ich höre es jetzt ganz deutlich. Sie müssen herkommen und horchen.«

»Nein, danke!« Fünfzehn Minuten hatte es gedauert, bis das gefrorene Kondenswasser in meinem Schlafsack aufgetaut war, und ich hatte eben erst begonnen, ein wenig warm zu werden. Die Anwesenheit eines Flugzeugs im Zentrum dieses öden Eisplateaus war weiß Gott recht sonderbar – in den vier Monaten, seit unsere IGJ-Station errichtet worden war, hatten wir nun zum erstenmal einen wenn auch noch so indirekten Kontakt mit der Welt und der Zivilisation, die so unvorstellbar weit jenseits unseres Horizonts lagen –, doch es würde weder der Maschine noch mir selber nützen, wenn ich mir wieder eiskalte Füße holte.

»Ist es immer noch zu hören?«

»Es wird immer lauter, Dr. Mason. Wird lauter und kommt näher.«

Ich überlegte mir – ein wenig irritiert, weil in unserer engen kompakten kleinen Welt Besucher nicht willkommen waren –, was für ein Flugzeug das sein mochte. Vielleicht eine Maschine des Wetterdienstes in Thule. Möglich, aber doch unwahrscheinlich: Thule lag ganze tausend Kilometer entfernt, und wir selber funkten der Station dort dreimal täglich einen Wetterbericht hinüber. Oder ein Bomber des strategischen Luftkommandos, der die DEW-Linie prüfen sollte, das Fernwarnungsradarsystem der Amerikaner. Vielleicht sogar eine Verkehrsmaschine beim Ausprobieren einer neuen Transpolarroute. Oder ein Flugzeug vom Stützpunkt bei Godthaab...

»Dr. Mason!« Jackstraws Stimme klang hastig und mahnend. »Ich glaube, es ist in Not. Es zieht Kreise über uns – immer niedriger und näher. Bestimmt eine große Maschine: mehrere Motoren.«

»Zum Donnerwetter!« murmelte ich aus tiefster Überzeugung. Ich langte nach den Seidenhandschuhen, die nachts immer über meinem Kopf hingen, zog sie an, öffnete den Reißverschluß des Schlafsacks, schimpfte leise vor mich hin, als die eisige Luft meine schaudernde Haut traf, und raffte meine Kleidungsstücke zusammen. Erst vor einer halben Stunde hatte ich sie abgelegt, aber sie waren bereits steif, schwer zu bewältigen und abscheulich kalt. Nur selten passierte es, daß die Temperatur innerhalb der Hütte über den Gefrierpunkt stieg. Aber binnen dreißig Sekunden hatte ich alles angezogen: lange Unterhose, Wollhemd, Stiefelhose, seidengefütterte Wollparka, zwei Paar Socken und meine Filzpantoffeln – auf einer nördlichen Breite von 72° 40', fast zweieinhalbtausend Meter hoch auf der Eishaube von Grönland, sorgt der Selbsterhaltungstrieb für ein erstaunliches Tempo. Ich ging durch die Hütte und sah aus dem winzigen Schlitz eines Schlafsacks eine Nasenspitze herausschauen.

»Wachen Sie auf, Joss.« Ich schüttelte den Funker, bis er die Hand ausstreckte und die Kapuze von seinem zerzausten, schwarzen Haar zurückschob. »Aufgewacht, mein Junge! Es sieht so aus, als würden wir Sie brauchen.«

»Was... was ist denn los?« Er rieb sich den Schlaf aus den Augen und blickte zu dem Chronometer über seinem Kopf empor. »Mitternacht! Ich habe erst eine halbe Stunde geschlafen.«

»Ich weiß. Tut mir leid. Aber beeilen Sie sich.« Ich ging wieder durch die Hütte, vorbei an dem großen Sender von der kanadischen Luftwaffe, vorbei am Ofen und blieb vor dem Armaturenbrett stehen. Windrichtung ONO, Geschwindigkeit fünfzehn Knoten, nahezu dreißig Stundenkilometer, aber in einer solchen Nacht, wo die von der Eisdecke hochgewirbelten Kristalle und Treibschwaden die Kalotten des Windstärkemessers verklebten und bremsten, war die wirkliche Geschwindigkeit wahrscheinlich um die Hälfte höher. Die Feder des Alkoholthermographen lief stetig an dem roten Kreis entlang – vierzig Grad unter Null. Ich dachte an die üble Kombination dieser beiden wichtigen Faktoren Wind und Kälte und bekam eine Gänsehaut.

Jackstraw schlüpfte bereits wortlos in sein Pelzwerk. Ich folgte seinem Beispiel: Hose aus Karibufell, Parka mit gefütterter Kapuze – alles wunderschön von Jackstraws Frau zurechtgeschneidert –, Seehundstiefel, Wollfäustlinge und Rentierhandschuhe. Jetzt konnte ich das Flugzeuggeräusch ganz deutlich hören, und wie ich sah, hatte auch Joss es gehört. Das gleichmäßige tiefe Dröhnen der Motoren übertönte sogar das wilde Gerassel der Anemometerschalen.

»Ein … ein Flugzeug!« Man merkte, daß er noch immer bemüht war, sich selber zu überzeugen.

»Es kreist schon seit zwei bis drei Minuten. Jackstraw vermutet, daß da etwas nicht stimmt, und ich bin derselben Meinung.«

Joss spitzte die Ohren.

»Das Motorengeräusch klingt normal.«

»Scheint mir auch so. Doch ein Motorschaden ist nur eine von einem Dutzend möglicher Ursachen.«

»Warum aber kreist es gerade hier über uns?«

»Woher zum Teufel soll ich das wissen? Wahrscheinlich weil der Pilot unsere Lichter sieht – die einzigen Lichter im Umkreis von hunderttausend Quadratkilometern. Und muß er heruntergehen, was Gott verhüten möge, hat er nur dann eine Chance, mit dem Leben davonzukommen, wenn er in der Nähe einer menschlichen Behausung landet.«

»Gott sei denen da oben gnädig«, sagte Joss ernst.

Um unsere Hütte zu verlassen, mußten wir nicht eine gewöhnliche Tür, sondern eine Falltür benützen. Unsere Unterkunft, eine Konstruktion aus Fertigteilen, die im Juli auf Traktorschlitten von der Küste herangeschleppt worden waren, lag tief versunken in einer großen, länglichen Grube, die man aus der Oberfläche der Eishaube ausgeschachtet hatte, so daß nur die obersten paar Zollbreit des flachen Dachs über das Bodenniveau hinausragten. Die Falltür – an beiden Seiten mit Angeln versehen und deshalb sowohl nach oben wie nach unten zu öffnen – war über eine kurze Treppe zu erreichen.

Ich stieg die ersten zwei Stufen hinauf, holte den Holzhammer herunter, der ständig an der Wand hing, und bearbeitete die bereits zersplitterten Kanten der Tür, um die Eiskruste zu lockern, die sie festhielt. Es war fast immer dasselbe: Wenn die Falltür mal ganz kurze Zeit offenstand, siebte die warme Luftschicht, die unter dem Dach hing, langsam hinaus und brachte den Schnee in der unmittelbaren Umgebung zum Schmelzen. Kaum war die Tür wieder zu, wurde das Schneewasser zu Eis.

Heute nacht ließ sich die Kruste leicht lockern. Ich schob die Schulter unter die Falltür, stemmte sie in den angewehten Treibschnee hoch und kletterte hinaus.

Auf das, was mich oben erwartete – das Japsen, das panikartige Erstickungsgefühl, wenn die tödliche, betäubende Kälte die warme Luft aus den Lungen saugt –, war ich zwar vorbereitet, aber dennoch warf es mich fast um. Die Windstärke war viel größer, als ich befürchtet hatte. Tief geduckt und heftig hustend, möglichst leicht atmend, um mir nicht die Lungen zu erfrieren, kehrte ich dem Wind den Rücken, hauchte in meine Rentierhandschuhe, nahm Schneemaske und Brille um und richtete mich auf. Jackstraw stand bereits neben mir.

Hier auf der Eisdecke hörte man nie den Wind heulen oder jaulen. Es war vielmehr ein Stöhnen, ein leises, unsagbar gespenstisches Sausen: ein Requiem für die Verdammten, falls es je eines gegeben hatte, oder die Klage einer in Qualen verlorenen Seele. Es war schon vorgekommen, daß dieser Laut Männer zum Wahnsinn getrieben hatte. Erst vor zwei Monaten mußte unser Traktormechaniker zum Stützpunkt in Uplavnik zurückgeschickt werden – ein völlig zusammengebrochener junger Bursche, der jeden Kontakt auch mit dem letzten Schatten der Wirklichkeit verloren hatte. Das hatte der Wind ihm angetan.

Das pochende Dröhnen schwerer Flugzeugmotoren, anschwellend und verhallend gleich einer fernen Brandung, je nachdem, wie der Wind aufsprang und nachließ, war jetzt ganz nahe herangerückt. Im Augenblick lag das Geräusch nach der Luvseite zu. Wir drehten uns zu ihm, waren aber völlig geblendet. Obwohl der Himmel bewölkt war, fiel kein Schnee – seltsamerweise sind auf dem Grönlandeis heftige Schneefälle nahezu unbekannt –, aber die Luft war voll von Millionen driftender spitzer Eisnadeln, die aus der undurchdringlichén Finsternis im Osten auf uns zufegten, binnen Sekunden unsere Brillen verklebten und den schmalen Hautstreifen zwischen Maske und Brille wie tausend erboste Hornissen zerstachen. Es war ein scharfer, höchst empfindlicher Schmerz, der fast sogleich wieder verschwand, sobald die zahllosen Nadeln ihre anästhetisierenden Spitzen tief einbohrten und alles Gefühl abtöteten.

Das Flugzeug kreiste dem Uhrzeiger entgegengesetzt und beschrieb anscheinend ein unregelmäßiges Oval, denn das Motorengeräusch verebbte ein wenig, sooft die Maschine nach Norden und Westen schwenkte. Nach dreißig Sekunden aber kam sie wieder mit anschwellendem Getöse heran, von Südwesten her, das heißt leewärts von uns, und Jackstraws explosiver, durch die Maske gedämpfter Ausruf gab mir zu verstehen, daß er sie im selben Augenblick gesehen hatte wie ich.

Das Flugzeug war kaum einen Kilometer von uns entfernt, höchstens zweihundert Meter über der Eisfläche, und in den fünf Sekunden, die es in meinem Blickfeld verbrachte, fühlte ich, wie mir der Mund ausdorrte und das Herz heftig zu hämmern begann. Das war kein NATO-Bomber und auch keine Maschine der meteorologischen Station in Thule, mit Besatzungen, die in der grimmigen Kunst, arktische Bedingungen zu überleben, gründlich gedrillt worden sind. Diese lange Reihe hellerleuchteter Kabinenfenster konnte nur eines bedeuten: ein transatlantisches oder transpolares Verkehrsflugzeug.

»Haben Sie gesehen, Doktor?« Jackstraws Schneemaske war dicht an meinem Ohr.

»Ja, hab' ich.« Etwas anderes fiel mir nicht ein. Jetzt aber sah ich nicht das Flugzeug vor mir, das wieder in die treibenden Eismassen entschwand, sondern das Innere der Kabine mit den Passagieren – du lieber Gott, wie viele, fünfzig, siebzig? –, wie sie in der gemütlichen Geborgenheit der druckdichten Wände sitzen, mit einer durch die Klimaanlage geregelten Temperatur von einundzwanzig Grad, dann der Sturz, das schrille Kreischen, das einem die Zähne stumpft, während die dünne Metallhülse der Länge nach aufplatzt und die Flutwelle der entsetzlichen Kälte, sechzig

Grad unter der Kabinentemperatur, hereinwallt und die Überlebenden, die Betäubten, die Verletzten, die Bewußtlosen und die Sterbenden verschlingt, die, nur mit dünnen Anzügen oder Kostümen bekleidet, in den Trümmern der Sitze hocken oder liegen...

Das Flugzeug hatte einen vollen Kreis beschrieben und kehrte wieder zurück. Und dann vergaß ich das alles, vergaß alles über dem einen Gedanken, daß Eile dringend, verzweifelt nötig war. Kurz bevor die Maschine wieder nach Osten abgeschwenkt und damit unseren getrübten Blicken entschwunden war, hatte sie sich nach vorn geneigt, und im selben Augenblick stachen zwei gewaltige Lichtkegel aus der Finsternis hervor, der eine geradeaus gerichtet, ein schmaler, kräftiger Strahl, der, sowie die Eiskristalle seinen Pfad kreuzten, mit Millionen funkelnder Brillanten erglänzte, der andere breiter und fächerförmig, schräg nach unten gezielt; sein ovaler Kegel flitzte wie ein flackerndes Irrlicht über den gefrorenen Schnee. Ich packte Jackstraws Arm und schob meinen Kopf dicht an ihn heran.

»Er will landen! Er sucht nach einer geeigneten Stelle. Holen Sie die Hunde, schirren Sie sie an!« Wir hatten einen Traktor, aber der Himmel mag wissen, wie lange es gedauert hätte, in einer solchen Nacht den Motor in Gang zu bringen. »Ich helfe Ihnen, sobald ich kann.«

Er nickte, machte kehrt und war im Nu verschwunden. Auch ich drehte mich um, stieß einen Fluch aus, als mein Gesicht an die Gitterwände des Instrumentendachs stieß, stürzte dann zu der Falltür hin und schlitterte auf Rücken und Armen in die Hütte hinunter, ohne mich um die Stufen zu kümmern. Joss, der bereits völlig angekleidet war, dessen Pelzkapuze aber noch über den Schultern hing, kam soeben aus dem Lebensmittel- und Brennstoffschacht, der von der gegenüberliegenden Wand abzweigte, die Arme mit Ausrüstungsgegenständen beladen.

»Sammeln Sie alles, was an warmer Kleidung vorhanden ist, Joss«, sagte ich hastig. Ich versuchte gleichzeitig, möglichst schnell und zusammenhängend zu überlegen, genau zu errechnen, was wir eventuell brauchen würden, aber das fiel mir nicht leicht. Diese starke Kälte betäubt das Gehirn fast genauso schwer wie den Körper. »Schlafsäcke, Decken, Jacken, Hemden, egal, wem sie gehören, stecken Sie alles in zwei Rucksäcke.«

»Glauben Sie, daß er landen will, Doktor?« Neugier, Erwartung,

Entsetzen kämpften in seinem dunklen, schmalen, intelligenten Gesicht um den Vorrang. »Meinen Sie wirklich?«

»Versuchen wird er es wohl. Was haben Sie da?«

»Zwei Feuerbomben.« Er legte sie neben den Ofen. »Hoffentlich sind sie nicht hart geworden.«

»Gut. Und die beiden Feuerlöscher des Traktors.« Viel werden die kleinen Dinger nicht nützen, dachte ich mir, wenn mehrere tausend Liter Benzin in Flammen aufgehen. »Äxte, Stemmeisen, Stäbe, die Peilrolle – vergessen Sie um Gottes willen nicht die Peilrolle! – und die Suchlichtbatterie. Packen Sie sie gut ein.«

»Verbandzeug?«

»Überflüssig. Bei vierzig Grad Kälte gefriert das Blut und verschließt jede Wunde schneller als ein Verband. Aber nehmen Sie den Morphiumkasten mit. Ist Wasser in den beiden Eimern?«

»Mehr Eis als Wasser.«

»Stellen Sie sie auf den Ofen – und vergessen Sie nicht, bevor Sie weggehen, Ofen und beide Lampen auszumachen.« Wie ungereimt: Wir, die wir in der Arktis nur dank dem Feuer unser Leben fristen konnten, fürchteten uns vor ihm mehr als vor allen anderen Gefahren. »Legen Sie die übrigen Sachen neben das Instrumentendach.«

Ich fand Jackstraw fieberhaft tätig im matten Lichtschein seiner Stablampe, vor dem von Schneewehen umgebenen Schuppen, den wir aus leeren Packkisten und einer alten Traktorpersenning für die Hunde errichtet hatten. Er schien einen aussichtslosen Kampf zu kämpfen mitten im Hundegewimmel, aber der Schein trog: Schon hatte er vier Hunde losgebunden und die Zugleinen des Schlittens ins Geschirr einschnappen lassen.

»Wie macht es sich?« rief ich ihm zu.

»Das reinste Kinderspiel.« Ich glaube beinahe, das faltige Grinsen unter der Schneemaske zu sehen. »Die meisten habe ich im Schlaf überrumpelt, und Balto ist mir eine große Hilfe – wenn man ihn weckt, ist nie gut Kirschen mit ihm essen.«

Balto war Jackstraws Leithund – ein wahrer Koloß, fünfundvierzig Kilo schwer, halb Wolf, halb sibirischer Polarhund, ein direkter Nachkomme jenes berühmten Hundes, und auch nach ihm benannt, der mit Amundsen getreckt und später, im furchtbaren Winter des Jahres 1925, hinter sich den völlig blinden Schlittenfahrer, sein Gespann durch peitschende Schneestürme und tiefste Kälte geführt hatte, um das rettende Antitoxin in den

15

von einer Diphtherie-Epidemie heimgesuchten Ort Nome in Alaska zu bringen. Jackstraws Balto war vom gleichen Schlag: kraftvoll, intelligent, seinem Herrn treu ergeben und vor allem, wie sich das für einen tüchtigen Leithund schickt, ein rücksichtsloser Zuchtmeister gegenüber seinem Gespann. Jetzt übte er diese Disziplinargewalt aus, knurrend, puffend, die Widerspenstigen und die Schlafmützen nicht allzu sanft beißend, und erstickte jeden Ungehorsam im Keim.

»Dann lasse ich Ihnen den Vortritt. Ich hole inzwischen das Suchlicht.« Ich steuerte auf den Schneehaufen zu, der an der Westseite der Hütte hoch emporragte.

In Öltuch gehüllt stand der Traktor dicht an der hohen Wand des Ganges, die mitten durch eine Schneewehe gezogen worden war. Ich brauchte ein paar Minuten, um an dem einen Ende den angehäuften Schnee zu entfernen und unter die Persenning zu kriechen. Sie hochzuheben kam nicht in Frage – das Imprägnierungsöl war fest gefroren und wäre bei jeglichem Druck zerbrochen.

Das Suchlicht war an der Kühlerhaube befestigt, mit zwei Flügelschrauben, um schnell abgemacht werden zu können. Aber von schnell konnte in diesen Breiten eigentlich nie die Rede sein: Unweigerlich froren die Schrauben fest, sowie sie mit der Kälte in Berührung kamen. Die übliche Methode bestand darin, die Handschuhe auszuziehen und die Schrauben mit den Fäustlingen anzuwärmen, bis sie sich so weit ausgedehnt hatten, daß man sie lockern konnte. Dazu aber hatte ich jetzt keine Zeit. Ich schlug mit einem Schraubenzieher aus dem Werkzeugkasten auf sie los, und die Stahlbolzen, spröde geworden durch die scharfe Kälte, zerbrachen, als hätten sie aus billigstem Gußeisen bestanden.

Das Suchlicht unter den Arm geklemmt, kroch ich unter der Persenning hervor, und sowie ich mich aufrichtete, hörte ich es wieder – das rasch herannahende Dröhnen der Flugzeugmotoren. Es klang sehr nahe, sehr tief, aber ich vergeudete keine Zeit damit, die Maschine zu lokalisieren. Den Kopf in den Wind und den nadelscharfen Eishagel geduckt, tastete ich mich blindlings zu der Falltür zurück und wurde plötzlich durch die helfende Hand Jackstraws aufgehalten. Er und Joss waren damit beschäftigt, Ausrüstungsgegenstände auf den Schlitten zu laden und sie festzuzurren, und als ich mich bückte, um ihnen zu helfen, zischte etwas über meinen Kopf und entfaltete sich sprühend zu einem grellweißen Glanz, der alles in ein schroffes, schwarzweißes Relief gefrorenen Schnees und undurchdringlicher Schatten verwandelte. Joss, der sich an einen Umstand erinnerte, den ich völlig vergessen hatte – nämlich, daß das Auslöschen unserer Lampen dem Piloten sein Landungslicht raubte –, hatte zwischen den Leisten des Instrumentendachs eine Magnesiumfackel befestigt und angezündet.

Wir drehten uns alle um, als die Maschine gegen Süden zu wieder sichtbar wurde, und es zeigte sich sogleich, warum wir sie nicht mehr gesehen und gehört hatten. Der Pilot mußte eine Acht beschrieben und die Anflugsrichtung geändert haben. Er flog jetzt von Osten nach Westen. In einer Höhe von knapp siebzig Metern, das Fahrgestell noch eingezogen, kam er, etwa zweihundert Meter von uns entfernt, wie ein Riesenvogel vorbeigesaust. Beide Scheinwerfer waren jetzt nach unten gerichtet, die Zwillingsstrahlen ein kaleidoskopisches Glitzern in der eisdurchwirbelten Finsternis des Himmels, die beiden ovalen Lichtpfützen, die jetzt ineinanderflossen, jagten gemeinsam über den Schnee. Dann huschten sie, an Umfang ebenso rasch zunehmend, wie ihre Leuchtkraft geringer wurde, nach links, während die Maschine sich scharf nach rechts neigte und im Sinn des Uhrzeigers gegen Norden hin einen weiten Bogen schlug. Ich wußte jetzt, was der Pilot vorhatte. Hilflos ballte ich die Fäuste in den Handschuhen. Aber ich konnte nichts dagegen tun.

»Die Antenne!« rief ich. »In die Richtung der Antenne!« Ich bückte mich und versetzte dem Schlitten den ersten Stoß, während Jackstraw Balto anschrie. Joss war an meiner Seite, den Kopf dicht bei mir.

»Was geschieht jetzt? Warum sollen wir...«

»Diesmal wird er landen. Ich bin davon überzeugt. Gegen Norden zu.«

»Gegen Norden zu?« Nicht einmal die Schneemaske konnte das Entsetzen in seiner Stimme verbergen. »Er bringt sich um. Er bringt sie alle um. Die Buckel...«

»Ich weiß.« Im Nordosten war das Terrain zerklüftet und uneben. Eine Laune der Natur hatte das Eis zu Hügelchen geballt, winzig nur, drei bis fünf Meter hoch, aber die einzigen Erhebungen in einem Umkreis von hundert Kilometern. »Er wird es trotzdem versuchen. Eine Bauchlandung mit eingezogenen Rädern. Deshalb hat er die Richtung gewechselt. Er will mit dem

Wind landen, um eine möglichst geringe Bremsgeschwindigkeit zu haben. Er weiß, wenn er an der Windseite landet, auch nur hundert Meter weit windwärts von uns, ist bei diesem Wetter jede Chance vorbei, unsere Lichter, unsere Hütte zu finden. Er muß mit dem Wind landen. Es bleibt ihm nichts anderes übrig.«

Schweigend stapften wir weiter, Kopf und Schulter fast bis zu den Hüften in den Wind und die Eisdrift geduckt. Dann rückte Joss wieder dicht an mich heran.

Die Funkantenne, durch den Reif fast zum Fünfzigfachen ihrer normalen Dicke vergrößert, tief durchgesackt und wie ein Pendel im Wind zwischen je zwei etwa vier Meter hohen Pfosten schaukelnd, erstreckte sich an die siebzig Meter nach Norden hin. Wir folgten ihrer Richtung, tasteten uns blindlings von Pfosten zu Pfosten und hatten fast schon das andere Ende erreicht, da steigerte sich mit einemmal das Dröhnen der Flugzeugmotoren, das in den letzten paar Sekunden nur als ein gedämpftes Murmeln durch den Wind in die Nacht davongetragen worden war, zu einem ohrenbetäubenden Crescendo. Ich schrie den anderen eine Warnung zu und warf mich platt zu Boden. Im Fallen noch sah ich die riesige schwarze Masse des Flugzeugs direkt über uns hinwegfegen.

Wie ein Idiot sprang ich sofort wieder auf, um die entschwindende Maschine anzupeilen, und wurde buchstäblich Hals über Kopf von dem gewaltigen Nachstrom der vier Propeller weggeblasen, schlitterte hilflos über die vereiste Schneekruste und landete fast zehn Meter von meinem Standort entfernt auf dem Rücken. Fluchend, zerschunden und ein wenig betäubt stand ich wieder auf und ging in die Richtung, aus der ich die Hunde bellen und in einem plötzlichen Anfall von Angst und Aufregung heulen hörte. Dann blieb ich jählings stehen, regungslos. Die Motoren waren verstummt, alle vier in derselben Sekunde, und das konnte nur eines bedeuten: daß die Verkehrsmaschine im Begriff war aufzusetzen.

Noch hatte ich den Gedanken nicht zu Ende gedacht, da erreichte ein schwirrendes Beben, weit gewaltiger und intensiver, als ich es erwartet hätte, durch die gefrorene Kruste meine Füße. Ich wußte, daß das auch für eine Bauchlandung kein gewöhnlicher Aufprall war: Der Pilot mußte die Höhe überschätzt und die Maschine so heftig aufgesetzt haben, daß der

Rumpf auseinanderbarst und das Flugzeug sich auf der Stelle in ein Wrack verwandelte.

Aber ich irrte mich. Ich lag wieder platt auf dem vereisten Schnee, das Ohr fest angepreßt, und halb hörte, halb fühlte ich ein zischendes Vibrieren, das nur von dem Flugzeugrumpf herrühren konnte, der, zweifellos bereits zersplittert und aufgeschlitzt, über das Eis rutschte und eine tiefe Furche zog. Wie lang dieses Geräusch dauerte, konnte ich nicht abschätzen – sechs, vielleicht acht Sekunden. Und dann kam ganz plötzlich ein neues Erdbeben, weit kräftiger als das erste, und ich hörte deutlich, trotz des Sturms, das jähe, scharfe Geräusch des Bruchs und das knirschende, schrille Rasseln gewaltsam verrenkten und zerrissenen Metalls. Dann unvermittelt Stille – eine Stille, tief und schwer und drohend. Das Ächzen des Windes in der Finsternis war überhaupt kein Laut mehr.

Zitternd erhob ich mich. Jetzt erst merkte ich, daß ich meine Schneemaske verloren hatte; sie wurde mir wahrscheinlich abgerissen, als ich über den Boden kollerte. Ich holte die Taschenlampe unter der Parka hervor – sie mußte immer geschützt sein, weil bei genügend tiefen Temperaturen sogar eine Trockenbatterie einfriert und dann keinen Strom mehr liefert – und leuchtete im Dunkeln umher. Aber die Maske war nirgends zu sehen. Der Wind mochte sie inzwischen hundert Meter weit weggeweht haben. Schlimm, aber es ließ sich nicht ändern. Mir graute bei dem Gedanken daran, wie mein Gesicht aussehen würde, wenn ich in die Hütte zurückkehrte.

Joss und Jackstraw waren noch bemüht, die Hunde zu besänftigen, als ich mich zu ihnen gesellte. »Alles in Ordnung, Doktor?« fragte Joss. Er trat einen Schritt näher. »Du lieber Gott, Sie haben ja Ihre Maske verloren!« rief er entsetzt.

»Ich weiß. Ist nicht schlimm.« Aber es war doch schlimm, denn ich spürte bei jedem Atemzug das Brennen in Kehle und Lunge. »Könntet ihr die Lage des Flugzeugs feststellen?«

»Ungefähr. Ich würde sagen – genau östlich.«

»Jackstraw?«

»Ich glaube, etwas nordöstlich.« Er streckte die Hand aus und deutete geradeaus in die Windströmung.

»Wir nehmen östlichen Kurs.« Jemand mußte eine Entscheidung treffen, jemand mußte den Fehler begehen, warum sollte nicht ich es sein. »Joss – wie lang ist die Spule?«

»Vierhundert Meter. Etwas mehr oder weniger.«

»Also – vierhundert Meter, dann genau Nord. Das Flugzeug muß Spuren hinterlassen haben. Wenn wir Glück haben, kreuzen wir sie. Hoffen wir zu Gott, daß es in einer geringeren Entfernung als vierhundert Meter von hier aufgesetzt hat.«

Ich wickelte das Schnurende von der Spule, ging zum nächsten Antennenmast und befestigte die Schnur an dem Pfahl. Ich knotete sie ordentlich fest. Von dieser Leine hing unser Leben ab. Ohne sie würden wir niemals den Weg zurück zur Antenne und von dort aus zur Hütte finden, durch den pechfinsteren Wirrwarr dieser sturmdurchtobten arktischen Nacht. Fußstapfen im Schnee zu verfolgen war ganz unmöglich. Bei dieser heftigen Kälte wird der reifverkrustete Schnee zu einem Firn gepreßt, der sich nur unbedeutend von festem Eis unterscheidet. Auf dieser steinharten Fläche sind kaum die Druckspuren eines fünf Tonnen schweren Traktors zu sehen.

Wir brachen sogleich auf. Den Wind hatten wir fast im Gesicht, aber ein wenig seitlich. Ich ging voran. Jackstraw kam mit den Hunden hinterher, und Joss bildete die Nachhut, die Leine gegen den Druck der Rückspulfeder abwickelnd.

Ohne die Maske war für mich dieses erstickende, die Augen blendende Eistreiben ein Alptraum, eine grausam raffinierte Kontrastfolter: Das Brennen in der Kehle kämpfte mit den Frostschmerzen in meinem Gesicht. Unaufhörlich mußte ich husten, sosehr ich mich auch bemühte, Mund und Nase mit der einen behandschuhten Hand zu schützen und möglichst flach zu atmen, um mir nicht die Lungen zu erfrieren.

Das Verteufelte war, daß ich nicht flach atmen konnte. Wir liefen jetzt so schnell, wie die schlüpfrige Eisglasur und unser sperriges Pelzwerk es nur erlaubten, denn für Menschen, die schutzlos solchen Temperaturen und diesem mörderischen Eistreiben ausgesetzt wurden, waren Leben und Tod ganz einfach eine Frage der Frist, der Schnelligkeit, mit der die Hilfe kam.

Jackstraws Ausruf stoppte mich so plötzlich, daß ich fast gestolpert wäre. Ich drehte mich um. Joss kam gelaufen.

»Das Ende der Leine?« fragte ich.

Er nickte und leuchtete mir ins Gesicht. »Ihre Nase und Wange – beide hin. Sieht schlimm aus.«

Ich zog die Handschuhe aus und massierte mir kräftig mit den Fäustlingen das Gesicht, bis ich spürte, wie das Blut schmerzhaft zurückströmte. Dann nahm ich den alten Pullover, den Jackstraw aus einem der Rucksäcke hervorgekramt hatte, und wickelte ihn mir um den Kopf. Es war nicht viel, aber besser als nichts.

Wir wandten uns nach Norden und hatten nun den Wind an der rechten Backe. Mir blieb keine Wahl, als auf die Hoffnung zu setzen, daß er weder umgeschlagen noch sich gedreht habe. Unsere Stablampen tasteten das Gelände vor uns ab. Alle fünf bis acht Meter blieben wir stehen und trieben einen spitzen Bambusstab in die Eiskruste. Fünfzig Meter hatten wir zurückgelegt, ohne etwas zu erblicken. Ich war schon fast überzeugt, daß wir noch immer ziemlich weit gegen Westen zu von der Landungsstelle des Flugzeugs entfernt sein müßten, und überlegte mir, was in aller Welt wir nun anfangen sollten, da stolperten wir nahezu buchstäblich über eine fünfzig Zentimeter tiefe, drei Meter breite Furche in der Schneekruste.

Da war es, kein Zweifel. Mit einer Chance von eins zu hundert waren wir genau auf die Stelle gestoßen, wo die Maschine aufgesetzt hatte – oder abgestürzt war, sofern man aus dem Umfang der Spur in dem vereisten Schnee gewisse Schlüsse ziehen durfte. Ein Teil des Rumpfes mußte durch den Anprall aufgeschlitzt worden sein: ein Wunder, wenn es anders gewesen wäre. Etwas mehr nach Osten hin und ziemlich weit rechts von der Hauptspur liefen zwei weitere Rinnen parallel durch den Schnee, offensichtlich die Spuren der kreisenden Propeller. Gleich nach der Landung mußte die Maschine auf die rechte Tragfläche gekippt sein.

Das alles zu überblicken kostete uns nicht mehr Zeit, als eine Taschenlampe rasch im Halbkreis zu schwenken. Ich rief Joss zu, noch ein Bündel Stäbe zu nehmen und die Peilschnur, die zur Antenne zurückführte, festzuklemmen – sonst würde sie weggeweht werden und binnen zehn Minuten den Blicken entschwunden sein – und sich uns dann wieder anzuschließen. Ich machte kehrt und lief hinter Jackstraw her, der bereits sein Gespann auf der Fährte des abgestürzten Flugzeugs in östlicher Richtung weitergetrieben hatte.

Der Wind war schlimmer denn je, die Eisdrift fast schon eine feste Mauer, die unser Tempo zu einem taumelnden Gestolper herabdrückte und uns zwang, uns weit nach vorn zu beugen, um nicht das Gleichgewicht zu verlieren. Zweihundert Meter, dreihundert, und dann fanden wir die Maschine, hatten sie plötzlich direkt vor der Nase. Sie hatte sich um neunzig Grad gedreht und lag nun quer zu ihrer eigenen Spur.

Im matten Licht meiner Taschenlampe wirkte das Flugzeug, obwohl der Rumpf auf dem Boden ruhte, ungeheuer hoch und schien sich zu beiden Seiten weithin zu erstrecken. Trotzdem hatte es etwas seltsam Rührendes und Hilfloses an sich. Das war aber natürlich ein rein subjektiver Eindruck – die Überlegung, daß dieser verkrüppelte Riese nie mehr von hier wegkommen würde.

Nichts war zu hören, nichts war zu sehen, nichts rührte sich. Hoch über meinem Kopf schien hinter einem der Kabinenfenster ein mattes blaues Licht zu leuchten. Davon abgesehen aber war überhaupt kein Lebenszeichen wahrzunehmen.

Zweites Kapitel

Montag 1.00–2.00 Uhr

Meine schlimmste Befürchtung hatte sich schon als grundlos erwiesen. Nirgends machte sich Feuer bemerkbar; kein rotes Flackern war zu sehen, kein verborgenes Knistern zu hören. Freilich bestand noch immer die Möglichkeit, daß am Rumpf oder an den Tragflächen eine kleine Feuerzunge entlangkroch, auf der Suche nach Benzin oder Öl, die ihr helfen würden, zu verheerendem Leben zu erwachen – und wenn der Wind die Flammen anfachte, würde die Verheerung total sein –, aber es lohnte sich kaum, darüber nachzudenken.

Jackstraw hatte bereits das Suchlicht an die Trockenbatterie gekoppelt und reichte es mir. Ich drückte auf den Schalter. Die Lampe funktionierte: ein schmaler, aber kräftiger Lichtstrahl, der unter normalen Bedingungen sechshundert Meter weit reichen mochte. Ich schwenkte ihn erst nach rechts und richtete ihn dann langsam nach vorn.

Was immer auch für Farben die Maschine ursprünglich gehabt haben mochte – jetzt war es unmöglich, auch nur eine einzige zu unterscheiden. Der gesamte Rumpf war bereits in eine dünne Reifschicht gehüllt, die das Auge blendete und das Licht beinahe mit der Intensität eines verchromten Reflektors zurückwarf. Das Leitwerk war unbeschädigt. Ebenso der Rumpf, zumindest seiner halben Länge nach. Genau gegenüber der Stelle aber, wo wir standen, war er eingebeult und unten aufgerissen. Die linke Tragfläche zeigte in einem Winkel von etwa fünf Grad nach oben – die Maschine lag also doch nicht so ausbalanciert da, wie ich zuerst angenommen hatte. Diese Tragfläche versperrte mir die Aussicht auf das Vorderteil, aber gleich oberhalb und ein wenig dahinter erblickte ich etwas, das mich im Moment die Sorge um die Insassen vergessen ließ. Stocksteif blieb ich stehen, den Lichtstrahl starr auf die betreffende Stelle gerichtet.

Trotz der Eisschicht waren die großen, fetten Lettern deutlich sichtbar: MYTH. Was um Gottes willen hatte eine Verkehrsmaschine der MYTH in dieser Gegend zu suchen? Ich wußte, daß die SAS und KLM transarktische Flüge von Kopenhagen und Amsterdam nach Winnipeg, Los Angeles und Vancouver durchführten, via Söndre Strömfjord, das, etwa anderthalb Flugstunden entfernt, an der Westküste Grönlands direkt auf dem Polarkreis liegt, und ich hielt es für ziemlich sicher, daß die Pan American und die Trans World die gleiche Route benützten. Es wäre gerade noch möglich gewesen, daß launische Wetterverhältnisse eine dieser Maschinen so weit von ihrem Kurs gebracht hätten, daß man sich ihre Anwesenheit in dieser Ecke erklären könnte, aber wenn ich in bezug auf die MYTH recht hatte, war es ganz einfach nicht denkbar.

»Ich habe die Tür gefunden, Dr. Mason.« Jackstraw nahm meinen Arm, riß mich aus meinen Träumereien und zeigte auf eine große ovale Tür, deren unterster Punkt gerade in Augenhöhe lag. »Wollen wir es mal mit den Dingern hier versuchen?« fragte er.

Ich hörte das metallische Klirren, als er zwei Brecheisen vom Schlitten nahm, und ich nickte. Wir konnten nur einen Versuch machen. Ich stellte das Suchlicht in den Schnee, justierte es in seinen Gelenken, so daß es die Tür beleuchtete, nahm die eine Brechstange und stieß sie unter das Oval der Füllung. Das flache Ende glitt leicht in die Spalte zwischen Tür und Rumpf. Jackstraw folgte meinem Beispiel. Wir hoben an, aber es ereignete sich nichts. Wir versuchten es ein zweites und ein drittes Mal, mit vollem Gewicht. Unsere Füße hingen in der Luft, aber die Tür rührte sich nicht. Ich verwünschte mich, daß ich so dumm gewesen war, kostbare Zeit mit dem Versuch zu verschwenden, eine massive Tür aufzustemmen, die an der Innenseite durch schwere Spangen gesichert war und einem Druck von vielen tausend Kilo standzuhalten hatte, griff nach dem Suchlicht und der Batterie, duckte mich unter dem hochragenden Schwanzleitwerk in die volle Wucht des Windes und der jagenden Eisdrift und stapfte drauflos, bis ich die rechte Tragfläche erreicht hatte.

Die Spitze war tief im gefrorenen Schnee vergraben, die Propellerblätter waren in rechtem Winkel nach hinten verbogen. Stolpernd und rutschend liefen wir um die vergrabene Spitze der Tragfläche herum und sahen nun deutlich die Bodenerhebung vor uns, die das große Flugzeug jählings gestoppt hatte. Etwa fünf Meter hoch und unten an die zehn Meter breit lag sie in dem rechten Winkel, den die Vorderseite des Rumpfs und die Kante der Tragfläche bildeten. Nicht aber der Tragflächenansatz hatte den ersten Stoß auffangen müssen, das zeigte uns ein einziger Blick auf den Bug der Maschine. Dicht rechts vom Mittelpunkt der Führerkanzel mußte die Maschine den Eisbuckel getroffen haben. Das Windschutzglas war zerschmettert, der Rumpf aufgerissen und um zwei bis drei Meter nach hinten gedrückt. An das Schicksal des Piloten zu denken, der im Augenblick des Aufpralls an dieser Seite gesessen hatte, war unerträglich. Endlich aber hatten wir einen Zugang gefunden.

Ich stellte den kleinen Scheinwerfer so hin, daß der Lichtstrahl die zertrümmerte Führerkanzel beleuchtete, schätzte die Entfernung zu der unteren Kante der Schutzscheibe ab – sie muß volle drei Meter betragen haben – und sprang hoch. Meine behandschuhten Hände hakten sich fest, rutschten jedoch fast augenblicklich von der vereisten Fläche ab. Ich suchte Halt an einem Scheibenpfosten, fühlte, wie mein Finger an beiden Seiten gegen solides Glas stießen – die Scheibe war nicht so restlos zertrümmert, wie ich mir eingebildet hatte –, und war im Begriff, völlig abzugleiten, da kam Jackstraw schnell heran und fing mein Gewicht auf.

Mit meinen Knien auf seinen Schultern und einer Feueraxt in der Hand brauchte ich nicht länger als zwei Minuten, um die Glasreste zu beseitigen, die an den Pfosten und an den oberen wie unteren Kanten hingen. Ich hatte nicht gewußt, daß Flugzeugglas – gehärtetes Perspex – so zäh sein kann, und als es darauf ankam, mit dem umfangreichen Pelzwerk in den Führerstand zu klettern, merkte ich auch erst, wie schmal Flugzeugfenster sind.

Ich landete auf einem Toten. Trotz der Finsternis wußte ich, daß er tot war. Ich tastete unter meinen Parka, holte die Taschenlampe hervor, knipste sie für ein paar Sekunden an, stellte sie wieder ab. Es war der Kopilot, der Mann, der die volle Wucht des Anpralls abbekommen hatte. Er war eingeklemmt: zerquetscht zwischen seinem Sitz und den verkrümmten, zerborstenen Trümmern der Steuerknüppel, Hebel und Instrumente. Seit ich einmal auf den Schauplatz eines frontalen Zusammenstoßes zwischen einem dahinjagenden Motorradfahrer und einem schweren Lastauto gerufen worden war, hatte ich so furchtbare Verletzungen an einem Menschen nicht mehr gesehen.

Ich drehte mich um und beugte mich aus dem Fenster. Jackstraw stand direkt unter mir. Mit gewölbten Händen schützte er die Augen vor den umherfliegenden Eisnadeln, während er zu mir hinaufblickte.

»Holen Sie eine Decke«, rief ich. »Bringen Sie lieber einen vollen Rucksack mit. Und die Morphiumtasche. Kommen Sie dann selber herauf.«

In zwanzig Sekunden war er wieder da. Ich fing den Sack und die Tasche auf, legte beides hinter mir auf den windschiefen Kabinenboden und streckte dann die Hand aus, um Jackstraw zu helfen, aber das war nicht nötig. Sportlichkeit ist nicht gerade die Stärke der kleinen und untersetzten Grönländer, aber Jackstraw war der trainierteste und wendigste Mensch, dem ich je begegnet bin. Er sprang hoch, packte mit der einen Hand die untere Kante des linken Fensters, mit der anderen den Mittelpfosten und schwang Beine und Körper durchs Fenster, als hätte er sein Leben lang nichts anderes getan.

Ich gab ihm meine Stablampe, durchwühlte den Rucksack und holte eine Decke hervor, die ich über den toten Kopiloten breitete. Die Ränder stopfte ich unter zerbrochene Metallteile, damit der eisige Wind, der stoßweise durch die zertrümmerte Kanzel wirbelte, sie nicht wieder losreißen konnte.

»Schade um die gute Decke«, murmelte ich. »Aber – es ist kein schöner Anblick.«

»Nein, nicht sehr schön«, sagte Jackstraw. Seine Stimme war fest, ohne jede Schwankung. »Und der dort?«

Ich blickte zu der linken Seite der Kanzel hinüber, die fast völlig unbeschädigt war. Der Chefpilot, der an seinen Sitz angeschnallt war und an den Scheiben lehnte, wies keinerlei Verletzungen auf. Ich streifte Pelzhandschuh, Fäustling und Seidenhandschuh von der rechten Hand und berührte seine Stirn. Wir waren nun über fünfzehn Minuten bei dieser wüsten Kälte im Freien gewesen, und ich hätte geschworen, daß meine Hand ungefähr so kalt sei, wie Menschenfleisch es nur überhaupt sein könne. Aber ich täuschte mich. Ich zog die Handschuhe an und wandte mich ab, ohne ihn noch einmal anzufassen. Heute nacht war es nicht meine Aufgabe, Obduktionen auszuführen.

Ein Stück weiter hinten fanden wir den Funker in seinem Abteil. Halb saß, halb lag er an der Vorderwand, wo er offenbar durch den Anprall hingeschleudert worden war. Seine rechte Hand umklammerte noch den Griff am Schaltbrett seines Funkgeräts – es mußte sich von dem Sender glatt losgerissen haben, von diesem Sender, der nicht so aussah, als würde er je wieder etwas senden.

An der Zwischenwand hinter seinem Kopf glänzte Blut matt im Licht der Taschenlampe. Ich beugte mich über den Bewußtlosen – ich sah, daß er noch atmete –, zog abermals die Handschuhe aus und strich behutsam mit den Fingern an seinem Hinterkopf entlang. Ebenso behutsam zog ich sie zurück. Zum Teufel, dachte ich, teils verzweifelt, teils wütend, wie soll ich eine Kopfoperation an einem Patienten mit eingedrücktem Hinterkopf durchführen: Bei dem Zustand, in dem er sich befand, hätte ich selbst im schönsten Operationssaal Londons keinen Pfifferling für seine Aussichten gegeben. Zuallermindest bliebe er sein Leben lang blind. Das Sehzentrum war allem Anschein nach völlig zerstört. Ich fühlte ihm den Puls: schnell, schwach, äußerst unregelmäßig.

Ich fand es unwahrscheinlich, daß er jemals wieder zu sich käme. Aber es war nicht ganz ausgeschlossen. Deshalb gab ich ihm eine Morphiumspritze. Dann betteten wir seinen Kopf und Nacken vorsichtig in eine bequemere Lage, deckten ihn zu und verließen ihn.

Unmittelbar hinter dem Funkerabteil lag ein länglicher, schmaler Raum, der sich quer über zwei Drittel der Breite erstreckte. Ein hastiger Blick auf die beiden Sessel und das Klappbett genügten, um festzustellen, daß das der Ruheraum der Besatzung war und daß im Augenblick der Katastrophe sich hier jemand ausgeruht hatte. Die verkrümmte, hemdsärmelige Gestalt auf dem Fußboden mußte im Schlaf überrumpelt worden sein, ohne auch nur im geringsten zu merken, was geschah. Nun würde der Mann es auch nie mehr erfahren.

Die Stewardeß fanden wir in der Pantry. Sie lag auf der linken Seite, das gelöste schwarze Haar war ihr ins Gesicht gefallen. Sie stöhnte leise vor sich hin, doch es klang nicht so, als ob sie Schmerzen hätte. Ihr Puls war ziemlich regelmäßig, aber rasch. Jackstraw bückte sich neben mir.

»Sollen wir sie hochheben, Dr. Mason?«

»Nein.« Ich schüttelte den Kopf. »Ich glaube, sie kommt zu sich, und sie wird uns schneller sagen können, ob sie sich etwas gebrochen hat, als eine Untersuchung dauern würde. Noch eine Decke, dann lassen wir sie hier liegen. Bestimmt haben andere unsere Aufmerksamkeit viel nötiger.«

Die Tür zur Hauptkabine war verschlossen. Zumindest sah es so aus, aber ich war überzeugt, unter normalen Umständen würde man sie nicht abgesperrt haben. Vielleicht hatte sie sich verklemmt. Für halbe Maßnahmen blieb keine Zeit. Gemeinsam traten wir einen Schritt zurück und warfen uns dann mit den Schultern dagegen. Jählings gab sie einige Zentimeter nach. Gleichzeitig hörten wir von der anderen Seite her einen lauten Schmerzensruf.

»Vorsicht!« sagte ich warnend, aber Jackstraw hatte bereits nachgelassen. Ich hob die Stimme. »Entfernen Sie sich von der Tür. Wir wollen hinein.«

Wir hörten ein sinnloses Gemurmel, dann ein lautes Stöhnen und das gleitende Schlurfen eines Menschen, der sich mühsam aufzurichten versucht. Dann ging die Tür auf. Wir traten rasch ein.

Der heiße Luftzug schlug mir fast wie ein Fausthieb ins Gesicht. Ich rang nach Atem, wehrte mich gegen einen flüchtigen Schwächeanfall, erholte mich dann ausreichend, um die Tür hinter mir zuzuknallen. Da die Motoren stillstanden und die arktische Kälte durch die dünne Stahlhülle des Rumpfes eindrang, würde sich diese Wärme trotz bester Isolierung nicht lange halten. Inzwischen aber mochte sie die Rettung aller Insassen sein, die noch lebten. Ich drehte mich zu Jackstraw um.

»Tragen Sie die Stewardeß hier herein. Wir wollen es riskieren — und es ist übrigens gar nicht so riskant. Hier drin hat sie selbst mit einem gebrochenen Bein mehr Chancen als dort draußen mit einer bloßen Beule am Kopf. Legen Sie die Decke über den Funker – aber rühren Sie ihn ja nicht an.«

Jackstraw nickte und ging hinaus, schnell die Tür hinter sich schließend. Ich wandte mich dem Mann zu, der immer noch wackelig im Mittelgang stand und sich mit einer breiten, braunen, dichtbehaarten Hand über die blutende Stirn fuhr. Er sah mich eine Weile an, betrachtete dann verständnislos das Blut, das auf die grellrote Krawatte und das blaue Hemd herabtropfte, die in so merkwürdigem Gegensatz zu dem hellgrauen Gabardine-Anzug standen. Er kniff fest die Augen zusammen, schüttelte den Kopf, um seine Gedanken zu klären.

»Entschuldigen Sie die unvermeidliche Frage« – die Stimme klang ruhig, tief, gut beherrscht –, »aber was ist denn passiert?«

»Ihr seid abgestürzt«, erwiderte ich kurz. »Woran können Sie sich erinnern?«

»An gar nichts. Doch – an einen kleinen Schubs. Dann gab es ein lautes, schrilles Geräusch . . .«

»Und dann flogen Sie gegen die Tür.« Ich zeigte auf die Blutflecken hinter mir. »Setzen Sie sich einen Augenblick. Sie werden gleich wieder in Ordnung sein.« Ich verlor das Interesse an ihm und ließ meinen Blick durch die Kabine wandern. Ich hatte erwartet, die meisten Sitze würden sich losgerissen haben, aber sie waren alle genauso da, wie sich's gehörte: drei links, zwei rechts, die in der vorderen Hälfte mit dem Blick nach hinten, die in der hinteren Hälfte nach vorn gerichtet. Darüber hinaus hatte ich erwartet, auf den Sitzen und im Gang überall verletzte, übel zugerichtete und stöhnende Menschen umherliegen zu sehen. Aber die große Kabine sah fast leer aus, und kein Ton war zu hören.

Doch sie war nicht leer. Abgesehen von dem Mann neben mir, fand ich insgesamt neun. Gleich vorn an dem Gang lagen zwei Männer. Der eine, untersetzt, breitschultrig und mit dunklem Kraushaar, stützte sich auf den einen Ellbogen und sah sich mit einem verdutzten Stirnrunzeln um. Dicht neben ihm lag ein kleiner, bedeutend älterer Mann auf der Seite, doch von ihm konnte ich nichts weiter sehen als ein paar über eine Glatze geklebte schwarze Haarsträhnen, ein schottisches Jackett, das ihm um einige Nummern zu groß zu sein schien, und die grellste karierte Krawatte, deren Anblick das Schicksal mir je zugemutet hatte. Offensichtlich hatten die beiden nebeneinander in der linken Reihe gesessen und waren zu Boden geschleudert worden, als das Flugzeug gegen den Eisbuckel stieß.

Auf dem dahinterliegenden Sitz, gleichfalls links, saß ein Mann für sich allein. Zuerst staunte ich darüber, daß es ihn nicht ebenfalls in den Gang hinausgeschleudert hatte, dann aber sah ich, daß er bei vollem Bewußtsein war. Er saß steif auf seinem Platz, hart ans Fenster gepreßt, die Beine gegen den Boden gestemmt, und hielt sich mit beiden Händen an dem vor ihm befestigten Tischchen fest. Ich ließ den Lichtstrahl ein Stück höher gleiten und sah, daß der Mann einen engsitzenden Priesterkragen trug.

»Beruhigen Sie sich, Hochwürden«, sagte ich. »Sie sind wieder auf der *terra firma* – und tiefer geht es nicht.« Er sagte kein Wort, starrte mich nur durch seine randlose Brille an, also überließ ich ihn sich selber. Er schien unverletzt zu sein.

Vorn rechts saßen vier Personen, jede auf einem Fensterplatz. Zwei Frauen, zwei Männer. Die eine Frau war nicht mehr jung, aber so stark hergerichtet und das Haar so kostspielig gefärbt und zurechtgemacht, daß ich ihr Alter nur mit zehn Jahren Spielraum nach oben oder unten hätte schätzen können. Sie war bei Bewußtsein und sah sich zögernd um, mit leerem, verständnislosem Blick. Genauso verdattert war die Frau auf dem nächsten Sitz, ein noch luxuriöser aussehendes Geschöpf mit einem wie ein Cape um die Schultern gelegten Nerzmantel, so daß ein einfaches grünes Jerseykostüm sichtbar wurde, das meiner Vermutung nach ein kleines Vermögen gekostet hatte. Ich schätzte ihr Alter auf fünfundzwanzig. Mit ihrem blonden Haar, den grauen Augen und den vollendeten Zügen wäre sie eine der schönsten Frauen gewesen, die mir je begegnet waren – doch der etwas mürrische Mund störte. Momentan war sie noch nicht ganz wach, genau wie die anderen: Alle benahmen sich so, als würden sie aus den Tiefen eines lähmenden Schlafes emporgezerrt.

Mehr schlafend als wach waren die beiden Männer, die weiter vorn saßen, der eine ein massiger, stämmiger, rotwangiger Mann von etwa fünfundfünfzig Jahren mit dem dichten, schimmernd weißen Haar und Schnauzbärtchen einer Karikatur auf einen Südstaaten-Oberst – der andere ein magerer älterer Herr mit zerfurchtem Gesicht, unverkennbar Jude.

Bisher, überlegte ich mir mit einer gewissen Erleichterung, ist es nicht gar so schlecht gegangen. Acht Passagiere, und nur eine einzige Stirnwunde – das denkbar beste Argument dafür, sämtliche Sitze in einem Flugzeug nach hinten blicken zu lassen. Keine Frage, daß sie alle, wenn nicht ihr Leben, so doch zumindest ihre heile Haut dem Umstand verdankten, daß die hohen Rückenlehnen die Wucht des Anpralls gebremst und aufgefangen hatten.

Die beiden Personen am hinteren Ende der Kabine lieferten den sichtbarsten Beweis, wie wenig gut es ist, die Sitze nach vorn zu richten. Die erste, zu der ich hinkam – ein braunhaariges, etwa achtzehnjähriges Mädchen in einem Regenmantel mit Gürtel –, lag auf dem Fußboden zwischen zwei Sitzen. Sie bewegte sich, und als ich die Hände unter ihre Achseln hob, um ihr aufzuhelfen, schrie sie plötzlich vor Schmerz auf. Ich wechselte den Griff und hob sie behutsam auf den Sitz.

»Meine Schulter.« Ihre Stimme klang leise und heiser. »Meine Schulter tut weh.«

»Das wundert mich nicht.« Ich hatte die Bluse am Hals zurückgestreift und zog sie wieder zurecht. »Die Klavikula – das Schlüsselbein – ist kaputt. Bleiben Sie sitzen, und stützen Sie den linken Arm mit der rechten Hand ... Ja, so ... Nachher bandagiere ich Sie. Ich verspreche Ihnen, daß Sie nichts spüren werden.«

Sie lächelte mir zu, halb schüchtern, halb dankbar, und schwieg. Ich verließ sie, ging zu dem allerhintersten Sitz, bückte mich, um den Mann zu untersuchen, der dort hockte, und richtete mich fast sofort wieder auf. Die gespenstisch unnatürliche Haltung des Kopfes machte jede Untersuchung überflüssig.

Ich drehte mich um und ging nach vorn. Nun waren sie alle zu sich gekommen, saßen aufrecht da oder rappelten sich hoch. Ihre nur halbformulierten Fragen waren genauso verdutzt wie ihre Mienen. Ich ignorierte sie erst einmal und sah fragend Jackstraw an, der zur vorderen Tür hereinkam. Dicht hinter ihm tauchte Joss auf.

»Sie will nicht mitkommen.« Jackstraw deutete mit dem Daumen über die Achsel. »Sie ist bei Bewußtsein, aber sie will den Funker nicht allein lassen.«

»Fehlt ihr etwas?«

»Ich glaube, der Rücken tut ihr weh. Sie äußerte sich nicht.«

Ich gab keine Antwort, sondern begab mich zu dem Haupteingang, den wir von außen nicht hatten öffnen können. Meiner Meinung nach ging es mich nichts an, wenn die Stewardeß beliebte, ihre Aufmerksamkeit einem Mitglied der Besatzung zu widmen statt den Fluggästen, die ihr anvertraut waren. Aber es war trotzdem sonderbar – fast so sonderbar wie der Umstand, daß kein einziger der zehn Passagiere in der Kabine den Sicherheitsgürtel umgeschnallt hatte, obwohl die Unvermeidlichkeit der Katastrophe schon mindestens fünfzehn Minuten vorher bekanntgewesen sein mußte, und daß die Stewardeß, der Funker und der Mann im Ruheraum anscheinend völlig unvorbereitet überrumpelt worden waren.

Der Türgriff wollte nicht nachgeben. Ich rief Jackstraw herbei, aber auch sein zusätzliches Gewicht konnte nichts ausrichten.

Als ich mich umdrehte, vertrat mir jemand den Weg. Es war der Dixie-Oberst mit der weißen Mähne und dem weißen Schnauzbart. Das Gesicht war rot angelaufen, die Augen hellblau, cholerisch und leicht vorstehend.

»Was ist passiert? Zum Teufel, was soll das alles heißen?« Er redete auch wie ein Dixie-Oberst. »Wir sind gelandet. Warum? Was haben wir hier zu suchen? Was ist das da draußen für ein Lärm? Und... und wer in Gottes Namen sind denn Sie?«

Ein großer Finanzmagnat, dachte ich mit einem geheimen Lächeln, der genug Geld und Macht besitzt, um sich einem sichtlich übertriebenen Hang zu selbstgerechter Entrüstung hinzugeben – sollten mir Schwierigkeiten bevorstehen, war nicht schwer zu erraten, woher sie kommen würden. Im Augenblick aber war seine Haltung ein wenig entschuldbar. Ich fragte mich, wie *mir* zumute wäre, wenn ich in einer Transatlantikmaschine einschlummerte und beim Aufwachen plötzlich entdeckte, daß ich mitten in einer endlosen Wüste gelandet bin und drei bepelzte Wesen mit Schneebrillen und Schneemasken in der Kabine umherwatschelten.

»Das Flugzeug mußte eine Notlandung vornehmen«, erwiderte ich kurz. »Ich weiß nicht, warum. Woher sollte ich es auch wissen! Der Lärm draußen ist der Schneesturm, der gegen den Rumpf der Maschine schlägt. Was uns betrifft, so sind wir Wissenschaftler, die eine etwa einen Kilometer von hier entfernte Station des Internationalen Geophysikalischen Jahres bemannen. Wir haben euch bemerkt, bevor ihr gelandet seid.«

Ich wollte an ihm vorbei, aber er versperrte mir den Weg.

»Einen Augenblick, wenn ich bitten darf.«

»Später. Belästigen Sie uns nicht. Wir müssen uns erst einmal um einen lebensgefährlich Verwundeten kümmern. Wir werden

31

ihn in Sicherheit bringen und dann zu Ihnen zurückkehren. Lassen Sie die Tür zu.« Ich wandte mich nun an sämtliche Anwesenden, aber das zornige Prusten des weißhaarigen Herrn erregte wieder meine Aufmerksamkeit. »Wenn Sie nicht den Mund halten und mithelfen, können Sie hierbleiben. Ohne uns würden Sie in ein paar Stunden tot sein.«

Ich ging durch den Gang, gefolgt von Jackstraw. Der junge Mann, der auf dem Fußboden gelegen hatte, rappelte sich auf den Sitz hinauf und lächelte mir zu, als ich an ihm vorüberkam.

»Wie man Freunde gewinnt und Menschen beeinflußt!« Er hatte eine etwas schleppende, kultivierte Stimme. »Ich fürchte, Sie haben unseren ehrenwerten Freund beleidigt.«

»Leider.« Lächelnd ging ich weiter, kehrte dann um. Diese breiten Schultern und kräftigen Hände konnten uns überaus nützlich sein. »Wie fühlen Sie sich?«

»Es geht mir immer besser.«

»Offenbar. Vor einer Minute haben Sie bedeutend schlechter ausgesehen.«

»Kein K. o. Bis acht – aber nicht bis neun«, erwiderte er unbeschwert. »Kann ich behilflich sein?«

»Deshalb habe ich gefragt.«

»Mit Vergnügen.« Er richtete sich auf und überragte mich um etliche Zoll. Der kleine Mann mit der grellen Krawatte und dem schottischen Jackett gab einen ängstlichen Laut von sich, der wie das Jaulen eines getretenen Hündchens klang.

»Sei vorsichtig, Johnny, sei vorsichtig!« Die Stimme, das nasale, rauhe Schnarren, verriet den geborenen New Yorker. »Wir haben Verpflichtungen, mein Sohn, große Verpflichtungen. Du könntest dir eine Sehnenzerrung zuziehen...«

»Immer mit der Ruhe, Solly.« Der breitschultrige Mann tätschelte ihm besänftigend die Glatze. »Ich mache nur einen kleinen Spaziergang, um wieder einen klaren Kopf zu kriegen.«

»Zuerst aber müssen Sie diesen Parka und diese Hose anziehen.« Ich hatte keine Zeit, um auf die Wunderlichkeiten kleiner Männlein in grellen Jacketts und noch grelleren Schlipsen zu achten. »Sie werden sie brauchen.«

»Kälte macht mir nichts aus, lieber Freund.«

»Diese Kälte wohl aber doch! Über sechzig Grad Temperaturunterschied.«

Ich hörte einige der Fluggäste erstaunt murmeln, und der

muskulöse junge Mann, plötzlich ernüchtert, nahm die Kleidungsstücke entgegen, die Jackstraw ihm reichte. Ich wartete nicht, bis er sie angezogen hatte, sondern ging mit Joss hinaus.

Die Stewardeß beugte sich tief über den verletzten Funker. Sanft zog ich sie hoch. Sie wehrte sich nicht, sah mich nur wortlos an, die braunen Augen riesengroß in dem bleichen und schreckverzerrten Gesicht. Sie zitterte heftig. Ihre Hände waren eiskalt.

»Wollen Sie erfrieren, Miß?« Das war nicht der richtige Zeitpunkt für freundliche und teilnahmsvolle Worte, und ich wußte, daß diese jungen Damen gelernt hatten, wie man sich in kritischen Situationen zu benehmen hat. »Haben Sie keinen Hut, keinen Mantel, keine Stiefel, nichts dergleichen?«

»Doch.« Ihre Stimme klang dumpf, fast leblos. Sie stand jetzt allein neben der Tür, und ich hörte das heftige Klapp-klapp-klapp, mit dem ihr unbeherrscht zitternder Ellbogen gegen das Holz schlug. »Ich hole sie.«

Joss kletterte zum Fenster hinaus, um die zusammenlegbare Trage zu holen. Während wir auf ihn warteten, ging ich zu der Ausgangstür hinter dem Flugdeck und versuchte sie zu öffnen, indem ich mit der Rückseite meines Beils auf sie losdrosch. Aber sie war fest verschlossen.

Wir hatten die Bahre heraufgehißt und schnallten gerade den Funker so behutsam wie nur möglich fest, da kehrte die Stewardeß zurück. Sie hatte jetzt ihren schweren Dienstmantel und hohe Stiefel an. Ich warf ihr eine Karibuhose zu.

»Viel besser, aber nicht ausreichend. Ziehen Sie die Hose an.« Sie zauderte, ich fügte grob hinzu: »Wir schauen nicht hin.«

»Ich ... ich muß mich um die Fluggäste kümmern.«

»Denen fehlt nichts. Fällt Ihnen ein bißchen spät ein, finden Sie nicht auch?«

»Ich weiß. Es tut mir leid. Ich konnte ihn nicht allein lassen.« Sie blickte auf den jungen Mann zu ihren Füßen hinunter. »Sind Sie ... ich meine ...« Sie unterbrach sich. Dann platzte sie damit heraus. »Wird er sterben?«

»Wahrscheinlich«, erwiderte ich, und sie zuckte zusammen, als hätte ich ihr einen Schlag ins Gesicht versetzt. Ich hatte nicht brutal, sondern nur sachlich sein wollen. »Wir werden tun, was in unserer Macht steht. Leider ist das nicht sehr viel.«

Nun hatten wir ihn endlich auf die Trage geschnallt und seinen Kopf so gut wie nur möglich gegen Erschütterungen gesichert. Als ich mich erhob, zog die Stewardeß soeben ihren Rock über die Karibuhose.

»Wir transportieren ihn in unsere Unterkunft«, sagte ich. »Wir haben einen Schlitten mit. Es ist Platz da für eine zweite Person. Sie könnten seinen Kopf stützen. Wollen Sie mitkommen?«

»Die Fluggäste...«, begann sie unsicher.

»Man braucht Sie nicht.«

Ich kehrte in die Hauptkabine zurück, machte die Tür hinter mir zu und reichte meine Taschenlampe dem Mann mit der Stirnwunde. Die zwei matten Nacht- oder Notlämpchen, die hier drin brannten, waren als Beleuchtung kläglich genug und für die Stimmung noch schlimmer.

»Wir nehmen den Funker und die Stewardeß mit«, erklärte ich. »In zwanzig Minuten sind wir wieder da. Und wenn Sie am Leben bleiben wollen, dann lassen Sie diese Tür fest zu.«

»Was für ein außerordentlich brüsker junger Mann!« murmelte die ältere Dame. Ihre Stimme klang tief und voll.

»Ist nur notgedrungen, gnädige Frau«, erwiderte ich trocken. »Würden Sie langatmige und blumenreiche Reden vorziehen, während Sie dabei erfrieren?«

»Wissen Sie, eigentlich nicht, junger Mann«, sagte sie halb ernsthaft, halb spöttisch.

In der Enge der zertrümmerten Führerkanzel, in fast völliger Finsternis, während der eisgesättigte Sturm durch die Fenster pfiff, hatten wir es verteufelt schwer, den verletzten Funker zu dem wartenden Schlitten hinunterzubefördern. Ich glaube, ohne die Hilfe des kräftigen jungen Passagiers hätten wir es gar nicht geschafft, aber zu guter Letzt glückte es doch. Er und ich ließen die Tragbahre zu Jackstraw und Joss hinuntergleiten, die sie entgegennahmen und auf den Schlitten schnallten. Dann ließen wir die Stewardeß hinunter. Ich glaubte, sie aufschreien zu hören, als sie an den Handgelenken in unseren Händen hing, und mir fiel ein, daß Jackstraw erwähnt hatte, ihr Rücken sei verletzt. Aber für so etwas hatten wir jetzt keine Zeit.

Ich sprang hinunter, und ein paar Sekunden später folgte mir der junge Mann. Ich hatte nicht vorgehabt, ihn mitzunehmen, aber es konnte nicht schaden. Irgendwann einmal mußte er sich auf den Weg machen, und den Schlitten brauchte er ja doch nicht zu benützen.

Der Wind hatte vielleicht ein wenig nachgelassen, aber die

Kälte war grausamer denn je. Sogar die Hunde kauerten unglücklich im Schutz des Flugzeugs. Ab und zu reckte einer von ihnen protestierend den Hals und stieß einen langgezogenen, klagenden Wolfsruf aus, einen unbeschreiblich schaurigen Laut. Aber ihr Jammer kam uns nur zugute – wie Jackstraw bemerkte, fieberten sie danach, lospreschen zu dürfen.

Den Wind und die Eisdrift im Rücken, liefen sie denn auch wie die Teufel. Zuerst stapfte ich mit der Fackel voran, aber Balto, der große Leithund, stieß mich zur Seite und raste in die Finsternis hinein. Ich war klug genug, ihm seinen Willen zu lassen. Der verharschte Boden war glatt und flach wie Flußeis. Kein Krankenwagen hätte den Funker so bequem transportieren können wie unser Schlitten in dieser Nacht.

Wir brauchten nicht mehr als fünf Minuten, um unsere Hütte zu erreichen, und nach drei weiteren Minuten waren wir wieder unterwegs.

Es waren arbeitsreiche drei Minuten. Jackstraw zündete schnell den Ölofen, die Öllampe und die Vergaserlampe an, während Joss und ich den Verletzten auf ein Klappbett vor den Ofen legten, ihn in meinen Schlafsack schoben, ein halbes Dutzend Wärmepolster hineinlegten – wasserdichte Beutel mit einer Chemikalie, die Wärme abgibt, wenn man Wasser dazutut –, eine zusammengerollte Decke unter seinen Nacken stopften, damit der Hinterkopf nicht das Bett berührte, und den Reißverschluß des Schlafsacks zuzogen. Ich besaß genug chirurgische Instrumente, um zu tun, was zu tun war, aber das mußte warten, nicht nur deshalb, weil wir noch andere zu retten hatten – der Mann, der da so still, so kreidebleich zu unseren Füßen lag, hatte dermaßen unter dem Schock und der Kälte gelitten, daß es sein Tod gewesen wäre, wenn man ihn angerührt hätte. Mich wunderte, daß er bisher durchgehalten hatte.

Ich forderte die Stewardeß auf, Kaffee zu kochen, gab ihr die nötigen Weisungen, und dann ließen wir sie und den kräftigen jungen Mann zurück: Sie wärmte einen Topf Wasser auf einem Stoß Meta-Tabletten, der junge Mann blickte grenzenlos erstaunt in den Spiegel, während er mit der einen Hand die Wange und das Kinn knetete und mit der anderen eine kalte Kompresse an das eine erfrorene Ohr drückte. Wir nahmen die warmen Kleider mit, die wir ihnen geliehen hatten, ferner einige Rollen Verbandzeug, und brachen auf.

Zehn Minuten später waren wir wieder am Flugzeug angelangt. Trotz der Isolierung war die Temperatur im Innern der Kabine bereits um mindestens fünf Grad gesunken, und fast alle zitterten vor Kälte. Einige schlugen sich mit den Armen warm. Sogar der Dixie-Oberst war jetzt ganz klein geworden. Die ältere Dame, fest in ihren Pelzmantel gehüllt, sah auf ihre Uhr und lächelte.

»Genau zwanzig Minuten, Sie sind sehr pünktlich, junger Mann.«

»Man tut, was man kann.« Ich legte das Kleiderbündel auf einen Sitz und deutete mit einem Kopfnicken auf den Inhalt eines Rucksacks, den Joss und Jackstraw leerten. »Verteilt diese Sachen unter euch und beeilt euch. Ihr sollt sofort von hier weg – meine beiden Freunde werden euch führen. Vielleicht ist jemand von Ihnen so freundlich, bei mir zu bleiben.« Ich nickte zu dem jungen Mädchen hin, das immer noch ganz allein auf ihrem rückwärtigen Platz saß und den linken Unterarm in die Hand stützte. »Ich brauche Hilfe, um die junge Dame zu verarzten.«

»Verarzten?« Es war die exquisite junge Frau mit dem exquisiten Pelzwerk, die zum erstenmal den Mund aufmachte. Ihre Stimme war genauso exquisit wie alles andere an ihr. »Warum? Was ist denn los mit ihr?«

»Sie hat sich das Schlüsselbein gebrochen«, erwiderte ich kurz.

»Das Schlüsselbein gebrochen?« Die ältere Dame war aufgestanden, ihre Miene eine hübsche Mischung von Besorgnis und Entrüstung. »Und da sitzt sie die ganze Zeit allein! Warum haben Sie es nicht erwähnt? Wie töricht von Ihnen!«

»Ich habe es vergessen«, antwortete ich sanft. »Außerdem hätte es ihr nichts genützt.« Ich betrachtete die junge Frau im Nerz. Ich hatte weiß Gott nicht besonders viel für sie übrig, aber das verletzte junge Mädchen machte auf mich einen fast krankhaft scheuen Eindruck. Sie würde sicherlich lieber ein Mitglied ihres eigenen Geschlechts um sich haben. »Hätten Sie Lust, mir behilflich zu sein?«

Sie sah mich an, mit einem verwunderten kalten Blick, der durchaus angebracht gewesen wäre, wenn ich ein schändliches oder unanständiges Ansinnen an sie gestellt hätte, aber bevor sie antworten konnte, mischte die ältere Dame sich wieder ein.

»Ich bleibe. Ich möchte gern etwas tun.«

»Tja...«, begann ich unschlüssig, aber sie unterbrach mich sofort.

»Na was denn? Halten Sie mich für zu alt, wie?«

»Nein, nein, natürlich nicht«, protestierte ich.

»Ein frecher, aber galanter Lügner.« Sie lächelte. »Los, wir vergeuden sonst die wertvolle Zeit, um die Sie immer so sehr besorgt sind.«

Wir setzten das junge Mädchen auf den ersten der rückwärtigen Sitze und hatten ihr soeben den Mantel ausgezogen, da rief Joss mir zu:

»Wir gehen jetzt, Sir. In zwanzig Minuten sind wir wieder da.«

Als die Tür sich hinter dem letzten schloß und ich eine Verbandsrolle öffnete, betrachtete mich die alte Dame mit wunderlichem Blick.

»Wissen Sie denn auch, was Sie zu tun haben, junger Mann?«

»Mehr oder weniger. Ich bin Arzt.«

»Arzt? So?« Sie musterte mich mit unverhohlenem Mißtrauen, das vermutlich nicht ganz unberechtigt war – ich mit meinem dicken, ölverschmierten und übelriechenden Pelzwerk, ganz zu schweigen davon, daß ich mich drei Tage lang nicht rasiert hatte. »Bestimmt?«

»Aber selbstverständlich«, sagte ich etwas gereizt. »Was erwarten Sie denn von mir? Daß ich mein Diplom unter der Parka hervorhole oder eine Messingtafel mit den Sprechstunden um den Hals trage?«

»Wir werden gut miteinander auskommen, junger Mann«, erklärte sie, leise in sich hineinlachend. Dann wandte sie sich an das junge Mädchen: »Wie heißen Sie, liebes Kind?«

»Helene.« Wir konnten es kaum hören, so leise klang die Stimme. Ihre Verlegenheit war geradezu peinlich.

»Helene? Hübscher Name.« Aus ihrem Mund klang er wirklich sehr hübsch. »Sie sind doch keine Engländerin, nein? Auch keine Amerikanerin?«

»Ich komme aus Deutschland, gnädige Frau.«

»Sagen Sie nicht ›gnädige Frau‹ zu mir. Sie sprechen übrigens ein ausgezeichnetes Englisch. Aus Deutschland? Aus Bayern vielleicht?«

»Ja.« Das recht unansehnliche Gesicht wurde durch ein strahlendes Lächeln verschönt. In Gedanken verbeugte ich mich vor der alten Dame, weil sie es so gut verstand, die Gedanken des jungen Mädchens von den Schmerzen abzulenken. »Aus München. Kennen Sie München?«

»Wie meine Westentasche«, erwiderte sie selbstzufrieden. »Und nicht nur das Hofbräuhaus. Sie sind noch sehr jung, ja?«

»Siebzehn.«

»Siebzehn.« Ein wehmütiger Seufzer. »Ach, mein Kind, ich erinnere mich an die Zeit, als ich siebzehn war. Eine andere Welt. Damals gab es keine transatlantischen Verkehrsflugzeuge, das dürfen Sie mir glauben.«

»Die Brüder Wright waren ja kaum erst gestartet«, murmelte ich. Das Gesicht war mir mehr als vertraut gewesen, und ich ärgerte mich, daß ich so lange gebraucht hatte, um es zu plazieren – wahrscheinlich deshalb, weil ihre gewohnte Umgebung sich so unendlich von dieser rauhen und eisigen Welt hier unterschied.

»Wollen Sie mich beleidigen, junger Mann?« fragte sie. Aber sie sah durchaus nicht gekränkt aus.

»Ich kann mir nicht vorstellen, daß je ein Mensch Sie beleidigt haben sollte. In den Tagen Eduards lag Ihnen die Welt zu Füßen, Miß LeGarde.«

»Sie kennen mich also?« Das schien ihr wirklich Freude zu machen.

»Es dürfte sich schwerlich jemand finden lassen, der den Namen Marie LeGarde nicht kennt.« Ich nickte dem jungen Mädchen zu. »Sehen Sie, auch Helene kennt ihn.« Aus der ehrfürchtigen Miene der jungen Deutschen war zu ersehen, daß ihr der Name ebensoviel besagte wie mir. Zwanzig Jahre lang Königin des Varietés, dreißig Jahre lang Königin der Operettenbühne, überall, wo man sie kannte, beliebt – nicht einmal so sehr wegen ihrer genialen Begabung, sondern wegen ihrer angeborenen Freundlichkeit und Güte, die sie durch eine spitze und giftige Zunge vor der Welt zu verbergen suchte, und wegen der Waisenhäuser, die sie zu einem halben Dutzend in England und auf dem Kontinent finanzierte –, war Marie LeGarde einer der wenigen wahrhaft internationalen Namen in der Welt der Unterhaltung.

»Ja, ja, ich sehe, daß Sie meinen Namen kennen.« Lächelnd sah sie mich an. »Aber wieso haben Sie mich erkannt?«

»Natürlich nach Ihrem Foto. Ich habe es neulich in ›Life‹ gesehen, Miß LeGarde.«

»Meine Freunde nennen mich Marie.«

»Ich kenne Sie kaum«, wandte ich ein.

»Es hat mich ein kleines Vermögen gekostet, das Foto retuschieren zu lassen, bis ich halbwegs passabel war«, erwiderte sie, mich gleichsam beim Wort nehmend. »Es ist ein großartiges Bild, weil es sehr wenig Ähnlichkeit hat mit dem Gesicht, das ich mit mir herumtrage. Wer mich nach diesem Foto wiedererkennt, ist mein Freund für ewig.«

Ich schwieg und widmete mich der Aufgabe, Helenes Arm und Schulter so rasch wie möglich zu bandagieren. Sie war blau vor Kälte und konnte sich des Zitterns nicht erwehren. Aber sie muckste nicht, und als ich fertig war, schenkte sie mir ein dankbares Lächeln. Marie LeGarde musterte beifällig mein Werk.

»Ich glaube wirklich, Sie haben im Vorbeigehen einige Anfangsgründe Ihres Metiers aufgeschnappt, Doktor.... äh...«

»Mason. Peter Mason. Peter für meine Freunde.«

»Also: Peter. Vorwärts, Helene, so schnell wie möglich in die Kleider!«

Fünfzehn Minuten später waren wir an der Hütte. Jackstraw ging die Hunde ausspannen und festbinden, während Joss und ich den beiden Frauen über die vereisten Stufen von der Falltür hinunterhalfen. Kaum aber war ich unten angelangt, da vergaß ich Marie LeGarde und Helene und betrachtete fassungslos den Anblick, der sich mir bot. Ich merkte nur ganz flüchtig, daß Joss neben mir stand und der Zorn, der Unmut in seinen Zügen langsam einem widerwilligen Entsetzen wich. Denn was wir erblickten, betraf zwar uns alle, ihn aber am meisten.

Der verletzte Funker lag noch immer so da, wie wir ihn verlassen hatten. Auch die anderen waren alle in einem ungefähren Halbkreis rund um ihn und um eine Stelle links vom Ofen versammelt. Mitten drin lag zu ihren Füßen, umgestülpt und mit der einen Ecke richtiggehend in den Holzboden eingebohrt, das große Sende- und Empfangsgerät der kanadischen Luftwaffe, unsere einzige Kontaktmöglichkeit mit der Außenwelt, unser einziges Mittel, Hilfe anzufordern. Ich verstehe so gut wie nichts von Radioapparaten, aber es wurde mir – und, wie ich sehen konnte, ebenso auch dem Halbkreis der faszinierten Zuschauer – in erschreckender Weise klar, daß das Gerät rettungslos zertrümmert war.

Drittes Kapitel

Montag, 2.00–3.00 Uhr

Eine halbe Minute verstrich in tiefem Schweigen, eine halbe Minute, bevor ich mir zutrauen durfte, etwas zu sagen, ja bevor ich überhaupt imstande war, etwas zu sagen. Als ich dann endlich soweit war, klang meine Stimme unnatürlich leise in der unheimlichen Stille, die nur durch das unablässige Rasseln der Anemometerschalen über uns gestört wurde.

»Wunderbar! Wirklich wunderbar! Der vollendete Abschluß eines vollendeten Tages.« Langsam blickte ich von einem zum anderen, zeigte dann auf das zertrümmerte Sendegerät. »Welcher gottverdammte Idiot ist dafür verantwortlich – für diesen Geniestreich?«

»Was unterstehen Sie sich, Sir!« Der weißhaarige Herr, den ich im Geiste ›Dixie-Oberst‹ getauft hatte, trat einen Schritt vor, das Gesicht zorngerötet. »Hüten Sie Ihre Zunge. Wir sind keine kleinen Kinder, die man...«

»Seien Sie still!« unterbrach ich, und es muß ziemlich beunruhigend geklungen haben, denn er verstummte, obwohl seine Fäuste geballt blieben. Wieder sah ich alle an. »Nun?«

»Leider... leider bin ich es gewesen«, erwiderte die Stewardeß stockend. Ihre braunen Augen waren genauso unnatürlich groß, ihr Gesicht so weiß und verzerrt wie vorhin. »Es ist meine Schuld.«

»Sie! Der einzige Mensch in diesem Kreis, der wissen müßte, wie lebenswichtig das Radio ist! Ich kann es nicht glauben.«

»Ich fürchte, Sie werden es glauben müssen.« Die gelassene und beherrschte Stimme war die des Mannes mit der Stirnwunde. »Zu dem entsprechenden Zeitpunkt war niemand in der Nähe des Geräts.«

»Was ist denn Ihnen passiert?« Ich sah, daß seine Hand zerschunden war und blutete.

»Ich bin hingelaufen, als ich es umfallen sah.« Er lächelte eigenartig. »Ich hätte mir die Mühe ersparen können. Das verdammte Ding ist schwer.«

»Allerdings. Besten Dank jedenfalls, daß Sie einen Versuch gemacht haben. Ich werde Ihnen nachher die Hand verbinden.«

Nun wandte ich mich wieder zu der Stewardeß. Nicht einmal ihr blasses und erschöpftes Gesicht und die Zerknirschung in ihrem Blick konnten meine Wut – und auch meine Furcht – besänftigen. »Es ist Ihnen wohl in den Fingern zerbrochen!«

»Ich habe mich doch schon entschuldigt. Ich... ich kniete gerade neben Jimmy...«

»Wer ist Jimmy?«

»Jimmy Waterman – der zweite Pilot. Ich...«

»Ich dachte, er wäre Funker.«

»Nein. Wir hatten drei Piloten – aber keinen Funker.«

»Keinen...?« Ich unterbrach mich und stellte eine andere Frage. »Wer ist der Mann im Ruheraum? Der Navigationsoffizier?«

»Wir haben auch keinen Navigationsoffizier. Harry Williamson ist – war unser Bordmechaniker.«

Kein Funker, kein Navigationsoffizier. Vieles hatte sich verändert, seit ich vor etwa einem Jahr mit einem Stratosphärenflugzeug über den Atlantik geflogen war. Ich gab es auf, kehrte zu meiner ursprünglichen Frage zurück und deutete mit einem Kopfnicken auf das zertrümmerte Gerät.

»Also – wie ist es passiert?«

»Als ich aufstand, stieß ich an den Tisch an und – na, da ist es heruntergefallen.« Ihre Stimme verebbte zögernd.

»Einfach heruntergefallen?« wiederholte ich skeptisch. »Ein fünfundsiebzig Kilo schweres Gerät – und Sie haben es so ganz einfach vom Tisch gefegt?«

»Ich habe es nicht umgeworfen. Die Beine sind weggeknickt.«

»Es hat keine Beine, die wegknicken könnten«, sagte ich kurz. »Scharniere.«

»Also dann die Scharniere.«

Ich sah Joss an, der für die Aufstellung sowohl des Tisches als auch des Geräts verantwortlich war. »Ist das möglich?«

»Nein.« Es klang schroff und endgültig.

Wieder die Stille, die Spannung, die vom Unbehaglichen zum fast Unerträglichen anwuchs. Aber ich begann einzusehen, daß im Augenblick durch weitere Fragen nichts zu gewinnen, aber viel zu verlieren war. Das Radio war kaputt. Damit basta.

Wortlos wandte ich mich um, hängte meine Pelze an die Nägel in den Wänden, nahm Brille und Handschuhe ab und wandte mich dann zu dem Mann mit der Stirnwunde.

»Darf ich mir einmal Ihren Kopf und Ihre Hand ansehen? Das ist ein recht übler Riß an der Stirn. Vergessen wir bis auf weiteres das Radio. Joss, machen Sie uns erst einmal Kaffee – eine ganz große Kanne.« Ich drehte mich zu Jackstraw um, der soeben die Stufen von der Falltür heruntergekommen war und das zerbrochene Funkgerät anstarrte. »Ich weiß, Jackstraw, ich weiß. Ich erkläre es Ihnen später – obwohl ich selber nicht orientiert bin. Holen Sie bitte ein paar leere Kisten als Sitzgelegenheiten aus dem Schacht. Und eine Flasche Cognac. Wir können sie alle gebrauchen.«

Ich hatte soeben begonnen, die Stirnwunde zu waschen, als der liebenswürdige junge Mann, der mitgeholfen hatte, den zweiten Piloten aus dem Flugzeugwrack hinunterzulassen, zu uns herüberkam. Ich blickte auf und sah, daß ich mich in seiner Liebenswürdigkeit geirrt haben mochte. Seine Miene war nicht ausgesprochen feindselig, aber in seinen Augen lag der kühl abschätzende Ausdruck eines Menschen, der aus Erfahrung weiß, daß er mit fast allen, angenehmen oder unangenehmen, Situationen, die ihm jemals begegnen würden, fertig werden könne.

»Hören Sie zu«, begann er ohne Umschweife, »ich weiß nicht, wer Sie sind oder wie Sie heißen, aber wir alle sind Ihnen selbstverständlich äußerst dankbar für die Hilfe, die Sie uns geleistet haben. Es ist mehr als wahrscheinlich, daß wir Ihnen unser Leben verdanken. Das anerkennen wir. Uns ist jetzt auch bekannt, daß Sie Wissenschaftler sind, und wir begreifen, daß Ihnen Ihre Ausrüstung besonders am Herzen liegt. Einverstanden?«

»Einverstanden.« Ich betupfte die Stirn des Verletzten reichlich mit Jod – und betrachtete den anderen, der mich angeredet hatte. Ein Mann, überlegte ich mir, den man nicht unterschätzen darf. Hinter den kräftigen, intelligenten Zügen lag eine Härte, eine Zielbewußtheit, die er sich bestimmt nicht zugleich mit der lässigen, kultivierten Stimme auf der vornehmen Universität erworben hatte, die er sicher besucht hatte. »Haben Sie sonst noch etwas zu bemerken?«

»Ja. Wir finden – Verzeihung, *ich* finde, daß Sie unsere Stewardeß unnötig grob behandelt haben. Sie sehen doch, in welchem Zustand sich das arme Kind befindet. Schön, dann ist eben Ihr Radio kaputt und Sie sind fuchsteufelswild – aber es liegt kein Grund vor, solche Tänze aufzuführen.« Das alles sagte er in ruhigem Gesprächston. »Funkgeräte sind nicht unersetzlich. Ihr Radio wird Ihnen ersetzt, das verspreche ich Ihnen. Binnen einer Woche, in spätestens zehn Tagen haben Sie ein neues.«

»Sehr freundlich«, erwiderte ich sarkastisch. Ich machte den Verband fertig und richtete mich auf. »Ich weiß Ihr Angebot zu schätzen – aber Sie haben eines nicht in Betracht gezogen. In zehn Tagen sind Sie vielleicht tot. In zehn Tagen seid ihr vielleicht alle tot.«

»Wir alle sind...?« Er unterbrach sich und starrte mich an. Seine Miene wurde sichtlich härter. »Was soll das heißen?«

»Das soll heißen, daß ohne dieses Funkgerät, das Sie so leichthin abtun, Ihre Chancen – unsere Chancen –, am Leben zu bleiben, nicht besonders groß sind. Eigentlich sind sie sehr gering. Das Radio als solches ist mir keinen Cent wert.« Ich musterte ihn neugierig, und ein ungeheuerlicher Gedanke schoß mir durch den Kopf; zumindest war er ein paar Sekunden lang ungeheuerlich, bis mir die Wahrheit aufdämmerte. »Haben Sie – hat irgend jemand unter euch auch nur die leiseste Ahnung, wo wir uns im gegenwärtigen Augenblick befinden?«

»Selbstverständlich!« Der junge Mann zuckte fast unmerklich die Achseln. »Ich weiß nur nicht genau, wie weit es bis zur nächsten Kneipe ist...«

»Ich habe es allen mitgeteilt«, warf die Stewardeß ein. »Man fragte mich danach – kurz bevor Sie erschienen sind. Ich dachte zuerst, Kapitän Johnson hätte im Schneesturm den Flughafen von Reykjavik verfehlt. Aber wir sind auf dem Lang-jökull, nicht wahr?« Sie sah meine Miene und fuhr hastig fort: »Oder auf dem Hofs-jökull? Ich meine, wir kamen in mehr oder weniger nordöstlicher Richtung aus Gander, und das sind die beiden einzigen Schneefelder oder Gletscher, oder wie sie heißen, auf Island, wenn man aus dieser Richtung...«

»Island? Sagten Sie Island?«

Sie nickte stumm. Alle starrten sie an, und als sie nicht antwortete, schwenkten die Blicke zu mir, als hätte man auf einen Knopf gedrückt.

»Island!« wiederholte ich. »Meine liebe junge Dame, momentan befinden Sie sich in einer Höhe von etwa dreitausend Metern mitten in der Eiswüste Grönlands.«

Eine stärkere Wirkung hätte sich niemand wünschen können. Ich bezweifle, daß selbst Marie LeGarde jemals eine bessere

Reaktion bei ihrem Publikum ausgelöst hatte. Alle schienen zur gleichen Zeit durcheinanderzureden, aber es war die Stewardeß, die meine Aufmerksamkeit erregte, indem sie herankam und mich an den Rockaufschlägen packte. Ich sah einen Brillantring an ihrer Hand funkeln und glaubte mich undeutlich zu erinnern, daß das gegen die Vorschriften der Fluglinie sei.

»Was soll das für ein Scherz sein? Es ist doch unmöglich!«

Sie merkte meiner Miene an, daß ich nicht scherzte, und ihre Hände packten noch fester zu. Dann ging es in wildem Tempo weiter:

»Wie – kann denn das sein? Wir flogen die Strecke Gander – Reykjavik. Grönland? Da kommen wir nirgendwo heran. Die automatische Steuerung... die Funkstrahlen und... und jede halbe Stunde ein Kontrollanruf bei der Basis. Nein, es ist ganz ausgeschlossen! Warum erzählen Sie uns solche Geschichten?« Jetzt zitterte sie, aber ich wußte nicht, ob aus nervöser Erregung oder vor Kälte. Der kräftige junge Mann mit dem vornehmen Akzent legte unbeholfen den Arm um ihre Schulter, und ich sah sie zusammenzucken. Es schien ihr doch irgend etwas weh zu tun – aber das hatte abermals Zeit.

»Joss!« rief ich. Er blickte vom Ofen auf, wo er Kaffee in dicke Tassen goß. »Sagen Sie den Herrschaften, wo wir uns befinden.«

»Gut 72° 40' nördlicher Breite, 40° 10' westlicher Länge«, erwiderte Joss ungerührt. Seine Stimme schnitt scharf durch den Wirrwarr ungläubigen Geredes. »Fünfhundert Kilometer von der nächsten menschlichen Behausung entfernt. Über sechshundert Kilometer nördlich des Polarkreises. Nahezu tausendzweihundert Kilometer von Reykjavik, tausendfünfhundert Kilometer von Kap Farvel, dem südlichsten Punkt Grönlands, und ein Stückchen weiter vom Nordpol entfernt. Und falls jemand uns nicht Glauben schenken will, Doktor, schlage ich vor, daß er einen kleinen Spaziergang unternimmt – egal, in welche Richtung. Dann wird er bald entdecken, wer recht hat.«

Joss' ruhige, sachliche Feststellung war mehr wert als eine halbe Stunde heftiger Argumente und Erklärungen. Im Nu waren sie alle überzeugt – und warfen noch mehr Probleme auf als zuvor. Protestierend erhob ich die Hand, als wollte ich mich vor den zahllosen Fragen schützen, die von allen Seiten her auf mich niederprasselten.

»Alles nach und nach, bitte, obwohl ich eigentlich auch nicht mehr weiß als ihr – vielleicht mit einer einzigen Ausnahme. Zuerst aber eine Runde Kaffee und Cognac.«

»Cognac?« Die exquisite junge Dame war, wie ich konstatiert hatte, die erste gewesen, die sich eine der leeren Holzkisten aneignete, welche Jackstraw als Sitzgelegenheiten angeschleppt hatte. Nun blickte sie unter der Rundung ihrer exquisit modellierten Augenbrauen empor. »Halten Sie das für klug?« Ihr Ton ließ kaum einen Zweifel an ihrer Meinung bestehen.

»Selbstverständlich.« Ich zwang mich, höflich zu bleiben. »Warum denn nicht?«

»Öffnet die Poren, lieber Herr«, erwiderte sie in honigsüßem Ton. »Ich dachte, daß das jeder weiß – wie gefährlich es ist, wenn man sich nachher der Kälte aussetzt. Hatten Sie es vergessen? Unsere Koffer, unsere Nachtsachen im Flugzeug – jemand wird sie holen müssen.«

»Reden Sie nicht so grenzenlosen Unsinn daher! Niemand wird heute nacht diese Hütte verlassen. Sie werden in Ihren Kleidern schlafen – wir sind nicht im Grandhotel. Wenn der Sturm sich legt, werden wir vielleicht morgen früh versuchen, eure Sachen zu holen.«

»Aber...«

»Wenn Sie gar so verzweifelt sind, dann, bitte, gehen Sie doch selber. Wollen Sie es probieren?« Das war sehr ungehobelt, aber sie hatte nun einmal eine solche Wirkung auf mich. Ich wandte mich ab und sah, wie der Geistliche oder Pfarrer mit erhobener Hand den angebotenen Cognac ablehnte.

»Los, trinken Sie«, sagte ich ungeduldig.

»Ich glaube nicht, daß ich mir das erlauben darf.« Seine Stimme klang schrill, aber seine Aussprache war klar und deutlich, und es irritierte mich ein wenig, daß sie so restlos zu seinem Aussehen paßte, daß sie genauso war, wie man es erwartet hätte. Er lachte ein nervöses, verlegenes Lachen. »Wissen Sie, meine Pfarrkinder...«

»In Ihrer Bibel gibt es massenhaft Präzedenzfälle, Hochwürden. Das wissen Sie besser als ich. Es wird ihnen wirklich guttun.«

»Nun, schön, wenn Sie meinen...« Zaghaft nahm er das Glas entgegen, als ob der leibhaftige Beelzebub es ihm reichte, aber ich stellte fest, daß die Methode und die Schnelligkeit, mit der er den Inhalt vertilgte, keineswegs so zurückhaltend waren. Der Ausdruck, der sich sodann über sein Gesicht ausbreitete, läßt sich nur mit ›selig‹ beschreiben. Ich begegnete Marie LeGardes Blick und mußte über ihr Zwinkern lachen.

Seine Hochwürden war nicht der einzige, der sich den Kaffee – und den Cognac – gut schmecken ließ. Mit Ausnahme der Stewardeß, die zerstreut an ihrem Glas nippte, hatten auch die anderen ihre Gläser geleert, und ich hielt es für richtig, einen zweiten Martell aufzutischen. In der Gesprächspause beugte ich mich über den Verwundeten auf dem Fußboden. Sein Puls schlug langsamer, regelmäßiger, und sein Atem war nicht mehr so kurz. Ich schob ihm noch einige Heizbeutel in den Schlafsack und zog den Reißverschluß zu.

»Glauben sie, daß es ihm besser geht?« Die Stewardeß stand so dicht neben mir, daß ich sie streifte, als ich mich aufrichtete. »Mir kommt es so vor, finden Sie nicht auch?«

»Ein wenig. Er hat aber den Wund- und Kälteschock noch nicht überwunden.« Ich musterte sie forschend, und auf einmal tat sie mir beinahe leid. Beinahe, nicht ganz – mir gefiel die Richtung nicht, in die meine Gedanken mich drängten. »Ihr seid ziemlich oft miteinander geflogen?«

»Ja.« Mehr wollte sie nicht sagen. »Sein Kopf – meinen Sie ...«

»Später. Darf ich mir jetzt einmal ganz schnell Ihren Rücken ansehen?«

»*Was* ansehen?«

»Ihren Rücken«, erwiderte ich geduldig. »Ihre Schultern. Sie scheinen Ihnen weh zu tun. Ich werde einen Wandschirm aufstellen.«

»Nein, nein, mir fehlt nichts.« Sie wich zurück.

»Keine Dummheiten, liebes Kind.« Ich fragte mich, welchem Kunstgriff es zu verdanken sei, daß Marie LeGardes Stimme so klar und kräftig klang. »Er ist wirklich Arzt.«

»Nein!«

Ich zuckte die Achseln und griff nach meinem Cognacglas. Unglücksboten sind seit jeher unbeliebt. Ihre Reaktion war wohl das moderne Äquivalent der Haltung des klassischen Despoten, der seinen Dolch zückt. Wahrscheinlich, sagte ich mir, sind es ohnedies nur ein paar Hautabschürfungen, und ich drehte mich zu den anderen um.

Eine sonderbar zusammengewürfelte Schar, gelinde gesagt, aber schließlich würde jede beliebige Gruppe von Menschen in eleganten Anzügen und Kostümen, Trilbyhüten und Nylonstrümpfen sich seltsam ausgenommen haben vor dem Hintergrunde dieser Hütte, wo jede auch noch so entfernte Andeutung zivilisierter Lebensformen beseitigt und rücksichtslos dem ausschließlichen Zweck der Selbsterhaltung untergeordnet war.

Es war eine öde, rein zweckbetonte, vierkantige Schachtel, sechs mal sechs Meter. Der Fußboden bestand aus ungehobelten gelben Fichtenholzbrettern, die Wände waren aus Faserplatten zusammengesetzt und mit Kapok isoliert: der untere Teil mit grüngestrichenem Asbest verkleidet, der obere Teil und die gesamte Decke mit glitzerndem Aluminium, um möglichst viel Wärme und Licht zurückzuwerfen. Ein dünner, stets vorhandener Eisbelag kletterte an den vier Wänden mindestens bis zur Mitte hinauf und reichte in den Ecken, die am weitesten vom Ofen entfernt und folglich am kältesten waren, bis fast an die Decke. In sehr kalten Nächten, wie zum Beispiel heute, erreichte das Eis die Decke und begann zu den opaken Eiskrusten hinzukriechen, die ständig die unteren Kanten unserer reifbeschlagenen, undurchsichtigen Dachfenster umrandeten.

Die beiden Ausgänge waren in die Wände eingelassen: Der eine führte zur Falltür, der andere zu dem Schnee- und Eistunnel, in dem wir unsere Lebensmittel, das Benzin, das Öl, die Batterien, die Radiogeneratoren, Sprengstoffe für seismologische und glaziologische Untersuchungen und hunderterlei andere Sachen aufbewahrten. Auf halbem Weg zweigte in rechtem Winkel ein zweiter Schacht ab, der immer länger wurde, und zwar in dem Maße, wie wir die Schneeblöcke herausschnitten, die geschmolzen wurden, um uns Wasser zu liefern. Am äußersten Ende des Haupttunnels lag unsere primitive Toilette.

Eine andere Wand und auch noch die Hälfte der Wand mit der Falltür waren mit zwei Reihen schmaler Kojen versehen – insgesamt acht. Eine weitere Sechsmeterwand war zur Gänze dem Ofen, der Werkbank, dem Radiotisch und den Behältern für die meteorologischen Instrumente gewidmet. An der restlichen Wand häuften sich die Konservendosen und Lebensmittelpakete, nun zum größten Teil leer, die aus dem Schacht hereingeholt worden waren, um den langsamen Prozeß des Auftauens durchzumachen.

Langsam betrachtete ich das alles, ebenso langsam musterte ich sodann die Versammelten. Der Kontrast war dermaßen grotesk, daß man beinahe seinen eigenen Augen nicht getraut hätte. Aber sie waren nun einmal da, und ich hatte sie auf dem Hals. Nun waren sie alle verstummt, sahen mich an, warteten darauf, daß ich etwas sagte, zusammengekauert saßen sie in einem engen Halbkreis um den Ofen herum und schauderten vor Kälte. Ich seufzte in mich hinein und stellte mein Glas weg.

»Nun ja, es sieht so aus, als würden Sie für ein Weilchen unsere Gäste sein, also wollen wir uns miteinander bekannt machen. Wir zuerst.« Ich deutete mit einem Kopfnicken auf Joss und Jackstraw, die mit dem zerbrochenen Funkgerät beschäftigt waren, das sie wieder auf den Tisch gestellt hatten. »Links Joseph London aus London, unser Funker.«

»Arbeitslos«, murmelte Joss.

»Rechts Nils Nielsen. Schauen Sie sich den Mann genau an, meine Damen und Herren. In diesem Augenblick beten vermutlich die Schutzengel Ihrer jeweiligen Versicherungsgesellschaften für sein weiteres Wohlbefinden. Wenn Sie lebend davonkommen, werden Sie es wahrscheinlich ihm zu verdanken haben. Er dürfte mehr als jeder andere die Bedingungen kennen, unter denen sich hier auf Grönland ein Mensch am Leben erhalten kann.«

»Sie nannten ihn doch vorhin ›Jackstraw‹«, murmelte Marie LeGarde.

»Mein Eskimoname.« Jackstraw hatte sich umgedreht und lächelte ihr zu. Zum erstenmal hatte er die Kapuze abgenommen. Ich sah Marie LeGardes Erstaunen, als sie das blonde Haar, die blauen Augen erblickte, und es war, als hätte Jackstraw ihre Gedanken erraten. »Zwei meiner Großeltern waren Dänen. Die meisten Grönländer haben heutzutage ebensoviel dänisches Blut in sich wie Eskimoblut.« Ich war erstaunt, ihn so sprechen zu hören. Das war ein Tribut an Marie LeGardes Persönlichkeit – sein Stolz auf seine Eskimoherkunft wurde nur noch durch seine überaus starke Empfindlichkeit in diesem Punkt übertroffen.

»Schau, schau, wie interessant!« Die exquisite junge Dame lehnte sich auf ihrer Kiste zurück, die Hände über einem exquisit bestrumpften Knie verschränkt. In ihrer Miene spiegelte sich genau die vornehme Herablassung ihres Tonfalls. »Mein allererster Eskimo.«

»Haben Sie keine Angst, meine Dame.« Jackstraws Grinsen war noch breiter als sonst, und ich wurde ein wenig unruhig. Hinter der fast unveränderlichen, für die Eskimo typischen Fröhlichkeit und Gutmütigkeit verbarg sich ein explosives Temperament, das er wahrscheinlich von einem Wikinger unter seinen ältesten Vorfahren geerbt hatte. »Es färbt nicht ab.«

Das Schweigen, das nun eintrat, war mit bestem Willen nicht als gemütlich zu bezeichnen. Schnell griff ich ein.

»Ich selbst heiße Mason, Peter Mason, und ich leite diese Station des Internationalen Geophysikalischen Jahres. Sie alle wissen ungefähr, was uns in dieser Einöde beschäftigt. Meteorologie, Gletscherforschung, das Studium des Erdmagnetismus, das Nordlicht, die Luftspiegelungen, die Ionosphäre, die kosmischen Strahlen, die magnetischen Stürme und ein Dutzend anderer Dinge, die Sie wohl genausowenig interessieren werden.« Ich machte eine weit ausholende Handbewegung. »Wie Sie sehen, leben wir normalerweise nicht allein hier. Fünf andere sind nach Norden zu unterwegs, um eine kleine Feldexpedition durchzuführen. In etwa drei Wochen wollen sie zurück sein, und dann verlassen wir diese Gegend, bevor der Winter einsetzt und die Küste von Packeis blockiert ist.«

»Bevor der Winter einsetzt?« Der kleine Mann in dem schottischen Jackett starrte mich an. »Wollen Sie mir einreden, daß es noch kälter werden kann?«

»Freilich. Ein Forschungsreisender namens Alfred Wegener hat 1930/31 keine hundert Kilometer von hier überwintert, und die Temperatur fiel auf fünfundsechzig Minusgrade Celsius. Und wer weiß, vielleicht war das noch ein warmer Winter.«

Ich ließ ihnen ein wenig Zeit, um dieses erheiternde Faktum zu verdauen, und fuhr dann fort:

»Das also sind wir. Miß LeGarde – Marie LeGarde – braucht nicht vorgestellt zu werden.« Ein erstauntes Murmeln und Hälserecken zeigte mir, daß ich nicht ganz recht hatte. »Mehr aber weiß ich leider nicht.«

»Corazzini«, sagte der Mann mit der Stirnwunde. Die weiße Binde, durch die das Blut hindurchzusickern begann, bildete einen auffälligen Kontrast zu dem schwarzen Haar. »Nick Corazzini, nach Schottland unterwegs – dem Land der Heide und des Dudelsacks, wie die Reiseprospekte betonen.«

»Urlaub?«

»Leider nein. Ich übernehme die neue Traktorenfirma ›Global‹ bei Glasgow.«

»Traktoren? So, so! Mr. Corazzini, vielleicht werden wir Ihr

Gewicht noch in Gold aufwiegen. Wir haben draußen einen ramponierten Traktor, ein älteres Modell, das sich für gewöhnlich durch wiederholte Beschimpfungen und Schläge mit einem vierpfündigen Hammer in Gang bringen läßt.«

Er schien ein wenig bestürzt. »Natürlich kann ich es versuchen...«

»Ich glaube, Sie haben seit Jahren keinen Traktor mehr angerührt«, warf Marie LeGarde mit einem boshaften Lächeln ein. »Stimmt's, Mr. Corazzini?«

»Ich fürchte, ja«, gestand er zerknirscht. »Aber in dieser Situation will ich gern wieder einmal einen anrühren.«

»Wir werden Ihnen dazu Gelegenheit geben«, versicherte ich. Dann betrachtete ich den Mann neben mir, den geistlichen Herrn.

»Smallwood«, sagte er. Unablässig rieb er seine mageren, weißen Hände, um die Kälte zu verscheuchen. »Ich komme aus Vermont und fahre als Delegierter zur Generalversammlung der Unitarischen und Vereinigten Freikirche nach London. Unsere größte Konferenz seit vielen Jahren. Vielleicht haben Sie davon gehört.«

»Bedaure.« Ich schüttelte den Kopf. »Aber lassen Sie sich dadurch nicht stören. Unser Zeitungsbote bleibt manchmal aus. Und Sie, Sir?«

»Solly Levin. Aus New York«, fügte der kleine Mann im karierten Jackett überflüssigerweise dazu. Er streckte den Arm hoch und legte ihn mit Besitzergeste um die breiten Schultern des jungen Mannes, der neben ihm stand. »Und das ist mein Junge – Johnny.«

»Ihr Sohn?« Ich bildete mir ein, eine leichte Ähnlichkeit zu entdecken.

»Keine Spur«, erwiderte der junge Mann. »Ich heiße Johnny Zagero. Solly ist mein Manager. Es tut mir leid, daß ich einen Mißton in eine so illustre Gesellschaft hineintragen muß« – seine Blicke streiften uns alle, verweilten vielsagend ein wenig länger bei der exquisiten jungen Dame, die neben ihm saß –, »aber ich bin dabei, ein ganz gewöhnlicher Wald-und-Wiesen-Pugilist zu werden. Ein Pugilist ist ein Boxer, Solly.«

»Haben Sie das gehört?« sagte Solly Levin in flehendem Ton. Er reckte die geballten Fäuste zum Himmel. »Hat man so etwas je gehört? Er entschuldigt sich. Johnny Zagero, der kommende Weltmeister im Schwergewicht, entschuldigt sich, daß er Boxer ist! Die weiße Hoffnung der Welt. Gilt als dritter Anwärter auf den Entscheidungskampf. Ein Name, so bekannt wie...«

»Frag Dr. Mason, ob er je von mir gehört hat«, schlug Zagero vor.

»Das besagt nichts.« Ich lächelte. »Sie sehen aber nicht wie ein Boxer aus, Mr. Zagero. Und Sie sprechen auch nicht wie ein Boxer. Ich wußte nicht, daß Boxen zum Lehrplan von Yale gehört. Oder war es Harvard?«

»Princeton«, erwiderte er lächelnd.

Ich wandte mich zu der Dame neben Zagero.

»Miß...«

»Mrs. – Mrs. Dansby-Gregg. Vielleicht haben Sie von mir gehört?«

»Nein.« Ich runzelte die Stirn. »Bedaure sehr.« Freilich hatte ich von ihr gehört, und ich wußte jetzt, daß ich ihren Namen und ihr Bild dutzendmal unter den vielen anderen arbeitslosen und arbeitsunfähigen reichen Elementen gesehen hatte, die von den verschlagenen Klatschkolumnisten der großen Tagespresse zur ›Londoner Gesellschaft‹ aufgebläht werden und deren frenetisches, oft völlig idiotisches und äußerst belangloses Tun und Treiben für Millionen eine unversiegliche Quelle des Interesses ist. Ich glaubte mich zu erinnern, daß Mrs. Dansby-Gregg ganz besonders auf dem Gebiet der öffentlichen Wohltätigkeit aktiv war, ohne mit gleichem Eifer die Bilanzen vorzulegen.

»Na ja, vielleicht ist das nicht gar so verwunderlich. Sie sind ja recht weit vom Zentrum entfernt.« Sie blickte zu dem jungen Mädchen mit dem gebrochenen Schlüsselbein hinüber. »Und das ist die Fleming.«

»Fleming?« Diesmal war mein Stirnrunzeln echt. »Meinen Sie Helene?«

»Helene Fleming. Meine Zofe.«

»Wie?« Ich fühlte die Wut in mir hochsteigen. »Und Sie haben sich nicht einmal bereit erklärt, bei ihr zu bleiben, während ich ihr einen Verband anlegte?«

»Miß LeGarde kam mir zuvor«, erwiderte sie kühl. »Warum sollte ich mich bemühen?«

»Richtig, Mrs. Dansby-Gregg – warum sollten Sie sich bemühen?« sagte Johnny Zagero zustimmend. Er musterte sie lange und nachdenklich. »Sie hätten sich ja die Hände schmutzig machen können.«

Zum erstenmal bekam die sorgsam gepflegte Fassade einen Knacks; das Lächeln wurde starr und mechanisch, die Wangen röteten sich. Mrs. Dansby-Gregg antwortete nicht. Vielleicht wußte sie nichts zu antworten. Leute wie Johnny Zagero kommen nie nahe genug auch nur an den Rand ihrer geldumhegten Welt heran, deshalb wußte Mrs. Dansby-Gregg auch nicht, mit ihnen umzugehen.

»Dann sind also nur noch diese beiden Herren übrig«, sagte ich hastig. Der massige Dixie-Oberst mit dem kupferroten Gesicht und den weißen Haaren saß neben dem hageren kleinen Juden mit dem schütteren Haar. Ein ungleiches Paar.

»Theodore Mahler«, sagte der kleine Jude still. Ich wartete, aber er fügte nichts hinzu. Ein nicht sehr mitteilsamer Herr.

»Brewster«, verkündete sein Nachbar. Und nach einer bedeutsamen Pause: »Senator Brewster. Ich will Ihnen gern in jeder Weise behilflich sein, Dr. Mason.«

»Besten Dank, Herr Senator. Zumindest weiß ich jetzt, wer Sie sind.« Dank seinem großartigen ›Gespür‹ für persönliche Reklame kannte die halbe westliche Welt diesen erbitterten Gegner des Kommunismus, den beinahe isolationistischen Senator aus dem Südwesten der Vereinigten Staaten.

Und eine solche Garnitur, dachte ich verzweifelt, mußt du mitten in der grönländischen Eiswüste auf dem Hals haben! Einen Firmenchef, einen Operettenstar, einen Pfarrer, einen Boxer mit einer hemmungslosen, wenn auch kultivierten Zunge, einen kuriosen Manager, eine Londoner Gesellschaftsdame und ihr junges deutsches Dienstmädchen, einen Senator der Vereinigten Staaten, einen schweigsamen Juden und eine fast hysterische Stewardeß. Und außerdem einen schwerverletzten Piloten, der zwischen Leben und Tod schwebte! Aber ich war wohl oder übel verpflichtet, mein Äußerstes zu tun, um diese Leute in Sicherheit zu bringen, und fand die Aussicht alles andere als ermutigend. Wie, um Gottes willen, sollte ich es überhaupt anpacken? Die armen Gestalten hatten keine Polarkleidung zum Schutz gegen die messerscharfen Winde und die unmenschliche Kälte, ihnen fehlte jede Erfahrung und jegliche Kenntnis arktischer Verhältnisse, ja es fehlten ihnen sogar, mit wenigen Ausnahmen, die Ausdauer und reine Muskelkraft, die erforderlich sind, um den Strapazen der grönländischen Eishaube gewachsen zu sein. Ich wagte nicht, daran zu denken.

Aber mochte es ihnen auch an noch so vielem mangeln – um Worte waren sie nicht verlegen. Die belebende Wärme des Cognacs hatte die unglückselige Nebenwirkung, ihre Zungen zu lösen. Das heißt unglückselig von meinem Standpunkt aus. Sie stellten mir hunderterlei Fragen und schienen sich einzubilden, ich müßte sie alle beantworten können.

Genauer gesagt, waren es nur etwa ein halbes Dutzend Fragen mit hunderterlei Varianten. Wie ist es möglich, daß ein Pilot ein so riesiges Stück vom Kurs abkommt? Konnten die Kompasse versagt haben? Hatte der Pilot plötzlich den Verstand verloren? Dann müßten doch aber der Kopilot und der dritte Pilot gemerkt haben, daß etwas nicht stimmte. Konnte das Funkgerät beschädigt worden sein? Schon als sie Gander verließen, war es bitterkalt gewesen: Ob vielleicht einige Klappen und Teile des Leitwerks vereist waren und die Abweichung vom Kurs erzwungen hatten? Wenn ja – warum hatte niemand sie auf die Möglichkeit eines Absturzes aufmerksam gemacht?

Ich beantwortete sämtliche Fragen, so gut ich konnte, aber meine Antworten liefen alle auf dasselbe hinaus, nämlich, daß ich eigentlich nicht mehr wisse als sie.

»Vorhin aber sagten Sie, eines wüßten Sie vielleicht.« Es war Corazzini, der mit dieser Bemerkung kam. Er sah mich forschend an. »Was ist es denn, Dr. Mason?«

»Wie? Ach ja, jetzt erinnere ich mich.« Ich hatte es gar nicht vergessen, aber so, wie die Dinge sich nun in meinem Kopf zu ordnen begannen, bekam ich Bedenken, es zu erwähnen, und ich hatte inzwischen auch Zeit gehabt, mir eine plausible Geschichte auszudenken. »Ich brauche wohl kaum zu betonen, daß es sich hierbei nicht um etwas handelt, das ich faktisch *weiß*, Mr. Corazzini – anders kann es auch nicht sein, denn ich war ja nicht mit im Flugzeug –, sondern nur um eine einigermaßen begründete Vermutung, denn alle anderen fehlen. Sie beruht auf den wissenschaftlichen Beobachtungen, die hier und in anderen IGJ-Stationen auf Grönland gemacht worden sind – einige davon in den letzten achtzehn Monaten ...

Seit über einem Jahr erleben wir eine Periode intensiver Sonnenfleckentätigkeit – das ist übrigens eines der Hauptthemen des Geophysikalischen Jahres –, die intensivste in unserem Jahrhundert. Wie Sie vielleicht wissen, sind die Sonnenflecken oder vielmehr die Teilchen, die diese Sonnenflecken aussenden, die unmittelbare Ursache des Nordlichts und der magnetischen Stürme, die beide mit Störungen in der Ionosphäre zusammenhängen. Diese Störungen können – und das ist auch fast immer der Fall – sowohl Funksendungen wie auch den Empfang beeinträchtigen und, wenn sie stark genug sind, jegliche normale Funkverbindung sogar völlig unterbrechen. Sie können auch vorübergehend Änderungen des Erdmagnetismus herbeiführen, wodurch magnetische Kompasse gänzlich lahmgelegt werden.« Das alles stimmte an und für sich. »Natürlich müßten extreme Bedingungen vorhanden sein, um diese Wirkungen eintreten zu lassen – aber wir haben in der letzten Zeit solche Bedingungen erlebt, und ich bin ziemlich fest davon überzeugt, daß hier die Lösung zu suchen ist. Wenn man sich, wie heute nacht, nicht an den Sternen orientieren kann, ist man auf Radio und Kompasse angewiesen. Was bleibt einem, wenn diese beiden wichtigsten Hilfsmittel versagen?«

Nun ging das Geschnatter von neuem los, und obgleich öffensichtlich die meisten nur eine sehr dunkle Ahnung davon hatten, was gemeint war, konnte ich feststellen, daß dieser Gedanke recht bereitwillig akzeptiert wurde. Ich sah, wie Joss mich mit ausdrucksloser Miene musterte, blickte ihm ein paar Sekunden lang fest ins Auge und drehte mich dann um. Als Funker wußte Joss besser als ich, daß die Tätigkeit der Sonnenflecken zwar noch vorhanden war, aber ihr Maximum im vergangenen Jahr erreicht hatten, und als ehemaliger Bordfunker wußte er auch, daß Flugzeuge nach dem Kreiselkompaß fliegen, den weder Sonnenflecken noch magnetische Stürme auch nur im geringsten beeinflussen können.

»Jetzt wollen wir etwas essen«, rief ich in das Stimmengewirr hinein. »Meldet sich jemand freiwillig, um Jackstraw behilflich zu sein?«

»Gern.« Als erste erhob sich Marie LeGarde, wie zu erwarten gewesen war. »Ich bin aber eine erbärmliche Köchin. Sie müssen mich anleiten, Mr. Nielsen.«

»Danke... Joss, helfen Sie mir bitte, eine Abschirmung zu arrangieren.« Ich deutete mit einem Kopfnicken auf den verwundeten Piloten. »Wir wollen sehen, was wir für den jungen Mann tun können.« Unaufgefordert trat die Stewardeß hinzu, um gleichfalls mit Hand anzulegen. Ich war drauf und dran, Einspruch zu erheben; ich wußte, daß es nicht sehr erfreulich sein würde, aber ich wollte keine Unannehmlichkeiten mit ihr haben – zumindest jetzt noch nicht. Achselzuckend ließ ich sie gewähren.

Eine halbe Stunde später war alles getan, was in meiner Macht stand. Es war wirklich nicht erfreulich gewesen, aber sowohl der Patient als auch die Stewardeß hatten es besser überstanden als erwartet. Ich versah ihn mit einem steifen Lederhelm, um den Hinterkopf zu schützen, und Joss schnallte ihn samt dem Schlafsack auf der Trage fest, damit er sich nicht hin und her werfen und weh tun könne – da berührte die Stewardeß meinen Arm.

»Was meinen Sie jetzt, Dr. Mason?«

»Das läßt sich nicht mit Sicherheit sagen. Ich bin kein Spezialist für Gehirn- oder Kopfverletzungen, und selbst der Facharzt würde zögern, eine Meinung zu äußern. Der Schaden kann tiefer liegen, als wir vermuten. Es könnten Blutungen eintreten. In solchen Fällen kommen sie oft erst hinterher.«

»Aber wenn keine Blutungen eintreten?« fragte sie beharrlich. »Wenn es nicht schlimmer ist, als Sie annehmen und sehen können?«

»Fünfzig zu fünfzig. Das hätte ich noch vor zwei Stunden nicht zu sagen gewagt, aber er scheint eine erstaunliche Widerstandskraft zu besitzen und sich schnell zu erholen. Noch größer wäre die Chance, wenn er die Wärme, die Diät, die sachgemäße Pflege hätte, die ein erstklassiges Krankenhaus ihm bieten würde. So aber – wollen wir es dabei bewenden lassen, ja?«

»Ja«, murmelte sie. »Vielen Dank.«

Ich betrachtete sie, ihr erschöpftes Gesicht, die Ringe unter den Augen. Fast rührte sich mein Mitgefühl. Sie zitterte vor Kälte.

»Sie müssen schlafen«, sagte ich. »Sie kommen um vor Mangel an Wärme und Schlaf, Miß – Verzeihung, ich habe vergessen, Sie nach Ihrem Namen zu fragen.«

»Ross. Margaret Ross.«

»Sagen Sie mir, Miß Ross, warum war das Flugzeug so leer?«

»Es war eine Einsatzmaschine – wegen zu großer Nachfrage aus London. Gestern. Jetzt muß es wohl vorgestern heißen. Wir übernachteten in Idlewild und kehrten gleich zurück. Das Büro rief Fluggäste an, die für den Abendflug gebucht hatten, und offerierte ihnen eine frühere Maschine. Zehn nahmen an.«

»Aha. Ist es denn übrigens nicht ein bißchen ungewöhnlich, nur eine Stewardeß an Bord zu haben? Ich meine, auf einem Transatlantikflug?«

»Ich weiß. Für gewöhnlich haben wir zwei oder drei – einen Steward und zwei Stewardessen. Aber nicht für zehn Passagiere.«

»Freilich. Man könnte sagen, es würde sich nicht auszahlen. Auf jeden Fall«, fügte ich gelassen hinzu, »können Sie sich dann hie und da ein Schläfchen gönnen, nicht wahr? Die Nacht ist lang.«

»Das ist unfair von Ihnen!« Ich war nicht so schlau gewesen, wie ich mir einbildete, und ihre blassen Wangen färbten sich rot. »So etwas war mir bisher noch nie passiert. Nie!«

»Verzeihung, Miß Ross. Es war nicht als Vorwurf gedacht. Übrigens spielt es auch gar keine Rolle.«

»Doch!« In ihren ungewöhnlichen brauen Augen glitzerten unvergossene Tränen. »Wenn ich nicht geschlafen hätte, dann hätte ich gemerkt, was vorgeht. Ich hätte die Fluggäste gewarnt, hätte Oberst Harrison auf einen Vordersitz setzen können...«

»Oberst Harrison?« warf ich in scharfem Ton ein. »Wer ist Oberst Harrison?«

»Der Tote ganz hinten.«

»Er trägt aber keine Uniform.«

»Egal. So steht es in der Passagierliste... Hätte ich Bescheid gewußt, wäre er jetzt noch am Leben – und Miß Fleming hätte sich auch nicht das Schlüsselbein gebrochen.«

Das also hat sie gequält, dachte ich mir. Daher ihr seltsam verstörtes Benehmen... Einen Augenblick später aber wurde mir klar, daß nicht alles damit erklärt war: So hatte sie sich schon verhalten, bevor sie noch wußte, was aus den Passagieren geworden war. Mein langsam heranwachsender Verdacht kehrte mit erneuter Kraft zurück. Die junge Dame mußte man im Auge behalten.

Wir bekamen ein warmes und ausreichendes Essen: Suppe, Büchsenfleisch, Kartoffeln und Gemüse – lauter Konserven, aber trotzdem recht annehmbar. Es war die letzte sättigende Mahlzeit, die unsere Gäste – und übrigens auch wir – auf ziemlich lange Zeit hinaus erhoffen durften, aber ich hielt den Augenblick nicht für geeignet, um solche Mitteilungen bekanntzugeben. Dazu würde morgen noch genug Zeit sein – oder vielmehr später am Tage, denn es war jetzt schon drei Uhr früh.

Ich schlug vor, die vier Frauen in die obersten Kojen zu legen – nicht aus Zartgefühl, sondern weil es dort um mindestens zehn Grad wärmer war als auf dem Fußboden und der Unterschied im Lauf der Nacht, sobald der Ofen erlosch, noch größer werden mußte. Als man erfuhr, daß ich beabsichtigte, das Feuer auszumachen, gab es einige zaghafte Proteste, aber ich ließ mich auf keinerlei Diskussionen ein. Wie alle Menschen, die längere Zeit in der Arktis gelebt haben, hatte ich eine fast krankhafte Angst vor Feuer.

Margaret Ross lehnte das Angebot einer Koje ab und sagte, sie wolle neben dem verletzten Piloten liegen, für den Fall, daß er erwache und etwas brauche. Das hatte ich selber vorgehabt, aber ich sah, daß sie sich darauf versteifte, und obwohl mich der Gedanke mit einer unerklärlichen Unruhe erfüllte, erhob ich keinen Einspruch.

Damit blieben fünf Kojen für sechs Personen übrig. Jackstraw, Joss und ich konnten uns mit unserem Pelzwerk behelfen. Es entstand die unvermeidliche großmütige Debatte um die Zuteilung der Betten, aber Corazzini machte dem Disput dadurch ein Ende, daß er eine Münze hervorholte und den Zufall entscheiden ließ. Er selbst zog zuletzt den kürzeren, fügte sich jedoch mit liebenswürdigem Charme in seine Niederlage und die Aussicht, eine kalte, ungemütliche Nacht auf dem Fußboden zubringen zu müssen.

Als sie alle untergebracht waren, nahm ich eine Taschenlampe und unser Wetterlogbuch, warf Joss einen Blick zu und näherte mich der Falltür. Zagero sah mich an.

»Was haben Sie vor? Zu dieser nächtlichen Stunde?«

»Wetterberichte, Mr. Zagero. Vergessen Sie nicht, dazu sind wir hier. Und ich habe mich mit diesem Bericht schon um drei Stunden verspätet.«

»Selbst in einer solchen Nacht?«

»Selbst in einer solchen Nacht. Bei Wetterbeobachtungen ist das wichtigste die Kontinuität.«

»Wenn es draußen nur halb so kalt ist wie hier drin...« Er fröstelte. Er kehrte mir den Rücken, und Joss erhob sich. Joss hatte meinen Blick richtig gedeutet. Ich wußte, daß er vor Neugier verging.

»Ich komme mit, Doktor. Es wird gut sein, wenn ich noch einmal nach den Hunden sehe.«

Wir machten uns nicht die Mühe, nach den Hunden oder nach den Instrumenten zu sehen. Wir gingen sofort zum Traktor und kauerten uns unter die Persenning, um den kläglichen Schutz zu genießen, den sie uns bieten konnte. Freilich hatte der Wind nachgelassen, aber es war kälter denn je. Die lange Winternacht begann sich auf die Eishaube herabzusenken.

»Es stinkt«, erklärte Joss rundheraus. »Das Ganze stinkt.«

»Es stinkt zum Himmel«, sagte ich. »Aber die Schwierigkeit besteht darin, herauszufinden, wo der Gestank herrührt.«

»Ihr Märchen von magnetischen Stürmen und Kompassen und Funkgeräten!« fuhr er fort. »Was sollte das für einen Sinn haben?«

»Ich hatte vorher erklärt, ich wüßte etwas, das ihnen nicht bekannt ist. Das stimmt. Aber als es soweit war, hielt ich es für klüger, nichts darüber zu sagen. Sie wissen doch, wie diese verfluchte Kälte die Gedanken hemmt. Ich hätte es schon viel früher begreifen müssen.«

»Was denn?«

»Daß ich es für mich behalten muß.«

»Ja was denn, um Gottes willen?«

»Verzeihung, Joss. Ich wollte Sie nicht auf die Folter spannen. Warum merkten sie alle erst nachher, was passiert war? Aus einem einfachen Grund. Sie waren betäubt worden. Soweit ich es beurteilen konnte, standen sie alle, oder nahezu alle, unter dem Einfluß eines Schlafmittels oder eines Narkotikums.«

Trotz der Finsternis merkte ich, wie er mich anstarrte. Nach langer Zeit sagte er leise: »Das würden Sie doch nicht behaupten, wenn Sie Ihrer Sache nicht ganz sicher wären?«

»Ich bin sicher. Die Reaktion, die dumpfe, tastende Rückkehr in die Wirklichkeit – und vor allem die Pupillen. Unverkennbar. Irgendeine kombinierte Schlaftablette, die sehr schnell wirkt.«

»Aber...« Joss unterbrach sich. Er war noch immer bemüht, sich auf diesen neuen Gedankengang einzustellen. »Aber das müßten sie doch wissen. Sie hätten es merken müssen, als sie zu sich kamen.«

»Unter normalen Umständen, ja. Doch sie sind unter, gelinde gesagt, höchst abnormen Bedingungen zu sich gekommen. Ich behaupte nicht, daß sie nicht gewisse Symptome verspürten, Schwächen, Schwindel, Mattigkeit – sie müssen sie verspürt haben –, aber was könnte natürlicher sein, als daß sie diese ungewohnten physischen oder geistigen Symptome den Folgen des Absturzes zuschrieben? Sie würden sich schämen, ihre Schwäche zuzugeben – oder gar darüber zu diskutieren. Es ist eine menschliche Eigenschaft, in Not oder Gefahr dem lieben Nächsten die beste Miene zu zeigen, deren man fähig ist.«

Joss antwortete nicht sogleich. Wie ich selber an mir entdeckt hatte, brauchte man ziemlich lange, um die Konsequenzen zu verdauen. »Nicht möglich!« murmelte er schließlich. »Nicht denkbar, daß ein Irrer mit einer Spritze in der Kabine umherläuft oder den Leuten Brausepulver in ihre Cocktails schüttet. Sie sind der Meinung, daß alle betäubt waren?«

»So ziemlich alle.«

»Aber wie konnte denn...«

»Moment mal, Joss...«, warf ich ein. »Was ist mit dem Funkgerät passiert?«

»Wie?« Der plötzliche Gedankensprung brachte ihn erst einmal aus dem Gleichgewicht. »Was passiert ist? Sie meinen, wieso es umgekippt ist? Ich habe keine Ahnung. Ich weiß nur, daß die Scharniere unmöglich durch einen reinen Zufall zur Wand hin einknicken konnten – wenn ein fünfundsiebzig Kilo schweres Gerät oben drauf saß! Das muß doch jemand absichtlich getan haben!«

»Und die einzige Person, die sich in der Nähe befunden hat, war die Stewardeß, Margaret Ross. Darüber sind alle sich einig.«

»Ja. Aber warum sollte denn jemand so was Verrücktes machen?«

»Das weiß ich nicht«, erwiderte ich verdrossen. »Es gibt hundert Dinge, die ich nicht weiß. Aber ich weiß, daß sie es gemacht hat... Und wer ist am ehesten in der Lage, die Getränke der Fluggäste zu verfälschen?«

»Du lieber Himmel!« Ich hörte seinen zischenden Atemzug. »Natürlich. Sie muß es gewesen sein«, sagte Joss langsam. »Bestimmt. Aber – sie wirkte genauso betäubt und unnatürlich wie die anderen. Eher in noch höherem Grade.«

»Vielleicht hatte sie ihre Gründe«, bemerkte ich ingrimmig. »Los, gehen wir hinein, sonst erfrieren wir. Informieren Sie Jackstraw, sobald Sie ihn allein erwischen.«

In der Hütte öffnete ich die Klappe um einige Zentimeter – bei vierzehn Insassen war ein wenig zusätzliche Ventilation unerläßlich. Dann warf ich einen Blick auf den Thermographen: vierundvierzig Grad unter Null.

Ich legte mich auf den eiskalten Fußboden, zog die Kapuze straff, um mir nicht die Ohren zu erfrieren, und war im Nu eingeschlafen.

Viertes Kapitel

Montag, 6.00–18.00 Uhr

Zum erstenmal seit vier Monaten hatte ich vergessen, vor dem Einschlafen den Wecker zu stellen, und es war spät, als ich erwachte – frierend, steif und am ganzen Körper wund von dem harten Holzfußboden. Es war noch immer genauso finster wie um Mitternacht. Zwei bis drei Wochen waren vergangen, seit der Sonnenrand sich zum letztenmal in diesem Jahr über dem Horizont gezeigt hatte. Jetzt hatten wir jeden Tag nur etwa zwei bis drei Dämmerstunden um die Mittagszeit herum. Aber ein Blick auf die Leuchtziffern meiner Uhr sagte mir, daß es halb zehn war.

Ich holte die Taschenlampe unter meinem Parka hervor, tastete nach der Öllampe und zündete sie an. Das Licht war matt, drang kaum in die entferntesten Winkel der Hütte, reichte jedoch aus, um mir die mumienhaften Gestalten zu zeigen, die in den Kojen kauerten oder grotesk auf dem Fußboden lagen. Der gefrorene Atem umwölkte ihre Gesichter und Köpfe und schlug sich dann an den Wänden nieder. Die Wände selber waren mit einer Eisschicht überzogen, die stellenweise bis an die Deckenfenster reichte. Die Außentemperatur war auf der Trommel mit siebenundvierzig Grad verzeichnet.

Nicht alle schliefen. Die meisten hatten, wie ich vermutete, nur wenig geschlafen – wegen der Kälte. Aber in ihren Kojen war es genauso warm wie anderswo, und niemand schien geneigt, sich zu rühren. Wenn es erst einmal ein wenig wärmer geworden war, würde sich die Lage bessern.

Ich hatte Schwierigkeiten mit dem Ofen. Obwohl er aus einem oberhalb und an der Seite angebrachten Fallbehälter gespeist wurde, hatte sich das Öl in der Kälte eingedickt – aber als er schließlich doch zündete, ging es mit Getöse los. Ich schraubte beide Brenner so hoch wie nur möglich, stellte den Wassereimer, dessen Inhalt im Lauf der Nacht zu einem soliden Eisklumpen geworden war, auf die Platte, band Schneemaske und Brille um und kletterte durch die Falltür nach oben, um mir das Wetter anzusehen.

Der Wind hatte sich fast völlig gelegt, und die Eisdrift, die zuweilen ein paar hundert Meter weit in den Himmel emporreichen konnte, war nur noch eine Kette sanfter Staubwölkchen, die träge und in allen Farben des Regenbogens schillernd durch den matten Lichtstrahl meiner Taschenlampe wanderten. Der noch vorhandene Wind kam aus dem Osten. Auch die Kälte war zwar noch intensiv, aber erträglicher als in der vergangenen Nacht.

Als ich hinunterkam, war Jackstraw auf den Beinen und beschäftigte sich mit der Kaffeekanne. Er lächelte mir zu. Sein Gesicht war so frisch und ausgeruht, als hätte er neun Stunden in einem Daunenbett hinter sich. Aber ihm waren Müdigkeit oder Besorgnis niemals anzumerken. Seine Fähigkeit, ohne Schlaf auszukommen und die schwersten Strapazen durchzustehen, war phänomenal.

Er war der einzige, der sich erhoben hatte, aber keineswegs der einzige, der wach war. Von unseren in den Kojen untergebrachten Gästen schlief nur noch Senator Brewster. Die anderen hatten ihre Gesichter der Mitte des Raumes zugekehrt, einige stützten sich auf die Ellbogen, alle fröstelten sie und zitterten recht heftig, die Gesichter vor Kälte blau und weißlich und hager. Einige sahen Jackstraw zu und schnupperten in freudiger Erwartung des Kaffees, dessen würziger Duft bereits die Hütte zu erfüllen begann. Andere beobachteten fasziniert, wie mit steigender Temperatur das Eis an der Decke zu schmelzen begann, an einem Dutzend verschiedener Stellen auf den Fußboden hinuntertropfte und dort winzige Eisstalagmiten bildete, die sichtbar vor ihren Augen emporwuchsen; die Temperatur auf dem Fußboden mußte fast fünfzehn Grad tiefer sein als an der Decke.

»Guten Morgen, Dr. Mason.« Marie LeGarde versuchte, mir zuzulächeln, aber es war ein trauriger Anblick, und sie sah um zehn Jahre älter aus als in der vergangenen Nacht. Sie gehörte zu den wenigen, die einen Schlafsack hatten, aber auch sie mußte erbärmliche sechs Stunden verbracht haben, und nichts ist so zermürbend für den menschlichen Körper wie ein unbeherrschbares nachtlanges Frösteln, ein *circulus vitiosus*: Je mehr man fröstelt, desto müder wird man, und je müder man wird, desto

61

weniger verträgt man die Kälte. Zum erstenmal merkte ich, daß Marie LeGarde eine alte Frau war.

»Guten Morgen«, erwiderte ich lächelnd. »Wie hat Ihnen die erste Nacht in Ihrem neuen Heim gefallen?«

»Die erste Nacht! Ich hoffe zu Gott, daß es die letzte war. Sie führen ein sehr kühles Haus, Dr. Mason.«

»Ich bitte tausendmal um Entschuldigung. Das nächstemal werden wir Wache halten und den Ofen die ganze Nacht brennen lassen.« Ich zeigte auf das Wasser, das auf den Fußboden herabplanschte. »Es beginnt warm zu werden. Nach einem Schluck heißen Kaffee werden Sie sich gleich wohler fühlen.«

»Nie mehr in meinem Leben werde ich mich wohler fühlen«, erklärte sie mit Nachdruck, aber ihre Augen zwinkerten wieder. Sie wandte sich zu der jungen Deutschen in der Koje nebenan. »Und wie geht es Ihnen heute früh, meine Liebe?«

»Besser, danke, Miß LeGarde.« Sie schien in ganz absurder Weise dankbar dafür zu sein, daß jemand sich die Mühe machte, sie nach ihrem Befinden zu fragen. »Ich spüre gar nichts mehr.«

»Das bedeutet nichts«, versicherte Miß LeGarde munter. »Ich spüre auch nichts. Wir sind eben beide steifgefroren ... Und wie haben Sie die Nacht überstanden, Mrs. Dansby-Gregg?«

»Wie Sie mit Recht sagen – ich habe sie überstanden.« Mrs. Dansby-Gregg lächelte matt. »Dr. Mason hat uns gleich darauf aufmerksam gemacht, daß wir nicht im Ritz sind ... Der Kaffee riecht köstlich. Bringen Sie mir eine Tasse, Helene, ja?«

Ich nahm eine der Tassen, die Jackstraw gefüllt hatte, und brachte sie der jungen Deutschen, die sich bemühte, mit dem gesunden Arm den Reißverschluß ihres Schlafsacks zu öffnen. Ihre Verlegenheit und Bestürzung waren deutlich zu merken, aber ich wußte, daß mir keine andere Wahl blieb. Diese Dummheiten mußten gestoppt werden, bevor sie richtig anfangen konnten.

»Bleiben Sie liegen, junge Dame, und trinken Sie den Kaffee.« Zögernd nahm sie die Tasse entgegen, und ich drehte mich um. »Sicherlich haben Sie vergessen, Mrs. Dansby-Gregg, daß Miß Fleming sich das Schlüsselbein gebrochen hat.«

Ihre Miene gab deutlich zu verstehen, daß sie es keineswegs vergessen hatte, aber sie war nicht dumm. Wenn die Klatschkolumnisten davon Wind bekämen, würden sie sie in Stücke reißen. In ihren Kreisen ist eine äußerliche, wenn auch bedeutungslose

Anpassung an die herrschenden Sitten des Tages eine *conditio sine qua non*: Der Messerstich in die Rippen ist erlaubt, aber nur, wenn ihn das wohlerzogene Lächeln begleitet.

»Verzeihung!« sagte sie in süßem Ton. »Natürlich hatte ich es ganz vergessen.«

Ich reichte soeben Marie LeGarde eine Tasse Kaffee, da schrie jemand auf. Es war wohl kein lauter Schrei, aber in diesen engen vier Wänden wirkte er seltsam durchdringend und erschrekkend. Marie LeGardes Hand zuckte heftig, und der brennendheiße Inhalt der Tasse ergoß sich über meine bloße Hand.

Ich merkte den Schmerz kaum. Margaret Ross, die junge Stewardeß, hatte den Schrei ausgestoßen. Jetzt kniete sie, halb im Schlafsack drin, halb draußen, die eine Hand mit steif gespreizten Fingern auf Armeslänge ausgestreckt, die andere an den Mund gepreßt, und starrte auf die Gestalt, die in ihrer Nähe auf dem Fußboden lag. Ich schob ihre Hand weg und sank in die Knie.

In dieser bitteren Kälte war es unmöglich, sich auf irgendeine Weise Gewißheit zu verschaffen, aber ich hielt es für ziemlich sicher, daß der junge Pilot schon seit mehreren Stunden tot war. Lange blieb ich neben ihm knien, und als ich mich schließlich erhob, kam ich mir alt vor, ein geschlagener Mann, beinahe so kalt wie der Tote, der dort lag.

Jetzt waren alle hellwach, alle starrten mich an, in fast sämtlichen Augen spiegelte sich das abergläubische Grauen, das die Nähe plötzlichen und unerwarteten Todes bei Menschen wachruft, die nicht daran gewöhnt sind. Johnny Zagero brach das Schweigen.

»Er ist tot, ja, Dr. Mason?« Seine Stimme klang ein wenig heiser. »Diese Kopfwunde ...«

»Hirnblutung«, sagte ich, »soweit ich es beurteilen kann.«

Das war eine Lüge. Die Todesursache war mir nicht im mindesten zweifelhaft. Mord. Brutaler und kaltblütiger Mord. Bewußtlos hingestreckt, schwer verletzt und die Hände hilflos an den Seiten festgeschnallt, war der junge Mann auf eine so bequeme, sichere Weise erstickt worden, wie man ein Wickelkind erwürgen könnte.

Wir begruben ihn im Eis, keine fünfzig Meter von seiner Sterbestätte entfernt. Den erstarrten Leichnam durch die Falltür hinaufzubefördern war eine gruslige Aufgabe, aber wir bewältigten sie und legten ihn in den Schnee, während wir im Schein einer Fackel ein flaches Grab aussägten.

Hochwürden Joseph Smallwood hielt murmelnd eine Art Grabrede, aber die Zähne klapperten ihm dabei so heftig vor Kälte und seine Stimme war so leise und undeutlich und hastig, daß ich kaum ein Wort verstehen konnte. Ich überlegte mir mit einer innerlichen Grimasse, daß ihm der Himmel wohl diese unziemliche Hast verzeihen werde. Aller Wahrscheinlichkeit nach war das bei weitem der frostigste Trauergottesdienst, den Mr. Smallwood jemals abgehalten hatte.

Das Frühstück nach unserer Rückkehr in die Hütte war eine flüchtige und stumme Angelegenheit. Trotz der ständig zunehmenden Wärme hing das melancholische Dunkel wie ein fast greifbarer Schleier unter der triefenden Decke. Kaum ein Wort wurde geäußert, kaum ein Bissen gegessen. Margaret Ross aß gar nichts, und auch ihre Kaffeetasse stellte sie fast unberührt wieder weg.

Du überspielst, meine Liebe, dachte ich bösartig, du treibst die Kummerkomödie ein wenig zu weit. Noch einen Schritt und sogar die anderen werden anfangen, sich Gedanken zu machen. Dabei hegen sie keinerlei Verdacht, du unmenschliche kleine Mörderin.

Denn auch ich hegte keinen Verdacht – sondern volle Gewißheit. Ich bezweifelte nicht im geringsten, daß sie den jungen Piloten erstickt hatte. Sie war zwar schmächtig gebaut, aber dazu hatte ja auch nur wenig Kraft gehört. Festgeschnallt an das Klappbett, konnte er im Todeskrampf nicht einmal mit den Beinen zappeln. Der bloße Gedanke jagte mir eine Gänsehaut über den Rücken.

Sie hatte ihn umgebracht, genauso wie sie das Funkgerät zerschlagen und die Fluggäste narkotisiert hatte. Offenbar hatte er sterben müssen, um nichts ausplaudern zu können. Was das sein mochte, konnte ich nicht einmal ahnen, ebensowenig, weshalb sie den Sender zerstört hatte – abgesehen davon, daß sie allem Anschein nach die Nachricht von dem Absturz nicht in die Außenwelt gelangen lassen wollte. Warum denn aber das Funkgerät überhaupt zerstören? Sie mußte doch gewußt haben, wie dringend wir es brauchten, um mit dem Leben davonzukommen. Ich nahm mir vor, die Stewardeß möglichst nicht aus den Augen zu lassen.

Wieder musterte ich sie heimlich. Starr und mit leerem Blick betrachtete sie die Glut im Ofen. Zweifellos plante sie jetzt ihren nächsten Schachzug, so verschlagen wie den letzten: Sie hatte mich gefragt, welche Chancen der Mann habe, am Leben zu bleiben, damit sie entscheiden könne, ob man ihn umbringen müsse oder ihn unbesorgt sterben lassen dürfe. Das war recht schlau gewesen – ihr Wunsch aber, neben dem Mann zu schlafen, den zu ermorden sie beabsichtigte, geradezu genial. Schon aus diesem Grund würde niemand sie verdächtigen, auch wenn man erführe, daß ein Mord begangen worden war. Und man würde es nicht erfahren – ich hatte vor, es für mich zu behalten. Oder vermutete sie, daß ich Verdacht geschöpft hatte? Das mochte der Himmel wissen. Ich wußte nur, daß es für sie offenbar um einen gewaltigen Einsatz gehen mußte. Oder daß sie verrückt war.

Es war kurz nach elf. Joss und Jackstraw saßen abseits in einer Ecke und nahmen den zertrümmerten Sender auseinander, während die übrigen in weitem Halbkreis um den Ofen gruppiert waren. Sie sahen fahl und kränklich aus und verhielten sich auch sehr still. Kränklich sahen sie aus, weil sich das erste Grau der Mittagsdämmerung durch die bereiften Dachfenster hereinzuschleichen begann und keinem Teint sehr schmeichelte. Still verhielten sie sich, weil ich ihnen soeben ausführlich und genau geschildert hatte, in welcher Situation sie sich befanden. Das gefiel ihnen ganz und gar nicht. Mir auch nicht.

»Damit wir Sie richtig verstehen, Dr. Mason...« Corazzini beugte sich vor, das magere, braune Gesicht ernst und gespannt. Er war besorgt, aber nicht verängstigt. Er sah nicht so aus, als wäre er leicht ins Bockshorn zu jagen. Ich fand es nicht schlecht, einen solchen Mann in der Nähe zu haben. »Die anderen sind vor drei Wochen mit einer schweren, modernen Sno-Cat von hier aufgebrochen und werden nicht vor drei weiteren Wochen zurückerwartet. Sie haben, wie Sie sagen, die Gastfreundschaft der Eiswüste ein wenig zu lange in Anspruch genommen und die Fristen allzu eng gesetzt. Und Sie mußten bereits anfangen, Ihre Lebensmittel zu rationieren, damit sie bis zur Rückkehr der anderen reichten. Für dreizehn Personen würde der Vorrat kaum fünf Tage reichen. Infolgedessen müssen wir damit rechnen, vierzehn Tage ohne Nahrung zu sein.« Er lächelte, aber es war ein sehr unfrohes Lächeln. »Stimmen meine Berechnungen, Dr. Mason?«

»Leider ja.«

»Wie lange braucht der Traktor, über den Sie verfügen, bis zur Küste?«

»Es besteht keine Garantie dafür, daß er die Küste überhaupt erreicht. Wie ich schon sagte, ist er halb zerfallen. Ich zeige ihn Ihnen nachher. Vielleicht eine Woche – unter günstigen Bedingungen. Jedes Unwetter legt ihn sofort still.«

»Sie sagen, in den alten Traktor sei ein Radio eingebaut«, bemerkte Corazzini unvermittelt. »Was hat es für eine Reichweite? Könnten Sie eventuell Ihre Kollegen oder Ihren Stützpunkt in Uplávnik erreichen?«

Ich deutete mit einen Kopfnicken auf Joss. »Das ist der Mann, den Sie fragen müssen.«

»Ich habe die Frage gehört«, entgegnete Joss ohne jede Begeisterung. »Glauben Sie, Mr. Corazzini, daß ich mich anstrengen würde, diese Trümmer zu retten, wenn es eine andere Chance gäbe? Es handelt sich um einen Acht-Watt-Sender mit Handkurbelgenerator und Batterieempfänger. Das Gerät stammt aus der Arche Noah und war nie für etwas anderes bestimmt als für Kleinfunkzwecke.«

»Aber wie groß ist der Bereich?« fragte Corazzini beharrlich.

»Unmöglich zu sagen.« Joss zuckte die Achseln. »Sie wissen, wie das mit den Sendungen und dem Empfang ist. An dem einen Tag können Sie kaum BBC aus einer Entfernung von zweihundert Kilometern erwischen, ein andermal ein Taxi aus der doppelten Entfernung, wenn Sie den richtigen Empfänger haben. Es hängt ganz von den Bedingungen ab. Dieses Gerät? Vielleicht hundertfünfzig Kilometer – zweihundert im allerbesten Fall. Unter den jetzigen Bedingungen dürfte ein Megaphon brauchbarer sein. Vielleicht werde ich am Nachmittag einen Versuch machen. Ist ja ziemlich gleichgültig, womit ich meine Zeit vertrödle.« Joss wandte sich ab. Es lag auf der Hand, daß für seine Person das Kapitel abgeschlossen war.

»Vielleicht kommen Ihre Kollegen in den Bereich des Senders«, meinte Corazzini. »Schließlich sind sie doch, wie Sie sagten, nicht weiter als zwei- bis dreihundert Kilometer entfernt.«

»Ich sagte auch, daß sie dort an Ort und Stelle bleiben. Sie haben ihre Ausrüstung und ihre Instrumente ausgepackt und werden sich nicht wegrühren, solange sie nicht gezwungen sind. Dafür haben sie nicht genug Benzin.«

»Natürlich können sie hier tanken?«

»Das ist kein Problem.« Ich deutete mit dem Daumen nach dem Schacht. »Dort drin haben wir dreitausend Liter liegen.«

»Ich verstehe.« Corazzini blickte eine Weile nachdenklich drein, dann fuhr er fort: »Bitte halten Sie mich nicht für eigensinnig. Ich möchte nur alle Möglichkeiten auskalkulieren. Ich nehme an, daß Sie mit Ihren Kollegen ein Sendeschema vereinbart haben – oder hatten. Wird man nicht beunruhigt sein, wenn man nichts mehr von Ihnen hört?«

»Hillcrist – er hat die wissenschaftliche Leitung – pflegt sich nie Sorgen zu machen. Zum Unglück klappert ihr eigenes Gerät, ein großer Fernsender. Vor ein paar Tagen hieß es, die Generatorenbürsten ließen nach – und die Ersatzbürsten liegen hier. Wenn sie uns nicht erreichen können, werden sie sich wahrscheinlich selber die Schuld geben. Auf jeden Fall wissen sie, daß uns hier absolut nichts passieren kann. Warum auch sollten sie beunruhigt sein?«

»Was machen wir also?« fragte Solly Levin mürrisch. »Verhungern oder loslatschen?«

»Bündig und ausgezeichnet formuliert«, erklärte Senator Brewster mit dröhnender Stimme. »Man könnte sagen, *in nuce*. Ich schlage vor, einen kleinen Ausschuß zu bilden, der die Möglichkeit untersucht . . .«

Ich unterbrach ihn. »Wir sind nicht in Washington, Herr Senator. Außerdem haben wir bereits einen Ausschuß – Mr. London, Mr. Nielsen und mich.«

»Sieh mal an!« Das schien das Lieblingswort des Senators zu sein, und infolge langjähriger Praxis hatte es sich ganz genau dem Zucken seiner Brauen angepaßt. »Sie vergessen doch wohl nicht, daß wir ein recht beträchtliches persönliches Interesse an der Sache haben?«

»Halten Sie den Mund!« Es war Corazzinis Stimme, gelassen und hart, und ich konnte plötzlich verstehen, warum er sich in seiner besonders schwierigen und konkurrenzbedrohten Branche zur Spitze emporgearbeitet hatte. »Dr. Mason hat völlig recht. Er und seine Leute sind hier zu Haus. Wir müssen unser Leben den Fachleuten anvertrauen. Ich nehme an, daß Sie bereits einen Entschluß gefaßt haben, Dr. Mason.«

. »Ja – im Lauf der Nacht. Joss – Mr. London – bleibt hier und wartet auf die Rückkehr der anderen. Wir lassen ihm genügend

Vorräte für drei Wochen zurück. Den Rest nehmen wir mit. Morgen brechen wir auf.«

»Warum nicht heute?«

»Weil der Traktor momentan für eine solche Fahrt nicht geeignet ist, besonders nicht mit zehn Passagieren. Er trägt noch das Leinenverdeck, das wir aufgespannt haben, als wir Sachen von der Küste holten. Wir verfügen auch über die nötigen montierbaren Wände und Dachteile aus Holz plus Kojen und transportablem Ofen, um ihn für die Arktis fit zu machen, aber das wird mehrere Stunden dauern.«

»Fangen wir gleich damit an?«

»Bald. Zuerst aber das Gepäck. Wir werden es aus dem Flugzeug holen.«

»Gott sei Dank!« sagte Mrs. Dansby-Gregg steif. »Ich dachte schon, ich sehe meine Sachen nie mehr wieder.«

»Doch, doch«, erwiderte ich. »Für kurze Zeit.«

»Was meinen Sie damit?« fragte sie argwöhnisch.

»Ich meine, daß jeder so viele Kleidungsstücke übereinander anzieht, daß er gerade noch watscheln kann. Ferner dürfen Sie eine Aktenmappe mit Schmuck mitnehmen, falls Sie welchen bei sich haben. Alles übrige müssen wir zurücklassen. Das ist keine Gesellschaftsreise. Wir haben keinen Platz auf dem Traktor.«

»Aber ... aber ... meine Kleider sind Hunderte von Pfund wert«, protestierte sie ärgerlich. »Hunderte, Tausende! Ich habe ein Balenciaga-Modell, das über fünfhundert gekostet hat ...«

»Wie hoch schätzen Sie Ihr Leben ein?« sagte Zagero kurz. Er grinste breit. »Oder sollen wir Sie zurücklassen und das Balenciaga-Modell retten? Noch besser: Ziehen Sie es drüber an. Sie wissen schon: So verläßt eine gutangezogene Dame die Eiswüste.«

»Umwerfend komisch.« Sie musterte ihn eisig.

»Ich lache mich selber oft tot«, erwiderte Zagero. »Kann ich Ihnen behilflich sein, Doktor?«

»Du bleibst hier, Johnny Zagero!« Solly Levin sprang erregt auf. »Einmal auf dem Eis ausrutschen ...«

»Beruhige dich, beruhige dich.« Zagero klopfte ihm auf die Schulter. »Ich gehe nur als Aufseher mit, Solly. Nun, Doktor?«

»Danke. Wollen Sie auch mitkommen, Mr. Corazzini?« Ich sah, daß er sich bereits in seinen Parka zwängte.

»Gern. Ich kann nicht den ganzen Tag hier sitzen.«

»Die Verletzungen an der Stirn und den Händen sind noch nicht verharscht. Sie werden verteufelt stechen, wenn Sie in die Kälte hinauskommen.«

»Ich muß mich doch daran gewöhnen, oder wie? Gehen Sie voran.«

Die Verkehrsmaschine, in den Schnee geduckt wie ein verwundeter Riesenvogel, war jetzt im Zwielicht zu sehen, matte Konturen, sieben- bis achthundert Meter gegen Nordost hin, die linke Tragfläche uns zugekehrt, in genau rechtem Winkel zu unserer Blickrichtung. Es war unmöglich zu sagen, wie oft wir hin und her wandern mußten; das Quasi-Tageslicht würde ungefähr in einer Stunde verschwunden sein, und ich hielt es für sinnlos, in der Dunkelheit der Zickzackroute zu folgen, die wir in der vergangenen Nacht einzuschlagen gezwungen waren. Deshalb steckte ich mit Zageros und Corazzinis Hilfe eine neue Route aus – alle fünf Meter ein Bambusstab, geradenwegs bis zur Maschine. Einige der Stäbe holte ich aus dem Schacht, die meisten aber wurden ganz einfach verpflanzt.

Im Innern des Flugzeugs war es so kalt wie in einer Gruft und auch so finster wie in einer Gruft. Die eine Seite war bereits mit einer dicken Eisschicht bedeckt. Sämtliche Fenster waren durch den Reif völlig undurchsichtig geworden. Im Schein zweier Fackeln bewegten wir uns selber wie Gespenster umher, unsere Köpfe von dem gefrorenen Atem umwölkt – weiße Wölkchen, die fast regungslos über uns hingen. In der Stille hörten wir das leise Knistern unseres Odems in der tiefgekühlten Luft und das unheimliche Schnaufen, das Menschen bei sehr niedrigen Temperaturen von sich geben, wenn sie bemüht sind, nicht allzu tief zu atmen.

»Mein Gott, ist das grausig!« sagte Zagero. Er schüttelte sich – ob vor Kälte, war nicht zu erkennen – und beleuchtete mit seiner Fackel den Toten auf dem hintersten Platz. »Lassen wir sie – hier?«

»Hierlassen?« Ich legte zwei Aktentaschen auf den Haufen, den wir auf dem Vordersitz stapelten. »Was meinen Sie?«

»Ich weiß nicht, ich dachte nur – heute früh haben wir den zweiten Piloten beerdigt und...«

»Sie meinen, ob wir sie begraben sollen? Das Eis erledigt das schon früh genug. In sechs Monaten ist dieses Flugzeug für immer verschwunden. Doch Sie haben recht, wir sollten hier möglichst schnell wieder raus. Es überläuft einen kalt.«

Als ich nach vorn ging, sah ich Corazzini mit kummervoller Miene ein Kofferradio aus Ebonit und Metall schütteln und dem Geklapper lauschen, das aus dem Innern kam.

»Noch ein Posten aus der Verlustliste?« fragte ich.

»Leider.« Ergebnislos drehte er an zwei Scheiben. »Ist für Batterie- und Netzanschluß. Kaputt, Doktor. Wahrscheinlich die Röhren. Trotzdem werde ich es mitschleppen. Es hat vor zwei Tagen zweihundert Dollar gekostet.«

»Zweihundert?« Ich stieß einen Pfiff aus. »Sie hätten zwei kaufen sollen. Vielleicht kann Joss Ihnen ein paar Röhren geben. Er hat Dutzende von Reserveteilen.«

»Nützt nichts.« Corazzini schüttelte den Kopf. »Das neueste Transistormodell. Deshalb war es so teuer.«

»Nehmen Sie es mit. Für weitere zweihundert können Sie es in Glasgow reparieren lassen. Hören Sie – Jackstraw...«

Wir hörten Hunde bellen und verloren keine Zeit, um die verschiedenen Gepäckstücke zu Jackstraw hinunterzulassen, der sie auf dem Schlitten verstaute. Im vorderen Gepäckraum fanden wir etwa fünfundzwanzig Koffer verschiedenen Formats. Wir mußten zweimal fahren, um alles wegzuschaffen. Beim zweitenmal schlug uns der zunehmende Wind ins Gesicht und wirbelte bereits die Eisdrift hoch. Das Klima Grönlands ist eines der unbeständigsten der Welt, und der Wind, der vor einigen Stunden beinahe aufgehört hatte, war nun plötzlich nach Süden umgesprungen. Ich wußte nicht, was er uns prophezeite, aber ich befürchtete, daß es nichts Gutes sei.

Nachdem sämtliches Gepäck in die Hütte hinuntergehievt war, saß uns die Kälte in Mark und Bein. Corazzini musterte mich mit ernstem und nachdenklichem Blick. Er bibberte; seine Nase und die eine Wange waren weiß, und als er einen Handschuh auszog, war auch die Hand erfroren, schlaff, weiß und lahm.

»Sind das die Folgen, wenn man eine halbe Stunde lang dieser Kälte ausgesetzt ist, Dr. Mason?«

»Ich fürchte, ja.«

»Und das sollen wir womöglich sieben Tage und sieben Nächte aushalten? Du lieber Gott, Mann, das schaffen wir nicht. Und die Frauen, die alte LeGarde... und Brewster und Mahler, auch keine Jünglinge mehr...« Er verstummte und zuckte zusammen – ich begann zu vermuten, daß viel dazu gehörte, um diesen Mann zusammenzucken zu lassen –, als durch die Massage die Zirkulation wieder in Gang kam. »Der reine Selbstmord.«

»Ein Hasardspiel«, berichtigte ich. »Hierzubleiben und zu verhungern wäre Selbstmord.«

»Sie formulieren die Alternative sehr präzis.« Er lächelte, ein Lächeln, das nicht an die kalten und entschlossenen Augen herankam. »Aber ich glaube, Sie haben außerdem recht.«

Das Mittagessen bestand an diesem Tag aus einem Teller Suppe mit Zwieback – an sich schon ein recht bescheidenes Mahl, das aber erst recht nicht ausreichte, um Männer zu stärken und zu wärmen, die in den nächsten Stunden in dieser bitteren Kälte oben im Freien schwere Arbeit leisten sollten. Aber daran ließ sich nichts ändern. Wenn wir eine Woche brauchten, um an die Küste zu gelangen – und bei allem Optimismus konnte ich mit keiner kürzeren Frist rechnen –, mußten wir sofort mit der Rationierung beginnen.

Im Lauf von etwa zwei Stunden war das Thermometer mit erstaunlicher Schnelligkeit gestiegen – diese drastischen Temperaturschwankungen sind auf der Eishaube gang und gäbe –, und als wir aus der Falltür kamen und zum Traktor hinübergingen, begann es zu schneien. Der Temperaturanstieg war eine trügerische Schmeichelei. Der Südwind brachte nicht nur Schnee, sondern auch rasch zunehmende Feuchtigkeit, und die Luft war fast unerträglich frostig.

Wir rissen die Persenning herunter – sie knackte und platzte, aber ich hatte kein Interesse mehr daran, sie zu schonen –, und unsere Gäste erblickten zum erstenmal das Vehikel, von dem ihr Leben abhängen sollte. Langsam ließ ich den Strahl meiner Stablampe umherwandern, denn das dunkle Bahrtuch der arktischen Nacht hatte sich bereits auf die Eiswüste herabgesenkt. Neben mir hörte ich jemanden nach Luft schnappen.

»Ich nehme an, der Museumsdiener hat gerade nicht hingeschaut.« Corazzini bemühte sich um einen möglichst ausdruckslosen Ton. »Oder haben Sie ihn einfach hier draußen gefunden – ein Überbleibsel aus der letzten Eiszeit?«

»Er ist ein bißchen alt«, gab ich zu. »Vorkriegsmodell. Aber einen anderen konnten wir uns nicht leisten. Der britische Staat ist mit seinen IGJ-Zuschüssen nicht so freigebig wie die Russen und andere Länder. Kennen Sie das Modell nicht? Es ist der Prototyp, der Ahnherr des modernen Polartraktors.«

»Nie gesehen. Welche Firma?«

»Citroën. 10–20. Zu schwacher Motor, zu schmale Spurweite, wie Sie sehen, und viel zu kurz für sein Gewicht. In zerklüftetem Gelände lebensgefährlich. Auf der Eisdecke geht es noch ganz gut, aber wenn es auch nur ein bißchen geschneit hat, kommt man mit einem Fahrrad besser voran. Jedenfalls haben wir keinen anderen.«

Corazzini sagte kein Wort mehr. Aber die Enttäuschung änderte nichts an seiner Tatkraft, seiner unbeugsamen Entschlossenheit. In den nächsten paar Stunden arbeitete er wie ein Pferd. Ebenso auch Zagero.

Knapp fünf Minuten nachdem wir angefangen hatten, mußten wir die Arbeit wieder einstellen, um an drei Seiten des Traktors eine Schutzleinwand an Aluminiumstäben zu befestigen, die wir aus dem Schacht geholt hatten. Das Schneetreiben und der messerscharfe Wind, der auch durch die dicksten Stoffwülste drang, als wären sie aus Seidenpapier – und die meisten von uns waren jetzt so dick angezogen, daß sie sich nur noch mit Mühe bewegen konnten –, machten jedes Arbeiten unmöglich. Hinter diese Abschirmung plazierten wir einen transportablen Ölofen – die Illusion der Wärme war immerhin besser als nichts –, zwei Sturmlaternen und die Lötlampen, ohne die wir überhaupt nicht vorangekommen wären. Trotz der Schutzumrahmung mußten wir fast alle von Zeit zu Zeit nach unten gehen, um mit Massage und Faustschlägen Leben in die gefrorenen Adern zu pumpen. Nur Jackstraw und ich konnten in unseren Karibupelzen fast unbegrenzt oben bleiben. Joss war den ganzen Nachmittag in der Hütte. Nachdem er zwei Stunden damit verbracht hatte, mit dem Hilfsgerät des Traktors unseren Feldtrupp zu erreichen, gab er es auf und kehrte verdrossen zu seiner Arbeit an dem Militärsender zurück.

Um fünf Uhr war die Karosserie fertig, und da nun in ein paar Stunden das Ende der Mühsal winkte, legte sich jeder noch wilder ins Zeug als zuvor. Die meisten waren ungeschult, tolpatschig und überhaupt keine körperliche Anstrengung gewöhnt, schon gar nicht eine so harte, zermürbende Arbeit, aber meine Achtung vor ihnen wuchs von Minute zu Minute. Besonders Corazzini und Zagero waren unermüdlich, und Theodore Mahler, der schweigsame kleine Jude, dessen gesamte Konversation sich bisher auf ›Ja‹, ›Nein‹, ›Bitte‹ und ›Danke schön‹ beschränkt hatte, arbeitete unverdrossen, völlig selbstlos und ohne zu klagen. Er holte aus seinem schmächtigen Körper Leistungen heraus, die ich ihm nie zugetraut hätte. Sogar der Senator, Hochwürden Smallwood und Solly Levin taten, was sie konnten, und gaben sich alle Mühe, um ihren Jammer und ihre Leiden zu verbergen. Nun zitterten wir, auch ich und Jackstraw, dermaßen vor Kälte, daß wir uns nicht mehr beherrschen konnten. Unsere Hände und Ellbogen schlugen wahre Trommelwirbel auf den Holzwänden des Traktors, und die Hände selber waren durch die ständige Berührung mit Metall in einen erschreckenden Zustand geraten: aufgedunsen, blutig und mit Blasen bedeckt, die Fäustlinge mit Eisklumpen und Splittern gefüllt, die nicht schmolzen.

Soeben hatten wir die vier zusammenklappbaren Betten installiert und schoben das Ofenrohr durch das runde Loch im Dach, da hörte ich jemanden rufen. Ich sprang hinunter und hätte beinahe Marie LeGarde umgestoßen.

»Sie sollten nicht hier draußen sein«, sagte ich vorwurfsvoll. »Es ist viel zu kalt für Sie.«

»Seien Sie nicht dumm, Peter.« Ich brachte es nicht fertig, sie Marie zu nennen, obwohl sie mich mehrmals dazu aufgefordert hatte. »Ich muß mich doch daran gewöhnen, nicht? Würden Sie, bitte, für einen Augenblick hinunterkommen?«

»Warum? Ich bin beschäftigt.«

»Aber nicht unentbehrlich«, entgegnete sie. »Sie müssen sich Margaret ansehen.«

»Margaret? Ach – die Stewardeß. Was will sie?«

»Nichts. Ich will es. Warum sind Sie so feindselig gegen sie eingestellt?« fragte sie neugierig. »Es paßt so gar nicht zu Ihnen – wenigstens meiner Meinung nach. Sie ist ein netter Mensch.«

»Was will der nette Mensch von mir?«

»Was ist denn bloß in Sie gefahren? Aber lassen wir das sein. Ich will mich nicht mit Ihnen zanken. Der Rücken tut ihr weh, sie hat recht starke Schmerzen. Kommen Sie bitte mit.«

»Ich habe ihr bereits meine Hilfe angeboten. Wenn sie mich jetzt braucht, warum kommt sie nicht selber und holt mich?«

»Weil sie vor Ihnen Angst hat – deshalb«, sagte sie ärgerlich. Sie stampfte mit dem Fuß auf. »Kommen Sie mit?«

Ich ging mit. Unten zog ich die Handschuhe aus, schüttelte das

Eis heraus und wusch meine blasigen, blutigen Hände mit einem Desinfektionsmittel. Ich sah, wie Marie LeGardes Augen sich beim Anblick meiner Hände weiteten, aber sie schwieg. Vielleicht wußte sie, daß ich nicht in der richtigen Stimmung war, mich von ihr bedauern zu lassen.

In einer Ecke des Raumes baute ich eine Abschirmung auf, möglichst weit von dem Tisch entfernt, an dem sich die Frauen versammelt hatten, um die restlichen Lebensmittel zu verteilen, und sah mir Margaret Ross' Rücken an. Er befand sich wirklich in einem üblen Zustand: eine häßliche blaurote Quetschung vom Rückgrat bis zur linken Schulter. In der Mitte, dicht unterhalb des Schulterblatts, saß ein tiefer, zackiger Riß, der aussah, als rührte er von einem heftigen Schlag mit einem scharfkantigen, dreieckigen Metallstück her, das die Jacke und die Bluse glatt durchschnitten hatte.

»Warum haben Sie mir das nicht schon gestern gezeigt?« fragte ich kalt.

»Ich ... ich wollte Sie nicht belästigen«, stotterte ich.

Du wolltest mich nicht belästigen, dachte ich böse. Du meinst, du wolltest dich nicht verraten. Ich sah die Pantry vor mir, in der wir sie gefunden hatten, und glaubte jetzt fast genau zu wissen, daß ich mir den erforderlichen Beweis würde beschaffen können. Fast, aber nicht ganz. Ich müßte es nachprüfen.

»Wie haben Sie sich denn das geholt?«

»Keine Ahnung«, sagte sie hilflos. »Ich weiß es einfach nicht.«

»Vielleicht können wir es feststellen.«

»Feststellen? Warum? Was spielt das für eine Rolle?« Sie schüttelte müde den Kopf. »Ich verstehe es nicht, wirklich nicht. Was habe ich denn getan, Dr. Mason?«

Ich muß zugeben, daß es großartig war. Ich hätte ihr eine Ohrfeige versetzen mögen, aber es war großartig.

»Nichts, Miß Ross. Durchaus nichts.« Als ich Parka, Handschuhe, Brille und Maske anhatte, war sie wieder angekleidet und starrte mir nach, wie ich die Treppe hinaufging und durch die Luke verschwand.

Es schneite jetzt recht heftig, der Schnee fegte stoßweise in gespenstischen Wirbeln durch den matten Lichtstrahl meiner Stablampe. Sowie er den Boden berührte, schien er zu verschwinden, wurde zu Eis oder wehte mit einem leisen Rascheln wie

Rauch über die gefrorene Fläche. Aber ich hatte den Wind im Rücken. Vor mir erstreckte sich schnurgerade die Reihe der Bambusstäbe, nie weniger als zwei Stück im Bereich meiner Lampe, und nach fünf bis sechs Minuten war ich bei dem Flugzeugwrack angelangt.

Ich sprang zum Kanzelfenster hinauf, hakte die Finger über den Sims, zog mich mit einiger Mühe hoch und schlängelte mich hinein. Eine Minute später stand ich in der Pantry und leuchtete mit der Lampe umher.

An der hinteren Wand stand ein großer Kühlschrank mit einem Klapptischchen davor, und am anderen Ende, unterhalb des Fensters, lag ein Klappdeckel über einem Heizkörper oder Ausguß oder über beiden. Ich gab mir nicht die Mühe, nachzusehen; es interessierte mich nicht. Mich interessierte nur die vordere Wand. Ich untersuchte sie gründlich. Sie bestand ganz aus den verschlossenen Türchen kleiner, eingelassener Metallschränke, die wahrscheinlich Lebensmittel enthielten, und ich konnte keinen einzigen metallenen Vorsprung entdecken, nichts, das die Wunde im Rücken der Stewardeß erklärte. Und wenn sie sich im Augenblick des Anpralls hier befunden hätte, wäre sie gegen diese Wand geschleudert worden. Die Schlußfolgerung war unausweichlich – sie mußte sich anderswo befunden haben. Ich erinnerte mich nun zu meinem Verdruß, daß ich mich nicht einmal darum gekümmert hatte, ob sie bewußtlos oder bei sich war, als wir sie auf dem Boden liegen sahen.

Im Funkerabteil an der anderen Seite des Durchgangs fand ich fast sofort, was ich suchte. Ich hatte einigermaßen gewußt, wo ich nachschauen mußte. Das dünne Blech an der linken oberen Ecke des Funkschranks war um fast drei Zentimeter verbogen, und ich brauchte kein Mikroskop und keinen forensischen Sachverständigen, um den kleinen dunklen Fleck und die marineblauen Tuchfasern, die an der Ecke des zertrümmerten Geräts klebten, zu lokalisieren und ihre Bedeutung zu erraten. Ich warf einen Blick ins Innere der Apparatur, und nun, da ich Zeit hatte, gründlicher nachzuschauen, fand ich reichliche Beweise dafür, daß die losgerissene Vorderwand den wirklichen Schaden nicht einmal annähernd erklären konnte: Das Gerät war systematisch und konsequent zerstört worden.

Ich verstand nun, warum der zweite Pilot kein Notsignal gefunkt hatte. Ich verstand nun, warum er sicher auch seine regelmäßigen Kontrollmeldungen durchgegeben hatte: *Auf richtigem Kurs – ohne Verspätung…* Armer Teufel. Es war ihm nichts anderes übriggeblieben – wenn die Stewardeß neben ihm saß und ihn mit einer Pistole bedrohte. Es mußte eine Pistole gewesen sein. Daß der Aufprall für sie überraschend kam, war gar kein Trost.

Eine Waffe! Allmählich, ganz allmählich, in aufreizendem Zeitlupentempo, begannen sich die Gedanken in meinem halbgelähmten Hirn zu ordnen. Wer immer es gewesen sein mochte, der die Maschine so meisterhaft durch den jede Sicht verhindernden Maelstrom des gestrigen Schneesturms gesteuert und zur Landung gebracht hatte, es konnte kein toter Mann gewesen sein. Ich erhob mich, ging nach vorn in den Führerstand und richtete den Lichtstrahl meiner Taschenlampe auf den Chefpiloten. Wie mir gleich zu Anfang aufgefallen war, schien er keinerlei Verletzungen erlitten zu haben. Ich weiß nicht, ob es ein unbewußter logischer Gedankengang oder ein seltsamer Instinkt war, der mich auf der Stelle veranlaßte, den knisternden, steifgefrorenen Uniformrock so weit hochzuschieben, daß ich die pulvergeschwärzte Schußwunde mitten im Rückgrat sehen konnte. Ich hatte es erwartet, ich war so unheimlich sicher gewesen, ein Einschußloch zu finden, und zwar genau an dieser Stelle – aber mein Mund war plötzlich wie ausgedörrt, als hätte ich seit Tagen keinen Schluck mehr getrunken, und das Herz schlug mir heftig in der Brust.

Ich zog den Rock herunter, drehte mich um und ging langsam in den hinteren Teil der Kabine. Der Mann, den die Stewardeß Oberst Harrison genannt hatte, saß noch genauso da, wie wir ihn zurückgelassen hatten, steif in die Ecke gepfropft, so steif, wie er Gott weiß wie viele eisige Jahrhunderte lang würde sitzen bleiben.

Sein Jackett war mit dem mittleren Knopf geschlossen. Ich knöpfte es auf, sah weiter nichts als einen sonderbaren schmalen Lederriemen quer über die Brust laufen, lockerte einen Hemdknopf, dann einen zweiten, und da war es: das gleiche kleine, todbringende Loch, die gleiche Pulverspur eines aus nächster Nähe abgefeuerten Schusses, der die weiße Unterjacke geschwärzt hatte. Hier aber konzentrierten sich die Pulverspuren auf den oberen Rand der Wunde, also mußte der Lauf der Pistole leicht nach unten geneigt gewesen sein. Auf einen Einfall hin, aber nach wie vor wie im Traum, kippte ich ihn nach vorn und erblickte die Ausschußöffnung, die eher wie ein leicht zu übersehender Riß im Stoff aussah denn wie ein Kugelloch und einem ebenso winzigen Riß in der Polsterung der Rückenlehne entsprach. Im Augenblick hatte das keinen besonderen Sinn für mich. Ich befand mich weiß Gott nicht in der richtigen Geistesverfassung, um etwas zu durchdenken. Ich funktionierte nur noch wie ein Automat, dessen Bewegungen von außen her gesteuert werden. Ich empfand nichts, nicht einmal ein Grauen bei dem entsetzlichen Gedanken, daß man vielleicht hinterher dem Mann kaltblütig das Genick gebrochen hatte, um die wahre Todesursache zu verschleiern.

Der Lederriemen über der Brust führte zu einem filzgepolsterten Halfter unter dem Arm. Ich zog die kleine schwarze, kurzläufige Pistole heraus, betätigte die Auslösefeder und schüttelte das Magazin aus dem Kolben. Es war gefüllt und enthielt acht Patronen. Ich schob es zurück und steckte die Waffe in die Innentasche meiner Parka.

Das Jackett des Toten hatte zwei innere Brusttaschen. Die linke enthielt ein Reservemagazin in einem dünnen Lederfutteral. Ich steckte es gleichfalls ein. Die rechte enthielt nur eine Brieftasche und einen Paß. Das Bild im Paß stimmte mit dem Gesicht überein, und er war auf den Namen Oberstleutnant Robert Harrison ausgestellt. Der Inhalt der Brieftasche war nicht besonders interessant: ein paar Briefe mit dem Poststempel Oxford, offenbar von seiner Frau, englische und amerikanische Geldscheine und ein länglicher Zeitungsausschnitt, der aus einer Mitte September datierten, folglich zwei Monate alten Nummer der ›New York Herald Tribune‹ stammte.

Eine Sekunde lang betrachtete ich ihn im Licht meiner Stablampe. Auf einem kleinen und undeutlichen Bild war ein Eisenbahnunglück zu sehen, Waggons auf einer Brücke, die unvermittelt über einem Wasserlauf endet, auf dem Schiffe fahren, und ich wußte, es müsse sich um einen nachträglichen Kommentar zu dem grauenhaften Zugunglück handeln, das sich um diese Zeit ereignet hatte: Ein vollbesetzter Lokalzug war bei Elizabeth in New Jersey von einer schadhaften Eisenbahnbrücke aus in die Newark Bay gestürzt. Ich war nicht in der Stimmung, die Notiz zu lesen, hatte aber das dunkle, durch nichts zu begründende Gefühl, sie könnte irgendwie von Bedeutung sein.

Sorgfältig faltete ich den Ausschnitt zusammen, hob meinen Parka hoch und steckte ihn zu der Waffe und dem Reservemagazin in die Tasche. Im selben Augenblick hörte ich das scharfe Metallgeräusch, das aus dem vorderen Teil der finsteren und verlassenen Maschine kam.

Fünftes Kapitel

Montag, 18.00–19.00 Uhr

Fünf, vielleicht auch zehn Sekunden lang blieb ich regungslos sitzen, so steif wie der Tote neben mir, den rechten Arm in der Haltung erstarrt, mit der ich den Zeitungsausschnitt in die Tasche der Parka geschoben hatte. Wieder war das Geräusch zu hören, das gleiche metallische Scharren, als ob sich jemand im Finstern zwischen den wirren Trümmern des Flugdecks bewegte. Schnell sank ich hinter der hohen, dickgepolsterten Lehne des Vordersitzes in die Knie, um ein wenig geschützt zu sein. Mein Herz hämmerte noch immer, und noch immer sträubten sich mir die Haare im Nacken, und mein Hirn begann fieberhaft unter dem Anreiz zu arbeiten, den der Selbsterhaltungstrieb auslöst.

Daß mein Selbsterhaltungstrieb viel damit zu tun hatte, hätte ich keinen Augenblick lang abgestritten. Eine Person, die dreimal gemordet hat, um ihre Zwecke zu fördern – ich hatte keinen Zweifel, wer sich da jetzt im Führerstand befand; nur die Stewardeß hatte mich weggehen sehen –, würde nicht zögern, ein viertesmal zuzuschlagen, um ihr Geheimnis zu wahren. Und sie wußte, daß dieses Geheimnis kein Geheimnis mehr war, jedenfalls nicht, solange ich lebte. Dummerweise hatte ich ihr meinen Verdacht deutlich zu verstehen gegeben. Sie war nicht nur bereit zu morden, sondern besaß auch das Mordwerkzeug – dafür, daß sie eine Schußwaffe bei sich hatte und nicht davor zurückschrak, sie anzuwenden, hatten mir die letzten paar Minuten drastische Beweise geliefert. Sie brauchte auch keine Bedenken zu haben. Abgesehen davon, daß der Schneefall alle Geräusche dämpfte, würde der Südwind den Knall eines Pistolenschusses von der Hütte wegtragen.

Dann gab es in meinem Kopf einen Knacks. Mit einemmal war ich fuchsteufelswild. Vielleicht war es der Gedanke an die vier Toten – fünf, den Kopiloten eingerechnet –, vielleicht die unvermeidliche Reaktion auf die panische Angst, die mich eine Sekunde früher gepackt hatte, und vielleicht hatte es auch nicht wenig mit der Einsicht zu tun, daß ich gleichfalls eine Waffe besaß. Ich holte sie aus der Tasche hervor, nahm die Lampe in die linke Hand, sprang auf, drückte auf den Schaltknopf und begann durch den Mittelgang zu laufen.

Es zeugte ausgiebig von meiner Unerfahrenheit in diesem mörderischen Versteckspiel, daß mir erst fast unmittelbar an der vorderen Tür der Kabine einfiel, wie leicht es für jemanden gewesen wäre, sich hinter der Lehne eines der nach rückwärts gerichteten Vordersitze zu verstecken und mich, als ich vorbeikam, aus nächster Nähe niederzuknallen. Aber es war niemand da, und als ich durch die Tür stürzte, sah ich flüchtig eine dunkle, vermummte Gestalt im nicht allzu kräftigen Schein meiner Stablampe, nicht mehr als eine formlose Silhouette, die sich durch die zerschmetterte Windschutzscheibe der Führerkanzel hinauswand.

Ich brachte meine Pistole in Anschlag – und drückte ab. Es geschah nichts. Ich drückte ein zweites Mal ab, und bevor mir einfiel, daß es so etwas wie eine Abzugssicherung gibt, war das Kanzelfenster nur noch der Rahmen für den immer dichteren Schnee, der grau in der dahinterliegenden Dunkelheit vorbeiwirbelte. Ganz deutlich hörte ich den dumpfen Aufprall von Füßen auf dem harten Eis.

Meine Dummheit verwünschend, lehnte ich mich aus dem Fenster und vergaß abermals, daß ich ein wunderbares Ziel bot. Wieder hatte ich Glück. Ich konnte einen zweiten raschen Blick auf die Gestalt werfen, die gerade um die Spitze der linken Tragfläche lief, bevor sie in Schnee und Finsternis verschwand.

Drei Sekunden später war ich selber unten gelandet. Ich rutschte aus, raffte mich aber sogleich wieder auf und hastete um die Tragfläche herum und der flüchtenden Gestalt hinterher, so schnell es mir der hinderliche Umfang meines Pelzwerks gestattete.

Sie lief, den Bambusstäben folgend, direkt zur Hütte zurück; ich hörte das Getrappel der Füße auf dem gefrorenen Schnee und sah das Licht der Stablampe wild umherhuschen: ein weißlicher

Fleck, in der einen Sekunde neben den fliehenden Füßen, in der nächsten nach vorn auf die Bambusstäbe gerichtet. Jetzt lief sie sehr schnell, weit schneller, als ich ihr zugetraut hätte. Trotzdem holte ich ständig auf. Da schwenkte plötzlich der Lichtstrahl dort vorn in eine ganz neue Richtung, etwa fünfundvierzig Grad nach links. Auch ich bog ab, mich mit Auge und Ohr orientierend. Dreißig, vierzig Meter – dann blieb ich stehen, ganz still. Das Licht war erloschen, nichts mehr war zu hören.

Zum zweitenmal an diesem Abend verfluchte ich meine Gedankenlosigkeit. Natürlich hätte ich geradenwegs weiterlaufen und in der Hütte warten sollen, bis sie auftauchte, was unweigerlich geschehen mußte: In der mörderischen Kälte der arktischen Nacht kann ohne Unterschlupf kein Mensch sich längere Zeit am Leben erhalten.

Aber es war noch nicht zu spät. Ich machte kehrt, tat einen Schritt, dann zwei – und blieb wie angewurzelt stehen.

Warum hatte man mich von der Bambuslinie weggelockt? Nicht um mir auf diese Weise zu entwischen – das war unmöglich. Solange wir beide lebten, waren wir auf Gedeih und Verderb an die Hütte gebunden und würden uns früher oder später dort treffen müssen.

Solange wir beide lebten! Mein Gott, was war ich für ein Esel, was für ein blutiger Dilettant in diesem Spiel! Sie konnte mir nur dann entwischen, richtig und für immer entwischen, wenn ich nicht mehr lebte. Und da sie früher als ich mit dem Laufen aufgehört und auch früher ihre Lampe ausgelöscht hatte, mußte sie einen besseren Begriff von meiner Position haben als ich von der ihren. Meine beiden übereilten, unbedachten Schritte hatten ihr gestattet, mich abermals und noch genauer anzupeilen. Vielleicht war sie nur noch wenige Meter von mir entfernt und zielte bereits auf mich.

Ich knipste meine Lampe an und drehte mich schnell im Kreis. Kein Mensch. Überhaupt nichts zu sehen.

Schnell und lautlos tat ich zwölf Schritte nach links. Meine Lampe brannte nicht mehr; es war ein Wahnsinn gewesen, sie anzuknipsen. Nichts hätte meine Position besser verraten können: Das Licht einer Stablampe, von vorn gesehen, überbrückt das Zwanzigfache der größten Entfernung, in die der Strahl reicht. Ich betete zu Gott, der wirbelnde Schnee möge alles verdeckt haben.

Fünf Minuten verstrichen, und nichts geschah – wenn man erfrorene Ohren und eine erfrorene Stirn nicht mitrechnet. Noch immer nichts zu sehen. Sehr viel länger würde die Spannung, die nervenzerrüttende Erwartung nicht zu ertragen sein. Langsam, mit unendlicher Sorgfalt, beschrieb ich einen Kreis mit einem Durchmesser von etwa zwanzig Metern, sah aber nichts, hörte nichts. Meine Augen waren jetzt so gut an die Dunkelheit angepaßt, meine Ohren so gut auf die melancholische Symphonie der Eishaube abgestimmt, daß ich hätte schwören mögen, wenn etwas zu sehen oder zu hören wäre, würde ich es gesehen oder gehört haben. Es war, als stünde ich ganz allein in der Schneewüste.

Und dann überfiel mich die erschreckende Wahrheit: Ich *war* allein. Zu spät und mit stockendem Puls begriff ich plötzlich, daß ich allein war. Und ich fand meinen Weg nicht mehr. Davon war ich überzeugt, noch bevor ich den Wind zur Linken spürte und zu der Bambusreihe zurückmarschiert war. Die Stäbe waren nicht mehr da. Ich ging im Kreis, entdeckte aber nichts. Auf einer Strecke von mindestens zwanzig Metern gegen das Flugzeug zu und wahrscheinlich bis zur Hütte waren die Bambusstäbe entfernt. Diese schmale Kette von Wegweisern, die den einzigen Unterschied zwischen Sicherheit und rettungsloser Preisgabe an die weglose Öde bedeutete, war verschwunden. Ich konnte mich nicht mehr zurechtfinden.

Ausnahmsweise einmal geriet ich nicht in Panik. Nicht nur weil ich wußte, daß ich dann verloren sein würde. Mich verzehrte eine kalte Wut, daß man mich so schändlich hereingelegt hatte, daß man mich so kaltblütig sterben lassen wollte. Aber ich würde nicht sterben. Ich konnte nicht im entferntesten ahnen, welch gewaltig hohem Einsatz das mörderische Spiel gelten mußte, das diese unglaublich rücksichtslose, böse und verschlagene Stewardeß mit dem sanften Gesicht spielte, doch ich gelobte mir, unter keinen Umständen das Los der Schachfiguren zu teilen, die vom Brett weggefegt werden sollten. Ich blieb stehen und orientierte mich.

Der Schnee fiel immer dichter, entwickelte sich zu einem richtigen Blizzard, der die Sicht auf wenige Meter beschränkte. Der Wind kam aus dem Süden oder war zumindest dort hergekommen, aber in dem launischen Klima Grönlands konnte man nie wissen, in welcher Minute er umschlagen oder abdrehen würde. Meine Lampe ließ bereits stark nach. Das Flugzeug, berechnete ich, war nicht weiter als hundert Meter entfernt, die Hütte jedoch sechshundert. Meine Chancen, auf sie zu stoßen – das flache Dach fast auf gleicher Höhe mit der Eisfläche –, standen nicht besser als eins zu hundert, die Chance jedoch, das Flugzeug oder, was auf dasselbe hinauslief, den breiten und einen halben Kilometer langen Graben zu finden, den es nach dem Aufsetzen in den gefrorenen Schnee eingewühlt hatte, war größer als fünfzig zu fünfzig. Er konnte sich unmöglich bereits mit Schnee gefüllt haben. Ich machte kehrt, bis ich den Wind über der linken Schulter hatte und ging los.

Binnen einer Minute erreichte ich die tiefe Furche. Die Lampe hatte ich ausgeknipst, um die Batterie zu schonen, aber mein schweres Stolpern und Hinfallen waren unmißverständlich. Ich wandte mich nach rechts und war in dreißig Sekunden am Flugzeug. Vielleicht hätte ich im Innern des Wracks die Nacht überdauern können, aber ich kam gar nicht auf diesen Gedanken, so verbissen war ich in meinem Vorsatz. Ich ging um die Tragfläche herum, lokalisierte mit Hilfe der Lampe den ersten Bambusstab und nahm die Fährte auf. Aber es waren insgesamt nur fünf Stäbe übriggeblieben. Nachher kam nichts mehr. Die anderen waren ohne Ausnahme entfernt worden.

Ich nahm die fünf Stäbe, kehrte zu der Maschine zurück und marschierte durch die Schneefurche bis zu der Erhöhung, an der das Flugzeug aufgesetzt hatte. Die achtzig Meter lange Antenne lag, wie ich wußte, rund vierhundert Meter entfernt, ein klein wenig nach Südwest hin – das hieß leicht zur Linken, wenn ich dem Flugzeug den Rücken kehrte. Ich zögerte nicht. Ich schritt in die Finsternis hinein, zählte meine Schritte, konzentrierte mich darauf, den Wind etwas weiter als nur auf die linke Backe, aber nicht voll ins Gesicht zu bekommen. Nach vierhundert langen Schritten blieb ich stehen und holte meine Lampe hervor.

Sie war fast erloschen – der mattrote Schimmer des Fadens machte sich nicht einmal auf meinem zehn Zentimeter entfernten Handschuh bemerkbar, und die Finsternis war so kompakt, wie sie nur je in dieser Gegend sein kann. Einem Blinden gleich, tappte ich umher; mir war nur noch der Tastsinn geblieben. Zum erstenmal packte mich wieder die Furcht. Beinahe hätte ich dem übermächtigen Instinkt nachgegeben, draufloszulaufen.

Ich zog die Schnur aus meiner Kapuze und band mit gelähmten, ungeschickten Händen zwei der Bambusstäbe aneinander, um eine zweieinhalb Meter lange Stange zu erhalten. Einen dritten Stab stieß ich in den Boden. Dann legte ich mich platt hin und berührte ihn mit der Stiefelsohle, während ich mit der langen Stange einen kompletten Kreis durch die Finsternis beschrieb. Nichts. Am äußersten Ende der durch meinen Körper und die Stange gebildeten Strecke steckte ich die beiden letzten Bambusstäbe in den Schnee, den einen von dem zentralen Stab aus gegen, den anderen in die Windrichtung, und beschrieb erst rund um den einen, dann rund um den anderen einen waagerechten, fuchtelnden Kreis. Wieder nichts.

Noch zehn Schritte, sagte ich mir, noch zehn, dann mußt du umkehren. Wohin denn umkehren? schien eine höhnische Stimme mich zu fragen, aber ich ignorierte sie und stolperte mit bleischweren Füßen weiter, hartnäckig die Schritte zählend. Und beim siebenten Schritt rannte ich gegen einen der dicken Antennenmasten, prallte zurück, wäre beinahe hingefallen, erholte mich, hielt mich an dem Pfosten fest und umarmte ihn, als wollte ich ihn nie mehr loslassen. In diesem Augenblick wußte ich, was es heißt, zum Tode verurteilt zu sein und dann im letzten Augenblick begnadigt zu werden. Es war das herrlichste Gefühl, das ich je erlebt hatte. Dann verebbten allmählich die Erleichterung und die Freude, und der Zorn kehrte zurück, kalter, böser, alles verzehrender Zorn, wie ich ihn mir nie zugetraut hätte.

Mit hochgereckter Stange an der bereiften Antenne entlangstreifend, um die Richtung beizubehalten, legte ich den Weg zur Hütte im Laufschritt zurück. Ich wunderte mich vage, als ich sah, daß sich in der beleuchten Abschirmung rund um den Traktor noch immer Schatten bewegten – ich konnte mir einfach nicht vorstellen, daß ich nicht länger als eine halbe Stunde weggewesen sein sollte. Aber ich rannte vorbei, öffnete die Luke und rutschte die Treppe hinunter.

Joss saß noch in der entferntesten Ecke vor dem großen Funkgerät, und die vier Frauen hockten um den Ofen herum. Die Stewardeß hatte, wie ich feststellte, einen Parka an – einen, den Joss ihr geliehen hatte – und rieb sich die Hände an der Flamme.

»Kalt, Miß Ross?« fragte ich in besorgtem Ton. Zumindest hätte es so klingen sollen, aber ich selber fand meine Stimme heiser und gepreßt.

»Warum denn auch nicht, Dr. Mason?« sagte Marie LeGarde

schroff. Dr. Mason, wohlgemerkt. »Eben ist sie eine volle Viertel-stunde bei den Männern am Traktor gewesen.«

»Was hat sie denn dort gemacht?«

»Ich habe ihnen Kaffee serviert.« Zum erstenmal begehrte die Stewardeß auf. »Was ist denn daran so schlimm?«

«Nichts«, sagte ich kurz. Du brauchst aber verdammt lange, um eine Tasse Kaffee einzugießen, dachte ich wütend. »Sehr nett von Ihnen.« Mein erfrorenes Gesicht massierend, ging ich in den Vorratsschacht und machte Joss ein Zeichen. Er kam mir sofort nach.

»Eben hat mich dort draußen jemand umbringen wollen«, sagte ich ohne weitere Vorrede.

»Umbringen?« Joss starrte mich lange an. Dann kniff er die Augen zusammen. »Diesen Herrschaften traue ich alles zu.«

»Nämlich?«

»Vor einer Minute habe ich einige Reserveteile fürs Radio gesucht – übrigens scheinen welche zu fehlen, aber darauf kommt es nicht an. Die Teile liegen, wie Sie wissen, neben dem Spreng-stoff. Dort hat sich jemand zu schaffen gemacht.«

»Am Sprengstoff!« Plötzlich sah ich einen Irren vor mir, der eine Stange Gelignit unter den Traktor schiebt. »Was fehlt?«

»Nichts. Das finde ich ja so verdammt komisch. Ich habe nachgesehen. Sämtliche Sprengstoffvorräte sind da, aber durch-einandergeworfen, mit den Zündern und Zündschnüren ver-mengt.«

»Wer hat im Lauf des Nachmittags den Schacht betreten?«

Er zuckte die Achseln. »Wer hat ihn nicht betreten?«

Das stimmte leider. Den ganzen Nachmittag und Abend hin-durch waren sie alle gekommen und gegangen, die Männer, um hunderterlei Teilstücke für die Traktorkarosserie, die Frauen, um Lebensmittel und sonstige Vorräte zu holen. Außerdem lag unse-re primitive Toilette am äußersten Ende des Tunnels.

»Was ist Ihnen passiert, Sir?« fragte Joss leise.

Ich gab ihm einen kurzen Bericht. Sein Gesicht straffte sich, bis der Mund ein schmaler, weißer Strich war. Joss wußte, was es heißt, sich auf der Eishaube zu verirren.

»So eine kaltblütige Teufelin!« murmelte er. »Wir müssen sie festnageln, Sir, unbedingt. Gott weiß, wer der nächste auf ihrer Liste ist. Aber brauchen wir dazu nicht Beweise oder ein Geständ-nis? Wir können doch nicht einfach...«

»Ich werde beides beschaffen«, sagte ich. Noch immer beherrschte mich der erbitterte Zorn und ließ nichts anderes zu Wort kommen. »Sofort.«

Ich verließ den Schacht und ging zur Stewardeß hin.

»Wir haben etwas übersehen, Miß Ross«, sagte ich unvermittelt. »Die Lebensmittel in der Pantry des Flugzeugs. Vielleicht retten die uns. Wie groß ist der Vorrat?«

»In der Pantry? Leider nicht sehr groß. Nur ein wenig Brotbelag, für den Fall, daß einer der Passagiere Hunger bekam. Es war ein Nachtflug, Dr. Mason, und sie hatten bereits zu Abend gegessen.«

Mit einer ganz besonderen Sorte Mokka hinterher, dachte ich ingrimmig. »Egal, wie wenig es ist. Auch das wenige könnte unschätzbar sein. Ich möchte, daß Sie mitkommen und mir zeigen, wo die Sachen liegen.«

»Hat das nicht Zeit?« protestierte Marie LeGarde. »Sehen Sie denn nicht, daß die Arme halb erfroren ist?«

»Sehen Sie nicht, daß auch ich halb erfroren bin?« erwiderte ich barsch. Es war bezeichnend für meine Stimmung, daß ich es fertigbrachte, in einem solchen Ton mit Marie LeGarde zu sprechen. »Kommen Sie mit, Miß Ross?«

Sie kam mit. Diesmal wollte ich nichts riskieren, deshalb nahm ich das große Suchlicht mit der transportablen Batterie und eine zweite Stablampe an mich und gab der Stewardeß ein Bündel Bambusstäbe. Als wir oben an der Falltür angelangt waren, wartete sie, um mir den Vortritt zu lassen, aber ich ersuchte sie, vorauszugehen. Ich wollte ihre Hände im Auge behalten.

Der Schneefall ließ nach, der Wind begann sich zu legen, die Sicht wurde ein wenig besser. Wir gingen bis ans Ende der Antenne und bogen leicht nach Nordost ab. Ab und zu steckten wir einen Bambusstab in den Schnee. Nach zehn Minuten hatten wir das Flugzeug erreicht.

»So, da wären wir«, sagte ich. »Nach Ihnen, Miß Ross. Hinauf!«

»Hinauf?« Sie drehte sich zu mir um, und obwohl das große Suchlicht, das auf dem Boden lag, mir nicht erlaubte, ihren Gesichtsausdruck zu sehen, hatte ihre Stimme den richtigen verdutzten Tonfall. »Wie denn?«

»Genauso wie beim letztenmal«, erwiderte ich schroff. Meine Wut ließ sich nicht länger zurückhalten. »Springen Sie hoch!«

»Wie beim letztenmal?« Sie unterbrach sich und starrte mich an. »Was soll das heißen?« Ihre Stimme war nur noch ein Flüstern.

»Springen Sie hoch!« befahl ich unbarmherzig.

Langsam wandte sie sich ab und sprang hoch. Ihre Finger reichten nicht an den Fenstersims heran. Sie versuchte es abermals, kam nicht weiter, und beim dritten Versuch half ich nach, bis ihre Hände sich am Sims festhakten. Dort blieb sie eine Weile hängen, zog sich ein paar Zentimeter hoch, stieß einen Schrei aus und fiel schwer zu Boden. Langsam, wie betäubt, raffte sie sich auf und sah mich an. Eine hervorragende Leistung.

»Ich schaffe es nicht«, sagte sie heiser. »Sie sehen doch, daß es nicht geht. Was wollen Sie von mir? Was ist denn los?« Ich antwortete nicht, und sie fuhr hastig fort: »Ich ... ich bleibe nicht hier. Ich gehe zurück.«

»Später.« Als sie sich entfernen wollte, packte ich sie hart am Arm. »Bleiben Sie hier stehen, damit ich Sie sehen kann.«

Ich sprang hinauf, schlängelte mich in den Führerstand, langte hinunter und zog sie nicht gerade sanft hinauf. Wortlos führte ich sie geradenwegs in die Pantry.

»Die Giftbrauerei«, bemerkte ich trocken. »Ist aber auch ein idealer Winkel. So still!« Sie hatte jetzt die Schneemaske abgenommen, und als sie den Mund öffnete, um etwas zu sagen, kam ich ihr mit einer Handbewegung zuvor. »Betäubungsmittel, Miß Ross! Aber Sie wissen natürlich nicht, wovon die Rede ist.«

Sie sah mich unverwandt an und sagte kein Wort.

»Als das Flugzeug havarierte, haben Sie hier gesessen«, fuhr ich fort. »Vielleicht auf diesem kleinen Schemel. Habe ich recht?«

Sie nickte, abermals wortlos.

»Und Sie wurden natürlich gegen die vordere Wand geschleudert. Sagen Sie mir, Miß Ross, wo ist die Metallkante, die Ihnen den Rücken verletzt hat?«

Ihr Blick wanderte langsam zu den Schranktüren, kehrte dann zu mir zurück.

»Haben Sie mich deshalb hierhergeführt?«

»Wo ist die Kante?« fragte ich.

»Ich weiß es nicht.« Sie schüttelte den Kopf und trat einen Schritt zurück. »Was spielt das für eine Rolle? Und ... Betäubungsmittel ... ja, was ist denn bloß los? Bitte!«

Stumm nahm ich ihren Arm und führte sie ins Funkerabteil hinüber. Ich richtete den Lichtstrahl der Lampe auf die obere Kante des Funkschranks.

»Blut, Miß Ross. Und einige marineblaue Tuchfasern. Das Blut aus der Rückenwunde, die Fasern von Ihrer Jacke. Hier haben Sie gesessen oder gestanden, als der Aufprall erfolgte. Schade, daß Sie das Gleichgewicht verloren! Zumindest aber gelang es Ihnen, die Waffe festzuhalten.« Nun starrte sie mich mit verschleierten Augen an, und ihr Gesicht war eine starre, kalkigweiße Maske. »Sie haben das Stichwort versäumt, Miß Ross. Ihre nächste Replik lautete: ›Was für eine Waffe?‹ Ich werde es Ihnen sagen: Die Waffe, die Sie auf den zweiten Piloten gerichtet hielten. Ein Jammer, daß Sie ihn nicht gleich ermordet hatten. Aber Sie haben es nachgeholt. Einen Menschen zu ersticken ist viel sauberer, nicht?«

»Ersticken?« Sie mußte es dreimal versuchen, bis sie das Wort über die Lippen brachte.

»Diesmal hat es geklappt«, sagte ich beifällig. »Ersticken. Als sie im Lauf der Nacht den zweiten Piloten in der Unterkunft ermordeten...«

»Sie sind wahnsinnig«, flüsterte sie. Ihre Lippen, verblüffend rot in dem aschgrauen Gesicht, waren halb geöffnet und die braunen Augen riesengroß vor Angst und Verzweiflung. »Sie sind wahnsinnig!« wiederholte sie mit zitternder Stimme.

»Ganz richtig, total verrückt.« Wieder nahm ich sie beim Arm, zerrte sie aufs Flugdeck hinaus und richtete den Lichtstrahl auf den Rücken des Flugkapitäns. »Davon wissen Sie natürlich auch nichts.« Ich beugte mich vor, riß die Jacke hoch, um die Schußwunde im Rücken freizulegen. Dann stolperte ich und wäre beinahe hingefallen, weil sie einen tiefen Seufzer ausstieß und zusammensackte. Instinktiv fing ich sie auf, legte sie auf den Fußboden, verwünschte mich, daß ich auch nur eine Sekunde lang auf die Ohnmachtskomödie hereingefallen war, und stieß ihr rücksichtslos zwei steife Finger in den Solarplexus dicht unterhalb des Brustbeins.

Es erfolgte keine Reaktion, überhaupt keine Reaktion. Die Ohnmacht war so echt, wie eine Ohnmacht nur echt sein kann. Margaret Ross hatte das Bewußtsein verloren.

Die nächsten paar Minuten, während ich neben ihr auf dem Vordersitz des Flugzeugs saß und darauf wartete, daß sie wieder zu sich komme, gehörten zu den schlimmsten, die ich je durchgemacht habe. ›Selbstvorwürfe‹ ist ein hoffnungslos unzulängliches Wort, um die Art und Weise zu beschreiben, in der ich mich selber herunterputzte wegen meiner Dummheit, meiner grenzenlosen Dummheit und unverzeihlichen Blindheit, vor allem aber wegen der Brutalität, der wohlberechneten Grausamkeit, mit der ich dieses arme, zusammengebrochene junge Geschöpf an meiner Seite behandelt hatte. Besonders meine Grausamkeit in den letzten paar Minuten. Vielleicht war mein früherer Argwohn hinreichend begründet gewesen – nicht aber meine spätere Handlungsweise. Wenn ich nicht so sehr von meiner Wut besessen, wenn ich meiner Sache nicht so sicher gewesen wäre, daß die Möglichkeit eines Zweifels überhaupt in Betracht kam, wenn ich mich nicht ausschließlich darauf konzentriert hätte, ihre Schuld nachzuweisen, dann hätte ich zumindest wissen müssen, daß nicht sie es gewesen sein konnte, die vor einer halben Stunde, als ich durch den Mittelgang raste, aus dem Führerstand sprang – aus dem einfachen Grunde, weil sie gar nicht erst imstande gewesen wäre, sich hinaufzuschwingen.

Ich war noch immer nicht damit fertig, mir alle nur erdenklichen Beschimpfungen an den Kopf zu werfen, da begann sie sich zu rühren, seufzte und reckte sich in meiner Armbeuge, mit der ich sie stützte. Langsam öffnete sie die Augen, heftete den Blick auf mich und wich zurück.

»Schon gut, Miß Ross!« sagte ich eindringlich. »Bitte, haben Sie keine Angst. Ich bin nicht verrückt – wirklich nicht –, ich bin nur der größte, blödeste, hirnverbrannteste Idiot. Ich bereue alles, was ich gesagt und getan habe, ich bereue es tief. Können Sie mir je verzeihen?«

Ich glaube, sie hörte kein Wort davon. Mag sein, daß mein Ton sie ein wenig beruhigte, aber das ist schwer zu sagen. Sie zuckte heftig zusammen und reckte den Hals, um in die Richtung des Flugdecks zu blicken.

»Mord.« Es klang so leise, daß ich es kaum hören konnte. Plötzlich wurde ihre Stimme schrill und unsicher. »Er ist ermordet worden! Wer – wer hat ihn ermordet?«

»Beruhigen Sie sich, Miß Ross.« – Du lieber Gott, was für ein stupider Rat! – »Ich weiß es nicht. Ich weiß jetzt nur, daß Sie nichts damit zu tun hatten.«

»Nein.« Erschöpft schüttelte sie den Kopf. »Ich glaube es nicht. Ich kann es nicht glauben. Kapitän Johnson! Warum sollte jemand – er hatte nicht einen einzigen Feind in der ganzen Welt, Dr. Mason.«

»Vielleicht hatte auch Oberst Harrison keine Feinde.« Ich

deutete mit einem Kopfnicken auf den hinteren Teil des Flugzeugs. »Aber man hat ihn gleichfalls erwischt.«

Mit entsetzten Augen folgte sie meinem Wink. Ihre Lippen bewegten sich, aber sie brachte keinen Laut hervor.

»Ihn hat man gleichfalls erwischt«, wiederholte ich. »Genauso wie den Kapitän. Genauso wie den dritten Piloten – und den Bordmechaniker.«

»Man?« flüsterte sie. »Man?«

»Wer immer es gewesen sein mag. Ich weiß nur, daß nicht Sie es waren.«

»Nein«, murmelte sie. Wieder schauerte sie zusammen, noch unbeherrschter als zuvor. Ich legte den Arm fester um sie. »Ich fürchte mich, Dr. Mason. Ich fürchte mich.«

»Sie haben nichts...« Ich wollte sagen, sie habe nichts zu befürchten, bevor mir einfiel, wie idiotisch das war. Solange ein rücksichtsloser und unbekannter Mörder unter uns weilte, war alles und jedes zu befürchten. Ich selber hatte Angst, aber wenn ich es zugäbe, würde es dem jungen Mädchen nicht gerade mehr Mut machen. Deshalb fing ich an, ihr zu erzählen, was wir entdeckt hätten, was für Vermutungen wir hegten, was mir passiert sei.

Als ich fertig war, sah sie mich an und fragte: »Weshalb aber hat man mich in das Funkerabteil geschleppt? Man muß mich doch hingeschleppt haben?«

»Sicher. Weshalb? Wahrscheinlich deshalb, damit jemand eine Pistole auf Sie richten und Ihnen drohen konnte, Sie zu erschießen, falls der zweite Pilot – Jimmy Waterman haben Sie ihn genannt, nicht wahr? – nicht brav mitmache. Warum denn sonst?«

»Warum denn sonst?« wiederholte sie. Sie sah mich unverwandt mit ihren großen braunen Augen an. Dann kehrte die bleiche Furcht in sie zurück. Sie fragte flüsternd: »Und wer noch?«

»Was meinen Sie damit?«

»Begreifen Sie das nicht? Wenn jemand Jimmy Waterman mit einer Pistole bedroht hat, muß jemand anders die Piloten in Schach gehalten haben. Es liegt auf der Hand, daß ein einzelner nicht beides zugleich schaffen konnte. Kapitän Johnson hat offenbar genauso Order pariert wie Jimmy.«

Ein Kind konnte es verstehen – so deutlich sprang es ins Auge. So deutlich, daß es mir völlig entgangen war. Natürlich mußten es zwei Personen gewesen sein, wie wäre es denn sonst möglich gewesen, die gesamte Besatzung gefügig zu machen? Du lieber Gott – das war nun doppelt so schlimm, zehnmal so schlimm wie bisher. Neun Männer und Frauen dort in der Hütte, und unter ihnen zwei Mörder, unbarmherzige Mörder, die, wenn der Augenblick es verlangte, beim geringsten Anlaß abermals zuschlagen würden!

»Natürlich haben Sie recht, Miß Ross.« Ich zwang mich, ruhig und sachlich zu sprechen. »Ich war blind, ich hätte es wissen müssen.« Ich erinnerte mich, daß das Geschoß den Körper des Mannes auf dem hintersten Sitz glatt durchschlagen hatte. »Eigentlich wußte ich es, aber ich konnte es mir nicht zusammenreimen. Oberst Harrison und Kapitän Johnson wurden mit verschiedenen Waffen getötet – der eine mit einer schweren, weittragenden Pistole, etwa einem Colt oder einer Luger, der andere mit einer wesentlich leichteren, wie auch eine Frau sie handhaben könnte.«

Unvermittelt verstummte ich. Die Waffe einer Frau? Warum konnte es nicht wirklich eine Frau gewesen sein? Warum nicht das junge Mädchen an meiner Seite?

›Die Waffe einer Frau?‹ Ich hätte meine Gedanken laut äußern können, so genau hatte sie sie erraten. »Vielleicht ich – oder sollte ich sagen: Vielleicht noch immer ich?« Ihre Stimme war unnatürlich ruhig. »Weiß der Himmel, ich kann es Ihnen nicht übelnehmen. An Ihrer Stelle würde ich ebenfalls alle Welt verdächtigen.«

Sie zog Handschuh und Fäustling von der linken Hand, nahm einen Ring vom Finger und reichte ihn mir. Verständnislos betrachtete ich ihn im Schein meiner Lampe, beugte mich dann vor, als ich die winzige Inschrift an der Innenseite des Goldreifens erblickte: ›J. W. – M. R. 28. IX. 1958.‹ Ich blickte zu ihr auf. Sie nickte mit starrer, verzweifelter Miene.

»Vor zwei Monaten haben wir uns verlobt. Das sollte mein letzter Flug als Stewardeß sein. Zu Weihnachten wollten wir heiraten.« Sie nahm mir den Ring weg, steckte ihn mit zitternder Hand wieder an, und als sie sich zu mir wandte, quollen ihr die Tränen aus den Augen. »Haben Sie endlich Vertrauen zu mir?«

Zum erstenmal seit nahezu vierundzwanzig Stunden benahm ich mich vernünftig: Ich machte den Mund fest zu und ließ ihn zu. Ich gab mir nicht einmal die Mühe, ihr sonderbares Benehmen nach der Katastrophe und in der Hütte zu überdenken. Ich wußte instinktiv, daß damit alles erklärt war. Stumm saß ich da, betrachtete sie, während sie mit geballten Fäusten und tränenüberströmten Gesicht vor sich hin starrte, und als sie plötzlich zusammenbrach und die Hände vors Gesicht schlug und ich sie an mich zog, da wehrte sie sich nicht, drehte sich nur zu mir hin, vergrub das Gesicht im Pelz meiner Parka und weinte, als wollte ihr das Herz brechen. Ich glaube, so war es auch.

Der Augenblick, da ein Mann erfährt, der Verlobte eines jungen Mädchens sei an eben diesem Tag gestorben, dürfte für jenen Mann zwar der am wenigsten geeignete Zeitpunkt sein, sich in das Mädchen zu verlieben – aber ich muß gestehen, genau das passierte mir. Gefühle nehmen nun einmal keine Rücksicht auf Sitten und Anstandsregeln, und gerade jetzt wurde mir klar, wie tief sie sich in mir regten, zum erstenmal wieder seit jenem schrecklichen Tag vor vier Jahren, als meine Frau, mit der ich kaum drei Monate lang verheiratet gewesen war, bei einem Autounfall ums Leben kam. Ich hatte die Medizin über Bord geworfen, um zu meiner ersten großen Liebe, der Geologie, zurückzukehren, das durch den Krieg unterbrochene naturwissenschaftliche Studium zu beenden und in der Welt umherzuwandern, überall dorthin, wo Arbeit, eine neue Umgebung und die Möglichkeit winkten, das Gestern zu vergessen.

Allmählich ließ das Schluchzen nach. Sie richtete sich auf und versteckte vor mir ihr Gesicht.

»Verzeihung«, murmelte sie. »Und vielen Dank.«

»An dieser Schulter darf man sich ausweinen.« Ich berührte sie mit der Hand. »Sie ist für meine Freunde reserviert. Die andere gehört den Patienten.«

»Auch dafür schönen Dank, aber das hatte ich gar nicht gemeint. Nur, weil Sie nicht gesagt haben, daß Sie mich sehr bedauern, weil Sie mich nicht getätschelt und ›Na, na!‹ oder etwas Ähnliches gesagt haben. Ich ... hätte es nicht ertragen.« Sie hatte sich das Gesicht mit der Innenseite des Fäustlings abgewischt, blickte zu mir auf mit Augen, die noch in Tränen schwammen, und ich fühlte abermals mein Herz zusammenzucken. »Was unternehmen wir jetzt, Dr. Mason?«

»Wir kehren in die Hütte zurück.«

»Das habe ich nicht gemeint.«

»Ich weiß. Was soll ich sagen? Ich tappe völlig im dunkeln. Hundert Fragen und keine einzige Antwort.«

»Und ich kenne noch nicht einmal alle Fragen«, murmelte sie.

»Erst seit fünf Minuten weiß ich, daß es kein Unfall war.« Ungläubig schüttelte sie den Kopf. »Und warum wurde Oberst Harrison ermordet?«

Ich zuckte die Achseln. »Vielleicht war er immun gegen Betäubungsmittel. Vielleicht sah er zuviel oder wußte zuviel. Oder beides.«

»Aber jetzt – jetzt weiß man, daß Sie zuviel gesehen haben und zuviel wissen.« Wenn sie mich beim Sprechen bloß nicht angeschaut hätte: Diese Augen würden selbst Seine Hochwürden Smallwood mitten in einer donnernden Strafpredigt aus dem Konzept gebracht haben – obwohl ich mir allerdings nicht vorstellen konnte, daß Mr. Smallwood viel Talent für donnernde Strafpredigten entwickeln würde.

»Ein beunruhigender Gedanke.« Ich nickte. »Ein Gedanke, der auch mir in der letzten halben Stunde mehrmals durch den Kopf geschossen ist. Ich würde sagen, etwa fünfhundertmal.«

»Ach, hören Sie auf! Wahrscheinlich haben Sie genauso große Angst wie ich.« Sie fröstelte. »Bitte, gehen wir hier weg. Es ist so grauenvoll, so gespenstisch. Was – was war das?«

»Was denn?« Ich versuchte, einen ruhigen Ton anzuschlagen, aber das hinderte mich nicht daran, mich nervös umzuschauen. Vielleicht hatte sie recht, vielleicht war ich genauso verängstigt wie sie.

»Ein Geräusch im Freien.« Ihre Stimme war nur noch ein Flüstern, ihre Finger gruben sich tief in den Pelz meiner Parka ein. »Als ob jemand gegen eine Tragfläche oder gegen die Seitenwand klopft.«

»Unsinn.« Es klang sehr tapfer, aber meine Nerven waren bis zum Zerreißen gespannt. »Sie fangen an...«

Mitten im Satz hielt ich inne. Diesmal hätte ich beschwören können, daß ich etwas gehört hatte, und offenbar hatte auch Margaret Ross es gehört. Sie drehte den Kopf in die Richtung, aus der das Geräusch gekommen war, und wandte sich dann langsam wieder zu mir, die Gesichtsmuskeln gestrafft, die Augen groß und starr.

Ich stieß ihre Hände weg, griff nach Pistole und Lampe, sprang auf und rannte los. Im Führerstand blieb ich jählings stehen – du lieber Gott, was war ich für ein Dummkopf gewesen, das Suchlicht dort unten zurückzulassen, damit es die Fensteröffnung beleuchtete und mich mit seinem grellen Schein blendete, so daß ich ein vollendetes Ziel bot für jeden, der dort unten mit einer Waffe in der Hand hockte! Aber mein Zögern dauerte nur eine Sekunde. Jetzt oder nie. Sonst würde ich die ganze Nacht hier in der Falle stecken, oder zumindest so lange, bis die Batterie des Suchlichts ausgebrannt war. Kopfüber tauchte ich durchs Fenster, packte im letzten Augenblick einen Pfosten und landete unten – auf dem Bauch und schneller, als ich es je für möglich gehalten hätte.

Ich wartete fünf Sekunden mit gespitzten Ohren, hörte aber nichts als das Stöhnen des Windes, das Zischen der Eisnadeln, die über den verharschten Schnee raschelten, und das Hämmern meines Herzens. Dann war ich wieder auf den Beinen, und die forschende Lampe schnitt eine helle Bahn in die Finsternis, während ich rund um die Maschine lief, ausgleitend und stolpernd in meiner Hast. Zweimal machte ich die Runde, das zweitemal in der entgegengesetzten Richtung, aber kein Mensch war zu sehen.

Ich blieb unterhalb der Führerkanzel stehen und rief leise den Namen der Stewardeß. Sie erschien am Fenster. Ich sagte: »Alles in Ordnung. Niemand da. Wir haben uns beide etwas eingebildet. Kommen Sie herunter.«

»Warum haben Sie mich oben gelassen – warum haben Sie mich allein gelassen?« Die Worte stürzten ihr von den Lippen, überpurzelten sich fieberhaft, der Zorn in der Furcht ertrunken. »Es war entsetzlich. Die Toten...! Warum haben Sie mich allein gelassen?«

»Verzeihung.« Das war nun eben nicht der richtige Zeitpunkt und Ort, um weibliche Ungerechtigkeit, Unvernunft und krasse Unlogik zu kommentieren. Sie hatte bereits mehr an Kummer und Leid, an Schreck und schlechter Behandlung erdulden müssen, als sie ertragen konnte. »Verzeihung«, wiederholte ich. »Ich hätte es nicht tun dürfen. Ich habe nicht daran gedacht.«

Sie zitterte heftig, deshalb legte ich die Arme um sie und drückte sie fest an mich, bis sie sich beruhigt hatte. Dann nahm ich Suchlicht und Batterie in die eine Hand und Margarets Hand in die andere, und gemeinsam gingen wir zur Hütte zurück.

Sechstes Kapitel

Montag, 19.00 Uhr–Dienstag, 7.00 Uhr

Jackstraw und die anderen hatten, als wir vor der Hütte ankamen, soeben den Traktor fertigmontiert, und einige waren bereits auf dem Weg nach unten. Ich nahm mir nicht die Mühe, die Arbeit zu kontrollieren. Wenn Jackstraw etwas anpackte, wurde es perfekt zu Ende geführt.

Ich wußte, daß er mich in der letzten Stunde vermißt haben mußte, aber ich wußte auch, daß er nicht der Mann dazu war, Fragen zu stellen, solange die anderen es hören konnten. Ich wartete, bis der letzte von ihnen nach unten verschwunden war, dann nahm ich seinen Arm und ging mit ihm in die Finsternis hinaus, weit genug, um ungestört mit ihm sprechen zu können, aber nicht so weit, daß wir den gelben Schimmer unserer Dachfenster aus den Augen verloren hätten.

Stumm ließ er mich zu Ende reden, dann sagte er: »Was machen wir, Dr. Mason?«

»Das kommt darauf an. Haben Sie schon mit Joss gesprochen?«

»Vor fünfzehn Minuten. Im Schacht.«

»Was wird aus dem Radio?«

»Ich fürchte, nichts, Dr. Mason. Es fehlen einige Kondensatoren und Reserveröhren. Er hat sie überall gesucht. Er meint, sie seien ihm gestohlen worden.«

»Vielleicht tauchen sie auf.« Ich glaubte es selber nicht.

»Zwei Röhren sind bereits aufgetaucht. Kleine Glassplitter auf dem Boden des Schneetunnels.«

»Unsere lieben Freunde denken aber auch an alles.« Ich fluchte leise in mich hinein. »Damit ist die Sache entschieden, Jackstraw. Wir dürfen nicht länger warten, wir brechen so schnell wie möglich auf. Aber zuerst einen Nachtschlaf – den müssen wir haben.«

»Uplavnik?« Das war unser Expeditionsstützpunkt in der Nähe des Strösund-Gletschers. »Glauben Sie, daß wir jemals hinkommen?«

»Ich möchte nicht darauf wetten«, sagte ich trocken. »Aber wenn ich hierbleibe, gefallen mir unsere Chancen noch weniger. Verhungert man, ist es endgültig aus.«

»Allerdings.« Er schwieg eine Weile und schlug dann ein anderes Thema an. »Sie sagten, man hätte versucht, Sie zu ermorden. Ist das nicht erstaunlich? Ich hätte gedacht, daß Sie und ich wenigstens für die nächsten paar Tage nichts zu befürchten hätten.«

Ich wußte, was gemeint war. Außer Jackstraw und mir gab es wahrscheinlich auf ganz Grönland kein Dutzend Menschen, die diesen verdammten Citroën starten, geschweige denn fahren konnten. Und mit den Hunden wurde nur Jackstraw fertig. Außerdem sprach fast alles dagegen, daß irgendeiner unserer Passagiere etwas von astronomischer oder Kompaßnavigation verstand – der gewöhnliche Magnetnadelkompaß ist in Polarnähe übrigens äußerst unzuverlässig. Diese Spezialkenntnisse hätten eine ausreichende Garantie für unsere momentane Sicherheit sein müssen.

»Freilich«, sagte ich. »Aber ich vermute, sie haben ganz einfach nicht daran gedacht, weil sie nicht wissen, wie wichtig es ist. Wir werden uns bemühen müssen, es ihnen klarzumachen. Dann sind wir beide sozusagen versichert. Inzwischen unternehmen wir noch einen letzten Versuch, die Sache aufzuklären, bevor wir losziehen. Wir werden uns damit nicht sehr beliebt machen, aber daran läßt sich nichts ändern.«

Nachdem er sich entfernt hatte, wartete ich ein paar Minuten und ging dann hinunter. Sämtliche neun Fluggäste saßen jetzt in der Hütte – eigentlich acht, die Marie LeGarde zuschauten, wie sie über einem Suppentopf präsidierte –, und ich sah sie mir alle lange, recht lange an. Zum erstenmal in meinem Leben musterte ich eine Gruppe meiner Mitmenschen in der Absicht, einen unter ihnen zu ermitteln. Es war ein seltsames und verwirrendes Gefühl.

Auf den ersten Blick kam mir jeder einzelne wie ein potentieller oder wirklicher Mörder vor. Ich war mir jedoch darüber im klaren, woran das lag: einzig und allein daran, daß ich Gleichheitszeichen setzte zwischen Mord und unnormalem Aussehen. Und normal sah keiner von ihnen aus in dieser absurd unwahrscheinlichen Umgebung und eingemummt in absurd unwahrscheinliche Kleidung. Sah man jedoch ein zweitesmal und näher hin und achtete man nicht auf die an und für sich irrelevante Umgebung und Kleidung, dann blieb nur eine Schar frierender, füßestampfender und eigentlich recht alltäglicher Menschen übrig.

Oder waren sie am Ende gar nicht so alltäglich? Zagero zum Beispiel: ein alltäglicher Typ? Er besaß die für einen erstklassigen Schwergewichtler erforderlichen Eigenschaften, die Figur, die Muskeln und zweifellos auch die nötige Flinkheit und das nötige Temperament, aber er war der unwahrscheinlichste Boxer, den ich je gesehen hatte. Nicht nur weil er offenbar gebildet und kultiviert war – solche Boxer hatte es schon früher gegeben –, sondern hauptsächlich deshalb, weil sein Gesicht völlig unbeschädigt war, sogar ohne Verdickung der Haut oberhalb der Augen. Außerdem hatte ich seinen Namen nie gehört, obwohl ich zugeben mußte, daß das nicht sehr viel besagte.

Oder sein Manager, Solly Levin. Oder – was das betraf – Seine Hochwürden Joseph Smallwood. Solly war kein New Yorker Boxmanager, sondern eine Karikatur auf alles, was ich je über die Typen eines Damon Runyon gehört und gelesen hatte – einfach zu schön, um wahr zu sein. Ebenso Seine Hochwürden, der so hundertprozentig der sanftmütige, milde, leicht nervöse, leicht anämische Gottesmann war, wie man sich einen Prediger häufig vorstellt – und wie er in der Wirklichkeit fast nie vorkommt –, daß seine Bewegungen, Reaktionen, Bemerkungen und Ansichten alle vorauszusagen waren. Dem hatte ich die Tatsache gegenüberzustellen, daß die beiden Mörder schlaue, berechnende Burschen waren, die es peinlichst vermieden haben würden, sich eine Maske aufzusetzen, die so sichtlich aus Pappe geschnitten war. Andererseits mochten sie verschlagen genug sein, um gerade diese Methode zu wählen.

Auch Corazzini war mit einem Fragezeichen zu versehen. Amerika hat sich darauf spezialisiert, gewitzte, intelligente, harte Wirtschaftsführer und Generaldirektoren hervorzubringen, und Corazzini gehörte zweifellos zu dieser Kategorie. Aber die Härte des durchschnittlichen Geschäftsmannes ist rein psychischer Art: Corazzini besaß außerdem eine physische Härte, eine Rücksichtslosigkeit, die er, wie ich glaubte, ohne Zögern auch auf Dinge anwenden würde, die weit außerhalb der unmittelbaren Geschäftssphäre liegen. Und dann merkte ich, nicht ohne ein inneres Lächeln, daß ich bereit war, ihn aus Gründen verdächtig zu finden, die meinen Verdachtsmomenten gegen Levin und Smallwood diametral entgegengesetzt waren: Corazzini paßte nicht in die Schablone des amerikanischen Geschäftsmannes.

Von den beiden männlichen Personen, die nun übrigblieben,

Theodore Mahler und Senator Brewster, hätte ich jederzeit eher den ersteren in Betracht gezogen. Wenn ich mich aber fragte, warum, so konnte ich nichts Gewichtigeres anführen, als daß er hager und dunkelhäutig war, etwas verbittert aussah und uns absolut nichts über seine Person mitgeteilt hatte – ein bloßes Vorurteil also. Senator Brewster schied von vornherein aus. Doch dann kam mir der verblüffende Gedanke, daß jemand, der über jeglichen Verdacht erhaben sein will, nichts Besseres tun kann, als sich die Identität einer Person zuzulegen, die tatsächlich über jeglichen Verdacht erhaben ist. Woher wußte ich denn, daß das Senator Brewster war? Ein paar gefälschte Papiere, ein weißer Schnurrbart und eine weiße Perücke über einem von Natur aus blühenden Teint, und jeder kann sich für eine gewisse Zeit in Senator Brewster verwandeln.

So kam ich keinen Schritt weiter, das leuchtete mir ein. Ich war verwirrter, unsicherer und viel argwöhnischer denn je. Ich verdächtigte sogar die Frauen. Die junge Deutsche, Helene: Sie kam aus München, nahe genug dem mitteleuropäischen Hexenkessel und dem Eisernen Vorhang, um allen Vermutungen Tür und Tor zu öffnen. Andererseits war der Gedanke einer siebzehnjährigen Meisterin auf dem Gebiet des Verbrechens – wir hatten es sicherlich nicht mit Lehrlingen zu tun – so lächerlich weit hergeholt, und der Umstand, daß sie sich das Schlüsselbein gebrochen hatte, sprach ebenfalls sehr zu ihren Gunsten. Mrs. Dansby-Gregg? Sie gehörte einer Welt an, von der ich wenig wußte, abgesehen von den geringen Einblicken, die meine psychiatrischen Kollegen mir vermittelt hatten – sie angeln reiche Beute in den trüben Gewässern der jüngeren Gesellschaftskreise Londons. Aber seelische Labilität und Neurosen, ganz zu schweigen von den nicht nur gelegentlichen finanziellen Schwierigkeiten, sind nicht an und für sich kriminell, und vor allem fehlt dieser Welt etwas, das Leute wie Zagero und Corazzini in vollem Ausmaß besaßen: die für eine solche Aufgabe erforderliche körperliche und seelische Härte. Aber vom Allgemeinen auf das Besondere zu schließen, kann genauso irreführend und gefährlich sein wie der umgekehrte Schluß. Und von Mrs. Dansby-Gregg als Person wußte ich gar nichts.

Nun blieb also nur noch Marie LeGarde. Sie war der Prüfstein, der einzige feste Fels, an den ich mich in diesem Meer der Ungewißheit anklammern konnte. Wenn ich mich in ihr täuschte, mußten auch Millionen anderer sich in ihr getäuscht haben. Es gibt Dinge, die nicht sein können, weil sie undenkbar sind. So einfach war das. Marie LeGarde war wirklich über jeden Verdacht erhaben.

Allmählich hörte ich wieder das gedämpfte Rasseln des Windstärkemessers, der sich träge in dem dahinsterbenden Wind über unseren Köpfen drehte, und das Zischen der Vergaserlampe kam mir ungewöhnlich laut vor. Totenstille war eingetreten. Alle starrten mich an mit einem Gemisch von Verblüffung und Neugier. Da sieht man, wie wenig ich imstande bin, eine undurchdringliche Miene aufzusetzen, ungezwungen und salopp zu wirken: So deutlich hatte ich mir anmerken lassen, daß etwas nicht stimmte – so deutlich, daß es nicht einer einzigen der neun anwesenden Personen entgangen war. Aber daß ich momentan im Mittelpunkt der Aufmerksamkeit stand, paßte mir recht gut in den Kram. Jackstraw war soeben unbemerkt eingetreten, eine Winchsterbüchse unterm Arm, den Finger schußbereit im Abzugsbügel.

»Ich bitte um Entschuldigung«, sagte ich. »Ich weiß, es ist unhöflich, Leute so anzustarren. Aber nun sind die Herrschaften an der Reihe.« Ich deutete mit einem Kopfnicken auf Jackstraw. »Jede Expedition hat einige Gewehre bei sich – um an der Küste gegen umherstreifende Bären und Wölfe geschützt zu sein und um Seehundfleisch für die Hunde zu beschaffen. Ich hätte nie gedacht, daß sie uns mitten auf der Eishaube so gelegen kommen würden – noch dazu gegen ein weit gefährlicheres Wild, als sich je an der Küste finden läßt. Mr. Nielsen ist ein ungewöhnlich guter Schütze. Bitte, machen Sie keine Geschichten – verschränken Sie die Hände auf dem Rücken. Alle.«

Wie durch einen Hauptschalter dirigiert, waren nun sämtliche Blicke zu mir zurückgeschwenkt. Ich hatte reichlich Zeit gehabt, die Automatik – eine 9-mm-Beretta –, die ich dem toten Oberst Harrison abgenommen hatte, aus der Tasche zu ziehen. Und diesmal versäumte ich nicht, sie zu entsichern. Das Knacken klang ungewöhnlich laut in der eisigen Stille des Raumes. Aber die hielt nicht lange an.

»Was ist das für eine verdammte Frechheit!« Senator Brewster schrie es hinaus – sein Gesicht war blau vor Wut. Er sprang auf und wollte auf mich zu, blieb dann jählings stehen, als wäre er gegen eine Ziegelmauer gerannt. Der Knall der Winchester klang in dem engen Bereich wie ein ohrenbetäubender Donnerschlag. Als der letzte Widerhall verklungen war und der Rauch sich verzogen hatte, starrte Senator Brewster kreidebleich auf das kleine ausgesplitterte Loch in den Fußbodenbrettern ganz dicht neben seinem rechten Schuh. Jackstraw mußte Brewsters Tempo falsch eingeschätzt haben, denn das Geschoß hatte Brewsters Stiefelsohle gestreift. Wie dem auch sei, die Wirkung wäre nicht zu übertreffen gewesen. Blindlings tastete der Senator nach der Koje hinter seinem Rücken und setzte sich zitternd hin, so erschrocken, daß er sogar vergaß, die Hände auf dem Kopf zu verschränken. Aber darum kümmerte ich mich überhaupt nicht. Der hohe Herr Senator würde uns keine Unannehmlichkeiten mehr bereiten.

»Okay, es ist also ernst gemeint. Nun sind wir restlos überzeugt.« Es war Zagero, der diese Worte in seiner gewohnten lässigen Art von sich gab. Die Hände aber hielt er recht fest auf dem Scheitel verkrampft. »Wir wissen, daß Sie so etwas nicht wegen nichts und wieder nichts machen würden, Doktor. Was ist los?«

»Folgendes!« erwiderte ich schroff. »Zwei unter euch sind Mörder. Beide sind bewaffnet. Ich will diese Waffen haben.«

»Kurz und bündig formuliert, mein lieber junger Freund«, sagte Marie LeGarde langsam. »Sehr präzise. Haben Sie den Verstand verloren?«

»Nehmen Sie die Hände herunter, Miß LeGarde, Sie sind nicht einbegriffen. Nein, ich habe nicht den Verstand verloren. Ich bin nicht verrückter als Sie, und wenn Sie den Beweis dafür suchen, werden Sie ihn draußen im Flugzeug finden – oder in einem Grab auf der Eishaube. Der Kapitän hat eine Schußwunde im Rückgrat, dem Passagier auf dem hintersten Sitz wurde durchs Herz geschossen, der zweite Pilot wurde erstickt. Ja, erstickt. Es war nicht, wie ich sagte, eine Gehirnblutung: Er wurde im Schlaf ermordet. Glauben Sie es mir, Miß LeGarde? Oder bedarf es eines persönlichen Ausflugs zu der Maschine, um Sie zu überzeugen?«

Sie antwortete nicht sogleich. Keiner sagte ein Wort. Alle waren viel zu verdutzt, viel zusehr damit beschäftigt, ihr ungläubiges Staunen zu bekämpfen und den Sinn der empörenden Neuigkeit zu verdauen, die man ihnen soeben vorgesetzt hatte – das heißt, alle, bis auf zwei. Doch obwohl ich acht Gesichter mit einer Intensität musterte, wie ich sie noch nie Menschen gegenüber aufgebracht hatte, konnte ich nichts entdecken – nicht die geringste verrutschte Geste, nicht die winzigste schuldbewußte Reaktion. Was ich insgeheim erhofft hatte: ein verlegener Blickwechsel – dieser Gedanke kam mir jetzt hoffnungslos, unwahrscheinlich, lächerlich vor. Wer immer die Mörder sein mochten, sie besaßen vollendete Selbstbeherrschung. Mich überkam ein Gefühl der Verzweiflung, der sicheren Niederlage.

»Ich muß Ihnen Glauben schenken.« Marie LeGarde sprach genauso langsam wie zuvor, aber ihre Stimme war unsicher geworden und die Farbe aus ihren Wangen gewichen. Sie sah Margaret Ross an. »Wußten Sie etwas davon, mein Kind?«

»Ich habe es erst vor einer halben Stunde erfahren, Miß LeGarde. Dr. Mason hatte mich im Verdacht.«

»Du lieber Gott! Wie grauenhaft! Wie entsetzlich! Zwei Mörder unter uns!« Von ihrem Platz aus ließ Marie LeGarde den Blick über die acht Gesichter wandern und sah dann schnell weg. »Wollen Sie uns nicht alles erzählen, Dr. Mason?«

Ich erzählte ihnen alles. Auf dem Rückweg zur Hütte hatte ich mir überlegt, ob ich die Sache geheimhalten sollte oder nicht, und mich gegen jede Heimlichtuerei entschieden. Die Mörder konnte ich hinters Licht führen – sie wußten, daß ich unterrichtet war. Wenn ich die Karten auf den Tisch legte, würden sämtliche Passagiere einander wie die Geier belauern und mir meine Aufgabe, ständig auf der Hut zu sein, beträchtlich erleichtern, den Mördern aber alle weiteren Aktionen beträchtlich erschweren.

Als ich fertig war, fügte ich hinzu: »Bitte, einer nach dem anderen aufstehen! Mr. London wird Sie nach Waffen durchsuchen. Und vergessen Sie gefälligst nicht: Ich weiß, daß ich es mit Desperados zu tun habe, und bin entschlossen, entsprechend zu handeln. Wer an die Reihe kommt, hat stillzustehen und keine, auch nicht die geringste verdächtige Bewegung zu machen. Ich bin kein sehr guter Pistolenschütze und muß auf die Körpermitte zielen, um sicherzugehen.«

Joss fing mit Zagero an. Er durchsuchte ihn gründlich – ich sah die Wut in Zageros Augen, aber er wandte nicht den Blick von meiner Pistole – und fand nichts. Dann nahm er sich Solly Levin vor.

»Darf ich fragen, warum man mit mir eine Ausnahme macht?« sagte Marie LeGarde plötzlich.

»Mit Ihnen?« Ich behielt Solly im Auge. »Mit Marie LeGarde? Seien Sie doch nicht so dumm.«

»Die Wahl der Worte und der Ton lassen vieles zu wünschen übrig.« Ihre Stimme klang weich und warm, wenn auch ein wenig zittrig. »Aber noch nie hat man mir ein größeres Kompliment gemacht. Trotzdem bestehe ich darauf, visitiert zu werden. Ich möchte nicht in Verdacht geraten, falls die Waffen nicht zum Vorschein kommen.«

Sie kamen nicht zum Vorschein. Joss visitierte die Männer, Margaret Ross die Frauen – Mrs. Dansby-Gregg unter eisigem Protest –, und beide fanden nichts. Joss sah mich mit völlig ausdrucksloser Miene an.

»Holen Sie das Gepäck«, sagte ich. »Vor allem das kleine Gepäck. Wir werden dort nachsehen.«

»Sie vergeuden unnütz Ihre Zeit, Dr. Mason«, sagte Corazzini gelassen. »Leute, die schlau genug sind, um zu erraten, daß man sie visitieren wird, ist der nächste Schritt doch ganz klar. Darauf käme selbst ein Kind. Die Waffen, die Sie suchen, sind vielleicht auf dem Traktor oder einem der Schlitten versteckt oder unter einer Schneeschicht vergraben, wo sie bereitliegen für den Fall, daß man sie braucht – aber Sie werden sie nicht in unseren Koffern finden. Darauf wette ich tausend Dollar.«

»Vielleicht haben Sie recht«, erwiderte ich langsam. »Andererseits: Wenn ich einer der Mörder wäre und eine Waffe in meinem Koffer hätte, dann würde ich ganz genauso daherreden.«

»Wie Sie eben zu Miß LeGarde sagten: Seien Sie doch nicht so dumm!« Er sprang auf, ging in die Ecke des Raumes – unter meinen und Jackstraws wachsamen Blicken –, nahm eine Handvoll kleiner Gepäckstücke und stellte sie mir vor die Füße, sein eigenes Köfferchen am nächsten. »Wo wollen Sie anfangen? Das hier gehört mir ... das ist der Koffer des Herrn Pfarrers ... das« – er hob eine Diplomatenmappe auf und sah sich die Initialen an – »... das ist Senator Brewsters Portefeuille. Wem der letzte Koffer gehört, weiß ich nicht.«

»Mir«, antwortete Mrs. Dansby-Gregg kalt.

Corazzini lächelte. »Aha, das Balenciaga-Modell. Nun, Doktor, wer...« Er unterbrach sich, richtete sich langsam auf und blickte durch das Dachfenster nach oben. »Verdammt, was ist denn dort oben los?«

»Nur keine Geschichten, Corazzini!« sagte ich hastig. »Jack-straws Gewehr...«

»Ich pfeife auf Jackstraws Gewehr!« erwiderte er ungeduldig. »Schauen Sie doch selber hin.«

Ich winkte ihn zur Seite. Zwei Sekunden später hatte ich meine Pistole Joss in die Hand gedrückt und war auf dem Weg nach draußen.

Das Flugzeug loderte wie eine Fackel in der nächtlichen Finsternis. Selbst auf die Entfernung von fast einem Kilometer und gegen den leichten Wind hörte ich deutlich das wilde Prasseln und Brausen der Flammen, sondern vielmehr eine einzige, mächtige, kompakte Feuersäule, die aus den Tragflächen und dem Zentrum des Rumpfes aufzusteigen schien, an die achtzig Meter hoch in den nächtlichen Himmel empor, klar, ohne Rauch und ohne Funken, ihren blutigroten Schein ringsumher auf den Schnee werfend und den Rest des vereisten Rumpfes in einen riesenhaften funkelnden Diamanten verwandelnd. Es war ein fantastisch wunderbares Schauspiel, aber ich hatte kaum zehn Sekunden Zeit, um es zu betrachten, da wurde die grellbunte Pracht zu einem weißen Feuerstrahl, die mittlere Flamme schnellte zur doppelten und dreifachen Höhe empor, und ein paar Sekunden später rollte das Getöse der explodierenden Benzintanks durch die frostige Stille der Eiswüste auf mich zu.

Fast im Nu schienen die Flammen in sich zusammenzusinken, und der Durchmesser des blutroten Schneekreises verschrumpfte zu einem Nichts, aber ich wartete nicht erst lange ab. Ich ließ mich in die Hütte hinunter, zog den Lukendeckel hinter mir zu und sah Jackstraw an.

»Gibt es eine Möglichkeit, die Anwesenheit unserer Freunde während der letzten halben Stunde zu kontrollieren?«

»Leider nein, Dr. Mason. Alle waren immerzu unterwegs, um den Traktor fertigzumachen oder die Vorräte und Benzinbehälter zu holen und sie auf dem Schlitten festzuschnallen.« Er blickte nach oben. »Es war das Flugzeug, nicht wahr?«

»›War‹ ist richtig.« Ich sah die Stewardeß an. »Ich bitte um Entschuldigung, Miß Ross. Sie haben wirklich jemanden rumoren hören.«

»Sie meinen – Sie meinen, daß es kein Zufall war?« fragte Zagero.

Durchaus möglich, dachte ich bei mir, daß du verdammt gut

weißt, wie wenig es ein Zufall war. Laut sagte ich: »Nein, es war keiner.«

»Nun sind also Ihre Beweise zum Teufel«, bemerkte Corazzini. »Ich meine den Piloten und Oberst Harrison.«

»Nein. Schwanzende und Nase des Flugzeugs sind noch intakt. Ich weiß nicht, was dahintersteckt. Aber es wird sicherlich seine guten Gründe gehabt haben. Und Sie können das Gepäck wieder wegstellen, Mr. Corazzini. Wie Sie bereits sehr richtig sagten, haben wir es hier durchaus nicht mit Kindern oder Dilettanten zu tun.«

Stille trat ein, während Corazzini die Koffer in die Ecke zurückbeförderte. Dann warf Joss mir einen Blick zu.

»Damit ist zumindest eine Sache geklärt.«

»Das Durcheinander unter den Sprengstoffen?« Ich erinnerte mich verdrossen an das anomal laute Zischen, das ich draußen neben dem Flugzeug gehört, aber nicht beachtet hatte. Jemand, der genau wußte, was er tat, hatte eine Lunte zu den Benzinleitungen oder den Tanks oder den Zündkerzen gelegt. »Allerdings, das ist erklärt.«

»Was erzählen Sie uns da von Sprengstoffen?« fragte Senator Brewster. Es waren die ersten Worte, die er äußerte, seit Jackstraw ihn halb zu Tode erschreckt hatte, und auch jetzt war noch nicht alle Farbe in seine Wangen zurückgekehrt.

»Jemand hat Zündschnüre gestohlen, um das Flugzeug in Brand zu setzen. Wer weiß, ob nicht Sie es waren?« Ich hob die Hand, damit er mit seinem entrüsteten Geblubber aufhörte, und fuhr müde fort: »Es könnte jeder von euch gewesen sein. Ich weiß es nicht. Ich weiß nur, daß die an den Morden schuldigen Personen auch für das Verschwinden der Zündschnüre verantwortlich sind. Und für die Zertrümmerung der Radioröhren. Und für den Diebstahl der Kondensatoren.«

»Und des Zuckers«, warf Joss ein. »Obwohl ich mir nicht erklären kann, wozu sie Zucker brauchen.«

»Des Zuckers?« rief ich aus. Dann blieb mir die Frage im Halse stecken. Zufälligerweise war soeben mein Blick fest auf den kleinen jüdischen Herrn namens Theodore Mahler gerichtet. Sein nervöses Zusammenzucken und das hastige Flackern in seinen Augen waren unmißverständlich. Ich wußte, das konnte ich mir nicht eingebildet haben. Aber ich blickte schnell weg, bevor er mein Gesicht sah.

»Unser letzter Sack ist weg«, erklärte Joss. »Etwa dreißig Pfund. Einen kleinen Rest, gerade nur eine Handvoll, habe ich auf dem Boden des Schachts unter den zerbrochenen Röhren gefunden.«

Wortlos schüttelte ich den Kopf. Den Grund dieses letzten Diebstahls konnte ich mir nicht im entferntesten erklären.

Das Abendbrot war eine dürftige Angelegenheit: Suppe, Kaffee und als einzige feste Nahrung je zwei Zwieback pro Nase. Die Suppe war dünn, der Zwieback nur ein Bissen und der Kaffee ohne Zucker wenigstens für mich ungenießbar.

Das Mahl war so stumm wie bescheiden. Die Konversation beschränkte sich auf das unbedingt Notwendige. Immer wieder sah ich, wie jemand sich seinem Nebenmann zuwandte und etwas sagen wollte; dann aber preßte er krampfhaft die Lippen zusammen, und sein Gesicht wurde ausdruckslos, während er sich wortlos abwandte. Da fast jedermann glaubte, sein Nachbar oder seine Nachbarin könnten Mörder sein oder, was beinahe ebenso schlimm war, ihn selber für einen Mörder halten, war diese Mahlzeit die peinlichste und ungemütlichste, an der ich je teilgenommen hatte.

Nach dem Essen stand ich auf, zog Parka und Handschuhe an, griff nach dem Suchlicht, forderte Jackstraw und Joss auf, mir zu folgen, und steuerte auf die Falltür zu. Zageros Stimme hielt mich zurück.

»Wo wollen Sie hin, Doktor?«

»Das geht Sie nichts an ... Ja, Mrs. Dansby-Gregg?«

»Sollten Sie ... sollten Sie nicht lieber das Gewehr mitnehmen?«

»Keine Bange.« Ich lächelte matt. »Solange jeder den anderen wie ein Geier belauert, ist das Gewehr so sicher wie in einem Safe.«

»Aber ... jemand könnte es doch an sich reißen«, sagte sie aufgeregt, »und auf Sie schießen, wenn Sie die Treppe herunterkommen ...«

»Mr. Nielsen und ich sind die letzten, die man erschießen wird. Ohne uns haben die Mörder keine Chance, auch nur einen Schritt weiterzukommen. Die wahrscheinlichsten Anwärter auf die nächste Kugel befinden sich unter euren eigenen Reihen. Ihr anderen seid nämlich durchaus wertlos und bedeutet für die

Mörder weiter nichts als die Verschwendung kostbarer Rationen.«

Mit diesem tröstlichen Gedanken blieben sie zurück. Jeder versuchte, die anderen zu belauern und gleichzeitig so zu tun, als würde er sich um niemanden kümmern.

Der Wind hatte dermaßen nachgelassen, daß sich die Anemometerschalen nicht mehr drehten. Die schwelende Asche des ausgebrannten Flugzeugs lag als dumpfe Glut im Nordosten. Der Schneefall hatte aufgehört. Durch das dünne Gewölk über unseren Köpfen begannen die ersten trüben Sterne sichtbar zu werden. Das war typisch für Grönland, dieser rasche Wetterumschlag und ebenso der Temperaturwechsel, der ganz bestimmt am nächsten Morgen oder auch schon früher eintrat. In zwölf Stunden würde es sehr kalt sein.

Mit Hilfe des Suchlichts und der Stablampen überprüften wir jeden Quadratzentimeter des Traktors und der Schlitten, oben und unten, und selbst eine lose Schraube wäre uns nicht entgangen, geschweige denn etwas so Umfangreiches wie eine Pistole oder gar zwei. Wir fanden nichts.

Ich richtete mich auf und betrachtete den hellen Schimmer am östlichen Himmel, und während wir dort standen, ich, Joss und Jackstraw, stieg der Mond, etwas mehr als halbvoll und übernatürlich groß, am fernen Horizont auf und überflutete die Eishaube mit seinem bleichen, geisterhaften Licht. Eine volle Minute lang sahen wir zu, dann rührte sich Jackstraw. Noch bevor er den Mund aufmachte, wußte ich, was ihm durch den Kopf ging.

»Uplavnik«, murmelte er. »Morgen brechen wir nach Uplavnik auf. Aber Sie haben gesagt, erst sollen wir uns noch einen guten Nachtschlaf gönnen.«

»Ich weiß. Der richtige Mond zum Reisen.«

»Genau«, sagte er.

Natürlich hatte er recht. Im Winter ist für den Reisenden in der Arktis nicht das Tageslicht, sondern das Mondlicht entscheidend. Und heute nacht schien der Mond. Wir hatten einen klaren Himmel, einen verebbenden Wind und überhaupt keinen Schnee. Ich wandte mich an Joss.

»Werden Sie sich allein behelfen?«

»Das ist das wenigste«, erwiderte er gelassen. »Aber ... sollte ich nicht besser mitkommen?«

»Bleiben Sie hier, und bleiben Sie gesund. Besten Dank, Joss –

aber Sie wissen doch, einer muß zurückbleiben. Ich werde Sie auf jeden Fall programmäßig anfunken. Vielleicht kriegen Sie das Radio wieder in Gang. Es geschehen noch Wunder.«

»Diesmal bestimmt nicht.« Unvermittelt machte er kehrt und ging nach unten. Jackstraw näherte sich dem Traktor – wir wechselten kein Wort mehr, es war nicht nötig –, und ich folgte Joss in die Hütte hinunter. Soweit ich sehen konnte, hatte niemand sich von der Stelle gerührt, aber als ich hereinkam, blickten sie alle auf.

»Also!« sagte ich unvermittelt. »Holt eure Sachen zusammen und zieht euch so dick an, wie es nur geht. Wir brechen auf.«

Eigentlich brachen wir erst eine Stunde später auf. Der Citroën hatte fast vierzehn Tage lang stillgestanden, und wir mußten uns verteufelt plagen, um ihn anzukurbeln. Allmählich aber sprang der Motor an, mit einem Getöse und donnerndem Geratter, daß alle erschrocken zusammenzuckten und ihn dann sorgenvoll betrachteten. Ich wußte, was sie dachten: daß sie gezwungen sein würden, weiß Gott wie viele Tage lang diese Kakophonie zu ertragen, sich das zitternde Trommelfell von diesem irrsinnigen Lärm zermartern zu lassen, aber sie taten mir nicht sehr leid – sie würden zumindest durch die Holzkarosserie geschützt sein, während ich so gut wie unmittelbar auf dem Motor hocken mußte.

Wir verabschiedeten uns von Joss. Er reichte Jackstraw und mir, Margaret Ross und Marie LeGarde die Hand, aber bezeichnenderweise niemand anderem. Wir ließen ihn an der Falltür zurück, eine einsame Gestalt, scharf umrissen vor dem bleichen Licht des stetig höherkletternden Mondes, und machten uns in westsüdlicher Richtung auf den Weg nach dem fünfhundert lange und frostige Kilometer entfernten Uplavnik. Ich fragte mich – und wußte, daß auch Joss sich diese Frage stellte –, ob wir einander jemals wiedersehen würden.

Und außerdem fragte ich mich, ob ich denn berechtigt sei, Jackstraw den Gefahren auszusetzen, die vor uns liegen mußten. Während ich steuerte, saß er neben mir. Aber wenn ich ihn heimlich im Mondschein ansah, das kräftige, magere Gesicht, das bis auf die etwas breiten Backenknochen das Gesicht irgendeines skandinavischen Weltumseglers hätte sein können, wußte ich, daß das unnütze Überlegungen waren. Obwohl er nominell unter meinem Befehl stand, war er mir lediglich vom dänischen Staat zur Verfügung gestellt worden (ein Höflichkeitsbeweis, der mehreren Stationen des Internationalen Geophysikalischen Jahres zuteil wurde), und zwar als wissenschaftlicher Mitarbeiter: Er hatte an der Kopenhagener Universität Geologie studiert und kannte die Eishaube Grönlands besser als ich meine Hosentasche. In kritischen Situationen, besonders wenn sein Stolz, der nicht klein war, auf dem Spiel stand, würde er aller Wahrscheinlichkeit nach stets das tun, was er für das beste hielt, ohne Rücksicht auf meine Meinung oder meine Worte. Ich wußte, er wäre nicht zurückgeblieben, auch wenn ich es ihm befohlen hätte. Und um ehrlich zu sein, ich war verdammt froh, ihn bei mir zu haben, als Freund, als Bundesgenossen und als große Sicherheit gegen die Katastrophen, die den Unvorsichtigen oder Unerfahrenen auf der Eishaube so leicht ereilen können. Trotzdem, und obwohl ich mein Gewissen möglichst beruhigte, fiel es mir schwer, das Bild seiner schwarzhaarigen jungen Frau, die Lehrerin war, und der kleinen Tochter sowie des rotweißen Ziegelhauses loszuwerden, in dem ich im Sommer zwei Wochen zu Gast gewesen war. Was Jackstraw sich dachte, war unmöglich zu erraten. Regungslos saß er da, wie aus Stein gemeißelt. Nur seine Augen lebten und bewegten sich unablässig, die Blicke huschten umher, während er Ausschau hielt nach plötzlichen Vertiefungen im Eis, nach Veränderungen der Schneebeschaffenheit, nach irgendwelchen Zeichen, die Unheil verkünden mochten. Das geschah rein automatisch, rein instinktiv; das zerklüftete Gelände lag noch etwa vierhundert Kilometer weit entfernt, dort, wo die Eishaube steil zum Meer abzufallen beginnt. Jackstraw selber behauptete, Balto, sein großer Leithund, habe einen zuverlässigeren Instinkt für Bodenspalten als jedes zweibeinige Wesen.

Die Temperatur sank allmählich unter dreißig Grad, aber es war eine vollendete Nacht für eine Polarfahrt; mondhell, windstill, ruhiger Sternenhimmel. Die Sicht war phänomenal, die Eisfläche flach und glatt, der Motor lief einwandfrei. Ohne die Kälte und das unablässige Rattern, das lähmende Vibrieren des schweren Motors, wäre es für mich wahrscheinlich ein wahrer Genuß gewesen.

Da mir die breite Karosserie die Aussicht nach rückwärts versperrte, konnte ich nicht sehen, was sich dort abspielte. Aber etwa alle zehn Minuten sprang Jackstraw ab und stellte sich neben unsere Fährte. Hinter dem Traktor mit seinen frierenden Insassen – während der Fahrt wurde im Hinblick auf den Brennstofftank unterhalb des Chassis und die Reservebehälter im Heck der Ofen nicht angezündet – kam der Schlitten mit unseren sämtlichen Vorräten: fünfhundert Liter Brennstoff, Lebensmittel, Bettzeug und Schlafsäcke, Zelte, Seile, Äxte, Schaufeln, Pfadwimpel, Kochgeräte, Seehundfleisch für die Hunde, vier hölzerne Überbrückungslatten, Zeltleinwand, Lötlampen, Laternen, Arzneimittel, Funksondenballons, Magnesiumfackeln und ein Dutzend kleinerer Gegenstände. Ich hatte gezögert, die Funksonden mitzunehmen, besonders die dazugehörigen, verhältnismäßig schweren Wasserstoffbehälter, aber sie waren fertig verpackt zusammen mit den Zelten, Stricken, Beilen und Schaufeln und – das war der ausschlaggebende Faktor – hatten zumindest in einem bestimmten Fall mehreren Menschen das Leben gerettet, als eine Gruppe, die sich mit schadhaften Kompassen auf dem Plateau verirrt hatte, in den kurzen taghellen Stunden etliche Ballons steigen ließ und dadurch dem Stützpunkt ermöglichte, genaue Peilzeichen zu funken.

Hinten an den schweren Transportschlitten war der leere Hundeschlitten angebunden. Die locker gekoppelten Hunde liefen hinterdrein bis auf Balto, der immer frei mitlaufen durfte. Unablässig rannte er die ganze Nacht lang nach vorn und nach hinten, eben noch weit voraus, dann neben uns, dann verschwand er irgendwo am Ende – wie ein Zerstörer, der des Nachts einen weit auseinandergezogenen Konvoi umkreist. Wenn die letzten Hunde an ihm vorbeigekommen waren, lief Jackstraw nach vorn, um den Traktor einzuholen, und sprang wieder zu mir herauf. Er war genauso unermüdlich, genauso immun gegen jede Erschöpfung wie Balto.

Die ersten dreißig Kilometer waren leicht zu bewältigen. Auf dem Herweg von der Küste, vor über vier Monaten, hatten wir in Abständen von je einem Kilometer große Signalflaggen aufgepflanzt. In einer solchen Nacht, bei hellem Mondschein, waren diese Flaggen, von leuchtend hellgelber Farbe und an Aluminiumstäben auf Schneehügeln montiert, aus recht großer Entfernung sichtbar, nie weniger als zwei und manchmal auch drei Stück zur gleichen Zeit. Wir zählten alles in allem achtundzwanzig solche Flaggen – etwa ein Dutzend fehlte –, und dann, als es plötzlich bergab ging, verloren wir sie aus den Augen. Unmöglich zu sagen, ob sie weggefegt oder einfach eingeschneit worden waren.

»Na, nun ist es soweit, Jackstraw«, sagte ich resigniert. »Jetzt bekommt einer von uns kalte Füße. Richtig kalte Füße.«

»Es ist nicht das erstemal, Doktor Mason. Ich zuerst.« Er nahm den magnetischen Kompaß aus der Halteklammer, begann ein Kabel von einer Rolle unter dem Instrumentenbrett abzuwickeln, sprang dann hinunter, das Kabel hinter sich herziehend, während ich ihm folgte, um ihm zu helfen. Obwohl der magnetische Nordpol sich keineswegs in der Nähe des geographischen Nordpols befindet – zum damaligen Zeitpunkt lag er fast fünfzehnhundert Kilometer weiter im Süden und von uns aus mehr nach Westen als nach Norden zu –, ist auch auf hohen Breiten eine Magnetnadel recht brauchbar, wenn man die entsprechenden Abweichungen berücksichtigt. Solange unser Kompaß jedoch auf dem Traktor montiert war, wurde er durch die magnetischen Einwirkungen der großen Metallmasse sozusagen gelähmt. Wir planten folglich, daß sich einer von uns mit dem Kompaß etwa zwanzig Meter hinter dem Traktor auf den Hundeschlitten legen und mit Hilfe eines Schalters, der auf dem Instrumentenbrett des Traktors ein rotes und ein grünes Licht aufleuchten ließ, den Fahrer nach links oder rechts dirigieren sollte.

Nachdem Jackstraw sich auf dem Schlitten niedergelassen hatte, kehrte ich zum Traktor zurück und schob die Plane an der Rückseite der Holzkarosserie zur Seite. Die Gesichter der Passagiere, hager und verkniffen und unheimlich bleich im Schein der winzigen Glühbirne an der Decke, das unaufhörliche Frösteln, das Zähneklappern und der gefrorene Atem, der nach oben driftete und sich an der Holzdecke zu Reif kondensierte, das alles zusammen ergab ein Bild tiefsten und erbärmlichsten Elends. Aber ich war momentan nicht in der Stimmung, mich rühren zu lassen.

»Entschuldigen Sie den Aufenthalt«, sagte ich. »Wir fahren gleich weiter. Aber ich brauche einen von euch als Ausguck.«

Zagero und Corazzini meldeten sich fast im selben Atemzug, aber ich schüttelte den Kopf.

»Ihr beide sollt so viel wie möglich schlafen oder ruhen. Wahrscheinlich werde ich euch später brauchen. Vielleicht Sie, Mr. Mahler?«

Er sah blaß und mitgenommen aus, nickte jedoch stumm, und

Zagero sagte in ruhigem Ton: »Corazzini und ich stehen wohl zu weit oben auf Ihrer Liste der vermeintlichen Mörder, ja?«

»Ich würde keinen von euch beiden ganz hinten hinsetzen«, erwiderte ich kurz. Ich wartete, bis Mahler herausgeklettert war, ließ dann die Leinwand zurückfallen und ging um den Traktor herum zum Führersitz.

Seltsamerweise zeigte Mahler sich sehr gesprächig – er hörte nicht mehr auf. Das paßte so gar nicht zu der Vorstellung, die ich mir von seinem Charakter gebildet hatte. Ich war mehr als überrascht. Vielleicht die Einsamkeit, dachte ich, der Wunsch, die Situation zu vergessen, oder ein Versuch, meine Gedanken und meinen Argwohn abzulenken.

»Nun, Mr. Mahler, es sieht so aus, als ob die Route Ihrer Europareise ein wenig durcheinandergekommen wäre.« Ich mußte fast schreien, um mich in dem Motorlärm verständlich zu machen.

»Nicht Europa, Dr. Mason.« Ich hörte das maschinengewehrartige Klappern seiner Zähne. »Israel.«

»Sind Sie dort ansässig?«

»Ich war noch nie in meinem Leben dort.« Eine Pause trat ein, und als er wieder zu sprechen begann, ertrank seine Stimme beinahe in dem Getöse des Motors. Ich glaubte die Worte ›...meine Heimat‹ aufzuschnappen.

»Wollen Sie dort ein neues Leben beginnen, Mr. Mahler?«

»Ich werde neunundsechzig – morgen«, erwiderte er gleichsam ausweichend. »Ein neues Leben? Sagen wir lieber, daß ich ein altes Leben abschließen will.«

»Nach neunundsechzig Jahren in einem anderen Land?«

»Millionen von Juden haben das in den letzten zehn Jahren getan. Übrigens habe ich nicht mein ganzes Leben in Amerika verbracht...«

Und dann erzählte er mir seine Lebensgeschichte – die Geschichte eines unterdrückten Flüchtlings, wie ich sie schon hundertmal in -zig Variationen gehört hatte. Er sei, sagte er, russischer Jude. 1905 hatte er zusammen mit seinem Vater flüchten und die Mutter samt zwei Brüdern zurücklassen müssen, um den grausamen Pogromen zu entkommen, die von den ›Schwarzen Hundertschaften‹ auf Geheiß des letzten Romanow-Zaren veranstaltet wurden. Seine Mutter war, wie er später erfuhr, einfach verschwunden, während seine Brüder erst viele Jahre später qualvoll zugrunde gingen. Er selber hatte in New York in der Konfektionsindustrie Arbeit gefunden und eine Abendschule besucht, war dann bei einer Ölfirma beschäftigt gewesen und hatte sich nach dem Tod seiner Frau in diesem Frühjahr aufgemacht, um die uralte Sehnsucht seiner Rasse zu erfüllen: die Rückkehr ins Gelobte Land.

Es war eine rührende, tieferschütternde Geschichte, und ich glaubte ihm kein Wort.

Alle zwanzig Minuten löste ich Jackstraw ab, und so schleppten sich die langen Stunden der Nacht dahin, während die Kälte zunahm und die Sterne und der Mond über das schwarze Himmelsgewölbe wanderten. Dann ging der Mond unter, die Finsternis der arktischen Nacht fegte über die Eishaube, dankbar brachte ich den Citroën langsam zum Stehen, und die Stille, atemlos, unendlich wohltuend, flutete heran, um das nachtlange, ohrenbetäubende Dröhnen des schweren Motors und das metallische Rasseln der Raupenketten abzulösen.

Bei Zwieback und schwarzem, ungezuckertem Kaffee teilte ich unseren Passagieren mit, der Aufenthalt würde nur drei Stunden dauern; sie sollten versuchen, möglichst viel Schlaf zu ergattern. Drei Stunden, nicht mehr: Nicht oft entbiete Grönland ein so gutes Reisewetter. Wir dürften die Gelegenheit nicht versäumen.

Während ich meinen Kaffee trank, saß Theodore Mahler neben mir. Aus irgendeinem Grund war er unruhig, irritiert, fahrig und nervös, und seine Blicke wie seine Aufmerksamkeit irrten so häufig umher, daß es mir nicht schwerfiel, herauszufinden, was zu geschehen habe.

Als meine Tasse leer war, flüsterte ich ihm zu, ich würde gern eine kleine Angelegenheit mit ihm unter vier Augen besprechen. Erstaunt sah er mich an, zögerte, nickte dann zustimmend und erhob sich, um mir in die Finsternis zu folgen.

In einer Entfernung von etwa hundert Metern blieb ich stehen, knipste meine Taschenlampe an, so daß er die Augen zusammenkneifen mußte, und schob meine Beretta vor, bis ihr Lauf in dem grellen, weißen Lichtstreifen deutlich sichtbar wurde. Ich hörte Mahler nach Luft schnappen, sah, wie sich seine Augen vor Angst und Entsetzen weiteten.

»Sparen Sie die Glanznummer für das Gericht, Mahler«, sagte ich finster. »Mich interessiert sie nicht. Ich will nur Ihre Waffe haben.«

Siebentes Kapitel

Dienstag, 7.00–24.00 Uhr

»Meine Waffe?« Mahler hatte langsam die Hände erhoben, bis sie in gleicher Höhe mit meiner Schulter waren, und seine Stimme schwankte ein wenig. »Ich . . . ich verstehe nicht, Dr. Mason. Ich besitze keine Waffe.«

»Natürlich nicht.« Ich riß den Lauf der Beretta hoch, um meinen Worten Nachdruck zu verleihen. »Drehen Sie sich um.«

»Was haben Sie vor? Sie begehen einen . . .«

»Drehen Sie sich um!«

Er gehorchte. Ich trat zwei Schritte vor, stieß ihm die Mündung der Pistole nicht allzu sanft ins Kreuz und begann ihn mit meiner freien Hand zu visitieren.

Er hatte zwei Mäntel, ein Jackett, mehrere Pullover und Schals, zwei Hosen und einige Garnituren Unterwäsche an: Ihn zu durchsuchen war leichter gesagt als getan. Ich brauchte eine volle Minute, um mich zu überzeugen, daß er keine Waffe bei sich trug. Ich trat zurück. Langsam drehte er sich zu mir um.

»Hoffentlich sind Sie jetzt restlos zufrieden, Dr. Mason.«

»Wir wollen sehen, was sich in Ihrem Fall herausstellt. Im übrigen glaube ich Bescheid zu wissen. Ich verfüge über alle erforderlichen Beweise.« Dann senkte ich die Lampe nach unten und beleuchtete die Handvoll Zucker, die ich aus der Tasche des unteren Mantels hervorgeholt hatte – jede dieser Taschen enthielt etwas über ein Pfund. »Möchten Sie mir erklären, Mr. Mahler, wo Sie das herhaben?«

»Das brauche ich Ihnen wohl nicht zu sagen.« Seine Stimme klang ganz leise. »Ich habe den Zucker gestohlen, Dr. Mason.«

»Allerdings. Eine merkwürdige Nebenbeschäftigung für einen Mann, der so großzügig operiert wie Sie. Ihr Pech, Mahler, daß ich Sie gerade ansah, als der Zuckerdiebstahl dort in der Unterkunft zum erstenmal erwähnt wurde. Und nicht minder Pech hatten Sie eben erst, als wir Kaffee tranken: Es war so dunkel, daß ich schnell einen Schluck aus Ihrer Tasse tun konnte, ohne daß Sie es merkten. Der Kaffee war so stark gesüßt, daß ich ihn kaum hinunterkriegen konnte. Sonderbar, nicht wahr, Mahler, daß eine solche Bagatelle wie ein momentaner Impuls – die Gier – alles über den Haufen werfen kann? Aber so ist es wohl immer: Den großen Verbrecher bringen nicht die großen Fehler zu Fall, denn er begeht keine. Hätten Sie den Zucker in Ruhe gelassen, als Sie die Röhren zerbrachen, wäre ich nie dahintergekommen. Wo haben Sie denn übrigens den restlichen Zucker hingetan? In Ihren Koffer? Oder haben Sie ihn ganz einfach weggeworfen?«

»Sie irren sich sehr, Dr. Mason.« Mahlers Stimme klang jetzt fest, und ich konnte keine Spur von Angst oder Schuldgefühl in ihr entdecken. Aber ich war bereits weit über das naive Stadium hinaus, in dem ich erwartet hatte, etwas Derartiges entdecken zu können. »Ich habe die Röhren nicht angerührt. Und abgesehen von der kleinen Menge, die ich an mich nahm, habe ich den Zuckersack intakt zurückgelassen.«

»Selbstverständlich, selbstverständlich.« Ich fuchtelte ein wenig mit der Beretta. »Zurück zum Traktor, mein Freund. Schauen wir uns Ihr Köfferchen an.«

»Nein!«

»Sind Sie verrückt?« schnauzte ich. »Ich bin bewaffnet, Mahler. Glauben Sie mir: Ich werde nicht zögern, von der Waffe Gebrauch zu machen.«

»Das glaube ich Ihnen. Sie könnten im Notfall wahrscheinlich sehr rücksichtslos sein. Ach, ich bezweifle nicht, daß Sie hart sind, Doktor, und außerdem eigensinnig, impulsiv, nicht sehr schlau, aber ich respektiere Ihre tüchtige und uneigennützige Handlungsweise in einer peinlichen, häßlichen Situation, an der Sie in keiner Weise schuld sind. Deshalb möchte ich nicht, daß Sie sich vor allen Leuten hier lächerlich machen. Ich will Ihnen einmal etwas zeigen.«

Meine Hand zuckte, aber es war eine überflüssige Geste. Mahlers Bewegungen waren gemächlich; ruhig und gelassen schob er die Hand unter den Mantel, ebenso ruhig und gelassen brachte er sie wieder zum Vorschein und reichte mir eine Karte in einem Lederfutteral. Ich trat einige Schritte zurück, klappte die Hülle auf und warf einen Blick auf die Karte.

Dieser eine Blick genügte – oder hätte genügen müssen. Ich hatte solche Karten schon dutzendmal gesehen, aber diese hier starrte ich an, als wäre sie mir etwas ganz Neues. Und es war auch ein völlig neuer Faktor, der alle meine vorgefaßten Meinungen über den Haufen warf. Ich brauchte Zeit, um mich neu zu orientieren, um die Zusammenhänge zu begreifen, um die beruf-.

liche Angst zu ersticken, die der neugewonnenen Einsicht auf den Fersen folgte. Dann klappte ich langsam das Futteral zu, zog die Schneemaske herunter, trat dicht an Mahler heran und lockerte auch seine Maske. Im grellen Schein der Lampe war sein Gesicht bläulichweiß vor Kälte, und ich sah, wie die Kinnbackenmuskeln hervortraten, weil er die Zähne zusammenbiß, damit sie nicht hemmungslos gegeneinanderschlugen.

»Atmen Sie aus«, sagte ich.

Er gehorchte. Unverkennbar, völlig unverkennbar. Der süßliche Aceton-Atem eines fortgeschrittenen und seit einiger Zeit nicht behandelten Diabetikers läßt sich mit nichts anderem verwechseln. Wortlos gab ich ihm die Karte zurück und steckte die Pistole in die Tasche meiner Parka.

Schließlich sagte ich ruhig: »Wie lange sind Sie schon zuckerkrank, Mr. Mahler?«

»Seit dreißig Jahren.«

»Ziemlich weit vorgeschritten?«

»Mein Arzt würde Ihnen recht geben.« Ich sah das Lächeln auf seinem Gesicht, als er die Maske hochschob. Es war nicht sehr heiter. »Genauso wie ich.«

»Zweimal täglich eine Spritze?«

»Zweimal. Vor dem Frühstück und am Abend.«

»Haben Sie denn keine Spritze bei sich, und konnten Sie nicht...«

Er unterbrach mich. »Normalerweise ja. Diesmal aber nicht. Der Flugarzt in Gander gab mir eine Injektion, und da ich für gewöhnlich ein paar überfällige Stunden ohne schlimme Folgen ertragen kann, wollte ich warten, bis wir in London wären.« Er klopfte sich auf die Brusttasche. »Diese Karte gilt überall.«

»Außer in der Eiswüste Grönlands«, sagte ich bitter. »Aber Sie haben ja nicht mit dieser Zwischenlandung gerechnet. Was für eine Diät hat man Ihnen verschrieben?«

»Viel Eiweiß, viel Stärke.«

»Daher der Zucker?« Ich blickte auf die weißen Kristalle hinunter, die ich noch mit meinem linken Fäustling festhielt.

»Nein.« Er zuckte die Achseln. »Aber ich weiß, daß man Zucker anwendet, um einen Coma-Zustand zu behandeln. Ich dachte mir, wenn ich mich ordentlich vollstopfte... Auf jeden Fall wissen Sie jetzt, warum ich zum Dieb geworden bin.«

»Ja, jetzt weiß ich es. Entschuldigen Sie mein brüskes Auftreten, aber Sie müssen zugeben, daß es gerechtfertigt war. Warum zum Teufel haben Sie mich nicht schon früher informiert? Sie wissen doch, daß ich als Arzt gelte.«

»Wahrscheinlich hätte ich es Ihnen früher oder später sagen müssen. Aber momentan haben Sie genug eigene Sorgen, ohne sich auch noch meine aufzuhalsen. Außerdem hielt ich es nicht für wahrscheinlich, daß sich in Ihrem Arzneimittelvorrat Insulin befindet.«

»Es wäre überflüssig. Jeder von uns wird, bevor er eine Expedition antritt, gründlich untersucht, und Zuckerkrankheit entsteht kaum über Nacht... Ich muß sagen, Sie nehmen das alles sehr gelassen hin, Mr. Mahler. Kommen Sie, kehren wir zum Traktor zurück.«

Binnen einer Minute waren wir wieder dort. Ich schob die Plane zur Seite. Sogleich bildete sich eine dicke, weiße, undurchsichtige Wolke, weil die verhältnismäßig warme Luft im Innern sich mit der arktischen Kaltluft vermischte. Sie saßen noch immer beim Kaffee – das war das einzige, was wir in reichlichen Mengen besaßen. Ich konnte mir kaum vorstellen, daß wir nur ein paar Minuten weggewesen waren.

»Beeilt euch jetzt«, sagte ich unvermittelt. »In fünf Minuten geht es weiter. Jackstraw, wollen Sie, bitte, den Motor anlassen, bevor er völlig kalt wird.«

»Weiter?« Es war fast unvermeidlich, daß der Protest aus Mrs. Dansby-Greggs Mund kam. »Hören Sie mal, wir haben doch kaum erst haltgemacht. Und noch vor wenigen Minuten haben Sie uns einen dreistündigen Schlaf versprochen.«

»Ja, aber da war ich noch nicht über Mr. Mahlers Zustand unterrichtet.« Schnell berichtete ich die wesentlichen Details, die sie meiner Meinung nach wissen mußten. »Es klingt brutal, das alles in Mr. Mahlers Anwesenheit zu sagen«, fuhr ich fort, »aber die Fakten selber sind brutal. Die Personen, von denen die Flugkatastrophe verursacht und, in zweiter Linie, der Zucker gestohlen worden ist, haben damit Mr. Mahlers Leben aufs äußerste gefährdet. Normalerweise können ihn nur zwei Dinge retten: auf kurze Frist eine richtig ausgewogene, kalorienreiche Diät, und auf die Dauer Insulin. Beides fehlt uns. Wir können Mr. Mahler lediglich die Chance bieten, mit aller menschenmöglichen Schnelligkeit an eines von beiden heranzukommen. Von nun an bis zu dem Augenblick, da die Küste auftaucht, wird der Motor des Traktors nur dann stillstehen, wenn er sich völlig festfährt, wenn wir in einen nicht zu bewältigenden Blizzard geraten – oder wenn der letzte Fahrer über dem Steuer zusammenbricht. Hat jemand etwas dagegen einzuwenden?«

Es war eine dumme, überflüssige, unnötig streitsüchtige Frage, aber im Augenblick war mir eben nicht anders zumute. Ich glaube, ein Protest wäre mir recht gewesen, damit ich ein Opfer gehabt hätte, um an ihm die in mir angestaute Wut auszulassen, die Wut, die sich nur gegen die Personen richten konnte, welche auch diese neue Tragödie verschuldet hatten.

Niemand protestierte. Vor allem waren sie wohl viel zu durchfroren, viel zu müde, zu hungrig und zu durstig, um Einwände zu erheben. Leute, die mit der Arktis nicht vertraut waren, mußten den Eindruck haben, daß der Höhepunkt ihrer Leiden erreicht sei, daß es nicht mehr schlimmer werden könne. Ich hoffte, es würde möglichst viel Zeit verstreichen, bevor sie entdeckten, wie sehr sie sich irrten.

Es gab keine Einwände, aber zwei Vorschläge. Beide stammten von Nick Corazzini.

»Hören Sie zu, Doktor, die Diät, die Mr. Mahler braucht! Vielleicht können wir sie nicht ausbalancieren, aber wir können zumindest dafür sorgen, daß er eine ordentliche Kalorienmenge bekommt – wenn ich auch nicht weiß, wie man die verdammten Dinger berechnet. Verdoppeln wir doch seine Ration. Nein, das würde nicht einmal einen anständigen Spatzen am Leben erhalten. Wie denn, wenn wir anderen je auf ein Viertel der Ration verzichten? Auf diese Weise würde Mr. Mahler ungefähr das Vierfache bekommen ...«

»Nein, nein!« entgegnete Mahler. »Besten Dank, Mr. Corazzini, aber ich kann nicht zulassen, daß ...«

Ich unterbrach ihn. »Eine ausgezeichnete Idee. Ich habe auch schon daran gedacht.«

»Schön«, Corazzini lächelte. »Einstimmig angenommen. Ich meine außerdem, wir kämen schneller voran, wenn, sagen wir, Mr. Zagero und ich, euch beide auf dem Traktor ablösten.« Er hob die Hand, wie um einem Protest zuvorzukommen. »Jeder von uns könnte der Mann sein, den Sie suchen, ja, wir könnten die beiden sein, die sie suchen – falls es zwei Personen sind. Aber wenn ich der Mörder bin und nichts von Arktis, von Navigation und der Instandhaltung dieses erbärmlichen Citroën verstehe und eine Gletscherspalte erst dann entdecke, wenn ich hineingefallen bin, dann ist es so klar wie Tinte, daß ich nicht eher ausbrechen werde, als bis die Küste in Rufweite ist. Einverstanden?«

»Einverstanden«, sagte ich. Ich hatte das Wort kaum ausgesprochen, da hörten wir das rasselnde Husten des noch warmen Motors, den Jackstraw ins Leben zurückzulocken begann. Ich blickte zu Corazzini hinauf. »Gut«, fuhr ich fort. »Kommen Sie herunter, und nehmen Sie gleich Ihre erste Unterrichtsstunde.«

Um acht Uhr morgens fuhren wir weiter, unter geradezu idealen Fahrbedingungen. Nicht der leiseste Windhauch regte sich auf der Eishaube, und das tiefe Schwarzblau des Himmelsgewölbes wurde auch nicht durch das winzigste Wölkchen gestört. Die Sterne waren seltsam fern, bleich und glitzernd und unwirklich hinter dem Gazeschleier der funkelnden Eisnadeln, welche die Luft erfüllten und lautlos auf den gefrorenen Schnee herabfielen. Kaum waren wir fünfzehn Minuten unterwegs, da erschien Balto, der wie immer frei herumlief, von Südwest her aus dem Dunkel, sprang neben dem Hundeschlitten einher und bellte, um Jackstraws Aufmerksamkeit zu erregen. Jackstraw gab uns das Zeichen anzuhalten – ein schnelles Blinken mit dem roten und dem grünen Licht auf dem Armaturenbrett des Traktors – und kehrte zwei bis drei Minuten später aus der Finsternis zurück, um uns lächelnd mitzuteilen, Balto habe einen aufrechtstehenden Pfeilwinkel gefunden. Das war an und für sich eine erfreuliche Nachricht, insofern es besagte, daß wir die Nacht über unsere Route gut eingehalten hatten und fast haargenau auf dem richtigen Kurs waren.

Tatsächlich erwies sich die Flagge dann als die erste in einer fast ununterbrochenen Reihe, die uns den ganzen endlosen Tag hindurch als Wegweiser diente, so daß von acht Uhr morgens an Jackstraw, Zagero, Corazzini und ich einander am Steuer ablösten, während der Senator, Seine Hochwürden oder Solly Levin vorn als Ausguck saßen. Ihre Aufgabe war vermutlich die frostigste, sicherlich die unerfreulichste, aber alle drei ertrugen es, ohne zu klagen. Selbst die Qualen des Auftauens nach Schluß jeder Dienststunde entlockten ihnen keinen Laut.

Kurz nach acht Uhr überließ ich einen sichtlich kompetenten Corazzini seinem eigenen Gutdünken, begab mich in den Schutz der Karosserie und ersuchte den Senator, sich vorn hinzusetzen. Meine Sorge galt dem Leben Theodore Mahlers.

Auch wenn wir Corazzinis Vorschlag befolgten, konnten wir ihm keine ausreichende Nahrung bieten, und das Vorhandene würde nicht im entferntesten an eine ausgewogene Diät heranreichen. Die einzige Aussicht für ihn, am Leben zu bleiben – und auch sie war klein genug –, lag darin, mit seinen Kraftreserven hauszuhalten, soweit es in unserer Macht stand. Deshalb veranlaßte ich ihn, sowie ich hereinkam, in einen Schlafsack zu kriechen und sich, in zwei dicke Decken gehüllt, in eine der Kojen zu legen. Ohne Arbeit oder Bewegung könnte er jedoch die lähmende Kälte nicht bekämpfen, es sei denn durch ständiges Schaudern, das aber seine Reserven ebenso rasch aufzehren würde wie die heftigste Anstrengung. Deshalb mußte er Wärme haben: Ofenhitze und warme Getränke, die Margaret Ross auf meine Weisung hin ihm mindestens alle zwei Stunden zu verabreichen hatte. Mahler protestierte energisch gegen alle diese in seinem Interesse getroffenen Maßnahmen, war aber gleichzeitig klug genug, um zu wissen, daß er mir gehorchen mußte, wenn er eine Chance haben wollte, mit dem Leben davonzukommen. Ich glaube aber, der Hauptfaktor, der ihn schließlich bewog, nachzugeben, war nicht so sehr meine medizinischen Erläuterungen, sondern der Druck der öffentlichen Meinung.

Daß sämtliche Passagiere plötzlich und so nachdrücklich um Theodore Mahlers Wohl besorgt waren, erschien nach außen hin unerklärlich. Aber nur nach außen hin. Man brauchte nicht sehr scharf nachzudenken oder tief zu schürfen, um zu erkennen, daß das eigentliche Motiv nicht selbstlose Nächstenliebe war, sondern reiner Eigennutz. Mahler war für sie nicht so sehr ein leidender Mensch, sondern eine höchst willkommene Ablenkung von den eigenen Gedanken und Vermutungen, von der Spannung, von dem Argwohn, der in den letzten zwölf Stunden seine Schatten über sie ausgebreitet hatte.

Dieser Argwohn, diese erzwungene Zurückhaltung hatten, ganz abgesehen von der peinlichen und ungemütlichen Atmosphäre, außerdem auch noch dazu geführt, die Schar der Passagiere in winzige Grüppchen aufzuspalten. Allgemeine Gespräche hatten völlig aufgehört, sofern sie nicht durch die Umstände oder durch die Gebote primitivster Höflichkeit erzwungen wurden.

Unter diesen Umständen war es unvermeidlich, daß sie einen

durchaus harmlosen Gegenstand des Interesses und Gesprächs freudig begrüßten, als einen Anlaß, der die kalte und unbehagliche Atmosphäre wenn auch noch so geringfügig verbessern und die unliebsamen und häßlichen Gedanken in erträglichere Bahnen lenken würde. Theodore Mahler versprach der bestbetreute Patient zu werden, den ich je gehabt hatte.

Ich hatte soeben den Ölofen zu meiner Zufriedenheit in Gang gebracht, als mich Zagero von seinem Platz an der hinteren Plane aus zu sich rief.

»Draußen geht etwas Sonderbares vor sich, Doktor. Sie müssen herkommen und es sich ansehen.«

Ich sah es mir an. In weiter Ferne zur Rechten – das heißt, gegen Nordwest zu – und hoch über dem Horizont begann eine gewaltige, diffuse und formlose Leuchtmasse, die sich beinahe über ein Viertel der dunklen Himmelskuppel erstreckte, an und ab zu schwellen, wurde von Minute zu Minute stärker und intensiver und kletterte immer höher empor. Zuerst ähnelte es mehr einem Wetterleuchten, bald aber begann es schärfere Umrisse anzunehmen, und matte Farben ordneten sich zu bestimmten Mustern.

»Die Aurora, Mr. Zagero«, sagte ich. »Das Nordlicht. Sehen Sie es zum erstenmal?«

Er nickte. »Ein erstaunlicher Anblick, wie?«

»Das da? Das ist noch gar nichts. Es fängt gerade erst an. Eine ›Draperie‹. Es gibt alle möglichen Arten – Strahlen, Bänder, Koronen, Bögen und so weiter –, aber das ist eine Draperie. Die schönste Variante.«

»Kommt das oft vor, Doktor?«

»Alle Tage, und tagelang hintereinander, wenn das Wetter so ist wie jetzt – kalt, klar und windstill. Aber in Ihrem Interesse sollten Sie sich etwas anderes wünschen«, sagte ich ingrimmig.

»Nämlich?«

»Bei Nordlicht ist jede Funkverbindung hoffnungslos stillgelegt.«

»Funkverbindung?« Er runzelte die Stirn. »Was haben wir denn zu verlieren, seit das Gerät in der Hütte zerschlagen ist und wir uns immer weiter von Ihren Kollegen entfernen? Sie könnten ohnedies niemanden erreichen.«

»Nein, aber sobald wir uns der Küste nähern, können wir vielleicht unseren Stützpunkt in Uplavnik anfunken«, erwiderte

ich, und im nächsten Augenblick hätte ich mir die Zunge abbei-
ßen mögen. Bis dahin hatte ich gar nicht daran gedacht, aber
sowie mir die Worte entschlüpft waren, sah ich ein, daß ich dieses
Wissen hätte für mich behalten sollen. Die Chance, daß Uplavnik
zur richtigen Zeit und auf der richtigen Welle horchen würde, war
zwar gering, doch immerhin bestand sie. Wir hätten eine Warnung senden oder Hilfe anfordern können, lange bevor die
Mörder auf den Gedanken gekommen waren, loszuschlagen. Nun
aber würde Zagero, wenn er einer der Mörder war, gründlich
dafür sorgen, daß unser Sendegerät nicht mehr funktionierte,
bevor wir in den Funkbereich des Stützpunktes in Uplavnik
kamen.

Ich machte mir bittere Vorwürfe und warf Zagero einen heimlichen Blick zu. In dem Lichtschein, der durch die Vorhangspalte
kam, und im matten Licht der Aurora waren seine Züge deutlich
zu sehen, aber sie verrieten mir nichts. Er nahm die Sache sehr
gelassen hin, aber in meinem Kopf wuchs ein noch unbestimm-
ter, doch ständig zunehmender Verdacht gegen Johnny Zagero
heran. Doch wenn ich mir überlegte, wie treffend all meine
bisherigen Vermutungen gewesen waren, sagte ich mir mit einer
gewissen Bitterkeit, daß dieser Verdacht eigentlich eine Gewähr
für Zageros Unschuld sei.

Ich berührte Margaret Ross' Schulter.

»Ich möchte gern ein paar Worte mit Ihnen reden, Miß Ross,
wenn Sie die Kälte hier draußen nicht scheuen.«

Überrascht sah sie mich an, zögerte kurz und nickte dann. Ich
sprang hinunter, streckte die Hand empor, um sie zu stützen, und
half ihr auf den großen Schlitten hinauf, als er ein paar Sekunden
später an uns vorbeikam. Eine Weile saßen wir nun so da, Seite an
Seite auf einem Benzinfaß, und betrachteten das Nordlicht, während ich mir überlegte, wie ich beginnen sollte.

»Nun, Miß Ross, was halten Sie von der neuesten Wendung?«

»Mr. Mahler?« Sie hatte die Schneemaske hochgehoben – in
ihrem Fall nur einen Gaze- und Wattebausch mit einem At-
mungsloch in der Mitte –, und ich mußte mich vorbeugen, um
ihre leise Stimme in dem steten Getöse des Motors zu hören. »Was
soll man zu einer so furchtbaren Sache sagen? Was für eine
Chance hat der arme Mann, Dr. Mason?«

»Ehrlich gestanden, habe ich keine Ahnung. Es sind allzu viele
unberechenbare Faktoren mit im Spiel... Wußten Sie, daß ich

ihn, nachdem ich Sie von meiner Liste gestrichen hatte, als Hauptverdächtigen betrachtete?«

»Nein!«

»Leider ja. Ich fürchte, ich eigne mich nicht als Detektiv, Miß Ross.« Ich erzählte ihr, was sich während unserer kurzen Rast zwischen Mahler und mir abgespielt hatte.

»Und jetzt sind Sie ebenso schlimm daran wie zuvor«, sagte sie, als ich fertig war. »Wir können wohl nichts anderes tun, als stillsitzen und abwarten, was geschieht.«

»Abwarten, bis das Beil fällt, meinen Sie?« erwiderte ich finster.

»Nicht unbedingt. Ich mache mir keine großen Hoffnungen, aber ich möchte dennoch nicht aufgeben. Wir müssen einige Fakten haben, von denen wir ausgehen können. Und eben daran hapert es. Deshalb habe ich Sie hierhergebeten: um zu sehen, ob Sie mir helfen können.«

»Ich werde tun, was ich kann, das wissen Sie.« Sie hob den Kopf, als sich das Nordlicht geradezu zur Weißglut steigerte und seine überirdisch schöne Farbenskala den Eisnadeln am Himmel Millionen bunter, roter, grüner, gelber, goldener Lichtfunken entlockte. Margaret Ross fröstelte heftig. »Ich weiß nicht, warum, aber wenn ich das sehe, friere ich noch mehr ... Ich habe Ihnen wohl alles berichtet, was ich weiß, Dr. Mason, alles, woran ich mich erinnern kann.«

»Bestimmt. Aber Sie könnten etwas übersprungen haben, nur weil Sie nicht wußten, daß es eine Rolle spielt. Meiner Auffassung nach sind es jetzt drei große Fragen, die wir zu beantworten suchen. Und zwar: Wie ist es zu der Notlandung gekommen? Auf welche Weise wurde der Kaffee vergiftet? Wie wurde das Funkgerät zerstört? Wenn wir etwas finden, das auch nur auf einen dieser Faktoren ein wenig Licht wirft, werden wir vielleicht ein gutes Stück vorangekommen sein.«

Zehn eiskalte Minuten später waren wir noch immer weit davon entfernt, etwas Konkretes zu wissen. Ich hatte Margaret Ross Schritt für Schritt von der Zollhalle, wo sie ihre Fluggäste in Empfang nahm, zu der Maschine begleitet, in der sie sie unterbrachte, war mit ihnen nach Gandar geflogen, hatte sie dort abermals die gleiche Prozedur durchmachen sehen, hatte Margaret Ross beobachtet, wie sie ihnen das Abendbrot servierte, und trotzdem nichts entdeckt. Nichts Verdächtiges, nichts Ungewöhnliches oder Anomales war aufgetaucht, das auch nur im entferntesten die Notlandung hätte erklären können. Dann, gerade als sie schilderte, wie sie die Mahlzeit serviert hatte, verstummte sie allmählich. Sie starrte mich an.

»Was ist denn los, Miß Ross?«

»Natürlich«, murmelte sie. »Natürlich! Wie dumm bin ich doch! Jetzt verstehe ich...«

»Was verstehen Sie?« fragte ich.

»Den Kaffee. Wie es zugegangen ist. Ich hatte soeben Oberst Harrison bedient – er saß ganz hinten, deshalb kam er als letzter dran –, da rümpfte er die Nase und fragte mich, ob ich nicht Brandgeruch verspüre. Ich merkte nichts, aber ich machte irgendeinen Scherz, daß etwas auf der Wärmeplatte in der Pantry angebrannt sein könnte, und ich war gerade wieder dort angelangt, als ich den Oberst rufen hörte, und als ich hinsah, hatte er die Tür zu dem an Steuerbord gelegenen Waschraum geöffnet, und Rauch kam heraus. Nicht viel, ein bißchen. Ich rief nach dem Kapitän, und er kam eiligst nach hinten, um nachzusehen, was es sei, aber es war nichts Ernsthaftes, nur ein paar brennende Papierschnitzel. Wahrscheinlich war jemand mit seiner Zigarette achtlos umgegangen.

»Und alle Passagiere erhoben sich von ihren Plätzen und strömten aufgeregt herbei, um sich anzuschauen, was es gab?« fragte ich ingrimmig.

»Ja. Kapitän Johnson beorderte sie an ihre Plätze zurück – sie störten das Gleichgewicht der Maschine.«

»Wer hätte Gelegenheit gehabt, sich in die Pantry zu schleichen? Vermutlich jemand, der vorn saß.«

»Ja. Alle drängten sich an der Mitte vorbei...«

»Alle? Wer?«

»Ich weiß es nicht. Warum fragen Sie?«

»Wenn wir wissen, wer da war, könnten wir herausbekommen, wer nicht da war.«

»Bedaure.« Hilflos zuckte sie die Achseln. »Ich war im Augenblick aufgeregt, dann stand Kapitän Johnson vor mir und jagte sie alle auf ihre Plätze zurück – und ich konnte nichts sehen.«

»Gut.« Ich ging es von einer anderen Seite an. »Das war, nehme ich an, die Herrentoilette?«

»Ja. Die Damentoilette lag an der Backbordseite.«

»Können Sie sich erinnern, wer – sagen wir, im Lauf der letzten Stunde – dort hineingegangen war?«

»Im Lauf der letzten Stunde? Aber ein Zigarettenstummel...«

»Sind Sie jetzt der Meinung, daß der Brand absichtlich gelegt worden war?«

»Ja, natürlich.« Sie sah mich mit großen Augen an.

»Richtig. Und wir haben es offensichtlich mit abgebrühten Berufsverbrechern zu tun. Der Erfolg ihres Plans hing einzig und allein davon ab, daß es ihnen gelang, diesen kleinen Wirbel zu inszenieren. Glauben Sie auch nur eine Sekunde lang, daß sie es auf den bloßen Zufall eines Zigarettenstummels hätten ankommen lassen, der einige Papierschnitzel in Brand steckte, noch dazu im richtigen Augenblick?«

»Aber wie denn?«

»Sehr einfach. Man besorgt sich ein kleines Plastikröhrchen, das durch eine Zwischenwand in zwei Fächer geteilt ist. In das erste Fach füllt man eine Säure, in das zweite kommt eine andere, in ein Glasröhrchen eingeschlossene Säure. Will man diese Miniaturbrandbombe nun zum Einsatz bringen, braucht man nur das Plastikröhrchen aufzuschlitzen, das Glas zu zerbrechen und wegzugehen. Nach einer genau zu bestimmenden Zeit hat sich die Säure, die in dem Glasröhrchen war, durch die Scheidewand hindurchgefressen, begegnet der anderen Säure und entfacht ein Feuer. Das ist schon hundertmal ausprobiert worden, besonders im Krieg zu Sabotagezwecken. Will ein Brandstifter ein lückenloses Alibi haben und gern fünf Kilometer weit weg sein, wenn der Brand ausbricht, ist das die ideale Lösung.«

»Ja, es hat sonderbar gerochen«, begann sie langsam.

»Wer saß auf den beiden vordersten Plätzen – der Pantry am nächsten?«

»Miß LeGarde und Mr. Corazzini. Leider hilft uns das wenig. Wir wissen, daß Marie LeGarde nichts damit zu tun haben kann. Und Mr. Corazzini ist der einzige Fluggast, von dem ich genau weiß, daß er vor dem Essen seinen Platz nicht verlassen hat. Kurz nach dem Start trank er einen Gin, dann knipste er die Leselampe aus, breitete eine Zeitung über den Kopf und schlief ein.«

»Wissen Sie das noch genau?«

»Ganz genau.«

»Damit scheint er also ausgeschaltet zu sein«, sagte ich nachdenklich. »Und die Zahl der Verdächtigen ist abermals gesunken – obwohl er einen Komplizen gehabt haben könnte, der das

Säureröhrchen in die Toilette legte.« Plötzlich kam mir ein für meine Verhältnisse inspirierter Gedanke. »Sagen Sie, Miß Ross, hat jemand Sie am frühen Abend gefragt, wann gegessen wird?«

Sie blickte mich lange an, bevor sie antwortete, und dann konnte ich sogar im schwindenden Licht der Aurora ihre Augen verständnisvoll aufleuchten sehen.

»Mrs. Dansby-Gregg, das weiß ich noch genau.«

»Von ihr war es zu erwarten. Noch jemand?«

»Ja. Jetzt erinnere ich mich.« Ihre Stimme wurde plötzlich ganz ruhig. »Oberst Harrison – aber er kommt nicht mehr in Betracht – und Mr. Zagero.«

»Zagero?« In meiner Erregung beugte ich mich so weit vor, daß mein Gesicht fast ihre Wangen berührte. »Bestimmt?«

»Ganz bestimmt.«

»Hm. Das ist sehr interessant.«

»Sind Sie der Meinung, daß Mr. Zagero...?«

»Ich bin in einem Stadium angelangt, wo ich nicht mehr wage, mir eine Meinung zu bilden. Ich habe mich so oft geirrt. Aber es ist auf jeden Fall ein Strohhalm... War Zagero in Ihrer Nähe, als das Funkgerät umfiel? Zum Beispiel hinter Ihnen, als Sie sich erhoben und an den Radiotisch anstießen?«

»Nein. Er stand an der Falltür. Das weiß ich genau. Könnte er...«

»Nein. Joss und ich haben den Vorgang rekonstruiert. Jemand hatte eines der Scharniere umgeknickt und das andere so weit verschoben, daß es gerade noch das Gleichgewicht behielt. Als sie dann aufstanden, versetzte er diesem zweiten Scharnier einen Stoß. Von weitem. Es war eine langstielige Bürste da – aber wir legten ihr damals keine Bedeutung bei... Als Sie den Krach hörten, fuhren Sie herum, nicht wahr?«

Sie nickte wortlos.

»Und was haben Sie gesehen?«

»Mr. Corazzini...«

»Wir wissen, daß er hinzusprang«, warf ich ungeduldig ein. »Aber im Hintergrund – an der Wand?«

»Dort stand jemand.« Ihre Stimme war kaum mehr als ein Flüstern. »Aber nein... nein, das kann nicht stimmen. Er hatte auf dem Fußboden gesessen und gedöst und war zu Tode erschrocken, als...«

Ich unterbrach sie schroff. »Um Gottes willen – wer war es denn?«

»Solly Levin.«

Das kurze Zwielicht der Mittagsstunde kam und ging, die Kälte nahm ständig zu, und am späten Abend hatten wir das Gefühl, unser ganzes Leben auf diesem schaukelnden, ratternden Traktor zugebracht zu haben.

Nur zweimal hielten wir an diesem endlosen Tag, um zu tanken, nämlich um vier und um acht. Diese Zeiten wählte ich deshalb, weil ich mit Joss vereinbart hatte, alle vier Stunden einen Kontaktversuch zu machen. Doch obwohl wir das Gerät draußen aufstellten, derweil Jackstraw die Benzinbehälter füllte, und Corazzini auf dem Fahrradsattel saß und die Generatorkurbel in Gang hielt, während ich fast zehn Minuten lang ununterbrochen unser Anrufzeichen durchgab, erhielten wir nicht den Schatten einer Antwort. Ich hatte nichts anderes erwartet. Selbst wenn es Joss durch ein Wunder gelungen wäre, das Gerät zu reparieren, hätte die durch das Nordlicht in der Ionosphäre verursachte Störung mit ziemlicher Sicherheit jede Chance zerstört, eine Verbindung herzustellen. Aber ich hatte es Joss versprochen und mußte mein Wort halten.

Ab und zu sprang einer vom Traktor hinunter und lief nebenher, um warm zu werden, aber die meisten waren so erschöpft von Schlaflosigkeit, Hunger, Kälte und dem ewigen Zwang, sich den Schaukelbewegungen des Traktors entgegenzustemmen, daß sie binnen weniger Minuten vor Mattigkeit taumelten und einsteigen mußten. Wenn sie dann wieder oben saßen, erkaltete der durch Anstrengung in den schweren Kleidern verursachte Schweiß am Körper, und sie waren schlimmer daran als zuvor – bis ich das Hinunterspringen schließlich verbieten mußte.

Ungern tat ich, was getan werden mußte, aber es ließ sich nicht vermeiden. Die Müdigkeit, die Kälte und die Schlaflosigkeit waren nicht länger zu ertragen. Als ich endlich befahl haltzumachen, war es zehn Minuten nach Mitternacht. Bis auf die kurzen Pausen des Tankens und Funkens waren wir siebenundzwanzig Stunden lang ununterbrochen gefahren.

Achtes Kapitel

Mittwoch, 4.00–20.00 Uhr

Trotz unserer Mattigkeit, trotz des fast überwältigenden Schlafbe-
dürfnisses glaube ich kaum, daß in dieser Nacht jemand auch nur
eine Sekunde lang geschlafen hat, denn einzuschlafen hätte
bedeutet zu erfrieren.

Eine so furchtbare Kälte hatte ich noch nie erlebt. Obwohl wir
zu zwölft in einer winzigen Holzkiste zusammengepfropft waren,
die eigentlich für höchstens fünf Mann gebaut war, obwohl das
Ölfeuer die ganze Nacht in den Schornstein hinaufprasselte und
wir uns mit je zwei Tassen brühheißem Kaffee erwärmt hatten,
machten wir in diesen düsteren Stunden gräßliche Qualen durch.
Das Zähneklappern, der Veitstanz krampfgeschüttelter Glieder,
die gegen die dünnen, unisolierten Wände klopften, das ständige
Reiben, wenn dieser oder jener Leben in ein erfrorenes Gesicht, in
einen Arm oder Fuß bringen wollte – das waren die Geräusche,
die nie aufhörten. Wie Marie LeGarde und Mahler diese Nacht
überlebten, war unbegreiflich.

Aber sie überlebten sie, denn als ich einen Blick auf die
Leuchtziffern meiner Armbanduhr warf und sah, daß es schon
fast vier war, und mir sagte, genug sei genug, waren sie beide
wach, sowie ich die kleine Deckenlampe anknipste. Das Licht,
normalerweise recht matt, war jetzt nur noch ein gelbliches
Glimmen – ein böses Zeichen, denn es bedeutete, daß auch die
Batterien des Traktors einzufrieren begannen –, aber es genügte
mir, um den dichtgedrängten Kreis der Gesichter zu sehen, weiß,
blau und gelb vor Frostbeulen, den Rauch, der sich bei jedem
Atemzug an den Lippen bildete, die glatte Eisschicht, die bereits
die Wände und das gesamte Dach bedeckte, abgesehen von
einigen Zollbreit rund um das Ofenrohr. Ich glaube nicht, daß ich
je ein ähnliches Jammerbild, eine ähnliche Elendsszene gesehen
hatte.

»Hat überhaupt jemand geschlafen?« fragte ich.

Von allen Seiten her antwortete mir ein stummes Kopfschütteln.

»Dürfte noch jemand einschlafen?«

Wieder das Kopfschütteln.

»Damit ist die Frage entschieden.« Ich rappelte mich hoch. »Es ist aber erst vier, aber wenn wir schon erfrieren müssen, können wir das ebensogut unterwegs. Außerdem: Noch ein paar Stunden in dieser Temperatur, und der Traktormotor wird nicht mehr anzukurbeln sein. Was meinen Sie, Jackstraw?«

»Ich hole die Lötlampen«, lautete seine Antwort. Und er verschwand durch die Plane. Fast unmittelbar darauf hörte ich ihn draußen in der kalten Luft husten. Zwischen den einzelnen Hustenanfällen war deutlich das dürre Knistern seines Atems zu hören, als die Feuchtigkeit sich kondensierte, gefror und von der kaum merkbaren Brise davongetragen wurde.

Corazzini und ich folgten ihm. Nun würgten auch wir und rangen nach Atem, als die Gletscherkälte uns brennend in Kehle und Lungen fuhr. Wir rückten die Masken und Brillen zurecht, bis kein einziger Millimeter nacktes Fleisch mehr entblößt war. Neben der Führerhütte holte ich meine Stablampe hervor, warf einen Blick auf das Alkoholthermometer – gewöhnliches Quecksilber gefriert bei neununddreißig Grad unter Null – und traute meinen Augen nicht. Der rote Sprit in dem Glasrohr war bis auf einen Zoll an die Kugel hinabgerutscht und stand nun auf minus neunundfünfzig, die niedrigste Temperatur, die mir je begegnet war. Und daß das gerade jetzt passieren mußte – jetzt, dreihundert Kilometer von der nächsten Behausung entfernt, jetzt, da Jackstraw und ich zwei Mörder, einen wahrscheinlich im Sterben liegenden Patienten, sieben weitere Passagiere, deren Kräfte durch Kälte, Erschöpfung und Nahrungsmittel rapide aufgezehrt wurden, und einen veralteten Traktor, der jeden Augenblick zusammenzubrechen drohte, auf dem Hals hatten.

Nach etwas mehr als einer Stunde später sah ich mich veranlaßt, den letzten Posten der Bilanz zu revidieren: Allem Anschein nach war der Traktor bereits zusammengebrochen. Die Batterien waren durch die Kälte dermaßen eingedickt, daß sie nicht einmal einen warmgelaufenen Motor zum Anspringen gebracht hätten, geschweige denn einen, dessen Kurbelkasten, Wechselgetriebe und Differential fast festgeronnen waren im Schmieröl, das jegliche Schmiereigenschaft eingebüßt und sich in eine klebrige Flüssigkeit von der Konsistenz und Ungeschmeidigkeit zähen Kleisters verwandelt hat.

Wir gingen daran, die Paraffin-Lötlampen anzuzünden, aber auch sie waren steifgefroren. Wir mußten sie mit Hilfe einer

Benzin-Lötlampe auftauen und sie dann alle fünf auf Holzkisten und hinter einen aus Segeltuch improvisierten Windschutz stellen, um die Hitze zu sammeln – zwei für das Kurbelgehäuse, zwei für den Getriebekasten und die Transmission und die letzte für das Differential. Nach etwa einer Stunde, als der Motor sich recht leicht bewegen ließ und wir die schwere Batterie holten, die neben dem Ofen aufgetaut war, versuchten wir es abermals. Nichts.

Keiner von uns, nicht einmal Corazzini, dessen Global-Traktoren alle Dieselantrieb hatten, war ein Motorfachmann – und in diesem Augenblick gerieten wir an den Rand der Verzweiflung. Aber Verzweiflung war das letzte, was wir uns leisten durften, das wußten wir genau. Wir ließen die Lötlampen brennen, stellten die Batterie wieder neben den Ofen, entfernten und säuberten die Zündkerzen, lockerten die festgefrorenen Bürsten im Generator, montierten die Benzinleitungen ab, tauten sie auf und sogen mit dem Mund das gefrorene Kondenswasser heraus, kratzten das Eis von der Ansaugöffnung des Vergasers ab und brachten alles wieder in Ordnung. Die Arbeit war so heikel, daß wir die meiste Zeit die Handschuhe ausziehen mußten. Das Fleisch blieb an dem Metall kleben, und wenn wir die Hände wegnahmen, schälte sich die Haut ab wie von einer Orange. Sogar die Fingerknöchel bekamen Brandblasen, wenn sie gelegentlich gegen Metall stießen, Blut quoll unter unseren Fingernägeln hervor und erstarrte sogleich in der eisigen Luft, und unsere Lippen waren von der Berührung mit den kupfernen Leitungsrohren geschwollen und blasig. Es war eine grausame, mörderische Arbeit. Um viertel sieben, nach zweieinviertel Stunden also, hustete der schwere Motor und erwachte zum Leben, setzte aus, hustete abermals, sprang an und gab sich dann einem steten, gleichmäßigen Rattern hin. Ich fühlte, wie sich meine zerschundenen Lippen unter der Maske zu einem schmerzhaften Lächeln verzerrten, klopfte Jackstraw und Corazzini auf die Schulter, machte kehrt und ging frühstücken.

Soweit von frühstücken die Rede sein konnte. Es war, weiß Gott, herzlich wenig, was wir vorgesetzt bekamen: Kaffee, ein bißchen Zwieback und zwei Büchsen Corned beef, die wir unter uns aufteilten: die größte Portion erhielt Theodore Mahler. Jetzt blieben uns nur noch vier weitere Fleischkonserven, vier Dosen mit Gemüse, rund zehn Pfund Dörrobst, etwas tiefgekühlter

Fisch, eine kleine Packung Zwieback, drei Pakete mit Hülsenfrüchten und – das einzige, das, abgesehen vom Kaffee, in angemessenen Mengen vorrätig war – über zwanzig Büchsen ungesüßte Dosenmilch. Natürlich hatten wir Seehundfleisch für die Hunde – während wir frühstückten, taute Jackstraw ihre Portion über dem Ofen auf –, und das gebratene Fleisch junger Seehunde ist bis zu einem gewissen Grade genießbar. Aber die Hunde hatten den Vorrang. Es war wichtiger, ihre Kräfte zu schonen als die unseren. Sollte der Motor des Citroën endgültig zusammenbrechen, waren die Hunde unsere letzte Hoffnung.

Nachdem wir gefrühstückt und die Hunde gefüttert hatten, brachen wir kurz vor dem Untergang des Mondes auf. Corazzini steuerte. Ich hatte es so eingerichtet, daß die Fahrer einander alle fünfzehn Minuten ablösten; länger konnte man es in der ungeheizten und fast völlig ungeschützten Kabine vorn nicht aushalten.

Sowie wir unterwegs waren, sah ich mir Mahler an. Sein Aussehen trug keineswegs dazu bei, große Zuversicht zu erwekken. Obwohl er, angekleidet und in Decken gehüllt, in einem daunengefütterten Schlafsack lag, dessen Reißverschluß bis unters Kinn hochgezogen war, bedeckten bläulichweiße Flecken sein verkniffenes Gesicht, und er zitterte unaufhörlich vor Kälte, ein Taschentuch zwischen den Zähnen, damit sie nicht klapperten. Ich griff nach seinem Handgelenk. Der Puls war rasch, kam mir jedoch nicht kräftig genug vor. Ich konnte das aber nicht genau feststellen. Mir war in den letzten zwei, drei Stunden so viel Haut von den Fingern abgegangen, daß ich jedes Fingerspitzengefühl verloren hatte. Ich lächelte ihm zu, wobei ich hoffte, das würde ihn ein wenig ermuntern.

»Nun, wie fühlen Sie sich, Mr. Mahler?«

»Bestimmt nicht schlimmer als alle anderen, Dr. Mason.«

»Das könnte immer noch recht schlimm sein. Hunger?«

»Hunger!« rief er aus. »Dank der Großmut dieser guten Menschen könnte ich keinen Bissen mehr essen.«

Das war typisch für die Reaktionen, die ich in den letzten paar Stunden an diesem sanftmütigen jüdischen Mann hatte beobachten können. Trotz der verhältnismäßig reichlichen Menge, die er zum Frühstück erhielt, hatte er alles wie ein Verhungernder hinuntergeschlungen. Natürlich hatte er Hunger. Der Körper, dem das Insulin fehlte, das den zunehmenden Blutzucker zersetzt hätte, schrie nach Nahrung, ohne je genug bekommen zu können, mochte man ihm auch noch soviel zuführen.

»Durst?«

Er nickte. Ich war nun so ziemlich überzeugt, daß seine Kräfte zu versickern begannen, und ich wußte, binnen kurzem würde er schnell vom Fleisch fallen. Und er sah auch bereits magerer aus; die Backenknochen traten stärker hervor als noch vor sechsunddreißig Stunden. Aber das galt genauso für alle anderen, besonders für Marie LeGarde.

»Ihre Füße«, fragte ich Mahler. »Wie ist der Zustand?«

»Ich glaube, sie sind gar nicht mehr da«, erwiderte er lächelnd.

»Ich will sie mir ansehen«, sagte ich abrupt. Er protestierte, mußte sich jedoch fügen. Ein Blick auf das totenbleiche, eiskalte Fleisch genügte.

»Miß Ross«, sagte ich, »von jetzt an sind Sie Mr. Mahlers persönliche Krankenschwester. Wir haben auf dem Schlitten ein paar Gummibeutel. Füllen Sie sie abwechselnd, so schnell Sie das Wasser heiß bekommen können – leider dauert es lange, bis der verdammte Schnee schmilzt. Sie sind für Mr. Mahlers Füße bestimmt.«

Wieder protestierte er gegen die ›Bemutterung‹, wie er sich ausdrückte, aber ich ignorierte ihn. Langsam betrachtete ich die Insassen der Traktorhütte, und ich glaube, wenn ich genau gewußt hätte, wer an dem allen schuld sei, würde ich ihn erbarmungslos umgebracht haben.

In diesem Augenblick kam Corazzini herein. Obwohl er nach einer knappen Viertelstunde das Steuer Jackstraw übergeben hatte, befand er sich in einem üblen Zustand. Das blutlose Gesicht war mit gelben Frostblasen übersät, die Lippen waren aufgesprungen und seine Hände erschreckend anzusehen; die Fingernägel begannen sich zu verfärben. Freilich waren Jackstraw, Zagero und ich nicht viel besser dran, aber Corazzini war der einzige, der bisher in dieser ungeheuerlichen Kälte gesteuert hatte. Er zitterte wie ein Mensch, der Malaria hat, und an der Art, wie er die Stufen hinaufstolperte, merkte ich, daß seine Beine gefühllos waren. Ich half ihm auf einen leeren Sitzplatz neben dem Ofen.

»Spüren Sie etwas unterhalb der Knie?« fragte ich schnell.

»Nicht das geringste.« Er versuchte zu lächeln, aber die Anstrengung tat ihm sehr weh, und das Blut begann wieder aus den offenen Rissen in seinen Lippen hervorzusickern. »Es ist verdammt grausam dort draußen, Doktor. Vielleicht sollte man die Füße ein bißchen mit Schnee einreiben.« Er bückte sich und fummelte sinnlos mit gelähmten, blutenden Fingern an den Schnürsenkeln herum, aber bevor ich mich rühren konnte, war Margaret Ross hingekniet und zog ihm behutsam die Stiefel aus. Ich deutete mit einem Kopfnicken auf einen der Schneekübel auf dem Ofen. »Sobald die Temperatur gestiegen ist, stecken Sie die Füße hinein. Warten Sie, bis die Haut rot wird. Es wird nicht angenehm sein, aber wirksam. Wenn es Blasen gibt, werde ich sie morgen punktieren und sterilisieren.«

Corazzini starrte mich an. »Wird das immerzu so weitergehen, Doktor?«

»Ich fürchte, ja.«

Und es ging so weiter – zumindest die nächsten zehn Stunden lang. Die Temperatur sank noch tiefer, machte dann halt und begann langsam, ganz langsam wieder zu steigen. Zehn Stunden, während die Schneekübel nicht eine Sekunde lang den Ofen verließen, zehn Stunden, während Mrs. Dansby-Gregg, ihr Mädchen Helene und später auch Solly Levin Lötlampen an die Eimerwände hielten, um den Schmelz- und Erwärmungsprozeß zu beschleunigen, zehn Stunden, während wir Fahrer in regelmäßigen Abständen die pochende Qual durchmachen mußten, wie das Blut in den durchfrorenen Gliedern neu zu kreisen begann, zehn Stunden, während in uns eine fast krankhafte Angst vor dem Augenblick heranwuchs, wo wir wieder unsere Füße in heißes Wasser tauchen mußten, zehn Stunden, während Mahler immer schwächer wurde und Marie LeGarde, zum erstenmal verstummt, zu Boden glitt und mit geschlossenen Lidern wie eine Tote in einer Ecke liegenblieb. Zehn Stunden. Zehn endlose, unbeschreibliche Stunden. Aber lange bevor sie um waren, geschah etwas, das die Lage völlig veränderte.

Um zwölf Uhr mittags brachte ich den Traktor zum Stehen. Während die Frauen etwas Suppe heiß machten und mit einer Lötlampe zwei Obstkonserven auftauten, montierten Jackstraw und ich das Funkgerät, spannten eine Antenne und begannen unser Rufzeichen zu senden. Joss anzufunken war nur eine Geste. Ich hatte ein Versprechen gegeben und wollte es halten, weiter nichts. Aber meiner Schätzung nach waren wir bereits zweihundert Kilometer von ihm entfernt, nahe der Grenze unseres kleinen

Sendebereichs. Ich wußte nicht, wie die starke Kälte die Funkverbindungen beeinflussen würde, wahrscheinlich aber alles andere als günstig. Heute morgen hatte sich kein Nordlicht gezeigt, aber die Störungen in der Ionosphäre mochten noch vorhanden sein. Und Joss hatte doch selber erklärt, sein Militärgerät sei nicht mehr zu reparieren.

Zehn Minuten verstrichen, zehn Minuten, in deren Verlauf Jackstraw fleißig die Kurbel drehte und ich unser Anrufzeichen sendete, GFK dreimal hintereinander – dann den Empfangsschalter umlegen, zehn Sekunden lang horchen, den Schalter zurückklappen und wieder das Anrufzeichen senden. Als die zehn Sekunden vorüber waren, sandte ich zum letztenmal das Zeichen, legte den Schalter um, horchte ganz kurz und stand auf, Jackstraw resigniert bedeutend, er brauche nicht länger zu kurbeln. In diesem Augenblick, fast in der allerletzten Sekunde, begann das Mikrofon in seiner Hand zu knistern.

»GFX ruft GFK. GFX ruft GFK. Wir hören Sie, schwach, aber deutlich. Wir wiederholen: Wir hören Sie, Ende.«

Vor Aufregung hätte ich beinahe das Mikrofon fallen lassen.

»GFK ruft GFX. GFK ruft GFX.« Ich schrie es fast hinaus, sah Jackstraw auf den Schalter zeigen, der noch auf Empfang eingestellt war, verwünschte meine Dummheit, legte den Schalter um, nannte das Anrufzeichen und vergaß ganz die Prozedur und Etikette des Funkverkehrs. Meine Worte überpurzelten sich: »Hier spricht Dr. Mason, hier spricht Dr. Mason. Ich höre Sie laut und deutlich. Sind Sie es, Joss?« Ich legte den Schalter um.

»Ja, Sir. Es freut mich, von Ihnen zu hören.« Die statische Elektrizität verlieh den knisternden Worten unpersönliche Sachlichkeit. »Wie geht es Ihnen? Was für ein Wetter? Wie weit?«

»Starke Kälte – siebzig Grad. Etwa zweihundert Kilometer vom Ausgangspunkt. Joss, das ist ein reines Wunder! Wie in aller Welt haben Sie das fertiggebracht?«

»Ich habe es nicht fertiggebracht«, sagte er trocken. Eine Pause, dann kehrte seine Stimme zurück. »Captain Hillcrest will mit Ihnen sprechen, Sir.«

»Captain Hillcrest? Was um Gottes willen, hat Captain Hillcrest...« Ich verstummte jählings, nicht vor Erstaunen, sosehr ich mich auch darüber wunderte, daß Hillcrest, von dem ich angenommen hatte, er sei nahezu vierhundert Kilometer nach Norden zu von unserer Hütte entfernt, plötzlich aufgetaucht war, sondern weil Jackstraws warnender Blick in den Tiefen meines Gehirns ein Echo gefunden hatte. »Warten!« sagte ich schnell. »Ich rufe in zwei bis drei Minuten wieder.«

Wir hatten den Sender dicht hinter dem Traktor aufgestellt, und ich wußte, daß die Insassen jedes Wort hören konnten, das gesprochen wurde. Im selben Augenblick wurde der Vorhang geöffnet, und Corazzini und Zagero blickten heraus, aber ich beachtete sie nicht. Nie war es mir gleichgültiger gewesen, ob ich jemanden auf die Hühneraugen trat. Ich nahm ganz einfach das Gerät und den Generator, während Jackstraw die Antenne losknüpfte, und ich entfernte mich vom Traktor. Nach etwa zweihundert Metern machte ich halt. Die Passagiere konnten uns zwar sehen – die kurzfristige Helligkeit der Mittagsstunde überflutete die Eishaube –, aber nicht mehr hören.

Wir machten den Sender wieder zurecht, und ich versuchte, das Anrufzeichen zu senden, aber es war hoffnungslos. Wir waren zu lange dieser schrecklichen Kälte ausgesetzt gewesen, und meine Hand klopfte auf der Morsetaste ein nicht zu beherrschendes Trommelsolo.

Zum Glück wußten oder errieten sie am anderen Ende, was los war, und sowie ich den Schalter auf Empfang umlegte, ließ sich Hillcrets Stimme vernehmen, ruhig, zuversichtlich, unendlich ermutigend.

»Erstaunlich, erstaunlich.« Das Mikrofon knisterte mechanisch. »Schön, Dr. Mason, aufgrund der Mitteilung von Joss – und der Verzögerung von vorhin – schließe ich, daß Sie ziemlich weit vom Traktor entfernt sind. Bei siebzig Grad werden Sie nicht lange im Freien bleiben wollen. Ich schlage vor, daß nur ich spreche. Ich werde mich kurz fassen. Hören Sie mich?«

»Laut und deutlich. Was in aller Welt ... Verzeihung, fahren Sie fort.«

»Danke. Montag nachmittags hörten wir sowohl durch den britischen wie durch den amerikanischen Rundfunk von der überfälligen Maschine. Dienstag früh – das heißt gestern – meldete sich der Stützpunkt in Uplavnik. Es sei, wurde uns gesagt, noch nicht offiziell mitgeteilt worden, aber die amerikanischen und englischen Behörden seien der festen Überzeugung, daß die Maschine nicht auf hoher See abgestürzt, sondern irgendwo auf Grönland oder Baffinland niedergegangen ist. Fragen Sie mich nicht, warum man davon überzeugt ist – ich habe keine Ahnung. Jedenfalls wurde die seit dem Krieg umfangreichste Suchaktion zu Wasser und in der Luft eingeleitet. Frachtschiffe verschiedener Nationalitäten wurden alarmiert. Amerikanische, englische, französische und kanadische Fischdampfer steuern auf die grönländische Küste zu – vor allem auf die Westküste. Die Ostküste ist bereits durch das Eis blockiert. Ein Dutzend amerikanischer Bomber operiert zwischen Thule und Söndre Strömfjord. Kutter der amerikanischen Küstenwacht sind unterwegs, eine kanadische Zerstörerflotte wurde aus dem mittleren Atlantik zurückbeordert und nähert sich mit Volldampf der südlichen Einfahrt der Davisstraße. Allerdings wird sie mindestens sechsunddreißig Stunden brauchen, um dort anzukommen. Ein britischer Flugzeugträger, begleitet von einigen Zerstörern, hat das Kap Farvel umsegelt. Wir wissen allerdings noch nicht, wie weit er nach Norden vorstoßen kann. Drüben an der Baffinseite ist das Eis schon fest, aber an der grönländischen Küste haben wir noch offenes Wasser, zumindest bis zu den Disko-Inseln, vielleicht sogar bis Svartenhuk. Alle IGJ-Stationen auf Grönland haben Befehl erhalten, sich an der Suche zu beteiligen. Deshalb sind wir Hals über Kopf zur Unterkunft zurückgekehrt, um Benzin zu holen.«

Ich konnte mich nicht länger zurückhalten und legte den Empfangsschalter um.

»Warum diese tolle Aufregung? Man könnte meinen, der Präsident der Vereinigten Staaten und die halbe königliche Familie wären an Bord. Warum habt ihr keine näheren Auskünfte aus Uplavnik erhalten?«

Ich wartete. Dann kehrte Hillcrests knisternde Stimme zurück. »In den letzten vierundzwanzig Stunden war die Funkverbindung gestört. Wir werden jetzt rufen und mitteilen, daß wir das vermißte Flugzeug gefunden haben und daß Sie zur Küste unterwegs sind. Gibt es bei Ihnen etwas Neues?«

»Nein. Berichtigung: Einer der Passagiere – ein Mann namens Mahler – entpuppte sich als Diabetiker in fortgeschrittenem Zustand. Es geht ihm schlecht. Uplavnik soll Insulin beschaffen. In Godthaab wird es welches geben.«

»Gut.« Dann folgte eine lange Pause. Ich konnte Stimmengemurmel hören. Hillcrest meldete sich wieder. »Ich schlage vor, daß Sie umkehren. Wir haben genug Benzin und genug Lebensmittel. Wenn acht aufpassen statt zwei, kann nichts passieren. Wir sind bereits sechzig Kilometer von der Hütte entfernt...« – ich sah Jackstraw an, er zwinkerte mit den Augen, sie verrieten mir das erstaunte und erfreute Grinsen, das haargenau meinen eigenen Gefühlen entsprach – »...also nicht mehr als hundertundvierzig Kilometer hinter euch. In fünf bis sechs Stunden könnten wir uns treffen.«

Wie eine befreiende Welle durchströmte mich das erhebende Gefühl: Wie herrlich! Das war ja schöner, als ich es je zu hoffen gewagt hatte! Alle unsere Sorgen zu Ende... Und dann verebbte das momentale Gefühl der Erleichterung und des Triumphes, die kalten, bestürzenden Denkprozesse rückten unerbittlich an seine Stelle, und es bedurfte gar nicht des langsamen, nachdrücklichen Kopfschüttelns, mit dem Jackstraw mich warnte, um mir zu sagen, daß das Ende unserer Sorgen in genauso weiter Ferne lag wie zuvor.

»Geht nicht!« funkte ich zurück. »Es wäre verhängnisvoll. Sowie wir umkehren, sind die Mörder gezwungen zuzuschlagen. Und selbst wenn wir nicht umkehren, werden sie jetzt wissen, daß wir mit euch in Verbindung waren, und noch mehr aufs Ganze gehen. Wir müssen weiter. Folgt uns, bitte, so rasch wie möglich.« Ich hielt einen Augenblick lang inne und fuhr dann fort: »Sagen Sie Uplavnik, daß es für uns lebenswichtig ist, schnell zu erfahren, warum das vermißte Flugzeug soviel Staub aufgewirbelt. Man soll die Passagierliste kontrollieren – ob die Namen echt sind. Das ist unbedingt notwendig, Captain Hillcrest. Lassen Sie sich nicht abspeisen. Wir müssen es wissen.«

Wir unterhielten uns noch eine Minute lang, aber wir hatten eigentlich bereits alles gesagt, was zu sagen war. Außerdem hatte selbst in den kurzen Intervallen, in denen ich meine Schneemaske hatte herunterschieben müssen, um ins Mikrofon zu sprechen, die Kälte meine zerschundenen und blutenden Lippen so grausam mißhandelt, daß ich jetzt kaum mehr als ein Murmeln zustande brachte. Nachdem wir also ein weiteres Gespräch für acht Uhr abends verabredet und die Zeit verglichen hatten, schaltete ich das Gerät ab.

In der Traktorhütte hatte die fiebernde Neugier ihren Höhepunkt erreicht, aber es vergingen mindestens drei Minuten – drei qualvoll unbehagliche Minuten, während Jackstraw und ich darauf warteten, daß das Blut wieder durch unsere erstarrten Adern fließe –, bevor jemand zu sprechen wagte. Es war der Senator, der die unvermeidliche Frage stellte – ein recht geduckter Herr, der von seinem cholerischen Temperament viel und von seiner blühenden Gesichtsfarbe alles eingebüßt hatte.

»Haben Sie mit Ihren Freunden Kontakt bekommen, ja, Doktor? Ich meine, mit den Teilnehmern an der Feldexpedition?« Seine Stimme klang unschlüssig, unsicher.

»Ja.« Ich nickte. »Joss – Mr. London – hat nach fast dreißigstündiger ununterbrochener Arbeit das Gerät wieder in Gang gebracht. Er hat Captain Hillcrest erreicht – den Leiter der Expedition – und eine Relaisverbindung zwischen ihm und mir hergestellt.« Ich hatte noch nie in meinem Leben den Ausdruck ›Relaisverbindung‹ gehört, aber es klang recht wissenschaftlich. »Er packt sogleich seine Sachen und kommt hinter uns her.«

»Ist das erfreulich?« fragte der Senator voller Hoffnung. »Ich meine, wie lange...?«

Ich unterbrach ihn. »Leider ist es nur eine schöne Geste. Wir sind mindestens vierhundertzwölf Kilometer voneinander entfernt, und sein Traktor fährt nicht viel schneller als unserer.« In Wirklichkeit fuhr er dreimal so schnell. »Fünf bis sechs Tage mindestens.«

Brewster nickte finster und sagte kein Wort mehr. Er sah enttäuscht drein, schien mir jedoch Glauben zu schenken. Ich fragte mich, wer unter ihnen mir nicht glaubte, wer unter ihnen *wußte*, daß ich log, weil er sämtliche Ersatzkondensatoren und Röhren so gründlich vernichtet hatte, daß es Joss nie hätte gelingen können, den Militärsender zu reparieren.

Der lange, bittere Tag, ein Tag, der mit nichts anderem ausgefüllt war als mit furchtbarer Kälte, endlosen Leiden und nervenzerrüttendem Donnergetöse und Zittern des schweren Motors, schlich wie ein Sterbender dahin. Gegen halb vier Uhr nachmittags erreichte die Temperatur ihren Tiefpunkt – achtundfünfzig Grad. Nun geschahen seltsame Dinge: Taschenlampen, die man unter der Parka hervorholte, erloschen innerhalb einer Minute – Gummi wurde so hart wie Holz und splitterte auch wie Holz – der Atem war eine undurchsichtige Wolke um das Haupt jedes einzelnen, der sich ins Freie hinauswagte – die Eisfläche gefror zu einer so beispiellosen Härte, daß an den flachen Stellen die Raupenketten des Traktors ins Rutschen kamen und die Rillen kaum sichtbare haarfeine Spuren hinterließen – die Hunde, die unbeschadet jedem Schneesturm trotzten, der einen Menschen umbringen würde, winselten und heulten vor Jammer und Elend – und ab und zu, wie eine ferne Verkündigung des Jüngsten Gerichts und des Weltuntergangs, lief das Echo eines dumpfen Grollens über die Eishaube, und der Boden erbebte unter den Ketten des Traktors, denn die gewaltigen Eis- und Schneeflächen zogen sich bei dieser Gletscherkälte noch mehr zusammen.

Nun war es unvermeidlich, daß der Traktor Schwierigkeiten zu machen begann. Das Vergasereis war ein ständiges Problem. Das Lenkungsgehäuse fror ein und mußte mit Hilfe der Lötlampen aufgetaut werden. Generatorenbürsten blieben hängen und zerbrachen; zum Glück aber hatten wir genug Reservebürsten mit. Die meisten Scherereien jedoch bereitete uns der Kühler. Obwohl wir ihn dick umwickelt hatten, drang die Kälte durch die Isolierschicht wie durch Seidenpapier; das Metall zog sich zusammen und verbog sich. Nach kurzer Zeit wurde der Kühler leck, und um drei Uhr nachmittags verloren wir Wasser in beängstigenden Mengen. Ich opferte einige unserer kostbaren restlichen Wärmebeutel für Mahlers Füße, mit der Weisung, das Wasser aus den Schneekübeln auf dem Ofen ausschließlich für den Kühler zu reservieren. Aber auch wenn man die Ofenhitze durch Lötlampen verstärkt, ist das Eisschmelzen unterkühlten Schnees ein verzweifelt langsamer Vorgang. Sehr bald waren wir darauf angewiesen, halbgeschmolzenen Schneematsch in die Kühleröffnung zu gießen, und schließlich mußten wir sogar Schnee hineinpressen, um überhaupt weiterzukommen. Das alles war schlimm genug. Erschreckend aber war, daß mit jedem Liter Schneewasser, der ihn ersetzte, das Gefrierschutzmittel dementsprechend verdünnt wurde, und obwohl wir einen kleinen Reservebehälter mit Äthylenglykol mithatten, nahm mit jeder Rast sein Gewicht merklich ab.

Schon seit Stunden hatten wir auf den Ausguck verzichtet, und die ganze Last dieser Arbeit fiel Jackstraw, Zagero, Corazzini und mir zu. Von uns vieren war Jackstraw der einzige, der meines Wissens keinen dauernden oder entstellenden Schaden davontragen würde, nämlich Narben und zerstörtes Gewebe. Zagero mochte noch nie die Spuren seines Metiers getragen haben: Nun aber würde er etwas ganz Ähnliches abbekommen. Wir hatten uns mit der Kaltwasserkompresse für sein rechtes Ohr ein wenig verspätet, und das zerstörte Gewebe würde einen chirurgischen

Eingriff erfordern. Zwei von Corazzinis Zehen waren gleichfalls zu lange ohne Behandlung geblieben, und ich wußte, auch er würde in einer Klinik für plastische Chirurgie landen. Und da ich am häufigsten mit dem Motor in Berührung gekommen war, bildeten meine Fingerspitzen nur noch eine schmerzende, blutende Masse. Die Nägel färbten sich bereits schwarz und begannen abzufaulen.

Die Leute in der Traktorhütte waren auch nicht viel besser dran. Die ersten physiologischen Wirkungen der Kälte machten sich geltend, und zwar sehr nachdrücklich: das fast überwältigende Schlafbedürfnis, die uninteressierte Gleichgültigkeit gegenüber allem, was rundherum vorging. Später kämen die anderen Symptome hinzu: die völlige Schlaflosigkeit, die Anämie, die Verdauungsbeschwerden, die Nervosität, die zum Wahnsinn führen kann. Wenn die Kälte lange genug andauerte, würden unweigerlich diese Zustände das Bild geduckten, leblosen Elends ersetzen, wie es sich mir jedesmal darbot, wenn ich nach meiner Schicht am Steuer unter dem Traktor Schutz suchte, um unter Qualen den Blutkreislauf wieder anzukurbeln.

Der Senator saß zusammengekauert in einer Ecke. Wäre nicht das heftige Zittern gewesen, das ihn in regelmäßigen Abständen überfiel, hätte man denken können, dort sitze ein Toter. Mahler schien zu schlafen. Mrs. Dansby-Gregg und Helene Fleming hielten einander eng umschlungen – die Arktis ist der große Gleichmacher, der die Ansprüche und den schäbigen Firnis des täglichen Lebens wegwischt. Ich war so ziemlich überzeugt, daß für Mrs. Dansby-Gregg die Rückkehr in die Zivilisation auch die Rückkehr zu ihrem gewohnten Ich bedeuten und daß dieser Augenblick schlichter Menschlichkeit, den sie mit ihrem Mädchen teilte, dann nur noch eine verblassende und unerfreuliche Erinnerung sein würde. Aber trotz meiner Abneigung gegen Mrs. Dansby-Gregg begann sich in mir eine mehr als schleichende Bewunderung für sie zu regen. Der sorgsam gepflegte Snobismus, die empörend saloppe und herablassende Art, sich ganz selbstverständlich als ein sozial höherstehendes Wesen zu betrachten, waren weiß Gott recht irritierend, aber hinter dieser unliebenswürdigen Fassade schien sich ein Anflug jener Selbstlosigkeit zu verbergen, der das Kennzeichen der echten Aristokratie ist. Obwohl sie sich ständig über die kleinsten Beschwernisse beklagte, schwieg sie in Situationen, die ihr wirkliche Leiden zufügten.

Ein wenig brüsk, als ob sie sich dessen halb und halb schämte, entwickelte sie eine gewisse Hilfsbereitschaft und legte ihrem Mädchen gegenüber eine Besorgnis an den Tag, die wahrscheinlich nicht mehr war als jene feudale Großmut, die sich in der Not am besten bewährt, aber dennoch beinahe an Zärtlichkeit grenzte.

Marie LeGarde, die entzückende, unbezähmbare Marie LeGarde, war eine alte, kranke Frau, deren Kräfte von Stunde zu Stunde abnahmen. Ihre Bemühungen, in den wenigen wachen Augenblicken – die meiste Zeit schlief sie – heiter zu wirken, waren krampfhaft und fast verzweifelt; es strengte sie zu sehr an. Ich konnte ihr nicht helfen. Wie bei einer alten Uhr ging ihre Zeit zu Ende, die Triebfeder ihres Lebens lief ab. Noch einige solche Tage wären ganz bestimmt ihr Tod.

Solly Levin hatte die Lötlampen übernommen, die unaufhörlich an den Wänden der Schneekübel entlangbleckten. Obwohl er dermaßen eingemummt war, daß man nur ein Auge sehen konnte, gelang ihm dennoch das fast Unmögliche, nämlich einen jammervollen Anblick zu bieten. Aber die Gedanken, die mich schon den ganzen Tag verfolgten, erlaubten mir nicht, irgendwelche Sympathien an Mr. Levin zu vergeuden. Margaret Ross döste neben dem Ofen, doch ich blickte schnell weg. Das dünne, weiße Gesicht auch nur anzuschauen tat mir körperlich weh.

Die größte Überraschung bereitete mir Smallwood – abermals, wie ich mir mit einer inneren Grimasse überlegte, ein Beispiel dafür, wie sehr ich mich irren kann. Statt einer der ersten zu sein, die zusammenklappten, schien er der letzte sein zu wollen. Als ich vor drei Stunden in die Traktorhütte kam, hatte er seinen Koffer vom Schlitten geholt, und als er ihn öffnete, sah ich flüchtig ein schwarzes Gewand und das Purpurrot einer geistlichen Stola. Er hatte eine Bibel hergeholt, eine randlose Stahlbrille aufgesetzt und las nun schon seit mehreren Stunden, so gut es bei der matten Deckenbeleuchtung eben ging. Er wirkte gefaßt, entspannt und dennoch alert, durchaus imstande, noch lange weiterzumachen.

Im Lauf des Abends fielen zwei Schläge. Der erste war keineswegs nur bildlicher Art. Das beweist heute noch die Narbe an meiner Stirn.

Kurz vor acht Uhr machten wir halt. Erstens mußte ich mich mit Hillcrest in Verbindung setzen, zweitens wollte ich unter dem Vorwand, der Motor des Citroën habe sich in der seit den frühen Abendstunden ständig zunehmenden Temperatur stark überhitzt, eine längere Rast erzwingen, damit Hillcrest eine um so größere Chance habe, uns einzuholen. Doch obwohl das Thermometer jetzt um fast fünfzehn Grad höher stand als um die Mittagsstunde, war es noch immer bitterkalt, finster und windstill. In der Ferne gegen Südwest zu sahen wir die gezackten Konturen der Vindeby-Nunataks, der hundertundfünfzig Kilometer langen Bergkette, die wir am nächsten Tag würden überschreiten müssen. Kristallinisch weiß schimmerten die drohenden Gipfel im Schein des Mondes, der noch nicht über den östlichen Horizont emporgeklettert war.

Als wir hielten, saß ich am Steuer. Ich stellte den Motor ab, ging nach hinten und teilte den Passagieren mit, daß wir eine Rast einlegten. Ich ersuchte Margaret Ross, etwas Essen warmzumachen – Suppe, Dörrobst, eine der vier restlichen Büchsen mit Corned beef –, bat Jackstraw, die Antenne zu montieren, kehrte dann zur Kühlerhaube zurück, bückte mich, öffnete den Abflußhahn und fing die Flüssigkeit in einer Blechdose auf. Das Frostschutzmittel hatte sich im Laufe des Tages dermaßen verdünnt, daß ich fest überzeugt war, bei der herrschenden Temperatur würde das Kühlwasser keine halbe Stunde brauchen, um zu gefrieren und den Zylindermantel zu sprengen.

Vermutlich war das gurgelnde Geräusch des in die Dose fließenden Wassers daran schuld, daß ich erst im allerletzten Moment das Geräusch hinter mir hörte, und auch sonst hatte ich keinen besonderen Grund, gerade in diesem Augenblick mißtrauisch zu sein. Ich richtete mich halb auf und drehte mich um, aber es war zu spät. In ein und derselben Sekunde sah ich einen undeutlichen Schatten im Dunkel und verspürte den funkensprühenden Schmerz: Ein harter Gegenstand hatte dicht oberhalb der Brille mein rechtes Auge getroffen. Ich war bereits total bewußtlos, bevor ich auf der gefrorenen Eisfläche in mich zusammenfiel.

Das hätte mein Tod sein können. Ich hätte leicht aus der Ohnmacht in jenen Betäubungsschlaf hinübergleiten können, aus dem ich bei einer Bodentemperatur von über fünfzig Grad unter Null nie mehr erwacht wäre.

Doch ich erwachte, langsam, qualvoll, zögernd, von beflissenen Händen geschüttelt.

»Dr. Mason! Dr. Mason!« Dunkel kam mir zu Bewußtsein, daß das Jackstraws Stimme war, leise, aber seltsam durchdringend. Er hatte meinen Kopf und meine Schultern auf seinen Arm gebettet.

»Wachen Sie auf, Dr. Mason. Ah – gut, gut! Jetzt aber sachte, Dr. Mason.«

Schwankend, auf Jackstraws starken Arm gestützt, richtete ich mich zu einer sitzenden Stellung auf. Eine grelle Schmerzflamme zuckte wie ein Skalpell durch meinen Kopf. Abermals begann alles vor meinen Augen zu verschwinden. Bewußt, fast heftig, schüttelte ich die Schatten ab, die sich wieder heranschlichen, und blickte dann halb betäubt zu Jackstraw empor.

»Haben Sie keine Ahnung, wer es war, Dr. Mason?« Jackstraw war nicht der Mann, um dumme Fragen zu stellen wie zum Beispiel: »Was ist denn passiert?«

»Nicht die leiseste Ahnung.« Ich rappelte mich mühsam hoch. »Und Sie?«

»Hoffnungslos.« Ich spürte sein Achselzucken, ohne es recht zu sehen. »Sobald wir haltmachten, stiegen drei bis vier Personen aus. Ich weiß nicht, wo sie hingingen – ich war damit beschäftigt, die Antenne zu installieren.«

»Das Radio, Jackstraw!« Ich begann wieder zu denken. »Wo ist das Radio?«

»Seien Sie unbesorgt, Dr. Mason, ich habe es bei mir. Hier... Können Sie sich denken, warum?«

»Nein... Doch...!« Ich steckte die Hand in die Innentasche meiner Parka und sah dann Jackstraw verdutzt an. »Meine Pistole – sie ist noch da.«

»Fehlt auch sonst nichts?«

»Nein. Das Reservemagazin... Einen Augenblick!« fügte ich langsam hinzu. Ich durchwühlte meine Parkatasche, aber vergebens. »Ein Zeitungsausschnitt, den ich in Oberst Harrisons Tasche gefunden hatte, ist weg.«

»Einen Zeitungsausschnitt? Was stand denn überhaupt drin, Dr. Mason?«

»Sie sprechen mit einem der größten Idioten der Welt, Jackstraw.« Voller Gewissensbisse schüttelte ich den Kopf und zuckte zusammen, als es wieder gewaltig weh tat. »Ich habe das verdammte Ding nicht einmal gelesen.«

»Wenn Sie es gelesen hätten«, murmelte Jackstraw philosophisch, »würden Sie wahrscheinlich wissen, warum man es Ihnen weggenommen hat.«

»Aber was sollte das Ganze für einen Zweck haben?« fragte ich ratlos. »Ich könnte es doch auswendig gelernt haben.«

»Ich glaube, die wissen, daß Sie es nicht einmal gelesen haben«, erwiderte Jackstraw langsam. »Die hätten es daran gemerkt, daß Sie etwas sagten oder taten, womit sie gerechnet hatten. Aber da das nicht geschah – nun, da wissen die Herrschaften, daß sie noch nicht gefährdet sind. Sie müssen ziemlich desperat sein, um so etwas zu riskieren. Ein Jammer! Ich glaube kaum, Dr. Mason, daß Sie dieses Papier je wieder zu sehen bekommen.«

Fünf Minuten später hatte ich die Stirnwunde gebadet und verbunden – dem neugierigen Zagero erklärte ich schroff, ich sei gegen einen Laternenpfahl gerannt, und weigerte mich, weitere Fragen zu beantworten – und entfernte mich zusammen mit Jackstraw in dem zunehmenden Licht des soeben aufgegangenen Mondes. Wir waren verspätet, aber als ich den Empfänger an die Antenne anschaltete, hörte ich sofort Joss' Anrufzeichen durchkommen.

Ich meldete mich und fragte ohne Umschweife: »Was hat Uplavnik Neues berichtet?«

»Zweierlei, Dr. Mason.« Hillcrest hatte das Mikrofon übernommen, und selbst in der durch den Lautsprecher bedingten Verzerrung klang seine Stimme sonderbar, mit der tonlos beherrschten Gelassenheit eines Menschen, der mühsam seine Wut bezähmt. »Uplavnik hat mit der ›Triton‹ Verbindung gehabt – dem Flugzeugträger, der durch die Davisstraße fährt. Die ›Triton‹ wieder steht in ständiger Verbindung mit der Britischen Admiralität und der Regierung. Zumindest habe ich es so verstanden ... Unsere Fragen werden folgendermaßen beantwortet: Erstens ist die Passagierliste noch nicht aus Amerika eingetroffen, aber aus den Zeitungsberichten geht hervor, daß sich folgende drei Personen an Bord befunden haben: Marie LeGarde, die Operettendiva, Senator Hoffman Brewster aus Washington und eine gewisse Mrs. Phyllis Dansby-Gregg, die in der Londoner Gesellschaft eine große Rolle zu spielen scheint.«

Diese Neuigkeit fand ich nicht besonders aufregend. Marie LeGarde war mir nie verdächtig gewesen. Mrs. Dansby-Gregg – und demzufolge auch Helene Fleming – hatten nie mehr als ein dünnes Fragezeichen hinter ihrem Namen gehabt, und ich war auch längst zu der Überzeugung gelangt, daß der Mann, der sich Brewster nannte, aller Wahrscheinlichkeit nach nicht das geringste mit dem Verbrechen zu tun hatte.

»Zweitens kann oder will die Admiralität nicht sagen, warum

die Maschine zum Landen gezwungen worden ist, aber ich vermute, es muß ein wichtiger Grund vorhanden sein. Uplavnik deutet an – ich weiß nicht, auf welcher Basis, vielleicht handelt es sich um einen offiziellen Wink –, daß eine der an Bord befindlichen Personen etwas sehr Wichtiges bei sich gehabt haben müsse, etwas, das so wichtig ist, daß es um jeden Preis geheimgehalten werden mußte. Fragen Sie mich nicht, was es sein könnte. Ein Mikrofilm, eine Formel, vielleicht etwas, das man nur dem Gedächtnis anvertraut hatte. Es klingt phantastisch, aber andere Vermutungen sind nicht möglich. Ich halte es für wahrscheinlich, daß Oberst Harrison es in seinem Besitz gehabt hat.«

Ich sah Jackstraw an, er sah mich an. Der Mann, der mich vor kurzem bewußtlos geschlagen hatte, mußte sich in einem verzweifelten Zustand befinden. Mir wurde jetzt endgültig klar, daß ich mit verbundenen Augen gegen Leute anzukämpfen hatte, die viel schlauer waren als ich. Sie wußten, daß Joss nicht die geringste Aussicht hatte, den Militärsender zu reparieren, und daß ich also direkt mit Hillcrest gesprochen haben mußte. Und sie wußten auch – weil ich es ihnen mitgeteilt habe –, daß unser Acht-Watt-Gerät selbst unter normalen Bedingungen nur einen Sendebereich von etwa zweihundertfünfzig Kilometern besaß. Es sprach also vieles dafür, daß sich Hillcrest in Wirklichkeit auf der IGJ-Station oder in noch geringerem Abstand von uns befand. Ich hatte ferner bekanntgegeben, daß Hillcrest und seine vier Kollegen erst in zwei bis drei Wochen von ihrer Expedition zurückkehren würden. Ihre vorzeitige Rückkehr ließ sich nur durch ein unvorhergesehenes und ungewöhnliches Ereignis erklären. Es war nicht schwer zu erraten, was für ein Ereignis das gewesen sein mußte. Daraus ergab sich zwangsläufig, daß ich Hillcrest gebeten haben mußte, sich nach den Ursachen der Katastrophe zu erkundigen. Weniger zwangsläufig aber war ein Faktum, das am allerdeutlichsten die Schlauheit der Mörder beleuchtete: Sie vermuteten offenbar, daß sich diejenigen, die über die Hintergründe informiert waren, dagegen sträuben würden, nähere Einzelheiten bekanntzugeben. Und nun hatten sie mir den einzigen Hinweis gestohlen, der mir hätte helfen können, diese Details und damit auch die Täter zu enthüllen. Aber es hatte schon längst keinen Zweck mehr, all die Versäumnisse zu bejammern.

Ich legte den Schalter auf ›Senden‹ um.

»Danke. Aber funken Sie bitte noch einmal Uplavnik an,

betonen Sie, daß es unbedingt nötig sei, die Ursachen der Landung zu erfahren... Wie weit sind Sie jetzt Ihrer Schätzung nach von uns entfernt? Wir haben seit heute mittag nur zwanzig Meilen zurückgelegt. Starke Kälte, Kühlersorgen. Ende.«

»Wir haben seit heute mittag nur acht Meilen bewältigt. Es scheint...«

Ich legte hastig den Schalter um.

»Acht Meilen?« fragte ich schroff. »Habe ich recht gehört? Sagten Sie acht Meilen?«

»Sie haben recht gehört.« Hillcrests Stimme klang wütend. »Erinnern Sie sich an den verschwundenen Zucker? Er ist aufgetaucht. Ihre lieben Freunde haben den ganzen Vorrat ins Benzin geschüttet. Wir sind völlig lahmgelegt.«

Neuntes Kapitel

Mittwoch, 20.00 Uhr – Donnerstag, 16.00 Uhr

Kurz nach neun Uhr abends waren wir wieder unterwegs. Unsere Sorgen lasteten so schwer auf uns wie nur je, und da Mahler nun ernsthaft krank und Marie LeGarde erschreckend geschwächt und erschöpft war, durfte ich nicht länger zögern. Wäre ich von härterem Schlage oder auch nur kein Arzt gewesen, hätte ich mich vielleicht zu der Einsicht gezwungen, daß sowohl LeGarde als auch Theodore Mahler entbehrliche Figuren in einem Spiel seien, bei dem es – davon war ich jetzt überzeugt – um mehr ging als um ein oder zwei Menschenleben. Dann hätte ich vielleicht alle oder zumindest die am stärksten Belasteten mit bewaffneter Hand in Schach halten können, unter Umständen ganze vierundzwanzig Stunden lang, bis Hillcrest erschien. Aber ich brachte es nicht über mich, unsere kranken Passagiere als entbehrliche Figuren zu betrachten. Zweifellos eine Schwäche. Aber ich war fast stolz, sie mit Jackstraw zu teilen, der dasselbe empfand wie ich.

Daß Hillcrest uns mit der Zeit einholen würde, hielt ich für sicher. Die Geschichte mit dem Zucker – ärgerlich biß ich mir auf die Lippen, sooft mir einfiel, daß ich es war, der ihnen von Hillcrests Benzinknappheit erzählt hatte – war ein glänzender

Schachzug gewesen, aber nicht mehr, als ich jetzt von Leuten erwartete, die an alles dachten und sich auf jede nur erdenkliche Weise gegen alle Eventualitäten sicherten. Immerhin war Hillcrest, wenn er auch vor Wut schäumte, der Meinung, er könne die Situation retten. Die große Hütte der Sno-Cat war wie eine richtige Werkstatt mit all den erforderlichen Werkzeugen versehen, um so ziemlich jeder technischen Panne gewachsen zu sein, und sein Fahrer, ein gelernter Mechaniker, hatte bereits den Motor zerlegt und säuberte die Kolben, Zylinderwände und Ventile von den unverbrannten Kohlenniederschlägen, die zu guter Letzt den schweren Traktor lahmgelegt hatten. Die anderen hatten einen provisorischen Destillierapparat zusammengebastelt: eine fast volle Benzinkanne, von der ein dünnes, in Eis gepacktes Rohr zu einem leeren Kanister führte. Benzin, hatte Hillcrest erklärt, hat einen niedrigeren Siedepunkt als Zucker. Wenn man die Kanne erhitzte, mußte das ausströmende Gas, durch das in Eis gehüllte Rohr abgekühlt, als fast reines Benzin hervorströmen.

Finster und bitter waren meine Gedanken, während der Traktor ratterte und schlingerte und sich unter der zunehmenden Schwärze des Himmels, der sich langsam mit Wolken zu überziehen begann, in westsüdwestlicher Richtung weiterbewegte. Dumpfe Niedergeschlagenheit und eine kalte Wut hatten sich meiner bemächtigt, und in meinem Herzen war auch für beides Platz. Ich hatte ein seltsames Vorgefühl drohenden Unheils, und obwohl ich als Arzt wußte, daß das sicher nur eine psychologisch bedingte Reaktion auf die Kälte, die Erschöpfung, die Schlaflosigkeit und den Hunger und eine physisch bedingte Reaktion auf die Kopfverletzung war, vermochte ich es dennoch nicht abzuschütteln. Und ich war wütend, weil ich so hilflos war. Vor allem aber war ich hilflos, weil ich noch immer keine Ahnung hatte, wer die Täter sein mochten.

Zum hundertstenmal ging ich alles durch, woran ich mich erinnern konnte, alles, was geschehen war, alles, was gesagt worden war, und versuchte, aus den Tiefen meines Gedächtnisses eine einzelne Tatsache, ein vereinzeltes Wort heraufzuangeln, das in eine unzweideutige Richtung weisen würde. Aber ich fand nichts.

Von den zehn Passagieren, die Jackstraw und ich bei uns hatten, waren sechs so ziemlich über jeden Verdacht erhaben.

Margaret Ross und Marie LeGarde in erster Linie. Gegen Mrs. Dansby-Gregg und Helene Fleming wäre nur einzuwenden gewesen, daß ich keine absoluten Beweise für ihre Unschuld besaß; aber solche Beweise hielt ich für überflüssig. Amerikanische Soldaten haben ebenso große menschliche Schwächen wie nur irgendwer – besonders Geldgier –, was sich erst jüngst bei einigen Bestechungs- und Korruptionsfällen leider wieder einmal offenbart hatte; trotzdem war der Gedanke, ein Senator könnte in eine so ungeheuerliche Mordgeschichte verwickelt sein, viel zu absurd, als daß man sich genauer mit ihm hätte beschäftigen müssen. Was Mahler betraf, war ich mir darüber im klaren, daß Zuckerkrankheit einen Menschen nicht unbedingt davon abhalten muß, Verbrechen zu begehen. Aber auf jeden Fall machte Mahler mir keine Sorgen. Mich interessierten nur solche Mörder, die jeden Augenblick in der Lage waren, abermals zu morden, und er gehörte ganz bestimmt nicht zu dieser Kategorie. Mahler lag im Sterben.

Es blieben also nur Zagero, Solly Levin, Corazzini und Hochwürden Smallwood zurück. Seine Hochwürden war allzu schön, um *nicht* wahr zu sein. In den letzten Stunden hatte er die Bibel kaum noch aus der Hand gelegt. Von jedem Betrüger darf man erwarten, daß er so und so weit geht, um einen von seiner Echtheit zu überzeugen, aber hier war bereits die Grenze vom Überflüssigen zum Bereich des Lächerlichen überschritten.

Ich hatte meine Verdachtsgründe gegen Corazzini. Als angeblicher Traktorspezialist verstand er erstaunlich wenig von Traktoren, obgleich ich zugeben mußte, daß unser alter Citroën und seine modernen Globals der Zeit nach durch ein Vierteljahrhundert und der Konstruktion nach durch eine Welt voneinander getrennt waren. Aber er war der einzige Fluggast gewesen, den ich auf seinen Beinen vorfand, als ich die Tür zur Passagierkabine öffnete. *Er* hatte mich in der Stationsunterkunft so genau nach Hillcrests Vorhaben gefragt. Wie ich erfahren hatte, war *er* es gewesen, der Jackstraw und Zagero half, das Benzin aus dem Schacht zu holen, und dabei Gelegenheit gehabt hätte, den restlichen Vorrat mit Zucker zu versetzen. Schließlich traute ich ihm jeden Grad von Rücksichtslosigkeit zu. Aber ein bedeutsamer Faktor sprach zu seinen Gunsten: die noch immer bandagierte Hand, die von seinem verzweifelten Bemühen zeugte, das stürzende Funkgerät zu retten.

Weit triftigere Gründe hatte ich, Zagero und Solly Levin der Tat zu verdächtigen. Zagero hatte sich bei Margaret Ross nach dem Zeitpunkt des Abendessens erkundigt: ein sehr belastender Umstand. Solly Levin war dem Funkgerät am nächsten gewesen und hatte die beste Gelegenheit gehabt, den entscheidenden Schaden anzurichten: abermals ein belastender Umstand. Zagero hatte unter anderem auch mit dem Benzin zu tun gehabt. Und was am schwersten ins Gewicht fiel: Zagero hatte nicht mehr Ähnlichkeit mit einem Berufsboxer als Levin mit einem Boxmanager. Ein weiteres Minus auf Zageros Konto: Margaret Ross hatte mir versichert, Corazzini habe seinen Platz im Flugzeug nicht verlassen. Damit war Corazzini natürlich nicht unbedingt reingewaschen; er könnte ohne weiteres einen Komplicen gehabt haben. Aber wer sollte dieser Komplice sein?

Gegen drei Uhr morgens, immer noch dem Wimpfelpfad folgend, der sich endlos vor uns durch die lange Lichtbahn der Scheinwerfer hinzog, spürten wir, wie der Traktor seine Fahrt verlangsamte und Jackstraw, der gerade am Steuer saß, einen anderen Gang einlegte. Wir hatten nun den ersten sanften Anstieg zu der gewundenen Paßhöhe erreicht, welche die Vindeby-Nunataks fast genau in zwei Hälften teilt. Wir hätten die Hügelkette umgehen können, aber das würde uns einen ganzen Tag, vielleicht sogar zwei Tage gekostet haben, und da die fünfzehn Kilometer lange Strecke durch das Bergland deutlich markiert war, wäre es von vornherein zwecklos gewesen, einen Umweg zu machen.

Zwei Stunden später, als es merklich steiler bergan ging, begannen die Raupenketten des Traktors zu rutschen und sich auf dem gefrorenen Schnee zu drehen. Wir verfrachteten fast das gesamte Benzin und Gerät, das wir auf dem Schlitten mitführten, ins Innere des Traktors und erzielten dadurch eine genügend starke Belastung, um die Räder fest an den Boden zu drücken. Trotzdem kamen wir nur langsam und mit Mühe vorwärts. Um es überhaupt zu schaffen, mußten wir einen weitausholenden Zickzackkurs steuern, und wir brauchten über eine Stunde, um die letzten zwei Kilometer vor der Paßhöhe zu bewältigen. Dort machten wir halt, kurz nach sieben Uhr morgens.

Während das Frühstück zubereitet wurde, sah ich nach Mahler und Marie LeGarde. Die ständige Temperaturzunahme – das Thermometer zeigte jetzt kaum noch minus fünfunddreißig Grad

– hatte beiden nichts genützt. Marie LeGarde sah aus, als hätte sie seit Wochen nichts gegessen; ihr Gesicht, von Wunden und Frostbeulen entstellt, war erschreckend eingefallen und abgezehrt, und die früher so hellfunkelnden Augen waren glanzlos, verquollen und blutunterlaufen. Seit zehn Stunden hatte sie kein Wort mehr geäußert, sondern saß nur noch da und stierte bibbernd vor sich hin. Theodore Mahler schien sich in einem besseren Zustand zu befinden als sie, aber ich wußte, auch bei ihm war es eine Frage von Stunden, bis er die Waffen streckte.

Um acht Uhr gingen Jackstraw und ich auf den Hang hinaus und setzten uns wieder mit Hillcrest in Verbindung. Mir fiel das Herz in die Hosen, als ich die Hiobsbotschaft vernahm, daß sie in den letzten zwölf Stunden kaum ein paar Kilometer weiter gekommen waren. Anscheinend war es in dieser bitteren Kälte – dort, wo sie sich befanden, lag die Temperatur um volle fünfzehn Grad tiefer als bei uns – eine zermürbend langsame Arbeit, den Behälter mit fünfunddreißig Litern Benzin bis zum Siedepunkt zu erhitzen, auch wenn man Öfen, Lötlampen und alle verfügbaren Mittel zu Hilfe nahm, und die Sno-Cat schluckte in einer Minute so viel reinen Brennstoff, wie man in der dreißigfachen Zeit destillieren konnte. Darüber hinaus gab es nichts Neues. Uplavnik, mit dem man sich vor knapp einer Stunde in Verbindung gesetzt hatte, wußte nichts mitzuteilen.

Wortlos packten Jackstraw und ich unsere Ausrüstung ein und kehrten zu der Traktorhütte zurück. Jackstraw fast unwandelbarer Eskimofrohsinn war auf einem Tiefpunkt angelangt, wie ich ihn bei ihm noch nie erlebt hatte. Selten sagte er ein Wort, und noch seltener lächelte er. Was mich betraf, so gab ich jede Hoffnung auf.

Um elf Uhr setzten wir den Motor wieder in Gang und fuhren geradenwegs auf den Paß zu. Ich steuerte; ich war als einziger auf dem Traktor zurückgeblieben. Mahler und Marie LeGarde, unter einem Kleiderberg begraben, fuhren auf dem Hundeschlitten, während die anderen zu Fuß gingen. Der Traktor war breit, die Fährte schmal, zuweilen nach vorn und den Seiten hin abschüssig. Wäre er in den gähnenden Abgrund, der nebenherlief, abgerutscht, hätte niemand in der Traktorhütte auch nur die geringste Chance des Entrinnens gehabt.

Der erste Teil bot wenig Schwierigkeiten. Zu Mittag hatten wir mehr als die Hälfte bezwungen und soeben die schmalste und gefährlichste Stelle erreicht, da kam Corazzini neben dem Traktor angelaufen und winkte mir zu, ich möchte halten. Wahrscheinlich hatte er mir auch etwas zugerufen, aber in dem Motorlärm konnte ich es nicht hören – und natürlich hatte ich auch nichts sehen können, weil sie alle hinter mir gewesen waren und die Breite der Karosserie meinen Rückspiegel unbrauchbar machte.

»Ein Unglück, Doktor!« sagte er hastig, sowie der Motor verstummt war. »Jemand ist abgerutscht. Kommen Sie! Schnell!«

»Wer?« Ich sprang hinunter und vergaß die Pistole, die ich immer in der Führerhütte bei mir hatte, um am Steuer gegen eine Überrumpelung gesichert zu sein. »Wie ist es denn passiert?«

»Die junge Deutsche.« Seite an Seite liefen wir um die Ecke des Traktors zu der kleinen Gruppe hin, die etwa vierzig Meter weiter hinten an der Kante des Abgrunds stand. »Ausgerutscht – gestürzt – ich weiß es nicht. Ihr Freund ist hinterhergeklettert.«

»Hinterher?« Ich wußte, daß diese Spalte so gut wie bodenlos war. »Du lieber Gott!«

Ich schob Brewster und Levin zur Seite, spähte behutsam über den Rand in die blaugrüne Tiefe hinunter, schnappte dann hastig nach Luft. Rechts von mir erstreckten sich die schimmernden Wände der Schlucht hinab in unergründliche Finsternis und wölbten sich zu einer riesigen Höhle, deren Ausmaße ich gar nicht erst zu erraten versuchte. Links, unmittelbar unter mir, in einer Tiefe von etwa sieben Metern, waren die beiden Seitenwände durch eine vielleicht fünf Meter lange Schnee- und Eisbrücke miteinander verbunden, eine der vielen Brücken, welche die Spalte ihrer ganzen Länge nach durchzogen. Jackstraw stand dort unten, dicht in einen Winkel gedrückt, und hielt die offenbar völlig betäubte Helene im rechten Arm.

Es war nicht schwer, sich Jackstraws Handeln zu erklären. Normalerweise war er ein viel zu vorsichtiger Mensch, um sich ohne Seil in die Nähe einer Gletscherspalte zu wagen, und sicherlich viel zu erfahren, um sich auf eine tückische Schneebrücke zu verlassen. Aber als Helene über die Kante fiel, muß sie plump gestürzt sein – sehr wahrscheinlich in dem instinktiven Bemühen, das gebrochene Schlüsselbein zu schützen –, und als sie sich aufrichtete, war sie so verwirrt, daß Jackstraw das nahezu selbstmörderische Risiko auf sich nahm, hinterherzuspringen, um zu verhindern, daß sie über den Rand der Schneebrücke taumelte. Selbst in diesem Augenblick fragte ich mich, ob ich selber den Mut dazu gehabt hätte. Wohl kaum.

»Sind Sie verletzt?« rief ich hinunter.

»Ich glaube, ich habe mir den linken Arm gebrochen«, erwiderte Jackstraw im Gesprächston. »Bitte, machen Sie schnell, Dr. Mason. Diese Brücke ist morsch; ich spüre, wie sie nachgibt.«

Der Arm gebrochen und die Brücke morsch – und ich sah tatsächlich bereits Eis- und Schneebrocken sich von der unteren Seite der Wölbung lösen, auf der er stand. Die sachliche Trockenheit seines Tonfalls war aufrüttelnder als ein wilder Hilfeschrei. Im Moment jedoch war ich von blinder Panik befallen, die jedes Gefühl erstickte und auch jeden klaren Gedanken.

Ich eilte zum Schlitten zurück. Wie sollte man den Mann sichern, der hinuntergelassen wird? Da der Rand des Abgrunds und die dahinterliegende Klippe nur knapp drei Meter voneinander entfernt waren, konnten sich nicht mehr als drei Mann ans Seil klammern, und wenn dann vielleicht zwei Personen am anderen Ende hingen, wie sollten diese drei auf dem vereisten Schnee genügend festen Fuß fassen, um nicht abzurutschen, geschweige denn die beiden hochzuziehen? Sie würden selber über die Kante gerissen werden.

Ich stolperte buchstäblich über die Lösung: die vier schweren, hölzernen Brückenplanken, die am rückwärtigen Ende des Schlittens herausragten! Mein Gott, ich mußte verrückt gewesen sein, daß ich nicht sofort an sie gedacht hatte! Ich griff nach einer Rolle Nylonseil, zog eine der Planken hervor – Zagero stand bereits neben mir und zerrte an einer zweiten – und lief dann, so schnell ich konnte, zur Unfallstelle zurück. Die drei Zoll dicke, vier Meter lange Planke muß über fünfzig Kilo gewogen haben, aber so groß ist die übermenschliche Kraft, die uns in den Augenblicken verzweifelter Not geschenkt wird, daß ich sie mühelos durch die Luft schwenkte und im Nu quer über die Spalte gelegt hatte, unmittelbar über den Köpfen Jackstraws und Helenes – so schnell und präzis, als hätte es sich um ein bloß zentimeterstarkes Brett gehandelt. Wenige Sekunden später hatte Zagero eine zweite Planke neben die meine placiert. Ich zog Pelzhandschuhe und Fäustlinge aus, knotete eine Doppelschleife an das eine Ende des Nylonseils, schob beide Beine durch die Schleifen, schlang das Seil hastig um die Mitte, rief nach einem zweiten Seil, kroch hinaus und befestigte mein eigenes an den beiden Planken – mit etwa sieben Meter Spielraum. Griff um Griff ließ ich mich hinunter, bis ich neben Jackstraw und Helene stand.

Kaum berührte ich die Schneebrücke, da fühlte ich sie unter meinen Füßen schwanken, aber ich hatte keine Zeit, darüber nachzudenken. Ein zweites Seil schlängelte sich über die Kante herab. Binnen Sekunden hatte ich es um Helenes Mitte geknotet, so fest, daß ich sie vor Schmerzen aufstöhnen hörte. Aber jetzt durfte ich nichts riskieren. Und wer immer dort oben das andere Ende des Seiles festhalten mochte, er bewegte sich ebenso flink wie ich, denn das Seil straffte sich, kaum daß ich den Knoten fertiggeknüpft hatte.

Später erfuhr ich, daß Helene ihr Leben der Gedankenschnelle Theodore Mahlers verdankte. Der Hundeschlitten, der ihn und Marie LeGarde beförderte, hatte unmittelbar an der Stelle gehalten, wo Helene abgestürzt war, und Mahler hatte Brewster und Margaret Ross zugerufen, sie möchten sich auf den Schlitten setzen und das Seil durch die Nuten an den oberen Kanten ziehen. Es war ein Wagnis, aber es glückte: Selbst auf dieser schlüpfrigen Fläche genügte ihr gemeinsames Gewicht mehr als reichlich, um die schmächtige Helene festzuhalten.

Nun aber beging ich einen Fehler – den zweiten Fehler an diesem Nachmittag, obwohl es mir im Augenblick nicht zu Bewußtsein kam. Um denen dort oben zu helfen, bückte ich mich und stemmte Helene hoch, doch der plötzlich erhöhte Druck erwies sich als zu stark für die bereits zerbröckelnde Brücke. Ich hörte das unheimliche Grollen, fühlte den Schnee unter meinen Füßen weichen, ließ Helene los – sie schwebte bereits in der Luft –, packte Jackstraw beim Arm und sprang auf die andere Seite der Brücke hinüber, Sekunden, bevor die Stelle, auf der wir gestanden hatten, mit einem dumpfen Krachen und wie eine Kaskade in die finsteren Tiefen des Abgrunds stürzte. Am gestrafften Seil schlug ich gegen das Eis der gegenüberliegenden Wand, schlang beide Arme fest um Jackstraw – ich hörte seinen gedämpften Schmerzensschrei und mir fiel zum erstenmal ein, daß er ja verletzt war – und fragte mich, wie lange ich ihn würde festhalten können, wenn erst einmal auch dieses Brückenende einstürzte, was unvermeidlich war, da es an der anderen Seite keine Stütze mehr hatte. Wie durch ein Wunder aber hielt es vorläufig stand.

Beide drückten wir uns fest an das Eis an, regungslos, wagten kaum zu atmen. Da hörte ich plötzlich von oben her einen jähen Schrei. Er kam aus Helenes Mund; sie mußte mit der verletzten Schulter angestoßen sein, als sie über die Kante der Schlucht gezogen wurde. Meinen Blick aber fesselte nicht Helene, sondern Corazzini. Er stand dicht am Rand und hielt meine Pistole in der Hand.

Nie in meinem Leben hatte ich solche Gewissensbisse, eine so tiefe Verzweiflung, eine solche Bitterkeit empfunden – oder, um ganz ehrlich zu sein, eine solche Angst. Das eine, vor dem ich immerzu auf der Hut gewesen war, das eine, das ich vor allem gefürchtet hatte, daß Jackstraw und ich beide gleichzeitig den Mördern auf Gnade und Ungnade ausgeliefert sein würden, war eingetroffen. Aber in meine Angst mischte sich wilder Zorn: gegen den Mann, der das alles so großartig inszeniert hatte, gegen mich selber, weil ich mich hatte hereinlegen lassen.

Selbst ein Kind hätte begreifen können, wie es arrangiert worden war. Die verschiedenen Schneebrücken hatten Corazzini auf diese Idee gebracht. Ein kleiner Stoß in Helene Flemings Seite an der richtigen Stelle – selbstverständlich war es kein Unfall gewesen –, und man durfte Gift darauf nehmen, daß Jackstraw oder ich gezwungen wären, sofort hinunterzuklettern und sein Seil um das junge Mädchen zu knoten, die mit ihrem gebrochenen Schlüsselbein nicht imstande sein würde, das selber zu tun. Freilich muß Corazzini auch mit der Möglichkeit gerechnet haben, daß sie glatt durch die Schneebrücke durchkrachte, aber ein Mann mit seinem Mordregister dürfte sich darum wohl nicht sonderlich scheren. Ärger über den mißglückten Plan wäre wahrscheinlich seine einzige Reaktion gewesen. So aber hatte ich ihm vollkommener in die Hände gespielt, als er es je erhofft haben konnte.

Mit ausgedörrtem Mund, während mir der Schweiß in den geballten Fäusten ausbrach und das Herz in der Brust wie ein Hammer schlug, überlegte ich mir verzweifelt, auf welche Weise er uns wohl den Gnadenstoß versetzen werde, da sah ich Hochwürden Smallwood mit ausgestreckten Armen auf ihn zugehen und etwas sagen, das ich nicht hören konnte. Es war eine tapfere Geste des kleinen, braven Pfarrers, aber ganz hoffnungslos. Ich sah, wie Corazzini die Pistole in die linke Hand nahm und Smallwood mit dem Handrücken einen heftigen Schlag ins Gesicht versetzte. Das Geräusch, mit dem ein Körper aufs Eis hinplumpste, war unverkennbar. Dann scheuchte Corazzini die übrigen mit vorgehaltener Pistole zurück und näherte sich den Holzplanken, die über der Spalte lagen. Nun glaubte ich mit dumpfer Gewißheit zu wissen, auf welche Weise er uns loszuwerden gedachte. Warum zwei Patronen verschwenden, wenn er nichts weiter zu tun brauchte, als die Enden der Planken über den Rand zu stoßen?

Im gleichen Augenblick fiel von oben ein Seil herab und schlug mir gegen die Schulter. Ich sah Corazzini lächelnd zu mir herabblicken.

»Habt ihr zwei beide die Absicht, den ganzen Tag dort unten zu bleiben? Kommt doch 'rauf!«

Es wäre nutzlos, das Durcheinander von Gedanken und Regungen schildern zu wollen, das mir durch den Kopf wirbelte in den neunzig Sekunden, welche verstrichen, bis Jackstraw und ich wieder in unfaßbarer Geborgenheit oben auf dem Pfad standen. Sie reichten von wilder Hoffnung über Verdutztheit und jähe Erleichterung zu der Überzeugung, Corazzini spiele mit uns Katze und Maus, und nicht ein einziger Gedanke blieb mir länger als ein paar Sekunden hintereinander im Gehirn haften. Auch als ich in Sicherheit war, wußte ich noch immer nicht, was ich denken sollte. Das überwältigende Gefühl der Erleichterung und Freude löschte alles andere aus. Ich zitterte heftig. Obwohl Corazzini es sehen mußte, tat er so, als merke er nichts. Er trat vor und reichte mir die Beretta mit dem Kolben zuerst.

»Sie gehen sehr unachtsam mit Ihrem Arsenal um, Doktor. Seit langem schon weiß ich, wo Sie die Pistole verstaut hatten. Aber ich glaube, in diesen letzten paar Minuten ist sie uns recht nützlich gewesen.«

»Aber... aber warum...?«

»Weil auf mich in Glasgow ein verdammt schöner Posten und der Schreibtisch eines Generaldirektors warten«, erwiderte er schroff. »Ich wäre dankbar, wenn ich eines Tages Gelegenheit hätte, an diesem Schreibtisch zu sitzen.« Wortlos drehte er sich um.

Ich wußte sehr gut, was er meinte. Ich wußte, daß wir ihm unser Leben verdankten. Corazzini war genauso wie ich überzeugt, jemand habe die ganze Sache inszeniert. Es bedurfte keiner langwierigen Überlegung, um zu erraten, wer dieser Jemand sei.

Mein erster Gedanke galt Jackstraw. Jackstraws gebrochener

Arm würde mir alles bedeutend erschweren, ja, vielleicht sogar alles vereiteln. Aber als ich ihm die Parka abgestreift hatte, brauchte ich nur einen flüchtigen Blick auf den unnatürlich verkrümmten linken Arm zu werfen, um zu wissen, daß Jackstraw zwar allen Grund gehabt hatte, sich einzubilden, der Arm sei gebrochen, daß er jedoch in Wirklichkeit nur am Ellbogen ausgerenkt war. Er muckste nicht, und seine Miene blieb völlig ausdruckslos, während ich den Knochen in die Gelenkhöhle zurückdrückte, aber das breite, blasse Lächeln, das kurz darauf sein Gesicht verzog, war ein hinreichender Beweis für seine Gefühle.

Ich ging zu Helene Fleming hin, die auf dem Schlitten saß, noch immer vor Aufregung zitternd. Mrs. Dansby-Gregg und Margaret Ross bemühten sich auf jede Weise, sie zu beruhigen. Mir schoß der boshafte Gedanke durch den Kopf, es sei wahrscheinlich das erstemal, daß Mrs. Dansby-Gregg bemüht war, einen Menschen zu trösten, aber ich schämte mich sogleich.

»Das wäre beinahe schiefgegangen, meine liebe junge Dame«, sagte ich zu Helene in möglichst gleichmütigen Ton. »Aber – Ende gut, alles gut... Keine weiteren Knochenbrüche?« Es sollte scherzhaft klingen, war aber nicht sehr überzeugend.

»Nein, Dr. Mason.« Sie stieß einen langen, schaudernden Seufzer aus. »Ich weiß nicht, wie ich Ihnen und Mr. Nielsen danken soll...«

»Gar nicht«, erwiderte ich. »Wer hat Sie hinuntergestoßen?«

»Wie?« Sie sah mich groß an.

»Sie haben es doch gehört, Helene. Wer war es?«

»Ja – ich wurde gestoßen«, murmelte sie widerstrebend. »Aber es war ein Zufall... ich weiß, daß es ein Zufall war.«

»Wer?« fragte ich hartnäckig.

»Ich war es«, warf Solly Levin ein. Nervös rieb er seine Hände. »Wie die junge Dame sagt, Doktor – es war ein Zufall. Ich muß gestolpert sein. Jemand trat mir in die Hacken und...«

»Wer ist Ihnen in die Hacken getreten?« Ich gab mir keine Mühe, den Zweifel in meiner Stimme zu verbergen.

»Das ist ja zum Schreien! Warum sollte ich denn so etwas machen?«

»Das müssen *Sie* mir verraten«, sagte ich, wandte mich ab und überließ es ihm, hinter mir herzuglotzen. Zagero vertrat mir den Weg, aber ich schob ihn grob beiseite und näherte mich dem Traktor. Auf dem Schlitten sah ich Seine Hochwürden sitzen und den blutenden Mund betupfen. Corazzini entschuldigte sich bei ihm:

»Es tut mir leid, Hochwürden, wirklich und ehrlich. Ich habe Sie keinen Augenblick lang für einen der Mörder gehalten, aber ich durfte nicht das geringste Risiko eingehen. Hoffentlich verstehen Sie das, Mr. Smallwood?«

Mr. Smallwood verstand, und als echter Christ gewährte er Vergebung. Ich aber wartete das Ende dieses Gesprächs nicht ab. Ich wollte die Vindeby-Nunataks hinter mich bekommen, und zwar mit möglichst geringem Zeitverlust, am liebsten noch vor dem Dunkelwerden.

Noch bevor der letzte Schimmer des Mittagszwielichts vom Himmel verschwunden war, hatten wir ohne weitere Zwischenfälle die Paßhöhe überschritten und den langgestreckten, fast unmerklich abfallenden Hang erreicht, der tausend Meter tief zu den eisfreien Felsen der grönländischen Küste hinunterführt. Ich brachte den Traktor zum Stehen, wechselte einige Worte mit Jackstraw, ersuchte Margaret Ross, etwas Corned beef für unser verspätetes Mittagessen aufzutauen, und sah eben nach dem bereits halb bewußtlosen Mahler und nach Marie LeGarde, die beide wieder geborgen in der Traktorhütte untergebracht waren, da kam Margaret Ross mit einem besorgen Ausdruck in den braunen Augen zu mir.

»Die Büchsen, Dr. Mason – das Corned beef. Ich kann sie nicht finden.«

»Was? Sie müssen doch dasein, Margaret.« Zum erstenmal hatte ich sie bei ihrem Vornamen genannt, aber meine Gedanken waren ausschließlich mit etwas anderem beschäftigt, und erst, als ich das leichte Lächeln über ihre Lippen huschen sah, merkte ich, was ich gesagt hatte. Ich bereute es nicht, es hatte sich gelohnt, denn jetzt hatte ich sie das erstemal lächeln sehen, und dieses Lächeln verwandelte ihr recht unscheinbares Gesicht. Aber ich sagte meinem Herzen, für Purzelbäume sei das nun weder die richtige Zeit noch der richtige Ort.

Wir suchten, und wir fanden nichts. Die Büchsen waren wirklich verschwunden. Das war der Vorwand, die Gelegenheit, auf die ich gewartet hatte, Jackstraw stand neben mir, sah mich sonderbar an, während wir uns über den Schlitten beugten, und ich nickte. »Hinter ihm«, murmelte ich.

Ich kehrte zu den anderen zurück, die an der Rückseite des

Traktors versammelt waren, und wählte einen Standplatz, von dem aus ich sie alle beobachten konnte.

»Also«, begann ich, »ihr habt gehört, was passiert ist. Unsere letzten Konserven sind verschwunden. Sie sind nicht im blauen Dunst aufgegangen. Jemand hat sie gestohlen. Dieser Jemand wird gut daran tun, es zuzugeben, denn ich werde auf jeden Fall dahinterkommen.«

Tiefe Stille, die nur ab und zu durch das unruhige Gebaren der angebundenen Hunde gestört wurde. Niemand sagte ein Wort, niemand sah auch nur den Nebenmann an. Die Stille wollte kein Ende nehmen, und dann fuhren sie alle mit einem Schlag herum, erschreckt durch ein hartes metallisches Schnappgeräusch in ihrem Rücken. Jackstraw hatte den Hahn seiner Flinte gespannt, und ich sah, wie Zageros Schultern sich strafften, als er merkte, daß der Lauf auf seinen Kopf gerichtet war.

»Das ist kein Zufall, Zagero«, sagte ich schroff. Als er sich umdrehte, hatte ich meine Pistole gezückt. »Die Flinte zielt richtig. Holen Sie Ihren Koffer.«

Er holte den Koffer und warf ihn mir vor die Füße.

»Aufmachen«, befahl ich kurz.

»Er ist zugeschlossen.«

»Schließen Sie ihn auf.«

Ausdruckslos sah er mich an, durchsuchte dann seine Taschen. Schließlich hörte er damit auf und sagte: »Ich kann den Schlüssel nicht finden.«

»Das habe ich auch nicht anders erwartet. Jackstraw...« Dann besann ich mich. Eine Waffe genügte nicht, um einen Mörder vom Schlage Zageros in Schach zu halten. Ich sah mich um und traf meine Wahl. »Mr. Smallwood, vielleicht würden Sie...«

»Nein, danke«, erwiderte er hastig. Er drückte noch immer sein Taschentuch an den geschwollenen Mund und lächelte schief. »Noch nie ist mir so klargeworden, wie sehr ich im Grund meiner Seele ein Mann des Friedens bin, Dr. Mason. Vielleicht könnte Mr. Corazzini...«

Ich sah Corazzini an. Gleichzeitig zuckte er die Achseln. Ich konnte seinen Mangel an Begeisterung verstehen. Er mußte gewußt haben, daß er bis vor kurzem ganz oben auf meiner Liste gestanden hatte. Ein gewisses Zartgefühl mochte ihn daran hindern, sich allzuschnell vorzudrängen. Aber Zartgefühl war hier ganz und gar nicht am Platz. Ich nickte, und er machte sich über Zagero her.

Er übersah nichts, aber er fand auch nichts. Nach zwei Minuten trat er zurück und schaute erst mich und dann nachdenklich Solly Levin an. Wieder nickte ich, und wieder begann er zu suchen. Nach zehn Sekunden brachte er einen Schlüsselring zum Vorschein und hielt ihn hoch.

»Das ist ein Schwindel!« schrie Levin schrill. »Man hat sie mir in die Tasche geschmuggelt! Corazzini muß sie geklaut und mir zugesteckt haben. Ich habe nie Schlüssel gehabt...«

»Ruhe!« befahl ich in verächtlichem Ton. »Sind das Ihre Schlüssel, Zagero?«

Er nickte wortlos.

»Schön, Corazzini. Nun wollen wir sehen, was wir finden können.«

Der zweite Schlüssel paßte zu dem weichen Lederkoffer. Corazzini griff unter die Kleidungsstücke, die obenauf lagen, und holte die drei Cornedbeefbüchsen hervor.

»Besten Dank«, sagte ich. »Die eiserne Ration unseres Freundes für seinen geplanten Aufbruch. Miß Ross, unser Mittagessen... Sagen Sie mir, Zagero, können Sie einen Grund ersinnen, warum ich Sie nicht auf der Stelle niederschießen sollte?«

»Seit ich Sie getroffen habe, Doktor, haben Sie nur lauter Fehler gemacht«, erwiderte Zagero langsam. »Aber, Mann, das ist jetzt Ihr allerschlimmster Bock. Glauben Sie, ich wäre ein so gottverlassener Idiot, mich selber auf diese Weise zu belasten? Glauben Sie, ich wäre so obernaiv...«

»Ich glaube, daß Sie mich absichtlich auf diesen Gedanken hinlenken wollten«, sagte ich entschlossen. »Aber ich lerne immer mehr zu, immer mehr. Noch eine Aufgabe. Corazzini, wenn Sie so freundlich sein wollen. Fesseln Sie ihnen die Füße.«

»Was haben Sie vor?« fragte Zagero mit zusammengebissenen Zähnen.

»Seien Sie unbesorgt. Der Henker wird seinen Lohn kassieren. Von nun an sitzen Sie und Levin mit gefesselten Füßen vorn auf dem Traktorschlitten – ständig von einer Waffe bedroht... Was denn, Miß LeGarde?«

»Sind Sie Ihrer Sache sicher, Peter?« Zum erstenmal seit Stunden machte sie wieder den Mund auf, und ich sah, daß selbst diese kleine Anstrengung über ihre Kräfte ging. »Er sieht mir nicht wie ein Mörder aus.« Ihr Ton spiegelte genau die Bestürzung und den entsetzten Zweifel wider, die auf einem halben Dutzend Gesichter lagen; Zagero hatte keine Mühe gespart, sich überall beliebt zu machen.

»Sieht jemand anders so aus?« fragte ich. »Die wirklich tüchtigen Mörder sehen nie so aus.« Dann erklärte ich ihr und den anderen, was ich festgestellt und erfahren hatte und in welcher Richtung sich mein Verdacht bewegte. Sie waren erschüttert, besonders durch den Umstand, daß Hillcrest zu einem gewissen Zeitpunkt gar nicht mehr weit von uns entfernt gewesen war, jemand aber Zucker ins Benzin geschüttet hatte. Als ich fertig war, zweifelten sie ebensowenig wie ich an Zageros Schuld.

Zwei Stunden später, ziemlich weit unterhalb der Paßhöhe, machte ich halt und stellte das Funkgerät auf. Meiner Schätzung nach waren wir jetzt nur noch etwa hundertundfünfzig Kilometer von der Küste entfernt. Eine halbe Stunde lang versuchte ich den Stützpunkt in Uplavnik zu erreichen. Es gelang uns nicht, aber ich hatte auch nicht mit einem Erfolg gerechnet.

Um Punkt vier erreichte ich Hillcrest. Diesmal hatte ich mir nicht die Mühe gemacht, das Gerät außer Hörweite zu schaffen – ich lehnte mich sogar beim Sprechen an die Karosserie des Traktors an –, und jedes Wort, das von mir oder Hillcrest geäußert wurde, war deutlich zu vernehmen. Doch das spielte jetzt keine Rolle mehr.

Zuallererst natürlich teilte ich ihm mit, daß wir die Burschen geschnappt hätten. Dabei kam mir meine Stimme seltsam saft- und kraftlos vor. Ich hätte doch eigentlich froh und glücklich sein müssen, aber es lag daran, daß ich in den letzten paar Tagen körperlich und seelisch viel zuviel durchgemacht hatte: Wie eine erstickende Decke lastete die Erschöpfung auf mir, die Reaktion auf die Aufregungen der letzten Zeit begann einzusetzen, ich glaubte zu wissen, daß wir noch lange nicht über den Berg waren, mich beschäftigte nun vor allem die Sorge um Mahlers und Marie LeGardes Leben, und, um ganz ehrlich zu sein, ich empfand auch eine gewisse Enttäuschung, weil ich an Zagero ziemlich großen Gefallen gefunden hatte und die Entlarvung seines wahren Charakters für mich ein schlimmerer Schlag gewesen war, als ich hätte zugeben wollen.

Hillcrests Reaktionen ließen, das muß ich zugeben, nichts zu wünschen übrig, aber als ich ihn fragte, wie er vorankomme, verschwand die Begeisterung aus seiner Stimme. Offenbar saßen sie noch immer fest und machten nur geringe Fortschritte. Sie hätten noch nichts erfahren können, weder was für Passagiere auf der Liste gestanden hätte noch was die Maschine denn so Wichtiges mitgeführt habe. Der Flugzeugträger ›Triton‹ habe Insulin an Bord und lasse es nach Uplavnik fliegen. Ein Landungsboot sei durch eine Eisrinne nach Uplavnik unterwegs und werde morgen dort ankommen und einen Traktor ausladen, der uns dann sofort entgegenfahre. Zwei Kufenflugzeuge und zwei Suchbomber hätten nach uns Ausschau gehalten, uns aber nicht finden können. Wahrscheinlich seien wir gerade dabei gewesen, die Vindeby-Nunataks zu überschreiten ... Seine Stimme brabbelte weiter, aber ich nahm nicht mehr auf, was er sagte. Mir war plötzlich etwas eingefallen, das mir hätte schon längst einfallen müssen.

»Einen Augenblick, rief ich ins Mikrofon. »Mir ist eine Idee gekommen.«

Ich kletterte in die Traktorhütte und rüttelte Mahler. Zum Glück schlummerte er nur. Nach seinem Aussehen zu schließen, hätte ich schon vor einigen Stunden den Kollaps als unmittelbar bevorstehend betrachtet.

»Mr. Mahler«, sagte ich hastig. »Sie haben mir erzählt, daß Sie bei einer Ölfirma angestellt waren.«

»Richtig.« Erstaunt sah er mich an. »Bei der Socony Mobil Oil Company in New Jersey.«

»In welcher Eigenschaft?« Er hätte hunderterlei Aufgaben haben können, die mir gar nichts genützt hätten.

»Als Chemiker im Forschungslaboratorium. Warum?«

Erleichtert atmete ich auf und erklärte es ihm. Nachdem ich ihm von Hillcrests Lösung erzählt hatte – das Benzin zu destillieren –, fragte ich ihn, was er davon halte.

»Auch keine schlechte Methode, Selbstmord zu begehen«, antwortete er grimmig. »Was hat er vor? Sich auf den Mond zu schießen? Die Kanne, die er erhitzt, braucht nur eine einzige schadhafte Stelle zu haben ... Außerdem ist der Verdunstungsbereich des Benzins so groß – von dreißig Grad Celsius bis zur doppelten Temperatur kochenden Wassers –, daß er wahrscheinlich einen ganzen Tag brauchen wird, um so viel zu erhalten, daß er ein Feuerzeug damit füllen kann.«

»Das scheint mir mehr oder weniger der eigentliche Haken zu sein«, sagte ich zustimmend. »Läßt sich gar nichts machen?«

»Nur eines: das Benzin waschen. Wie groß sind die Behälter?«

»Sie enthalten je fünfundvierzig Liter.«

»Er soll zehn Liter ausgießen und durch Wasser ersetzen. Gut umrühren, zehn Minuten stehenlassen und dann die obersten dreißig Liter abheben. Das Benzin wird annähernd rein sein.«

»So einfach?« rief ich ungläubig aus. Ich dachte daran, daß Hillcrest eine halbe Stunde gebraucht hatte, um eine Tasse voll zu destillieren. »Ist das sicher, Mr. Mahler?«

»Es müßte gehen«, erwiderte er.

»Wenn ich den Nobelpreis zu vergeben hätte, würden Sie ihn sofort erhalten, Mr. Mahler.« Ich stand auf. »Falls Sie noch etwas vorzuschlagen haben, lassen Sie es mich bitte wissen.«

»Einen Vorschlag habe ich.« Er lächelte, konnte aber kaum noch Atem schöpfen. »Ihr Freund wird viel Zeit brauchen, um das Schmelzwasser zu erhalten, mit dem er das Benzin waschen soll.« Er deutete mit einem Kopfnicken auf den Schlitten, der durch den Spalt in der Plane sichtbar war. »Wir haben offenbar viel zuviel Brennstoff mit. Warum werfen Sie nicht einen Teil für Captain Hillcrest ab – ja, warum haben Sie das nicht schon gestern nacht gemacht, als Sie davon erfuhren?«

Ich starrte ihn lange an, wandte mich dann mit hängenden Schultern der Tür zu. »Ich werde Ihnen sagen, warum, Mr. Mahler«, erwiderte ich langsam. »Weil ich der größte Hornochse auf Gottes Erdboden bin. Darum.«

Und ich ging hinaus, um Hillcrest mitzuteilen, wie dumm ich gewesen war.

Zehntes Kapitel

Donnerstag, 16.00 Uhr – Freitag, 18 Uhr

Jackstraw, Corazzini und ich lösten einander am Steuer ab – den ganzen Abend und die ganze Nacht hindurch. Der Motor begann zu holpern, der Auspuff entwickelte einen besonderen Ton, und es wurde immer schwieriger, den zweiten Gang einzulegen. Aber ich konnte nicht haltmachen, ich wagte nicht haltzumachen. Von unserem Tempo hingen nun Menschenleben ab.

Kurz nach neun Uhr abends hatte Mahler seinen Kollaps bekommen und war dann allmählich in das echte diabetische Koma versunken. Ich hatte getan, was ich konnte, alles, was menschenmöglich war, aber das war bei Gott recht wenig. Ihm fehlten ein Bett, Wärme, Flüssigkeiten, Stimulansmittel, Zucker oral oder injiziert. Wenn wir nicht rechtzeitig Insulin in die Hände bekamen, konnte keine Macht auf Erden verhindern, daß in einem Zeitraum von ein bis drei Tagen der Tod eintrat. Und unter den jetzigen ungünstigen Bedingungen würde es wahrscheinlich nur einen Tag dauern.

Auch Marie LeGardes Kräfte nahmen mit erschreckender Schnelligkeit ab. Es fiel ihr immer schwerer, auch nur den kleinsten Bissen hinunterzuwürgen. Die meiste Zeit verbrachte sie in unruhigem und gestörtem Schlummer. Nachdem ich sie auf der Bühne gesehen und ihre prachtvolle Vitalität bewundert hatte, fand ich es jetzt sonderbar, daß sie so schnell den Strapazen erlag. Aber ihre Vitalität war eigentlich nur der Ausfluß nervöser Energie gewesen. Sie besaß nicht genug physische Reserven, um einer solchen Situation gewachsen zu sein, und ich mußte mich oft daran erinnern, daß sie eine alte Frau war. Freilich brauchte man nur ihr Gesicht anzuschauen. Es war hager, zerfurcht, greisenhaft.

Mir machten meine Patienten Sorge, meinem braven Jackstraw dagegen das Wetter. Seit vielen Stunden war jetzt die Temperatur ständig gestiegen. Das Klagelied des Eiswüstenwindes, das zwei Tage lang ausgeblieben war, wurde von Stunde zu Stunde intensiver. Der Himmel über uns war finster und schwer von dahintreibenden schwarzen Schneewolken. Und als kurz nach Mitternacht die Windstärke fünfundzwanzig Stundenkilometer überschritt, begann der Wind die Drift von der Eishaube mitzuschleppen.

Ich wußte, wovor Jackstraw sich fürchtete, obwohl ich persönlich es nie erlebt hatte. Ich hatte aber von den Fallwinden auf Grönland gehört, dem Gegenstück der gefürchteten alaskischen ›Williwaws‹. Wenn sich große Luftmassen im Zentrum des Plateaus durch äußerst niedrige Temperaturen abkühlen, wie das in den letzten achtundvierzig Stunden geschehen war, werden sie durch einen Fallwind in Bewegung gesetzt und ergießen sich kaskadenförmig – es gibt keinen anderen Ausdruck dafür – durch geeignete Abzugskanäle vom Rand der Hochebene talwärts.

Durch das eigene Kaltluftgewicht vorangetrieben, können diese Fall- oder Abzugswinde, langsam durch die Reibung und Kompression des Falles erwärmt, eine Sturmgewalt von verheerender Heftigkeit erreichen, in der sich nichts Lebendes zu behaupten vermag.

Alle Anzeichen, alle Bedingungen für einen Fallwind waren vorhanden. Die kürzliche extreme Kälte, der zunehmende Wind, die steigende Temperatur, die Windrichtung gegen die Küste zu, die dunklen, dahineilenden Wolken, welche die Sterne verdeckten – das alles, erklärte Jackstraw, sei nicht zu verkennen.

Wir holten das Letzte aus dem Traktor heraus, aber um vier Uhr morgens, als wir meiner Schätzung nach nur noch hundert Kilometer vom Ziel entfernt waren, stießen wir auf die ›Sastrugi‹ und mußten unsere Fahrt bremsen.

Die ›Sastrugi‹, regelmäßige Wellen im gefrorenen Schnee, sind für Traktoren, besonders für ältere Modelle wie den Citroën, eine Pest. Durch harkende Winde erzeugt, symmetrisch wie die Wellenlinien des Meeres auf einem Kupferstich aus dem achtzehnten Jahrhundert, hart am Kamm und weich in der Mulde, lassen sie einen nur dann weiterkommen, wenn man ein entmutigendes Schneckentempo anschlägt. Trotzdem rollten und schlingerten der Traktor und der angekoppelte Schlitten wie Schiffe in schwerem Seegang. Die Strahlen der Scheinwerfer stießen in der einen Minute ins lauernde Dunkel des Himmels empor und beleuchteten in der nächsten das streifige Weiß und umschattete Schwarz der unmittelbar vor uns liegenden Sastrugi.

Kurz vor acht Uhr früh brachte Jackstraw den Citroën zum Stehen, und als das Geratter des schweren Motors erstarb, trat das tiefe Stöhnen des Windes an seine Stelle, eines Windes, der eine reitende Eis- und Schneewand mit sich führte. Jackstraw hatte die Breitseite des Traktors dem Wind und dem Abhang zugekehrt, und ich sprang hinunter, um von der Karosserie aus ein Leinenschutzdach zu errichten. Es war kein kunstvolles Gebilde, nur ein dreikantiges wasserdichtes Segeltuch, das ich am Dach der Karosserie und an der Klampe einer Raupenkette befestigte. Der spitze Winkel endete an einem Keil, der in die Eisfläche getrieben wurde.

Zur Essenszeit hatten wir nicht alle in der Traktorhütte Platz, ich wollte ein wenig geschützt sein, wenn ich mich programmgemäß um acht Uhr mit Hillcrest in Verbindung setzte, und es war vor allem auch höchste Zeit, Zagero und Levin ein wenig Linderung ihrer Leiden zu gönnen. Sie waren die ganze Nacht auf dem Traktorschlitten gefahren, von Jackstraw oder von mir bewacht, und obwohl die Temperatur jetzt nur etwa minus dreißig Grad betrug und sie unter einem Kleiderberg Schutz fanden, mußte die Nacht erbärmlich gewesen sein.

Das Frühstück, soweit man das Frühstück nennen konnte, wartete, aber ich hatte wenig Appetit. Ich beabsichtigte sowohl Hillcrest als auch den Stützpunkt zu rufen – Hillcrest hatte mir am Abend zuvor die dortige Frequenz mitgeteilt.

Wir erreichten Hillcrest mühelos, obwohl er sagte, meine Stimme sei nur ganz leise zu hören. Ich vermutete einen Fehler im Generator, denn unser Empfänger wurde durch eine Hundertstundenbatterie gespeist, und wir konnten Hillcrest deutlich hören.

Sämtliche Männer, mit Ausnahme Mahlers, standen während der Sendung um mich herum, und auch Zagero und Levin waren nur zwei bis drei Meter entfernt. Sie hockten mit nach wie vor gefesselten Füßen auf dem Traktorschlitten. Ich hatte auf einem Feldstuhl Platz genommen, mit dem Rücken zu der Leinenplane. Corazzini und Brewster saßen auf der Kante des Traktors und hatten den Vorhang hinter sich zugezogen, um die Wärme im Inneren zu erhalten. Hochwürden Smallwood stand neben mir und drehte die Generatorkurbel. Jackstraw, die schußbereite Flinte unterm Arm, hielt in einem Abstand von einigen Metern Wache.

»Ich höre Sie laut und klar«, sagte ich zu Hillcrest. Meine Hände waren um das Mikrofon gewölbt, und ich hielt es dicht an den Mund, um die Hintergrundgeräusche des Windes soweit wie möglich auszuschalten. »Wie kommt ihr voran?« Ich schaltete auf Empfang um. Hillcrests Stimme kehrte zurück.

»Großartig!« Es klang begeistert und aufgeregt. »Meine Glückwünsche an Ihren gelehrten Freund. Es funktioniert wie geölt, und wir fahren mit Bombengeschwindigkeit. Wir nähern uns den Vindeby-Nunataks und erwarten, am Nachmittag drüber weg zu sein.«

Das war eine herrliche Nachricht. Mit einigem Glück würde er uns am späten Abend eingeholt haben und uns nicht nur den moralischen Beistand seiner Anwesenheit, sondern auch die noch wichtigeren technischen Hilfsmittel bieten, die seine große, moderne Sno-Cat mitführte. Jackstraw und ich konnten uns dann den bitter nötigen Schlaf gönnen... Ich merkte, daß Hillcrest weitersprach, die Stimme noch immer mit der gleichen unterdrückten Erregung geladen.

»Die Admiralität oder die Regierung oder wer auch immer ist endlich mit der Sprache herausgerückt. Mann, Sie sitzen auf einem Pulverfaß und wissen es nicht. Sie haben es bei sich und könnten es morgen an den richtigen Interessenten für eine Million Pfund verkaufen. Kein Wunder, daß die Behörden so vorsichtig waren, kein Wunder, daß sie wußten, es sei etwas Verdächtiges im Gang, und die größte Suchaktion aller Zeiten in Szene setzten. Der Flugzeugträger ›Triton‹ wird es selber holen kommen.«

»Um Himmels willen!« rief ich gereizt – und meine Gereiztheit wurde von den anderen geteilt, die sich vorbeugten, um Hillcrests Stimme zu hören. »Wovon sprechen Sie? Was hat das Flugzeug an Bord gehabt? Ende.«

»Verzeihung. Es handelt sich um einen Lenkraketenmechanismus von so fortgeschrittener Konstruktion und so geheim, daß die Einzelheiten, wie ich annehme, nur einigen wenigen Wissenschaftlern in den Vereinigten Staaten bekannt sind. Es ist das einzige Modell seiner Art und war nach England unterwegs – auf Grund des neuesten Abkommens über den Austausch von Informationen, soweit es sich um Atomwaffen und Fernlenkgeschosse handelt.« Hillcrests Stimme klang nun sehr ruhig, gemessen und nüchtern. Eine Pause trat ein, dann fuhr er langsam, eindrucksvoll fort: »Soviel ich verstanden habe, sind die betroffenen Staaten bereit, alles, aber auch alles zu tun, um diese Konstruktion wieder in die Hände zu bekommen und zu verhindern, daß sie an die falsche Adresse gerät.«

Wieder eine Pause, eine längere Pause. Hillcrest wollte mir sichtlich Gelegenheit geben, etwas zu sagen, aber ich wußte nichts zu sagen. Die Wucht der ganzen Angelegenheit hatte mir völlig den Atem verschlagen. Im Augenblick konnte ich weder denken noch sprechen... Hillcrests Stimme ließ sich wieder vernehmen:

»Damit Sie das Modell erkennen, Dr. Mason: Es ist getarnt, sieht aus wie ein ziemlich großes Kofferradio aus Ebonit und

Metall mit einem geflochtenen ledernen Tragriemen. Wenn Sie dieses Radio finden, Dr. Mason, dann...«

Den Schluß des Satzes hörte ich nicht. Ich saß noch immer da, fragte mich halb betäubt, warum das Wort ›Kofferradio‹ ein so lautes Alarmsignal in meinem Hirn ausgelöst habe – ich kann nur meine extreme körperliche und geistige Erschöpfung als Entschuldigungsgrund geltend machen –, da schnellte Zagero von seinem Platz hoch, hätte um ein Haar Jackstraw umgerannt, tat mit seinen gefesselten Füßen einen gewaltigen Satz, so daß er unmittelbar mir gegenüber landete, und stürzte sich mit vollem Gewicht auf Corazzini, der sich, das Gesicht zu einer bösen und nicht mehr zu erkennenden Fratze verzerrt, mit der einen Hand von der Traktorkante hochgestemmt hatte und mit der anderen verzweifelt unter dem Mantel herumfummelte, um etwas hervorzuholen. Er sah, daß er es nicht rechtzeitig schaffen würde, warf sich zur Seite, aber Zagero kam trotz seiner Fesseln schnell wie eine Katze wieder auf die Beine, und ich merkte in dieser Sekunde – allzu spät –, daß Zagero tatsächlich der Boxer von Weltklasse war, für den er sich ausgegeben hatte. Wenn mir das die erstaunliche Schnelligkeit seiner Reflexe nicht zur Genüge bewiesen hatte, war die Schlagkraft seines rechten Armes restlos überzeugend. Corazzini war ein kräftiger Mann, einsfünfundachtzig groß und mindestens hundert Kilo schwer und außerdem in mehrere Schichten dicker Kleidung gewickelt, aber als diese Faust ihn dicht unter der Herzgrube traf, taumelte er gegen die Kante des Traktors zurück und glitt langsam und mit verdrehten Augen zu Boden. Noch nie hatte ich einen Boxhieb mit solcher Wucht fallen sehen.

Etwa fünf Sekunden lang rührte sich niemand. Keiner sagte ein Wort, alle waren wie gebannt. Ich brach als erster das Schweigen. Ich saß noch auf dem Feldstuhl.

»Corazzini!« sagte ich. »Corazzini!« Es war nur ein Flüstern, aber Zagero hatte mich gehört.

»Allerdings war es Corazzini«, sagte er gelassen. »Von Anfang an.« Er bückte sich, schob die Hand unter den Mantel des Bewußtlosen und zog eine Pistole hervor. »Nehmen Sie sie an sich, Doktor. Nicht nur, daß ich unserem Freund mit solchen Spielsachen nicht traue – aber eure englische Polizei wird feststellen, daß der Drall dieses Laufs mit den Drallspuren an einigen hochinteressanten Geschossen übereinstimmt.«

165

Er warf mir die Waffe zu, und ich fing sie mechanisch auf. Es war eine Pistole, aber keine Automatikpistole, und an der Mündung war ein merkwürdig aussehender Zylinder festgeschraubt. Ein Schalldämpfer, wie ich annahm. Ich hatte noch nie einen gesehen. Jackstraw hatte, wie ich sah, bereits seine Flinte auf den Bewußtlosen gerichtet. Ich legte die eigenartige Pistole neben mich auf den Boden und zog meine Beretta hervor.

»Sie waren darauf gefaßt, Zagero.« Ich bemühte mich noch immer, meine Gedanken zu ordnen. »Sie warteten auf eine Gelegenheit. Wieso...«

»Muß ich ein Diagramm entwerfen, Doktor?« Es klang nicht unverschämt, nur müde. »Ich wußte, daß nicht ich es bin. Ich wußte, daß nicht Solly es ist. Also mußte es Corazzini sein.«

»Ja, ich verstehe. Es mußte Corazzini sein.« Die Worte kamen mechanisch, sinnlos von meinen Lippen. Meine Gedanken befanden sich in einem völlig konfusen Zustand, zweifellos genauso konfus wie die Corazzinis, der sich nun halb betäubt aufrichtete; aber in den letzten fünfzehn Sekunden hatte in einem abgelegenen Winkel meines Gehirns abermals eine Alarmglocke zu läuten begonnen, nicht so laut wie die erste, aber noch eindringlicher, und ganz plötzlich hatte ich es erfaßt und begann mich zu erheben. »Aber es waren zwei, es waren zwei. Corazzini hat einen Komplicen...« Weiter kam ich nicht. Ein metallener Gegenstand traf mit brutaler Wucht mein Handgelenk, so daß die Beretta im Bogen durch die Luft flog, und etwas Kleines, Hartes wurde mir in den Nacken gestoßen.

»Keine Bewegung, Dr. Mason.« Die Stimme, tonlos, beherrscht, aber von einer Kraft durchpulst, wie ich sie noch nie gehört hatte, war kaum als die Stimme Seiner Hochwürden Joseph Smallwoods wiederzuerkennen. »Niemand rührt sich! Nielsen, werfen Sie die Flinte weg – sofort. Die geringste verdächtige Bewegung, und Dr. Mason bekommt eine Kugel durch den Kopf.«

Ich stand stocksteif da. Jedes Wort, das der Mann sagte, war ernst gemeint. Davon brauchte man mich nicht erst zu überzeugen. Die kalte Sicherheit seiner Stimme bestärkte mich nur in meiner Überzeugung, daß die Rücksicht auf ein Menschenleben ein Faktor sei, den dieser Mann niemals in Betracht ziehen würde.

»In Ordnung, Corazzini?« Smallwoods Ton zeugte von keinerlei Interesse am Befinden seines Komplicen. Er war nur darum besorgt – wenn man es mit kühner Phantasie so bezeichnen konnte –, daß Corazzinis wirksame Mitarbeit gesichert sei.

»In Ordnung«, erwiderte Corazzini leise. »Nie hätte ich gedacht, daß sich ein Mensch mit gefesselten Füßen so schnell bewegen könnte. Aber ich werde mich nicht mehr überrumpeln lassen. Alle Mann versorgt, ja?«

»Alle Mann.« Smallwood nickte. Kein Zweifel, er war der Anführer, so lächerlich unwahrscheinlich mir das noch vor zwei Minuten vorgekommen wäre. Jetzt aber schien es nicht mehr unwahrscheinlich, jetzt war es unumstößliche Gewißheit.

»Aussteigen! Alle!« befahl Corazzini. Die Pistole in der einen Hand, hielt er mit der anderen die Leinenplane hoch. »Beeilt euch.«

»Mahler kann nicht aussteigen«, rief ich protestierend. »Er kann sich nicht bewegen – er liegt im Koma. Er...«

»Ruhe!« warf Corazzini ein. »Zagero – holen Sie ihn heraus.«

»Man darf ihn nicht anrühren!« schrie ich wütend. »Es wäre sein Tod, wenn...« Meine letzten Worte erstickten in einem Stöhnen, als Smallwood mir den Lauf seiner Waffe heftig gegen die Schläfe schlug. Ich fiel auf Händen und Knien in den Schnee und blieb mehrere Sekunden so liegen, hielt den Kopf gesenkt und schüttelte ihn hin und her in dem Bemühen, den Schwindel und den Schmerz zu überwinden.

»Corazzini hat gesagt ›Ruhe!‹. Sie müssen lernen zu gehorchen.« Smallwoods Stimme war bar jeglichen Nachdrucks, jeglicher Betonung und erschreckend kalt. Ruhig wartete er, bis sämtliche Passagiere ausgestiegen oder aus der Traktorhütte herausgetragen worden waren. Dann bedeutete er uns mit einem Wink, uns in einer Reihe vor ihm und Corazzini aufzustellen. Beide standen mit dem Rücken zur schützenden Plane, wir dagegen so, daß der zunehmende Schneefall, der uns in die Augen wirbelte, uns blendete. Was die beiden auch machten – das wurde mir allmählich klar, alles verriet die Präzision und Sicherheit perfekter Berufsverbrecher, die sich schon längst ausgerechnet hatten, wie alle nur möglichen Situationen, auf die sie gefaßt sein mußten, zu behandeln und zu bewältigen seien.

Smallwood nickte mir zu.

»Sie waren mit Ihrem Funkgespräch noch nicht fertig, Dr. Mason. Beenden Sie es. Ihr Freund Hillcrest wird sich über die

Verzögerung wundern.« Die Pistole in seiner Hand ruckte den Bruchteil eines Zolls nach vorn, gerade nur so viel, daß es zu merken war. »Machen Sie ihn ja nicht mißtrauisch – in Ihrem eigenen Interesse. Versuchen Sie ja nicht, schlau zu sein. Fassen Sie sich kurz.«

Ich faßte mich kurz. Die Unterbrechung begründete ich damit, daß Mahlers Zustand sich plötzlich verschlechtert habe – was ja auch, dachte ich erbittert, stimmte. Ich erklärte, daß ich den Geschoßmechanismus mit meinem Leben hüten würde, und bat um Entschuldigung, daß ich das Gespräch nun abbrechen müsse, aber es sei nötig, Mahler so rasch wie möglich nach Uplavnik zu schaffen.

»Schluß machen!« murmelte mir Smallwood ins Ohr. Ich nickte.

»Das wäre alles, Captain Hillcrest. Um zwölf melde ich mich wieder. Mayday Ende. Mayday, Mayday.«

Ich schaltete aus und wandte mich gleichgültig ab. Ich hatte aber nur einen einzigen Schritt getan, da packte Smallwood mich bei der Schulter und riß mich herum. Für einen scheinbar so schmächtigen Mann war er verblüffend kräftig. Ich schnappte nach Luft, als er mir den Pistolenlauf in den Magen stieß.

»Mayday, Dr. Mason?« fragte er in zuckersüßem Ton. »Was bedeutet Mayday?«

»Natürlich unser Anrufzeichen«, antwortete ich gereizt.

»Ihr Anrufzeichen ist GFK.«

»Unser Anrufzeichen ist GFK. Unser Beendigungszeichen ist Mayday.«

»Sie lügen.« Ich staunte darüber, daß ich dieses Gesicht jemals für sanft und nichtssagend hatte halten können.

»Ich lüge nicht«, sagte ich wütend.

»Zählen Sie bis fünf, dann ist es aus mit Ihnen.« Er sah mich unverwandt an, und der Druck seiner Waffe wurde stärker. »Eins – zwei – drei...«

»Ich werde Ihnen sagen, was es bedeutet!« schrie Margaret Ross. »Mayday ist das internationale Notsignal im Sprechfunk, unser SOS... Ich mußte es ihm sagen, Dr. Mason, ich mußte!« Ihre Stimme war ein einziges Schluchzen. »Er hätte Sie ermordet.«

»Allerdings«, sagte Smallwood. Falls er Zorn oder Angst empfand, war weder das eine noch das andere seinem gelassenen Konversationston anzumerken. »Eigentlich sollte ich es sofort besorgen. Sie haben uns einen vierstündigen Vorsprung verpfuscht. Zufällig aber ist Mut eine der wenigen Eigenschaften, die ich bewundere ... Sie sind ein äußerst tapferer Mann, Dr. Mason. Ihr Mut ist ebenso groß wie Ihr – sagen wir – Mangel an Scharfblick.«

»Es wird Ihnen nie gelingen, Grönland zu verlassen, Smallwood«, erklärte ich. »Dutzende von Schiffen und Flugzeugen, Tausende von Menschen sind auf der Suche nach Ihnen. Man wird Sie einfangen und wegen fünffachen Mordes zum Tode verurteilen.«

»Das wollen wir sehen.« Er lächelte frostig, und nun, da er die randlose Brille abgenommen hatte, sah ich, daß sein Lächeln die Augen nicht berührte: Sie blieben glanzlos, leer, tot wie das bunte Glas von Kirchenfenstern, wenn dahinter keine Sonne scheint. »Schön, Corazzini – den Koffer! Dr. Mason, holen Sie eine der Karten aus dem Führerhaus.«

Ich holte sie, und als ich zurückkam, saß Corazzini auf der vorderen Kante des Traktors und hatte einen Koffer vor sich. Aber es war nicht das lederbezogene Kofferradio, sondern Smallwoods kleiner Kleiderkoffer.

Corazzini öffnete die Schlösser, zog die Bibel, die Kirchengewänder und die priesterliche Stola heraus, warf sie beiseite und holte dann behutsam einen Metallkasten hervor, der genauso aussah wie ein Tonbandgerät. Als er es mit seiner Stablampe beleuchtete, zeigte sich aber, daß ich so eines in meinem Leben noch nicht gesehen hatte.

Die Zwillingsspulen oben drauf riß er los und schleuderte sie in die Finsternis und den fallenden Schnee, so daß sich das Band wie eine lange Papierschlange entfaltete.

Immer noch wortlos sahen wir zu, wie Corazzini den falschen Deckel des Magnetofons losmachte und wegwarf, aber nicht, bevor ich Zeit gehabt hatte, die gepolsterten Federbügel an der Unterseite zu erblicken – ein vollendetes Versteck für zwei Pistolen. Nun kamen Tasten und Skalenscheiben, die gar keine Ähnlichkeit mit denen eines Tonbandgeräts hatten. Corazzini richtete sich auf, klappte eine zusammenschiebbare Antenne hoch, schnallte sich einen Kopfhörer an die Ohren, schaltete zweimal und begann eine Scheibe zu drehen. Gleichzeitig beobachtete er ein grünes magisches Auge, wie man es ähnlich auf Magnetofonen und modernen Radioapparaten vorfindet. Leise, aber unverkennbar war nun aus dem Kopfhörer ein stetes Winseln zu hören, das seine Tonhöhe und Intensität änderte, je nachdem wie Corazzini die Scheibe drehte. Als es seine maximale Stärke erreichte, richtete Corazzini sein Augenmerk auf einen eingebauten Alkoholkompaß mit einem Durchmesser von etwa drei Zoll. Ein paar Augenblicke später legte er den Kopfhörer ab und drehte sich anscheinend sehr zufrieden um.

»Sehr kräftig, sehr klar«, sagte er zu Smallwood. »Aber das viele Metall im Traktor und Schlitten ist ein zu großer Ablenkungsfaktor. Ich bin in zwei Minuten wieder da. Ihre Stablampe, Dr. Mason.«

Er entfernte sich mit dem Gerät ungefähr fünfzig Meter weit. Zerknirscht stellte ich fest, wie sehr es mit allen bisherigen Vorgängen übereinstimmte, daß Corazzini von Navigationsproblemen offenbar im kleinen Finger mehr verstand als ich mit all meinen Erfahrungen. Nach kurzer Zeit kam er wieder, zog eine kleine Tabelle zu Rate – zweifellos, um die Kompaßänderung zu berichtigen – und sah dann Smallwood lächelnd an.

»Sie sind es. Ein klares Zeichen. Peilrichtung zweihundertachtundsechzig.«

»Gut.« Dem schmalen, reglosen Gesicht war nicht anzumerken, ob Smallwood erleichtert oder befriedigt war. Die stille Zuversicht der beiden, ihr Vorbedacht, ihre wasserdichte Organisation waren erschreckend. Nun, da ich begriffen hatte, was für Typen sie waren, wäre es undenkbar gewesen, daß sie sich in ein so riesiges, gleichförmiges Gelände hineingewagt hätten, ohne an gewisse Orientierungsmöglichkeiten zu denken. Was wir soeben in Tätigkeit gesehen hatten, konnte nichts anderes sein als ein Funkpeilgerät mit Batterieantrieb, und selbst mir, der ich ganz unerfahren war, leuchtete ein, daß Corazzini offenbar ein kontinuierliches Richtungssignal angepeilt hatte, das von einem oder mehreren Fahrzeugen in der Nähe der Küste ausgesendet wurde – wahrscheinlich von Fischkuttern oder anderen unauffälligen Booten.

Smallwood wandte sich zu Corazzini. »Zweihundertachtundachtzig, ja? Mehr oder weniger geradeaus West. Entfernung?«

Corazzini zuckte stumm die Achseln. Smallwood winkte mich heran.

»Wir werden es gleich feststellen. Die Karte, Dr. Mason! Geben Sie uns genau unsere Position an.«

»Hol Sie der Teufel!« erwiderte ich kurz.

»Genau das habe ich erwartet. Aber ich bin nicht blind, und Ihre plumpen Versuche, es geheimzuhalten, haben wenig dazu beigetragen, die wachsende Zuneigung zwischen Ihnen und dieser jungen Dame zu bemänteln.« Ich warf einen raschen Blick auf Margaret Ross, sah eine leichte Röte in ihre blassen Wangen steigen und blickte ebenso schnell wieder weg. »Ich bin bereit, Miß Ross zu erschießen.«

Ich bezweifelte es nicht. Ich wußte, er war auf der Stelle dazu imstande. Und so zeichnete ich unsere Position an. Er verlangte eine zweite Karte, forderte Jackstraw auf, unsere Position darauf zu vermerken, und verglich dann beides miteinander.

»Sie stimmen überein.« Er nickte. »Zu eurem Glück.« Flüchtig studierte er die Karte und sah dann Corazzini an. »Zweifellos der Kangalak-Fjord, am Fuß des Kangalak-Gletschers.

»Der Kangalak-Fjord?« warf ich ein. Meine Stimme klang erbittert. »Warum, zum Teufel, seid ihr nicht gleich dort gelandet und habt uns das alles erspart?«

»Der Flugkapitän hat seinen Tod verdient«, sagte Smallwood. Sein Lächeln war eiskalt. »Ich hatte ihn angewiesen, an der Küste zu landen, ganz in der Nähe des Fjords, wo unsere... äh... Freunde eine fünf Kilometer lange, völlig flache Eisfläche erkundet hatten, die mit der schönsten Rollbahn in Europa oder Amerika konkurrieren kann. Erst als ich kurz vor der Katastrophe den Ausschlag des Höhenmessers sah, wurde mir klar, daß er uns hintergangen hatte.« Mit einer ungeduldigen Handbewegung wandte er sich an Corazzini. »Wir vergeuden Zeit. Annähernd hundert Kilometer, was meinen Sie?«

Corazzini betrachtete die Landkarte. »Ja, ungefähr.«

»Also: Machen wir uns auf den Weg.«

»Uns wollen Sie wohl hier erfrieren und verhungern lassen?« sagte ich schroff.

»Was aus euch wird, kümmert mich nicht mehr«, erwiderte Smallwood gleichgültig. Innerhalb weniger Minuten war es mir ganz unmöglich geworden, mich überhaupt noch an den zurückhaltenden und sanftmütigen Kirchenmann zu erinnern. »Es besteht jedoch die Möglichkeit, daß ihr so dumm sein könntet, im Schutz des Schneefalls und der Dunkelheit hinter uns herzulaufen und uns heimlich zu überfallen. Das könnte euch sogar gelingen, obwohl ihr unbewaffnet seid. Wir müssen euch vorübergehend an eurer Bewegungsfreiheit hindern.«

»Oder endgültig«, sagte Zagero leise.

»Nur Dummköpfe töten mutwillig und unnötig. Zum Glück – für euch – verlangen meine Pläne nicht, daß ihr sterben müßt. Corazzini, holen Sie Stricke vom Schlitten. Es sind genug da. Fesseln Sie ihnen nur die Füße. Mit ihren halbgelähmten Händen werden sie eine Stunde brauchen, um sich zu befreien. Bis dahin sind wir längst unterwegs.« Langsam schwenkte er seine Pistole hin und her. »Setzt euch in den Schnee. Alle Mann.«

Es blieb uns nichts übrig, als zu gehorchen. Wir setzten uns hin und sahen zu, wie Corazzini eine Seilrolle aus dem Schlitten holte. Er sah Smallwood an, der auf mich deutete.

»Zuerst Dr. Mason.«

Corazzini reichte seine Pistole Smallwood – nichts ließen sie außer acht, diese beiden, nicht einmal die entfernte Möglichkeit, daß einer von uns versuchen würde, Corazzini die Pistole zu entreißen – und kam auf mich zu. Er kniete nieder und hatte bereits einige Schlingen um meine Fußgelenke gelegt, als mich die Wahrheit überfiel, so plötzlich, so wuchtig wie ein Fausthieb. Ich versetzte Corazzini einen heftigen Stoß, so daß er zurücktaumelte, und sprang auf.

»Nein!« Meine Stimme klang heiser und wild. »Bei Gott, ich lasse mich nicht fesseln, Smallwood!«

»Setzen Sie sich, Mason.« Sein Ton war hart wie ein Peitschenknall, und das Licht aus der Traktorhütte genügte, um mir zu zeigen, daß der Pistolenlauf genau zwischen meine Augen zielte. Ich kümmerte mich überhaupt nicht darum.

»Jackstraw!« rief ich. »Zagero, Levin, Brewster! Auf – wenn ihr am Leben bleiben wollt! Er hat nur eine Waffe. Wenn er auf einen von uns zu schießen beginnt, fallen die anderen über ihn her – er kann uns nicht alle erledigen ... Margaret, Helen, Mrs. Dansby-Gregg – sowie der erste Schuß fällt, lauft ihr ins Dunkel davon! Und bleibt dort!«

»Sind Sie wahnsinnig geworden, Doktor?« Die Worte kamen aus dem Mund des erstaunten Zagero. Trotzdem aber hatte etwas namenlos Dringendes und Zwingendes in meinem Ton ihn veranlaßt aufzustehen, und nun stand er vorgebeugt da, zusammengekauert wie eine große Katze, bereit, über Smallwood herzufallen. »Sollen wir alle sterben?«

»Gerade das will ich vermeiden.« Ich spürte eine Kälte in meinem Nacken, die nicht die Kälte der Arktis war, und meine

Beine zitterten. »Uns fesseln und hier zurücklassen? Ja, was, zum Teufel! Warum, glaubt ihr, hat er uns von dem Fischkutter, von seiner Position, von dem U-Boot und allem übrigen erzählt? Ich werde euch sagen, warum. Weil er wußte, daß es nicht schaden kann, weil er bereits entschlossen war, keinen von uns am Leben zu lassen.« Mit der Schnelligkeit eines Maschinengewehrs ratterte ich die Worte hervor, verzweifelt bemüht, die anderen zu überzeugen, bevor es zu spät war – und meine Blicke verließen keine Sekunde lang die Pistole in Smallwoods Hand.

»Aber...«

»Kein Aber!« warf ich schroff ein. »Smallwood weiß, daß Hillcrest heute nachmittag kommt. Wenn wir dann noch hier und am Leben sind, werden wir ihm brühwarm Smallwoods Kurs, Geschwindigkeit, ungefähre Position und sein Fahrtziel berichten. Binnen einer Stunde ist dann der Kangalak-Gletscher abgeriegelt, binnen einer Stunde haben die Bomber der ›Triton‹ Smallwood hinweggefegt. Uns fesseln? Freilich! Und dann knallen er und Corazzini uns nach Belieben kaltblütig ab, während wir wie Vögel mit gebrochenen Flügeln auf dem Eis herumhüpfen.«

Nun waren sie überzeugt, sofort und restlos. Ich konnte ihre Gesichter nicht sehen, aber daß Smallwood seine Pistole ein wenig senkte, sagte mir alles.

»Ich habe Sie unterschätzt, Dr. Mason«, sagte er leise. Nicht die geringste Spur Ärger oder Zorn lag in seiner Stimme. »Aber beinahe hätten Sie daran glauben müssen.«

»Was bedeuten fünf Minuten mehr oder weniger?« fragte ich, und Smallwood nickte zerstreut. Er arbeitete bereits an einer Alternativlösung.

»Haben Sie sich schon Ihren nächsten schönen Schachzug ausgedacht, Smallwood?« fragte Zagero ruhig.

»Ja. Wie Dr. Mason mit Recht bemerkt, können wir euch nicht alle in ein paar Sekunden erledigen. Mehr Zeit würde einer von euch – wahrscheinlich würden es mehrere sein – nicht brauchen, um in die Dunkelheit zu entwischen.« Er deutete mit einem Kopfnicken auf den Traktorschlitten, schlug den Kragen hoch, um sich vor dem Schnee und dem schneidenden Wind zu schützen. »Ich halte es für ratsam, daß ihr noch eine Weile mit uns mitfahrt.«

Und wir fuhren mit ihnen mit, die längsten fünfzig Kilometer, die ich je gefahren bin, neun Stunden lang, neun Stunden, die kein Ende nehmen wollten. Wäre die Temperatur noch so streng gewesen wie vor knapp vierundzwanzig Stunden, hätte bestimmt keiner von uns diese Fahrt überlebt.

Corazzini saß die ganze Zeit am Steuer und hatte den Kopfhörer des Funkpeilgeräts um, so daß es sich erübrigte, nach dem unzuverlässigen Kompaß zu steuern. Smallwood hockte allein hinten in der Traktorhütte und hielt seine Waffe unverwandt auf uns gerichtet, die wir uns auf dem großen Traktorschlitten zusammendrängten, drei Meter weit von ihm entfernt. Als der Schneefall mit der Zeit zu heftig wurde, ließ er den Traktor halten, schraubte das tragbare Suchlicht ab und befestigte es mit nach rückwärts gerichtetem Strahl an der Hinterseite des Traktors. Das hatte den doppelten Vorteil, daß er uns beleuchtete, so daß trotz der Schneedrift keiner von uns abspringen konnte, und uns zugleich blendete, so daß wir nicht sehen konnten, was er machte, ja nicht einmal, ob er uns überhaupt beobachtete. Es war zum Verrücktwerden. Obendrein holte er Margaret Ross und Helene Fleming in die Hütte und fesselte ihnen die Hände. Sie bürgten für unser braves Verhalten.

Wir blieben also zu acht auf dem Schlitten zurück. Theodore Mahler und Marie LeGarde lagen in der Mitte ausgestreckt, je drei von uns saßen neben ihnen. Kaum waren wir aufgebrochen und hatten uns notdürftig mit zwei Persenningen zugedeckt, da beugte sich Jackstraw zu mir und klopfte mir mit einem Gegenstand, den er in der Hand hielt, auf die Schulter. Ich streckte die Hand aus und ließ ihn mir geben.

»Corazzinis Brieftasche«, flüsterte er. Er hätte es laut hinausschreien können, so gering war die Gefahr, daß Smallwood oder Corazzini ihn im Lärm des Motors und dem Brausen des Windes hörten. »Sie ist ihm aus der Tasche gefallen, als Zagero ihn niederschlug. Er hat es nicht gemerkt, aber ich – und hab' mich draufgesetzt, als Smallwood uns befahl, uns in den Schnee zu hocken.«

Ich zog die Handschuhe aus, öffnete die Brieftasche und untersuchte ihren Inhalt im Schein der Taschenlampe, die Jackstraw mir gleichfalls zugesteckt hatte – mit sorgsam abgedecktem Lichtstrahl, damit auch nicht der kleinste Schimmer unter der Teerleinwand hervorsickerte. Zu diesem Zeitpunkt hatte Smallwood noch nicht das Suchlicht angeknipst.

Die Brieftasche lieferte uns den letzten Beweis für die Gründlichkeit, die pedantische Sorgfalt, mit der diese beiden Männer sich eine falsche, aber durchaus überzeugende Identität zugelegt hatten. Ich wußte, daß Corazzinis Name, wie immer er heißen mochte, nicht der Name war, den er sich ausgesucht hatte, aber hätte ich das nicht gewußt, würden die in das handgepreßte Saffianleder eingeprägten Lettern ›N.C.‹, die Visitenkarten mit dem ›Nicholas Corazzini‹ über dem Namen und der Adresse des Hauptbüros der Global Tractor Company in Indiana und das Lederfutteral mit den American-Express-Reiseschecks, die bereits Stück für Stück in der obersten linken Ecke mit der Unterschrift ›N. R. Corazzini‹ versehen waren, mich restlos überzeugt haben.

Und allzu spät lieferte uns die Brieftasche auch die Gründe für so vieles, von der Notlandung an bis zu dem Schlag, den man mir in der vorvorigen Nacht versetzt hatte. Im Geldfach lag der Zeitungsausschnitt, den ich bei dem toten Oberst Harrison gefunden hatte. Ich las ihn laut und langsam, unter unendlichem Verdruß.

Der Bericht war sehr knapp. Daß er von dem schrecklichen Unglück in Elizabeth in New Jersey handelte, wo ein Vorortzug von einer Eisenbahnbrücke aus in die Gewässer der Newark Bay gestürzt war und Dutzende von Passagieren den Tod gefunden hatten, wußte ich noch vom ersten flüchtigen Blick im Flugzeug her. Aber, wie ich gleichfalls schon in der Maschine vermutet hatte, war das eine zusätzliche Meldung, und der Berichterstatter hielt sich nicht lange bei den grausigen Einzelheiten auf: Sein Interesse lag in einer ganz anderen Richtung. Es sei, schrieb er, ›aus zuverlässiger Quelle‹ mitgeteilt worden, daß sich unter den Passagieren ein Kurier der Armee befunden habe, daß er eines der vierzig Todesopfer sei und daß er einen ›streng geheimgehaltenen Fernlenkwaffenmechanismus‹ bei sich gehabt habe.

Mehr stand nicht da, aber das genügte – das genügte vollauf. Die Stille, die eintrat, nachdem ich die letzten Worte vorgelesen hatte, verriet mir, daß die anderen in die gleichen erschütternden Grübeleien versunken waren wie ich. Jackstraw brach schließlich das Schweigen.

»Na, jetzt wissen wir, warum man Ihnen eines über den Schädel gegeben hat.«

»Eines über den Schädel gegeben?« fragte Zagero. »Was soll...«

Ich unterbrach ihn. »In der vorvorigen Nacht. Als ich zu Ihnen sagte, ich sei gegen einen Laternenpfahl gerannt.« Ich erzählte, wie ich den Zeitungsausschnitt gefunden und dann wieder verloren hatte.

»Hätte es denn so viel ausgemacht, wenn Sie ihn gelesen hätten?« fragte Zagero. »Ich meine...«

»Selbstverständlich!« Meine Stimme war barsch, fast wütend, aber die Wut richtete sich gegen mich selber, gegen meine eigene Dummheit. »Die Tatsache, daß ich einen Zeitungsbericht über ein schweres Unglück unter seltsamen, ungeklärten Umständen bei einem Mann gefunden hatte, der soeben unter genauso seltsamen Umständen bei einem Unglück umgekommen war, würde selbst mich argwöhnisch gemacht haben. Als ich von Hillcrest zu hören bekam, daß in der Maschine eine streng geheime Sache transportiert wurde, wäre mir die Parallele noch deutlicher geworden, besonders, da ich den Ausschnitt bei dem Mann – einem Offizier – gefunden hatte, der so gut wie sicher ein Kurier war und das Geheimnis bei sich hatte. Ich hätte das Gepäck der Passagiere durchstöbert und alles auseinandergerissen, das größer war als eine Streichholzschachtel, natürlich einschließlich des Radios und des Tonbandgeräts. Das wußte Smallwood. Er wußte nicht, was auf dem Zeitungsausschnitt stand, aber er – oder Corazzini – wußte, daß es sich um einen Zeitungsausschnitt handelte, und sie wollten nichts riskieren.«

»Das konnten Sie nicht wissen«, sagte Levin tröstend. »Es ist nicht Ihre Schuld...«

»Freilich ist es meine Schuld«, erwiderte ich müde. »Nur meine Schuld. Ich weiß nicht einmal, wie ich mich bei euch allen entschuldigen soll. Zuerst wohl bei Ihnen, Zagero, und bei Solly Levin, weil ich euch gefesselt habe...«

»Schwamm drüber.« Zageros Antwort war kurz, aber freundlich. »Wir sind genauso dumm gewesen – alle. Die wesentlichen Fakten waren uns genauso zugänglich wie Ihnen, und wir haben sie nicht besser auszunützen gewußt – eher schlechter.« Im winzigen Lichtstrahl der Lampe sah ich ihn den Kopf schütteln. »Ach, du meine Güte – ist es denn nicht sehr leicht, hinterher alles besser zu wissen, wenn es zu spät ist? Jetzt können wir begreifen, warum die Maschine mitten in einer Eiswüste notgelandet ist. Der Chefpilot muß eingeweiht gewesen sein, er muß gewußt haben, daß sich der Mechanismus an Bord befand, und er hielt die Sache für so wichtig, daß er das Leben der Fluggäste hintansetzte und mitten auf dem Eisplateau landete, von wo aus Smallwood niemals die Küste hätte erreichen können.«

»Er wußte nicht, daß ich nur darauf wartete, Herrn Smallwood meine Dienste anzutragen«, sagte ich erbittert. Nun schüttelte ich den Kopf. »Alles ist klar, viel zu klar. Auf welche Weise Corazzini sich in der Unterkunft die Hand verletzt hat: Er wollte nicht den Sender retten, sondern seinen Sturz beschleunigen, nachdem er die Scharniere eingeknickt hatte. Wie und warum er beim Losen den kürzeren zog und auf dem Fußboden schlafen mußte: damit er Gelegenheit hatte, den zweiten Piloten zu ermorden.«

Wieder wurde es still, während wir dem An- und Abschwellen des Auspuffgeräusches in dem zunehmenden Sturmwind lauschten. Dann sagte Solly Levin: »Das Flugzeug. Der Brand. Warum und wieso?«

»Die Tanks enthielten genug Brennstoff mit hoher Oktanzahl, um Hillcrests Sno-Cat ein paar tausend Kilometer weiterzubringen«, erklärte ich. »Wenn Hillcrest mit leeren Benzintanks bei der Unterkunft angelangt wäre und gleich entdeckt hätte, daß der Reservevorrat im Schacht unbrauchbar war, hätte er nicht lange gebraucht, um das Flugbenzin herauszuhebern. Also: Weg mit dem Flugzeug.«

Diesmal dauerte das Schweigen noch länger. Dann räusperte sich Zagero, als wüßte er nicht recht, wie er beginnen sollte.

»Da nun lauter Erklärungen in der Luft hängen – nun also, dann dürfte es an der Zeit sein, daß auch wir eine Beichte ablegen.« Zu meinem Erstaunen klang es beinahe verlegen. »Es handelt sich um das faule Benehmen dieser Talmitype zu Ihrer Linken, Doktor – eines gewissen Solly Levin. Wir hatten reichlich Zeit, uns darüber zu unterhalten, als wir die ganze vorige Nacht an den verdammten Schlitten angebunden waren und...«

»Kommen Sie zur Sache«, warf ich ungeduldig ein.

»Verzeihung.« Er beugte sich zu Solly Levin. »Soll ich dich feierlich vorstellen, Papa?«

Ich riß die Augen auf.

»Habe ich recht gehört?«

»Ja, Doktor.« Er lachte leise vor sich hin. »Papa. Mein Alter. Der väterliche Elternteil. So steht es in meinem Taufschein.« Es schien ihm Spaß zu machen. »Bestätigung folgt.«

»Es stimmt, Dr. Mason.« Solly Levin lächelte matt. »Ich will mich kurz fassen. Ich bin Eigentümer und Leiter – oder war es vielmehr, bis ich mich vor einem Jahr zurückzog – einer Plastikfabrik in Trenton bei Princeton, New Jersey, wo Johnny es fertiggebracht hat, sich einen prächtigen Akzent, aber nicht viel mehr, zu erwerben. Es lag nicht, wie ich hinzufügen möchte, an Princeton. Johnny verbrachte den größten Teil seiner Zeit im Trainingsring und frönte seinen sozusagen faustischen Ambitionen, sehr zu meinem Ärger, weil er eigentlich die Fabrik übernehmen sollte.«

»Ach ja«, warf Zagero ein, »ich war fast genauso eigensinnig wie er.«

»Viel eigensinniger«, sagte sein Vater. »Deshalb machte ich ihm einen Vorschlag. Er sollte zwei Jahre Zeit haben – das schien zu genügen, da er bereits Amateurmeister im Schwergewicht war –, um sich zu bewähren. Wenn er es dann nicht geschafft hatte, sollte er in die Fabrik eintreten. Sein erster Manager war so korrupt wie nur möglich. Nach Ablauf eines Jahres schmiß Johnny ihn buchstäblich hinaus. Ich übernahm die Funktion. Ich hatte mich eben zurückgezogen, ich hatte viel Zeit, ich war an seinem Wohlergehen interessiert, ganz abgesehen von der Tatsache, daß er mein Sohn ist – und, ehrlich gesagt, ich begann einzusehen, daß ihm wirklich der Weg zum Gipfel offenstand.« Hier verstummte er, und ich ergriff die Gelegenheit, um zu fragen:

»Zagero oder Levin?«

»Zagero«, erwiderte der Ältere.

»Warum der Name Levin?«

»Gewisse staatliche Boxsportbehörden erlauben nahen Verwandten nicht, als Manager oder Sekundanten tätig zu sein. Besonders nicht als Sekundanten. Deshalb legte ich mir einen anderen Namen zu. Das ist keineswegs ungewöhnlich und wird offiziell geduldet. Ein harmloser Schwindel.«

»Nicht gar so harmlos«, sagte ich. »Es war eine der miserabelsten schauspielerischen Leistungen, die ich je gesehen habe, und für mich einer der ursprünglichen Gründe, Ihren Sohn zu verdächtigen. Dadurch wurde Corazzini und Smallwood ihr Handwerk erleichtert. Hätten Sie schon früher Farbe bekannt, dann hätte ich gewußt, daß die beiden die Schuldigen sein mußten – auch wenn alle positiven Beweise fehlten. Aber solange Solly Levin – mir fällt es leider sehr schwer, Sie mir als Mr. Zagero vorzustellen – so offensichtlich eine Maskeradenfigur war, solange konnte ich die Herren nicht von meiner Liste streichen.«

»Ich habe ein schlechtes Modell gewählt – den falschen Typ. Johnny hat mich schon immer damit aufgezogen. Ich bedaure zutiefst, daß wir Ihnen Schwierigkeiten bereitet haben, Dr. Mason. Ich habe es nie von Ihrem Standpunkt aus betrachtet, nie geahnt, wie gefährlich die Komödie sein könnte. Verzeihen Sie mir.«

»Keine Ursache«, sagte ich bitter. »Hundert zu eins, daß ich andere Mittel und Wege gefunden hätte, um ein Durcheinander anzurichten.«

Kurz nach fünf Uhr nachmittags brachte Corazzini den Traktor zum Stehen – ohne den Motor abzustellen. Er stieg aus, ging um die Karosserie herum und schob das Suchlicht ein wenig zur Seite. Er mußte laut schreien, um sich im Lärm des Motors und schrillen Gejammers des ständig zunehmenden Schneesturms verständlich zu machen.

»Der halbe Weg, Chef. Genau vierundfünfzig Kilometer.«

»Danke.« Wir konnten Smallwood nicht sehen, nur die Mündung des Laufs, wie sie drohend in den Lichtstrahl zuckte.

»Endstation, Dr. Mason. Wollen Sie und Ihre Freunde gefälligst aussteigen?«

Es blieb uns nichts anderes übrig. Steif und erstarrt kletterte ich hinunter, machte ein paar Schritte auf Smallwood zu und blieb stehen, als die Pistole unverwandt auf meine Brust zielte.

»In ein paar Stunden sind Sie bei Ihren Leuten«, sagte ich zu ihm. »Sie könnten uns ein paar Lebensmittel, einen transportablen Ofen und ein Zelt zurücklassen. Ist das zuviel verlangt?«

»Ja.«

»Nichts? Gar nichts?«

»Sie vergeuden Ihre Zeit, Dr. Mason. Und es schmerzt mich, daß Sie sich zu solchen Betteleien erniedrigen.«

»Also den Hundeschlitten. Die Hunde wollen wir gar nicht behalten. Aber weder Mahler noch Miß LeGarde können marschieren.«

»Sie bemühen sich umsonst.« Er richtete sein Augenmerk auf den Schlitten. »Alles aussteigen, habe ich gesagt. Hören Sie nicht, Levin? Kommen Sie runter.«

»Es sind die Beine.« Im grellen Schein des Suchlichts sahen wir die tief eingefurchten Schmerzensfalten rund um Augen und Mund, und ich fragte mich, wie lange er schon so dagesessen und stumm gelitten haben mochte. »Ich glaube, sie sind erfroren oder eingeschlafen.«

»Vielleicht wird eine Kugel Ihnen Beine machen«, sagte Smallwood ungerührt.

Ich wußte nicht, ob das ernst gemeint war. Zagero aber trat bis auf zwei Meter an Smallwood heran.

»Rühren Sie ihn nicht an, Smallwood!« sagte er warnend.

»Nein?« Der schärfere Ton gab zu verstehen, daß die Herausforderung akzeptiert sei. Smallwood fuhr fort: »Ich werde euch beide wie eine Kerze ausblasen.«

»O nein«, erwiderte Zagero in gedämpftem, aber bösem Ton. In der jähen Windstille waren seine Worte deutlich zu hören. »Rühren Sie meinen Vater an, und ich drehe Ihnen den Hals um wie einer alten Henne, auch wenn Sie mir das ganze Magazin in den Bauch jagen.«

»Ihr Vater?« fragte Smallwood.

Zagero nickte.

»Gut.« Smallwood zeigte sich keineswegs überrascht. »In die Traktorhütte mit ihm, Zagero. Wir tauschen ihn gegen die Deutsche aus. Für sie interessiert sich kein Mensch.«

Sein Gesichtspunkt war klar. Ich wußte nicht, inwieweit wir jetzt noch Smallwood und Corazzini hätten gefährlich werden können, aber Smallwood war ein Mann, der sich auch gegen das Unmögliche sicherte. Levin war ein viel besseres Unterpfand für Zageros Verhalten als Helene Fleming.

Levin kehrte in die Traktorhütte zurück, halb ging er, halb wurde er getragen. Gegen zwei Bewaffnete war jeder Widerstand aussichtslos. Smallwood hatte uns richtig eingeschätzt. Er wußte, daß wir verzweifelter Handlungen fähig waren, daß wir uns in einem besonders kritischen Augenblick tollkühn auf ihn und seine Waffe stürzen würden, aber er wußte zugleich, daß wir nicht so desperat waren, Selbstmord zu begehen, wenn kein Menschenleben unmittelbar bedroht war.

Als Levin drinnen untergebracht war, wandte sich Smallwood an die junge Deutsche, die ihm gegenübersaß. »Raus!«

Nun geschah es. Mit jener betäubenden Schnelligkeit und Unausweichlichkeit, wie jede blutige Tragödie sie stets zu besitzen scheint, wenn man auf sie zurückblickt.

Als Helene Fleming an Smallwood vorbeikam, stolperte sie. Er hob den Arm, entweder um ihr zu helfen oder um sie abzuwehren, und bevor er begriff, was geschah, stieß sie blindlings mit dem Fuß zu und schlug ihm die Waffe aus den Fingern, so daß sie in hohem Bogen in den Schnee fiel. Smallwood sprang wie eine Katze hinterher – seine Hast war überflüssig, das leise warnende Grollen eines bewaffneten Corazzini hatte eventuelle Gedanken, die Situation ausnützen zu wollen, im Keime erstickt –, hob die Pistole auf und fuhr herum. Er zielte auf Helene, die Augen im grellen Schein des Suchlichts zu einem schmalen Spalt verkniffen, das Gesicht verzerrt, die Lippen weit über die Zähne zurückgezogen. Abermals hatte ich mich in Smallwood geirrt. Er war auch fähig, ohne Grund zu töten.

»Helene!« Mrs. Dansby-Gregg war ihm am nächsten, und ihre Stimme klang schrill, fast kreischend. »Helene, Vorsicht!« Sie sprang hinzu, um das Mädchen zur Seite zu stoßen, aber ich glaube nicht, daß Smallwood sie überhaupt sah. Er war toll vor Wut, das wußte ich genau, und nichts auf Gottes Erdboden hätte ihn daran hindern können, abzudrücken. Die Kugel traf Mrs. Dansby-Gregg in den Rücken. Kopfüber stürzte sie mit dem Gesicht nach unten in den verharschten Schnee.

Smallwoods unbezähmbarer Wutanfall war bereits vorbei, als wäre er nie gewesen. Er sagte kein Wort mehr, nickte lediglich Corazzini zu und sprang auf den hinteren Rand des Traktors hinauf, um uns mit dem Suchlicht und der Pistole in Schach zu halten, während Corazzini den Motor auf Touren brachte, den Gang einlegte und in westlicher Richtung in die Finsternis davonholperte. Wir standen da, eine verlorene, dicht zusammengedrängte Schar und sahen den Zug an uns vorbeiwandern, den Traktor, den Traktorschlitten, den Hundeschlitten und schließlich die derben Tiere selbst, die an loser Koppel hinterherliefen.

Elftes Kapitel

Freitag, 18.00 Uhr – Samstag 12.15 Uhr

Die weiße Hölle dieser Nacht, die Qual der bitteren, schrecklichen Stunden, die nun folgten, sind eine Erinnerung, die nie verblassen wird.

Wie viele Stunden torkelten und wankten wir gleich Betrunkenen oder Sterbenden hinter diesem Traktor her – sechs Stunden, acht, zehn? Wir wußten es nicht, wir werden es nie wissen. Die Zeit als selbständiges Maßsystem hörte auf zu existieren. Jede Sekunde war eine endlose Mischung von Marschieren, Frieren, Leiden, jede Minute ein Äon, da das Feuer in unseren schmerzenden Beinmuskeln mit dem Eis der Hände und Füße und Gesichter wetteiferten, jede Stunde eine Ewigkeit, von der wir wußten, sie würde nie zu Ende gehen. Bestimmt hat keiner von uns damit gerechnet, die Nacht zu überleben.

An die Gedanken und Empfindungen dieser Stunden kann ich mich nicht mehr erinnern. Ich weiß nur noch, daß ich mich verdrossen ärgerte, so bitter wie nie zuvor – eine überwältigende Zerknirschung, Selbstvorwürfe, weil ich mich von Anfang an mit so kindlicher Leichtgläubigkeit hatte täuschen lassen, weil ich unfähig gewesen war, der unerschöpflichen Findigkeit dieses klugen kleinen Mannes Hindernisse oder Widerstand zu bieten. Dann fiel mir Mrs. Dansby-Gregg ein, und Margaret, im trüben Zwielicht der schaukelnden Traktorhütte als Geisel gefesselt und erschrocken dasitzend und Smallwood betrachtend, Smallwood und die Waffe in Smallwoods Hand. Aber auch dieser Zorn war nicht uneingeschränkt: eine Angst, wie ich sie nie zuvor gekannt hatte, beherrschte mein Denken.

Ich glaube, Zagero ging es genauso wie mir. Seit Mrs. Dansby-Greggs Tod hatte er kein Wort gesprochen, sondern sich verbissen und achtlos in die Aufgabe gestürzt, die vor ihm lag. Mit gesenktem Kopf stapfte er dahin wie ein Automat. Ich fragte mich, wie oft er jenen falschen Zungenschlag bereut haben mußte, der ihm entschlüpft war, als er Smallwood gegenüber den Umstand verriet, daß Solly Levin sein Vater war.

Jackstraw war genauso stumm wie wir, verschlossen, sprach nur, wenn es sein mußte, behielt seine Gedanken strikt für sich. Ob er mir Vorwürfe machte? Ich glaube es kaum. Das lag nicht in Jackstraws Wesen. Ich konnte seine Gedanken erraten. Ich kannte das explosive Temperament, das unter dieser gelassenen Fassade schlummerte. Wären wir jetzt einem unbewaffneten Smallwood und einem unbewaffneten Corazzini begegnet, glaube ich kaum, daß wir davor zurückgescheut wären, sie mit unseren Händen zu erwürgen.

Ich nehme ferner an, daß wir alle drei so erschöpft waren wie noch nie in unserem Leben, mit Frostbeulen bedeckt, blutend durstig und geschwächt durch den Mangel an Nahrung. Wir waren nicht mehr bei uns, wir gingen neben uns her.

Wir folgten dem Traktor. Wir hätten wohl auch umkehren können, in der Hoffnung, Hillcrest und seinen Leuten zu begegnen. Aber wir konnten eigentlich gar keine andere Richtung einschlagen, auch wenn wir gewollt hätten. Als Smallwood uns absetzte, waren wir bereits ziemlich weit in die sich ständig vertiefende Senke eingedrungen, die sich zum Kangalak-Gletscher hinunterschlängelte und einen vollendeten Abzugskanal für den Fallwind bildete, der vom Hochplateau herabströmte. Obwohl der Sturm schon, als man uns preisgab, recht kräftig gewesen war, hatte er nun volle Orkanstärke erreicht, und zum erstenmal hörte ich in der grönländischen Eiswüste einen Wind, der nicht von dem üblichen jammervollen Stöhnen begleitet war. Statt dessen heulte und kreischte er wie ein Hurrikan im Takelwerk eines Segelschiffs, und er führte eine Eis- und Schneemasse mit sich, die einem die Knochen zerschlug und gegen die man unter keinen Umständen hätte ankämpfen können. Deshalb marschierten wir in die einzige Richtung, die uns offenstand, und der Sturm peitschte unaufhörlich unsere gebeugten, schmerzenden Rücken.

Und wie der Rücken schmerzte! Nur drei von uns – Zagero, Jackstraw und ich – vermochten mehr als das eigene Gewicht zu schleppen, und wir hatten drei Leute bei uns, die keinen Schritt tun konnten. Mahler war noch immer bewußtlos, aber ich nahm nicht an, daß wir ihn noch lange bei uns haben würden. Zagero trug ihn endlose Stunden lang durch den weißen Alptraum, und für seine Selbstaufopferung zahlte er den allergrausamsten Preis, denn als ich einige Stunden später die erfrorenen, nutzlosen Anhängsel untersuchte, die einmal seine Hände gewesen waren, wußte ich, daß Johnny Zagero nie wieder einen Boxring betreten könnte. Auch Marie LeGarde hatte das Bewußtsein verloren, und während ich mit ihr in den Armen drauflosstolperte, hatte ich das Gefühl, es sei nur noch eine vergebliche Geste: Ohne Unterschlupf – und zwar baldigst – würde sie diese Nacht nicht überstehen. Helene war gleichfalls nach einer knappen Stunde zusammengebrochen; ihre schwachen Kräfte hatten ganz einfach versagt, und sie hing über Jackstraws Schulter. Wie wir drei, erschöpft, verhungert, fast zu Tode erstarrt, es fertigbrachten, sie so lange zu schleppen, wenn wir auch noch so oft haltmachten, übersteigt mein Begriffsvermögen. Aber Zagero besaß noch immer seine Muskelkraft, Jackstraw seine prachtvolle Kondition und ich das Verantwortungsgefühl, das mich stundenlang vorantrieb, nachdem Beine und Arme längst versagt hatten.

Hinter uns taumelte Senator Brewster einher, machmal stolperte er, ab und zu fiel er hin, doch immer wieder rappelte er sich auf und stapfte mutig weiter. Immer wieder in dieser bitteren Nacht bestand er darauf, einem von uns dreien seine Bürde abzunehmen, und taumelte unter der Last dahin, bis er dem Zusammenbruch nahe war. Trotz seines Alters war er ein kraftvoller Mann, aber das Herz, die Lunge und die Zirkulation entsprachen nicht mehr seinen Muskeln, und in dem Maße, wie die Nacht fortschritt, bot er einen immer jämmerlicheren Anblick. Die blutunterlaufenen Augen waren vor Erschöpfung fast geschlossen, das Gesicht zerfurcht von grauem Leid, und sein Atem kam in qualvollen, keuchenden Stößen, die selbst das schrille Heulen des Windes übertönten.

Zweifellos hatten Smallwood und Corazzini die Absicht gehabt, uns umkommen zu lassen, aber dabei war ihnen ein Fehler unterlaufen: Sie hatten Balto vergessen. Als sie uns verließen, war Balto wie üblich frei umhergerannt. Entweder hatten sie ihn übersehen oder überhaupt nicht mehr daran gedacht, daß es ihn gab. Balto aber hatte uns nicht vergessen, er mußte gewittert haben, daß da etwas nicht in Ordnung war, denn in all den Stunden, die wir als Gefangene auf dem Schlitten verbrachten, war er uns nie auch nur auf eine Viertelmeile in die Nähe gekommen. Sowie uns aber der Traktor abgesetzt und verlassen hatte, war er aus dem Treibschnee herbeigetrottet und hatte sich der Aufgabe gewidmet, uns zum Gletscher hinunterzuführen. Jedenfalls hofften wir, daß es sich so verhielt. Jackstraw erklärte, er folge den tief unter der Drift und dem Neuschnee begrabenen Schleifspuren der Traktorraupen. Zagero war davon nicht so ganz überzeugt. Einmal, zweimal, ein dutzendmal hörte ich ihn in dieser Nacht die gleichen Worte murmeln: »Hoffentlich weiß das Hundevieh, wo es hinwill.«

Aber Balto wußte es. Plötzlich – es mochte irgendwann zwischen Mitternacht und drei Uhr morgens sein – blieb er stehen, reckte den Hals und stieß seinen langgezogenen, unheimlichen Wolfsruf aus. Er schien einer Antwort zu lauschen, aber wenn er etwas hörte, lag es außerhalb unseres Bereichs. Er jedoch schien befriedigt zu sein, denn er änderte mit einemmal die Richtung und bog nach links in den Schneesturm ab. Auf Jackstraws Wink folgten wir ihm.

Drei Minuten später stießen wir auf den Hundeschlitten, neben dem zwischen hohen Schneewehen zwei der Hunde kuschelten, mit dem Rücken zum Wind, die Schnauzen am Bauch und die langen, buschigen Schwänze über die Augen gebettet. Bevor wir sie greifen konnten, waren sie aufgesprungen und verschwunden. Es blieb nur der Schlitten.

Offenbar hatte Smallwood, der uns nicht mehr zutraute, diese Stelle zu erreichen, die Hunde und den Schlitten als nutzlose Belastung losgekoppelt – zuvor aber die Hundeleinen durchgeschnitten und, wie ich ingrimmig feststellte, sämtliche Hüllen und auch den magnetischen Kompaß entfernt. Er dachte immer an alles.

Binnen drei Minuten hatten wir die zerschnittenen Reste der Hundekoppel zusammengeflickt und waren wieder unterwegs. Marie LeGarde, Mahler und Helene lagen auf den dünnen Holzplanken. Natürlich mußten wir selber den Schlitten ziehen, aber das war eine Kleinigkeit. Jackstraw, Zagero und ich fühlten uns maßlos erleichtert. Freilich nur vorübergehend.

Wir näherten uns dem glatten Eis des Kangalak-Gletschers, kamen aber nicht schneller vorwärts als früher, bevor wir den Schlitten gefunden hatten. Der Wind steigerte sich jetzt zu seinem Höhepunkt; waagerecht fegte er am Boden entlang, in gewaltigen Rauchwirbeln, welche die Sicht auf Null herabdrückten. Wir mußten haltmachen und uns aneinander anklammern, damit keiner von uns davongeweht wurde und für ewige Zeiten den Blicken entschwand. Mehrmals fiel Mahler, der sich in seinem Koma unruhig bewegte, vom Schlitten, bis ich schließlich Brewster veranlaßte, sich hinten draufzusetzen und aufzupassen. Er protestierte heftig, befolgte aber meinen Befehl.

Von nun an kann ich mich kaum noch an etwas erinnern; ich glaube, ich muß das Bewußtsein verloren haben, aber mit geschlossenen Augen auf bleiernen, erfrorenen Füßen weitergestapft sein. Das erste, woran ich mich bewußt entsinne, nachdem ich Brewster ganz hinten auf dem Schlitten untergebracht hatte, war, daß mich jemand mahnend an der Schulter rüttelte. Es war Jackstraw.

»Nicht weiter!« schrie er mir ins Ohr. »Wir müssen haltmachen, Dr. Mason, und warten, bis sich der Wind erschöpft hat. Das überleben wir nicht.«

Ich erwiderte etwas, das ich selber nicht verstehen konnte, aber Jackstraw hielt es für eine Einwilligung und begann, den Schlitten an die steilen Hang des Gletschertals zu zerren, an die Leeseite einiger Schneewehen, die sich dort in den Ritzen angehäuft hatten. Es war keine gar so große Erleichterung, aber der Wind und die Beschwerden des Blizzards machten sich weniger bemerkbar. Wir legten die drei Kranken in den kläglichen Unterschlupf, den der Schneewall uns bot. Ich wollte mich gerade hinfallen lassen, als ich merkte, daß jemand fehlte.

»Mein Gott!« rief ich Jackstraw ins Ohr. »Der Senator – wir haben ihn verloren! Ich kehre um und sehe nach. Ich bin gleich wieder da.«

»Bleiben Sie hier.« Der Griff um meinen Arm gab mir deutlich zu verstehen, daß Jackstraw nicht zögern würde, mich im Notfall mit Gewalt zurückzuhalten. »Sie kämen nie wieder, Doktor. Balto! Balto!« Er rief dem Hund einige Eskimoworte zu, die mir nichts besagten, aber der große Polarhund schien zu verstehen, denn im Nu war er verschwunden und folgte der Richtung von Jackstraws ausgestreckter Hand. Nach zwei Minuten war er wieder da.

»Hat er ihn gefunden?« fragte ich Jackstraw.

Jackstraw nickte stumm.

»Holen wir ihn her.«

Balto führte uns zu ihm, aber wir nahmen ihn nicht mit. Wir ließen ihn dort liegen, wo wir ihn gefunden hatten, mit dem Gesicht im Schnee, tot. Der Blizzard breitete schon sein Bahrtuch über ihn. In einer Stunde würde er nur noch ein konturloser weißer Hügel in einem konturlosen weißen Tal sein.

Wie lange wir dort lagen, wir sechs und Balto, dicht zusammengedrängt der Wärme wegen, bewußtlos oder schlummernd, während der orkanartige Schneesturm sein heulendes Crescendo erreichte und dann überschritt, weiß ich nicht. Vermutlich nur eine halbe Stunde, vielleicht nicht einmal so lange. Als ich steif und betäubt erwachte, griff ich nach Jackstraws Stablampe. Es war Punkt vier Uhr morgens.

Ich sah mich nach den anderen um. Jackstraw war hellwach. Ich bin nahezu überzeugt, daß er kein Auge geschlossen hatte, damit nicht einer von uns aus dem Schlummer in jenen behaglichen Kälteschlaf hinübergleite, aus dem es kein Erwachen mehr gegeben hätte. Zagero bewegte sich. Daß sie – und ich – mit dem Leben davonkommen würden, bezweifelte ich nicht. Helenes Fall war zweifelhaft. Ein siebzehnjähriger Mensch besitzt zwar nicht viel Ausdauer, aber für gewöhnlich eine ziemlich große Elastizität und ein beträchtliches Regenerationsvermögen; doch diese Eigenschaften schienen Helene im Stich gelassen zu haben. Nach dem Tod ihrer Arbeitgeberin und bis zum Zeitpunkt ihres Zusammenbruchs hatte sie sich seltsam zurückgezogen und auf nichts mehr reagiert. Ich vermutete, der Tod Mrs. Dansby-Gregg müsse sie mehr getroffen haben, als jeder von uns angenommen hätte.

Ich fragte Jackstraw, ob er so gut sein wolle, ihre Hände zu massieren, und beschäftigte mich dann mit Mahler und Marie LeGarde.

»Die beiden sehen nicht gerade blühend aus.« Auch Zagero musterte sie forschend. »Wie stehen die Chancen, Doktor?«

»Ich weiß es nicht«, erwiderte ich müde. »Ich weiß es wirklich nicht.«

»Nehmen Sie sich's nicht zu Herzen, Doktor. Sie können nichts dafür.« Zagero deutete auf die schneedurchwirbelte Leere und Öde des Gletschers. »Ihre Apotheke ist eben nicht sehr gut assortiert.«

»Weiß Gott!« Ich lächelte matt, zeigte dann mit einem Kopfnicken auf Mahler. »Bücken Sie sich und hören Sie seinen Atem ab. Das Ende rückt heran. Für gewöhnlich würde ich sagen, noch ein paar Stunden. Bei Mahler weiß ich es nicht. Er hat einen zähen Lebenswillen, sehr viel Kraft, einen Glauben – alles... Aber in zwölf Stunden wird er tot sein.«

»Und was für eine Frist geben Sie mir, Dr. Mason?«

Ich drehte mich um und blickte auf Marie LeGarde hinunter. Ihre Stimme war nur noch ein schwaches, heiseres Flüstern. Sie versuchte zu lächeln, aber das Lächeln wurde zu einer kläglichen Grimasse. Weder im Blick noch in der Stimme lag Humor.

»Mein Gott, Sie sind zu sich gekommen!« Ich zog ihr die Handschuhe aus und begann die erfrorenen, abgezehrten Hände zu massieren. »Das ist ja wunderbar. Wie fühlen Sie sich, Miß LeGarde?«

»Was glauben Sie, wie ich mich fühle?« sagte sie mit einem

Anflug ihrer früheren Munterkeit. »Versuchen Sie nicht, mich abzuwimmeln, Peter. Wie lange noch?«

»Etwa tausend weitere Hervorrufe im alten Adelphi.« Das Licht kam von der Stablampe, die ich mit dem Griff nach unten in den Schnee gesteckt hatte, und ich beugte mich vor, so daß mein Gesicht beschattet, meine Miene nicht zu enträtseln war. »Im Ernst: Daß Sie wieder zu Bewußtsein gekommen sind, ist ein gutes Zeichen.«

»Sie sind ein empörender Lügner, Peter. Besteht denn für uns alle noch eine gewisse Hoffnung?«

»Bestimmt.« Ich sagte es wider besseres Wissen. Nur vom Thema wegkommen... »Morgen nachmittag – das heißt, heute nachmittag werden wir die Küste erreichen und begründete Aussicht haben, von einem Schiff oder einem Flugzeug aufgenommen zu werden. Es können von hier aus noch höchstens dreißig Kilometer sein.«

»Dreißig Kilometer?« warf Zagero ein. »In diesem Windchen?«

»Es hält nicht mehr lange an«, erwiderte Jackstraw. »Diese Williwaws gehen immer sehr schnell vorüber. Diesmal hat es bereits länger gedauert als meistens. Es läßt schon nach. Morgen ist es klar, windstill und kalt.«

»Die Kälte wird eine wahre Abwechslung sein«, sagte Zagero aus tiefstem Herzen. Er blickte an mir vorbei. »Die alte Dame ist schon wieder abgesackt, Doktor.«

»Ja.« Ich hörte auf, ihre Hände zu massieren, und zog ihr wieder die Handschuhe an. »Schauen wir uns einmal Ihre Pfoten an, Mr. Zagero, ja?«

»Für Sie heiße ich ›Johnny‹, Doktor. Ich bin in allen Ehren entlassen worden, mit weißer Weste, vergessen Sie das nicht.« Er hielt mir seine breiten Hände hin. »Hübsch, was?«

Sie waren nicht hübsch. Schlimmere Frostschäden hatte ich noch nie gesehen, und ich hatte nur allzu viele gesehen, in Korea und auch später. Die Hände waren weiß und gelb und starr. Die Haut war unter lauter Blasen verschwunden, und die wenigen warmen Stellen, die ich entdecken konnte, verrieten mir, daß ein großer Teil des Gewebes für immer zerstört war.

»Werde ich die Hände verlieren, Doktor? Ich meine – Amputation?«

»Nein.« Ich schüttelte entschieden den Kopf. Ich hielt es für zwecklos, zu erwähnen, daß einige Finger hoffnungslos zugerichtet waren.

»Werde ich je wieder boxen können?« Immer noch der gleiche ungezwungene Ton.

»Das ist schwer zu sagen. Man kann nie wissen...«

»Werde ich je wieder boxen?«

»Nie wieder.«

Eine lange Pause. Dann sagte er ruhig: »Okay – dann weiß ich, woran ich bin. Die Firma ›Consolidated Plastics‹ in Trenton in New Jersey hat eine neue Arbeitskraft bekommen. Die Boxerei war ohnedies viel zu anstrengend.« Es lag keinerlei Bedauern, ja nicht einmal Resignation in seiner Stimme, aber auch das besagte nichts; genauso wie ich hatte er wichtigere Sorgen. Er blickte in die Dunkelheit hinaus, drehte sich dann wieder um. »Was ist denn mit Ihrem Hund los, Jackstraw?«

»Ich weiß es nicht. Ich will lieber nachsehen.« Zweimal während unseres Gesprächs hatte Balto uns verlassen, war in dem Schnee verschwunden und nach ein paar Minuten zurückgekehrt. Er wirkte rastlos, unruhig. »Ich bleibe nicht lange weg«, erklärte Jackstraw.

Er stand auf, folgte Balto in die Dunkelheit hinaus und kehrte nach einer kleinen Weile zurück. »Kommen Sie und sehen Sie sich das da an, Dr. Mason.«

›Das da‹ war eine keine hundert Meter weit entfernte Stelle dicht am Hang des Gletschertals. Jackstraw richtete den Strahl seiner Stablampe auf das schneebedeckte Eis. Ich bückte mich, sah auf dem Boden einen schwarzen kreisrunden Fleck und ein Stück weiter weg eine kleine verfärbte Fläche: Der frischgefallene Schnee war dort hartgefroren.

»Öl aus dem Getriebekasten oder Sammeltank, Wasser aus dem Kühler«, sagte Jackstraw. Er änderte die Richtung des Lichtstrahls. »Und es sind auch noch die Spuren der Raupen zu sehen.«

»Frische Spuren?« Der Treibschnee und der ätzende Einfluß der umherfliegenden Eisteilchen hatten kaum erst begonnen, die von den Raupen hinterlassenen Rillen zu verwischen.

»Ich glaube schon. Und sie haben sich lange hier aufgehalten, Dr. Mason – schauen Sie sich die Größe des Ölflecks an.«

»Vielleicht waren sie noch hier, als wir dort hinten ankamen. Mein Gott, wenn wir nur noch weitere hundert Meter geschafft hätten!«

»Späte Reue, Dr. Mason. Ja, sicher waren sie noch hier.«

»Hätten wir nicht den Motor hören müssen?«

»Nicht in diesem Sturm.«

»Jackstraw!« Ein jäher Gedanke, ein Hoffnungsstrahl. »Jackstraw, haben Sie geschlafen?«

»Nein.«

»Wie lange saßen wir fest?«

»Eine halbe Stunde, vielleicht noch weniger.«

»Und Sie glauben, daß sie noch hier waren? Mein Gott, Mann, dann können sie ja nicht weiter weg sein als knappe zwei Kilometer! Der Wind läßt nach, es wird kälter, und wenn wir hier bleiben, erfrieren wir. Vielleicht gibt es Gletscherspalten, die sie aufhalten werden...«

Ich war bereits unterwegs, laufend, schlitternd, stolpernd, Jackstraw an meiner Seite, Balto an der Spitze. Zagero stand da und wartete auf uns – und neben ihm stand die junge Deutsche.

»Helene!« Ich nahm ihre Hände. »Wie fühlen Sie sich?«

»Besser, viel besser.« Es klang aber gar nicht danach.

»Können Sie gehen? Sehr schön.« Ich fühlte neue Hoffnung durch meine Adern strömen, während ich Zagero schnell informierte.

Nach einer knappen Minute hatten wir Mahler und Marie LeGarde auf dem Schlitten untergebracht und zogen los.

Aber die Hoffnung war kurzlebig. Wir beeilten uns, so gut es ging, machmal liefen wir stolpernd drauflos, aber der Schlitten behinderte uns sehr auf der holprigen Fläche des Gletschers. Einmal schlug er um, so daß Mahler und Marie LeGarde in den Schnee fielen. Von nun an mußten wir unser Tempo verringern. Noch ein solches Umkippen oder auch nur ein allzu hartes Schuckeln, und der Schlitten würde sich in eine Bahre verwandeln. Von Zeit zu Zeit beleuchtete Jackstraw mit dem verblassenden Strahl seiner Lampe die Raupenspuren, denen wir folgten, und selbst meinem ungeschulten Auge wurde klar, daß die Spuren im Schnee jedesmal, wenn wir hinschauten, entsprechend undeutlicher geworden waren, bis endlich der Augenblick kam, da ich wußte, wir mußten die Verfolgung abbrechen und uns geschlagen geben. Wir waren jetzt schon so weit zurückgeblieben, bestimmt fünf bis sechs Kilometer, daß keine Hoffnung mehr bestand, sie einzuholen. Wir jagten einem hoffnungslosen Traum nach und brachten uns dabei um.

Jackstraw und Zagero stimmten mir zu. Wir setzten Helene auf den Schlitten, damit sie die beiden Kranken stützte, hängten uns jeder eine Koppelleine über die Schulter und stapften langsam bergab, mit gebeugtem Rücken und gesenktem Kopf, ein jeder in seine eigenen trostlosen Gedanken versunken.

Jackstraw hatte richtig prophezeit: Die Kraft des Schneesturms war erschöpft. Kein Lüftchen regte sich mehr auf der Gletscherfläche. Der Schnee war zusammen mit den schwarzen, schweren Wolken verschwunden; die weißen Sterne standen hoch am dunklen und frostigen Himmel. Es war kalt – etliche vierzig Grad unter Null, aber die Kälte war uns jetzt eine alte Bekannte. Um acht Uhr früh, etwa drei Stunden, nachdem wir den Rastplatz verlassen hatten, und ungefähr zehn Kilometer von ihm entfernt, herrschte vollendetes Fahrtwetter.

Gewiß, das Wetter war gut, die Beschaffenheit des Weges aber sehr unterschiedlich: bald erträglich, bald abscheulich. Wir waren ziemlich weit ins Gletschergebiet eingedrungen und kamen zuweilen nur mit Mühe voran. Hier und dort stießen wir auf gerade Flächen, zumeist aber konnte man sich nur an den Rändern entlangbewegen, wo die Fließgeschwindigkeit geringer und das Eis glatter ist. Wir folgten der linken Kante. Trotzdem war es sehr mühsam. Oft wurde uns der Weg durch die Trümmer der Grundmoränen versperrt, die an den Seiten emporgedrückt worden waren, und wenn sie uns erspart blieben, mußten wir immer wieder durch die dichten Schneewehen stapfen, die der soeben verebbte heftige Nachtwind hoch aufgetürmt hatte. Es gab nur einen Trost: Wenn es uns schon so viel Mühe machte, mußte es doppelt beschwerlich für den Traktor sein, dessen unregelmäßig verflochtene Raupenspuren wir so hartnäckig verfolgten.

Kurz nach acht machte ich halt, um nach den beiden Patienten auf dem Schlitten zu sehen. Es war wohl der Berufsinstinkt, aber eigentlich nur eine leere Geste. Wir konnten nichts für sie tun, außer sie möglichst oft massieren. Mahlers keuchender Atem war ein Totengeläute in unseren Ohren, und diese Schwierigkeiten beim Luftholen löschten die letzten Lebensfunken in seinem ausgemergelten, durchfrorenen Körper aus. In drei Stunden, spätestens um zwölf Uhr mittags, würde Mahler tot sein. Jetzt konnte ihn nichts mehr retten, und es war ein Wahnsinn, eine

völlig sinnlose Kraftvergeudung, ihn auf dem Schlitten mitzuschleppen. Er merkte nichts mehr, er fühlte nichts mehr, er
hätte ebenso friedlich entschlummern können, wenn wir ihn
auf dem Gletscher zurückgelassen hätten. Jedenfalls habe ich
mir das seither überlegt. Damals aber war Mahler für uns mehr
als nur ein Mensch, er war ein Symbol: Wir würden ihn erst
dann zurücklassen, wenn er seinen letzten keuchenden Atemzug getan hatte, nicht früher.

Auch Marie LeGarde lag im Sterben, aber still, lautlos, friedlich wie eine verlöschende kleine Kerze. Vielleicht starb zuerst
sie, vielleicht zuerst Mahler. Beide würden diesen Tag jedoch
nicht überleben.

Die Schwierigkeiten des Weges nahmen zu. Nicht so sehr, weil
der Gletscherhang allmählich immer steiler wurde und der Schlitten uns immer häufiger überrannte, sondern vor allem, weil
Jackstraws Stablampe fast völlig ausgebrannt war und die Spalten
und Risse, die bis dahin nur lästige Hindernisse gewesen waren,
zu einer drohenden Gefahr wurden, der wir um jeden Preis
ausweichen mußten. Nun erst zeigte sich in vollem Ausmaß, was
Balto uns wert war. Wie Jackstraw bereits an unserem ersten
Reisetag erwähnt hatte, besaß der große Polarhund eine unheimliche Witterung für Gletscherspalten, offene und zugeschneite,
bei Tageslicht und in der Dunkelheit. An diesem Morgen irrte er
sich nicht ein einziges Mal. Unablässig lief er voraus und kehrte
zurück, um uns in die ungefährlichste Richtung zu führen.
Trotzdem war unser Tempo zermürbend langsam.

Kurz nach halb neun stießen wir auf den Traktorschlitten, der
in schiefem Winkel an der Moräne lehnte. Selbst in der nahezu
kompakten Dunkelheit war deutlich zu sehen, was sich abgespielt hatte. Die Steilheit des Geländes mußte den schweren
Schlitten in ein gefährliches Anhängsel verwandelt haben, denn
an seinen Spuren hatten wir mehrmals gemerkt, wie er heftig
gegiert und sich um seine eiserne Zugstange gedreht hatte.
Offenbar hatten Smallwood und Corazzini – mit Recht – befürchtet, daß der Schlitten dabei das Hinterteil des Traktors
mitreißen und ihn auf die Seite wälzen oder, noch schlimmer,
in eine Spalte zerren könnte. Deshalb hatten sie die Zugstange
ausgehakt und den Schlitten zurückgelassen.

Soweit ich es beurteilen konnte, hatten sie von der Ladung
nichts mitgenommen – abgesehen natürlich von dem Koffer-

radio. Wir nahmen die Decken, wickelten Mahler und Marie LeGarde ein und fuhren weiter.

Nach dreihundert Metern machte ich so unvermittelt halt, daß mir der Schlitten in die Fersen fuhr und ich auf dem schlüpfrigen Eis ausrutschte. Ich stand auf und lachte leise, lachte zum erstenmal seit Tagen. Zagero trat heran und sah mir forschend in die Augen.

»Was ist denn los, Doktor?«

Wieder lachte ich und war eben im Begriff, etwas zu sagen, da schlug er mir mit der Hand hart ins Gesicht.

»Keine Geschichten, Doktor!« Seine Stimme klang schroff. »Das wird uns nicht helfen.«

»Im Gegenteil, sehr sogar!« Ich strich mir über die Wange. Ich konnte ihm seine Handlungsweise nicht übelnehmen. »Mein Gott – beinahe hätte ich's übersehen!«

»Was denn?« Er war noch immer nicht ganz davon überzeugt, daß es kein hysterischer Anfall gewesen sei.

»Kommen Sie zum Traktorschlitten mit, dann werde ich es Ihnen zeigen. Smallwood behauptet, an alles zu denken, aber jetzt hat er endlich einmal etwas übersehen. Er hat seinen ersten schweren Fehler begangen – und, lieber Mann, was für einen Fehler!« Ich machte kehrt und rannte im Laufschritt zum Traktorschlitten.

Vielerlei Geräte gehörten zur Standardausrüstung der IGJ-Trupps, sowohl für die Feldarbeit als auch in den Stützpunktlagern, und am gebräuchlichsten waren erstens die Magnesiumfakkeln, die bereits vor mehr als einem Vierteljahrhundert in der Arktis allgemein verwendet wurden – als Positionsfeuer sind sie in den langen Polarnächten unentbehrlich –, und zweitens, die ›Radiosonden‹. Keinen anderen Ausrüstungsgegenstand hatten wir in so reichlicher Menge mit wie gerade die Radiosonden, denn ohne sie hätten wir unsere hauptsächliche Aufgabe nicht durchführen können, nämlich Angaben über Dichte, Druck, Temperatur, Feuchtigkeit und Windrichtungen in den oberen Luftschichten zu sammeln. Diese ›Sonden‹, die noch zusammen mit den Zelten, Seilen, Beilen und Schaufeln, für die wir bisher keine Anwendung gefunden hatten, in Kisten verpackt waren, sind Ballons mit kleinen Funkgeräten, die aus Höhen von dreißig- bis fünfzigtausend Metern Informationen übermitteln. Wir waren auch mit ›Rockoons‹ ausgerüstet, Funkraketen, die durch Ballons über die dichteren Schichten der Atmosphäre hinausgetragen und erst dort abgefeuert werden. Im Augenblick aber konnte ich die Funkraketen nicht gebrauchen, und auch nicht die Ballons in ihrem normalen Operationsbereich – für unsere Zwecke waren fünfzehnhundert Meter am besten geeignet.

Der matte Schein der Stablampe genügte uns völlig. Jackstraw und ich hatten hundertmal mit diesen Geräten hantiert. Den Ballon an den Wasserstoffzylinder anzuschließen, das Funkgerät loszukoppeln und durch drei mit Lunten versehene Magnesiumfackeln zu ersetzen, dauerte nur wenige Minuten. Wir steckten die Zündschnüre an, schnitten die Halteleine durch und hatten bereits einen zweiten Ballon am Zylinder, bevor der erste eine Höhe von hundertfünfzig Metern erreicht hatte. Als wir soeben den dritten aufbliesen und das Funkgerät entfernten, entfaltete sich die erste Fackel – nun etwa dreizehnhundert Meter hoch – zu einem glitzernden Strahlenglanz.

Mehr hätte ich mir nicht wünschen können, ja es war besser als ich es mir je erhofft hatte, und Zageros kräftiger Schlag auf meine Schulter zeigte, wie vergnügt er meine Gefühle teilte.

»Dr. Mason«, erklärte er feierlich, »ich nehme alles zurück – alles, was ich je über Sie geäußert habe. Das ist genial, Dr. Mason.«

»Es ist nicht übel«, erwiderte ich zustimmend, und in der Tat: Wer bei dieser vollendeten Sicht das blendende Gefunkel der Fackeln nicht auf eine Entfernung bis zu fünfzig Kilometern sah, mußte blind sein. Das heißt, wenn man in die richtige Richtung blickte; aber ich war überzeugt, es bestand keine Gefahr, daß Hillcrest die Signale übersah, da er fünf Mann bei sich hatte und sie alle bestimmt nach uns Ausschau hielten.

Die zweite Fackel, beträchtlich höher, erwachte in dem Augenblick zum Leben, da die erste erlosch, und nun kam mir noch ein Gedanke, nämlich, daß die Schiffe, die möglicherweise an der Küste patrouillierten, eine Peilmöglichkeit haben würden, deren Sinn sie unter keinen Umständen verkennen konnten. Dann aber merkte ich, wie Jackstraw und Zagero mich ansahen, und obwohl ich im Dunkeln ihre Mienen nicht deuten konnte, verriet mir ihr Schweigen, was sie beide dachten. Und mit einemmal war ich gar nicht mehr so froh. Alles sprach dafür, daß auch Smallwood und Corazzini – sie konnten nicht weiter als einige Kilometer von uns entfernt sein – die Fackeln gesehen hatten. Sie würden wissen, was sie bedeuteten, sie würden wissen, daß das der erste Ruck an dem Zugband des Netzes war, das sich vielleicht in diesem Augenblick um sie zusammenzuziehen begann. Nicht genug damit, daß sie gefährliche, rücksichtslose Mörder waren – nun würden sie noch außerdem erschrockene Mörder sein. Und sie hatten Margaret Ross und Johnnys Vater bei sich. Aber ich wußte, daß mir keine Wahl blieb. Ich bemühte mich, jeden Gedanken an die Geiseln beiseite zu schieben, drehte mich um und blickte dem Ballon nach, den wir soeben losgeschickt hatten.

So aufmerksam beobachtete ich den Ballon, daß mir beinahe etwas viel, viel Wichtigeres entgangen wäre. Aber Jackstraw entging es nicht. Er ließ sich nie etwas entgehen. Ich spürte seine Hand auf meinem Arm, drehte mich um, sah die kräftigen weißen Zähne in dem breitesten Lächeln erglänzen, das ich seit Wochen erlebt hatte, wandte mich abermals zur Seite und folgte der Richtung seines ausgestreckten Arms, gerade rechtzeitig, um tief am südöstlichen Horizont in einem Abstand von knappen zehn Kilometern den im Bogen erdwärts gleitenden Glanz einer Signalrakete zu erblicken.

Unsere Gefühle waren nicht zu beschreiben. Nie in meinem Leben hatte ich etwas auch nur halb so Herrliches gesehen, und herrlicher war auch nicht, zwanzig Minuten später, das schaukelnde grelle Scheinwerferlicht der Sno-Cat, als es über eine Bodenerhebung emporstieg und auf uns zusteuerte – wir waren vom Gletscher auf das darüberliegende flache Plateau hinaufgeklettert –, nachdem wir soeben unsere letzte Fackel angezündet hatten und sie an einer langen Metallstange unaufhörlich und wie verrückt über unseren Köpfen herumschwenkten. Ein Jahrhundert schien zu verstreichen, obwohl es vermutlich nicht mehr als zehn Minuten waren, bis die rotgelbe Sno-Cat neben uns hielt und hilfsbereite Arme sich herabstreckten, um uns in die unglaubliche Wärme und Behaglichkeit dieser hervorragend ausgestatteten und isolierten Kabine zu ziehen.

Hillcrest war ein stämmiger Bulle von einem Mann, mit rotem Gesicht, schwarzem Bart, jovial, selbstsicher, mit einem gewaltigen Lebenshunger und einem trügerischen Aussehen, hinter dem sich sehr viel Köpfchen und Tüchtigkeit verbargen. Es tat mir wohl, so dazusitzen, ein Glas Cognac in der Hand, entspannt – wenn auch nur einen Augenblick lang, aber zum erstenmal seit fünf Tagen –, und ihn bloß anzuschauen. Ich merkte, daß unser Anblick ihm weniger Freude bereitete. In der hellen Deckenbeleuchtung sah ich deutlich unsere gelblich verfärbten und ausgemergelten Gesichter, die blutenden, eiternden, fast unbrauchbaren Hände mit den schwarzen Nägeln, und ich war selber erschüttert – aber er wußte es gut zu verbergen und beschäftigte sich damit, Stärkungsmittel auszuteilen, Mahler und Marie LeGarde in zwei tiefe, mit Heizkissen versehene Kojen zu betten und die Bemühungen des Kochs zu überwachen, der ein dampfend heißes Essen zubereitet hatte. Das alles erledigte er, bevor er auch nur eine einzige Frage an uns richtete.

»Schön«, sagte er forsch. »Das Wichtigste zuerst. Wo ist der Citroën? Ich nehme an, daß sich der Geschoßmechanismus noch auf dem Traktor befindet. Junge, Junge, Sie haben ja gar keine Ahnung, wie viele Herzanfälle das schon verursacht hat!«

»Das ist nicht das Wichtigste«, erwiderte ich ruhig. Ich deutete auf Mahler, dessen heiserer Atem den Raum erfüllte. »Der Mann liegt im Sterben.«

»Alles ist geordnet«, sagte er mit dröhnender Stimme. Er zeigte mit dem Daumen auf Joss, der nach der ersten freudigen Begrüßung zu seinem Funkzeug in der Ecke zurückgekehrt war.

»Seit mehr als vierundzwanzig Stunden hat der junge Mann sein Gerät nicht verlassen – seit wir Ihren ›Mayday‹-Ruf erhalten haben.« Er sah mich forschend an. »Das war aber riskant. Es wundert mich, daß es Ihnen nicht eine Kugel eingebracht hat.«

»Beinahe... Wir sprachen von Mahler.«

»Ja. Wir hatten ständig – auf derselben Wellenlänge – mit zwei Schiffen Kontakt: mit dem Zerstörer ›Wykenham‹ und dem Flugzeugträger ›Triton‹. Ich stellte mir vor, Ihre Freunde würden diese Richtung einschlagen, deshalb ist die ›Wykenham‹ über Nacht heraufgedampft und liegt jetzt vor der Küste. Die Rinnen und Lücken im Eis sind aber nicht groß genug, um der ›Triton‹ ihre Startmanöver zu gestatten. Sie befindet sich etwa hundertdreißig Kilometer südlich von hier in freiem Gewässer.«

»Hundertdreißig Kilometer!« Ich gab mir keine Mühe, meine Bestürzung und Enttäuschung zu verhehlen. Ich hatte eine leise, absurde Hoffnung gehegt, daß wir vielleicht imstande sein würden, den Sterbenden zu retten. »Hundertdreißig Kilometer!«

»Ich habe Neuigkeiten für Sie, Doktor«, erklärte Hillcrest vergnügt. »Wir sind in das Zeitalter des Flugzeugs eingetreten.« Er wandte sich zu Joss und hob fragend die eine Braue.

»Soeben startet ein Scimitar-Düsenjäger.« Joss versuchte, seine

Erregung zu dämpfen, aber es gelang ihm nicht. »Jetzt fliegt er bereits. Kontrollzeit 9.33. Unsere erste Rakete sollen wir um 9.46 losschicken – in dreizehn Minuten. Dann zwei weitere in Abständen von dreißig Sekunden. Um 9.48 müssen wir dort, wo wir das Zeug hinhaben wollen, eine langsam brennende Magnesiumfakkel anzünden, mindestens zweihundert Meter vom Traktor entfernt.« Joss horchte abermals ein paar Sekunden, dann lächelte er. »Er sagt, wir sollen uns schleunigst davonmachen, sobald wir die Fackel angesteckt haben, sonst holen wir uns eine Beule am Kopf oder noch Schlimmeres.«

Ich wußte nicht, was ich sagen oder wo ich hinschauen sollte. Solche Augenblicke gibt es nur allzu selten. Erst jetzt wurde mir klar, wie sehr Theodore Mahler uns zu einem Symbol geworden war, wieviel seine Rettung mir bedeutete. Hillcrest mußte es intuitiv begriffen haben, denn er sagte sogleich in seinem normalen sachlichen Ton:

»Kundendienst, alter Freund. Leider konnten wir es nicht schon früher besorgen. Die ›Triton‹ wollte keine teure Maschine und keinen noch kostbareren Piloten in einem Tiefflug über so gut wie unerforschtem Gebiet riskieren, solange man nicht genau wußte, daß Mahler noch lebt.«

»Sie haben alles getan, was man von ihnen verlangen konnte.« Ein plötzlicher Gedanke schoß mir durch den Kopf. »Diese Flugzeuge haben in Friedenszeiten für gewöhnlich keine Munition mit, nein?«

»Seien Sie unbesorgt«, erwiderte Hillcrest. Er legte uns mit einem Suppenlöffel ein dampfendes Ragout auf die Teller. »Jetzt wird nicht mehr gefackelt. Seit Mitternacht ist eine Scimitar-Staffel startbereit mit geladenen Geschützen... Schön, Doktor. Nun erzählen Sie mal.«

Ich tat es so kurz und präzise wie möglich. Schließlich klatschte er in die Hände.

»Etwa fünf Meilen vor uns. Und dann mit Horrido über den Gletscher und ihnen hinterher!« Voller Vorfreude rieb er sich die Hände. »Wir fahren dreimal so schnell und haben dreimal soviel Waffen. So sollte jede anständige IGJ-Expedition geführt werden!«

Ich lächelte matt, um auf seinen übersprudelnden Enthusiasmus zu antworten. In Wirklichkeit war mir alles andere als zum Lächeln zumute. Nun, da ich endlich die Sorge um Mahler los war

– und in dieser Wärme bei reichlicher Nahrung wohl auch die Sorge um Marie LeGarde –, kehrte meine Angst um Margaret mit verdoppelter Stärke zurück.

»Kein Horrido auf dem Gletscher, Captain! Ganz abgesehen davon, daß das Terrain erbärmlich ist und Sie nicht schneller vorwärts kommen würden als der Citroën: Eine offene Verfolgung wäre eine ziemlich sichere Garantie dafür, daß Margaret Ross und Mr. Levin über den Haufen geknallt werden. Nebenbei gesagt, Mr. Levin ist Mr. Zageros Vater.«

»Was?« fragten Hillcrest und Joss wie aus einem Munde.

»Ja. Doch davon später. Haben Sie eine Karte dieser Gegend?«

»Natürlich.« Hillcrest reichte sie mir. Wie die meisten Grönlandkarten zeigte sie topographische Einzelheiten nur für die ersten zwanzig Meilen landeinwärts, aber das genügte für meine Zwecke. Der vielfach gewundene Kangalak-Gletscher, der in den Kangalak-Fjord mündet, war verzeichnet, ebenso die breite, tiefe Bucht jenseits der südlichen Fjordspitze und die nördliche Landzunge, die sich in einer flachen, glatten Kurve über viele Kilometer nach Norden zu erstreckt.«

»Wo sagten Sie, liegt der Zerstörer?« fragte ich.

»Die ›Wykenham‹? Ich weiß es nicht genau.«

»Sperrt er vielleicht hier den Kangalak-Fjord?« Ich zeigte auf die entsprechende Stelle.

»Nein, bestimmt nicht.« Er schüttelte bedauernd den Kopf.

»Der Kapitän sagt, das Packeis sei zu schwer; er dürfe sich in keine Rinne hineinwagen, für den Fall, daß sie sich schließt. Aber ich möchte wetten, daß sich dieser Fischkutter, wahrscheinlich ein besonders armiertes Boot, weit innerhalb des Fjords befindet – und in nicht sehr großer Entfernung ein U-Boot. Schauen Sie, das ist alles, was wir tun können.« Ich fuhr mit dem Finger über die Karte. »Wir müssen parallel zum Gletscher fahren, im Abstand von etwa einer Meile. Wegen der steilen Talwände wird Smallwood uns nicht sehen können, und wenn sein eigener Motor läuft, kann er uns auch nicht hören. Hier unten, am Fuß der Landspitze, die den Fjord von der Bucht im Süden trennt, ich würde sagen, etwa eine Meile vom untersten Rand des Gletschers entfernt, weichen die Seiten des Gletschers zurück und vereinigen sich mit dem Plateau. Aber es muß dort eine Moräne oder einen sonstigen Unterschlupf geben. Dort werden wir ihnen auflauern.«

»Auflauern?« Stirnrunzelnd sah er mich an. »Was ist der Unterschied zwischen Auflauern und Verfolgen? Es wird trotzdem zu einem Kampf kommen. Sie können nach wie vor der Stewardeß und Levin die Pistolen an die Stirn setzen und mit uns feilschen.«

»Es wird zu keinem Kampf kommen«, sagte ich ruhig. »Sie sind die ganze Zeit dem linken Gletscherrand gefolgt. Ich sehe keinen Grund, warum sie den Kurs ändern sollten. Etwa fünfzig Meter von unserem Versteck entfernt müßten sie sichtbar werden. Weiter draußen auf dem Gletscher kann ein Traktor nicht vorankommen.« Ich deutete mit dem Kopf auf das mit Zielfernrohr versehene Gewehr in der Ecke. »Mit diesem Gewehr trifft Jackstraw auf hundert Meter ein zehn Zentimeter breites Ziel. Ein Kopf auf fünfzig Meter Entfernung ist sechsmal so groß. Zuerst schießt er Corazzini ab, der wahrscheinlich steuert, und wenn Smallwood dann hinten den Kopf heraussteckt, was er bestimmt tun wird – na, also!«

»Aber du lieber Gott – Mann, das können Sie doch nicht tun!« Hillcrest war entsetzt. »Ohne Chance, ohne Warnung? Das ist Mord, reiner Mord.«

»Soll ich Ihnen die Leute aufzählen, die sie ermordet haben?« Ich schüttelte den Kopf. »Sie haben ja keine Ahnung, was das für Burschen sind, Hillcrest.«

»Aber...« Er unterbrach sich und wandte sich zu Jackstraw. »Von Ihnen verlangt er es. Was sagen Sie dazu?«

»Mit größtem Vergnügen«, erwiderte Jackstraw mit samtener Stimme.

Hillcrest starrte uns verständnislos an. Wahrscheinlich glaubte er, uns beide gut zu kennen. Und er kannte uns auch recht gut. Aber er wußte nicht, was wir gelitten hatten. Worte reichten nicht aus, es ihm verständlich zu machen. Die Atmosphäre war ungemütlich, sogar gespannt, und ich war Joss für seine plötzlichen, ruhigen Worte dankbar.

»9.43 – Captain Hillcrest! Noch drei Minuten.«

»Gut.« Wie ich sah, war Hillcrest über die Unterbrechung genauso froh wie ich. Er wandte sich an den Koch, dem einzigen von seinen Leuten außer Joss, der da war, denn die drei anderen hatten sich in die geräumige Führerkabine zurückgezogen, um uns Platz zu machen: »Bardey, drei Wassex-Raketen. Stellt sie auf und wartet auf Bescheid. Ich gehe selber mit der Fackel los, der

Sicherheit halber mit zweien. Wenn es soweit ist, Joss, hupen Sie!«

Ich begleitete ihn, um zuzusehen, und das Ganze klappte tadellos. Auf die Sekunde, gleich nachdem die dritte Rakete in hohem Bogen emporgestiegen und mit grellem Glanz in der bestirnten Dunkelheit über unseren Köpfen explodiert war, hörten wir aus Südosten das schrille Gewinsel herannahen, und nach unglaublich kurzer Zeit schoß heulend ein Schatten, undeutlich, schwarz und ohne Navigationslichter, etwa zweihundert Meter über uns vorbei, zog eine Kurve, kehrte mit verminderter Geschwindigkeit zurück, kurvte ein zweitesmal und war dann mit einem anschwellenden Eulenschrei in die sich langsam und leicht erhellende Dunkelheit im Südwesten entschwunden, bevor wir merkten, daß der Pilot seine Last abgeworfen hatte. Es war ein Zeichen für sein restloses Selbstvertrauen, daß er sich nicht einmal die Mühe gab, die Genauigkeit des Abwurfs zu kontrollieren.

Zwei Pakete, nicht an Fallschirmen, sondern an unscheinbar kleinen Schleppzielscheiben befestigt, schienen mit einer viel zu großen und riskanten Schnelligkeit herabzusausen. Sie landeten fast gleichzeitig keine vierzig Meter von den Magnesiumfackeln entfernt, und zwar mit solcher Wucht, daß ich überzeugt war, der Inhalt müsse zerbrochen sein. Aber ich hatte die Geschicklichkeit und Erfahrung der Flottenluftwaffe in diesen Dingen unterschätzt. Man hatte den Inhalt so wunderbar verpackt und gepolstert, daß alles völlig intakt war. Beide Pakete enthielten das gleiche: zwei Ampullen Insulin und drei Injektionsspritzen. Der Absender hatte sich gegen jedes Risiko sichern wollen. Dankbarkeit aber war in diesem Augenblick das letzte, woran ich dachte. Ich klemmte die Schachteln unter den Arm und lief Hals über Kopf zum Traktor zurück.

An die zwei Stunden lang ratterte Hillcrests Fahrer mit höchster Geschwindigkeit drauflos, und trotz seiner durch die vier breiten Raupen gewährleisteten Stabilität schwankte der schwere Traktor erschreckend hin und her. Das war ein schlimmes Gelände, von lauter Spalten durchzogen, und wir hatten einen weiten Umweg machen müssen, der uns gut fünf Kilometer vom Gletscher wegführte. Abermals bewies Jackstraws großer sibirischer Wolfshund seinen unschätzbaren Wert. Unermüdlich vorpreschend, führte er die Sno-Cat aus der Gefahrenzone heraus. Trotzdem war unser Kurs notgedrungen gewunden und krumm, obwohl wir uns leichter zurechtfinden konnten, nachdem sich das blaßgraue Licht der arktischen Mittagsstunde über die Eishaube ausgebreitet hatte.

Für uns alle war es eine Zeit der Spannung, einer ständig wachsenden Besorgnis, die unerträgliche Ausmaße annahm. Während der ersten halben Stunde hatte ich genug damit zu tun, den Verbandskasten der Sno-Cat zu brandschatzen und, so gut es ging, Mahler, Marie LeGarde, Helene Fleming und Jackstraw, vor allem aber Zageros erfrorene Hände zu betreuen. Dann unterwarf ich mich selber Hillcrests rauher Behandlung. Nachher aber gab es für mich nichts mehr zu tun, für mich nicht und auch für die anderen nicht, außer dem ständigen Bemühen, nicht daran zu denken, was geschehen würde, wenn der Citroën die vor uns liegende Gletscherzunge erreichte.

Unvermittelt, Punkt zwölf, hielt der Traktor. Wir stiegen aus, um zu sehen, was los sei, und sehr bald stellte sich heraus, daß der Fahrer weitere Weisungen abwartete. Wir hatten unvermittelt den Buckel des letzten Eiskammes überschritten, der zwischen uns und dem eigentlichen Gletscher lag.

Auch im Zwielicht des arktischen Tages war das sich plötzlich vor uns entfaltende Panorama atemberaubend. Gegen Norden zu erstreckte sich die Eisfläche bis an die Küste hinunter und bildete senkrechte und an manchen Stellen überhängende Klippen, das wohlbekannte Phänomen der ›Chinesischen Polarmauer‹. Kein Mensch, kein Fahrzeug kann dort landen.

Gegen Süden zu und vom Fjord durch den kilometerlangen Rücken seiner ins Meer hinausragenden Wand getrennt, lag eine breite Bucht, umkränzt von einer niedrigen, eisfreien Felsküste, die hier und dort um den vom Eisplateau herabgewehten Schneepolstern gleichsam wattiert war. Hier würden wir uns, wenn überhaupt, einschiffen müssen.

In der Mitte, zwischen den niedrigen Fjordwänden, senkte sich der Kangalak-Gletscher, an der Zunge etwa dreihundert Meter breit, in einer großen und etwa auf halbem Wege um dreißig Grad scharf nach rechts abbiegenden Hakenkurve in die Wasser des Fjords hinunter und endete abrupt mit der oberen Fläche etwa dreißig bis fünfzig Meter über dem darunterliegenden, ganz mit Packeis übersäten Wasser. In der ersten Hälfte ihrer Gesamtlänge neigte sich die Zunge recht schroff von rechts nach links zu den Nunataks hinab, halbmondförmig von den Moränentrümmern umsäumt, die am Rand der Kurve aus dem Eis hervorstachen. Die Oberfläche des Gletschers war ein Alptraum voller Längs- und Querspalten, die zum Teil eine Tiefe von sechzig Metern erreichten, gähnende Klüfte, gespickt mit ›Seraks‹ – den unregelmäßigen, oft messerscharfen Eiszapfen, die zwischen den Wänden der größeren Spalten emporwachsen. Bestimmt war Smallwood nicht so desperat, so wahnsinnig, sich mit dem Citroën dort hinauszuwagen. Ganz abgesehen von den Spalten, die Steilheit, mit der das Gelände sich bergab und nach links neigte, würde genügen, den Traktor hoffnungslos ins Schlittern zu bringen.

Und hinter allem lag das Meer, die mit Inseln übersäten, eisgefüllten Wasser der Baffinbai, das Ganze irgendwie weltverloren, unirdisch.

Zwei Dinge aber waren durchaus von dieser Welt: zwei Schiffe. Das eine gegen Südwesten zu war unverkennbar, obwohl seine Umrisse durch den wirbelnden Dunst verwischt wurden. Diese scharfgeschnittene und schlanke Silhouette wäre überall unverkennbar gewesen: Es war ein Zerstörer, es konnte nur die ›Wykenham‹ sein, die sich langsam durch die eisgefüllten Wasser der Bucht zu unserer Linken auf die Küste zutastete. Ein Anblick, herzerfreuend, unendlich tröstlich. Zumindest hätte er es sein sollen. Aber nach dem ersten flüchtigen Blick verlor ich jedes Interesse. Meine Aufmerksamkeit wurde völlig von dem zweiten Fahrzeug in Anspruch genommen.

Ich konnte es nicht ganz sehen, der Rumpf war zum größten Teil durch den Steilrand des Gletschers verdeckt, aber die kleine viereckige Brücke, die beiden Masten und der dem Meer zugewandte breite Bug hoben sich deutlich von den spiegelglatten Gewässern des inneren Fjords und dem schrägen, eisfreien Gestein ab, das seine Backbordfenster streifte. Ich sah keine Flagge. Es war zweifellos ein Fischkutter, und ich überlegte mir ingrimmig, daß es ein recht besonderer Kutter sein mußte, der sich den noch immer sichtbaren Pfad durch die mit Eis vollgepfropfte Mündung des Fjords gebahnt hatte.

Mein Blick kehrte zu dem Kutter zurück, und eine Sekunde später nahm ich Hillcrest das Fernglas weg, ohne auch nur bitte zu sagen. Ein Blick genügte. Selbst im schattigen Dunkel des tiefen Fjords erlaubte mir das graue Mittagslicht, alles zu sehen, was ich sehen wollte. Und ich sah bedeutend mehr, als ich sehen wollte. Ein paar Augenblicke lang stand ich regungslos da und horchte verzweifelt nach dem Motorgeräusch des Citroën. Sekunden später war ich in der Traktorkabine am Funktisch.

»Sind wir noch mit der ›Triton‹ in Verbindung, Joss?« Er nickte, und ich fuhr hastig fort: »Teilen Sie mit, daß ein Fischkutter im Kangalak-Fjord eine Gruppe von Menschen an Land setzt. Zehn, zwölf, ich weiß es nicht genau. Und ich weiß auch nicht, ob sie bewaffnet sind. Es sollte mich verdammt wundern, wenn sie es nicht wären. Ich bin überzeugt, daß sie auf den Gletscher hinaufwollen.«

»Sofort?«

»Selbstverständlich!« sagte ich schroff. »Geben Sie sofort diese Mitteilung durch. Und...«

»Nein, ich meine, wollen sie sofort auf den Gletscher hinauf?«

»Sie werden zehn bis fünfzehn Minuten brauchen. Die Fjordwände sind ziemlich steil, und es ist eine mühsame Kletterei... Gleich danach ersuchen Sie die ›Wykenham‹, einen Landungstrupp auszuschiffen. Einen bewaffneten Trupp. Und sagen Sie ihnen um Gottes willen, daß es dringend ist.«

»Werden sie denn rechtzeitig hier sein, Doktor?« Zagero stand hinter mir. »Bevor sie ein Boot aussetzen, an Land rudern, die Felszunge überqueren – ist doch fast ein Kilometer –, sind allein schon fünfzehn Minuten um, vielleicht sogar mehr.«

»Ich weiß«, sagte ich gereizt. Gereizt, aber leise, weil Joss bereits ins Tischmikrofon sprach, mit der schnellen, aber seltsam beherrschten Stakkatostimme des geschulten Funkers. »Wenn Sie etwas Besseres vorzuschlagen haben.«

»Sie kommen!« Soeben war Hillcrests aufgeregtes Gesicht in der Tür erschienen. »Los! Wir hören sie über den Gletscher rattern!«

Ja, sie waren zu hören. Das tiefe, gutturale Schnaufen dieses schweren Motors hätte man überall sofort wiedererkannt. Schleunigst entfernten wir uns etwa hundert Meter weit von der Moränenmulde, in der wir die Sno-Cat geparkt hatten – Jackstraw, Hillcrest und ich, jeder mit einem Gewehr in der Hand – und duckten uns hinter einige vereiste Felsblöcke am Rand des Gletschers. Von unserem Platz aus konnten wir den Gletscher seiner ganzen Breite nach und bis zu einem mehrere hundert Meter entfernten Punkt überblicken, wo er in einer scharfen Kurve den Blicken entschwand.

Was ich sah, gefiel mir. Ich setzte alles auf die Hoffnung, daß der Citroën sich noch immer auf derselben Seite des Gletschers befinden würde, wo wir ihn zuletzt gesehen hatten, und das hielt ich nun auch für sehr wahrscheinlich. Das gesamte Zentrum des Gletschers war voller teuflischer Spalten, die von Haaresbreite bis zur Spanne von über sechs Metern reichten, quer, der Länge nach, diagonal, und soviel ich sehen konnte, erstreckten sie sich bis an die andere Seite. Hier aber, am linken Rand, dicht an dem Moränenwall, gab es eine verhältnismäßig freie Fahrbahn, die nur in größeren Abständen zerklüftet und zehn Meter breit war. Zehn Meter. Auf diese geringe Entfernung hin würde Jackstraw nie sein Ziel verfehlen, auch wenn es sich bewegte...

Plötzlich kam das Knacken des Verschlusses, unnatürlich laut trotz des immer näher rückenden Motorgeräuschs, und Jackstraw, der Länge nach in den Schnee hingestreckt, hatte das Gewehr an die Schulter gelegt. Und dann wurde mit einemmal der Citroën sichtbar. Langsam senkte Jackstraw die Waffe. Ich hatte ein gewagtes Spiel gespielt und verloren. Der Traktor befand sich an der gegenüberliegenden Seite des Gletschers und folgte so dicht wie nur möglich der rechten Kante. Auch an dem allernächsten Punkt würde er noch immer dreihundert Meter von uns entfernt sein.

Zwölftes Kapitel

Samstag, 12.15 – 12.30 Uhr

Der Citroën hielt einen sehr launischen Kurs: Bald fuhr er so langsam, daß er beinahe stehenblieb, bald ruckte er los und legte mit einem Satz zwanzig bis dreißig Meter zurück. Obwohl wir auf diese Entfernung hin die Oberfläche des Gletschers nicht sehen konnten, war es offensichtlich, daß der Fahrer sich mühsam um die Eiskuppen und die Spalten herumschlängelte, so schnell es eben ging. Seine Durchschnittsgeschwindigkeit aber war gering. Vermutlich würde er fast fünf Minuten brauchen, um die uns genau gegenüberliegende Stelle zu erreichen, wo sich der Gletscher scharf nach links zum Fjord hinuntersenkte.

Das alles stellte ich mechanisch fest, ohne es mir bewußt zu überlegen. Mich bewegte nur der eine Gedanke: Smallwood und Corazzini hatten uns bis zuletzt überlistet. Jetzt war mir klar, daß sie durch die Raketen gewarnt worden waren, die Hillcrest abgefeuert hatte, um dem Scimitar unsere Position anzuzeigen, und daß sie beschlossen hatten, dieser Seite des Gletschers in möglichst weitem Bogen auszuweichen.

Fieberhaft versuchte ich eine möglichst gute Lösung zu finden. Es wäre aussichtslos gewesen, sich ihnen ohne Deckung nähern zu wollen. Nach knapp zehn Metern würden sie uns erblicken und ihre Pistolen auf Margaret und Levin richten, so daß wir also gezwungen wären haltzumachen. Unternahmen wir nichts und ließen wir sie entkommen, wußte ich, daß die Chancen der Geiseln, am Leben zu bleiben, trotzdem recht gering waren. Der Fischkutter hatte bestimmt einen Namen oder eine Nummer oder beides, und ich konnte mir nicht vorstellen, daß Smallwood ihnen erlauben würde, das Fahrzeug zu identifizieren und dann uns – und sämtlichen wartenden Schiffen und Flugzeugen im Bereich Davisstraße – Baffinbai Meldung zu erstatten. Warum sollte er auch nur das kleinste Risiko auf sich nehmen, da es doch so einfach war, sie zu erschießen, ja noch viel einfacher, sie in eine Spalte zu werfen oder sie über den Rand des Gletschers in den Fjord zu stürzen... In drei Minuten mußte der Citroën die Stelle erreicht haben, die uns am nächsten lag.

»Mir scheint, sie schaffen es«, flüsterte Hillcrest. Es war, als befürchtete er, gehört zu werden, obwohl Smallwood und Corazzini ihn selbst dann nicht hätten hören können, wenn er aus vollem Hals geschrien hätte.

Ich antwortete nicht, sondern wandte den Kopf, als ich Schritte hinter mir hörte. Es war Joss, ohne Hut und Handschuhe in seiner Aufregung.

»Die ›Wykenham‹ ist vor Anker gegangen, Sir!« stieß er keuchend hervor. »Ihr...«

»Runter, Mann! Sie können gesehen werden.«

»Verzeihung.« Er ließ sich auf Hände und Knie fallen. »Ihr Motorboot steuert schon die Küste an. Vier Scimitars sind unterwegs. In zwei Minuten starten vier bis fünf Bomber mit Spreng- und Brandbomben. Sie fliegen langsamer, aber...«

»Bomber?« sagte ich gereizt. »Bomber? Was bildet man sich denn ein? Daß das die zweite Front ist?«

»Nein, Sir. Wenn Smallwood mit dem Geschoßmechanismus entwischt, will man den Kutter bombardieren. Er kommt keine hundert Meter weit.«

»Der Teufel soll den Geschoßmechanismus holen! Bedeuten ihnen Menschenleben nichts? Was gibt's, Jackstraw?«

»Lichter, Dr. Mason.« Er zeigte auf die Stelle an der Fjordwand, wo die Leute vom Kutter bereits zwei Drittel der horizontalen und vertikalen Distanz bis zum Rand des Gletschers zurückgelegt hatten. »Ich glaube, sie signalisieren.«

Ich sah es sogleich, ein kleines, aber kräftiges Licht, das unregelmäßig blinkte. Ein paar Sekunden lang schaute ich zu, dann hörte ich Joss' Stimme.

»Morse, Doktor, aber nicht unser Alphabet.«

»Sie werden wohl kaum uns zuliebe englisch signalisieren«, erwiderte ich trocken. Ich versuchte, einen ruhigen Ton zu wahren, die Angst zu vertuschen, die fast restlose Verzweiflung, die mich gepackt hatte, und ich wußte, meine Stimme klang unnatürlich sachlich, als ich fortfuhr: »Man warnt unsere Freunde Smallwood und Corazzini. Wenn wir die Kutterleute sehen können, ist es so gut wie sicher, daß die Kutterleute auch uns sehen. Aber werden Smallwood und Corazzini sie verstehen?«

Fünf Sekunden später kam die Antwort auf meine Frage: ein plötzlich anschwellendes Motorgeratter, das über den Gletscher zu uns herüberwehte. Corazzini hatte die Gefahr richtig erfaßt, jede weitere Vorsicht in den Wind geschlagen und den Motor auf höchste Touren gebracht, Er mußte desperat sein, desperat bis an die Grenze des Wahnsinns, denn kein normaler Mensch hätte das furchtbare Risiko auf sich genommen, den Traktor mit einem fast bis auf Null reduzierten Reibungskoeffizienten zwischen Raupe und Boden durch steiles Spalteis zu jagen. Oder waren ihm vielleicht die selbstmörderischen Gefahren nicht bekannt?

Während mir noch diese Gedanken durch den Kopf schossen, wußte ich, daß ich sofort handeln müsse. Die Zeit des Grübelns, falls es sie je gegeben hatte, war vorbei. Wenn man ihnen erlaubte, mit dem Traktor weiterzufahren, würden sie sich entweder auf dem Gletscher den Hals brechen oder, falls sie durch ein Wunder den unteren Gletscherrand erreichten, gleich hinterher die Geiseln töten. Stoppten wir sie jetzt, dann bestand eine leichte

Chance, Margaret und Levin zu retten, wenigstens vorläufig. Sie waren die einzigen Trümpfe, die Smallwood und Corazzini besaßen, die einzige Garantie des Entrinnens – deshalb würden sie sie schonen, so lange sie konnten. Ich mußte ganz einfach alles auf die Hoffnung setzen, daß sie sich verzweifelt dagegen sträuben würden, die Geiseln schon jetzt zu töten, da sie vom Gletscherrand noch eine volle Meile entfernt waren.

»Können Sie den Traktor stoppen?« fragte ich Jackstraw.

Er nickte, den Blick auf mich geheftet. Ich nickte stumm zurück.

»Das geht doch nicht!« rief Zagero in wildem Protest. Zum erstenmal war der schleppende Ton aus seiner Stimme gewichen. »Sie werden sie umbringen – sie werden sie umbringen! Mein Gott, Mason, wenn Sie die Kleine wirklich gern haben...«

»Ruhe!« schrie ich. Ich griff nach einer Seilrolle, nahm mein Gewehr zur Hand und fuhr brutal fort: »Wenn Sie sich einbilden, daß man Ihren Vater mit heiler Haut entlassen wird, müssen Sie total verrückt sein.«

Eine Sekunde später war ich unterwegs, stürzte ins Freie hinaus über den schmalen, dreißig Meter langen Eisstreifen, der zu der ersten Spalte führte, zuckte unwillkürlich zusammen und duckte mich, als die erste Kugel aus Jackstraws Gewehr nur wenige Meter zu meiner Rechten an mir vorbeisauste und die Kühlerhaube des Citroën durchschlug. Aber der Traktor fuhr weiter.

Ich sprang über einen schmalen Spalt, faßte festen Fuß, blickte mich einen Augenblick um, sah, daß Hillcrest, Joss, Zagero und zwei von Hillcrests Leuten mir folgten, stürzte dann weiter, mich zwischen den Rissen und Eisbuckeln hindurchschlängelnd. Was hat Zagero hier zu suchen? fragte ich mich ärgerlich. Unbewaffnet, mit zwei nutzlosen Händen? Ich sollte es bald erfahren...

Wir liefen geradenwegs über die schmalste Stelle des Gletschers auf den Punkt zu, den der Traktor erreichen mußte, wenn es Jackstraw nicht gelang, ihn zu stoppen. Jackstraws Schußlinie lag jetzt hoch über uns, aber wir hörten noch immer das schrille Zischen jedes einzelnen Geschosses, das metallische Geräusch der Einschläge. Jeder Schuß saß. Aber dieser Motor war unglaublich zäh.

Wir hatten ungefähr die Häfte des Weges zurückgelegt, da hörten wir, wie ein anderer Gang eingelegt wurde. Das schrille, unverkennbare Winseln der Raupenketten begann den Motor zu übertönen. Corazzini hatte offenbar auf dem immer abschüssigeren Hang die Herrschaft über den Traktor verloren und benützte den Motor als Bremse. Und dann, als wir keine hundert Meter mehr entfernt waren, nach einer etwas längeren Feuerpause – Jackstraw mußte wohl das Magazin ausgewechselt haben –, durchbohrte die sechste Kugel die löchrige Kühlerhaube, und der Motor blieb so unvermittelt stehen, als hätte jemand die Zündung ausgeschaltet.

Auch der Traktor blieb stehen. Das war auf diesem Steilhang erstaunlich, das letzte, das ich erwartet hätte; aber kein Zweifel, er hatte nicht nur haltgemacht, sondern war absichtlich zum Halten gebracht worden: Unverkennbar war das scharfe Kreischen der abgenützten Bremsen.

Und dann sah ich den Grund. In der Führerhütte des Traktors ging es wild zu, und als wir näher kamen, sahen wir auch, was es war. Corazzini und Solly Levin rangen wütend miteinander, und aus einer Entfernung von dreißig bis vierzig Metern hatten wir den Eindruck, daß Solly Levin unglaublicherweise die Oberhand gewann. Er hatte sich mit dem ganzen Körper auf Corazzini gestürzt, der am Steuer saß, stieß ihm heftig den kahlen Schädel ins Gesicht, und Corazzini konnte in der Enge des Raums seine weit größeren Kräfte nicht geltend machen.

Dann sprang plötzlich die Tür an der Fahrerseite auf – wir sahen es deutlich, da wir uns in dem Augenblick, als der Traktor stehenblieb, ein Stück weiter unten befunden hatten und jetzt fast von vorn auf ihn zukamen –, und die beiden Männer fielen heraus, in ein wütendes Handgemenge verwickelt. Jetzt verstanden wir, warum Levin mit dem Kopf zugestoßen hatte: Seine beiden Hände waren auf dem Rücken gefesselt. Es war von Anfang an eine verzweifelt mutige Tat gewesen, Corazzini zu überfallen, aber der alte Mann erntete nicht den Lohn, den er für seine Selbstlosigkeit verdient hätte. Gerade, als wir herankamen, zückte Corazzini seine Pistole und feuerte aus nächster Nähe auf Solly Levin, der hilflos auf dem Rücken lag, aber noch immer tapfer versuchte, seinen stämmigeren Gegner zwischen die Beine zu klemmen. Ich kam den Bruchteil einer Sekunde zu spät. Während ich mit Corazzini zusammenstieß und seine Waffe durch die Luft flog, wußte ich es. Solly Levin lag klein und verkrümmt und blutüberströmt auf dem Eis, noch bevor Corazzinis Pistole über den Rand der Gletscherspalte rutschte. Dann fühlte ich, wie ich zur Seite geschoben wurde, und Johnny Zagero blickte auf die regungslose Gestalt zu seinen Füßen hinunter. Scheinbar eine Ewigkeit, aber vermutlich nur knappe drei Sekunden lang stand er da, ohne sich zu rühren. Als er sich dann zu Corazzini umdrehte, war sein Gesicht völlig ausdruckslos.

Was ich in Corazzinis Augen sah, mochte bloß jähe Angst oder auch die Erkenntnis sein, daß er am Ende seines Weges angelangt war, man konnte es nicht sagen, so schnell wandte er sich ab und stürzte Hals über Kopf auf die zehn Meter entfernten eisbedeckten Moränenfelsen zu, um dort Schutz zu suchen, so schnell, daß ich nichts Genaues wahrnehmen konnte. Aber so schnell er auch war, Zagero war schneller. Er erwischte Corazzini, noch bevor dieser vier Schritte zurückgelegt hatte, und sie schmetterten zusammen auf das Eis hin, einander mit Fausthieben und Fußtritten, mit Zähnen und Klauen bekämpfend, verbissen in das grimmige Schweigen zweier Männer, die wissen, daß der Siegerpreis das Leben ist.

»Werfen Sie die Waffe weg!« Als ich die Stimme hinter mir hörte, fuhr ich herum, aber zuerst sah ich nur das weiße, verzerrte Gesicht von Margaret Ross, die braunen Augen getrübt von Kummer und Angst. Unwillkürlich hob ich mein Gewehr.

»Wegwerfen!« Smallwoods Stimme klang schroff, drohend, sein Gesicht wurde undeutlich hinter Margarets Schulter sichtbar, während er durch die Plane am Ende des Traktors herausblickte. Er war völlig durch ihren Körper gedeckt – und es war typisch für die Verschlagenheit des Mannes, für seine eiskalte Rechenkunst, daß er mit seinem Schachzug gewartet hatte, bis unsere Aufmerksamkeit abgelenkt war. »Ebenso Ihr Freund! Aber schnell!«

Ich zögerte, sah Hillcrest an – den einzigen, der außer uns beiden bewaffnet war –, um seine Position festzustellen, riß dann den Kopf herum, als die mit einem Schalldämpfer versehene Pistole plötzlich losknallte und Margaret einen gellenden Schmerzensschrei ausstieß. Sie faßte sich dicht über dem Ellbogen an den linken Arm.

»Schnell, habe ich gesagt. Der nächste Schuß geht in die Schulter.« Keine Sekunde lang bezweifelte ich, daß er seine Drohung wahrmachen würde. Hillcrests Gewehr und meine Waffe knallten gleichzeitig aufs Eis hin.

»Stoßt sie jetzt über den Rand der Spalte!«

Wir gehorchten, standen machtlos da und konnten nur zusehen, wie der mörderische Zweikampf auf dem Gletscher weiterging. Seit er begonnen hatte, war keiner der beiden Männer wieder auf die Beine gekommen. Noch immer wälzten sie sich herum, bald war der eine oben, bald der andere. Beide waren kräftig gebaut, Zagero aber war schwer behindert durch die Anstrengungen des furchtbaren Nachtmarsches, durch die verkrüppelten, unbrauchbaren Hände, durch die dicken Binden, die ihm nicht nur kaum erlaubten, Corazzini anzupacken und festzuhalten, sondern auch jeden seiner Schläge dämpften.

Smallwood, ohne mit der Wimper zu zucken, die Miene so ausdruckslos wie immer, hielt seine Pistole unaufhörlich auf die beiden gerichtet und wartete auf die Sekunde, da sie sich weit genug voneinander entfernen würden, um ihm klare Sicht auf Zagero zu gewähren. Nun aber lag Zagero die ganze Zeit unten, den einen Arm um Corazzinis Hals geklemmt, während der andere eine mörderische Serie kurzer Haken lieferte, von denen jeder einzelne einem totenbleichen Corazzini ein dumpfes Stöhnen entlockte. Schließlich gelang es dem durch Panik und Schmerzen zu letzter Kraftanstrengung angestachelten Corazzini, sich loszureißen, aber statt auf Smallwood zuzustürmen, wo er Zuflucht gefunden hätte, lief er zu den Moränenfelsen hin, die ihm nicht den geringsten Schutz gewährten, Zagero, katzenhaft wie immer, war nur wenige Schritte hinter ihm und bewegte sich so flink, so überraschend schnell, daß Smallwoods blitzartiger Schuß ihn verfehlte.

»Rufen Sie Ihren Freund Nielsen!« Smallwood mußte begriffen haben, was dort hinter den Felsen vor sich ging, denn seine Stimme klang plötzlich gehetzt und wild. Er gestattete sich einen hastigen Blick auf Jackstraw, der, in einigem Abstand von zwei weiteren Mitgliedern des Teams gefolgt, in gestrecktem Lauf über den Gletscher kam und keine fünfzig Meter mehr entfernt war. »Sein Gewehr! In eine Spalte! Schnell!«

»Jackstraw!« Meine Stimme war heiser und brüchig. »Werfen Sie das Gewehr weg! Er hat Miß Ross vor der Mündung seiner Pistole und wird sie erschießen.« Jackstraw bremste, rutschte übers Eis, blieb eine Weile unschlüssig stehen. Dann, auf meinen zweiten verzweifelten Ruf hin, warf er bedächtig sein Gewehr in eine Gletscherspalte und gesellte sich langsam zu uns. In diesem Augenblick packte Hillcrest meinen Arm.

»Er rührt sich, Mason! Er lebt!« Er zeigte auf Levin, der sich tatsächlich leicht bewegte. Ich hatte nie daran gedacht, Levin zu untersuchen, ich fand den Gedanken lächerlich, daß ein Berufsverbrecher wie Corazzini auf eine so kurze Entfernung hin danebenschießen sollte. Nun aber, ohne mich um Smallwoods Reaktion zu kümmern, kniete ich nieder und näherte mein Gesicht dem Kopf des alten Mannes. Hillcrest hatte recht. Der Atem war schwach, aber er war vorhanden, und nun sah ich den schmalen roten Strich, der von der Schläfe bis fast zum Nacken lief. Ich erhob mich.

»Ein Streifschuß. Wahrscheinlich eine Gehirnerschütterung – weiter nichts.« Unwillkürlich warf ich einen Blick über die Schulter zu den Felsen hin. »Aber es ist jetzt zu spät für Corazzini.«

Ich brauchte keine Augen, um zu wissen, daß dem so war. Der unsichtbare Kampf hinter den Felsblöcken war mit einer stummen, raubtierhaften Wildheit geführt worden, die weit erschreckender war als das lauteste Fluchen und Schreien. In diesem Augenblick aber, als Smallwood, Margaret Ross vor sich herschiebend, vom Traktor heruntersprang und auf die Felsen zueilen wollte, ließ ein heiserer, schriller Aufschrei, der mir eine Gänsehaut über den Nacken jagte, uns alle, selbst Smallwood, wie zu Stein erstarren. Dann kam ein langgezogenes, schluchzendes, qualvolles Stöhnen, das ebenso unvermittelt endete, wie es begonnen hatte. Nun hörte man keine Schreie mehr und kein Stöhnen, nicht mehr das Umherrutschen gestiefelter Füße auf dem Eis, kein Keuchen mehr, keine hastigen Geräusche, die von einem verzweifelten Schlagwechsel zeugten – nur Stille, eine Stille, die durch dumpfe regelmäßige Laute unterbrochen wurde, gleich dem Stampfen einer Ramme.

Smallwood hatte sich von seiner Bestürzung erholt und soeben den Felsen erreicht, als Zagero zum Vorschein kam. Smallwood trat ein wenig zur Seite und zielte auf Zagero, der sich uns langsam näherte, das Gesicht zerschunden und zerkratzt, die Hände mit den blutgetränkten Binden schlaff herabhängend, während er zwei lange rotgefleckte Verbandsstreifen hinter sich übers Eis schleppte.

»Fertig?« fragte ich.

»Fertig.«

»Gut«, sagte ich, und es war ehrlich gemeint. »Ihr Vater lebt noch, Johnny. Nur die Kopfhaut ist verletzt.«

Sein zerschlagenes Gesicht verwandelte sich, zuerst vor ungläubigem Staunen, dann vor reiner Freude. Er kniete neben Solly Levin nieder. Ich sah, wie Smallwood auf Zageros Rücken zielte.

»Nicht, Smallwood!« schrie ich. »Sonst bleiben Ihnen nur noch vier Schuß übrig.«

Seine Blicke schwenkten zu mir hin, kalte, stumpfe Mörderblicke. Dann wurde ihm der Sinn meiner Worte klar, seine Miene änderte sich fast unmerklich, und er nickte, als hätte ich einen vernünftigen Vorschlag gemacht. Er wandte sich zu Jackstraw, der ihm am nächsten stand, und sagte: »Holen Sie mein Radio heraus.«

Jackstraw gehorchte, und während er in der Traktorhütte war, stand Zagero langsam auf.

»Es sieht wirklich so aus, als ob ich ein bißchen voreilig gewesen wäre«, murmelte er. Er blickte zu den Felsen hinüber, und es lag keine Reue in seinen Zügen, nur Gleichgültigkeit. »Ein halbes Dutzend Zeugen – und alle haben gesehen, wie er sich selber totgeprügelt hat... Als nächster kommen Sie dran, Smallwood.«

»Corazzini war ein Dummkopf«, sagte Smallwood verächtlich. Die Kaltblütigkeit des Mannes war phänomenal. »Ich kann ihn leicht ersetzen. Stellen Sie das Radio hierhin, Nielsen, und begeben Sie sich zu Ihren Freunden – während ich mich zu den meinen begebe.« Er deutete mit einem Kopfnicken auf den Gletscher. »Oder haben Sie es vielleicht noch nicht bemerkt?«

Wir hatten es nicht bemerkt. Jetzt aber sahen wir sie – die ersten aus dem Kuttertrupp, wie sie über die steile Gletscherspitze heraufkletterten. Binnen Sekunden waren es ein halbes Dutzend, sie rannten, stolperten, fielen hin, rafften sich auf und kämpften sich an dem schlüpfrigen Eishang empor, so schnell es nur ging.

»Mein... äh... Empfangskomitee.« Smallwood erlaubte sich den Anflug eines Lächelns. »Ihr bleibt hier, während ich ihnen mit Miß Ross entgegengehe. Rührt euch nicht! Ich habe die junge Dame bei mir.« Der Sieg, der völlige und uneingeschränkte Sieg war in seinen Händen, aber seine Stimme, seine Miene waren wieder so ausdruckslos, so gefühllos wie immer. Er bückte sich, um das Kofferradio aufzuheben, fuhr dann herum und blickte zum Himmel auf.

Auch ich hatte es gehört, und ich wußte früher als Smallwood, was es war, weil er diesen Faktor niemals mit einkalkuliert hatte.

Aber ich brauchte ihm nichts zu erklären. Wenige Sekunden, nachdem von Süden her das erste, schrille Gekreisch zu hören gewesen war, pfiff eine Staffel von vier schnittigen Düsenjägern in einer Höhe von knapp hundert Metern über uns hinweg und kurvte gleich wieder. Dann lösten die Maschinen sich aus dem Verband, kehrten mit verminderter Geschwindigkeit zurück und zogen enge Kreise über der Gletscherzunge.

»Düsenjäger, Smallwood!« rief ich jubelnd aus. »Düsenjäger von einem Flugzeugträger. Wir haben sie herbeigefunkt. Sie haben den Auftrag, jeden, den sie den Gletscher hinuntergehen sehen, abzuschießen – besonders jeden, der einen Koffer oder ein Radio trägt.« Das war zwar eine Lüge, aber Smallwood konnte es nicht wissen. Die bloße Nähe der Düsenjäger mußte ihm als eine Bekräftigung meiner Worte erscheinen.

»Sie werden es nicht wagen«, sagte er langsam. »Auch die Frau würde dabei umkommen.«

»Sie Narr!« sagte ich verächtlich. »Erstens spielt für beide Parteien ein Menschenleben nicht die geringste Rolle im Vergleich zu dem Besitz dieses Mechanismus – Sie müßten das eigentlich am besten wissen, Smallwood –, und zweitens hat man diese Flugzeuge beauftragt, nach zwei Personen Ausschau zu halten und sie abzuschießen, wenn sie über den Gletscher hinuntergehen. In ihrer jetzigen Kleidung ist Miß Ross nicht von einem Mann zu unterscheiden, besonders nicht aus der Luft. Man wird annehmen, daß Sie und Corazzini es sind, und man wird nicht zögern, euch beide wegzuputzen!«

Ich wußte, daß Smallwood mir Glauben schenkte, weil das alles genau mit seiner eigenen Denkweise übereinstimmte – mit seiner völligen Gleichgültigkeit gegenüber einem Menschenleben. Aber er war mutig, das muß ich ihm zubilligen, und sein erstklassiges Hirn hörte nicht auf zu arbeiten.

»Ich habe es nicht eilig«, sagte er gelassen. Nun hatte er wieder sein Gleichgewicht zurückgewonnen. »Sollen sie kreisen, so lange sie wollen, sollen sie sich ablösen lassen, mir ist es egal. Solange ich hier bei euch bin, werden sie mich nicht anrühren. In ungefähr einer Stunde wird es wieder finster, dann sage ich euch adieu. Bleiben Sie inzwischen dicht bei mir, meine Herren. Ich glaube nicht, daß *Sie* so ohne weiteres bereit sind, Miß Ross' Leben zu opfern.«

»Hört nicht auf ihn«, sagte Margaret verzweifelt. Ihre Stimme war fast ein Schluchzen, ihr Gesicht schmerzverzerrt. »Lauft weg, bitte, lauft alle weg, lauft weg! Ich weiß, daß er mich zuletzt ohnedies töten wird. Warum nicht gleich?« Sie schlug die Hände vors Gesicht. »Es liegt mir nichts mehr daran, nichts, nichts.«

»Aber mir«, sagte ich wütend. Hier halfen keine sanften Worte. »Uns allen. Seien Sie doch nicht so dumm. Alles wird gutgehen, das werden Sie sehen.«

»Ein Manneswort«, sagte Smallwood beifällig. »Nur würde ich den Schluß seiner Rede nicht weiter beachten, mein liebes Kind.«

»Geben Sie es doch auf, Smallwood«, sagte ich ruhig zu ihm. Ich hatte weder die Hoffnung noch die Absicht, diesen Fanatiker zu überreden, ich wollte nur Zeit gewinnen, denn ich hatte etwas gesehen, das meine Pulse beschleunigte: Langsam im Gänsemarsch kamen über den Gletscherrand, von derselben Stelle her, wo wir uns in den Hinterhalt gelegt hatten, etwa ein Dutzend Leute.

Ihr Anführer, das fiel mir auf, fummelte nicht mit der üblichen Pistole herum, die ein Flottenoffizier traditionsmäßig trägt, wenn er einen Landungstrupp befehligt – er hielt eine Maschinenpistole unterm Arm, die linke Hand am Lauf. Drei andere waren ebenso bewaffnet, die übrigen mit Gewehren.

»Weil man dafür sorgen wird, daß Sie diesen Gletscher nicht lebend verlassen, Smallwood«, fuhr ich fort. »Zumindest nicht den Fjord. Keiner Ihrer Freunde, die Ihnen entgegeneilen – und auch keiner der Leute, die dort unten an Bord des Fischkutters warten.«

Mein Gott, wie langsam sie näher kommen!

»Man wird den Kutter zerstören, Smallwood«, fuhr ich hastig fort. Die Leute, die vom Fußende des Gletschers her anrückten, schwenkten jetzt wild die Arme und stießen laute Warnungsrufe aus, und selbst auf die Entfernung von über einem Kilometer waren ihre Stimmen deutlich zu hören. Ich mußte versuchen, sie zu übertönen, dafür sorgen, daß Smallwood keinen Blick von mir wandte. »Man wird ihn in die Luft sprengen samt Ihnen und diesem verdammten Geschoßmechanismus. Was hat es für einen Zweck ...«

Aber es war zu spät. Smallwood hatte, gerade als ich zu sprechen anfing, die Rufe gehört, drehte den Kopf, um ins Tal hinunterzuschauen, sah die Richtung der ausgestreckten Arme, warf schnell einen Blick über die Schulter, wandte sich dann wieder zu mir, das Gesicht zu einer bestialischen Grimasse verzerrt. Endlich war seine Ruhe erschüttert.

»Wer ist das?« fragte er wütend. »Was wollen diese Leute? Schnell – oder die Frau muß dranglauben!«

»Es ist ein Landungstrupp von dem Zerstörer, der in der benachbarten Bucht liegt«, erwiderte ich in festem Ton. »Das ist das Ende, Smallwood. Vielleicht werden Sie doch noch vor Gericht kommen.«

»Ich schieße die Frau tot«, fauchte er leise.

»Man wird *Sie* totschießen, Smallwood. Man hat den Leuten befohlen, diesen Mechanismus um jeden Preis zurückzuschaffen. Jetzt wird nicht mehr gefackelt, Smallwood. Liefern Sie Ihre Waffe aus!«

Er stieß die ordinärsten Flüche aus, Worte, die ich zum erstenmal von ihm hörte, sprang auf das Führerhaus des Traktors zu und schob Margaret vor sich her, während seine Pistole einen weiten Bogen beschrieb und uns alle bedrohte. Ich begriff, was er vorhatte, was das für ein letzter verzweifelter, selbstmörderischer Versuch werden sollte, und warf mich gegen die Tür der Fahrerkabine.

»Sie Wahnsinniger!« schrie ich außer mir. »Sie werden sich umbringen, sich und die Frau...«

Die Pistole hustete leise, ich fühlte den glühenden, brennenden Schmerz im Oberarm und fiel rücklings aufs Eis, gerade in dem Augenblick, als Smallwood die Bremsen des Citroën lockerte. Sogleich setzte sich der schwere Traktor in Bewegung, die Raupenketten waren nur wenige Zentimeter von mir entfernt – da sprang Jackstraw hinzu und zerrte mich weg, sonst wären sie mir übers Gesicht gefahren. Im nächsten Augenblick war ich wieder auf den Beinen, lief hinter dem Traktor her, Jackstraw mir auf den Fersen. Die Wunde dicht unter der Achsel muß wohl verteufelt weh getan haben, aber ich spürte überhaupt nichts.

Der Traktor, der auf dem immer steileren Eishang fast gar keinen Halt mehr fand, steigerte seine Geschwindigkeit in erschreckendem Maß und hatte sehr bald einen bedeutenden Vorsprung erreicht. Wie er sämtlichen Spalten und Eisbuckeln auswich, wird mir ewig ein Rätsel bleiben, aber auf jeden Fall wich er ihnen aus, steigerte von Sekunde zu Sekunde seine Geschwindigkeit, und die Ketten gaben eine grelle, metallische Kakophonie von sich, wie sie so ihren zackigen Weg durch das holprige Gletschereis pflügten. Aber ich werde schließlich auch nie wissen, wie Jackstraw und ich all die irrsinnigen Risiken überlebten, die wir auf unserem tollen Lauf über den Hang auf uns nahmen. Außerstande, haltzumachen, sprangen wir über Spalten, an die wir uns bei normalem Verstand nie herangewagt hätten, und rutschten an den Rändern tiefer Klüfte vorbei, wo ein einziger Fehltritt den sicheren Tod bedeutet hätte.

Wir befanden uns noch immer zweihundert Meter hinter dem Traktor, als er, keine fünfzig Meter von der Ecke entfernt, gegen einen Eisbuckel stieß, sich mehrmals wie verrückt um die eigene Achse drehte und dann, das Hinterteil voran, mit grauenerregender Wucht gegen den höchsten der Nunataks knallte – eine zwanzig Meter hohe Felszinne unmittelbar an der Ecke. Wir waren noch mehr als hundert Meter entfernt, als wir den offenbar halb betäubten Smallwood aus dem Führerhaus herauspurzeln sahen, das Kofferradio in der Hand. Margaret Ross fiel ihm hinterher. Ob sie sich auf ihn stürzte oder nur über ihn stolperte, war unmöglich zu entscheiden, aber beide glitten aus, fielen zusammen hin und waren in der nächsten Sekunde den Blicken entschwunden.

Als wir noch immer fünfzig Meter weit entfernt waren und uns schon bemühten, aus Leibeskräften zu bremsen, hörten wir, anscheinend unmittelbar über uns, abgehacktes Geschützfeuer, und als ich mich platt aufs Eis hinwarf, nicht um den Geschossen auszuweichen, sondern um einzuhalten, bevor auch ich in die Spalte neben den Nunataks stürzte, in der, wie ich wußte, Margaret und Smallwood verschwunden sein mußten, sah ich flüchtig zwei Scimitars im Tiefflug über den Gletscher preschen und rotes Feuer aus ihren Geschützen spucken.

Mit einem Vorsprung von zehn Metern vor Jackstraw, blutenden Herzens und fast wahnsinnig vor Angst, erreichte ich die Gletscherspalte neben dem Nunatak – einen kaum meterbreiten Riß zwischen Eis und Gestein –, blickte über den Rand hinunter und wäre fast ohnmächtig geworden vor freudiger Erleichterung. Die Spalte, die sich nach unten zu noch verengte, endete in einer Tiefe von etwa fünf Metern mit einer soliden Felsplatte, die das mahlende Gletschereis in Jahrtausenden aus dem Gestein herausgemeißelt hatte.

Margaret und Smallwood standen aufrecht da, durcheinandergerüttelt, wie ich deutlich sehen konnte, aber anscheinend unverletzt. Es war keine große Tiefe, und sie hatten den Sturz dadurch mildern können, daß sie sich an beide Seitenwände andrückten. Smallwood, die verkniffenen Lippen über den Zähnen gestrafft, starrte zu mir empor. Den Pistolenlauf hielt er brutal gegen Margarets Schläfe gepreßt.

»Ein Seil, Mason«, sagte er leise. »Werfen Sie mir ein Seil zu. Die Spalte schließt sich – das Eis bewegt sich.«

Und das stimmte. Ich wußte, daß es stimmte. Alle Gletscher sind ständig in Bewegung, manche sogar, dort an der Westküste Grönlands, mit erstaunlicher Geschwindigkeit. Der große Upernivik-Gletscher, weiter gegen Norden zu, legt stündlich über einen Meter zurück. Als sollte es eine Bekräftigung von Smallwoods Worten sein, stöhnte das Eis unter meinen Füßen und zitterte und rutschte ein paar Zentimeter weit nach vorn.

»Schnell!« Smallwoods unvergleichliche Frechheit behauptete sich bis zuletzt. Seine Stimme klang gehetzt, aber durchaus beherrscht. Sein Mund war verkniffen, seine Miene jedoch ruhig. »Beeilen Sie sich, sonst erschieße ich sie.«

Ich wußte, daß das durchaus ernst gemeint war.

»Gut«, sagte ich. Meine Gedanken waren von einer übernatürlichen Klarheit. Ich wußte, daß Margarets Leben an einem dünnen Faden hing, aber ich hatte mich noch nie in meinem Leben so kühl, so selbstsicher gefühlt. Ich wickelte das Seil von meinen Schultern. »Hier kommt es!«

Er streckte beide Hände hoch, um das Seil zu fangen. Ich trat einen kurzen Schritt vor und ließ mich dann, steifbeinig, die Hände fest an die Seiten gedrückt, wie ein Stein auf ihn hinunterfallen. Er sah mich kommen, aber das Gewirr der Seilschlingen und die Enge der Kluft erlaubten ihm nicht, mir auszuweichen. Meine Füße trafen die eine Schulter und den ausgestreckten Arm. Gemeinsam knallten wir auf die Felsplatte hin.

Er war, wie ich bereits erwähnt habe, für seine Größe unheimlich stark, hatte aber jetzt keine Chance mehr. Freilich war er durch den Zusammenstoß mit mir teilweise betäubt worden, aber das wurde mehr als aufgewogen durch meine Schwäche und durch den Blutverlust aus der Schulterwunde. Trotzdem hatte er keine Chance. Ich legte die Hände um seinen hageren Hals, kümmerte mich nicht um sein Strampeln, um seine herausquellenden Augen und um die Faustschläge, die auf meinen Kopf loshagelten, schnürte ihm die Gurgel zusammen und schlug ihm den Kopf gegen den Felsen, bis ich fühlte, wie er in meinen Händen erschlaffte. Dann war es höchste Zeit, sich davonzumachen, denn die Eiswand war nur noch einen halben Meter von dem blanken Gestein des Nunataks entfernt. Abgesehen von Smallwood, stand ich jetzt allein auf dem immer mehr zusammenschrumpfenden Sims. Jackstraw war bereits von Hillcrest hinabgefiert worden, hatte ein Seil um Margaret geschlungen und sich zusammen mit ihr hinaufhissen lassen. Ich hätte schwören mögen, daß mein Kampf mit Smallwood nicht länger als zehn Sekunden gedauert hatte, aber man hat mir nachher erzählt, daß wir uns drei bis vier Minuten lang wie die Verrückten benahmen. Das mag stimmen; ich kann mich an diesen Zeitraum nicht mehr erinnern, meine Kühle, meine Gelassenheit waren etwas, das außerhalb meines Bewußtseins lag.

Meine erste klare Erinnerung galt dem dringenden Zuruf Jackstraws – während sein Seil auf meine Schulter herabfiel.

»Schnell, Dr. Mason! Sie wird sich jetzt jeden Augenblick schließen.«

»Ich komme. Aber, bitte, zuerst noch ein Seil.« Ich zeigte auf das Radio, das zu meinen Füßen lag. »Wir haben es zu lange mitgeschleppt, um es jetzt hier liegen zu lassen.«

Zwanzig Sekunden später, gerade als ich über den Rand der Spalte kletterte, neigte sich die knirschende Eiswand um weitere drei bis vier Zentimeter dem Gestein des Nunatak zu, und im gleichen Augenblick schlug uns wieder Smallwoods Stimme an die Ohren. Er hatte sich auf Händen und Knien aufgerichtet und starrte stumpf in den immer engeren Schacht empor.

»Werft mir ein Seil zu!« Ich sah, wie der Tod seine Hand nach ihm ausstreckte, aber die Mahnung in seiner Stimme war noch immer eisern beherrscht und sein Gesicht eine ausdruckslose Maske. »Um Gottes willen, werft mir ein Seil zu!«

Ich dachte an den Todespfad, den Smallwood hinter sich gelassen hatte, an den toten Flugkapitän, an die drei toten Besatzungsmitglieder, an Oberst Harrison, an Brewster und an Mrs. Dansby-Gregg, ich dachte daran, wie nahe Marie LeGarde und Mahler dem Untergang gewesen waren und wie oft er das junge Geschöpf, das jetzt heftig zitternd in meinen Armen lag, mit dem Tode bedroht hatte. Ich dachte an das alles, dann sah ich Jackstraw an, der ein Seil über dem Arm hängen hatte, und in seinen Zügen spiegelte sich die gleiche Unversöhnlichkeit, die gleiche finstere Unbarmherzigkeit, die mein Herz erfüllte. Jackstraw schritt an den Rand der Spalte heran, hob das fest zusammengerollte Seil hoch über den Kopf, schleuderte es auf den Mann hinunter und trat wortlos zurück.

Wir drehten uns um, Jackstraw und ich, Margaret Ross zwischen uns, und gingen langsam bergan dem Offizier entgegen, der den Landungstrupp befehligte, und im Gehen spürten wir, wie der Gletscher unter unseren Füßen erzitterte, während sich Millionen Tonnen Eis der Spitze des Kangalak-Fjords entgegenschoben.

Dem Sieger
eine Handvoll Erde

Für Mary Marcelle

1

Harlow saß in der Hitze der Nachmittagssonne, die von einem
wolkenlosen Himmel herunterbrannte, neben der Rennstrecke
auf dem Boden. Seine langen blonden Haare wurden ihm von der
frischen Brise ins Gesicht geweht und verdeckten es teilweise. Er
umklammerte seinen Helm mit seinen behandschuhten Händen
so fest, als wollte er ihn zerdrücken. Die Hände zitterten unkontrolliert, und hin und wieder durchlief ein Beben seinen Körper.

Sein Wagen hatte sich überschlagen – wie durch ein Wunder
war Harlow zuvor aus der Gefahrenzone geschleudert worden –
und lag nun, mit allmählich langsamer rotierenden Rädern,
verkehrt herum in seiner Coronado-Box. Von einem Wagen,
den die Feuerlöscher bereits unter einem Berg von Schaum
begraben hatten, stiegen Rauchfetzen auf. Die Gefahr einer
Explosion der unbeschädigten Treibstofftanks war nicht mehr
zu befürchten.

Alexis Dunnet, der Harlow als erster erreichte, bemerkte, daß
dieser seinen eigenen Wagen keines Blickes würdigte, sondern
wie in Trance auf einen etwa zweihundert Meter entfernten Punkt
am Rande der Rennstrecke starrte, wo ein bereits toter Mann
namens Isaac Jethou auf dem Scheiterhaufen verbrannte, der
einmal sein Grand-Prix-Formel-Eins-Rennwagen gewesen war.
Es stieg merkwürdig wenig Rauch von dem brennenden Wrack
auf, wahrscheinlich wegen der ungeheuren Hitze, die von den
weißglühenden Felgen ausging, die aus einer Magnesium-Legie-
rung bestanden. Und wenn der frische Wind den Flammenvor-
hang teilte, konnte man Jethou kerzengerade in seinem Cockpit
sitzen sehen – dem offensichtlich einzigen unbeschädigten Teil
des Wagens, der ansonsten eine unkenntliche Masse verbeulten
Blechs war. Hätte Dunnet nicht gewußt, daß es Jethou war, dann
hätte er ihn allerdings nicht erkannt; denn von dem Rennfahrer
waren nur noch verkohlte Überreste zu sehen, die kaum auf ein
menschliches Wesen hindeuteten.

Die vielen tausend Menschen auf den Tribünen und am Rande
der Strecke starrten schweigend und bewegungslos voll ungläubigem Entsetzen auf den brennenden Wagen. Der Motor des

letzten Grand-Prix-Wagens – neun von ihnen hatten in der Nähe der Boxen gehalten, einige der Fahrer standen neben ihren Fahrzeugen – erstarb, als die Streckenposten mit ihren Fähnchen den Abbruch des Rennens signalisierten.

Die Lautsprecher waren abgeschaltet worden, und das klagende Heulen der Sirene verstummte, als eine Ambulanz mit kreischenden Bremsen in einiger Entfernung von Jethous Wagen zum Stehen kam. Ihr Blaulicht war gegen das Flammenmeer im Hintergrund kaum zu erkennen. Bergungsarbeiter in Asbestanzügen, von denen einige riesige fahrbare Feuerlöscher bedienten und andere mit Äxten und Brechstangen bewaffnet waren, bemühten sich aus irgendeinem völlig unverständlichen Grund verzweifelt, nahe genug an den Wagen heranzukommen, um die verkohlte Leiche herausziehen zu können. Aber die unverminderte Stärke des Feuers verurteilte ihr Vorhaben von vornherein zum Scheitern. Ihre Anstrengungen waren ebenso sinnlos wie die Anwesenheit der Ambulanz. Jethou konnte niemand mehr helfen.

Dunnet riß sich von dem schrecklichen Schauspiel los und blickte auf die Gestalt im Overall hinunter, die neben ihm auf dem Boden saß. Die Hände, die den goldenen Helm umklammerten, zitterten immer noch, und die Augen starrten unverwandt auf die Flammen, die Isaac Jethous Wagen nun vollends einhüllten: Es waren die Augen eines erblindenden Adlers. Dunnet legte eine Hand auf Harlows Schulter und rüttelte ihn behutsam, aber er reagierte nicht. Dunnet fragte ihn, ob er verletzt sei; denn seine Hände und sein Gesicht waren blutverkrustet. Nachdem er aus dem Wagen geschleudert worden war, hatte er sich mindestens ein dutzendmal überschlagen, bis sein Wagen schließlich in seiner eigenen Box liegengeblieben war. Harlow hob den Kopf und sah Dunnet an. Er blinzelte, und sein Gesichtsausdruck war der eines Menschen, der langsam aus einem Alptraum erwacht. Dann schüttelte er den Kopf.

Zwei Sanitäter kamen mit einer Bahre auf ihn zugerannt, aber Harlow richtete sich, nur von Dunnets Hand gestützt, auf und winkte ab. Gegen Dunnets Hilfe schien er jedoch keinen Einwand zu haben. Die beiden Männer gingen langsam zu der Coronado-Box zurück: Harlow, immer noch betäubt und fassungslos, und Dunnet, groß, schlank, mit schwarzen, in der Mitte gescheitelten Haaren, einem dunklen Lippenbärtchen und einer randlosen Brille – die Idealfigur eines Beamten, obwohl sein Paß ihn als Journalisten auswies.

MacAlpine, der noch einen Feuerlöscher in einer Hand hielt, drehte sich um, um sie am Eingang zu den Boxen zu empfangen. MacAlpine, Besitzer und Manager des Coronado-Rennteams, gekleidet in einen jetzt fleckigen braunen Gabardineanzug, war Mitte Fünfzig, hatte einen mächtigen Kopf, der zu seinem bulligen Körper paßte, und ein zerfurchtes Gesicht unter einer eindrucksvollen Mähne schwarzer, von vielen Silberfäden durchzogener Haare. Hinter ihm kümmerten sich Jacobson, der Chefmechaniker, und seine beiden rothaarigen Assistenten, die Rafferty-Zwillinge, die aus einem unbekannten Grund Tweedledum und Tweedledee genannt wurden, um den rauchenden Coronado, während hinter dem Wagen zwei weißgekleidete Sanitäter eine weit wichtigere Aufgabe erfüllten: Auf dem Boden lag, bewußtlos, aber immer noch den Block und den Bleistift umklammernd, mit dem sie die Rundenzeiten notiert hatte, Mary MacAlpine, die schwarzhaarige, zweiundzwanzigjährige Tochter des Besitzers. Die Sanitäter waren damit beschäftigt, das eine Hosenbein der weinroten Hose, die vor kurzem noch weiß gewesen war, bis zum Knie aufzuschneiden. MacAlpine nahm Harlow am Arm, wobei er ihm absichtlich den Blick auf seine Tochter versperrte, und führte ihn zu dem kleinen Verschlag hinter den Boxen. MacAlpine war, wie Millionäre das oft sind, ein außerordentlich fähiger und harter Mann, aber hinter dieser Härte verbarg sich eine Warmherzigkeit, deren niemand ihn zu verdächtigen gewagt hätte.

An der hinteren Wand des Verschlages stand eine kleine Holzkiste, die in Wirklichkeit eine tragbare Bar war. Den meisten Platz nahm ein Kühlschrank ein, in dem ein paar Flaschen Bier und eine Menge alkoholfreier Getränke lagen, hauptsächlich für die Mechaniker; denn die Arbeit in der brennenden Sonne machte durstig. Außerdem lagen noch zwei Flaschen Champagner auf Eis, denn die Annahme, daß ein Mann, der sage und schreibe fünf Grand-Prix-Rennen hintereinander gewonnen hatte, diese Serie um einen sechsten Sieg erweitern würde, war nicht gerade abwegig gewesen. Harlow hob den Deckel der Kiste hoch, beachtete die Eisbox jedoch nicht, sondern nahm eine Flasche Brandy und goß den Schwenker halb voll, wobei der Flaschenhals heftig gegen den Rand des Glases klirrte. Es landete mehr Brandy auf dem Boden als im Glas. Er brauchte beide Hände, um das Glas an die Lippen zu heben, und dann klirrte es noch heftiger gegen seine Zähne als vorher gegen die Flasche. Es gelang ihm, ein paar kleine Schlucke zu trinken, aber der größte Teil des Glasinhalts lief ihm an den Mundwinkeln über sein blutverschmiertes Kinn herunter und färbte seinen weißen Overall wie die Hosen des verwundeten Mädchens draußen. Harlow starrte versonnen in das leere Glas, sank auf eine Bank und griff wieder nach der Flasche.

MacAlpine warf Dunnet einen Blick zu. Sein Gesicht war ausdruckslos. Harlow hatte im Lauf seiner Karriere drei größere Unfälle gehabt, und beim letzten hatte er vor zwei Jahren Verletzungen erlitten, die beinahe zu seinem Tod geführt hätten. Damals hatte er trotz unerträglicher Schmerzen gelächelt, als er auf der Bahre in das Ambulanzflugzeug gehievt worden war, das ihn nach London bringen sollte. Und der nach oben gerichtete Daumen seiner linken Hand – sein rechter Unterarm war an zwei Stellen gebrochen gewesen –, mit dem er sein ›Okay‹ signalisiert hatte, war vollkommen ruhig gewesen. Aber viel bestürzender war der Griff nach dem Brandy, denn bisher hatte er, abgesehen von einem Schluck Champagner bei einer Siegesfeier, noch nie in seinem Leben Alkohol getrunken.

Es erwischt jeden! hatte MacAlpine immer gesagt. Früher oder später erwischt es jeden. Ganz gleichgültig wie kaltblütig oder mutig oder fabelhaft sie waren, es erwischte sie alle irgendwann. Und je stärker ihre Selbstbeherrschung war, um so zerbrechlicher war sie. MacAlpine war Übertreibungen nie abgeneigt, und es gab eine Handvoll – aber wirklich nur eine Handvoll – außergewöhnlicher ehemaliger Grand-Prix-Fahrer, die sich auf der Höhe ihrer Karriere zurückgezogen hatten. Jedenfalls waren es genug, um MacAlpines Behauptung zu widerlegen. Aber es war auch allseits bekannt, daß es Spitzenfahrer gab, die entweder tödlich verunglückten oder körperlich und nervlich derartige Schäden erlitten, daß sie nur noch blasse Schatten ihrer selbst waren, und daß es unter den zur Zeit aktiven vierundzwanzig Grand-Prix-Fahrern vier oder fünf gab, die nie mehr ein Rennen gewinnen würden – weil sie gar nicht die Absicht hatten, es noch einmal zu versuchen –, sondern nur noch weiterfuhren, um den Schein zu wahren. Aber es gibt ein paar Dinge, die man in der Welt der Rennfahrer nicht tut, und eines dieser Dinge ist, daß man einen

Mann nicht von der Grand-Prix-Liste streicht, weil er mit den Nerven fertig ist.

Aber daß MacAlpine öfter recht als unrecht hatte, bewies auf traurige Weise der Anblick der zitternden Gestalt, die auf der Bank kauerte. Wenn jemand den Gipfel überschritten und die Grenze des Erträglichen hinter sich gelassen hatte, bevor er in den Abgrund der Selbstaufgabe und resignierten Annahme der endgültigen Niederlage stürzte, dann war es Johnny Harlow, der Goldjunge der Grand-Prix-Strecken, unfraglich bis zu diesem Nachmittag der beste Fahrer seiner Zeit und – wie immer häufiger behauptet wurde – aller Zeiten: Jetzt – Weltmeister des letzten und, nach menschlichem Ermessen, auch dieses Jahres, die Hälfte der Grand-Prix-Rennen hatte er noch vor sich – schien Harlow völlig gebrochen, sein nervlicher Zustand besorgniserregend zu sein. MacAlpine und Dunnet war klar, daß das verkohlte Etwas, das einmal Isaac Jethou gewesen war, ihn ein Leben lang verfolgen würde.

Aber Harlows Zusammenbruch geschah nicht von heute auf morgen. Für diejenigen, die die Augen offenhielten, hatte es bereits einige Anzeichen gegeben, und die meisten Fahrer und Mechaniker hielten die Augen offen. Seit dem zweiten Grand-Prix-Rennen der Saison, das er überlegen gewonnen hatte, ohne zu wissen, daß sein jüngerer Bruder – ein hervorragender Fahrer – von der Bahn gedrängt worden und mit über zweihundert Stundenkilometer gegen einen Baum gerast war, wonach sein Wagen nur noch ein Drittel der ursprünglichen Länge hatte, waren die Anzeichen dagewesen. Er war nie ein besonders geselliger Mensch gewesen, aber danach zog er sich noch mehr zurück und wurde immer wortkarger, und wenn er lächelte – was selten geschah –, dann lächelte er das leere Lächeln eines Mannes, der in seinem Leben nichts finden konnte, worüber er wirklich hätte lächeln können. War er früher ein Muster an eiskalter Berechnung und auf ein Höchstmaß an Sicherheit bedacht gewesen, so waren nach dem Tod seines Bruders seine Richtlinien nicht mehr so streng und seine Sicherheitsbestrebungen viel geringer als früher gewesen. Und dennoch hatte er auf den Rennstrecken Europas weiterhin einen Rundenrekord nach dem anderen gebrochen. Aber seine Rekorde, die ihm eine Grand-Prix-Trophäe nach der anderen einbrachten, gingen auf Kosten seiner Konstitution und seiner Konkurrenten. Sein Fahrstil war rücksichtslos und immer halsbrecherischer geworden, und die anderen Fahrer begannen, obwohl sie allesamt harte und erfahrene Rennfahrer waren, sich allmählich vor ihm zu fürchten und gewöhnten sich an, sich in Sicherheit zu bringen, wenn sie seinen limonengrünen Coronado in ihren Rückspiegeln näher kommen sahen. Das war allerdings nur sehr selten der Fall, denn Harlow hatte ein sehr einfaches Rezept, um ein Rennen zu gewinnen: sich an die Spitze zu setzen und dort zu bleiben.

Inzwischen wurden immer mehr Stimmen laut, die sagten, daß sein selbstmörderischer Fahrstil auf den Rennstrecken kein Kampf gegen seine Konkurrenten, sondern gegen sich selbst sei. Und in letzter Zeit war es immer deutlicher geworden, daß er diesen Kampf niemals gewinnen würde, daß diese Auflehnung gegen seine versagenden Nerven nur *ein* Ende haben konnte, nämlich, daß ihn das Glück eines Tages verlassen würde. Und es hatte ihn verlassen, und Isaac Jethou ebenfalls. Und Johnny Harlow hatte – gut sichtbar für alle – seine letzte Schlacht auf den Grand-Prix-Rennstrecken Europas und Amerikas verloren. Vielleicht würde er eines Tages wieder auf die Strecke gehen, vielleicht würde er den Kampf wiederaufnehmen. Aber es schien sicher zu sein, daß niemand so gut wußte, daß der Kampf vorüber war, wie Johnny Harlow selbst.

Zum dritten Mal griff Harlow nach der Flasche, das Zittern seiner Hände hatte nicht nachgelassen. Die vorher volle Flasche war inzwischen ein Drittel leer, aber Harlows Bewegungen waren so unkontrolliert, daß nur ein Bruchteil dieser Menge den Weg in seine Kehle gefunden hatte. MacAlpine warf Dunnet einen ernsten Blick zu, zuckte resigniert die Achseln und blickte dann zu den Boxen hinaus. Eine Ambulanz war gerade angekommen, um seine Tochter abzuholen, und als MacAlpine hinauseilte, machte Dunnet sich daran, mit Hilfe eines Eimers voll Wasser und eines Schwammes Harlows Gesicht zu reinigen. Harlow schien es völlig gleichgültig zu sein, ob sein Gesicht gewaschen wurde oder nicht. Was immer er auch dachte – und unter den gegebenen Umständen hätte sogar ein Idiot das erraten –, seine ganze Aufmerksamkeit schien auf den Inhalt der Brandyflasche konzentriert zu sein. Er bot das Bild eines Mannes, der an nichts anderem interessiert war, als möglichst schnell eine Methode zu finden, alles zu vergessen.

Es war vielleicht ganz gut, daß weder Harlow noch MacAlpine

die Gestalt bemerkten, die vor der Tür stand und deren Gesichtsausdruck darauf hindeutete, daß sie es genossen hätte, Harlow in einen Zustand endgültigen Vergessens zu versetzen. Rory, MacAlpines Sohn, ein dunkellockiger Junge mit normalerweise liebenswürdigem, ja sogar fröhlichem Wesen, hatte Mord im Blick – eine unglaubliche Tatsache, wenn man wußte, daß er Harlow jahrelang und bis vor ein paar Minuten geradezu angebetet hatte. Rory blickte zu der Ambulanz hinüber, neben der seine bewußtlose und blutüberströmte Schwester lag. Dann wandte er sich wieder Harlow zu, und jetzt spiegelten seine Augen allen Haß wider, dessen ein Sechzehnjähriger überhaupt fähig sein kann.

Bei der offiziellen Untersuchung der Unfallursache, die unmittelbar danach durchgeführt wurde, wurde – wie vorauszusehen war – keine einzelne Person als alleinverantwortlich bezeichnet. Das war bei derartigen Untersuchungen nichts Außergewöhnliches – man denke nur an die Katastrophe von Le Mans, bei der dreiundsiebzig Zuschauer getötet wurden und kein Verantwortlicher gefunden wurde, obwohl es allgemein bekannt war, daß nur *ein* Mann und *nur* er – der nun schon so viele Jahre tot ist – die Schuld an dem Massensterben trug.

Auch in dieser Untersuchung wurde kein Schuldiger genannt, obwohl die zwei- oder dreitausend Zuschauer auf den Tribünen die Schuld ohne zu zögern Johnny Harlow gegeben hätten. Aber noch schlimmer war der einwandfreie Beweis, den die Fernsehaufnahme des Unfalls lieferte, die in dem kleinen Raum abgespielt wurde, in dem die Untersuchung stattfand. Die Leinwand war klein und fleckig, aber die Bilder sah man trotzdem deutlich, und die Geräusche waren genauso klar wie draußen auf der Strecke. Der Film – er dauerte kaum zwanzig Sekunden, wurde aber fünfmal wiederholt – zeigte in Großaufnahme drei Grand-Prix-Wagen, die sich den Boxen näherten. Harlow machte sich an den führenden Wagen heran, einen alten, von einem Privatmann ins Rennen gebrachten Ferrari, der nur deshalb an der Spitze lag, weil er bereits einmal überrundet war. Noch schneller als Harlow und ganz drüben auf der anderen Seite der Piste fuhr ein vom Werk gestellter feuerwehrroter Ferrari, an dessen Steuer Isaac Jethou saß. In der Geraden gaben Jethous zwölf Zylinder mehr her als Harlows acht, und es war offensichtlich, daß er überholen wollte. Es schien, als sei auch Harlow sich darüber klar; denn seine Bremslichter leuchteten auf, was darauf hindeutete, daß er abbremsen und hinter die langsameren Wagen einbiegen wollte, um Jethou überholen zu lassen.

Plötzlich verloschen jedoch unfaßbarerweise Harlows Bremslichter, und der Coronado zog in weitem Bogen heraus, als ob Harlow beschlossen hätte, den langsamen Wagen zu überholen, bevor Jethou ihn überholte. Wenn das seine unerklärliche Absicht gewesen war, dann war es die wahnsinnigste seines Lebens gewesen, denn er kam Jethou direkt in die Quere, der auf der Geraden mit mindestens dreihundertzwanzig Stundenkilometern dahinraste und in dem Sekundenbruchteil, der ihm zur Verfügung stand, nicht die geringste Chance hatte, zu bremsen oder auszuweichen, um sich zu retten. Jethous Vorderrad prallte mit voller Wucht gegen das Vorderrad des Coronado. Für Harlow waren die Folgen des Zusammenstoßes zwar ernst, denn sein Wagen fing an, unkontrolliert zu trudeln, aber für Jethou waren sie tödlich. Sogar über das Röhren hochgepeitschter Motoren und das Kreischen blockierter Reifen auf der Fahrbahn hinweg war das schußähnliche Geräusch zu hören, mit dem Jethous Vorderreifen platzte, und in diesem Augenblick war Jethous Schicksal besiegelt. Sein Ferrari – völlig außer Kontrolle und nun nicht mehr als ein mechanisches Monster, das auf seine eigene Zerstörung aus war – prallte gegen die Leitplanken, wurde zurückgeschleudert und schlitterte, während bereits Flammen aus dem Wagen schlugen und ölige Rauchwolken emporstiegen, mit einer Geschwindigkeit von immer noch etwa zweihundert Stundenkilometern, quer über die Fahrbahn und krachte mit dem Heck gegen die Leitplanken auf der anderen Seite. Der Ferrari rutschte trudelnd noch zweihundert Meter weiter über die Fahrbahn, überschlug sich zweimal und kam schließlich auf allen vier geplatzten Reifen zum Stehen. Jethou saß noch im Cockpit, aber zu diesem Zeitpunkt war er höchstwahrscheinlich bereits tot. Und in diesem Augenblick wechselte die Farbe der Flammen von rot auf weiß.

Es stand außer Frage, daß Harlow für Jethous Tod allein verantwortlich war. Doch Harlow war mit elf gewonnenen Grand-Prix-Rennen in siebzehn Monaten anerkanntermaßen der beste Rennfahrer der Welt, und man klagt den besten Rennfahrer der Welt nicht an. So etwas tut man einfach nicht. Der tragische Vorfall wurde als ›höhere Gewalt‹ bezeichnet, dann senkte sich der Vorhang über die Szene.

Franzosen neigen, auch wenn sie überhaupt nicht erregt oder angespannt sind, kaum dazu, ihre Gefühle zu verbergen. Und die Menschenmenge, die sich an jenem Tag in Clermont-Ferrand versammelt hatte, war äußerst angespannt und aufs höchste erregt und keineswegs in der Stimmung, ihre gallische Mentalität zu verleugnen. Als Harlow von der Untersuchung zurückkam und mit gesenktem Kopf entlang der Rennstrecke zur Coronado-Box zurückschlurfte, brach die Hölle los. Die Buhrufe, die Zischlaute, die Schimpfworte und Wutausbrüche, gepaart mit echt gallischem Fäusteschütteln, waren regelrecht beängstigend. Es war nicht nur eine häßliche Szene, es schien vielmehr, als sei nur noch eine Winzigkeit nötig, um die Rachegefühle gegen Johnny Harlow in einen handgreiflichen Angriff ausarten zu lassen – und das war offensichtlich auch den Polizeibeamten klar; denn sie scharten sich eng um Harlow, um ihm soviel Schutz wie möglich zu bieten. Allerdings zeigte der Ausdruck auf ihren Gesichtern, daß sie ihre Aufgabe nicht gerade mit Begeisterung erfüllten, und aus der Tatsache, daß sie alle den Kopf von Harlow abgewandt hatten, ließ sich unschwer schließen, daß sie die Gefühle ihrer Landsleute durchaus teilten.

Ein paar Schritte hinter Harlow ging, flankiert von Dunnet und MacAlpine, noch ein Mann, der offensichtlich ebenso fühlte wie die Polizisten und die Zuschauer. Er trug den gleichen Overall wie Harlow und ließ seinen Sturzhelm am Kinnriemen zornig kreisen: Nicola Tracchia, der zweite Fahrer der Coronado-Mannschaft. Tracchia sah geradezu empörend gut aus mit seinen schwarzen Locken, den blendendweißen Zähnen, die Werbemanager von Zahnpastafabriken niemals als Reklame zu bringen wagten, und der Sonnenbräune, bei deren Anblick jeder Bademeister vor Neid grün geworden wäre. Augenblicklich sah er jedoch nicht so strahlend aus wie sonst, sondern machte ein ausgesprochen finsteres Gesicht. Und dieses finstere Gesicht war berühmt; wer es zu sehen bekam, reagierte darauf mit Respekt, Schrecken oder echter Angst. Tracchia hatte eine schlechte Meinung von seinen Mitmenschen und betrachtete den größten Teil – und vor allem auch seine Konkurrenten – als geistig zurückgeblieben.

Daraus folgte, daß er nur einen sehr begrenzten Bekanntenkreis hatte. Und was noch schlimmer für Tracchia war: Er hatte einsehen müssen, daß er, obwohl ein fabelhafter Fahrer, doch nicht ganz an Harlows Leistungen herankam. Schier unerträglich war ihm die Gewißheit, daß er diesen winzigen Unterschied nie würde ausgleichen können, gleichgültig, wie verzweifelt er es auch versuchte. Als er sich jetzt an MacAlpine wandte, gab er sich keine Mühe, seine Stimme zu senken, was unter den gegebenen Umständen auch gar nicht nötig war, denn bei dem ohrenbetäubenden Tumult konnte Harlow ihn ohnehin auf keinen Fall verstehen. Doch es war offensichtlich, daß Tracchia seine Stimme auch unter anderen Umständen nicht gesenkt hätte. »Höhere Gewalt!« Die bittere Fassungslosigkeit in seiner Stimme war echt. »Du lieber Himmel! Haben Sie gehört, wie diese Kretins die Sache bezeichnet haben? Höhere Gewalt! Ich nenne es Mord!«

»Aber nicht doch, mein Junge.« MacAlpine legte die Hand auf Tracchias Schulter, aber der schüttelte sie wütend ab. »Im äußersten Fall fahrlässige Tötung. Und nicht einmal das. Sie wissen doch selbst, wie viele Grand-Prix-Fahrer in den letzten vier Jahren ums Leben gekommen sind, weil ihre Wagen plötzlich verrückt spielten.«

»Verrückt! Verrückt!« Für einen Augenblick fehlten Tracchia die Worte, und er schaute vielsagend zum Himmel hinauf. »Lieber Mac, wir haben doch alle den Film gesehen! Fünfmal! Er nahm den Fuß von der Bremse und zog direkt vor Jethou rüber. Höhere Gewalt! Natürlich. Es ist ›höhere Gewalt‹, weil er in siebzehn Monaten elf Rennen gewonnen hat, weil er letztes Jahr die Meisterschaft gewonnen hat und es so aussieht, als würde er sie sich in diesem Jahr wieder holen.«

»Was meinen Sie damit?«

»Sie wissen genau, was ich damit meine! Wenn man ihn aus dem Verkehr zieht, können wir gleich alle nach Hause gehen. Er ist der Champion, nicht wahr? Wenn *er* so schlecht ist, wie schlecht müssen dann erst wir anderen sein? *Wir* wissen, daß diese Überlegung falsch ist. Aber weiß das das Publikum? Es sind, weiß Gott, schon viel zu viele Leute, und darunter auch sehr einflußreiche, darauf aus, daß die Grand-Prix-Rennen auf der ganzen Welt verboten werden; und schon viel zu viele Länder suchen nach einer guten Begründung, um aussteigen zu können. Und heute hätten sie die beste Begründung geliefert bekommen, die man sich nur wünschen kann. Wir brauchen unsere Johnny Harlows, Mac. Obwohl sie rücksichtslos Menschen ermorden!«

»Ich dachte, Sie seien sein Freund, Nikki?«

»Aber ja, Mac. Sicher bin ich sein Freund. Und Jethou war es auch.«

Darauf gab es keine Antwort, also suchte MacAlpine erst gar keine. Tracchia schien alles gesagt zu haben, was er hatte sagen wollen; denn er verfiel in düsteres Schweigen und konzentrierte sich wieder ganz darauf, ein finsteres Gesicht zu machen. Schweigend und in Sicherheit – die Polizeieskorte hatte sich ständig vergrößert – erreichten sie die Coronado-Box. Ohne jemanden eines Blickes oder eines Wortes zu würdigen, ging Harlow auf den kleinen Verschlag hinter der Box zu, und niemand – Jacobson und seine beiden Mechaniker waren auch da – versuchte, ihn anzusprechen oder aufzuhalten. Keiner machte sich die Mühe, einen vielsagenden Blick in die Runde zu schikken: etwas so Offenkundiges bedarf keiner Betonung. Jacobson ignorierte Harlow völlig und trat auf MacAlpine zu. Der Chefmechaniker – ein Mann von anerkannt genialen Fähigkeiten – war hager, hochgewachsen und muskulös. Sein dunkles, von tiefen Furchen durchzogenes Gesicht sah aus, als hätte er schon lange nicht mehr gelächelt und habe auch nicht die Absicht, in diesem Fall eine Ausnahme zu machen.

Er sagte: »Harlow ist natürlich aus dem Schneider.«

»Natürlich? Ich verstehe nicht.«

»Muß ich Ihnen das wirklich erklären? Wenn Harlow angeklagt würde, dann würde der Rennsport um zehn Jahre zurückgeworfen. Und dazu stecken viel zu viele Millionen in diesem Geschäft. Stimmt's, Mr. MacAlpine?«

MacAlpine schaute ihn nachdenklich an, warf dann einen Blick auf Tracchias finsteres Gesicht, wandte sich ab und ging hinüber zu Harlows verbeultem und mit Brandblasen übersätem Coronado, der inzwischen wieder auf seinen vier Rädern stand. Er untersuchte ihn ohne Hast, beinahe versonnen, beugte sich über das Cockpit, bewegte das Lenkrad, das seiner Hand keinen Widerstand entgegensetzte, und richtete sich wieder auf.

»Ich verstehe das nicht«, sagte er.

Jacobson blickte ihn kalt an. Seine Augen, die unverhohlenen Ärger ausdrückten, konnten ebenso einschüchternd wirken wie

Tracchias finstere Miene. »*Ich* habe den Wagen startfertig gemacht, Mr. MacAlpine«, sagte er.

MacAlpine zog schweigend die Schultern hoch und ließ sie langsam wieder sinken. »Ich weiß, Jacobson, ich weiß. Ich weiß auch, daß Sie der beste Mechaniker in diesem Geschäft sind. Ich weiß auch, daß Sie schon zulange dabei sind, um Unsinn zu reden. Jeder Wagen kann fahren. Wie lange?«

»Wollen Sie, daß ich gleich anfange?«

»Ja.«

»Vier Stunden«, sagte Jacobson kurz angebunden. »Höchstens sechs.«

MacAlpine nickte, nahm Dunnet am Arm und wollte gehen. Aber dann blieb er plötzlich stehen. Tracchia und Rory unterhielten sich sehr leise miteinander. Doch man brauchte ihre Worte nicht zu verstehen – die feindseligen Gesichter, mit denen sie Harlow und seine Brandyflasche ansahen, waren deutlich genug. MacAlpine seufzte und ging mit Dunnet davon.

»Johnny macht sich heute nicht gerade beliebt, was?«

»Schon lange nicht mehr. Ich glaube, da kommt noch einer, der ihn nicht ausstehen kann.«

»Oje!« MacAlpine schien einen neuen Rekord im Seufzen aufstellen zu wollen. »Neubauer scheint etwas vorzuhaben.«

Die Gestalt in dem himmelblauen Overall, die auf die Boxen zuging, machte wirklich einen sehr entschlossenen Eindruck. Neubauer war hochgewachsen, hellblond – eine vollkommen nordische Erscheinung, obwohl er in Wirklichkeit Österreicher war. Er war die Nummer Eins des Cagliari-Teams – der Name Cagliari stand in großen Lettern auf seinem Overall –, und sein großes Können hatte ihn zum anerkannten Kronprinzen des Rennsports und zu Harlows unvermeidlichem Nachfolger gemacht. Wie Tracchia war er ein kühler, reservierter Mann, der Dummköpfe auf den Tod nicht ausstehen konnte. Wie Tracchia hatte auch er nur einen sehr begrenzten Freundeskreis, und angesichts dieser Ähnlichkeit war es nicht verwunderlich, daß diese beiden Männer, die auf der Rennstrecke erbitterte Rivalen waren, im Privatleben eine enge Freundschaft verband.

An seinen zusammengepreßten Lippen und dem Glitzern in den hellblauen Augen konnte man auf den ersten Blick erkennen, daß Neubauer äußerst zornig war. Und es besserte seine Stimmung nicht gerade, daß MacAlpine einen Schritt vortrat und ihm mit seinem massigen Körper den Weg versperrte. Neubauer hatte keine andere Möglichkeit, als stehenzubleiben. Er war zwar groß, aber MacAlpine war noch ein gutes Stück größer. »Aus dem Weg!« zischte er MacAlpine durch die Zähne zu.

MacAlpine blickte ihn mit mildem Tadel an.

»Was sagten Sie?«

»Tut mir leid, Mr. MacAlpine. Wo ist der Schweinehund?«

»Ich nehme an, Sie meinen Harlow. Lassen Sie ihn in Ruhe. Er fühlt sich nicht gut.«

»Ach nein! Aber Jethou fühlt sich wohl, was? Es ist mir vollkommen egal, wie Harlow sich fühlt. Warum soll dieser Irre ungeschoren davonkommen? Er ist wirklich irre! *Sie* wissen das. Wir *alle* wissen es. Allein heute hat er mich zweimal von der Bahn gedrängt. Und es ist ein reiner Glücksfall, daß ich nicht auch mit meinem Wagen verbrannt bin. Ich warne Sie, Mr. MacAlpine. Ich werde eine Konferenz der G.P.D.A. einberufen und ihn auf Lebenszeit disqualifizieren lassen.«

»Sie sind ja wohl der letzte, der sich das leisten könnte, Willi.« MacAlpine legte Neubauer die Hände auf die Schultern. »Denken Sie doch mal nach: Wenn Harlow gehen muß, wer ist dann wohl der nächste Champion?«

Neubauer starrte ihn an. Sein wütender Gesichtsausdruck wich verwirrter Ungläubigkeit. Als er sprach, war seine Stimme zu einem kaum verständlichen Flüstern abgesunken. »Sie glauben, ich täte es deswegen, Mr. MacAlpine?«

»Nein, Willi, *ich* nicht. Ich will Ihnen nur klarmachen, daß die meisten anderen das denken würden.«

In der folgenden Pause verrauchte auch der Rest von Neubauers Zorn. Ganz ruhig sagte er: »Er ist ein Killer. Er wird wieder morden.«

Vorsichtig nahm er MacAlpines Hände von seinen Schultern, drehte sich um und ging davon. Dunnet sah ihm besorgt nach.

»Vielleicht hat er recht, James. Ja, ich weiß, daß er fünf Grand-Prix-Rennen hintereinander gewonnen hat, aber seit sein Bruder bei dem Rennen in Spanien ums Leben kam – na, du weißt es ja selbst.«

»Er hat fünf Grand-Prix-Siege in der Tasche, und du willst mir allen Ernstes erzählen, daß seine Nerven nicht mehr mitmachen?«

»Ich weiß nicht, ob es an den Nerven liegt. Ich weiß es einfach nicht. Aber eins weiß ich: daß der sicherste Fahrer, den die Welt je gesehen hat, so rücksichtslos und gefährlich geworden ist und von einem so selbstmörderischen Ehrgeiz zerfressen wird, daß die anderen Fahrer ihn regelrecht fürchten. Was sie betrifft, so überlassen sie ihm gern die Strecke. Sie wollen lieber am Leben bleiben, als mit ihm auch nur um einen Meter zu kämpfen. Und nur aus diesem Grund gewinnt er ein Rennen nach dem anderen.«

MacAlpine betrachtete Dunnet aufmerksam und schüttelte unbehaglich den Kopf. Er, MacAlpine, war der anerkannte Experte und nicht Dunnet; aber MacAlpine schätzte Dunnet außerordentlich und gab viel auf seine Meinung. Dunnet war ein ungewöhnlich schlauer, intelligenter und fähiger Mann, ein hochbegabter Journalist, der aufgrund der unbestreitbaren Tatsache, daß es nichts Langweiligeres auf der Welt gibt als Politik, von der politischen Berichterstattung auf Sportkommentare umgestiegen war. Es hatte ihm nicht die geringsten Schwierigkeiten bereitet, seinen Scharfsinn und seine enorme Beobachtungsgabe, die ihm unter Politikern einen so fabelhaften Ruf eingebracht hatten, nun auf das Rennfahrermilieu zu übertragen. Als ständiger Korrespondent für eine englische Tageszeitung und je ein englisches und amerikanisches Motormagazin und als freier Mitarbeiter für einige andere Blätter hatte er sich in kürzester Zeit einen Namen als einer der wenigen hervorragenden, auf Autorennen spezialisierten Journalisten gemacht, die es auf der ganzen Welt gibt. Daß er das in knapp zwei Jahren geschafft hatte, war eine außergewöhnliche Leistung. Er war derart erfolgreich gewesen, daß er bei einer beträchtlichen Anzahl seiner weniger begabten Kollegen Neid, Mißfallen, ja sogar echten Zorn hervorgerufen hatte.

Und es brachte ihm eben bei diesen Kollegen auch keine Sympathien ein, daß er sich, wie sie sagten, ›wie eine Klette an das Coronado-Team gehängt‹ hatte. Es gab zwar keine geschriebenen oder ungeschriebenen Gesetze für eine solche Verhaltensweise, denn bisher hatte sich noch kein freier Journalist offiziell zu einem bestimmten Team bekannt, aber nun, da er es als erster getan hatte, sagten seine Kollegen plötzlich, daß man so etwas nicht täte. Sie vertraten die Auffassung, daß er über alle Wagen und alle Fahrer gleichermaßen fair und unvoreingenommen berichten müsse, und ihre Mißbilligung wurde auch nicht geringer, als er ihnen vernünftig und mit unangreifbarer Genauigkeit nachwies, daß er genau das tat. Was seine Kollegen am meisten verbitterte, war, daß er ausgerechnet über das Coronado-Team, das zur Zeit das beste der Welt war, sämtliche Informationen aus erster Hand bekam. Und es wäre schwer zu leugnen gewesen, daß die Anzahl der Artikel, die er – abgesehen von den aktuellen Berichten – über das Team, hauptsächlich jedoch über Harlow geschrieben hatte, zusammen einen ganz ansehnlichen Band gefüllt hätten. Und die Tatsache, daß es ein Buch gab, das er gemeinsam mit Harlow herausgebracht hatte, verschlechterte die Laune seiner Kollegen noch um ein weiteres.

»Ich fürchte, du hast recht, Alexis«, sagte MacAlpine. »Das heißt, ich *weiß*, daß du recht hast, will es aber nicht einmal *mir* eingestehen. Alle zittern vor ihm. Ich auch. Und jetzt *das*!«

Sie blickten über die Boxen zu Harlow hinüber, der vor dem Verschlag auf einer Bank saß. Ohne sich darum zu kümmern, ob er beobachtet wurde oder nicht, goß er gerade wieder Brandy aus der inzwischen fast leeren Flasche in seinen Schwenker. Man mußte seine Hände gar nicht sehen, um zu wissen, daß sie noch zitterten: Obwohl das Toben der aufgebrachten Menge allmählich schwächer wurde, war der Lärm laut genug, um eine normale Unterhaltung fast unmöglich zu machen, und trotzdem konnte man das Klirren deutlich hören, mit dem der Flaschenhals gegen den Rand des Glases schlug. Harlow nahm einen großen Schluck und saß dann, die Ellbogen auf die Knie gestützt, regungslos da und starrte auf die verbeulten Überreste seines Wagens.

»Und bis vor zwei Monaten trank er keinen Schluck Alkohol«, sagte Dunnet.

»Was wirst du tun, James?«

»Jetzt?« MacAlpine lächelte schwach. »Ich werde Mary besuchen. Ich denke, daß sie mich jetzt zu ihr lassen werden.« Sein Blick begann scheinbar ziellos umherzuwandern, streifte Harlow, der gerade wieder das Glas an die Lippen hob, glitt weiter zu den rothaarigen Rafferty-Zwillingen, die beinah so unglücklich aussahen wie Dunnet, und blieb an Jacobson, Tracchia und Rory hängen, die alle die gleichen finsteren Gesichter machten und alle in die gleiche Richtung blickten. MacAlpine seufzte noch einmal tief zum Abschied, drehte sich um und ging davon.

Mary MacAlpine war zweiundzwanzig Jahre alt. Trotz der vielen Stunden, die sie in der Sonne verbracht hatte, hatte sie eine blasse Haut, große braune Augen, schimmernde blauschwarze Haare, die sie aus der Stirn gebürstet trug, und das bezauberndste Lächeln, das man je am Rande einer Grand-Prix-Piste gesehen hatte. Und dieses Lächeln war nicht gewollt bezaubernd, es war einfach so. Jeder im Team – sogar der wortkarge und ständig schlechtgelaunte Jacobson – war auf irgendeine Weise in sie vernarrt, ganz zu schweigen von einer beträchtlichen Anzahl von Männern, die nicht zum Team gehörten. Mary wußte und akzeptierte diese Tatsache mit gelassener Selbstsicherheit, die sich allerdings weder in Belustigung noch in Herablassung ausdrückte. Herablassung war ihr völlig fremd. Sie betrachtete die Aufmerksamkeit, die andere ihr schenkten, lediglich als Antwort auf die Aufmerksamkeit, die sie wiederum ihnen schenkte. Obwohl sie ein sehr helles Köpfchen hatte, war Mary MacAlpine in vieler Hinsicht noch sehr jung.

Und als sie an diesem Abend in dem makellosen, nüchternen, antiseptischen Krankenzimmer im Bett lag, sah sie aus wie ein kleines Mädchen. Wie ein sehr krankes kleines Mädchen. Ihre natürliche Blässe hatte sich noch verstärkt, und die braunen Augen, die sie nur kurz und widerwillig öffnete, waren schmerzverhangen. Und ihre Schmerzen spiegelten sich in MacAlpines Augen wider, als er auf seine Tochter hinunterblickte, auf das mit einer monströsen Schiene versehene und dick bandagierte linke Bein, das auf der Bettdecke lag. MacAlpine beugte sich über seine Tochter und küßte sie auf die Stirn.

»Schlaf gut, mein Liebling«, sagte er. »Gute Nacht.«

Sie versuchte zu lächeln. »Mit all den Tabletten, die sie mir gegeben haben, werde ich schon schlafen. Und Daddy...?«

»Was ist, mein Liebling?«

»Es war nicht Johnnys Schuld. Ich weiß, daß es nicht seine Schuld war. Es lag an seinem Wagen. Ich weiß es ganz sicher!«

»Das werden wir feststellen. Jacobson nimmt sich den Wagen vor.«

»Du wirst sehen, daß ich recht habe. Bitte sag doch Johnny, daß er mich besuchen soll, ja?«

»Heute abend nicht mehr, mein Liebling. Ich fürchte, es geht ihm nicht gut.«

»Er... er ist doch nicht...?«

»Nein, nein. Er hat nur einen Schock.« MacAlpine lächelte. »Er hat die gleichen Tabletten bekommen wie du.«

»Johnny Harlow hat einen Schock? Das glaube ich einfach nicht! Drei fast tödliche Unfälle hat er schon hinter sich gebracht, ohne auch nur...«

»Er hat dich gesehen, mein Schatz.« Er drückte ihre Hand. »Ich komme später wieder.«

MacAlpine verließ das Krankenzimmer und ging auf die Annahme zu. Am Tresen sprach ein Arzt mit einer Schwester. Er hatte graue Haare, müde Augen und das Gesicht eines Aristokraten. »Sind Sie der Mann, der sich um meine Tochter kümmert?« fragte MacAlpine.

»Mr. MacAlpine? Ja, ich bin Dr. Chollet.«

»Es scheint sehr schlimm zu sein.«

»Nein, Mr. MacAlpine. Alles kein Problem. Sie hat nur sehr viele Mittel bekommen. Gegen die Schmerzen, wissen Sie.«

»Aha. Wie lange wird sie...«

»Zwei Wochen, vielleicht auch drei, aber auf keinen Fall länger.«

»Eine Frage, Dr. Chollet. Warum ist ihr Bein nicht im Streckverband?«

»Ich glaube, Sie können die Wahrheit vertragen.«

»Warum ist das Bein nicht im Streckverband?«

»Streckverbände sind für gebrochene Knochen, Mr. MacAlpine. Ich fürchte, der linke Knöchel Ihrer Tochter ist nicht nur gebrochen, er ist – wie sagt man doch gleich – pulverisiert, ja, ich glaube, das ist das richtige Wort. Und in so einem Fall kann kein Chirurg der Welt helfen. Was von dem Knochen noch übrig ist, wird man zusammenleimen müssen.«

»Bedeutet das, daß sie das Gelenk nie wieder bewegen kann?« Chollet senkte den Kopf. »Wollen Sie mir sagen, daß sie ihr Leben lang hinken wird?«

»Sie können noch ein weiteres Urteil einholen, Mr. MacAlpine. Wir können den besten Orthopädie-Spezialisten aus Paris kommen lassen. Sie haben das Recht...«

»Nein, das wird nicht nötig sein. Sie haben offensichtlich recht, Dr. Chollet. Und da hilft auch kein zweites Gutachten.«

»Es tut mir schrecklich leid, Mr. MacAlpine. Sie ist so ein hübsches Mädchen. Aber ich bin nur ein Chirurg. Wunder kann ich auch nicht vollbringen.«

»Ich danke Ihnen, Doktor. Sie sind sehr freundlich. Ich komme in etwa zwei Stunden wieder.«

»Nein, bitte nicht. Sie wird mindestens zwölf Stunden schlafen. Vielleicht auch sechzehn.«

MacAlpine nickte und ging.

Dunnet schob den Teller weg. Er hatte das Essen nicht angerührt. Er warf einen Blick auf MacAlpines ebenfalls unberührten Teller und dann auf den vor sich hin brütenden Mann, der ihm gegenübersaß.

»Ich glaube, keiner von uns ist so hart im Nehmen, wie wir es angenommen hatten, James«, sagte er.

»Das ist das Alter, Alexis. Davon wird keiner verschont.«

»Du hast recht.« Dunnet zog seinen Teller zu sich heran, betrachtete ihn sorgenvoll und schob ihn dann erneut von sich.

»Nun, immerhin ist es noch besser, als wenn das Bein amputiert werden müßte.«

»Das stimmt.« MacAlpine schob seinen Stuhl zurück und stand auf. »Ich glaube, wir sollten einen Spaziergang machen, Alexis.«

»Damit wir Appetit bekommen? Das wird bei mir nichts nützen.«

»Bei mir auch nicht. Ich dachte nur, daß es vielleicht interessant wäre, zu erfahren, ob Jacobson irgend etwas herausgefunden hat.«

Die Garage war sehr lang und niedrig, mit großen Oberlichtern, hell erleuchtet von hängenden Scheinwerfern und – für eine Garage – bemerkenswert sauber und aufgeräumt. Am hinteren Ende stand Jacobson über Harlows Coronado gebeugt. Als die Metalltür sich kreischend öffnete, richtete er sich auf, hob grüßend die Hand und machte sich wieder an die Arbeit.

Dunnet schloß die Tür und fragte leise: »Wo sind die anderen Mechaniker?«

»Das solltest du doch inzwischen wissen«, sagte MacAlpine. »Unfallwagen untersucht Jacobson grundsätzlich allein. Er hält nicht viel von seinen Kollegen. Er behauptet, daß sie Hinweise entweder übersehen oder durch Tolpatschigkeit zerstören.«

Die beiden Männer traten näher und sahen zu, wie Jacobson einen hydraulischen Bremsschlauch festzog. Sie waren nicht die einzigen Zuschauer. Direkt über ihnen schimmerte hinter einem offenen Oberlicht etwas Metallisches im Licht der starken Scheinwerfer. Es war eine Acht-Millimeter-Kamera, und die Hände, in denen sie lag, waren vollkommen ruhig. Sie gehörten Johnny Harlow. Sein Gesicht war ausdruckslos, aber in seinen Augen stand angespannte Wachsamkeit. Und er war vollkommen nüchtern.

»Nun?« fragte MacAlpine.

Jacobson richtete sich auf und massierte vorsichtig seinen schmerzenden Rücken.

»Nichts. Absolut nichts. Radaufhängung, Bremsen, Motor, Schaltung, Reifen, Lenkung – alles okay.«

»Aber die Lenkung...«

»Ruiniert. Beim Zusammenstoß gebrochen. Anders kann es nicht sein. Sie war noch in Ordnung, als er vor Jethou rüberzog. Sie können mir nicht erzählen, daß die Lenkung genau in der entscheidenden Sekunde blockierte, Mr. MacAlpine. Zufälle sind ja schön und gut, aber an *solche* Zufälle glaube ich nicht.«

»Also tappen wir immer noch im dunkeln?« fragte Dunnet.

»Was mich betrifft, so ist die Sache sonnenklar. Es war ein Fehler des Fahrers.«

»Ein Fehler des Fahrers?« Dunnet schüttelte den Kopf. »Johnny Harlow hat noch bei keinem Rennen einen Fehler gemacht.«

Jacobson lächelte mit kalten Augen. »Zu dieser Behauptung würde ich doch zu gern Jethous Meinung hören.«

»Es hat doch keinen Sinn, Jacobson«, sagte MacAlpine. »Kommen Sie mit ins Hotel, Sie haben ja noch nichts gegessen.« Er warf Dunnet einen Blick zu. »Nehmen wir einen Drink und sehen dann nach Johnny.«

»Sie vergeuden nur Ihre Zeit, Sir«, sagte Jacobson. »Er ist erledigt.«

MacAlpine sah Jacobson nachdenklich an, und nach einer langen Pause sagte er sehr langsam: »Er ist immer noch der Champion. Und er ist immer noch die Nummer Eins des Coronado-Teams.«

»*So* ist das also.«

»Hätten Sie es gern anders?«

Jacobson ging zu einem Waschbecken und begann, sich die Hände zu waschen. Ohne sich umzudrehen, sagte er: »Sie sind der Boß, Mr. MacAlpine.«

MacAlpine antwortete nicht. Als Jacobson sich die Hände abgetrocknet hatte, verließen die drei Männer schweigend die Garage und zogen die schwere Metalltür hinter sich zu.

Nur die obere Hälfte von Harlows Kopf und seine Hände waren zu sehen, als er sich an den Firstbalken des Garagendaches klammerte und die drei Männer beobachtete, die die hellerleuchtete Hauptstraße hinuntergingen. Sobald sie um eine Ecke verschwunden waren, glitt er vorsichtig zu dem offenen Oberlicht, ließ sich durch die Öffnung hinunter und tastete mit seinen Füßen nach einem Halt, bis sie eine metallene Querstrebe fanden. Er ließ den Rand des Oberlichts los, zog eine kleine Taschenlampe aus einer Jackentasche – Jacobson hatte vor dem Verlassen der Garage alle Lichter ausgemacht – und richtete ihren Strahl nach unten. Der Betonfußboden lag etwa drei Meter unter ihm.

Harlow bückte sich, griff nach einer Querstrebe, ließ sich hinuntergleiten und hing schließlich mit ausgestreckten Armen an der Strebe. Dann ließ er los und landete weich auf dem Boden. Er ging zur Tür, machte alle Lichter an und steuerte direkt auf seinen Coronado zu. Er hatte zwei Kameras – seine Acht-Millimeter-Filmkamera und eine sehr kleine Kamera mit Blitzlichtvorrichtung – dabei.

Er fand einen öligen Lappen und benutzte ihn dazu, die rechte Vorderradaufhängung, eine Treibstoffleitung, die Lenkungskopplung und einen der Vergaser zu säubern. Jedes dieser Teile fotografierte er mehrmals mit der Blitzkamera. Dann nahm er wieder den Lappen, zog ihn durch die Mischung von Öl und Schmutz, die den Boden bedeckte, verschmierte damit die Teile, die er fotografiert hatte, und warf den Lappen dann in einen dafür vorgesehenen Blechbehälter. Er ging zur Tür und drückte die Klinke nieder. Ohne Erfolg. Die Tür war von außen verschlossen, und ihre massive Beschaffenheit schloß jeden Versuch, sie gewaltsam öffnen zu wollen, von vornherein aus. Und Harlow hatte außerdem nicht die Absicht, irgendwelche Spuren zu hinterlassen. Mit einem schnellen Blick sah er sich in der Garage um. Links von ihm hing an zwei Wandhaken eine leichte Holzleiter, die wahrscheinlich dafür gedacht war, die Reinigung der großen Oberlichter zu ermöglichen. In einer Ecke lag ein schlampig zusammengerolltes Abschleppseil auf dem Boden.

Harlow hob das Seil auf, nahm die Leiter von den Haken, schlang das Seil um die oberste Sprosse und legte die Leiter an die Querstrebe. Dann ging er zur Tür und machte die Lichter aus. Mit der brennenden Taschenlampe in der Hand stieg er die Leiter hinauf und setzte sich mit gespreizten Beinen auf die Querstrebe.

Er packte die Leiter, ohne das Seil loszulassen, und ließ sie hinunter, bis ihr unteres Ende sicher auf einem der Haken saß. Mit Hilfe des Seils ließ er das andere Ende der Leiter bis zu dem dafür bestimmten Wandhaken hinunter, löste mit einem Ruck das Seil von der Sprosse, rollte es zusammen und warf es in die Ecke, in der er es gefunden hatte. Gefährlich schwankend richtete er sich auf, bis er aufrecht auf der Querstrebe stand, schob seinen Kopf und seine Schultern durch das offene Oberlicht, zog sich hinauf und verschwand in der Nacht.

MacAlpine und Dunnet waren die einzigen Gäste in der Hotelbar. Sie saßen schweigend da, bis der Ober ihnen die bestellten Whiskys brachte. MacAlpine hob sein Glas und lächelte freudlos.

»Das war wirklich ein fabelhafter Tag heute. Mein Gott, bin ich müde.«

»Du hast dich also entschlossen, Harlow weitermachen zu lassen«, sagte Dunnet.

»Dank Jacobson. Er ließ mir ja keine andere Wahl.«

Harlow, der die hellerleuchtete Hauptstraße entlangrannte, blieb plötzlich stehen. Die Straße war menschenleer, abgesehen von zwei großen Männern, die ihm entgegenkamen. Harlow zögerte, blickte sich rasch um und drückte sich dann in einen weit zurückversetzten Ladeneingang. Regungslos stand er da, bis die beiden Männer vorbei waren: Nicola Tracchia, Harlows Team-Genosse, und Willi Neubauer. Die beiden waren ganz in ihre leise und offensichtlich sehr ernste Unterhaltung vertieft. Keiner von ihnen bemerkte Harlow. Harlow trat aus der Nische, schaute sich vorsichtig nach beiden Seiten um, wartete, bis Tracchia und Neubauer um die nächste Ecke verschwunden waren, und rannte wieder los.

MacAlpine und Dunnet tranken ihre Gläser leer. MacAlpine warf Dunnet einen fragenden Blick zu. »Nun, ich denke, wir können uns die Sache nicht ersparen«, sagte Dunnet.

»So ist es«, meinte MacAlpine. Beide Männer standen auf, nickten dem Barkeeper zu und gingen.

Harlow, der jetzt eine langsamere Gangart angeschlagen hatte, ging über die Straße auf das Hotel zu. Anstatt den Haupteingang

243

zu benutzen, bog er in ein schmales Gäßchen ein, wandte sich nach rechts und begann, immer zwei Sprossen auf einmal nehmend, die Feuerleiter hinaufzuklettern. Seine Füße fanden ebenso sicher Halt wie die einer Bergziege. Sein Gesicht zeigte keinerlei Gefühlsregung. Aber in seinen klaren Augen standen Konzentration und Berechnung. Es war das Gesicht eines entschlossenen Mannes, der genau wußte, was er tat.

MacAlpine und Dunnet standen vor der Tür von Zimmer 412. MacAlpines Gesicht zeigte eine seltsame Mischung aus Wut und Besorgnis. Dunnets Miene drückte merkwürdigerweise nur Gleichgültigkeit aus. Vielleicht verbarg sich dahinter auch etwas anderes, aber Dunnet war ein sehr verschlossener Mann, und es war sehr schwer zu erkennen, was er wirklich dachte. MacAlpine hämmerte an die Tür. Keine Reaktion. Er warf einen wütenden Blick auf seine abgeschürften Knöchel, blickte kurz zu Dunnet hinüber und startete einen erneuten Angriff auf die Tür. Dunnet äußerte sich nicht – weder mit Worten noch durch Mimik.

Harlow erreichte die Plattform des vierten Stocks. Er schwang sich über das Geländer, machte einen langen Schritt auf ein nahe gelegenes offenes Fenster zu, erreichte es sicher und stieg in das dahinterliegende kleine Zimmer. Auf dem Boden stand ein offener Koffer, dessen Inhalt in heillosem Durcheinander überall verstreut lag. Auf dem Nachttisch befanden sich eine Lampe mit einer schwachen Birne, die die einzige Lichtquelle des Zimmers war, und eine halbleere Whiskyflasche. Während MacAlpine sich draußen an der Tür die Fingerknöchel wund schlug, schloß und verriegelte Harlow das Fenster. MacAlpines wütende Stimme war sehr laut und klar zu verstehen.

»Machen Sie auf, Johnny! Machen Sie auf, oder ich breche die verdammte Tür ein.«

Harlow schob die beiden Kameras unter sein Bett, schlüpfte aus seiner schwarzen Lederjacke und dem schwarzen Rollkragenpullover und schob auch sie unter das Bett. Dann nahm er einen Mundvoll Whisky, schüttete sich ein paar Tropfen in die Handflächen und rieb sich damit das Gesicht ein.

Die Tür sprang auf, und MacAlpines ausgestrecktes rechtes Bein wurde sichtbar. Offensichtlich hatte er mit dem rechten Fuß gegen das Schloß getreten. MacAlpine und Dunnet betraten das Zimmer und blieben wie angewurzelt stehen. Harlow lag, in

Oberhemd, Hosen und Schuhen, ausgestreckt auf dem Bett und befand sich offenbar in einem komaähnlichen Zustand. Sein rechter Arm hing über den Bettrand herunter, und die Finger der rechten Hand umklammerten den Hals einer Whiskyflasche. MacAlpine trat mit grimmig-fassungslosem Gesicht an Harlows Bett, beugte sich über ihn, sog angeekelt die Luft ein und nahm die Whiskyflasche aus der schlaffen Hand. Er drehte sich zu Dunnet um, der seinen ausdruckslosen Blick erwiderte.

»Der größte Rennfahrer der Welt«, sagte MacAlpine.

»Bitte, James. Du hast es doch selbst gesagt: Irgendwann erwischt es jeden. Erinnerst du dich? Früher oder später erwischt es jeden.«

»Aber Johnny Harlow?«

»Sogar Johnny Harlow.«

MacAlpine nickte. Die beiden Männer verließen das Zimmer und zogen die lädierte Tür hinter sich zu. Harlow öffnete die Augen und rieb sich nachdenklich das Kinn. Dann roch er an seinen Handflächen und rümpfte angeekelt die Nase.

3

In den turbulenten Wochen nach dem Rennen von Clermont-Ferrand war an Johnny Harlow keine Veränderung festzustellen. Er war immer ein Einzelgänger gewesen, aber jetzt war er einsamer als je zuvor. Auf dem Gipfel seiner Karriere war er von einer geradezu abnormen Gelassenheit gewesen und hatte sich eisern unter Kontrolle gehabt. Und so schien es auch jetzt noch zu sein. Er war ebenso unnahbar wie eh und je, seine bemerkenswerten Augen – bemerkenswert wegen ihrer enormen Sehschärfe, nicht wegen ihres Aussehens – waren so klar und ruhig wie immer, und sein Adlergesicht zeigte keine Regung.

Seine Hände zitterten nicht mehr. Es waren Hände, die darauf hindeuteten, daß ihr Besitzer mit sich selbst in Frieden lebte. Vermutlich trog dieser Anschein, und Johnny Harlow konnte nie mehr Frieden finden. Wollte man allerdings behaupten, daß Johnny Harlow seit dem Tag, an dem er Jethou getötet und Mary zum Krüppel gemacht hatte, das Glück allmählich verließ, so wäre das eine völlig falsche Darstellung gewesen. Das Glück hatte ihn nicht allmählich verlassen, es hatte auf dem Absatz kehrtgemacht.

Und diese Erkenntnis mußte für ihn – und ganz sicher auch für seine zahlreichen Freunde, Bekannten und Bewunderer – von erschütternder Endgültigkeit gewesen sein.

Zwei Wochen nach Jethous Tod – und dies vor seinen eigenen britischen Landsleuten, die in Scharen gekommen waren, um ihm die schrecklichen Beleidigungen und Anklagen durch die französische Presse zu verzeihen und ihrem Idol zuzujubeln – geschah es: Johnny Harlow kam bereits in der ersten Runde von der Bahn ab. Er blieb unverletzt, ebenso die Zuschauer, aber sein Coronado war ein Wrack. Da beide Vorderreifen geplatzt waren, wurde angenommen, daß zumindest einer davon bereits geplatzt gewesen sein mußte, bevor der Wagen von der Bahn abgekommen war. Man war sich einig, daß es für diese Panne keine andere Erklärung geben konnte. Aber nicht alle schlossen sich dieser Meinung an. Jacobson hatte sich privat dahingehend geäußert, daß die akzeptierte Erklärung ein kaum noch vertretbares Wohlwollen voraussetzte. ›Fehler des Fahrers‹ wurde einer der Lieblingssätze Jacobsons.

Zwei Wochen später, beim deutschen Grand-Prix-Rennen, das wahrscheinlich das schwierigste in ganz Europa ist – was Harlow jedoch nicht davon abgehalten hatte, früher auch hier souverän zu siegen –, hing die düstere, mutlose Stimmung wie eine Gewitterwolke über der Coronado-Box. Sie war so greifbar, daß man den Eindruck hatte, man müsse sie nur packen und beiseite schieben, aber sie ließ sich nicht bewegen. Das Rennen war vorüber, die letzten Wagen fuhren gerade ihre letzte Runde.

MacAlpine, der ebenso verbittert wie mutlos aussah, warf einen Blick zu Dunnet hinüber, der die Augen senkte, sich auf die Unterlippe biß und den Kopf schüttelte. MacAlpine blickte ins Leere und hing seinen eigenen Gedanken nach. Neben den beiden Männern saß Mary auf einem Campingstuhl. Ihr linkes Bein war immer noch dick eingegipst, und an den Stuhl gelehnt standen zwei Krücken. In einer Hand hielt sie einen Block, auf dem sie die Zeiten notierte, und in der anderen eine Stoppuhr und einen Bleistift. Sie kaute auf dem Bleistift herum und sah aus, als würde sie jeden Augenblick in Tränen ausbrechen. Hinter ihr standen Jacobson, seine beiden Mechaniker und Rory. Jacobsons Gesicht zeigte, abgesehen von seiner gewohnten düsteren Miene, keinerlei Ausdruck. Seine Mechaniker, die rothaarigen Rafferty-

Zwillinge, trugen wie immer die gleiche Miene zur Schau – in diesem Fall eine Mischung aus Resignation und Verzweiflung. Auf Rorys Gesicht spiegelte sich nichts als kalte Verachtung.

»Vorletzter!« sagte Rory. »Was für ein Fahrer! Unser Weltmeister dreht wohl seine Ehrenrunde.«

Jacobson schaute ihn nachdenklich an.

»Vor einem Monat war er noch dein Idol, Rory.«

Rory blickte zu seiner Schwester hinüber. Sie saß mit hängenden Schultern auf dem Stuhl und knabberte immer noch an ihrem Bleistift. Die Tränen in ihren Augen waren nun eindeutig zu erkennen. Rory wandte sich wieder Jacobson zu und sagte: »Sehr richtig: vor einem Monat!«

Ein limonengrüner Coronado fegte heran, bremste und hielt. Die knatternden Auspuffgeräusche erstarben. Nicola Tracchia nahm seinen Helm ab, zog ein großes seidenes Taschentuch hervor, wischte sich damit über sein Filmstargesicht und begann seine Handschuhe auszuziehen. Er sah sehr selbstzufrieden aus, und dazu hatte er auch einigen Grund: Er war gerade Zweiter geworden, und das mit nur einer Wagenlänge. MacAlpine trat zu ihm und schlug dem noch immer sitzenden Tracchia auf die Schulter.

»Ein fabelhaftes Rennen, Nikki. Ihr bestes bisher – und das auch noch auf dieser gemeinen Strecke. Damit haben Sie drei von fünf Rennen als Zweiter geschafft.« Er lächelte. »Wissen Sie, ich glaube, wir machen doch noch einen Rennfahrer aus Ihnen.«

Tracchia grinste breit und stieg aus dem Wagen.

»Warten Sie auf das nächste Mal. Bis jetzt hat Nicola Tracchia sich noch gar nicht angestrengt. Bis jetzt hat er sich nur bemüht, die Wagen, die unser Chefmechaniker zwischen den einzelnen Rennen ruiniert, möglichst heil über die Runden zu bringen.« Er grinste Jacobson an, der das Grinsen erwiderte. Obwohl ihr Wesen und ihre Interessen sehr verschieden waren, bestand zwischen den beiden eine starke gegenseitige Anziehung. »Wenn das österreichische Grand-Prix-Rennen in ein paar Wochen stattfindet, müssen Sie sicher ein paar Flaschen Champagner springen lassen.«

MacAlpine lächelte zögernd, aber es war klar, daß dieses Zögern sich nicht gegen Tracchia richtete. Innerhalb eines Monats hatte MacAlpine, obwohl man ihn immer noch nicht als dünn bezeichnen konnte, sowohl im Gesicht als auch am Körper beträchtlich an Gewicht verloren. Die ohnehin schon tiefen Falten in seinem Gesicht schienen noch tiefer geworden zu sein, und man hatte den Eindruck, als seien die Silberfäden in seiner eindrucksvollen Mähne zahlreicher geworden. Es war schwer, sich vorzustellen, daß allein das Versagen seines Superstars all diese Veränderungen verursacht haben sollte, aber es war ebenso schwer, sich einen anderen Grund dafür vorzustellen.

»Sie haben wohl völlig vergessen, daß ein echter Österreicher beim österreichischen Grand-Prix-Rennen mitmischt, was? Ein Bursche namens Willi Neubauer. Sie haben doch sicher schon von ihm gehört?« sagte MacAlpine.

Tracchia blieb ungerührt. »Unser guter Willi mag ja Österreicher sein, aber er hat die österreichische Strecke nicht für sich gepachtet. Er ist noch nie mehr als Vierter geworden. Ich war in den letzten beiden Jahren immerhin Zweiter.« Er blickte sich kurz um, als ein weiterer Coronado an die Boxen fuhr, und wandte sich dann gleich wieder MacAlpine zu. »Und Sie wissen, wer die beiden Male als Erster durchs Ziel gegangen ist.«

»Ja, das weiß ich«, nickte MacAlpine. Er drehte sich um und ging auf den Wagen zu. Harlow stieg aus, nahm seinen Helm ab, schaute seinen Wagen an und schüttelte den Kopf. Als MacAlpine sprach, waren weder in seiner Stimme noch in seinem Gesicht Spuren von Bitterkeit, Wut oder Anklage zu entdecken, nur andeutungsweise Resignation und Verzweiflung. »Na, Johnny, Sie können schließlich nicht jedes Rennen gewinnen.«

»Jedenfalls nicht mit diesem Wagen«, sagte Harlow.

»Was heißt das?«

»Kraftverlust bei höheren Drehzahlen.«

Jacobson war dazugekommen. Er reagierte mit keinem Muskelzucken auf Harlows Erklärung. »Vom Start weg?« fragte er.

»Nein. Es liegt nicht an dir, Jake. Das weiß ich. Es war verdammt komisch. Es kam und ging. Mindestens ein dutzendmal lief er immer wieder auf vollen Touren, aber nie lange.« Er wandte sich ab und betrachtete düster seinen Wagen. Jacobson warf einen schnellen Blick zu MacAlpine, der ihm fast unmerklich zunickte.

Als die Dämmerung hereinbrach, lag die Piste verlassen da. Die letzten Zuschauer und Angestellten waren gegangen. MacAlpine stand, die Hände tief in den Taschen seines braunen Gabardineanzugs vergraben, einsam und vor sich hin brütend am Eingang zu den Coronado-Boxen. Er war jedoch nicht ganz so allein, wie er annahm: In der benachbarten Cagliari-Box stand in einer dunklen Ecke eine Gestalt in dunklem Rollkragenpullover und dunkler Lederjacke. Johnny Harlow beherrschte es meisterhaft, sich regungslos und lautlos zu verhalten, und diese Fähigkeit kam ihm gerade wieder einmal sehr gelegen. Abgesehen von den beiden Männern schien das ganze Gebiet menschenleer zu sein.

Und dann klang plötzlich das schnell lauter werdende Röhren eines Grand-Prix-Motors auf, und in der Ferne tauchte mit eingeschalteten Scheinwerfern ein Coronado auf, wurde heruntergeschaltet, bremste, als er an der Cagliari-Box vorbeikam, und kam an der Coronado-Box zum Stehen. Jacobson stieg aus und nahm den Helm ab.

»Nun?« fragte MacAlpine.

»Der Wagen ist völlig in Ordnung«, sagte Jacobson. Sein Ton war neutral, aber seine Augen waren hart. »Zog ab wie der Teufel. Unser guter Johnny hat wirklich eine blühende Fantasie. Wir haben es außer mit einem Fehler des Fahrers offensichtlich noch mit etwas ganz anderem zu tun, Mr. MacAlpine.«

MacAlpine zögerte. Die Tatsache, daß Jacobson den Wagen tadellos über eine Runde gebracht hatte, war kein Beweis. Er war nicht in der Lage, den Coronado auch nur annähernd so schnell zu fahren wie Harlow. Außerdem war es möglich, daß der Fehler nur dann auftrat, wenn die Maschine heißgelaufen war. Und diesen Zustand hatte Jacobson in einer Runde wohl kaum erreicht. Und schließlich waren diese hochgezüchteten Rennwagenmotoren, von denen einer bis zu achttausend Pfund kostete, außerordentlich launische Konstruktionen und durchaus in der Lage, ihre eigenen Fehler zu entwickeln und auch wieder zu beseitigen, ohne daß auch nur ein Handgriff getan worden war. Jacobson wußte nicht, ob er das Schweigen MacAlpines als Zweifel oder Zustimmung deuten sollte. »Vielleicht schließen Sie sich doch allmählich meiner Meinung an, Mr. MacAlpine«, sagte er.

MacAlpine tat, als habe er nichts gehört, und sagte: »Lassen Sie den Wagen einfach hier stehen. Wir werden Henry und die beiden Jungs mit dem Transporter herschicken, um ihn abzuholen. Kommen Sie. Gehen wir essen. Ich glaube, wir haben es uns verdient. Und wir wollen auch etwas trinken. Das haben wir uns auch verdient. Ich glaube, ich habe mir noch nie so viele Drinks verdient wie in den letzten vier Wochen.«

»Da kann ich Ihnen nicht widersprechen, Mr. MacAlpine.«

MacAlpines blauer Aston-Martin stand hinter den Boxen. Die beiden Männer stiegen ein und fuhren davon.

Harlow sah ihnen nach. Wenn ihn Jacobsons Schlußfolgerungen oder MacAlpines scheinbare Zustimmung alarmiert hatten, so war jedenfalls nichts davon auf seinem Gesicht zu erkennen. Er wartete, bis der Wagen in der hereinbrechenden Dunkelheit verschwunden war, schaute sich um, um sicherzugehen, daß er allein und unbeobachtet war, und glitt dann zur Rückseite der Cagliari-Boxen. Dort öffnete er die Segeltuchtasche, die er mitgebracht hatte, förderte eine Lampe mit flachem Fuß und schwenkbarem Oberteil, einen Hammer, einen Hartmeißel und einen Schraubenzieher zutage und legte alles auf eine Kiste. Er machte seine Lampe an, und sofort wurde der hintere Teil der Cagliari-Boxen in strahlendes Licht getaucht. Ein Druck auf den Knopf unter dem schwenkbaren Lampenkopf verwandelte das gleißende Licht augenblicklich in ein gedämpftes rotes Schimmern. Harlow nahm Hammer und Meißel zur Hand und machte sich an die Arbeit.

Die meisten der Kisten und Schachteln mußte man nicht mit Gewalt öffnen, denn die spezielle Sammlung von Ersatzteilen für Motoren und Karosserien, die sie enthielten, hätten wohl kaum das Interesse eines Diebes wecken können: Er hätte gar nicht gewußt, wonach er suchen sollte, und für den Fall, daß er es wider Erwarten doch gewußt hätte, wäre es ihm wohl kaum gelungen, sein Diebesgut an den Mann zu bringen. Die wenigen Kisten, die Harlow aufbrechen mußte, öffnete er so vorsichtig, so sanft und mit so wenig Lärm wie nur irgend möglich.

Harlow untersuchte den Inhalt der Kisten in Windeseile, denn mit jeder Minute wurde die Gefahr, entdeckt zu werden, größer. Außerdem schien er genau zu wissen, was er suchte. Eine halbe Stunde nach Beginn seiner Arbeit machte er sich bereits wieder daran, die geöffneten Kisten und Schachteln wieder zu verschließen. Diejenigen, die er hatte aufbrechen müssen, schloß er mit Hilfe eines gepolsterten Hammers, um den Lärm auf ein Minimum zu beschränken und so gut wie keine sichtbaren Spuren zu hinterlassen. Als er fertig war, stopfte er die Lampe und seine

Werkzeuge wieder in die Segeltuchtasche, verließ die Cagliari-Boxen und verschwand in der Dunkelheit.

Vierzehn Tage später erreichte Nicola Tracchia, was er MacAlpine prophezeit hatte: Er gewann den österreichischen Grand Prix. Harlow ging leer aus. Damit hatten inzwischen zwar schon alle gerechnet. Aber er verlor nicht nur, er schaffte überhaupt nur vier Runden mehr als in England – und da hatte er bereits in der ersten Runde den Unfall gebaut.

Der Anfang hatte sehr vielversprechend ausgesehen. Harlow war fabelhaft vom Start weggekommen und lag am Ende der fünften Runde klar an der Spitze. Und nach der nächsten Runde hielt er an der Box. Als er aus dem Wagen stieg, machte er absolut nicht den Eindruck, als hätte er Angst gehabt, und nirgends war auch nur die geringste Spur von kaltem Schweiß zu entdecken. Aber er hatte die Hände zu Fäusten geballt und sie tief in den Taschen seines Overalls vergraben: In diesem Fall ist es unmöglich festzustellen, ob die Hände eines Menschen zittern oder nicht. Er brachte die eine Hand nur so lange zum Vorschein, wie er brauchte, um die gesamte Box-Besatzung mit einer schnellen Handbewegung zu entlassen – mit Ausnahme von Mary, die eilig auf ihn zugehumpelt kam.

»Keine Panik.« Er schüttelte den Kopf. »Und keine Eile. Der vierte Gang ist im Eimer.« Er stand da und blickte düster über die Strecke. MacAlpine sah ihn scharf an, und blickte dann zu Dunnet hinüber, der zurücknickte, scheinbar ohne MacAlpines Blick gesehen zu haben. Dunnet starrte wie gebannt auf Harlows geballte Fäuste, die die Taschen des Overalls ausbeulten.

»Wir werden Nikki reinholen«, sagte MacAlpine. »Sie können seinen Wagen nehmen.« Harlow antwortete nicht gleich. Das Röhren eines Motors klang auf, und Harlow nickte in Richtung des Geräusches. Die anderen folgten seinem Blick. Ein limonengrüner Coronado schoß vorbei, aber Harlow änderte seine Blickrichtung nicht. Mindestens fünfzehn Sekunden vergingen, bis der nächste Wagen, Neubauers königsblauer Cagliari, vorbeibrauste. Harlow drehte sich um und schaute MacAlpine an. Harlows gewöhnlich ausdrucksloses Gesicht zeigte, soweit es ihm möglich war, schiere Fassungslosigkeit.

»Reinholen? Du lieber Himmel, Mac, sind Sie denn übergeschnappt? Nikki hat jetzt, da ich ausgeschieden bin, klare fünfzehn Sekunden Vorsprung vor den anderen. Unser guter Signor Tracchia würde es Ihnen – und mir – niemals verzeihen, wenn Sie ihn jetzt reinholen würden. Es wird sein erster Grand-Prix-Sieg sein, und das noch dazu ausgerechnet auf der Strecke, auf der er sich das schon immer erträumt hat.«

Harlow drehte sich um und ging davon, als sei die Sache damit erledigt. Mary und Rory sahen ihm nach, erstere mit Kummer in den Augen, letzterer mit einer Mischung aus Triumph und Verachtung, die er keineswegs zu verbergen versuchte. MacAlpine zögerte, wollte etwas sagen, überlegte es sich jedoch anders, drehte sich ebenfalls um und ging davon – allerdings in eine andere Richtung. Dunnet begleitete ihn. In einer Ecke der Box blieben die beiden Männer stehen.

»Nun?« sagte MacAlpine.

»Nun was?« fragte Dunnet.

»Bitte! Das habe ich nicht verdient.«

»Du meinst, ob ich auch gesehen habe, was du gesehen hast? Seine Hände?«

»Das Zittern ist wieder da.« MacAlpine schwieg eine Weile. Dann seufzte er und schüttelte den Kopf. »Ich sage es immer wieder: Einmal erwischt es jeden. Ganz egal, wie gelassen, mutig oder – zum Teufel, das habe ich ja alles schon x-mal gesagt. Und wenn ein Mann so eiskalt und ruhig ist und sich so eisern unter Kontrolle hat wie Johnny – nun, wenn dann der Zusammenbruch kommt, dann ist es immer ziemlich drastisch.«

»Und wann kommt der Zusammenbruch?«

»Ziemlich bald, glaube ich. Ich gebe ihm noch ein Grand-Prix-Rennen. Weißt du, was er jetzt tun wird? Heute abend wird er sich wahrscheinlich sehr eingehend damit beschäftigen.«

»Ich möchte es nicht wissen.«

»Er wird sich vollaufen lassen.«

Eine Stimme mit einem sehr starken Glasgow-Akzent sagte: »Falsch! Er ist schon jetzt eifrig dabei.«

MacAlpine und Dunnet drehten sich langsam um. Aus dem Schatten des Verschlages hinter ihnen löste sich die Gestalt eines kleinen Mannes mit einem unglaublich verrunzelten Gesicht, dessen unordentlicher weißer Schnurrbart in einem merkwürdigen Gegensatz zu seiner Mönchstonsur stand. Aber noch seltsamer war die lange, dünne und auffallend gebogene schwarze Zigarre, die in einem Winkel seines völlig zahnlosen Mundes hing. Sein Name war Henry, er war der alte Fahrer des Transporters – das Pensionsalter hatte er längst hinter sich –, und die Zigarre war sozusagen sein Markenzeichen. Man erzählte sich sogar, daß er sie nicht einmal beim Essen aus dem Mund nahm.

MacAlpine sagte, ohne seinen Tonfall zu ändern: »Gelauscht, was?«

»Gelauscht!« Es war schwierig zu sagen, ob Henrys Ton und Gesichtsausdruck Ärger oder Fassungslosigkeit widerspiegelten, aber was es auch war, es war jedenfalls sehr intensiv. »Sie wissen ganz genau, daß ich niemals lausche, Mr. MacAlpine. Ich habe lediglich zugehört. Das ist etwas ganz anderes.«

»Was haben Sie gerade gesagt?«

»Sie haben genau verstanden, was ich gesagt habe.« Henry zeigte nicht die geringsten Anzeichen von Verlegenheit. »Sie wissen, daß er wie ein Irrer fährt und daß alle anderen Fahrer sich vor ihm zu Tode fürchten. Man sollte ihn auf Lebenszeit sperren. Der Mann ist erledigt, das sieht doch jeder. Und wenn wir in Glasgow von jemand sagen, daß er erledigt ist, dann meinen wir...«

»Wir wissen, was Sie meinen«, schnitt Dunnet ihm das Wort ab. »Ich dachte, Sie wären sein Freund, Henry?«

»Klar, das bin ich auch. Er ist der feinste Kerl, den ich je getroffen habe – Anwesende natürlich ausgenommen. Und gerade weil ich sein Freund bin, will ich nicht, daß er stirbt – oder wegen Totschlags vor Gericht kommt.«

MacAlpine sagte ohne jede Feindseligkeit: »Kümmern Sie sich um Ihren Job, Henry, und fahren Sie den Transporter, und ich kümmere mich um meinen Job als Chef des Coronado-Teams.«

Henry nickte und drehte sich um. Sein Gesicht war ernst, und sein Gang drückte eine sorgfältig dosierte Empörung aus, als ob er sagen wolle, er habe seine Pflicht getan und sie gewarnt, und wenn aus dieser Warnung keine Konsequenzen gezogen würden, dann sei das nicht seine Schuld. MacAlpine, dessen Gesicht ebenso ernst war, rieb sich nachdenklich das Kinn und sagte: »Er könnte recht haben. Ja, ich habe allen Grund zu glauben, daß er recht hat.«

»Womit, James?«

»Daß Johnny fertig ist. Erledigt. Ausgebrannt. Weg vom Fenster.«

»Und warum?«

»Wegen eines Burschen namens Bacchus, Alexis. Er ist für Getränke zuständig.«

»Hast du Beweise dafür?«

»Ich habe mehr Beweise dafür, daß er trinkt, als dafür, daß er nicht trinkt.«

»Entschuldige, ich kann dir nicht ganz folgen. Kann es sein, daß du mir etwas verschwiegen hast, James?«

MacAlpine nickte und informierte ihn in kurzen Worten: Gleich nach Jethous Tod, als Harlow seine mangelnde Übung im Eingießen und Trinken von Brandy unter Beweis gestellt hatte, hatte MacAlpine zum erstenmal den Verdacht gehegt, daß Harlow sein Abstinenzlertum aufgegeben hatte. Natürlich hatte er sich nicht in aller Öffentlichkeit betrunken, denn das hätte unweigerlich dazu geführt, daß er auf Lebzeiten disqualifiziert worden wäre. Als Meister des Alleingangs erledigte er das in aller Stille und vor allem heimlich, denn Harlow trank immer allein, fast ausschließlich in entlegenen Lokalen, um die Möglichkeit, entdeckt zu werden, auf ein Minimum herabzusetzen. Das wußte MacAlpine, weil er einen Detektiv auf Harlow angesetzt hatte, der ihn fast rund um die Uhr beschatten sollte. Aber Harlow hatte entweder großes Glück oder wußte, was vorging – als ein Mann von ziemlich bemerkenswerter Intelligenz mußte er die Möglichkeit, beobachtet zu werden, zumindest in Betracht gezogen haben –, und entzog sich ganz bewußt der Überwachung; denn er konnte erst dreimal bis zu seinen Bezugsquellen – kleinen Weinstuben in den Wäldern in der Nähe des Hockenheim- und Nürburgrings – verfolgt werden. Und sogar bei diesen Gelegenheiten hatte der Beobachter nur feststellen können, daß Harlow nur vorsichtig und mit löblicher Zurückhaltung an einem Glas Weißwein genippt hatte, das bestimmt nicht ausreichte, um die zugegebenermaßen höchst wichtigen Fähigkeiten und Reaktionen eines Formel-Eins-Fahrers nennenswert zu beeinträchtigen. Was sein erfolgreiches Verschwinden besonders bemerkenswert machte, war die Tatsache, daß er überallhin mit seinem flammendroten Ferrari fuhr, der wohl einer der auffälligsten Wagen von ganz Europa war. Aber daß er sich so intensiv – und so erfolgreich – bemühte, nicht beobachtet zu werden, war für MacAlpine unter den gegebenen Umständen Beweis genug, daß Harlows häufige, geheimnisvolle und unerklärte Abwesenheit in engstem Zusammenhang mit Harlows häufigen und einsamen Trinkgelagen stand. MacAlpine schloß seinen Bericht mit der Eröffnung, daß sich neuerdings eine noch seltsamere Entdeckung ergeben hatte: Es gab jetzt tägliche und eindeutige Beweise, daß Harlow eine Vorliebe für Scotch entwikkelt hatte.

Dunnet schwieg, bis er merkte, daß MacAlpine seinen Ausführungen offensichtlich nichts mehr hinzufügen wollte. »Beweise?« fragte er dann. »Was für Beweise?«

»Beweise, die die Geruchsnerven liefern.«

Dunnet schwieg einen Augenblick und sagte dann: »Ich habe nie etwas gerochen.«

»Das liegt daran, Alexis, daß du nicht in der Lage bist, überhaupt etwas zu riechen«, sagte MacAlpine liebenswürdig. »Du kannst kein Öl riechen, du kannst keinen Treibstoff riechen, du kannst keine brennenden Reifen riechen. Wie kannst du da annehmen, daß du Scotch riechen könntest?«

Dunnet senkte zustimmend den Kopf. »Und du hast etwas gerochen?« fragte er.

MacAlpine schüttelte den Kopf.

»Jetzt verstehe ich gar nichts mehr.«

MacAlpine sagte: »Er meidet mich neuerdings wie die Pest – und du weißt, wie gut unsere Beziehung immer war. Und wenn er mal wirklich gezwungenermaßen in meine Nähe kommt, dann riecht er wie ein ganzes Paket Hustenbonbons. Na, gibt dir das nicht zu denken?«

»Beiß dich nicht daran fest, James. Das ist kein Beweis.«

»Vielleicht nicht. Aber Tracchia, Jacobson und Rory sind davon überzeugt.«

»Ach du lieber Himmel! Na, die drei sind ja wohl die unvoreingenommensten Zeugen, die man sich vorstellen kann. Wenn Johnny aufhören muß, wer wird dann die Nummer Eins des Coronado-Teams und hat damit die besten Chancen, der nächste Champion zu werden? Kein anderer als unser lieber Nikki. Jacobson und Johnny sind nie besonders gut miteinander ausgekommen, und jetzt ist die Beziehung noch um einiges schlechter geworden: Jacobson mag es nicht, wenn man seine heißgeliebten Wagen zu Schrott fährt, und was er noch viel weniger mag, ist Harlows Behauptung, daß die Unfälle nicht auf sein Konto gehen, denn sie legt die Frage nahe, ob Jacobson wirklich in der Lage ist, die Wagen gründlich und einwandfrei zu betreuen. Und was Rory betrifft, so kann man nur offen sagen, daß er Harlow inbrünstig haßt, teils für das, was er Mary angetan hat, und teils, weil sich Marys Verhalten gegenüber Harlow nach dem Unfall nicht im geringsten geändert hat. Ich fürchte, daß deine Tochter der einzige Mensch in diesem Team ist, der immer noch unbeirrbar auf Johnny Harlows Seite steht.«

»Ja, das weiß ich.« MacAlpine schwieg eine Weile und sagte dann dumpf: »Mary war die erste, die es mir erzählt hat.«

»O mein Gott!« Dunnets Blick wanderte über die Rennstrecke, und ohne MacAlpine anzusehen, sagte er niedergeschlagen: »Jetzt hast du keine Wahl mehr. Du mußt ihn feuern. Am besten heute noch.«

»Du vergißt, daß du das alles erst jetzt erfahren hast, ich es aber schon seit einer ganzen Weile weiß. Ich habe mich bereits entschieden: Ich lasse ihn noch ein Rennen mitmachen.«

Der Parkplatz sah in dem immer schwächer werdenden Licht wie die letzte Ruhestätte vorgeschichtlicher Ungeheuer aus. Die riesigen Transporter, die die Rennwagen, Ersatzteile und transportablen Werkstätten von einer Rennstrecke zur anderen brachten, zeichneten sich drohend gegen den blassen Abendhimmel ab. Die Wagen standen völlig verlassen da, in keinem der Kolosse war Licht zu sehen. Auch der Parkplatz lag verlassen da, bis aus der Dämmerung plötzlich eine Gestalt auftauchte und auf die Transporter zuging.

Johnny Harlow machte keinen Versuch, seine Anwesenheit zu verbergen. Er schwenkte unternehmungslustig seine kleine Segeltuchtasche und ging quer über den Parkplatz auf eines der riesigen Ungetüme zu. Auf den Seiten und der Rückfront des Transporters stand in großen Lettern das Wort ›FERRARI‹. Harlow versuchte gar nicht erst festzustellen, ob die Tür vielleicht nicht verschlossen war, sondern brachte einen Bund merkwürdig geformter Schlüssel zum Vorschein. Ein paar Sekunden später öffnete er die Tür des Transporters. Er stieg ein und sperrte die Tür hinter sich zu. In den nächsten fünf Minuten tat er nichts anderes, als wechselweise aus den Fenstern auf beiden Seiten zu schauen und immer wieder geduldig zu überprüfen, ob sein unberechtigtes Eindringen beobachtet worden war. Offensichtlich hatte ihn jedoch niemand gesehen. Zufrieden holte Harlow seine Lampe aus der Segeltuchtasche, schaltete das rote Licht ein, beugte sich über den am nächsten stehenden Ferrari und begann ihn ganz genau zu untersuchen.

An diesem Abend waren etwa dreißig Leute in der Hotelhalle, unter ihnen Mary MacAlpine und ihr Bruder, Henry und die rothaarigen Rafferty-Zwillinge. Die Lautstärke der Unterhaltung war beachtlich: Einige der Grand-Prix-Teams hatten sich für das Wochenende in dem Hotel niedergelassen, und dieses Völkchen ist nicht gerade für seine Zurückhaltung bekannt. Alle – hauptsächlich Fahrer, aber auch einige Mechaniker – hatten ihre Arbeitskluft mit einer der Tageszeit angemessenen Kleidung vertauscht und warteten auf das Abendessen, das in einer Stunde serviert werden würde. Vor allem Henry sah in seinem grauen Nadelstreifenanzug mit der roten Rose im Knopfloch hochelegant aus. Er schien sogar seinen Schnurrbart gekämmt zu haben. Mary saß neben ihm, und ein paar Meter von ihnen entfernt saß Rory und las eine Illustrierte oder tat wenigstens so. Mary saß schweigend und mit ernstem Gesicht da und drehte einen ihrer Spazierstöcke zwischen den Händen, die sie inzwischen benützte. Plötzlich wandte sie sich an Henry.

»Wo geht Johnny bloß jeden Abend hin? Neuerdings sehen wir ihn nach dem Abendessen kaum noch.«

»Johnny?« Henry rückte die Rose in seinem Knopfloch zurecht. »Keine Ahnung, Miß. Vielleicht möchte er lieber allein sein. Vielleicht schmeckt ihm auch woanders das Essen besser. Ich weiß es nicht.«

Rory hielt sich immer noch die Illustrierte vor das Gesicht. Allerdings sah man an seinem starren Blick, daß er nicht las. Augenblicklich konzentrierte er sich völlig auf sein Gehör.

»Vielleicht ist es nicht nur das Essen, was ihm anderswo besser gefällt«, sagte Mary.

»Sie meinen Mädchen, Miß? Johnny Harlow hat kein Interesse an Mädchen.«

Er schielte sie mit einem Blick an, den er offensichtlich für schelmisch hielt und von dem er glaubte, daß er zu seiner vornehmen Aufmachung paßte. »Ausgenommen natürlich eine gewisse junge Dame.«

»Seien Sie nicht albern.« Mary MacAlpine war nicht immer ein sanftes Reh. »Sie wissen genau, was ich meine.«

»Was meinen Sie denn, Miß?«

»Stellen Sie sich doch nicht so dumm, Henry.«

Henry setzte die Miene des ständig Verkannten auf.

»Ich bin eben dumm.«

Mary strafte ihn mit einem kalten, abschätzenden Blick und wandte sich abrupt ab. Rory verbarg sich schnell wieder hinter seiner Illustrierten und tat, als lese er eifrig. Er machte ein sehr nachdenkliches Gesicht, und der Ausdruck, der die Nachdenklichkeit überlagerte, war kaum als freundlich zu bezeichnen.

Im Schein der abgeschirmten roten Lampe wühlte Harlow in einer Kiste mit Ersatzteilen. Plötzlich richtete er sich etwas auf, lauschte, machte die Lampe aus, glitt zu einem Seitenfenster und spähte hinaus. Es war schon fast ganz dunkel, aber der gelbliche Mond, der immer wieder zwischen einzelnen Wolkenfetzen hindurchschimmerte, erleuchtete die Szene durchaus ausreichend. Zwei Männer kamen quer über den Parkplatz auf den Coronado-Transporter zu, der weniger als sechs Meter von dem Wagen entfernt stand, hinter dessen Seitenfenster Harlow Beobachtungsposten bezogen hatte. Er hatte keinerlei Schwierigkeiten, die beiden Männer als MacAlpine und Jacobson zu identifizieren. Harlow glitt zur Tür, sperrte sie auf und öffnete sie gerade so weit, daß er die Tür des Coronado-Transporters sehen konnte. MacAlpine steckte gerade den Schlüssel ins Schloß und sagte: »Es besteht also kein Zweifel. Harlow hat also nicht phantasiert. Der vierte Gang ist also wirklich ruiniert?«

»Total.«

»Dann ist er schließlich doch von jedem Verdacht befreit?« MacAlpines Stimme klang beinahe flehend.

»Es gibt mehrere Möglichkeiten, eine Schaltung zu ruinieren.« Jacobsons Ton war nicht gerade ermutigend.

»Das kann schon sein. Kommen Sie, schauen wir uns dieses verdammte Getriebe mal an.«

Beide Männer kletterten in den Transporter, und unmittelbar darauf gingen drinnen die Lichter an. Harlow nickte langsam, und ein völlig unübliches Lächeln umspielte seine Mundwinkel. Er zog die Tür zu, verschloß sie lautlos und nahm seine unterbrochene Suche wieder auf. Er arbeitete mit der gleichen Umsicht wie vorher in der Cagliari-Box und brach die Kisten und Schachteln, bei denen es nötig war, mit größter Sorgfalt auf, damit sie hinterher so wenig Spuren von Gewaltanwendung aufwiesen wie nur irgend möglich. Er arbeitete schnell und konzentriert und unterbrach seine Arbeit nur einmal, als er draußen ein Geräusch hörte. Er warf einen prüfenden Blick nach draußen und sah MacAlpine und Jacobson aus dem Transporter steigen und über den ansonsten menschenleeren Platz davongehen. Beruhigt setzte er seine Arbeit fort.

4

Als Harlow schließlich ins Hotel zurückkehrte, gab es in der Hotelhalle, die gleichzeitig als Bar diente, kaum noch einen freien Stuhl, und mindestens ein Dutzend Menschen drängte sich an der Bar. MacAlpine und Jacobson saßen mit Dunnet an einem Tisch. Mary, Henry und Rory saßen noch auf ihren alten Plätzen. Als Harlow die Eingangstür hinter sich schloß, ertönte der Gong zum Abendessen – in dieser Art von kleinen Landhotels aßen entweder alle gemeinsam oder gar nicht. Für die Geschäftsführung und das Personal war diese Regelung sehr bequem, die Gäste sahen das jedoch etwas anders.

Als Harlow die Halle durchquerte, erhoben sich allenthalben die Hotelgäste von ihren Stühlen, um dem Gong Folge zu leisten. Niemand grüßte ihn, und nur wenige machten sich die Mühe, ihn anzusehen. MacAlpine, Jacobson und Dunnet ignorierten ihn völlig. Rory bedachte ihn mit einem Blick, aus dem unverhohlene Verachtung sprach. Mary streifte ihn mit einem verstohlenen Blick, biß sich auf die Lippen und wandte sich schnell ab. Zwei Monate früher hätte Johnny Harlow fünf Minuten gebraucht, um die Treppe zu erreichen. An diesem Abend schaffte er es in weniger als zehn Sekunden. Wenn ihm die Nichtbeachtung etwas ausmachte, so verbarg er seine Betroffenheit ausgezeichnet. Sein Gesicht war ebenso unbewegt wie das eines aus Holz geschnitzten Indianers. In seinem Zimmer wusch er sich flüchtig, kämmte sich, ging zu einem Regal, holte vom obersten Brett eine Flasche Scotch, ging ins Bad, spülte sich mit einem Schluck Scotch den Mund aus, schnitt eine Grimasse und spuckte den Whisky ins Waschbecken. Das Glas mit seinem beinah unberührten Inhalt ließ er auf dem Rand des Waschbeckens stehen, stellte die Flasche wieder an ihren Platz und ging hinunter in den Speisesaal. Er kam als letzter. Einem völlig Fremden hätten die Gäste sicherlich mehr Aufmerksamkeit geschenkt, als sie für ihn aufbrachten. Es galt nicht länger als schick, mit Harlow gesehen zu werden. Der Speisesaal war ziemlich voll, aber einige Stühle waren noch unbesetzt. Die meisten der Tische waren für vier Personen gedacht, ein paar jedoch auch für nur zwei Personen. Von den Vierertischen waren lediglich drei mit nur drei Personen besetzt. Und die Zweiertische waren alle bis auf einen besetzt, und an dem saß Henry. Harlows Mundwinkel zuckten, aber so kurz und vielleicht auch ungewollt, daß man auch glauben konnte, man habe es sich eingebildet. Er ging quer durch den Speisesaal und setzte sich an Henrys Tisch.

»Darf ich, Henry?« fragte er.

»Seien Sie mein Gast, Mr. Harlow.« Henry war die personifizierte Herzlichkeit, und das blieb er auch während des ganzen Essens. Er sprach ausführlich über alle möglichen Dinge, die Harlow auch beim besten Willen nicht interessierten. Henrys geistiger Horizont war sehr begrenzt, und es gelang Harlow nur mit Mühe, in dem Bombardement von Henrys Plattitüden seinen Mann zu stehen. Was die Sache noch schlimmer machte, war die Tatsache, daß er Henry aus einer Entfernung von nur zwölf Zentimetern zuhören mußte, was schon vom rein ästhetischen Standpunkt aus eine Zumutung war; denn selbst auf eine Entfernung von einigen Metern konnte man Henry bei allem Wohlwollen nicht als Augenweide bezeichnen. Aber Henry schien diese kurze Entfernung für ihre vertrauliche Unterhaltung als wichtig zu betrachten, und unter den gegebenen Umständen mußte Harlow ihm wohl oder übel recht geben: Die Stille, die an diesem Abend im Speisesaal herrschte, erinnerte an eine Kathedrale und konnte wohl kaum der Tatsache zugeschrieben werden, daß die Gäste in verzücktem Schweigen ihre Mahlzeit genossen; denn die Kochkünste in diesem Hotel waren nicht dazu angetan, den Ruf der österreichischen Küche zu stärken. Sowohl Harlow als auch allen übrigen im Saal war es klar, daß seine Anwesenheit jede normale Unterhaltung unmöglich machte. Infolgedessen hielt Henry es für klug, seine Stimme auf ein kaum verständliches Wispern zu reduzieren und sein Gesicht so nah wie möglich an Harlows heranzubringen. Harlow war, obwohl er sich nichts anmerken ließ, ausgesprochen erleichtert, als die Mahlzeit überstanden war; denn Henry hatte zu allem Überfluß auch noch einen ganz besonders üblen Mundgeruch.

Harlow stand als einer der letzten auf. Ziellos schlenderte er in die nun wieder bevölkerte Halle hinüber. Er stand scheinbar unschlüssig da und ließ seine Blicke umherwandern. Keiner beachtete ihn. Er sah Mary und Rory wieder auf ihren alten Plätzen sitzen, und am anderen Ende der Halle hatte Henry MacAlpine in eine Unterhaltung verwickelt.

»Nun?« sagte MacAlpine.

Henry hatte eine pharisäische Miene aufgesetzt. »Er roch wie eine Destille, Sir.«

MacAlpine lächelte schwach. »Als alter Glasgower verstehen Sie sicher etwas davon. Gute Arbeit. Ich muß mich bei Ihnen entschuldigen.«

Henry senkte den Kopf. »Schon gut, Mr. MacAlpine.«

Harlow löste seinen Blick von der Szene. Er hatte nicht ein Wort von der Unterhaltung verstanden, aber das war auch gar nicht nötig. Als habe er sich plötzlich zu etwas Bestimmten entschlossen, ging er auf die Tür zu, die nach draußen führte. Mary sah ihn gehen, vergewisserte sich, daß niemand sie beobachtete, nahm ihre beiden Stöcke und humpelte ihm nach. Nachdem seine Schwester verschwunden war, wartete Rory noch zehn Sekunden und schlenderte dann scheinbar ziellos auf die Tür zu.

Fünf Minuten später betrat Harlow ein Café und setzte sich an einen Tisch, von dem aus er die Tür sehen konnte. Eine hübsche junge Kellnerin erschien, riß die Augen auf und setzte ein charmantes Lächeln auf. Es gab in Europa nur wenige junge Leute, die Johnny Harlow nicht auf Anhieb erkannt hätten.

Harlow erwiderte das Lächeln. »Ein Tonic mit Wasser, bitte.«

Ihre Augen öffneten sich noch weiter. »Wie bitte, Sir?«

»Ein Tonic-Water.«

Als die Kellnerin den Drink brachte, sah man ihrem verwirrten Gesicht deutlich an, daß Harlow alle ihre bisherigen Vorstellungen von einem Rennfahrer-Champion völlig umgestoßen hatte. Er nippte an seinem Glas, ohne die Tür aus den Augen zu lassen, und runzelte dann plötzlich die Stirn, als Mary sichtlich furchtsam das Café betrat. Sie sah Harlow sofort, hinkte durch den Raum und setzte sich an seinen Tisch.

»Hallo, Johnny!« sagte sie, und man merkte ihrem Ton an, daß sie keineswegs sicher war, mit offenen Armen empfangen zu werden.

»Ich muß gestehen, ich hatte jemand anders erwartet.«

»Was hast du?«

»Jemand anders erwartet.«

»Das verstehe ich nicht. Wen...«

»Uninteressant.« Harlows Ton war ebenso freundlich wie seine Worte. »Wer hat dich denn auf mich angesetzt?«

»Angesetzt? Du meinst, ich soll dir nachspionieren?« Sie starrte ihn an, und ihre Miene drückte eher Verständnislosigkeit als Fassungslosigkeit aus. »Was um Himmels willen meinst du damit?«

Harlow blieb unversöhnlich. »Du weißt ganz genau, was ich meine.«

»O Johnny!« Der Schmerz in ihren großen braunen Augen war ebenso deutlich wie in ihrer Stimme. »Du weißt, daß ich dir niemals nachspionieren würde.«

Diesmal war Harlows Stimme schon etwas sanfter. »Warum bist du dann hier?«

»Freust du dich denn gar nicht, mich zu sehen?«

»Das steht auf einem anderen Blatt. Was machst du in diesem Café?«

»Ich kam... ich kam gerade zufällig vorbei und...«

»Und du sahst mich und kamst rein.« Er stieß seinen Stuhl zurück und stand auf. »Warte hier.«

Harlow ging zur Tür, öffnete sie und trat hinaus. Er schaute ein paar Sekunden in die Richtung, aus der er gekommen war, drehte sich um und blickte die Straße hinunter. Aber sein Interesse galt nicht der Straße, sondern dem Hauseingang gegenüber. Dort stand, tief in den Schatten des Eingangs gepreßt, eine Gestalt. Ohne sich anmerken zu lassen, daß er etwas gesehen hatte, ging Harlow wieder in das Café zurück, schloß die Tür und setzte sich wieder hin.

»Röntgenaugen sind schon eine fabelhafte Sache, was?« sagte er. »Alle Fenster sind aus Milchglas, und trotzdem hast du mich hier sitzen gesehen.«

»Also gut, Johnny«, sagte sie mit müder Stimme. »Ich bin dir nachgegangen. Ich mache mir Sorgen. Schreckliche Sorgen.«

»Das tun wir doch alle hin und wieder. Da solltest du mich manchmal sehen, wenn ich mit meinem Wagen auf der Strecke bin.« Er machte eine Pause und fragte dann völlig unzusammen-hängend: »War Rory noch im Hotel, als du weggingst?«

Sie blinzelte verwirrt. »Ja. Ja, er war noch da. Ich sah ihn, als ich das Hotel verließ.«

»Kann er dich gesehen haben?«

»Das ist eine komische Frage.«

»Ich bin eben ein Spaßvogel. Da kannst du alle Kollegen fragen. Kann er dich gesehen haben?«

»Ja, ich denke schon. Warum – warum interessiert dich das?«

»Es wäre mir gar nicht recht, wenn der arme kleine Junge nachts durch die Straßen liefe und sich eine Erkältung holte. Oder vielleicht gar überfallen würde.« Harlow schwieg und dachte nach. »Richtig, darauf bin ich ja noch gar nicht gekommen.«

»O Johnny, hör auf! Hör auf! Ich weiß, ja ich weiß, daß er dich nicht mehr sehen kann, daß er nicht einmal mehr mit dir spricht, seit... seit...«

»Seit ich dich zum Krüppel gemacht habe.«

»O Gott!« Der Kummer in ihren Augen war nicht zu übersehen. »Er ist mein Bruder, Johnny, aber er ist nicht *ich*. Kann ich etwas dafür, wenn – o Johnny, was er auch gegen dich haben mag, kannst du es nicht vergessen? Du bist der netteste Mann auf der Welt, Johnny Harlow...«

»Nettigkeit zahlt sich nicht aus, Mary.«

»Aber du bist es. Ich weiß es ganz genau. Kannst du es nicht vergessen? Kannst du ihm nicht vergeben? Du mußt doch über der Sache stehen! Außerdem ist er noch ein Kind. Und du bist ein Mann. Wie kann er dir gefährlich werden? Was kann er dir antun?«

»Du solltest mal sehen, was einem ein neunjähriger Junge in Vietnam antun kann, wenn man ihm ein Gewehr in die Hand drückt.«

Sie stieß ihren Stuhl zurück. Die Tränen in ihren Augen straften ihre frostige Stimme Lügen. »Bitte entschuldige. Ich hätte dich nicht belästigen dürfen. Gute Nacht, Johnny.«

Er legte ihr zart die Hand auf das Handgelenk, und sie machte keinen Versuch, es wegzuziehen. Sie saß nur da und wartete, und ihr Gesicht drückte dumpfe Verzweiflung aus. »Geh nicht«, bat er. »Ich wollte mich nur vergewissern.«

»Wovon?«

»Das spielt jetzt keine Rolle mehr. Vergessen wir Rory. Sprechen wir lieber von dir.« Er drehte sich um und rief der Kellnerin zu: »Das gleiche noch mal, bitte.«

Mary warf einen Blick auf das frisch gefüllte Glas. »Was ist das?« fragte sie. »Gin? Wodka?«

»Tonic-Water.«

»O Johnny!«

»Würdest du freundlicherweise dieses ewige ›O Johnny!‹ lassen!« Es war unmöglich festzustellen, ob der Ärger in seiner Stimme echt oder nur gespielt war. »Also, du sagst, du machst dir Sorgen – als ob du das irgend jemandem erzählen müßtest. Und mir schon gar nicht. Laß mich raten, Mary. Ich würde sagen, es sind fünf Gründe: Rory, du selbst, dein Vater, deine Mutter und ich.« Sie wollte etwas sagen, aber er hob gebieterisch die Hand. »Rory und seine Abneigung gegen mich kannst du vergessen. In einem Monat wird er das Ganze nur noch als einen bösen Traum betrachten. Nun zu dir – und erzähl mir ja nicht, daß du dir keine Sorgen über unsere – sagen wir Beziehung – machst. Dazu kann ich dir nur sagen, daß alles in Ordnung kommen wird. Aber es wird eine Weile dauern. Dann haben wir noch deinen Vater und deine Mutter und dann noch mich. Habe ich die Sachlage in etwa richtig erfaßt?«

»So hast du schon lange nicht mehr mit mir gesprochen.«

»Heißt das, daß ich recht habe?«

Sie nickte schweigend.

»Was ist mit deinem Vater los? Er sieht nicht gut aus und hat empfindlich abgenommen. Ich nehme an, daß er sich Sorgen macht. Um deine Mutter und meinetwegen. Und zwar in dieser Reihenfolge.«

»Meine Mutter«, flüsterte sie. »Woher weißt du das? Niemand weiß etwas außer Daddy und mir.«

»Ich nehme an, Alexis Dunnet weiß darüber Bescheid. Sie sind sehr befreundet. Mir hat dein Vater vor über zwei Monaten davon erzählt. In den alten Zeiten, als wir noch miteinander sprachen, vertraute er mir.«

»Bitte, Johnny!«

»Na, das ist doch wenigstens mal was anderes als ›o Johnny!‹ Ich glaube, er vertraut mir noch immer, trotz allem, was inzwischen geschehen ist. Bitte sag ihm nicht, daß ich dir etwas erzählt habe; denn ich habe ihm zugesagt, es niemandem zu erzählen. Versprochen?«

»Versprochen.«

»In den letzten zwei Monaten war dein Vater nicht gerade

gesprächig. Verständlicherweise. Und ich hatte das Gefühl, daß ich es in Anbetracht unseres angespannten Verhältnisses nicht wagen konnte, ihm Fragen zu stellen. Ihr habt also, seit sie vor drei Monaten aus eurem Marseiller Haus verschwand, keine Spur von ihr?«

»Nein, nicht die geringste.« Wenn es ihrer Art entsprochen hätte, die Hände zu ringen, dann hätte sie es sicher getan. »Sonst hat sie jeden Tag, an dem sie von uns getrennt war, angerufen und jede Woche geschrieben, und jetzt...«

»Und dein Vater hat wirklich schon alles versucht?«

»Daddy ist Millionär. Glaubst du vielleicht, er hätte nicht alles versucht?«

»Ich hätte es wissen müssen. Du machst dir also Sorgen. Was kann ich tun?«

Mary trommelte kurz mit den Fingern auf die Tischplatte und schaute ihm gerade in die Augen. »Du könntest die andere Hauptsorge von seinen Schultern nehmen.«

»Mich?«

Mary nickte.

Zur gleichen Zeit war MacAlpine sehr intensiv damit beschäftigt, sich um seine zweite Hauptsorge zu kümmern. Er und Dunnet standen vor der Tür eines Hotelzimmers, und MacAlpine schob einen Schlüssel in das Schloß. Dunnet blickte sich vorsichtig um und sagte: »Ich glaube, der Portier hat uns nicht ein einziges Wort geglaubt.«

»Wen stört das schon?« MacAlpine drehte den Schlüssel im Schloß um. »Ich habe Johnnys Schlüssel bekommen, und das ist doch schließlich die Hauptsache, oder?«

»Und wenn du ihn nicht bekommen hättest?«

»Dann hätte ich die verdammte Tür eingetreten. Das habe ich ja schon einmal getan, weißt du noch?«

Die beiden Männer traten ins Zimmer, schlossen die Tür hinter sich zu und riegelten sie ab. Schweigend und systematisch begannen sie, Harlows Zimmer zu durchsuchen, wobei sie sowohl die wahrscheinlichsten als auch die unwahrscheinlichsten Stellen überprüften. Und in einem Hotelzimmer sind die Möglichkeiten, etwas zu verstecken, auch bei Aufbietung größter Fantasie sehr begrenzt. Nach drei Minuten war ihre Suche beendet – eine Suche, die ebenso erfolgreich wie bestürzend verlaufen war. Die beiden Männer starrten schweigend und ungläubig auf ihre Beute, die sie auf Harlows Bett gelegt hatten: vier volle Flaschen Scotch und eine fünfte halbvolle. Sie schauten einander an, und Dunnet faßte ihre Gefühle auf sehr prägnante Weise in zwei Worten zusammen.

Er sagte: »Oje!«

MacAlpine nickte. Es schien ihm die Sprache verschlagen zu haben. Es war auch nicht nötig, etwas zu sagen, denn Dunnet verstand auch ohne Worte, was MacAlpine fühlte und in welch scheußlichem Dilemma er steckte. Er hatte beschlossen, Harlow noch eine allerletzte Chance zu geben, und jetzt lagen vor ihm auf dem Bett genügend Beweise, um eine sofortige Disqualifizierung Harlows zu rechtfertigen.

»Was machen wir jetzt?« fragte Dunnet.

»Wir nehmen das verdammte Teufelszeug mit.« In MacAlpines Augen stand Kummer, und seine Stimme war brüchig.

»Aber das merkt er doch! Und zwar sofort. So wie wir ihn jetzt kennen, wird er sofort zur nächstbesten Flasche greifen.«

»Wen interessiert schon, was er tun oder merken wird? Was kann er dagegen tun? Und was noch wichtiger ist: Wem kann er davon erzählen? Er wird ganz sicher nicht zur Rezeption hinunterlaufen und rufen: ›Ich bin Johnny Harlow. Jemand hat fünf Flaschen Scotch aus meinem Zimmer gestohlen!‹ Er kann weder etwas tun noch etwas sagen.«

»Natürlich kann er das nicht. Aber trotzdem wird er merken, daß die Flaschen weg sind. Was wird er davon halten?«

»Wen kümmert es schon, was dieser Säufer denkt? Und warum sollte er glauben, daß *wir* die Flaschen weggenommen haben? Wenn er das annähme, müßte er doch erwarten, umgehend rauszufliegen. Und das wird nicht passieren. Wir werden kein Wort verlauten lassen. Noch nicht. Es kann jeder gewesen sein. Jemand vom Personal zum Beispiel. Schließlich wäre das nicht das erste Mal, daß ein Angestellter kleine Diebstähle begeht.«

»Du meinst also, daß er nichts sagen wird?«

»Er *kann* nichts sagen. Verfluchter Kerl! Womit habe ich das verdient!«

»Zu spät, meine Liebe. Ich kann nicht mehr fahren. Johnny Harlow ist erledigt. Da kannst du jeden fragen.«

»Das meine ich nicht, und das weißt du auch genau. Ich spreche von deiner Trinkerei.«

»Ich soll trinken?« Johnny Harlows Gesicht war so unbewegt wie immer. »Wer behauptet das?«

»Alle.«

»Dann lügen eben alle.«

Diese Bemerkung war ganz dazu angetan, die Unterhaltung verstummen zu lassen. Eine Träne fiel von Marys Gesicht auf ihre Armbanduhr, aber wenn Harlow es bemerkte, so sagte er jedenfalls nichts dazu. Mary seufzte ein paarmal und sagte schließlich leise: »Ich gebe auf. Es war dumm von mir, es überhaupt zu versuchen. Johnny, kommst du heute abend auf den Empfang des Bürgermeisters?«

»Nein.«

»Ich dachte, du würdest mich vielleicht begleiten. Bitte tu es doch!«

»Damit du dich für mich aufopferst? Nein.«

»Warum kommst du nicht? Alle anderen Rennfahrer kommen.«

»Ich bin nicht irgendein Rennfahrer. Ich bin Johnny Harlow. Ich bin ein Ausgestoßener. Ich habe eine empfindliche und sensible Natur, und ich mag es nicht, wenn niemand mit mir spricht.«

Mary legte beide Hände auf die seinen. »*Ich* werde mit dir sprechen, Johnny. Und du weißt, daß ich das immer tun werde.«

»Ja, das weiß ich.« Harlows Stimme enthielt weder Bitterkeit noch Ironie. »Ich habe dich auf Lebzeiten zum Krüppel gemacht, und trotzdem wirst du immer mit mir sprechen. Bleib weg von mir, Kleines. Du bist noch so jung. Und ich bin Gift für dich.«

»Es gibt einige Gifte, an die ich mich sehr leicht gewöhnen könnte.«

Harlow drückte ihre Hand und stand auf. »Komm. Du mußt dich noch für den Empfang umziehen. Ich bringe dich zum Hotel zurück.«

Sie traten aus dem Café. In einer Hand hielt Mary einen ihrer Stöcke, mit der anderen klammerte sie sich an Harlows Arm. Harlow, der den zweiten Stock trug, hatte seinen Schritt Marys Gangart angepaßt. Als sie langsam die Straße hinaufgingen, trat Rory aus dem Schatten des Hauseingangs gegenüber dem Café, in dem er Posten bezogen hatte. Er zitterte am ganzen Körper, denn die Nachtluft war empfindlich kalt, aber er schien es nicht zu bemerken. Nach seinem zufriedenen Gesichtsausdruck zu urteilen, beschäftigten Rory andere und angenehmere Dinge als die Temperatur. Er ging über die Straße und folgte Harlow und Mary in sicherer Entfernung bis zur ersten Kreuzung. Dort wandte er sich nach rechts und begann zu rennen.

Als er am Hotel ankam, zitterte er nicht mehr, sondern war in Schweiß gebadet, denn er war den ganzen Weg gerannt. In der Hotelhalle verlangsamte er sein Tempo etwas, lief die Treppe hinauf, ging in sein Zimmer, wusch sich, kämmte sich, rückte seine Krawatte zurecht, verbrachte ein paar Sekunden vor dem Spiegel, um seinen traurig-ehrerbietigen Gesichtsausdruck noch einmal zu vervollkommnen, und machte sich dann auf den Weg zum Zimmer seines Vaters. Er klopfte, hörte ein gemurmeltes ›Herein‹ und betrat das Zimmer.

James MacAlpines Suite war bei weitem die bequemste des ganzen Hotels. Als Millionär konnte MacAlpine es sich leisten, sich selbst etwas zu verwöhnen, und als Mensch und Millionär sah er keinen Grund, es nicht auch zu tun. Aber momentan machte MacAlpine ganz und gar nicht den Eindruck, als genösse er den ihn umgebenden Luxus. Nein, wie er da so in einem tiefen Sessel zusammengesunken dasaß, schien er ihn nicht einmal zu bemerken. Er schien völlig versunken in irgendwelche düsteren Gedanken, aus denen er sich gerade genug herausriß, um den Kopf zu heben und seinem Sohn einen geistesabwesenden Blick zuzuwerfen, als dieser die Tür hinter sich zumachte.

»Na, mein Junge, was gibt's? Hat es nicht Zeit bis morgen?«

»Nein. Das hat es nicht.«

»Na, dann raus damit. Aber schnell, du siehst doch, daß ich beschäftigt bin.«

»Ja, Dad, ich sehe es.« Rorys Gesichtsausdruck blieb unverändert traurig-ehrerbietig. »Aber es gibt etwas, von dem ich glaube, daß ich es dir erzählen muß.« Er zögerte, als sei er etwas verwirrt durch die Neuigkeit, die er seinem Vater mitteilen wollte. »Es geht um Johnny Harlow, Dad.«

»Alles, was du über Johnny Harlow erzählst, wird mit größter Vorsicht genossen.« Trotz dieses Hinweises trat ein interessierter Ausdruck in MacAlpines Augen. »Schließlich wissen wir alle, was du von Harlow hältst.«

»Ja, Dad. Ich habe daran gedacht, bevor ich zu dir kam.« Rory zögerte erneut. »Du weißt, was alle sagen? Daß er zuviel trinkt?«

»Ja. Und?« MacAlpines Stimme verriet nichts. Es kostete Rory einige Mühe, seinen treuherzigen Gesichtsausdruck beizubehalten. Die Sache ließ sich viel schwieriger an, als er gedacht hatte.

»Es stimmt. Er trinkt tatsächlich. Ich habe ihn heute abend in einer Kneipe gesehen.«

»Danke, Rory. Du kannst jetzt gehen.« Er schwieg einen Moment und fragte dann: »Warst du auch in dem Lokal?«

»Ich? Aber Dad! Ich war draußen. Aber ich konnte gut in den Laden hineinschauen.«

»Spionierst du ihm nach, mein Junge?«

»Ich kam zufällig vorbei«, protestierte Rory kurz und in verletztem Ton.

MacAlpine entließ seinen Sohn mit einer müden Handbewegung. Rory wandte sich zum Gehen. An der Tür drehte er sich jedoch noch einmal um und blickte seinem Vater voll ins Gesicht.

»Ich mag vielleicht Johnny Harlow nicht. Aber ich mag Mary. Ich habe sie lieber als irgendeinen anderen Menschen auf der Welt.« MacAlpine nickte. Er wußte, daß das stimmte. »Ich möchte niemals erleben, daß ihr jemand weh tut. Und deshalb bin ich zu dir gekommen. Sie war auch in der Kneipe.«

»Was?« MacAlpines Gesicht wurde rot vor Wut.

»So wahr ich hier stehe.«

»Bist du wirklich sicher?«

»Natürlich bin ich sicher. Meine Augen sind in hervorragendem Zustand.«

»Ja, natürlich«, sagte MacAlpine mechanisch. Seine Wut ebbte ab. »Ich will es nur einfach nicht wahrhaben. Und was dich betrifft, so muß ich dir sagen, daß ich es widerlich finde, anderen Menschen nachzuspionieren.«

»Ich habe niemandem nachspioniert, Dad.« Rorys Entrüstung konnte manchmal von einer geradezu übelkeitserregenden Aufrichtigkeit sein. »Das war Detektivarbeit. Wenn der gute Name des Coronado-Teams auf dem Spiel steht . . .«

MacAlpine unterbrach den Redeschwall seines Sohnes mit einer energischen Handbewegung.

»Schon gut, schon gut, du tugendhaftes kleines Ungeheuer. Sag Mary, daß sie zu mir kommem soll. Jetzt gleich. Aber sag ihr nicht, warum ich sie sehen möchte.«

Fünf Minuten später saß Mary ihrem Vater gegenüber. Ihr

Gesicht drückte zugleich Furcht und Trotz aus. »Wer hat dir das gesagt?« fragte sie.

»Das ist doch ganz egal. Stimmt es oder stimmt es nicht?«

»Ich bin zweiundzwanzig, Daddy«, sagte sie sehr ruhig. »Ich brauche dir nicht zu antworten. Ich kann mich schon um mich selbst kümmern.«

»Kannst du das? Kannst du das wirklich? Und was wäre, wenn ich dich rauswerfen würde? Du hast kein Geld, und du wirst auch vor meinem Tod keins bekommen. Du weißt nicht, wohin. Du hast keine Mutter, wenigstens keine, an die du dich momentan wenden kannst. Du hast nichts gelernt. Was glaubst du wohl, wer wird einen Krüppel ohne Berufsausbildung einstellen?«

»Ich möchte zu gern, daß du diese abscheulichen Dinge im Beisein von Johnny Harlow zu mir sagst.«

»Es wird dich vielleicht überraschen, aber auf diese Ungezogenheit werde ich nicht reagieren. Ich war in deinem Alter genauso selbständig wie du und hielt überhaupt nichts von elterlicher Autorität.« Er schwieg eine Weile und fragte dann völlig zusammenhanglos: »Bist du verliebt in diesen Burschen?«

»Er ist kein Bursche. Er ist Johnny Harlow.« Ihr scharfer Ton veranlaßte MacAlpine, erstaunt die Brauen hochzuziehen. »Und was deine Frage betrifft, kann ich nur mit einer Gegenfrage antworten: Habe ich überhaupt kein Recht auf ein Stückchen Privatleben, in das sich keiner einmischt?«

»Okay, okay«, seufzte MacAlpine. »Machen wir ein Geschäft: Wenn du meine Fragen beantwortest, dann sage ich dir, warum ich sie stelle. Okay?«

Sie nickte.

»Gut. Richtig oder falsch?«

»Wenn deine Spione ihrer Sache so sicher sind, warum fragst du mich dann überhaupt noch, Daddy?«

»Paß auf, was du sagst!« Mit der Erwähnung von Spionen hatte Mary eine empfindliche Stelle bei MacAlpine getroffen.

»Entschuldige dich dafür, daß du gesagt hast ›Paß auf, was du sagst‹!«

»Du lieber Himmel!« MacAlpine blickte seine Tochter mit einem Erstaunen an, das halb aus Ärger, halb aus Bewunderung zusammengesetzt war. »Du bist wirklich meine Tochter! Ich entschuldige mich. Hat er getrunken?«

»Ja.«

»Was?«

»Das weiß ich nicht. Irgend etwas Farbloses. Er sagte, es sei Tonic-Water.«

»Und mit solch einem Lügner verbringst du deine Zeit! Tonic-Water! Halt dich von ihm fern, Mary. Wenn du es nicht tust, schicke ich dich zurück nach Marseille!«

»Warum, Daddy? Warum? Warum?«

»Weil ich weiß Gott schon genug Sorgen habe, ohne daß meine Tochter sich an einen Alkoholiker hängt, der auf dem absteigenden Ast ist.«

»Johnny soll ein Alkoholiker sein? Hör mal, Daddy, ich weiß, daß er ein bißchen...«

MacAlpine brachte sie zum Schweigen, indem er zum Telefonhörer griff.

»Hier ist MacAlpine. Würden Sie bitte Mr. Dunnet sagen, er möchte zu mir heraufkommen? Ja. Jetzt gleich.« Er legte den Hörer zurück auf die Gabel. »Ich habe dir versprochen, dir zu verraten, warum ich dir all diese Fragen gestellt habe. Ich wollte es nicht. Aber ich werde es wohl müssen.«

Dunnet trat ins Zimmer und schloß die Tür hinter sich. Er sah aus, als erfülle ihn die Aussicht auf das bevorstehende Gespräch nicht gerade mit Begeisterung. Nachdem MacAlpine ihm einen Stuhl angeboten hatte, sagte er: »Alexis, bitte kläre sie auf.«

Der unglückliche Ausdruck auf Dunnets Gesicht vertiefte sich noch. »Muß ich, James?«

»Ich fürchte ja. Mir würde sie bestimmt nicht glauben, wenn ich ihr erzählte, was wir in Johnnys Zimmer gefunden haben.«

Mary blickte von einem zum anderen, und die Fassungslosigkeit auf ihrem Gesicht war nicht zu mißdeuten. »Ihr habt Johnnys Zimmer durchsucht?«

Dunnet holte tief Luft. »Mit gutem Grund, Mary. Und es ist ein Segen, daß wir es getan haben. Ich kann es selbst noch immer nicht recht glauben, aber Tatsache ist, daß wir in seinem Zimmer fünf Flaschen Scotch gefunden haben. Eine davon war halb leer.«

Mary schaute die beiden Männer an wie vom Donner gerührt. Offensichtlich zweifelte sie nicht an der Richtigkeit von Dunnets Worten. Als MacAlpine sprach, tat er es ganz behutsam: »Es tut mir so leid. Wir alle wissen, wie gern du ihn hast. Wir haben die Flaschen übrigens mitgenommen.«

»Ihr habt die Flaschen mitgenommen.« Sie sprach langsam und

wie betäubt. »Aber er wird es merken. Er wird den Diebstahl melden. Die Polizei wird kommen. Man wird Fingerabdrücke finden. *Eure* Fingerabdrücke. Und dann...«

»Kannst du dir wirklich vorstellen, daß Johnny Harlow irgend jemand gegenüber zugeben wird, daß er fünf Flaschen Scotch in seinem Zimmer versteckt hatte?« fragte MacAlpine. »Lauf und zieh dich um, Mädchen. Wir müssen in zwanzig Minuten zu diesem gräßlichen Empfang – wie es scheint, ohne unseren geschätzten Johnny.«

Sie blieb sitzen. Die Augen in ihrem völlig ausdruckslosen Gesicht starrten unverwandt in die ihres Vaters. Nach ein paar Sekunden löste sich die Anspannung in seinem Gesicht, und er lächelte. »Es tut mir leid«, sagte er. »Das war wirklich unnötig.«

Dunnet hielt ihr die Tür auf, und die beiden Männer sahen ihr voller Mitleid nach, als sie den Gang hinunterhinkte.

5

Für die Grand-Prix-Leute in aller Welt ebenso wie für die Touristen ist ein Hotel ein Hotel, ein Platz zum Schlafen, ein Platz zum Essen, eine Zwischenstation. Das neuerbaute Villa-Hotel Cessni am Rande von Monza konnte sich jedoch mit Fug und Recht als Ausnahme bezeichnen. Es war ein architektonisches Meisterwerk, für dessen Rahmen ein genialer Gartenbauarchitekt gesorgt hatte, und mit den riesigen, luftigen Räumen, dem eleganten Mobiliar, den luxuriös ausgestatteten Badezimmern, den herrlich geschwungenen Balkons, dem ausgezeichneten Essen und dem ebenso tadellosen wie freundlichen Service machte es den Eindruck, als sei es ausschließlich für Multimillionäre gedacht.

Und genauso würde es auch eines Tages sein. Aber noch war es nicht soweit. Das Villa-Hotel Cessni mußte sich erst einen Kundenstamm schaffen, sein Image und seinen Ruf und hoffentlich allmählich auch eine Tradition aufbauen, und bei der Erreichung dieses unendlich erstrebenswerten Zieles konnte Publicity von großem Nutzen sein. Kein anderer Sport der Erde hat soviel internationales Gefolge. Und diese Überlegung hatte die Hoteldirektion veranlaßt, die größeren Grand-Prix-Teams für die Dauer des italienischen Grand-Prix-Rennens einzuladen. Sie sollten es sich zu einem geradezu lächerlich niedrigen Preis in dem Palast gutgehen lassen. Nur wenige Teams hatten die Einladung ausgeschlagen, und die anderen machten sich nicht die Mühe, die philosophischen und psychologischen Beweggründe der Hoteldirektion zu erforschen. Alles, was sie interessierte, war, daß das Villa-Hotel Cessni ungeheuer luxuriös und dabei um einiges billiger war als die verschiedenen österreichischen Hotels, die sie zwölf Tage zuvor nur allzugern hinter sich gelassen hatten. Es war wahrscheinlich, daß man ihnen im nächsten Jahr nicht einmal mehr gestatten würde, im Keller zu nächtigen, aber das war momentan nicht wichtig.

Der Freitagabend der letzten Augustwoche war warm, aber keineswegs warm genug, um das Laufen der Klimaanlage zu rechtfertigen. Dennoch lief sie auf vollen Touren, und die Temperatur in der luxuriös ausgestatteten Halle war regelrecht ungemütlich. Der gesunde Menschenverstand sagte einem, daß diese inneren klimatischen Verhältnisse unnötig waren, aber das Prestigedenken der Direktion ließ es nicht zu, daß ein derart wichtiges Statussymbol wie eine Klimaanlage außer Betrieb gesetzt wurde. Das ›Cessni‹ würde zum Geheimtip für brütendheiße Tage werden.

MacAlpine und Dunnet, die zwar nebeneinander saßen, sich aber aufgrund der Konstruktion der imposanten, mit Samt überzogenen Clubsessel, in denen sie mehr lagen als saßen, kaum sehen konnten, hatten wichtigere Dinge im Kopf als Klimaanlagen. Sie sprachen nur sporadisch, und wenn, dann mit einer bemerkenswerten Tonlosigkeit. Sie machten den Eindruck, als gäbe es nichts, was sie aufmuntern könnte. Dunnet setzte sich in seinem Sessel zurecht.

»Unser Vagabund ist heute aber lange unterwegs.«

»Er hat eine Entschuldigung«, sagte MacAlpine. »Wenigstens hoffe ich, daß er eine hat. Er war immer ein sehr gewissenhafter Fahrer. Er wollte noch ein paar Runden drehen, um die Radaufhängung und die Gangschaltung seines neuen Wagens zu überprüfen.«

»Ich nehme an, es wäre nicht möglich gewesen, ihn Tracchia zu geben«, sagte Dunnet mit finsterem Gesicht.

»Das wäre völlig unmöglich gewesen, Alexis. Und das weißt du auch genau. Das hätte gegen das allmächtige Protokoll verstoßen. Johnny ist nicht nur die Nummer Eins des Coronado-Teams, er ist immer noch Weltbester. Unsere lieben Mäzene, ohne die wir nicht arbeiten können – ich könnte es zwar, aber ich bin nicht bereit, ein Vermögen aus dem Fenster zu werfen –, sind sehr sensible Leute. Vor allem, was die öffentliche Meinung betrifft. Der einzige Grund, aus dem sie ihre verdammten Produktnamen auf unsere Wagen malen, ist der, daß sie damit rechnen können, daß die Leute daraufhin ihre verdammten Produkte kaufen. Sie unterstützen uns nicht aus reiner Nächstenliebe. Sie sind ganz einfach Anzeigenkunden. Ein Anzeigenkunde will immer den größtmöglichen Käuferkreis erreichen. Neunundneunzigkommaneun Prozent des Marktes liegen außerhalb der Welt der Autorennen, und es ist völlig egal, ob sie über die Vorgänge in unserer Welt Bescheid wissen oder nicht. Wichtig ist nur, was sie *glauben*. Und sie glauben, daß Harlow immer noch einsam an der Spitze steht. Also bekommt Harlow auch den besten und neuesten Wagen. Wenn er ihn nicht bekommt, verliert die Öffentlichkeit das Vertrauen zu Harlow, in unsere Firma und in die Anzeigenkunden, und diese Reihenfolge muß nicht einmal unbedingt stimmen.«

»Die Tage der Wunder liegen vielleicht doch noch nicht endgültig hinter uns. Schließlich hat ihn niemand in den letzten zwölf Tagen einen Schluck trinken gesehen. Vielleicht überrascht er uns alle. Und bis zum italienischen Grand-Prix-Rennen sind es nur noch zwei Tage.«

»Wenn das stimmt, was du sagst, warum hatte er dann die beiden Flaschen Scotch in seinem Zimmer, die du vor einer Stunde von dort mitgebracht hast?«

»Ich könnte zum Beispiel sagen, daß er versucht hat, seine Standfestigkeit zu prüfen, aber ich glaube kaum, daß du mir das abnehmen würdest.«

»Würdest *du* es denn glauben?«

»Offen gestanden nein.« Dunnet versank wieder in düsteres Brüten, aus dem er nur weit genug emportauchte, um zu fragen: »Hast du irgendwas von deinen Spürhunden aus dem Süden gehört?«

»Nichts. Ich gebe langsam die Hoffnung auf, Alexis. Seit Maries Verschwinden sind jetzt schon vierzehn Wochen vergangen. Das ist zu lang, viel zu lang. Wenn sie einen Unfall gehabt hätte, hätte ich es bestimmt erfahren. Wenn irgendeine krumme Sache dahintersteckte, hätte ich es ganz bestimmt auch erfahren. Wenn sie entführt worden wäre, hätte ich es erst recht erfahren. Sie ist einfach verschwunden.«

»Und wir haben so oft über Gedächtnisschwund gesprochen.«

»Und ich habe dir schon so oft erklärt, daß niemand, der – das kann ich sagen, ohne angeberisch zu erscheinen – so bekannt ist wie Marie MacAlpine, so lange vermißt sein könnte, ohne irgendwie aufgegriffen zu werden. Ganz egal, in welcher geistigen Verfassung sie sich befindet.«

»Ich weiß. Mary leidet ziemlich darunter, nicht wahr?«

»Vor allem die letzten zwölf Tage haben sie mitgenommen. Und die Sache mit Harlow hat alles noch schlimmer gemacht. Alexis, wir haben ihr das Herz gebrochen – entschuldige, das ist unfair –, *ich* habe ihr das Herz gebrochen. Neulich in Österreich. Wenn ich gewußt hätte, wieviel ihr an ihm liegt – aber ich hatte ja keine Wahl.«

»Nimmst du sie heute abend auf den Empfang mit?«

»Ja. Ich habe darauf bestanden. Damit sie abgelenkt wird. Das habe ich mir jedenfalls eingeredet. Aber vielleicht will ich auch nur mein Gewissen beruhigen. Ich weiß es nicht. Vielleicht mache ich wieder einen Fehler.«

»Es scheint mir, als wäre der junge Harlow für eine ganze Menge Dinge verantwortlich. Und das ist seine letzte Chance. Wenn er noch einmal auf der Strecke verrückt spielt, noch einen Unfall verursacht, noch einmal zur Flasche greift – dann ist er erledigt.«

»Allerdings.« MacAlpine machte eine Kopfbewegung in Richtung der Drehtür. »Meinst du, wir sollten jetzt mit ihm reden?«

Dunnet schaute in die angegebene Richtung. Harlow ging über den Boden aus Carraraer Marmor quer durch die Halle. Er trug immer noch seinen wie üblich makellos weißen Overall. Ein junges hübsches Mädchen lächelte ihm zu, als er an der Rezeption vorbeiging. Harlow streifte sie mit einem gleichgültigen Blick, und das Lächeln gefror auf ihrem Gesicht. Er setzte seinen Weg durch die riesige Halle fort, und um ihn herum erstarb jegliche Konversation. Er schien die vielen Menschen gar nicht zu bemerken, denn er blickte weder nach rechts noch nach links, aber man konnte mit Sicherheit annehmen, daß seinen bemerkenswert scharfen Augen nichts entging – eine Annahme, die dadurch bestätigt wurde, daß er, obwohl er tat, als habe er sie nicht gesehen, direkt auf MacAlpine und Dunnet zusteuerte. MacAlpine sagte: »Heute abend riecht er ganz bestimmt weder nach Scotch noch nach Hustenbonbons. Sonst würde er nicht in meine Nähe kommen.«

Harlow blieb vor ihnen stehen. Ohne jede Andeutung von Ironie oder Sarkasmus fragte er: »Genießen Sie den friedlichen Spätnachmittag, meine Herren?«

»Das könnte man sagen. Und wir würden ihn vielleicht noch mehr genießen, wenn Sie uns sagen würden, wie sich der neue Coronado macht.«

»Nicht übel. Jacobson ist ausnahmsweise mit mir der Meinung, daß eine kleine Änderung der Übersetzung und der hinteren Aufhängung genügt. Bis Sonntag ist alles erledigt.«

»Sie haben also keine Klagen?«

»Nein. Es ist ein guter Wagen. Der beste Coronado bisher. Und schnell.«

»Wie schnell?«

»Das habe ich bis jetzt noch nicht festgestellt. Aber die letzten beiden Male habe ich den Rundenrekord erreicht.«

»Wunderbar.« MacAlpine warf einen Blick auf seine Armbanduhr. »Beeilen Sie sich. Wir müssen in einer halben Stunde zum Empfang.«

»Ich bin müde. Ich werde duschen, zwei Stunden schlafen und dann irgendwas essen. Ich bin hier, um ein Rennen zu fahren, nicht um mich dem gesellschaftlichen Leben zu widmen.«

»Sie weigern sich mitzukommen?«

»Das letzte Mal habe ich mich auch geweigert. Als Präzedenzfall sozusagen.«

»Sie wissen doch, daß es quasi Pflicht ist.«

»In meinem Vokabular haben Pflicht und Zwang nicht die gleiche Bedeutung.«

»Es werden drei oder vier sehr wichtige Leute da sein, die nur kommen, um Sie zu sehen.«

»Ich weiß.«

MacAlpine schwieg eine Weile. Dann sagte er: »Wie können Sie das wissen? Nur Alexis und ich wußten davon.«

»Mary hat es mir gesagt.« Harlow wandte sich ab und ging davon.

»Dieser arrogante junge Bursche.« Dunnet preßte die Lippen aufeinander. »Kommt her und erzählt uns so nebenbei, daß er ohne die geringste Anstrengung den Rundenrekord erreicht hat.

Und ich glaube ihm sogar. Deswegen ist er doch hergekommen, oder?«

»Um mir mitzuteilen, daß er immer noch der Beste ist? Zum Teil. Aber auch, um mir zu sagen, daß der Empfang ihn nicht im geringsten interessiert. Und auch, daß er nach wie vor mit Mary spricht, ob es mir nun paßt oder nicht. Und zu guter Letzt auch noch, um mir unter die Nase zu reiben, daß Mary keine Geheimnisse vor ihm hat. Wo ist dieses verdammte Gör eigentlich?«

»Das wäre interessant!«

»Was wäre interessant?«

»Zu sehen, ob man ein Herz zweimal brechen kann.«

MacAlpine seufzte und verkroch sich noch tiefer in seinen Sessel. »Ich glaube, du hast recht, Alexis. Ich glaube wirklich, du hast recht. Aber trotzdem würde ich die beiden liebend gern packen und ihre Köpfe zusammenschlagen.«

Harlow trat in einem weißen Bademantel und frisch geduscht aus dem Badezimmer und öffnete seinen Schrank. Er nahm einen frischen Anzug heraus und tastete mit der Hand über das Brett, das über der Kleiderstange angebracht war. Er fand nicht, was er suchte, und zog die Augenbrauen hoch. Auch in der Kommode suchte er vergeblich. Er stand nachdenklich mitten im Zimmer, aber plötzlich grinste er breit.

Leise sagte er: »Nicht schlecht, nicht schlecht. Kluge Burschen sind das.«

Aber das Grinsen auf seinem Gesicht machte deutlich, daß das nicht seine ehrliche Meinung war. Er hob die Matratze an, zog eine Taschenflasche Scotch darunter hervor, untersuchte sie und schob sie wieder an ihren Platz. Dann ging er ins Bad, hob den Deckel des Wasserkastens der Toilette hoch, holte eine Flasche heraus, überprüfte den Flüssigkeitsspiegel – sie war ungefähr dreiviertel voll –, stellte sie wieder an ihren Platz und setzte dann den Deckel wieder auf den Wasserkasten, diesmal allerdings etwas schief. Er kehrte in sein Zimmer zurück, zog einen hellgrauen Anzug an und rückte gerade seine Krawatte zurecht, als er unten das Dröhnen eines schweren Motors hörte. Er machte das Licht aus, zog den Vorhang beiseite, öffnete das Fenster und spähte vorsichtig hinaus.

Ein großer Bus hielt vor dem Hoteleingang, und die Rennfahrer, Manager, arrivierten Mechaniker und Journalisten, die zu dem

Empfang geladen waren, stiegen ein. Harlow überprüfte, ob alle die, deren Abwesenheit ihm an diesem Abend wünschenswert erschien, unter den Fahrgästen waren, und das Ergebnis war zufriedenstellend: Unter den Abfahrenden waren Dunnet, Tracchia, Neubauer, Jacobson und MacAlpine, an dessen Arm eine sehr blasse und niedergeschlagene Mary angehumpelt kam. Schließlich ging die Tür des Busses zu, und er verschwand in der Dunkelheit.

Fünf Minuten später schlenderte Harlow zur Rezeption. Hinter dem Tresen stand das Mädchen, das er bei seiner Ankunft in für sie so bestürzender Weise ignoriert hatte. Er lächelte sie strahlend an – seine Kollegen wären restlos verwirrt gewesen, wenn sie es gesehen hätten –, und sie erwiderte sein Lächeln und errötete teils vor Freude, teils aus Verwirrung, denn sie brauchte doch eine gewisse Zeit, um sich auf dieses völlig unerwartete Verhalten ihres Schwarms einzustellen. Für alle, die nicht in Rennfahrerkreisen verkehrten, war Harlow immer noch der Weltmeister.

»Guten Abend«, sagte Harlow.

»Guten Abend, Mr. Harlow. Ich wollte sagen: Sir.« Das Lächeln erstarb. »Ich fürchte, Sie haben den Bus verpaßt.«

»Ich habe meine eigenen Transportmöglichkeiten.«

Das Lächeln blühte wieder auf. »Natürlich, Mr. Harlow. Wie dumm von mir. Sie haben ja Ihren roten Ferrari. Kann ich etwas...«

»Ja, das können Sie. Ich habe hier vier Namen. Können Sie mir die Zimmernummern der Herren sagen? Es handelt sich um MacAlpine, Neubauer, Tracchia und Jacobson.«

»Natürlich, Mr. Harlow. Aber ich fürchte, die Herren sind alle mit dem Bus gefahren.«

»Ich weiß. Ich habe extra gewartet, bis sie weg waren.«

»Ich verstehe nicht, Sir...«

»Ich möchte ihnen nur etwas unter der Tür durchschieben. Das ist so Brauch vor einem Rennen.«

»Ihr Rennfahrer mit euren merkwürdigen Sitten.« Sie hatte fast sicher vor diesem Abend noch keinen Rennfahrer aus der Nähe gesehen, aber das hinderte sie nicht, ihm einen schelmisch-verständnisinnigen Blick zuzuwerfen. »Die Zimmernummern sind 202, 208, 204 und 206.«

»In der Reihenfolge, in der ich Ihnen die Namen angab?«

»Ja, Sir.«

»Ich danke Ihnen.« Harlow legte einen Finger an die Lippen: »Nichts verraten, okay?«

»Natürlich, Mr. Harlow.« Sie lächelte ihm verschwörerisch zu. Harlow drehte sich um und ging davon. Er schätzte seine Berühmtheit realistisch genug ein, um sicher zu sein, daß sie noch in ein paar Monaten allen von dieser kurzen Unterhaltung erzählen würde. Hauptsache war, daß sie es über sich brachte, dieses eine Wochenende lang wirklich den Mund zu halten.

Er kehrte in sein Zimmer zurück, holte seine Filmkamera aus einem Koffer und schraubte ihre Rückwand ab, wobei er ihre stumpfschwarze Oberfläche absichtlich zerkratzte. Aus einem Hohlraum in der Kamera nahm er eine Miniaturkamera, die kaum größer als eine Zigarettenschachtel war, und schob sie in die Tasche. Dann schraubte er die Rückenplatte wieder an, legte die Filmkamera in den Koffer zurück und blickte nachdenklich auf seine Segeltuchtasche mit den Werkzeugen hinunter. Heute abend würde er die Werkzeuge nicht brauchen. Er wußte, daß er dort, wo er hinging, so viele Werkzeuge und Lampen finden würde, wie er wollte. Er nahm die Tasche und verließ das Zimmer.

Vor Zimmer 202 blieb er stehen. Im Gegensatz zu MacAlpine mußte Harlow keine Ausreden erfinden, um an die Zimmerschlüssel heranzukommen – er hatte stets hervorragende Schlüssel bei sich. Er suchte einen davon heraus, und die Tür ging auf. Er trat in das Zimmer ein und verschloß die Tür hinter sich.

Nachdem er seine Tasche auf dem höchsten und praktisch unerreichbaren Ablagebrett in einem Wandschrank deponiert hatte, begann er mit der gründlichen Durchsuchung des Raumes. Nichts entging seinen scharfen Augen. MacAlpines Kleidungsstücke wurden ebenso eingehend untersucht wie die Kommoden und Koffer. Schließlich stieß er auf einen kleinen schwarzen Koffer, kaum größer als eine Aktentasche, der mit bemerkenswert schweren Schlössern gesichert war. Aber Harlow hatte auch für diesen Fall einen passenden Schlüssel. Das Öffnen des Koffers bereitete ihm nicht die geringsten Schwierigkeiten.

Der Koffer erwies sich als transportables ›Taschen-Büro‹. Er enthielt eine ganze Menge Papiere, Warenrechnungen, Quittungen, Scheckbücher und Verträge. Der Besitzer der Firma Coronado arbeitete offensichtlich als sein eigener Buchhalter. Harlow interessierte sich ausschließlich für einen Packen ungültig gewordener Scheckbücher. Er blätterte sie schnell durch, hielt dann

plötzlich inne und starrte auf die Anfangsseiten eines der Scheckbücher, auf denen alle geleisteten Zahlungen aufgeführt waren. Er
las sich die vier betreffenden Seiten sorgfältig durch, schüttelte
offensichtlich fassungslos den Kopf, spitzte die Lippen zu einem
lautlosen Pfiff, brachte seine Miniaturkamera zum Vorschein und
machte acht Aufnahmen – zwei von jeder Seite. Danach verwisch-
te er alle Spuren, die die Durchsuchung des Raumes mit sich
gebracht hatte, und ging.

Der Flur lag verlassen da. Harlow ging weiter zu Zimmer 204, in
dem Tracchia wohnte, und öffnete die Tür mit demselben Schlüssel: Hotelzimmerschlüssel sind einander immer sehr ähnlich, da
sämtliche Schlösser auch mit einem Passepartout zu öffnen sein
müssen. Und Harlow hatte einen Passepartout.

Da Tracchia bedeutend weniger besaß als MacAlpine, war die
Suche entsprechend einfacher. Wieder fand Harlow einen Akten-
koffer, dessen Schloß ihm nicht die geringsten Schwierigkeiten
machte. Er enthielt nur ein paar Papiere, und Harlow konnte
nichts Interessantes entdecken außer einem kleinen, dünnen
schwarz-roten Buch, in dem er geheimnisvolle Aufzeichnungen
fand, die Adressen zu sein schienen. Jede Adresse – sofern es sich
wirklich um Adressen handelte – begann mit einem einzelnen
Buchstaben, dem zwei oder drei völlig unverständliche Zeilen mit
rätselhaften Buchstabenkombinationen folgten. Es konnte etwas
bedeuten, es konnte aber auch nichts bedeuten. Harlow zögerte
einen Moment, zuckte die Achseln, zog seine Kamera aus der
Tasche und fotografierte jede Seite. Als er das Zimmer verließ, war
es in einem ebenso untadeligen Zustand wie das von MacAlpine.

Zwei Minuten später saß Harlow in Zimmer 208 auf Neubauers
Bett, hatte eine Aktentasche auf dem Schoß, und alle Unentschlos-
senheit war von ihm abgefallen. Der Auslöser der Miniaturkamera klickte ununterbrochen: Das dünne schwarz-rote Notizbuch,
das er in der Hand hielt, war genau das gleiche wie das, das er bei
Tracchia gefunden hatte.

Kurz darauf schaute Harlow sich im letzten Zimmer um, das auf
seiner Liste gestanden hatte. Jacobson war entweder weniger
diskret oder weniger durchtrieben als Tracchia und Neubauer. Er
hatte zwei Kontobücher, und als Harlow sie geöffnet hatte, zog er
hörbar die Luft ein. Nach den Eintragungen zu schließen, war das
Einkommen mindestens zwanzigmal so hoch wie das, was er als
Chefmechaniker verdienen konnte. Eines der Bücher enthielt eine

Liste von Adressen in ganz Europa. All diese Einzelheiten hielt Harlow gewissenhaft mit seiner kleinen Kamera fest. Er legte die Papiere wieder in die Aktentasche und die Aktentasche wieder an ihren Platz und wollte gerade das Zimmer verlassen, als er Schritte auf dem Flur hörte. Er stand unentschlossen da, bis die Schritte vor der Zimmertür anhielten. Er zog ein Taschentuch aus der Tasche und wollte es sich gerade vor das Gesicht binden, als ein Schlüssel in das Schloß gesteckt wurde. Harlow hatte gerade noch Zeit, lautlos in einen Schrank zu schlüpfen und die Tür geräuschlos hinter sich zuzuziehen. Die Zimmertür öffnete sich, und jemand betrat den Raum.

In dem Schrank herrschte ägyptische Finsternis. Er konnte hören, daß jemand sich im Zimmer zu schaffen machte, anhand der Geräusche jedoch nicht feststellen, was draußen vorging. Er konnte nur vermuten, daß irgend jemand genau das tat, was er bis vor einer Minute getan hatte. Er faltete sein Taschentuch zu einem Dreieck zusammen und band es sich vor das Gesicht. Er öffnete die Schranktür und sah sich unvermutet einem beleibten ältlichen Zimmermädchen gegenüber, das einen Kopfkeil in der Hand hielt. Offensichtlich war sie gerade dabei, das Bett für die Nacht zurechtzumachen. Plötzlich sah sie sich einer schattenhaften, drohenden Männergestalt gegenüber, die eine weiße Maske vor dem Gesicht hatte. Das Zimmermädchen verdrehte die Augen und sank langsam und lautlos zu Boden. Harlow machte einen Schritt auf sie zu, bekam sie gerade noch zu fassen, bevor sie auf dem Marmorboden aufschlug, ließ sie sanft zu Boden gleiten und legte ihr den Keil als Kissen unter den Kopf. Eiligst schloß er die offene Zimmertür, nahm seine Maske ab und benutzte sein Taschentuch jetzt dazu, seine Fingerabdrücke zu beseitigen. Schließlich nahm er den Telefonhörer von der Gabel und legte ihn neben den Apparat auf den Tisch. Er verließ das Zimmer und lehnte die Tür nur an.

Er lief schnell den Korridor entlang, verlangsamte auf der Treppe seinen Schritt, ging in die Bar und bestellte sich einen Drink. Der Barkeeper schaute ihn regelrecht verblüfft an.

»Was sagten Sie, Sir?«

»Ich möchte einen doppelten Gin-Tonic.«

»Jawohl, Mr. Harlow. Sofort.«

Der Barmann versuchte, sich so wenig wie möglich anmerken zu lassen und stellte den Drink vor Harlow hin. Harlow nahm das

Glas und setzte sich in einen Sessel, der an der Wand zwischen zwei Topfpflanzen stand. Er ließ seinen Blick interessiert durch die Hotelhalle wandern. Das Mädchen hinter der Rezeption musterte den Klappenschrank mit wachsender Verärgerung. Eines der Lichter blinkte ununterbrochen, aber es gelang ihr offenbar nicht, eine Verbindung mit dem betreffenden Anschluß herzustellen. Schließlich bat sie wütend einen Hotelboy zu sich und sprach leise mit ihm. Der Page nickte und durchquerte gemessenen Schrittes die Halle. Als er zurückkam, hatte er seine vornehme Geschwindigkeit erheblich erhöht. Er rannte durch die Halle und flüsterte der Telefonistin aufgeregt etwas ins Ohr. Sie verließ ihren Platz, und Sekunden später erschien kein Geringerer als der Geschäftsführer und eilte durch die Halle. Harlow harrte geduldig der Dinge, die da kommen würden, und tat, als nippe er ab und zu an seinem Drink. Er war sich durchaus bewußt, daß die meisten Leute in der Halle ihn versteckt musterten, kümmerte sich jedoch überhaupt nicht darum. Für die Betrachter mußte es so aussehen, als trinke er eine harmlose Limonade oder ein Tonic-Water. Der Barkeeper wußte natürlich Bescheid, und man konnte sich darauf verlassen, daß MacAlpine ihn bei seiner Rückkehr als erstes um Johnny Harlows Getränkerechnung bitten würde, unter dem überzeugenden Vorwand, daß man es nicht zulassen könne, daß der Champion seine Drinks selbst bezahlte.

Der Geschäftsführer erreichte in höchst unstandesgemäßem Trab die Rezeption und begann zu telefonieren. Inzwischen waren alle Leute in der Halle aufmerksam geworden. Ihre Aufmerksamkeit hatte sich nun von Harlow auf die Rezeption verlagert, und diese Wendung benützte Harlow dazu, den Inhalt seines Glases in einen der neben ihm stehenden Blumentöpfe zu schütten. Er stand auf und schlenderte durch die Halle, als wolle er zu der Drehtür, die nach draußen führte. Sein Weg führte ihn an dem Geschäftsführer vorbei.

Teilnahmslos fragte er: »Gibt es Schwierigkeiten?«

»Ernste Schwierigkeiten, Mr. Harlow. Sehr ernste Schwierigkeiten.« Der Geschäftsführer hatte den Telefonhörer ans Ohr gepreßt und wartete offensichtlich darauf, daß sich am anderen Ende der Leitung jemand meldete, aber trotz seiner Nervosität merkte man ihm an, daß er sich geschmeichelt fühlte, daß Harlow sich die Zeit nahm, mit ihm zu sprechen. »Räuber, Mörder!

Eines unserer Zimmermädchen ist auf brutalste Weise angegriffen worden.«

»Mein Gott! Wo ist denn das passiert?«

»Im Zimmer von Mr. Jacobson.«

»In Jacobsons Zimmer – aber er ist doch nur unser Chefmechaniker. Er besitzt sicher nichts, was es sich zu stehlen lohnte.«

»Das glaube ich Ihnen schon, Mr. Harlow. Aber das konnte der Dieb ja nicht wissen.«

Harlow fragte eifrig: »Ich hoffe, sie war in der Lage, ihren Angreifer zu beschreiben.«

»Keine Chance. Alles, was sie sah, war ein maskierter Riese, der aus dem Kleiderschrank sprang und sich auf sie stürzte. Sie sagt, er habe einen Knüppel in der Hand gehabt.« Er legte eine Hand über die Sprechmuschel des Telefonhörers. »Die Polizei bitte.«

Harlow wandte sich ab, stieß erleichtert einen tiefen Seufzer aus, verließ das Hotel durch die Drehtür, wandte sich nach rechts und dann wieder nach rechts, betrat das Hotel wieder durch einen Seiteneingang und kehrte unbeobachtet in sein Zimmer zurück. Hier nahm er die versiegelte Filmkassette aus seiner Miniaturkamera, ersetzte sie durch eine neue – oder eine scheinbar neue –, schraubte das Rückenteil seiner Filmkamera ab, verstaute die kleine Kamera in dem Hohlraum und schraubte die Rückenplatte wieder an, wobei er nicht versäumte, auf der polierten Oberfläche noch ein paar sorgfältig ausgeführte Kratzer anzubringen. Die ursprüngliche Kassette steckte er in einen Umschlag, schrieb seinen Namen darauf und brachte ihn zur Rezeption hinunter. Die erste Panik schien sich inzwischen gelegt zu haben. Er veranlaßte, daß der Umschlag im Safe deponiert wurde, und kehrte in sein Zimmer zurück.

Eine Stunde später saß Harlow, der seine konventionelle Kleidung mit einem dunklen Rollkragenpullover und einer Lederjacke vertauscht hatte, auf dem Rand seines Bettes und wartete geduldig. Zum zweiten Mal an diesem Abend hörte er das Dröhnen eines schweren Dieselmotors, zum zweiten Mal an diesem Abend machte er das Licht aus, zog den Vorhang beiseite, öffnete das Fenster und spähte hinaus. Der Bus hatte die Gäste von dem Empfang zurückgebracht. Harlow zog den Vorhang wieder zu, machte das Licht an, holte die Taschenflasche unter der Matratze hervor, spülte sich mit einem Schluck Scotch den Mund aus und verließ sein Zimmer.

Er erreichte den Fuß der Treppe, als die ersten, die mit dem Bus gekommen waren, die Halle betraten. Mary, die inzwischen nur noch einen Stock brauchte, hing am Arm ihres Vaters, aber als MacAlpine Harlow sah, gab er sie an Dunnet weiter. Mary blickte Harlow schweigend und unverwandt an, aber ihr Gesicht verriet nicht, was sie dachte.

Harlow wollte an den dreien vorbei, aber MacAlpine stellte sich ihm in den Weg.

»Der Bürgermeister war sehr verletzt, weil Sie seiner Einladung nicht Folge geleistet hatten«, sagte er.

Diese Eröffnung schien Harlow nicht im mindesten zu berühren. »Ich wette, er war der einzige«, sagte er.

»Wissen Sie noch, daß Sie morgen früh ein paar Übungsrunden drehen müssen?«

»Sehr richtig: *ich* muß sie fahren. Halten Sie es da für wahrscheinlich, daß ich es vergesse?«

Harlow wollte an MacAlpine vorbei, aber dieser hielt ihn auf.

»Wo gehen Sie hin?« fragte er.

»Aus.«

»Ich verbiete Ihnen . . .«

»Sie können mir nichts verbieten, was nicht in meinem Vertrag steht.«

Sprach's und ging. Dunnet blickte MacAlpine an und zog prüfend die Luft ein.

»Ganz schön dicke Luft hier, was?«

»Wir haben etwas übersehen«, sagte MacAlpine. »Wir müssen unbedingt feststellen, was wir übersehen haben.«

Mary blickte von einem zum anderen.

»Ihr habt sein Zimmer also schon durchsucht, als er auf der Rennstrecke war. Und kaum hat er das Hotel verlassen, wollt ihr sein Zimmer schon wieder durchsuchen. Das ist abscheulich. Ganz abscheulich. Ihr seid nicht besser als ein paar Strauchdiebe.« Sie nahm ihre Hand von Dunnets Arm. »Laßt mich bloß in Ruhe. Ich finde allein zu meinem Zimmer.«

Die beiden Männer sahen ihr nach, als sie durch die Halle auf die Treppe zuhumpelte. Dunnet sagte empört: »Wenn man bedenkt, daß Menschenleben auf dem Spiel stehen, ist ihr Verhalten ziemlich unvernünftig.«

»Das ist die Liebe«, seufzte MacAlpine. »Das ist die Liebe.«

Harlow stürmte die Stufen vor dem Hotel hinunter. Tracchia

und Neubauer kamen ihm entgegen, aber er würdigte sie nicht nur keines Wortes – immerhin hatten sie bisher die Anstandsformen noch gewahrt –, sondern schien sie nicht einmal zu sehen. Die beiden Männer blickten ihm nach. Er bewegte sich mit der übertrieben geraden Haltung der leicht Angetrunkenen, die sich alle Mühe geben, so zu tun, als seien sie stocknüchtern. Während sie ihm noch nachschauten, schwankte Harlow plötzlich kaum wahrnehmbar und völlig unbeabsichtigt, riß sich jedoch sofort zusammen und setzte seinen Weg in übertrieben aufrechter Weise fort. Neubauer und Tracchia wechselten einen Blick und nickten einander zu. Neubauer ging ins Hotel, während Tracchia Harlows Verfolgung aufnahm.

Die Wärme des frühen Abends war einer empfindlichen Kälte gewichen, die von einem leichten Nieselregen begleitet wurde. Das paßte Tracchia wunderbar in den Kram. Stadtmenschen verabscheuen grundsätzlich alles, was über eine leichte Luftfeuchtigkeit hinausgeht, und obwohl das ›Cessni‹ in einem kleinen Dorf lag, traf auch hier dieses Prinzip zu: Bei den ersten Anzeichen von Regen leerten sich die Straßen zusehends, und die Gefahr, Harlow im Gewühl aus den Augen zu verlieren, war somit gebannt. Der Regen wurde immer stärker, und schließlich verfolgte Tracchia Harlow durch fast verlassene Straßen. Das allerdings verstärkte die Gefahr, entdeckt zu werden, falls Harlow auf die Idee kommen würde, einen Blick nach hinten zu werfen. Aber schon bald stellte Tracchia fest, daß Harlow nicht die Absicht hatte, sich umzusehen. Er ging mit schnellen entschlossenen Schritten, wie ein Mann, der ein festes Ziel vor Augen hatte und in dessen Überlegungen kein Raum für Blicke über die Schulter war. Als Tracchia das merkte, schloß er so weit auf, bis er nicht mehr als zehn Meter hinter Harlow war.

Harlows Benehmen wurde zusehends unsicherer. Er konnte immer schlechter geradeaus gehen und begann merklich zu schwanken. Einmal stolperte er gegen ein zurückversetztes Schaufenster, und Tracchia konnte für einen Augenblick Harlows Gesicht sehen: Sein Kopf rollte leicht hin und her, und seine Augen waren fast geschlossen. Aber er riß sich zusammen und ging zwar entschlossen, aber leicht schwankend weiter. Tracchia wagte sich noch näher an ihn heran. Auf seinem Gesicht mischte sich Belustigung mit Verachtung und Abscheu. Und dieser Ausdruck vertiefte sich noch, als Harlow – nach wie vor reichlich unsicher auf den Beinen – links um eine Ecke schlurfte.

In dem Augenblick, als er für kurze Zeit aus Tracchias Blickfeld verschwunden war, fielen alle Anzeichen von Betrunkenheit von Harlow ab und er preßte sich in einen dunklen Hauseingang. Aus seiner Gesäßtasche zog er einen Gegenstand, der nicht zur Grundausrüstung eines Rennfahrers gehört – einen Totschläger. Harlow schlüpfte mit der Hand in die Lederschlaufe und wartete.

Er brauchte nicht lange zu warten. Als Tracchia um die Ecke bog, wich sein verächtlicher Gesichtsausdruck unvermittelt echter Verblüffung: Die schlechtbeleuchtete Straße lag menschenleer vor ihm. Er beschleunigte seinen Schritt und kam nach sechs Schritten an dem Hauseingang vorbei, in dem Harlow wartete.

Ein Grand-Prix-Fahrer braucht ein Gefühl für Timing, Genauigkeit und scharfe Augen. Alle diese Eigenschaften hatte Harlow im Überfluß. Außerdem war er ungeheuer durchtrainiert. Tracchia verlor augenblicklich das Bewußtsein. Ohne ihn eines Blickes zu würdigen, stieg Harlow über den auf dem Boden liegenden Körper hinweg und setzte seinen Weg fort. Allerdings nicht in der Richtung, die er bisher eingeschlagen hatte. Er ging den Weg, den er gekommen war, etwa vierhundert Meter weit wieder zurück, wandte sich nach links und erreichte kurz darauf den Parkplatz, auf dem die Transporter standen. Es war höchst unwahrscheinlich, daß Tracchia, wenn er wieder zu sich kam, auch nur die leiseste Ahnung haben würde, wo Harlow geblieben war.

Harlow ging entschlossen auf den am nächsten stehenden Transporter zu. Trotz des Regens und der fast vollständigen Dunkelheit waren die fast sechzig Zentimeter hohen goldenen Lettern leicht zu entziffern: CORONADO. Er sperrte die Tür auf, kletterte in den Transporter, machte das Licht an. Die Lampen waren sehr stark, denn die Mechaniker benötigten für ihre Präzisionsarbeit sehr helles Licht. Hier war es nicht nötig, daß Harlow verstohlen und im trüben Schein einer roten Glühbirne arbeitete, denn es gab niemanden, der Johnny Harlow das Recht absprechen würde, sich in seinem eigenen Transporter aufzuhalten. Dennoch sperrte er vorsichtshalber die Tür von innen zu und ließ den Schlüssel im Schloß stecken, damit niemand von draußen aufsperren konnte. Dann verhängte er die Fenster, damit er nicht gesehen werden konnte. Und erst dann trat er an das Werkzeugregal und suchte sich heraus, was er brauchte.

MacAlpine und Dunnet waren wieder einmal unberechtigterweise in Harlows Zimmer und fühlten sich nicht gerade wohl. Nicht wegen ihres heimlichen Eindringens, sondern wegen ihres Fundes. Genau gesagt standen sie in Harlows Badezimmer. Dunnet hatte den Deckel des Wasserkastens in der Hand, und MacAlpine hielt anklagend eine Flasche Whisky hoch. Die beiden Männer sahen einander fassungslos an. Schließlich fand Dunnet die Sprache wieder: »Unser Johnny verfügt über einen ungeahnten Reichtum an Fantasie. Wahrscheinlich hat er unter dem Fahrersitz seines Coronado eine ganze Kiste von dem Zeug versteckt. Aber ich glaube, wir sollten die Flasche wieder an ihren Platz zurücktun.«

»Warum denn, um Gottes willen? Was soll das für einen Sinn haben?«

»Wir könnten auf diese Weise vielleicht seinen täglichen Konsum feststellen. Wenn er diese Flasche nicht mehr hat, dann beschafft er sich das Zeug woanders – du weißt ja, wie fabelhaft es ihm immer wieder gelingt, sogar mit seinem roten Ferrari plötzlich wie vom Erdboden zu verschwinden. Und dann werden wir nie herausfinden, wieviel er wirklich trinkt.«

»Du hast recht. Ja, du hast recht.« MacAlpine blickte die Flasche mit schmerzerfüllten Augen an. »Er war der beste Fahrer unserer Zeit, vielleicht sogar der beste, den es je gegeben hat. Und jetzt *das*! Warum strafen die Götter einen Mann wie Johnny Harlow auf so grausame Weise? Vielleicht, weil er ihnen zu nahe gekommen ist.«

»Leg die Flasche zurück, James.«

Nur zwei Zimmer weiter waren zwei andere Männer ebenso unglücklich, und einem von ihnen sah man es besonders deutlich an. An der Art und Weise, wie Tracchia unablässig seinen Nacken massierte, konnte man erkennen, daß er unter ganz beträchtlichen Schmerzen litt. Neubauer beobachtete ihn mit einer Mischung aus Mitleid und Wut.

»Bist du sicher, daß es dieser verdammte Harlow war?« fragte er.

»Ganz sicher. Meine Brieftasche habe ich nämlich noch.«

»Das war unvorsichtig von ihm. Ich glaube, ich werde meinen Zimmerschlüssel verlieren und mir den Passepartout borgen.«

Tracchia unterbrach seine Massage für einen Augenblick. »Wozu soll denn das gut sein?«

»Das wirst du schon sehen. Bleib hier.«

Zwei Minuten später war Neubauer wieder da, und in der Hand hielt er einen Schlüssel. »Sonntagabend gehe ich mit der kleinen Blonden von der Rezeption groß aus. Ich glaube, das nächste Mal werde ich um die Safeschlüssel bitten.«

Tracchia sagte: »Willi, jetzt ist keine Zeit für Späße.«

»Entschuldige.« Er öffnete die Tür, und sie traten auf den Korridor hinaus. Kein Mensch war zu sehen. Weniger als zehn Sekunden später standen sie in Harlows Zimmer. Die Tür hatten sie von innen abgeschlossen.

»Was machen wir, wenn Harlow kommt?« fragte Tracchia.

»Na, rate doch mal.«

Sie hatten schon eine Minute lang das Zimmer durchsucht, als Neubauer plötzlich sagte: »Du hattest recht, Nikki. Unser guter Johnny ist tatsächlich etwas unvorsichtig.«

Er zeigte Tracchia die Filmkamera mit den Kratzern, die die Schrauben umgaben, mit denen die Rückenplatte festgehalten wurde. Er zog ein Taschenmesser heraus, wählte aus den verschiedenen daran befestigten Werkzeugen einen kleinen Schraubenzieher aus, nahm die Rückenplatte ab und holte die Miniaturkamera aus ihrem Versteck. Anschließend nahm er die Kassette aus der kleinen Kamera und betrachtete sie nachdenklich. Schließlich fragte er: »Nehmen wir sie mit?«

Tracchia schüttelte den Kopf und verzog augenblicklich schmerzlich das Gesicht, denn die unüberlegte Bewegung hatte ihm seinen ›Unfall‹ nur allzu deutlich ins Gedächtnis gerufen. Als er sich erholt hatte, sagte er: »Auf keinen Fall. Sonst weiß er ja gleich, daß wir hier waren.«

»Dann bleibt uns also nur noch eine Möglichkeit?« fragte Neubauer.

Tracchia nickte und zuckte auch diesmal vor Schmerz zusammen. Neubauer zog den Film aus der Kassette, hielt ihn unter die starke Deckenlampe, legte den Film nicht ohne Schwierigkeiten wieder in die Kassette ein, legte die Kassette wieder in die Miniaturkamera und diese zurück in ihr Versteck. Nachdem er die Rückenplatte der Filmkamera wieder festgeschraubt hatte, sagte Tracchia: »Das beweist gar nichts. Sollen wir Kontakt mit Marseille aufnehmen?«

Neubauer nickte. Die beiden Männer machten das Licht aus und verließen das Zimmer.

Harlow hatte einen der Coronados etwa dreißig Zentimeter zurückgeschoben. Er musterte das Stück der Bodenplatte, das er sehen konnte, griff nach einer starken Taschenlampe, kniete sich hin und untersuchte den Wagenboden eingehend. Eine der Längsverstrebungen schien zwei lange Kratzer aufzuweisen. Die beiden Linien waren etwa dreißig Zentimeter voneinander entfernt. Harlow wischte die vorderste Linie mit einem öligen Lappen ab. Es stellte sich heraus, daß es keineswegs eine Linie, sondern ein scharfer Einschnitt war. Die Köpfe der beiden Haltenägel glänzten und schienen ganz neu zu sein. Harlow holte ein Stemmeisen: Das Vorderteil der eingelegten Holzplatte ließ sich mit überraschender Leichtigkeit anheben. Er schob einen Arm in die Öffnung, um die Tiefe und Länge des darunter liegenden Hohlraumes zu untersuchen. Harlow hob überrascht die Brauen, als er erkannte, wie groß der Hohlraum war. Er zog den Arm zurück und berührte seine Nase und seinen Mund mit den Fingerspitzen – sein Gesicht verriet absolut nichts. Dann befestigte er den abnehmbaren Teil der Bodenplatte, wobei er den Griff des Stemmeisens benutzte, um auf den Nagelköpfen so wenig Spuren wie möglich zu hinterlassen. Danach verschmierte er mit einem öligen Lappen die von ihm blankgeputzten Stellen, so daß sie wieder aussahen wie vorher.

Als Harlow zum Hotel zurückkehrte, waren seit seinem Weggang fünfundvierzig Minuten vergangen. Das riesige Foyer sah fast verlassen aus, obwohl sich mindestens hundert Menschen darin aufhielten, die darauf warteten, daß das Abendessen serviert würde. Die beiden ersten, die Harlow sah, waren MacAlpine und Dunnet, die an einem kleinen Tisch saßen und vor sich harte Drinks stehen hatten. Zwei Tische weiter saß Mary allein an einem Tisch. Sie hatte eine Illustrierte in der Hand, machte jedoch nicht den Eindruck, als läse sie. Ihre Haltung drückte eine deutliche Ablehnung aus. Harlow fragte sich, gegen wen ihre Feindseligkeit wohl gerichtet sein mochte. Wahrscheinlich gegen ihn, aber andererseits hatte zwischen Mary und MacAlpine eine zunehmende Entfremdung eingesetzt. Rory war nirgends zu sehen. Wahrscheinlich ist er irgendwo draußen und spioniert, dachte Harlow.

Die drei bemerkten ihn fast im gleichen Augenblick wie er sie. MacAlpine stand auf.

»Alexis, ich wäre dir dankbar, wenn du Mary nachher zum Essen mitbringen würdest. Ich gehe schon mal in den Speisesaal vor. Ich fürchte, wenn ich bleibe...«

»Schon gut, James. Ich verstehe.«

Harlow blickte MacAlpine nach. Sogar sein breiter Rücken drückte Verachtung aus. Harlow war sich des Affronts durchaus bewußt, aber in seinem Gesicht zuckte kein Muskel. Das änderte sich jedoch jäh, als er Marys auf sich gerichteten Blick sah. Jetzt war eindeutig klar, gegen wen sich ihre Feindseligkeit richtete. Sie machte ganz entschieden den Eindruck, als habe sie auf ihn gewartet. Das bezaubernde Lächeln, das sie zum Schwarm aller gemacht hatte, fehlte völlig. Harlow wappnete sich innerlich für die Vorhaltungen, die ihm – zwar mit leiser, aber zu ihrem Gesichtsausdruck passend wütender Stimme – gemacht werden würden.

»Muß dich denn wirklich jeder so sehen. Ausgerechnet in so einem Hotel?« Harlow runzelte verwirrt die Stirn. »Du hast es wieder getan!«

»So ist's recht!« sagte Harlow. »Mach nur so weiter und verletze die Gefühle eines unschuldigen Mannes. Ich sichere dir – ich meine, ich versichere dir...«

»Es ist abscheulich! Nüchterne Männer fallen auf der Straße nicht der Länge nach hin. Schau dir bloß mal an, wie deine Sachen aussehen! Na los, schau dich an!«

»Oh! Ach! Na dann, süße Träume, meine schöne Mary!«

Er wandte sich der Treppe zu, nahm fünf Stufen auf einmal und kam abrupt zum Stehen, als direkt vor ihm Dunnet auftauchte. Einen Moment lang blickten die beiden Männer einander starr an, dann hoben sich kaum wahrnehmbar Dunnets Augenbrauen. Als Harlow sprach, war seine Stimme sehr leise und sehr ruhig.

»Gehen wir«, sagte er.

»Der Coronado?«

»Ja.«

»Dann gehen wir jetzt.«

6

Harlow trank seinen Kaffee aus – er hatte es sich inzwischen angewöhnt, in seinem Zimmer zu frühstücken – und trat ans Fenster. Die berühmte italienische Sonne war an diesem Morgen nirgends zu entdecken. Die Wolkendecke war von beträchtlicher Dicke, aber der Boden war trocken und die Sicht ausgezeichnet – eine Kombination, von der jeder Rennfahrer träumt. Harlow ging ins Bad, machte das Fenster so weit wie möglich auf, nahm den Deckel des Wasserkastens ab, holte die Flasche heraus, drehte das heiße Wasser auf und goß die Hälfte des Flascheninhalts ins Waschbecken. Dann stellte er die Flasche in ihr Versteck zurück, versprühte eine gehörige Portion Raumspray und verließ sein Zimmer.

Als er allein an der Rennstrecke ankam – der Beifahrersitz war in letzter Zeit kaum besetzt – waren Jacobson, seine beiden Mechaniker und Dunnet bereits da. Er begrüßte sie kurz, schlüpfte in seinen Overall, setzte seinen Helm auf und saß gleich darauf im Cockpit seines neuen Coronado. Jacobson schenkte ihm einen seiner üblichen grimmig-verzweifelten Blicke.

Er sagte: »Ich hoffe, daß du heute eine gute Rundenzeit herausfährst, Johnny.«

Harlow erwiderte sanft: »Ich dachte, ich wäre gestern auch nicht gerade schlecht gewesen. Aber man kann eben nicht mehr tun als sein Bestes.« Mit dem Finger auf dem Starter warf er Dunnet einen Blick zu. »Und wo ist unser hochgeschätzter Arbeitgeber heute morgen? Ich kann mich nicht erinnern, daß er jemals eine Übungsfahrt versäumt hätte.«

»Er ist im Hotel. Er hat zu tun.«

Das hatte MacAlpine allerdings. Was er momentan tat, wuchs sich für ihn allmählich nachgerade zur Routine aus: Er überprüfte Harlows Alkoholversorgung. Als er Harlows Badezimmer betrat, erkannte er sofort, daß die Untersuchung des Alkoholspiegels der Whiskyflasche im Wasserkasten an diesem Tag eine reine Formalität sein würde: das weit offene Fenster und der intensive Geruch eines Raumsprays machten weitere Nachforschungen unmöglich. Aber MacAlpine schaute sich die Flasche trotzdem an, und obwohl er fast sicher gewesen war, wie das Ergebnis der Untersuchung aussehen würde, verdunkelte sich sein Gesicht, als er die halbleere Flasche in der Hand hielt. Er legte sie an ihren Platz zurück, verließ Harlows Zimmer buchstäblich im Laufschritt, rannte durch die Hotelhalle hinaus, stieg in seinen Aston und fuhr mit einem Tempo ab, daß die erstaunten Zuschauer annehmen mußten, er habe die Zufahrt des Hotels mit der Rennstrecke verwechselt.

Als MacAlpine an den Coronado-Boxen ankam, war er völlig außer Atem. Dunnet kam ihm entgegen. »Wo ist der verdammte Kerl?« keuchte MacAlpine.

Dunnet antwortete nicht sofort. Er schien damit beschäftigt zu sein, immer wieder den Kopf zu schütteln.

»Um Gottes willen, Mann, wo ist dieser versoffene Herumtreiber?« MacAlpine schrie beinah. »Er darf nicht einmal in die Nähe der Rennstrecke!«

»Es gibt eine Menge Rennfahrer, die ganz deiner Meinung sind.«

»Was soll das heißen?«

»Das soll heißen, daß der versoffene Herumtreiber gerade den Rundenrekord um zweikommaeins Sekunden unterboten hat.« Dunnet fuhr fort, ungläubig den Kopf zu schütteln. »Unglaublich! Wirklich völlig unglaublich!«

»Zweikommaeins! Zweikommaeins! Zweikommaeins!« Jetzt war die Reihe an MacAlpine, den Kopf zu schütteln. »Unmöglich! Zweikommaeins? Unmöglich!«

»Frag die Zeitnehmer. Er hat es sogar zweimal geschafft.«

»Mein Gott!«

»Du scheinst nicht so begeistert, wie du es eigentlich sein solltest, James.«

»Begeistert? Ich bin entsetzt! Sicher, er ist immer noch der beste Fahrer der Welt – jedenfalls, wenn es sich nicht um ein echtes Rennen handelt, bei dem er, wie wir wissen, die Nerven verliert. Aber es lag nicht an seinem Können, daß er den Rundenrekord brach. Er hat sich vorher Mut angetrunken! Dieser verdammte Selbstmörder!«

»Ich verstehe kein Wort.«

»Er hat eine halbe Flasche Scotch in sich, Alexis.«

Dunnet starrte ihn an. Nach einer langen Pause sagte er: »Ich kann es nicht glauben! Ich kann es einfach nicht glauben. Vielleicht hat er wie der Teufel getrunken, aber gefahren ist er wie ein Engel. Eine halbe Flasche Scotch, sagst du? Dann hätte er diese Fahrt nicht überlebt.«

»Vielleicht ist es gut, daß gleichzeitig nicht noch andere Fahrer auf der Strecke waren. Möglicherweise hätte er die sonst jetzt auf dem Gewissen.«

»Aber – eine ganze halbe Flasche!«

»Willst du mitkommen und dir die Flasche im Wasserkasten ansehen?«

»Nein, natürlich nicht. Glaubst du vielleicht, ich traue dir nicht? Ich kann es nur nicht verstehen.«

»Ich auch nicht, ich auch nicht. Und wo ist unser Weltmeister jetzt?«

»Weggegangen. Er habe genug für heute. Er sagte, daß er sich mit der heutigen Leistung für morgen an die Spitze gesetzt habe und daß er niemandem gestatten würde, sie ihm streitig zu machen. Unser lieber Johnny ist heute ziemlich anmaßend.«

»Das kennt man gar nicht von ihm. Das ist keine Anmaßung, Alexis. Er ist lediglich euphorisch und wandelt auf Wolken siebzigprozentigen Alkohols. Mein Gott, was für eine schreckliche Situation!«

»Da kann ich dir nur beipflichten, James.«

Wenn MacAlpine am Nachmittag desselben Tages in einer gewissen schäbigen Seitenstraße gewesen wäre, hätten seine Sorgen sich sicherlich noch verdoppelt wenn nicht verdreifacht. In dieser Straße gab es zwei reichlich zwielichtige Cafés, die einander genau gegenüberlagen. Sie hatten die gleiche abblätternde Fassade, die gleiche nüchterne und geradezu kunstvoll uncharmante Einrichtung, die gleichen Strohvorhänge, und vor beiden standen auf dem Bürgersteig kleine Tische mit karierten Tischdecken. Und in beiden gab es, wie das in dieser Art von Cafés üblich war, hochwandige Nischen, die zur Straße hin offen waren.

In einem dieser Cafés saßen in einer Nische Neubauer und Tracchia. Die Drinks, die vor ihnen standen, wurden allmählich schal, denn keiner der beiden Männer dachte ans Trinken. Ihr ganzes Interesse galt dem gegenüberliegenden Café, in dem nah am Fenster und deutlich zu sehen Harlow und Dunnet saßen. Sie hatten Gläser in der Hand und schienen in ein ernstes Gespräch vertieft zu sein.

Neubauer sagte: »Jetzt sind wir ihnen also bis hierher gefolgt. Und was machen wir nun? Ich meine, du kannst doch sicher auch nicht Lippenlesen, oder?«

»Wir warten ab. Ich wünschte weiß Gott, ich könnte Lippenlesen, Willi. Und ich wünschte auch, ich wüßte, warum die beiden auf einmal so dicke Freunde sind – obwohl sie in der Öffentlichkeit kaum ein Wort miteinander sprechen. Und ich möchte auch zu gern wissen, warum sie sich für ihre Unterhaltung ein derart verstecktes Café ausgesucht haben. Wir wissen ja, daß Harlow irgendwas vorhat – mein Genick fühlt sich immer noch an, als sei es halb gebrochen, und ich konnte heute nicht einmal meinen Helm aufsetzen. Und daraus, daß Dunnet und Harlow da drüben so einträchtig beieinandersitzen, kann man doch wohl schließen, daß die beiden das gleiche vorhaben. Aber Dunnet ist bloß ein Journalist. Was können ein Journalist und ein abgewrackter Rennfahrer bloß für gemeinsame Pläne haben?«

»Abgewrackt? Hast du ihn heute früh nicht gesehen?«

»Ich habe abgewrackt gesagt, und ich habe abgewrackt gemeint. Du wirst schon sehen – morgen macht er genauso Mist wie bei den letzten vier GPs.«

»Ja, wahrscheinlich. Das ist doch wirklich merkwürdig. Warum ist er bei den Übungsfahrten so gut und bei den Entscheidungsrennen so miserabel?«

»Das ist doch ganz klar: Alle wissen, daß Harlow kurz davor ist, Alkoholiker zu werden – ich würde sogar sagen, daß er es bereits ist. Also kann er eine Runde durchhalten, vielleicht auch drei. Aber bei einem Achtzig-Runden-Rennen hat er keine Chance. Man kann von einem Alkoholiker schließlich nicht erwarten, daß er die Ausdauer, die Reaktionsfähigkeit und die Nerven hat, um das durchzustehen. Er schafft es bestimmt nicht.« Er wandte den Blick von dem gegenüberliegenden Café ab und nippte verdrießlich an seinem Drink. »Mein Gott, ich würde alles geben, wenn ich in der Nische neben den beiden da drüben sitzen könnte.«

Tracchia legte eine Hand auf Neubauers Unterarm. »Das wird vielleicht gar nicht nötig sein, Willi. Vielleicht haben wir gerade jemanden gefunden, der seine Ohren für uns einsetzt. Schau!«

Neubauer blickte auf. Er sah, wie Rory sich verstohlen und vorsichtig in die Nische zwängte, die neben der von Harlow und Dunnet lag. Er hatte ein Glas mit einer farbigen Flüssigkeit in der Hand. Er setzte sich mit dem Rücken zu Harlow, so daß er von ihm höchstens dreißig Zentimeter entfernt war. Rory setzte sich kerzengerade hin und preßte Rücken und Hinterkopf fest gegen die Trennwand. Es war klar zu erkennen, daß er höchst aufmerksam lauschte. Alles in allem machte er den Eindruck, als habe er sich entschlossen, entweder als Meisterspion oder als Doppelagent Karriere zu machen. Ohne Frage hatte er ein ebenso beachtliches wie seltenes Talent, andere zu belauschen und zu beobachten, ohne selbst bemerkt zu werden.

»Was hat der junge MacAlpine wohl vor?« fragte Neubauer.

»Da drüben?« Tracchia breitete die Hände aus. »Keine Ahnung. Sicher ist nur, daß er nichts Gutes gegen Harlow im Schild führt. Ich nehme an, daß er Material gegen Harlow sammelt. Soviel er kriegen kann. Er ist ein sehr energischer junger Mann, und er haßt Harlow wie die Pest. Ich muß zugeben, daß mir selbst nicht sehr wohl in meiner Haut wäre, wenn ich auf seiner privaten schwarzen Liste stünde.«

»Dann haben wir also einen Helfer, Nikki?«

»Ich wüßte nicht, weshalb es nicht klappen sollte. Wir müssen uns nur eine hübsche Geschichte ausdenken, die wir ihm erzählen können.« Er spähte wieder zu dem Café hinüber. »Unser guter Rory scheint von irgend etwas aber ganz und gar nicht begeistert zu sein.«

Das stimmte allerdings. Sein Gesicht drückte eine Mischung aus Beunruhigung, Ärger und Verblüffung aus. Aufgrund der hohen Trennwand zwischen den beiden Nischen und des Lärms, den die anderen Gäste machten, hörte Rory nur Bruchstücke der Unterhaltung, die ihn so brennend interessierte. Und es half ihm auch nicht gerade, daß Harlow und Dunnet sich fast flüsternd unterhielten. Vor beiden standen Gläser mit einer wasserklaren Flüssigkeit, in beiden Drinks war Eis und eine Zitronenscheibe. Aber nur eines der Gläser enthielt Gin. Dunnet blickte nachdenklich auf die kleine Filmkassette hinunter, die in seiner Handfläche lag, und schob sie schließlich in eine sichere Innentasche seines Jacketts.

»Aufnahmen von einem Code? Sind Sie sicher?«

»Es ist todsicher ein Code. Vielleicht auch noch in irgendeiner fremden Sprache. Ich fürchte, ich bin nicht gerade ein Experte auf diesem Gebiet.«

»Genau wie ich. Aber wir haben Leute, die etwas davon verstehen. Und was den Coronado-Transporter anbetrifft – sind Sie sich da auch ganz sicher?«

»Völlig.«

»Dann haben wir also, wie es so schön heißt, eine Schlange an unserem Busen genährt.«

»Es ist ein bißchen verwirrend, nicht wahr?«

»Und es steht außer Frage, daß Henry die Finger nicht auch drin hat?«

»Henry?« Harlow schüttelte entschieden den Kopf. »Dafür lege ich meine Hand ins Feuer.«

»Obwohl er als Fahrer die einzige Person ist, die auf jeder Fahrt des Transporters dabei ist?«

»Trotzdem.«

»Und Henry wird gehen müssen?«

»Haben wir eine Wahl?«

»Henry muß also gehen – nur vorübergehend, obwohl er das nicht erfahren wird. Er wird natürlich verletzt sein, aber was ist der kurze Schmerz eines einzelnen gegen die lebenslangen Qualen von Tausenden?«

»Und wenn er sich weigert?«

»Dann lasse ich ihn entführen«, sagte Dunnet lakonisch. »Oder ich lasse ihn auf andere Weise aus dem Weg schaffen – schmerzlos natürlich. Auf jeden Fall muß er verschwinden. Ich habe das unterschriebene Attest bereits da.«

»Wie verträgt sich das mit der ärztlichen Berufsehre?«

»Die Kombination von fünfhundert Pfund mit der echten Bestätigung eines Herznebengeräusches läßt ärztliche Skrupel verschwinden wie Schneeflocken im Wasser.«

Die beiden Männer tranken aus, standen auf und gingen. Nach einem Zeitraum, den er für angemessen hielt, um kein Risiko einzugehen, verließ auch Rory das Café. Als Neubauer und Tracchia das sahen, standen sie hastig auf, liefen auf die Straße und gingen mit schnellen Schritten hinter Rory her. Nach einer halben Minute hatten sie ihn eingeholt. Rory blickte überrascht von einem zum anderen.

Tracchia sagte vertraulich: »Wir wollen mit dir sprechen, Rory. Kannst du ein Geheimnis bewahren?«

Man sah Rory seine Neugier an, aber er verfügte über eine angeborene Vorsicht, die ihn selten im Stich ließ. »Worum geht's denn?«

»Du bist aber wirklich ein mißtrauischer junger Mann.«

»Worum geht's?«

»Um Johnny Harlow.«

»Das ist etwas anderes.« Tracchia hatte augenblicklich Rorys ungeteilte Aufmerksamkeit. »Natürlich kann ich ein Geheimnis bewahren.«

»Aber du darfst keinem Menschen auch nur ein Wort davon erzählen«, sagte Neubauer eindringlich. »Sonst ruinierst du alles. Ist das klar?«

»Natürlich.« Er hatte nicht die leiseste Ahnung, wovon Neubauer sprach.

»Hast du schon mal von der G.P.D.A. gehört?«

»Natürlich. Das ist die Vereinigung der Grand-Prix-Fahrer.«

»Richtig. Nun, der Verband hat entschieden, daß Harlow zugunsten der Sicherheit sowohl der Rennfahrer als auch der Zuschauer auf Lebenszeit gesperrt werden muß. Wir wollen erreichen, daß er auf keiner Rennstrecke Europas mehr zugelassen wird. Weißt du, daß er trinkt?«

»Wer tut das nicht?«

»Er trinkt so viel, daß er der gefährlichste Rennfahrer Europas geworden ist.« Neubauers Stimme klang verschwörerisch und völlig überzeugend. »Alle anderen Fahrer zittern bei dem Gedanken, zur gleichen Zeit wie er auf der Piste zu sein. Keiner von uns weiß, wer der nächste Jethou sein wird.«

»Sie – Sie – Sie meinen...«

»Er war betrunken, als es passierte. Deshalb mußte Jethou sterben, Rory – weil Harlow eine halbe Flasche Scotch zuviel getrunken hatte. Ist das nicht so gut wie Mord?«

»Ja, Sie haben recht.«

»Der Verband hat Willi und mich beauftragt, Beweise zu sammeln. Dafür, daß er trinkt, meine ich. Vor allem vor einem großen Rennen. Willst du uns helfen?«

»Müssen Sie mich das wirklich noch fragen?«

»In Ordnung, Junge.« Neubauer legte die Hand auf Rorys Schulter, eine Geste, die sowohl Trost als auch Verständnis ausdrückte. »Mary arbeitet auch mit uns zusammen. Du hast Harlow und Dunnet doch gerade in dem Café gesehen. Hat Harlow getrunken?«

»Gesehen habe ich die beiden eigentlich nicht. Ich saß in der Nische neben ihnen. Aber ich hörte Mr. Dunnet irgend etwas mit Gin bestellen und dann brachte der Kellner zwei Gläser mit einer wasserklaren Flüssigkeit.«

»Wasser!« Tracchia schüttelte traurig den Kopf. »Na, jedenfalls paßt das in das Bild. Obwohl ich nicht glauben kann, daß Dunnet – na, wer weiß. Hast du gehört, ob sie über das Trinken gesprochen haben?«

»Ist mit Mr. Dunnet auch was nicht in Ordnung?« fragte Rory.

Tracchia sagte ausweichend, wobei er sich durchaus bewußt war, daß das die sicherste Methode war, Rorys Interesse zu wecken: »Ich weiß nichts über Mr. Dunnet. Also, haben sie über das Trinken gesprochen?«

»Sie unterhielten sich sehr leise. Ich konnte nur Bruchstücke aufschnappen. Aber nicht über das Trinken. Etwas über vertauschte Kassetten – Filmkassetten oder so was, irgend etwas, das Harlow Mr. Dunnet gegeben hatte. Aber ich konnte mir keinen Reim darauf machen.«

Tracchia sagte gleichgültig: »Das interessiert uns nicht. Aber alles übrige. Halte Augen und Ohren offen, okay?«

Rory war sehr bemüht, das neue Gefühl von Wichtigkeit, das ihn durchströmte, zu verbergen, nickte und ging davon. Neubauer und Tracchia schauten einander an, und auf ihren Gesichtern stand die schiere Wut, aber diese Wut richtete sich gegen keinen von beiden.

Durch die zusammengebissenen Zähne zischte Tracchia: »Dieser gerissene Hund! Er hat die Kassetten vertauscht. Die, die wir gefunden haben, war völlig wertlos.«

Am Abend desselben Tages saßen Dunnet und Henry in einer stillen Ecke der Halle des Villa-Hotels Cessni. Dunnet wirkte wie immer unergründlich. Henry sah etwas verwirrt aus, obwohl sein Denkapparat sichtlich auf Hochtouren lief, um eine bestehende Situation abzuschätzen und sich einer neuen anzupassen. Er bemühte sich sehr, nicht schlau auszusehen. Er sagte: »Sie wissen wirklich, wie Sie einem etwas beibringen müssen, Mr. Dunnet.« Der Ton respektvoller Bewunderung für einen ihm geistig Überlegenen war täuschend echt. Dunnet blieb völlig unbeeindruckt.

»Wenn Sie damit meinen, daß ich es so kurz und klar wie möglich formuliert habe, dann haben Sie recht. Ja oder nein?«

»Aber Mr. Dunnet, Sie lassen einem nicht gerade viel Zeit zum Überlegen.«

Dunnet sagte geduldig: »Da muß man doch nicht lange überlegen, Henry. Alles, was ich will, ist ein einfaches Ja oder Nein. Tun Sie oder lassen Sie es.«

Henry bemühte sich weiter um einen harmlosen Gesichtsausdruck: »Und wenn ich es lasse?«

»Darüber werden wir sprechen, wenn es soweit ist.«

Jetzt sah Henry ganz entschieden unbehaglich drein. »Das klingt nicht gerade sehr freundlich, Mr. Dunnet.«

»Wie klingt es denn?«

»Ich meine, nun, Sie wollen mich doch nicht erpressen oder bedrohen oder so was?«

Dunnet sah aus, als zähle er leise bis zehn. »Sie zwingen mich dazu, es auszusprechen, Henry: Sie reden Schwachsinn. Wie kann jemand einen Mann erpressen, der eine derartig weiße Weste hat wie Sie? Sie haben doch eine weiße Weste, Henry? Und warum sollte ich Sie bedrohen? Womit könnte ich Ihnen drohen?« Er schwieg eine ganze Weile. Schließlich sagte er: »Also, was ist: ja oder nein?«

Henry seufzte resigniert. »Verdammt noch mal, *ja*! Ich habe nichts zu verlieren. Für fünfhundert Pfund und einen Job in unserer Marseiller Garage würde ich meine Großmutter verkaufen – Friede ihrer Seele.«

»Das wäre nicht nötig, auch wenn es möglich wäre. Sie müssen nur den Mund halten. Hier ist ein Attest vn einem Arzt. Darin steht, daß Ihr Herz in einem schlechten Zustand ist und Sie nicht mehr in der Lage sind, schwere Arbeit zu leisten, wie zum Beispiel einen Transporter zu fahren.«

»Es geht mir seit einiger Zeit wirklich nicht besonders gut.«

Der kaum wahrnehmbare Hauch eines Lächelns flog über Dunnets Gesicht. »Das dachte ich mir schon.«

»Weiß Mr. MacAlpine über diese Sache Bescheid?«

»Er wird es von Ihnen erfahren. Zeigen Sie ihm nur das Attest.«

»Glauben Sie, daß er es akzeptieren wird?«

»Er wird. Er hat gar keine andere Wahl.«

»Darf ich nach dem Grund für dieses ganze Theater fragen?«

»Nein. Sie bekommen die fünftausend, damit Sie *keine* Fragen stellen. Oder reden. Niemals, verstanden?«

»Sie sind ein sehr merkwürdiger Journalist, Mr. Dunnet.«

»Sehr merkwürdig«, nickte Dunnet.

»Ich habe gehört, daß Sie früher mal Beamter in der City waren. Warum haben Sie das aufgegeben?«

»Wegen meiner Lunge.«

»War das so was wie meine Herzbeschwerden?«

»In diesen Tagen der Hetze und Anstrengung ist eine gute Gesundheit ein Segen, der nur wenigen von uns zuteil wird. Und jetzt gehen Sie besser zu Mr. MacAlpine.«

Henry ging. Dunnet kehrte in sein Zimmer zurück, schrieb eine kurze Notiz, beschriftete ein wattiertes Kuvert, setzte in die obere linke Ecke ›Expreß‹ und ›Dringend‹, steckte die Nachricht und die Filmkassette in den Umschlag und verließ sein Zimmer. Als er in den Korridor hinaustrat, entging es ihm, daß die Tür des Nebenzimmers einen Spaltbreit offenstand, und deshalb sah er auch das Auge nicht, das durch den Spalt blickte.

Das Auge gehörte Tracchia. Er machte die Tür zu, lief auf seinen Balkon und winkte jemandem zu. Jenseits des Hotelvorplatzes hob eine nicht erkennbare Gestalt bestätigend einen Arm. Tracchia lief die Treppen hinunter und entdeckte Neubauer in der Halle. Gemeinsam gingen sie an die Bar, setzten sich und bestellten sich zwei alkoholfreie Drinks. Mindestens zwanzig Leute sahen und erkannten sie, denn Neubauer und Tracchia waren kaum weniger bekannt als Harlow. Aber Tracchia war kein Freund von halben Sachen, und schon gar nicht, wenn es um sein Alibi ging.

Er sagte zu dem Barkeeper: »Ich erwarte um fünf Uhr einen Anruf aus Mailand. Wie spät ist es jetzt?«

»Genau fünf Uhr, Mr. Tracchia.«

»Sagen Sie bitte an der Rezeption Bescheid, daß ich hier bin.«

Der direkte Weg zur Post führte durch eine schmale Nebenstraße, die von stallungsähnlichen Häusern und Garagen gesäumt wurde. Es war fast kein Mensch auf der Straße, was Dunnet darauf zurückführte, daß Samstagnachmittag war. Das einzige menschliche Wesen, das zu sehen war, war ein Mann im Overall, der am Motor seines Wagens herumbastelte. Aufgrund der dunkelblauen Baskenmütze, die er bis tief ins Gesicht gezogen hatte, hätte man ihn eher für einen Franzosen als für einen Italiener halten können. Sein Gesicht war derart ölverschmiert, daß er völlig unkenntlich war. In dieser Verfassung würde man ihn nicht einmal fünf Sekunden im Coronado-Team dulden, dachte Dunnet unwillkürlich. Aber für die Arbeit an einem Fiat 600 wurden natürlich auch andere Maßstäbe angelegt.

Als Dunnet an dem Fiat vorbeikam, richtete sich der Mann plötzlich auf. Dunnet wich höflich aus, um nicht mit ihm zusam-

menzustoßen, aber der Mann stemmte einen Fuß gegen den
Wagen, um mehr Schwung nehmen zu können, und warf sich mit
seinem ganzen Gewicht auf ihn. Dunnet verlor das Gleichgewicht
und stolperte halb fallend in die offene Garage. Sein Sturz wurde
von zwei sehr großen, mit Strumpfmasken versehenen Gestalten,
die offensichtlich nichts von sanften Überredungsmethoden hielten, noch um ein erhebliches beschleunigt. Hinter ihm schloß sich
das Garagentor.

Als Dunnet ins Hotel zurückkam, war Rory in die Lektüre eines
grausigen Comic-Heftes vertieft, und Tracchia und Neubauer
saßen mit perfektem Alibi immer noch an der Bar. Sein Eintritt
erregte allgemeines Aufsehen. Dunnet trat nämlich nicht ein,
sondern stolperte wie ein Betrunkener daher und wäre hingefallen, wenn ihn nicht rechts und links je ein Polizist gestützt hätte.
Er blutete stark aus Mund und Nase, über seinem rechten Auge,
das zusehends zuschwoll, klaffte eine häßliche Platzwunde, und
sein übriges Gesicht wies beträchtliche Abschürfungen auf. Tracchia, Neubauer, Rory und die Telefonistin erreichten ihn fast im
gleichen Moment.
Der Schrecken in Tracchias Stimme paßte genau zu seinem
Gesichtsausdruck.
»Um Gottes willen, Mr. Dunnet! Was ist denn passiert?«
Dunnet versuchte zu lächeln, zuckte zusammen und gab dieses
Vorhaben auf. Er sagte undeutlich: »Ich glaube beinahe, ich bin
überfallen worden.«
»Aber warum?« fragte Neubauer. »Wer – ich meine – wo –
warum, Mr. Dunnet, warum?«
Einer der Polizisten hob die Hand und wandte sich an die
Telefonistin. »Bitte einen Arzt! Sofort.«
»Eine Sekunde. Es wohnen sieben Ärzte im Hotel.« Sie wandte
sich an Tracchia.
»Sie wissen, wo Mr. Dunnets Zimmer liegt, Mr. Tracchia. Wenn
Sie und Mr. Neubauer so freundlich wären, die Beamten hinzu-
führen...«
»Das wird nicht nötig sein. Mr. Neubauer und ich werden ihn
hinaufbringen.«
»Tut mir leid«, sagte der andere Polizist. »Wir brauchen eine
Aussage von...«
Er brach ab, denn auch auf ihn verfehlte Tracchias drohender

Gesichtsausdruck nicht seine Wirkung. Er sagte: »Hinterlassen Sie bei der Rezeption, wo man Sie erreichen kann. Sie werden verständigt, wenn der Arzt Mr. Dunnet die Erlaubnis gibt, mit Ihnen zu sprechen. Bis dahin muß ich Sie vertrösten. Mr. Dunnet muß erst einmal dringend ins Bett. Haben Sie mich verstanden?«

Sie hatten ihn verstanden, nickten und gingen ohne ein weiteres Wort. Tracchia und Neubauer brachten – dicht gefolgt von Rory, dessen Verwirrung nur noch von seiner Besorgnis übertroffen wurde – Dunnet auf sein Zimmer und waren gerade dabei, ihn zu Bett zu bringen, als der Arzt kam. Er war ein junger Italiener, der die drei Männer mit ausgesuchter Höflichkeit bat, den Raum zu verlassen.

Draußen auf dem Korridor fragte Rory: »Wer kann Mr. Dunnet das bloß angetan haben?«

»Wer weiß?« sagte Tracchia. »Räuber, Diebe, eben Leute, die eher jemanden bestehlen und halb totschlagen, als einer ehrlichen Arbeit nachzugehen.«

Er warf Neubauer einen Blick zu, der gerade auffällig genug war, daß Rory ihn bemerkte. »Es gibt eine Menge unangenehmer Leute auf der Welt, Rory. Überlassen wir die Aufklärung der Polizei, okay?«

»Sie meinen, daß Sie sich nicht darum kümmern...«

»Wir sind Rennfahrer, mein Junge«, sagte Neubauer sanft. »Keine Detektive.«

»Ich bin kein Junge. Ich werde bald siebzehn. Und ich bin kein Idiot.«

Rory bezähmte seine Wut und schaute die beiden Männer nachdenklich an. »Es geht irgend etwas sehr Merkwürdiges vor. Und ich wette, daß Harlow irgendwie darin verwickelt ist.«

»Harlow?«

Tracchia hob amüsiert eine Augenbraue, was Rory absolut nicht behagte.

»Komm, Rory, du hast schließlich Harlow und Dunnet bei ihrem vertraulichen Gespräch belauscht.«

»Das ist ein Irrtum! Ich habe nicht gehört, worüber sie sprachen, ich habe nur ihre Stimmen gehört. Ich habe keine Ahnung, worum es bei der Unterhaltung ging. Vielleicht hat Harlow Dunnet bedroht.« Rory überdachte diese neue und faszinierende Vorstellung und war augenblicklich von ihrer Wahrheit überzeugt. »Natürlich, das war es! Harlow bedrohte Dunnet, weil dieser ihn entweder betrog oder erpreßte.«

Tracchia sagte freundlich: »Rory, du mußt wirklich aufhören, diese grauenhaften Comics zu lesen. Selbst wenn Dunnet Harlow betrogen oder erpreßt hat, würde es doch kaum etwas nützen, Dunnet zusammenzuschlagen. Er ist doch immer noch am Leben, nicht wahr? Er kann genauso weitermachen wie bisher – wenn das stimmen sollte, was du uns da erzählst. Nein, Rory, ich glaube, du mußt dir etwas Besseres einfallen lassen.«

Langsam sagte Rory: »Vielleicht ist das gar nicht so schwer. Dunnet hat gesagt, daß er in einer kleinen Nebenstraße zusammengeschlagen worden sei, die zur Hauptstraße führt. Wissen Sie, was am Ende dieser Nebenstraße liegt? Das Postamt! Vielleicht wollte Dunnet dort ein paar Beweise hinbringen, die er gegen Harlow hat. Vielleicht hielt er es für zu gefährlich, das Material länger in seinem Zimmer aufzubewahren. Und deshalb sorgte Harlow vielleicht dafür, daß Dunnet keine Chance hatte, das Material zur Post zu bringen.«

Neubauer schaute erst Tracchia und dann Rory an. Das Lächeln war von seinem Gesicht verschwunden. »Was für Material, Rory?« fragte er.

»Woher soll ich denn das wissen?« Rory war ganz entschieden verärgert. »Bis jetzt habe ich die ganze Denkarbeit gemacht. Vielleicht können zur Abwechslung mal Sie beide Ihren Kopf anstrengen.«

»Das können wir durchaus.« Auch Tracchia sah jetzt ernst und nachdenklich aus. »Vor allem würde ich dir raten, deine Vermutungen nicht in alle Welt hinauszuposaunen, mein Junge. Abgesehen davon, daß wir nicht den kleinsten Beweis für deine Mutmaßungen haben, gibt es auch noch so etwas wie ein Verleumdungsgesetz.«

»Ich habe Ihnen schon einmal gesagt, daß ich kein Idiot bin«, sagte Rory leicht verbittert. »Außerdem würde es nicht gerade ein gutes Licht auf Sie beide werfen, wenn bekannt würde, daß Sie versuchen, Johnny Harlow etwas am Zeug zu flicken.«

»Das kannst du laut sagen«, nickte Tracchia. »Schlechte Nachrichten verbreiten sich mit Windeseile. Da kommt Mr. MacAlpine.«

MacAlpine erschien oben an der Treppe. Sein Gesicht, das jetzt viel schmaler und von viel tieferen Falten durchzogen war als zwei Monate zuvor, war ganz verkrampft vor unterdrückter Wut. »Ist das wahr?« fragte er. »Ich meine die Sache mit Dunnet.«

»Ich fürchte, ja«, sagte Tracchia. »Irgend jemand hat ihn ganz hübsch in die Mangel genommen.«

»Aber warum, um Gottes willen?«

»Es scheint ein Raubüberfall gewesen zu sein.«

»Ein Raubüberfall! Am hellichten Tag! Die Zivilisation ist doch wirklich eine herrliche Sache. Wann ist es denn passiert?«

»Vor etwas mehr als zehn Minuten. Willi und ich saßen an der Bar, als er das Hotel verließ. Es war genau fünf Uhr. Das weiß ich, weil ich den Barkeeper nach der Zeit gefragt habe. Ich habe nämlich einen Anruf erwartet. Als er zurückkam, saßen wir immer noch an der Bar, und ich schaute auf die Uhr – ich dachte, es würde der Polizei vielleicht helfen, wenn sie die genaue Zeit wüßte. Es war genau zwölf Minuten nach fünf. In der kurzen Zeit kann er sich nicht weit vom Hotel entfernt haben.«

»Wo ist er jetzt?«

»In seinem Zimmer.«

»Warum sind Sie drei dann...«

»Der Arzt ist bei ihm. Er hat uns hinausgeworfen.«

»Mich wird er nicht hinauswerfen«, prophezeite MacAlpine mit Überzeugung. Und er behielt recht. Fünf Minuten später war es der Arzt, der als erster aus dem Zimmer kam. Nach weiteren fünf Minuten erschien auch MacAlpine. Sein Gesicht drückte gleichzeitig Wut und ernste Sorge aus. Er ging geradewegs in sein Zimmer.

Als Harlow das Foyer betrat, saßen Tracchia, Neubauer und Rory an einem Tisch an der Wand. Harlow ließ sich nicht anmerken, daß er sie gesehen hatte, sondern ging quer durch die Halle auf die Treppe zu. Ab und zu lächelte er andeutungsweise, wenn jemand ihn grüßte oder anlächelte, aber abgesehen davon war sein Gesicht so unbewegt wie immer.

Neubauer sagte: »Du mußt zugeben, daß unser guter Johnny nicht gerade so aussieht, als bedeute ihm das Leben besonders viel.«

»Allerdings.« Man konnte nicht behaupten, daß Rory knurrte, denn diese Kunst beherrschte er bis jetzt noch nicht, aber man mußte ihm zugestehen, daß er seine Sache schon ziemlich gut machte. »Und ich wette, der Tod bedeutet ihm auch nicht besonders viel. Ich wette, selbst wenn es sich um seine eigene Großmutter handeln würde...«

»Rory!« Tracchia brachte ihn mit einer Handbewegung zum Schweigen. »Du darfst deine Fantasie nicht zu sehr ins Kraut schießen lassen. Der Verband der Grand-Prix-Fahrer ist ein allgemein respektierter Verein. Wir haben ein gutes Image, und das wollen wir uns nicht zerstören lassen. Natürlich wollen wir dich auf unserer Seite haben, aber wenn du wilde Gerüchte in Umlauf setzt, kann das allen Beteiligten nur schaden.«

Rory bedachte die beiden Männer mit einem finsteren Blick, stand auf und ging mit steifen Schritten davon. Neubauer sagte beinahe traurig: »Ich fürchte, unser junger Hitzkopf wird in Kürze ein paar sehr schmerzliche Augenblicke erleben.«

»Das wird ihm nicht schaden«, sagte Tracchia. »Und uns ganz sicher auch nicht.«

Neubauers Prophezeiung erfüllte sich schon nach bemerkenswert kurzer Zeit.

Harlow zog die Tür hinter sich ins Schloß und blickte auf Dunnet hinunter, der auf seinem Bett lag und dessen Gesicht – obwohl fachmännisch verarztet – immer noch aussah, als sei er bei einem schweren Autounfall knapp mit dem Leben davongekommen. Zwischen all den Abschürfungen und diversen Pflastern sah man gerade noch seine Nase, die doppelt so groß war wie gewöhnlich, das völlig zugeschwollene rechte Auge, das in allen Regenbogenfarben schillerte, und eine genähte Platzwunde auf der Stirn und an der Oberlippe. Harlow schnalzte mitfühlend mit der Zunge, ging lautlos zur Tür und riß sie auf. Rory fiel buchstäblich ins Zimmer und landete der Länge nach auf dem herrlichen Marmorfußboden.

Ohne ein Wort beugte Harlow sich über ihn, griff mit einer Hand in Rorys dicke schwarze Locken und zog ihn hoch. Auch Rory sagte kein Wort, sondern stieß nur einen durchdringenden Schmerzensschrei aus. Immer noch ohne ein Wort, ließ Harlow Rorys Haare aus, packte ihn statt dessen am Ohr, ging mit ihm den Korridor hinunter zu MacAlpines Zimmer, klopfte an und betrat mit Rory den Raum. Schmerzenstränen liefen über Rorys unglückliches Gesicht. MacAlpine, der auf seinem Bett gelegen hatte, richtete sich auf und stützte sich auf einen Ellenbogen.

Seine Wut darüber, daß sein Sohn derart mißhandelt wurde, milderte sich dadurch, daß Harlow es war, der die Mißhandlung ausführte.

Harlow sagte: »Ich weiß, daß ich beim Coronado-Team nicht gerade hoch im Kurs stehe, und ich weiß auch, daß er Ihr Sohn ist. Aber wenn ich diesen jungen Herumtreiber das nächste Mal dabei erwische, daß er an einer Tür lauscht, hinter der ich mich befinde, dann werde ich ihn verprügeln, das verspreche ich Ihnen.«

MacAlpines Blick wanderte von Harlow zu Rory und dann wieder zu Harlow. »Ich kann es nicht glauben. Ich will es einfach nicht glauben.« Seine Stimme klang ausdruckslos und war bar jeder Überzeugungskraft.

»Es ist mir egal, ob Sie mir glauben oder nicht.« Harlows Wut war verraucht, er trug wieder seine übliche Gleichgültigkeit zur Schau. »Aber ich weiß, daß Sie Alexis Dunnet glauben. Gehen Sie hin und fragen Sie ihn. Ich war in seinem Zimmer, als ich die Tür ein wenig unerwartet für unseren jungen Freund hier öffnete. Er hatte sich schwer dagegen gelehnt und fiel mir buchstäblich vor die Füße. Ich half ihm auf, indem ich ihn an den Haaren packte. Deshalb hat er auch Tränen in den Augen.«

MacAlpine blickte Rory nicht gerade liebevoll-väterlich ins Gesicht. »Ist das wahr?«

Rory wischte sich mit einem Ärmel über die Augen, beschäftigte sich eingehend mit der Betrachtung seiner Schuhspitzen und schwieg.

»Überlassen Sie ihn mir, Johnny.« MacAlpine sah weder besonders wütend noch besonders besorgt aus, nur sehr, sehr müde. »Falls es so ausgesehen hat, als mißtraute ich Ihnen, möchte ich mich entschuldigen – ich habe es nicht getan.«

Harlow nickte, verließ das Zimmer, kehrte zu Dunnet zurück, sperrte die Tür diesmal hinter sich zu und begann, aufmerksam beobachtet von Dunnet, das Zimmer zu durchsuchen. Nach ein paar Minuten ging er, offensichtlich immer noch nicht zufrieden, in das angrenzende Bad, drehte einen Wasserhahn und die Dusche voll auf und kam ins Zimmer zurück, wobei er die Badezimmertür weit offen ließ. Sogar für das empfindlichste Mikrophon ist es schwierig, menschliche Stimmen auch nur halbwegs klar aufzunehmen, wenn im Hintergrund Wasser rauscht.

Ohne weitere Umstände begann er die Kleidungsstücke zu durchsuchen, die Dunnet vorher angehabt hatte. Schließlich legte er die Sachen wieder an ihren Platz und schaute auf Dunnets zerrissenes Hemd und den weißen Streifen hinunter, den die Armbanduhr auf dem braungebrannten Arm hinterlassen hatte.

»Ist Ihnen schon jemals der Gedanke gekommen, daß einige Ihrer Unternehmungen in gewissen Kreisen Mißfallen erregen und ebendiese Kreise versuchen könnten, sie einzuschüchtern?«

»Sehr komisch! Verdammt komisch.« Dunnets Stimme klang undeutlich, daß in seinem Fall jegliche Vorsichtsmaßnahmen gegen versteckte Mikrophone überflüssig waren. »Warum haben sie mich dann nicht ein für allemal unschädlich gemacht?«

»Nur Idioten morden, wenn es nicht unbedingt nötig ist. Und wir haben es keineswegs mit Idioten zu tun. Aber wer weiß – vielleicht erweist sich eines Tages doch einer als Idiot. Also, fassen wir zusammen: Brieftasche, Kleingeld, Armbanduhr, Manschettenknöpfe, sogar Ihre sechs Füller und die Autoschlüssel – alles verschwunden. Sieht sehr nach der Arbeit von Professionellen aus, was?«

»Zum Teufel damit.« Dunnet spuckte Blut in eine Handvoll Papiertaschentücher. »Wichtig ist nur, daß die Kassette verschwunden ist.«

Harlow zögerte und räusperte sich dann schüchtern.

»Nun, sagen wir doch lieber, daß *eine* Kassette verschwunden ist.«

Das einzig Lebendige in Dunnets Gesicht war sein unbeschädigtes linkes Auge, und dieses benützte er nach einem kurzen Augenblick der Verwirrung, um Harlow höchst effektvoll mit größtmöglichem Mißtrauen unheilvoll anzustarren.

»Was, zum Teufel, soll das heißen?«

Harlows Blick verlor sich in unbekannten Fernen.

»Nun, Alexis, ich habe wirklich ein etwas schlechtes Gewissen wegen dieser Geschichte, aber die echte Kassette liegt im Hotelsafe. Diejenige, die unsere Freunde jetzt haben, ist völlig wertlos für sie.«

Dunnet, dessen erkennbare Gesichtspartien sich vor Wut sichtbar dunkler färbten, versuchte sich aufzurichten, aber Harlow drückte ihn wieder zurück.

»Aber, aber Alexis, Sie tun sich doch nur ein zweites Mal weh. Sie waren hinter mir her, und ich mußte ihren Verdacht entkräften, sonst wäre ich erledigt gewesen. Aber ich hatte nicht im Traum damit gerechnet, daß sie Sie derart zurichten würden.« Er schwieg eine Weile und sagte dann: »Jetzt bin ich aus dem Schneider.«

»Seien Sie da mal lieber nicht zu sicher.« Dunnet hatte sich zwar wieder hingelegt, aber seine Wut war immer noch beträchtlich.

»Ich bin ganz sicher. Wenn sie den Film entwickeln, werden sie etwa hundert Mikrobilder sehen – Bilder von Konstruktionszeichnungen eines Gasturbinenmotors. Daraus werden sie schließen, daß ich ebenso kriminell bin wie sie, daß unsere Interessen jedoch, da ich auf dem Gebiet der Industriespionage tätig bin, nicht Gefahr laufen, zu kollidieren. Und dann werden sie jegliches Interesse an mir verlieren.«

Dunnet blickte ihn kläglich an. »Sie sind ein ganz Gerissener, was?«

»Ja.« Harlow ging zur Tür, öffnete sie und drehte sich noch einmal um. »Vor allem auf Kosten anderer, wie es scheint.«

7

Am Nachmittag des nächsten Tages hatten ein keuchender MacAlpine und ein reichlich mitgenommener Dunnet in der Coronado-Box eine leise, aber ernste Auseinandersetzung. Die Gesichter der beiden Männer drückte große Besorgnis aus.

MacAlpine machte keinen Versuch, die Wut zu verbergen, die in ihm kochte. »Aber die Flasche ist leer, Mann! Es ist aber auch nicht mehr ein einziger Tropfen drin! Ich habe gerade nachgeschaut. Mein Gott, ich kann ihn doch nicht auf die Piste lassen und zusehen, wie er noch einen Mann umbringt!«

»Wenn du ihn nicht starten läßt, mußt du der Presse eine Erklärung geben. Es wird einen Skandal geben – den internationalen Sportskandal dieses Jahrzehnts. Damit bringst du Johnny um. Beruflich gesehen, meine ich.«

»Soll er lieber beruflich erledigt sein als noch einen Mann umbringen!«

»Gib ihm zwei Runden«, bat Dunnet. »Wenn er an der Spitze liegt, dann laß ihn weitermachen. An der Spitze kann er niemandem gefährlich werden. Wenn er zurückfällt, lassen wir ihn reinholen. Für die Presse werden wir uns schon irgendwas ausdenken. Aber erinnerst du dich, was er gestern geschafft hat? Und da hatte er die gleiche Menge intus.«

»Gestern hat er Glück gehabt. Heute ...«

»Heute ist es zu spät.«

Sogar aus einer Entfernung von mehr als dreißig Metern war das Dröhnen der vierundzwanzig startenden Grand-Prix-Wagen erschreckend. MacAlpine und Dunnet schauten einander zu und zuckten gleichzeitig die Achseln. Das schien in der augenblicklichen Situation die einzige Reaktionsmöglichkeit zu sein.

Als erster kam Harlow an den Boxen vorbei. Mit seinem limonengrünen Coronado hatte er sich bereits an Tracchia vorbeigeschoben. MacAlpine wandte sich an Dunnet und sagte ernst: »Eine Schwalbe macht noch keinen Sommer.«

Acht Runden später begann MacAlpine, seine ornithologischen Kenntnisse ernsthaft anzuzweifeln. Er sah leicht verdattert aus, während Dunnet vollauf damit beschäftigt war, immer wieder die Augenbrauen hochzuziehen. Jacobsons Gesicht deutete nicht gerade darauf hin, daß er sich freute, und Rory blickte finster drein, obwohl er sich sehr bemühte, sich nichts anmerken zu lassen. Nur Mary ließ ihre echten Gefühle erkennen, und zwar ohne jede Einschränkung: Sie strahlte.

»Drei neue Rekorde in acht Runden«, sagte sie ungläubig. »Drei neue Rekorde!«

Am Ende der neunten Runde hatten sich die Mienen der Zuschauer in der Coronado-Box radikal verändert. Jacobson und Rory hatten alle Mühe, ihre Freude zu verbergen. Mary kaute ängstlich an ihrem Bleistift. MacAlpine sah zornig aus, aber sein unheilvoller Gesichtsausdruck wurde von echter Angst überlagert.

»Vierzig Sekunden überfällig!« sagte er. »Schon vierzig Sekunden! Alle sind schon vorbei, und er ist noch nicht einmal in Sicht! Was kann ihm bloß passiert sein?«

»Soll ich drüben beim Kontrollpunkt anrufen?«

MacAlpine nickte, und Dunnet ging zum Telefon. Der erste Anruf brachte keine Information, und er wollte gerade die dritte Stelle anrufen, als Harlows Coronado auftauchte und an die Box fuhr. Der Motor schien völlig normal, was man von Harlow nicht behaupten konnte. Nachdem er seinen Helm und seine Schutzbrille abgenommen hatte, wurden seine blutunterlaufenen, glasigen Augen sichtbar. Er blickte die Männer einen Augenblick an und breitete dann die Hände aus: Das Zittern war deutlich zu sehen.

»Sorry. Ich mußte eine Meile weiter hinten an den Rand fahren. Es war plötzlich alles ganz verschwommen. Ich konnte kaum noch sehen, wo ich hinfuhr. Und ich kann immer noch nicht richtig sehen.«

»Ziehen Sie sich um!« Die kalte Grobheit von MacAlpines Stimme erschreckte die Zuhörer. »Ich bringe Sie ins Krankenhaus.«

Harlow zögerte, wollte etwas sagen, zuckte die Achseln, wandte sich ab und ging davon. Dunnet fragte leise: »Du bringst ihn doch wohl nicht zu dem Arzt, der die Rennfahrer betreut?«

»Ich bringe ihn zu einem Freund von mir. Er ist ein hervorragender Augenarzt, aber er kann auch noch eine Menge anderer Dinge. Alles, was ich von ihm will, ist eine kleine Gefälligkeit, die ich hier von niemandem verlangen kann.«

»Eine Blutprobe?« fragte Dunnet leise, fast traurig.

»Nur eine positive Blutprobe.«

»Und damit wird das Schicksal des Superstars der Grand-Prix-Rennen dann besiegelt sein?«

»Sehr richtig.«

Für einen Mann, der guten Grund hatte, seine berufliche Karriere als beendet anzusehen, schien Harlow, der entspannt auf einem Stuhl in einem Flur des Krankenhauses saß, bemerkenswert gelassen. Er rauchte eine Zigarette, was für ihn höchst ungewöhnlich war, und die Hand, in der er die Zigarette hielt, war so ruhig, als sei sie aus Marmor gehauen. Nachdenklich blickte Harlow auf die Tür am Ende des Korridors.

Hinter der Tür schaute MacAlpine mit einer Mischung aus Unglauben und Verwirrung den älteren, bärtigen und Wohlwollen ausstrahlenden Arzt an, der ihm gegenüber hinter seinem Schreibtisch saß.

»Unmöglich!« sagte MacAlpine. »Das ist völlig unmöglich! Sie wollen mir wirklich erzählen, daß er überhaupt keinen Alkohol im Blut hat?«

»Unmöglich oder nicht, ich meine jedenfalls genau das, was ich sage. Er hat nicht mehr Alkohol im Blut als jemand, der sein Leben lang Abstinenzler gewesen ist.«

MacAlpine schüttelte den Kopf. »Unmöglich«, wiederholte er. »Hören Sie, Professor, ich habe Beweise...«

»Für uns alte Hasen ist nichts unmöglich. Die Geschwindigkeit, mit der manche Menschen Alkohol verarbeiten, variiert in unglaublichem Maße. Bei einem so durchtrainierten jungen Mann wie Ihrem Freund da draußen...«

»Aber seine Augen! Sie haben doch seine Augen gesehen! Glasig, blutunterlaufen...«

»Dafür könnte es ein halbes Dutzend Gründe geben.«

»Und die Sehstörungen?«

»Seine Augen erschienen mir völlig normal. Wie gut er sieht, kann man jetzt noch nicht genau sagen. Es passiert häufig, daß die Augen selbst völlig in Ordnung sind, aber der Sehnerv verletzt ist.« Der Arzt stand auf. »Eine flüchtige Untersuchung reicht nicht aus. Ich muß eine ganze Reihe von Tests durchführen. Unglücklicherweise habe ich im Moment keine Zeit mehr dazu – ich komme jetzt schon zu spät ins Theater. Könnte er vielleicht heute abend gegen sieben herkommen?«

MacAlpine nickte, bedankte sich und ging. Als er auf Harlow zuging, schaute er die Zigarette an und dann die Hand, die sie hielt, dann wieder die Zigarette, aber er sagte kein Wort. Schweigend verließen die beiden Männer das Krankenhaus, stiegen in MacAlpines Aston und fuhren in Richtung Monza davon.

Schließlich brach Harlow das Schweigen. Er sagte sanft: »Da ich der Hauptbetroffene bin, fände ich es eigentlich ganz angebracht, wenn Sie mir erzählen würden, was Ihnen der Arzt gesagt hat.«

»Er ist sich nicht sicher«, sagte MacAlpine kurz. »Er möchte eine Reihe von Tests durchführen. Der erste findet heute abend um sieben statt.«

Immer noch im gleichen sanften Ton sagte Harlow: »Ich glaube kaum, daß das nötig sein wird.«

MacAlpine warf ihm einen kurzen nachdenklichen Blick zu. »Was soll das heißen?«

»Etwa einen halben Kilometer weiter ist ein Parkplatz. Bitte halten Sie dort. Ich möchte Ihnen etwas sagen.«

Um sieben Uhr abends, also zur gleichen Zeit, zu der Harlow im Krankenhaus hätte erscheinen sollen, saß Dunnet mit MacAlpine in dessen Zimmer. Die Stimmung der beiden wäre bei einem

Begräbnis durchaus am Platze gewesen. Beide Männer hatten Gläser mit sehr viel Scotch in der Hand.

»Mein Gott!« sagte Dunnet. »Einfach so? Er sagte, seine Nerven machten nicht mehr mit, er wisse, daß er erledigt sei und den Vertrag lösen wolle?«

»Einfach so. Er sagte, wir wären jetzt lange genug wie die Katze um den heißen Brei gegangen. Der Betrug müsse ein Ende haben – vor allem sein Selbstbetrug. Es muß den armen Teufel eine ganze Menge Überwindung gekostet haben, das zu sagen.«

»Und was ist mit dem Scotch?«

MacAlpine nippte an seinem Drink und seufzte tief. »Das war ja überhaupt das größte: Er sagte mir doch tatsächlich, daß er das Zeug nicht ausstehen könne und froh sei, nie wieder etwas trinken zu müssen.«

Jetzt brauchte Dunnet einen Schluck. »Und was wird jetzt aus dem armen Kerl? Versteh mich nicht falsch, James. Ich weiß genau, was die Sache dich kostet – du verlierst immerhin den besten Rennfahrer der Welt – aber im Moment mache ich mir mehr Sorgen um Johnny.«

»Ich auch. Aber was kann man tun? Was kann man bloß tun?«

Der Mann, dem die Sorge der beiden Männer galt, legte zur gleichen Zeit eine auffallende Sorglosigkeit an den Tag. Für einen Mann, der vom Idol zur Persona non grata herabgesunken war, schien Johnny Harlow in völlig unangebrachtem Maße fröhlich. Als er vor dem Spiegel seine Krawatte zurechtrückte, pfiff er nicht gerade melodisch, aber vergnügt vor sich hin und unterbrach seine musikalische Darbietung nur ab und zu, um in sich hinein-zulächeln. Er schlüpfte in sein Jackett, verließ sein Zimmer, ging in die Halle hinunter, bestellte sich an der Bar eine Orangeade und setzte sich damit an einen Tisch. Noch bevor er den ersten Schluck getrunken hatte, erschien Mary und setzte sich neben ihn. Sie nahm seine Hände in die ihren.

»Johnny!« sagte sie. »O Johnny!«

Harlow schaute sie besorgt an.

»Daddy hat es mir eben gesagt«, fuhr sie fort. »O Johnny, was machen wir jetzt bloß?«

»Wir?«

Sie schaute ihn eine Weile unverwandt und schweigend an, senkte dann den Blick und sagte: »Daß ich meine beiden besten

Freunde an einem Tag verlieren muß!« Ihre Augen waren klar, aber in ihrer Stimme zitterten Tränen.

»Deine beiden... was meinst du damit?«

»Ich dachte, du wüßtest es.« Jetzt liefen ihr doch zwei Tränen über die Wangen. »Henry hat ernsthafte Schwierigkeiten mit seinem Herzen. Er muß gehen.«

»Henry? Mein Gott, das ist ja schrecklich.« Harlow drückte ihre Hände und blickte in die Ferne. »Der arme alte Henry. Was wird er denn jetzt machen?«

»Oh, dafür ist schon gesorgt.« Sie schnüffelte. »Daddy gibt ihm eine Stellung in Marseille.«

»Aha. Dann steht ja alles zum besten – Henry wurde sowieso allmählich zu alt für seinen jetzigen Job.«

Harlow schwieg eine Weile, offensichtlich in Gedanken versunken. Dann umfaßte er Marys Hände: »Mary, ich liebe dich. Warte auf mich. Ich bin gleich wieder da.«

Eine Minute später stand Harlow in MacAlpines Zimmer. Dunnet war immer noch da und machte den Eindruck, als könne er seine Wut nur mit größter Mühe im Zaum halten. MacAlpine sah man die Sorgen deutlich an, die ihn peinigten. Er schüttelte immer wieder den Kopf.

»Nein, nein, um keinen Preis«, sagte er. »Unter gar keinen Umständen. Nein, nein, nein. Das geht einfach nicht. Man kann nicht an einem Tag der beste Rennfahrer der Welt sein und am nächsten Morgen einen Transporter durch die Landschaft kutschieren. Mensch, Mann, ganz Europa würde sich über Sie halb totlachen.«

»Vielleicht.« Harlows Stimme war ruhig und ohne Bitterkeit. »Aber die Leute würden sich bestimmt ganz totlachen, wenn sie den wahren Grund für meine plötzliche Pensionierung kennen würden, Mr. MacAlpine.«

»Mr. MacAlpine? Mr. MacAlpine? Für Sie bin ich James. Das bin ich immer gewesen.«

»Jetzt nicht mehr, Sir. Sie könnten meinen Rücktritt mit meinen sogenannten Sehstörungen erklären und sagen, daß ich in Zukunft als spezieller Berater fungieren würde. Was wäre natürlicher? Außerdem brauchen Sie jemanden, der den Transporter fährt.«

MacAlpine schüttelte wieder den Kopf, und diesmal sehr entschieden. »Johnny Harlow wird niemals hinter dem Steuer eines meiner Transporter sitzen! Das ist mein letztes Wort.«

Er vergrub sein Gesicht in den Händen. Harlow warf Dunnet einen fragenden Blick zu und erhielt als Antwort eine energische Kopfbewegung in Richtung der Tür. Harlow nickte und ging.

Dunnet ließ ein paar Sekunden verstreichen und sagte dann kühl: »Ich darf mich dann wohl von dir verabschieden, James MacAlpine. Ich habe jede Minute meiner Tätigkeit hier genossen – abgesehen von der *letzten* Minute.«

MacAlpine nahm die Hände vom Gesicht und starrte Dunnet verwundert an. »Was willst du damit sagen?«

»Ich habe mich deutlich genug ausgedrückt. Meine Gesundheit ist mir viel zu wertvoll, als daß ich hierbleiben und damit riskieren würde, daß mir jedesmal schlecht wird, wenn ich daran denke, was du getan hast. Der Junge lebt doch nur für Autorennen. Das ist das einzige, was er je gelernt hat. Und jetzt hat er keinen Menschen mehr auf der Welt – und kein Zuhause. Und ich möchte dich daran erinnern, James MacAlpine, daß der Coronado innerhalb der letzten vier Jahre zu einem der erfolgreichsten und angesehensten Grand-Prix-Wagen der Welt wurde – und wem verdankst du das? Dem genialen unvergleichlichen Können dieses Jungen, den du gerade vor die Tür gesetzt hast. Nicht *du*, James, nicht *du* hast den Coronado hochgebracht, sondern einzig und allein Johnny Harlow. Aber du kannst es dir nicht leisten, mit einer Pleite in Verbindung gebracht zu werden. Er kann dir jetzt nicht mehr nützen, also wirfst du ihn hinaus. Ich hoffe, Sie werden heute nacht gut schlafen, Mr. MacAlpine. Schließlich haben Sie allen Grund, stolz auf sich zu sein.«

Dunnet wandte sich zum Gehen. MacAlpine hatte Tränen in den Augen, als er leise sagte: »Alexis?«

Dunnet drehte sich zu ihm um.

»Wenn du noch einmal so mit mir sprichst, breche ich dir das Genick«, sagte MacAlpine. »Ich bin müde, todmüde, und ich möchte vor dem Abendessen noch etwas schlafen. Geh und sag ihm, daß er in der Firma Coronado jeden Job haben kann, den er will – von mir aus auch meinen.«

»Ich bin verdammt grob gewesen«, sagte Dunnet. »Ich muß mich entschuldigen. Und ich danke dir vielmals, James.«

MacAlpine lächelte schwach: »Nicht Mr. MacAlpine?«

»Ich sagte James.«

Die beiden Männer lächelten einander an. Dunnet zog die Tür leise hinter sich zu und ging in die Halle hinunter. Harlow und

Mary saßen immer noch an dem Tisch, ihre Drinks hatten sie nicht angerührt. Die Verzweiflung, die auf ihnen lastete, war beinahe greifbar. Dunnet holte sich an der Bar einen Drink, ließ sich bei Harlow und Mary nieder, grinste breit, hob sein Glas und sagte: »Prost! Auf den schnellsten Transportfahrer Europas.« Harlow rührte seine Orangeade nicht an. »Alexis, ich bin heute abend nicht für Scherze aufgelegt.«

Dunnet sagte fröhlich: »Mr. MacAlpine hat einen plötzlichen und völligen Sinneswandel durchgemacht. Seine letzten Worte waren: ›Geh und sag ihm, daß er in der Firma Coronado jeden Job haben kann, den er will – von mir aus auch meinen.‹« Harlow schüttelte den Kopf. »Mensch, Johnny, ich mache wirklich keine Witze«, sagte Dunnet.

Harlow schüttelte wieder den Kopf. »Ich zweifle nicht an Ihren Worten, Alexis. Ich bin nur völlig fassungslos. Wie in aller Welt haben Sie das fertiggebracht – nein, vielleicht ist es ganz gut, wenn ich es nicht weiß.« Er lächelte schwach. »Ich glaube nicht, daß Mr. MacAlpines Job wirklich das richtige für mich wäre.«

»O Johnny!« Wieder standen Tränen in Marys Augen, aber diesmal konnten es nur Freudentränen sein, denn sie strahlte. Sie stand auf, warf die Arme um seinen Hals und küßte ihn auf die Wange. Harlow war zwar offensichtlich verblüfft, aber nicht unangenehm berührt.

»So ist's richtig«, nickte Dunnet. »Verabschiede dich nur ausführlich von dem schnellsten Lastwagenfahrer Europas.«

Sie starrte ihn an. »Was um alles in der Welt meinen Sie damit?«

»Der Transporter muß noch heute nacht nach Marseille. Irgend jemand muß ihn steuern. Und das ist bekanntlich die Aufgabe des Fahrers.«

»Verflixt!« sagte Harlow. »Daran hatte ich gar nicht gedacht. Muß ich etwa gleich los?«

»Allerdings. Es ist wirklich dringend. Sie sollten möglichst sofort mit Mr. MacAlpine sprechen.«

Harlow nickte, stand auf und ging in sein Zimmer, wo er dunkle Hosen, einen dunklen Rollkragenpullover und seine Lederjacke anzog. Dann machte er sich auf den Weg zu MacAlpine. Er lag auf seinem Bett und sah blaß und krank und regelrecht hager im Gesicht aus.

»Ich muß zugeben«, sagte MacAlpine, »daß meiner Entscheidung hauptsächlich egoistische Motive zugrunde liegen. Tweedledum und Tweedledee sind zwar gute Mechaniker, aber nicht einmal in der Lage, einen Schubkarren zu fahren. Jacobson ist bereits nach Marseille unterwegs, um die Verladung für morgen früh zu arrangieren. Ich weiß, daß es viel verlangt ist, aber ich muß Nummer Vier, den neuen X-Wagen und den Ersatzmotor morgen mittag auf der Teststrecke von Vignolles haben. Wir haben die Strecke nur für zwei Tage zur Verfügung. Es ist eine lange Fahrt, und Sie werden höchstens ein paar Stunden schlafen können – wenn überhaupt. Sie müssen bereits um sechs Uhr früh in Marseille mit dem Verladen beginnen.«

»In Ordnung. Und was wird mit meinem eigenen Wagen?«

»Der einzige Transporterfahrer Europas, der einen eigenen Ferrari besitzt! Alexis wird meinen Aston nehmen, und ich werde Ihren verrotteten Schrotthaufen morgen höchstpersönlich nach Vignolles kutschieren. Sie müssen ihn dann in unsere Marseiller Garage bringen und dort lassen. Ich fürchte, für immer.«

»Ich verstehe, Mr. MacAlpine.«

»Mr. MacAlpine, Mr. MacAlpine. Sind Sie sicher, daß Sie den Job auch wirklich haben wollen, Johnny?«

»Ich war noch nie sicherer.«

Harlow ging in die Halle hinunter und stellte fest, daß Dunnet und Mary nicht mehr dort waren. Er ging wieder hinauf, fand Dunnet in seinem Zimmer und fragte: »Wo ist Mary?«

»Spazierengegangen.«

»Ziemlich kalter Abend für einen Spaziergang.«

»Ich glaube nicht, daß sie die Kälte spüren wird«, bemerkte Dunnet trocken. »Man nennt das, glaube ich, Euphorie. Haben Sie mit dem alten Knaben gesprochen?«

»Ja. Der alte Knabe, wie Sie ihn nennen, wird allmählich wirklich alt. In den letzten Monaten ist er um mindestens fünf Jahre gealtert.«

»Mehr als zehn. Das ist verständlich, wenn man bedenkt, daß seine Frau spurlos verschwunden ist. Wenn Sie plötzlich jemand verlieren würden, mit dem Sie fünfundzwanzig Jahre verheiratet waren...«

»Er hat mehr verloren als seine Frau.«

»Was soll das heißen?«

»Ich weiß es auch nicht. Seine Nerven, sein Selbstvertrauen, seinen Schwung, seine Durchsetzungskraft.« Harlow lächelte.

»Irgendwann in dieser Woche werden wir ihm die verlorenen zehn Jahre wiedergeben.«

»Sie sind der arroganteste und selbstbewußteste Kerl, den ich jemals kennengelernt habe«, sagte Dunnet bewundernd. Als Harlow nicht antwortete, zuckte er die Achseln und seufzte. »Na, um weltbester Rennfahrer zu werden, muß man ja wohl auch an sich selbst glauben. Und was jetzt?«

»Ich bin sozusagen schon unterwegs. Auf meinem Weg nach draußen werde ich noch schnell das kleine Couvert aus dem Hotelsafe holen, das ich unserem Freund in der Rue St. Pierre bringen will – das scheint mir eine viel sicherere Methode zu sein, als es mit der Post fortzuschicken. Wie wär's, wollen wir nicht einen Drink an der Bar nehmen und feststellen, ob sich jemand für mich interessiert?«

»Warum sollten sie an Ihnen interessiert sein? Sie haben die richtige Kassette – oder glauben wenigstens, sie zu haben, was in diesem Fall auf das gleiche herauskommt.«

»Möglich. Aber es könnte doch sein, daß sie aufmerksam werden, wenn ich den Umschlag aus dem Hotelsafe hole, ihn aufreiße, ihn wegwerfe, die Kassette untersuche und schließlich in die Tasche stecke. Sie wissen, daß sie schon einmal hereingelegt worden sind. Und glauben Sie nur, die werden sehr schnell auf den Gedanken kommen, sie seien ein zweites Mal übers Ohr gehauen worden.«

Ein paar Sekunden lang starrte Dunnet Harlow fassungslos an. Als er schließlich sprach, war seine Stimme kaum mehr als ein Flüstern. »Sie suchen ja nicht nur Ärger. Sie bestellen sich sozusagen gleich Ihren eigenen Kiefernsarg.«

»Für einen Champion ist die beste Eiche gerade gut genug. Und zwar mit vergoldeten Handgriffen. Kommen Sie.«

Sie gingen gemeinsam die Treppe hinunter. Unten trennten sie sich; Dunnet ging zur Bar, und Harlow steuerte auf die Rezeption zu. Während Dunnet seinen Blick aufmerksam durch die Halle wandern ließ, ließ Harlow sich seinen Umschlag geben, öffnete ihn, zog die Kassette heraus und untersuchte sie sorgfältig, bevor er sie in eine Tasche seiner Lederjacke schob. Als er der Rezeption den Rücken zuwandte, kam Dunnet herangeschlendert und sagte kaum hörbar: »Tracchia.« Die Augen quollen ihm geradezu aus dem Kopf. Und dann rannte er zur nächsten Telefonzelle.

Harlow nickte schweigend, trat durch die Schwingtür nach

draußen und blieb abrupt stehen, denn eine Gestalt im Leder-
mantel versperrte ihm den Weg.

»Was machst du hier draußen, Mary?« fragte er. »Es ist eiskalt.«

»Ich wollte dir nur adieu sagen, das ist alles.«

»Das hättest du doch auch drinnen tun können.«

»Ich bin ein sehr schüchternes Mädchen und lege großen Wert
darauf, bei solchen Dingen ungestört zu sein.«

»Außerdem siehst du mich ja morgen schon wieder. In Vignolles.«

»Wirklich, Johnny? Wirklich?«

»Na so was! Noch jemand, der glaubt, ich könne nicht Auto
fahren!«

»Mach jetzt keine Witze, Johnny. Mir ist nicht danach. Mir ist
ganz schlecht vor Angst. Ich habe das schreckliche Gefühl, daß
irgend etwas Furchtbares passieren wird. Und zwar dir.«

Harlow sagte leichthin: »Das kommt davon, daß du zur Hälfte
Schottin bist. Du hast eben das Zweite Gesicht. Aber vielleicht
tröstet es dich, wenn ich dir sage, daß die Leute mit dem Zweiten
Gesicht sich in fast hundert Prozent aller Fälle irren.«

»Bitte mach dich nicht lustig über mich, Johnny.« Sie unterdrückte ihre Tränen.

Er legte den Arm um ihre Schultern.

»Ich soll mich lustig über dich machen? Aber Mary! Wie kannst
du so etwas glauben?«

»Komm zu mir zurück, Johnny.«

»Ich komme immer wieder zu dir zurück, Mary.«

»Was hast du gesagt?«

»Oh, das ist mir nur so rausgerutscht.« Er drückte sie kurz an
sich, gab ihr einen Kuß auf die Wange und verschwand in der
zunehmenden Dunkelheit.

8

Der riesige Transporter rollte, beleuchtet von mindestens zwanzig Lichtern an der Seite und an der Rückfront – ganz zu
schweigen von den vier starken Scheinwerfern –, auf der fast
völlig verlassenen Straße durch die Dunkelheit mit einer Geschwindigkeit dahin, die der italienischen Verkehrspolizei sicher
nicht gefallen hätte.

Harlow war zunächst auf der Autostrada bis Turin gefahren, dann links nach Cuneo abgebogen und näherte sich jetzt dem Col de Tende, dem schwierigen Paß mit dem Tunnel, der die Grenze zwischen Italien und Frankreich bildet. Sogar wenn man mit einem normalen Auto bei Tageslicht auf trockener Straße fährt, muß man seine ganze Konzentration und Vorsicht aufbieten: Das steile Auf und Ab der Straße und die schier endlose Folge mörderischer Haarnadelkurven auf beiden Seiten des Tunnels stellen die größten Anforderungen an das Können jedes Autofahrers. Aber einen riesigen Transporter mit katastrophaler Straßenlage – nicht zuletzt wegen der nassen Fahrbahn – durch den immer stärker werdenden Regen zu fahren, war ein Erlebnis, auf das nicht einmal ein potentieller Selbstmörder scharf gewesen wäre. Die rothaarigen Mechaniker-Zwillinge – der eine kauerte neben Harlow, der andere lag ausgestreckt auf der schmalen Bank hinter den Vordersitzen – waren, obwohl völlig erschöpft, so hellwach wie nie zuvor in ihrem Leben. Sie waren, gelinde gesagt, von Angst geschüttelt und starrten einander entweder entsetzt an oder schlossen die Augen, während sie in jeder Haarnadelkurve von einer Seite zur anderen geschleudert wurden. Denn wenn der Transporter von der Straße abkam, dann würde er nicht etwa gegen irgendeine Mauer krachen, sondern mit seinen Insassen in die Tiefe stürzen; und dabei hätte keiner von ihnen auch nur die geringste Überlebenschance. Den Zwillingen wurde allmählich klar, warum der alte Henry es nie zum Grand-Prix-Fahrer gebracht hatte.

Wenn Harlow sich des inneren Aufruhrs bewußt war, den er verursachte, so ließ er es sich wenigstens nicht anmerken. Er war völlig auf das Fahren konzentriert und darauf, die Strecke bis zu den nächsten beiden, ja sogar drei Haarnadelkurven abzuschätzen. Tracchia – und inzwischen sicher auch seine Kumpane – wußten, daß er die Kassette bei sich hatte, und er zweifelte keinen Augenblick daran, daß sie versuchen würden, ihm die Kassette abzujagen. Aber wann und wo sie es versuchen würden, konnte er nur mutmaßen. Die unübersichtliche Straße, auf der er mit dem Transporter zum Gipfel des Col de Tende fuhr, war wie geschaffen für einen Angriff aus dem Hinterhalt. Wer immer auch seine Gegner sein mochten – Harlow war überzeugt, daß sie ihr Hauptquartier in Marseille hatten. Es war unwahrscheinlich, daß sie es riskieren würden, in Italien mit dem Gesetz in Konflikt zu geraten. Er war sicher, daß er von Monza aus nicht verfolgt worden war. Es war sogar möglich, daß sie gar nicht wußten, auf welcher Straße er fuhr. Sie warteten wahrscheinlich, bis er sich ihrer Basis näherte, oder sogar, bis er dort ankam. Andererseits zogen sie vielleicht auch die Möglichkeit in Betracht, daß er sich der Kassette bereits auf dem Weg nach Marseille entledigte. Aber es hatte keinen Sinn, sich die verschiedenen Möglichkeiten auszumalen. Harlow verbannte sämtliche diesbezüglichen Gedanken aus seinem Kopf und konzentrierte sich ganz auf das Fahren, war aber auf jede Gefahr vorbereitet. Sie erreichten den Gipfel des Col de Tende ohne jeden Zwischenfall, passierten den italienischen und französischen Zoll und fuhren auf der anderen Seite des Berges die nicht minder tückisch gewundene Straße hinunter.

Als sie La Giandola erreichten, zögerte Harlow einen Moment. Er konnte nach Ventimiglia fahren und somit die neue Autobahn nach Westen entlang der Riviera benützen oder die kürzere, aber kurvenreichere, direkte Straße nach Nizza wählen. Doch auf der Ventimiglia-Route hätten sie den italienischen und französischen Zoll nicht einmal, sondern zweimal passieren müssen; also entschied er sich für den direkten Weg.

Nizza erreichten sie ohne Zwischenfall; über Cannes und Toulon kamen sie auf die Nationalstraße 8 nach Marseille. Etwa dreißig Kilometer hinter Cannes, kurz vor dem Dorf Beausset, passierte es.

Als sie um eine Kurve kamen, sahen sie etwa vierhundert Meter weiter vorn vier Lichter: zwei feststehende Blinklichter und zwei Lampen, die sich auf und ab bewegten. Die beiden letzteren waren rot und wurden offensichtlich von zwei vorläufig noch unsichtbaren Händen in weitem Bogen hin und her geschwungen.

Das Motorengeräusch veränderte sich ruckartig, als Harlow in einen niedrigeren Gang herunterschaltete. Das versetzte die dösenden Zwillinge in einen fast wachen Zustand, gerade noch rechtzeitig, daß sie – nur eine Sekunde später als Harlow – die Schrift auf den beiden Blinklichtern entziffern konnten, von denen das eine rot, das andere blau war und die abwechselnd aufblitzten: auf dem einen stand STOP, auf dem anderen POLIZEI. Hinter den Blinklichtern standen mindestens fünf Männer, zwei von ihnen mitten auf der Straße.

Harlow lag flach auf dem Lenkrad und seine Augen verengten sich so, daß seine Pupillen kaum noch zu sehen waren. Er traf eine schnelle Entscheidung. Sein Arm und sein Bein bewegten sich gleichzeitig, und wieder veränderte sich das Motorengeräusch, als er um einen weiteren Gang herunterschaltete. Die beiden Lampen vor ihnen kamen zum Stillstand – die Männer, die sie hin und her geschwungen hatten, mußten annehmen, daß der Transporter anhalten würde.

Fünfzig Meter vor der Straßensperre trat Harlow das Gaspedal bis auf den Boden durch. Er hatte absichtlich so weit heruntergeschaltet, denn auf diese Weise konnte er am schnellsten beschleunigen. Harlow ließ den Gang drin, der Motor röhrte gequält auf, und der Abstand zu den Blinklichtern wurde sehr schnell kleiner. Die beiden Männer, die die Lampen hin und her geschwungen hatten, sprangen eiligst zur Seite: Sie hatten begriffen – und es mußte eine sehr schmerzliche Erkenntnis gewesen sein –, daß der Transporter nicht daran dachte, anzuhalten.

Im Führerhaus zeigten die Gesichter von Tweedledum und Tweedledee eine Mischung aus Entsetzen, Unglauben und Empörung. Harlows Gesicht war völlig unbewegt, als er die schattenhaften Gestalten, die so vertrauensselig mitten auf der Straße gestanden hatten, zur Seite springen sah. Das Dröhnen des schweren Dieselmotors wurde noch übertönt von dem Klirren splitternden Glases und dem Kreischen berstenden Metalls, als der Transporter die Blinklichter zermalmte, die mitten auf der Straße auf zwei Sockeln gestanden hatten. Zwanzig Meter weiter schlug in rascher Folge irgend etwas gegen die Rückseite des Transporters. Dieses Geräusch verstummte erst, als Harlow den schlingernden Transporter nach weiteren vierzig Metern in eine Fünfundvierzig-Grad-Kurve zwang. Harlow schaltete einmal und dann noch einmal in den höchsten Gang. Er machte einen völlig unbekümmerten Eindruck, was man von den Zwillingen nicht gerade behaupten konnte.

Tweedledum sagte mit erstickter Stimme: »Mein Gott, Johnny, bist du wahnsinnig? Wir werden noch vor Tagesanbruch im Gefängnis sitzen. Das war eine Straßensperre der Polizei, Mann!«

»Eine Straßensperre der Polizei ohne Polizeiwagen, ohne Polizeimotorräder, ohne Polizeiuniformen. Ich frage mich wirklich, wozu ihr eure Augen habt.«

»Aber diese Blinklichter...«, sagte Tweedledee zaghaft.

»Ich werde es mir verkneifen, dich mitleidig anzuschauen«, sagte Harlow freundlich. »Und was diese Polizisten betrifft, so ist mir nicht bekannt, daß die französische Polizei Masken trägt, und auch nicht, daß sie Waffen mit Schalldämpfern benützt.«

»Schalldämpfer?« fragten die Zwillinge wie aus einem Munde.

»Ihr habt doch diese komischen Geräusche hinten am Transporter gehört! Was glaubt ihr, haben die Männer gemacht? Mit Steinen nach uns geworfen?«

»Wer...«, fragte Tweedledum.

»Straßenräuber. Angehörige eines hier sehr angesehenen Berufszweiges.«

Harlow bat im stillen die ehrlichen Bürger der Provence für diese unwahre Unterstellung um Verzeihung. Aber etwas Besseres war ihm im Moment nicht eingefallen. Und außerdem waren die Zwillinge zwar ausgezeichnete Mechaniker, aber etwas schlichten Gemüts und jederzeit bereit, alles für bare Münze zu nehmen, was ihnen ein Mann wie Johnny Harlow erzählte.

»Aber woher konnten sie wissen, daß wir kommen würden?«

»Sie haben es nicht gewußt.« Harlows Verstand arbeitete auf Hochtouren. »Sie stehen für gewöhnlich in Funkkontakt mit Kollegen, die einen Kilometer von ihnen entfernt auf beiden Seiten der Straße postiert sind. Wenn ein vielversprechendes Objekt, wie zum Beispiel unser Transporter, in Sicht kommt, brauchen sie nur Sekunden, um die Signallampen an ihren Platz zu schaffen und in Betrieb zu setzen.«

»Ein ganz rückständiger Verein«, sagte Tweedledum.

»Allerdings. Sie haben es bis jetzt noch nicht einmal zu Eisenbahnüberfällen gebracht.«

Die Zwillinge beruhigten sich allmählich und dösten schon nach kurzer Zeit wieder vor sich hin. Harlow war so wach wie zu Beginn der Fahrt. Nach ein paar Minuten entdeckte er in seinem Rückspiegel ein Paar Scheinwerfer, die rasch näher kamen. Harlow überlegte kurz, ob er in die Straßenmitte hinausziehen sollte, um den Wagen am Überholen zu hindern; denn der Verdacht lag nahe, daß der Fahrer oder die Insassen des Fahrzeuges Mitglieder der unbekannten Pseudopolizeitruppe waren. Aber er verwarf den Gedanken gleich wieder. Wenn sie etwas gegen ihn im Schilde führten, brauchten sie nur die Hinterreifen des Transporters zu zerschießen, um ihn zum Halten zu zwingen.

Als der Wagen überholte, war kein Zeichen irgendeiner Feindseligkeit zu bemerken, aber es geschah etwas Seltsames: Die Scheinwerfer und Rücklichter erloschen und blieben ausgeschaltet, bis der Wagen mindestens hundert Meter weit entfernt war. Als die Lichter wieder angingen, war der Wagen so weit weg, daß es unmöglich war, das Nummernschild zu erkennen. Nur Sekunden später bemerkte Harlow ein weiteres Scheinwerferpaar in seinem Rückspiegel, das mit noch größerer Schnelligkeit näher kam. Die Lichter dieses Wagens gingen jedoch nicht aus, und das wäre auch ziemlich unverständlich gewesen, denn als er den Transporter überholte, erkannte Harlow, daß es sich um einen echten Polizeiwagen handelte, dessen Blinklicht und Martinshorn in voller Aktion waren. Harlow gestattete sich ein fast glückliches Lächeln, und nach zwei Kilometern war auf seinem Gesicht deutliche Schadenfreude abzulesen, als er langsam herunterbremste.

Vor ihm parkte, mit rotierendem Blinklicht, der Polizeiwagen am Straßenrand. Unmittelbar davor stand ein weiterer Wagen: Ein Polizeibeamter, mit einem Block in der Hand, sprach durch das offene Fenster mit dem Fahrer. Es war ziemlich klar, worum es bei dem Gespräch ging. Abgesehen von den Autobahnen liegt die Geschwindigkeitsbegrenzung auf Frankreichs Straßen bei 110 Kilometern pro Stunde, und der Mann, der gerade verhört wurde, mußte mindestens hundertfünfzig gefahren sein, als er den Transporter überholte. Harlow zog den Transporter nach links zur Straßenmitte und überholte gemächlich die beiden Wagen. Und er hatte bei diesem Manöver genügend Zeit, das Nummernschild des vorderen Wagens zu entziffern: PN III K.

Wie die meisten größeren Städte hat auch Marseille sehenswerte und weniger sehenswerte Viertel. Gewisse Bezirke im Nordwesten der Stadt gehören einwandfrei zur letzten Kategorie. Sie sind schäbig und heruntergekommen und eher Industrie- als Wohngebiete. Die Rue Gérard war typisch für eine solche Gegend: Sie war nicht gerade außergewöhnlich scheußlich, aber geradezu einzigartig reizlos und fast ausschließlich von kleinen Fabriken und großen Garagen gesäumt. Das größte Gebäude in dieser Straße war ein Monstrum aus Ziegeln und rostigem Eisen, das etwa auf halber Höhe auf der linken Seite stand. Über der großen gerippten Eisentür stand in dreißig Zentimeter hohen Buchstaben nur ein Wort: CORONADO.

Als Harlow den Transporter die Rue Gérard entlangrollen ließ, schien er gänzlich ungerührt von dem häßlichen Anblick, der sich ihm bot. Die Zwillinge schliefen fest. Als Harlow sich der Garage näherte, wurde das Garagentor hochgerollt, und als er in einem weiten Bogen auf die Einfahrt zufuhr, flammten im Inneren der Garage Lichter auf.

Die Garage war geradezu riesig: etwa vierundzwanzig Meter lang und fünfzehn Meter breit. Sie sah ziemlich alt aus, aber sie war so aufgeräumt und sauber, wie man es von einer Garage nur erwarten konnte. An der rechten Wand standen nicht weniger als drei Coronado-Formel-I-Wagen, und hinter ihnen lagen auf einem langen Sockel drei Ford-Cosworth-V-8-Motoren. Auf derselben Seite, gleich neben dem Tor, stand ein schwarzer Citroën DS 21. An der linken Wand zogen sich reich bestückte Werkzeugbänke entlang, während sich an der Rückwand der Garage mannshoch Dutzende von Kisten mit Ersatzteilen und Autoreifen türmten. Oben an der Decke waren längs und quer Hebebalken angebracht, mit deren Hilfe die Motoren hochgehievt und die Transporter beladen wurden.

Harlow ließ den Transporter in die Garage rollen und hielt genau unter einem der Ladebäume. Er stellte den Motor ab, schüttelte die schlafenden Zwillinge aus ihren Träumen und kletterte aus dem Transporter. Jacobson hatte ihn schon erwartet. Er schien nicht gerade begeistert zu sein, Harlow zu sehen; aber Jacobson war nie besonders begeistert, jemanden zu sehen. Er schaute auf seine Uhr und sagte grimmig: »Zwei Uhr. Ein ganz beachtliches Tempo.«

»Die Straßen waren leer. Was jetzt?«

»Ins Bett. Gleich um die Ecke haben wir eine alte Villa. Sie ist nicht gerade luxuriös, aber sie erfüllt ihren Zweck. Heute früh treffen wir uns wieder zum Aufladen – natürlich erst, nachdem wir abgeladen haben. Die beiden Mechaniker, die hier arbeiten, werden uns helfen.«

»Jacques und Harry?«

»Die sind verschwunden.« Jacobson verzog sein Gesicht noch mehr als gewöhnlich. »Sie sagten, sie hätten Heimweh. Diese Leute kriegen immer Heimweh. Heimweh heißt in ihrem Fall, daß sie zuviel arbeiten müssen. Die neuen Jungs sind Italiener. Sie sind nicht schlecht.«

Jacobson schien erst jetzt die Löcher in der Rückseite des

Transporters zu bemerken. »Was zum Teufel ist denn das?« fragte er.

»Kugeleinschläge. Irgend jemand versuchte uns diesseits von Toulon zu überfallen. Wenigstens nehme ich an, daß es ein versuchter Raubüberfall war. Wie dem auch sei, sie haben die Sache reichlich stümperhaft angefangen.«

»Und warum zum Teufel sollte jemand versuchen, euch zu überfallen? Was kann ein Straßenräuber denn mit ein paar Coronados anfangen?«

»Nichts. Vielleicht hatten sie falsche Informationen bekommen. In Transportern wie diesem hier werden auch große Ladungen von Scotch oder Zigaretten transportiert. Die Fracht ist dann jeweils ein bis zwei Millionen Francs wert – und da lohnt sich ein Raubüberfall schon. Na, jedenfalls ist nichts passiert. Wenn man sich fünfzehn Minuten lang intensiv mit der Reparatur beschäftigt, ist der Transporter wieder wie neu.«

»Ich werde nachher die Polizei benachrichtigen«, sagte Jacobson. »Nach französischem Gesetz ist es strafbar, einen solchen Vorfall nicht zu melden. Allerdings«, fügte er bitter hinzu, »glaube ich kaum, daß es etwas nützen wird.«

Die vier Männer verließen die Garage. Als sie an dem schwarzen Citroën vorbeikamen, warf Harlow einen flüchtigen Blick auf das Nummernschild. Er sah, was er erwartet hatte: Die Nummer war PN111K.

Wie Jacobson gesagt hatte, war die Villa wirklich nicht gerade luxuriös. Sie bot einem kaum mehr als ein Dach über dem Kopf. Harlow saß auf einem Stuhl in einem kahlen Zimmer, dessen Ausstattung, abgesehen von einem schmalen Bett und dem reichlich abgetretenen Linoleumboden, nur noch aus einem zweiten Stuhl bestand, der als Nachttisch diente. Das Fenster des im Parterre liegenden Zimmers schmückten keine Vorhänge, sondern lediglich ein dünnes Netzgebilde. Obwohl Harlow kein Licht im Zimmer gemacht hatte, wurde es von der schwachen Straßenbeleuchtung etwas erhellt. Harlow zog das Netz zur Seite und spähte hinaus. Die scheußliche, schmale kleine Straße, mit der verglichen die Rue Gérard geradezu eine Hauptverkehrsstraße war, lag völlig verlassen da.

Harlow schaute auf seine Uhr. Die Leuchtzeiger standen auf Viertel nach zwei. Plötzlich senkte Harlow den Kopf und lauschte angestrengt. Vielleicht war es nur Einbildung, vielleicht waren es aber auch leise Schritte. Geräuschlos glitt er zum Bett hinüber und legte sich hin. Er gab keinen Laut von sich, denn er hatte eine Wollmatratze, die eine lange und vermutlich wenig ehrbare Geschichte hinter sich hatte. Unter dem Kissen, das ebenso altehrwürdig war wie die Matratze, holte er seinen Totschläger hervor. Er schlüpfte mit der rechten Hand in die Halteschlaufe und schob seine Hand dann wieder unter das Kissen.

Ganz langsam öffnete sich die Tür. Harlow, der tief und gleichmäßig atmend dalag, öffnete einen Spaltbreit die Augen. Ein undeutlicher Schatten füllte den Türrahmen aus, aber man konnte nicht erkennen, wer es war. Harlow rührte sich nicht und atmete weiter wie im Tiefschlaf. Nach ein paar Sekunden zog der Eindringling die Tür ebenso geräuschlos hinter sich zu, wie er sie geöffnet hatte, und Harlows empfindliches Gehör stellte fest, daß sich die Schritte wieder entfernten. Harlow setzte sich auf, rieb sich verwirrt und unentschlossen das Kinn, stand schließlich auf und bezog Posten am Fenster.

Ein Mann, diesmal klar als Jacobson erkennbar, hatte gerade das Haus verlassen. Er ging über die Straße, und in diesem Augenblick bog ein dunkler Wagen, ein kleiner Renault, um die Ecke und hielt fast genau gegenüber von Harlows Zimmerfenster. Jacobson beugte sich zu dem offenen Wagenfenster hinunter und sprach mit dem Fahrer, der die Tür öffnete und ausstieg. Er zog seinen dunklen Mantel aus, faltete ihn sorgsam zusammen – seine Bewegungen hatten etwas Unangenehmes, ja sogar Drohendes –, legte ihn auf den Rücksitz, klopfte auf die Taschen, als wolle er sich vergewissern, daß er alles bei sich hatte, nickte Jacobson zu und kam über die Straße auf die Villa zu. Jacobson drehte sich um und ging davon.

Harlow legte sich wieder auf das Bett, schob die Hand mit dem Totschläger unter das Kopfkissen und wandte das Gesicht dem Fenster zu. Seine Augen waren nur einen Spaltbreit geöffnet. Gerade als er sich bequem zurechtgelegt hatte, erschien eine schattenhafte Gestalt am Fenster und spähte herein. Harlow konnte nicht erkennen, wer es war, denn das Licht der Straßenlaternen fiel von hinten auf die Gestalt. Die Gestalt hob die Hand, und der Gegenstand darin war sehr gut zu erkennen: Es war eine große, recht unangenehm aussehende Pistole, und Harlow sah, wie der Sicherungshebel zurückgeschoben wurde. In diesem

Augenblick erkannte er, daß ein länglicher, zylindrischer Gegenstand auf den Lauf aufgeschraubt worden war: ein Schalldämpfer, der offenbar dazu dienen sollte, Harlow möglichst geräuschlos ins Jenseits zu befördern. Die Gestalt verschwand.

Harlow verließ hastig das Bett. Wenn der Gegner eine Pistole hatte, war man mit einem Totschläger nicht ganz konkurrenzfähig. Harlow ging quer durch den Raum und stellte sich mit dem Rücken an die Wand, etwa sechzig Zentimeter von der Tür entfernt, und zwar auf der Seite, nach der die Tür aufging.

Zehn lange Sekunden, die Harlow ziemlich nervenaufreibend fand, herrschte völlige Stille. Dann knarrte draußen im Flur kaum hörbar ein Dielenbrett – in der Villa lagen die Perserteppiche nicht gerade doppelt. Die Türklinke wurde mit geradezu quälender Langsamkeit heruntergedrückt, und dann öffnete sich die Tür lautlos Millimeter um Millimeter. Als der Spalt ungefähr zwölf Zentimeter groß war, erschien vorsichtig ein Kopf in der Öffnung. Der Eindringling hatte ein hageres, dunkles Gesicht, schwarzes, glattes Haar und ein Menjoubärtchen.

Harlow verlagerte sein ganzes Gewicht auf sein linkes Bein, hob das rechte und trat genau unter dem Schlüsselloch, aus dem der Schlüssel in weiser Voraussicht von irgend jemandem entfernt worden war, mit voller Wucht gegen die Tür. Die Reaktion bestand aus einer Mischung von undeutlichem Husten und unterdrücktem Schmerzensschrei. Harlow riß die Tür mit einem Ruck auf und trat höflich beiseite, als ein dünner, kleiner Mann im dunklen Anzug ins Zimmer stolperte. Er preßte beide Hände – in der rechten hielt er immer noch krampfhaft die Pistole – gegen die blutverschmierte Mitte seines Gesichts. Die Nase war ganz bestimmt gebrochen, und was den Zustand der Backenknochen und Zähne betraf, so konnte man nur vage Vermutungen anstellen.

Aber Harlow machte sich gar nicht die Mühe, derartige Vermutungen anzustellen. Auf seinem Gesicht lag nicht der leiseste Anflug von Mitleid. Er holte kräftig aus, und der Totschläger traf den Eindringling über dem rechten Ohr. Der Mann sank stöhnend zu Boden. Harlow nahm die Waffe aus der jetzt schlaffen Hand und fuhr mit seiner linken Hand suchend über den Körper des Mannes. Am Gürtel entdeckte er ein Messer und nahm es an sich. Er zog es aus der Scheide: Es war zwölf Zentimeter lang, zweischneidig, nadelspitz und rasiermesserscharf. Vorsichtig ließ Harlow es in die Außentasche seiner Lederjacke gleiten, überlegte kurz, holte das Messer wieder heraus und steckte statt dessen die Pistole weg, packte den Mann an seinen fettigen Haaren und zog ihn ohne jede Rücksicht auf irgendwelche Schmerzen auf die Füße. Ebenso grob preßte er die Spitze des Messers so lange gegen den Rücken des Eindringlings, bis er sicher war, daß er die Haut angeritzt hatte.

»Raus!« sagte Harlow.

Mit dem Messer im Rücken hatte Harlows verhinderter Mörder nicht die geringste Möglichkeit zu protestieren. Die beiden Männer traten aus der Villa und gingen über die Straße zu dem kleinen schwarzen Renault. Harlow stieß den Mann auf den Fahrersitz und ließ sich im Fond nieder.

»Los. Zur Polizei!« sagte er.

Als der Mann sprach, war er nicht gerade deutlich zu verstehen. Er sagte: »Kann nicht fahren.«

Harlow griff nach seinem Totschläger und ließ ihn mit annähernd der gleichen Wucht wie beim ersten Mal wieder auf die gleiche Stelle über dem Ohr des Mannes niedersausen – diesmal jedoch auf der linken Seite. Der Mann sank über dem Lenkrad zusammen.

»Los. Zur Polizei!« wiederholte Harlow.

Und er fuhr – wenn man das als Fahren bezeichnen konnte. Es war verständlicherweise die haarsträubendste Fahrt, die Harlow je erlebt hatte. Abgesehen von der Tatsache, daß der Mann gar nicht richtig bei sich war, mußte er auch noch mit nur einer Hand fahren, die er immer wieder vom Lenkrad nehmen mußte, denn mit der zweiten Hand preßte er ein mittlerweile blutgetränktes Taschentuch gegen sein zerschlagenes Gesicht. Glücklicherweise waren die Straßen menschenleer, und zum Polizeirevier waren es nur zehn Minuten zu fahren.

Harlow schaffte den unglückseligen Italiener in die Amtsstube, wobei er ihn halb stieß und halb trug, setzte ihn nicht gerade sanft auf eine Bank und trat an den Tresen. Dahinter saßen zwei große, stämmige und offensichtlich gutgelaunte Polizeibeamte, beide in Uniform: ein Inspektor und ein Sergeant. Sie musterten überrascht und mit großem Interesse den Mann auf der Bank, der kurz vor einem Zusammenbruch stand und jetzt wieder beide Hände gegen sein blutendes Gesicht preßte.

»Ich möchte mich über diesen Mann beschweren.«

Der Inspektor sagte milde: »Es sieht eher so aus, als ob er Veranlassung hätte, sich über Sie zu beschweren.«

»Sie werden sicher meinen Ausweis sehen wollen«, sagte Harlow. Er zog seinen Paß und seinen Führerschein aus der Tasche, aber der Inspektor warf nicht einmal einen Blick darauf.

»Sogar der Polizei ist Ihr Gesicht besser bekannt, als das jedes Kriminellen in Europa. Aber ich hatte immer gedacht, daß Sie Rennfahrer seien und nicht Boxer, Mr. Harlow.«

Der Sergeant, der den Italiener die ganze Zeit unverwandt angeschaut hatte, tippte den Inspektor an.

»Na, so was«, sagte er. »Wenn das nicht unser Freund Luigi der Leichtfinger ist! Bei seinem Zustand ist es allerdings schwierig, ihn auf den ersten Blick zu erkennen.« Er wandte sich an Harlow: »Wie haben Sie seine Bekanntschaft gemacht, Sir?«

»Er kam mich besuchen. Es tut mir leid, daß es zur Gewaltanwendung kam.«

»Entschuldigungen sind überflüssig«, sagte der Inspektor. »Luigi sollte regelmäßig verprügelt werden, am besten einmal wöchentlich. Aber diese Abreibung sollte eigentlich für ein paar Monate genügen. War es – äh – nötig?«

Wortlos legte Harlow das Messer und die Pistole auf den Tresen.

Der Inspektor nickte. »Bei seinem Vorstrafenregister mindestens fünf Jahre. Sie wollen natürlich Anzeige erstatten?«

»Bitte machen Sie das für mich. Ich muß dringend etwas besorgen. Ich komme später noch einmal vorbei, wenn ich darf. Ich glaube nicht, daß Luigi mich berauben wollte. Ich glaube, er wollte mich umbringen. Ich wüßte gern, wer ihn geschickt hat.«

»Ich glaube, das läßt sich machen, Mr. Harlow.« Die grimmige Nachdenklichkeit auf dem Gesicht des Inspektors verhieß nichts Gutes für Luigi.

Harlow bedankte sich, verließ das Revier, stieg in den Renault und fuhr los. Hätten Harlow Gewissensbisse geplagt, weil er sich Luigis Wagen ausgeborgt hatte, so wären diese sicher durch die Gewißheit beseitigt worden, daß der eigentliche Eigentümer in nächster Zeit keine Gelegenheit haben würde, sich selbst ans Steuer zu setzen. Luigi hatte von der Villa bis zum Polizeirevier zehn Minuten gebraucht. Harlow brauchte weniger als vier Minuten und dann nicht mehr als dreißig Sekunden, bis er den Wagen fünfzig Meter von der großen Rolltür der Coronado-Garage geparkt hatte. Die Tür war zu, aber rechts und links drang ein Lichtschimmer durch die Ritzen.

Fünfzehn Minuten später beugte Harlow sich gespannt vor: Eine kleine Tür, die in das Garagentor eingelassen war, öffnete sich, und es erschienen vier Männer. Trotz des mehr als schummrigen Lichts, das die Straßenlaternen der Rue Gérard verbreiteten, hatte Harlow keine Schwierigkeiten, Jacobson, Neubauer und Tracchia zu erkennen. Den vierten Mann hatte er nie zuvor gesehen. Wahrscheinlich war es einer der neuen Mechaniker. Jacobson überließ es den anderen, die Tür abzuschließen, und ging mit schnellen Schritten zur Villa. An den kleinen schwarzen Wagen verschwendete er nicht einmal einen Blick. Auf den Straßen von Marseille gibt es Tausende von kleinen schwarzen Renaults.

Die drei Männer stiegen in den Citroën und fuhren davon. Harlow ließ den Motor an und folgte ihnen. Die Scheinwerfer ließ er ausgeschaltet. Es war keinesfalls eine dramatische Verfolgungsjagd. Die beiden Wagen fuhren gemächlich durch die Vororte der Stadt, wobei der zweite Wagen dem ersten in wechselndem, aber stets diskretem Abstand folgte. Nur einmal, als er ein Polizeiauto kommen sah, blieb Harlow weiter zurück und schaltete das Standlicht ein. Aber er hatte nicht die geringsten Schwierigkeiten, den Abstand zum Citroën wieder zu verringern.

Schließlich kamen die beiden Wagen in eine ziemlich breite Allee, in der offensichtlich die wohlhabenderen Bürger der Stadt wohnten. Links und rechts der Straße lagen hinter außergewöhnlich hohen Ziegelmauern große Parks mit entsprechend großen Villen. Der Citroën fuhr um eine rechtwinklige Kurve. Fünfzehn Sekunden später tat Harlow das gleiche und schaltete augenblicklich das Standlicht ein. Ungefähr hundertfünfzig Meter vor ihm war der Citroën in eine Einfahrt eingebogen, und Tracchia war bereits ausgestiegen und ging mit einem Schlüssel in der Hand auf das Parktor zu. Harlow zog zur Straßenmitte heraus, um den parkenden Wagen zu überholen, und sah, daß die beiden Flügel des Tores aufschwangen. Die anderen beiden Insassen des Citroën beachteten den Renault nicht.

Harlow bog in die nächste Seitenstraße ein und fuhr an den Randstein. Er stieg aus dem Wagen, schlüpfte in Luigis dunklen Mantel und schlug den Kragen hoch. Er ging zur Allee zurück, die laut Straßenschild an der Ecke ›Rue Georges Sand‹ hieß, und folgte ihr, bis er zu dem Tor kam, durch das der Citroën gefahren war. Das Haus hieß ›Die Einsiedelei‹, angesichts der Umstände ein höchst unpassender Name, dachte Harlow. Die Mauer war auf beiden Seiten des Tores mindestens drei Meter hoch, und oben waren Glasscherben in den Beton eingebettet. Die Torflügel waren ebenso hoch und hatten oben sehr scharfe Spitzen. Zwanzig Meter hinter dem Tor lag die Villa, ein weiträumiges, altmodisches Gebäude mit geradezu unglaublich vielen Balkons. In beiden Stockwerken drang Licht durch die Vorhänge.

Vorsichtig untersuchte Harlow das Tor. Es war verschlossen. Er schaute in beiden Richtungen die Straße entlang, um sich zu vergewissern, daß ihn niemand beobachtete, und zog schließlich einen Bund ziemlich großer Schlüssel aus der Tasche. Er musterte das Schloß, schaute die Schlüssel an, entschied sich schließlich für einen und schob ihn in das Schlüsselloch. Er paßte. Zufrieden steckte er den Schlüsselbund wieder ein und ging davon.

Fünfzehn Minuten später parkte Harlow den Wagen in einer kleinen Seitenstraße, stieg ein paar Stufen hinauf und klopfte an eine Haustür, an der es nicht einmal eine Klingel oder einen Türklopfer gab. Die Tür öffnete sich, und ein älterer dicker Mann mit grauen Haaren in einem chinesischen Kimono bat ihn herein. Das Zimmer, in das er Harlow führte, sah aus wie eine Mischung aus einem Elektroniklabor und einer Dunkelkammer. Es war geradezu vollgestopft mit eindrucksvoll wissenschaftlich aussehenden Apparaturen, die alle hypermodern zu sein schienen. Aber der Raum enthielt auch zwei bequeme Sessel, und in einen dieser beiden wollte der alte Mann ihn nötigen.

»Alexis Dunnet hat mich ja gewarnt, aber Sie kommen wirklich ungelegen, John Harlow«, sagte er. »Bitte nehmen Sie Platz.«

»Ich komme wegen einer höchst unangenehmen Sache, Giancarlo, und ich habe keine Zeit, mich zu setzen.« Er brachte die Filmkassette zum Vorschein und gab sie dem Mann. »Wie lange brauchen Sie, um den Film zu entwickeln und mir von jeder Aufnahme eine Vergrößerung zu machen?«

»Wie viele sind es?«

»Bilder meinen Sie?« Giancarlo nickte. »Sechzig.«

»Na, das ist ja nicht der Rede wert.« Giancarlos Stimme triefte vor Sarkasmus. »Heute nachmittag.«

»Ist Jean-Claude in der Stadt?« fragte Harlow.

»Ts, ts, ts! Ist ein Code im Spiel?« Harlow nickte. »Ja, er ist da. Ich werde sehen, was ich tun kann.«

Harlow ging. Auf dem Rückweg zur Villa dachte er über Jacobson nach. Es war so gut wie sicher, daß Jacobson nach seiner Rückkehr als erstes in Harlows Zimmer geschaut hatte. Die Tatsache, daß er Harlow nicht vorfand, hatte ihn sicherlich nicht überrascht, denn kein verantwortungsbewußter Mörder würde seinen Arbeitgeber dadurch belasten, daß er in dem Zimmer, das neben dem seines Chefs lag, eine Leiche liegen ließ. In und um Marseille gab es Unmengen von Wasser, und für Ortskundige war es nicht schwer, notfalls auch Bleigewichte aufzutreiben. Und Luigi der Leichtfinger hatte ganz entschieden den Eindruck gemacht, als wisse er genau, wo er sie suchen müsse.

Jacobson würde auf jeden Fall eine leichte Krise durchmachen – ob er Harlow nun sofort oder erst beim verabredeten Treffen um sechs Uhr morgens sehen würde. Aber wenn er Harlow erst um sechs Uhr früh sah, würde er sich fragen, was Harlow die ganze Nacht getrieben hatte. Es war auf jeden Fall besser, Jacobson jetzt gleich gegenüberzutreten.

Und wie die Dinge lagen, hatte er sowieso keine andere Wahl. Er betrat die Villa nämlich gerade in dem Augenblick, als Jacobson sie verlassen wollte. Zwei Dinge erregten Harlows besonderes Interesse: ein Schlüsselbund in Jacobsons Hand – zweifellos war er auf dem Weg in die Garage, um auf irgendeine Weise seine Freunde und Kollegen hereinzulegen – und sein konsternierter Gesichtsausdruck, der deutlich zeigte, daß er für einen Moment glaubte, Harlows Geist sei zurückgekommen, um sich an ihm zu rächen. Aber Jacobson war hart im Nehmen und erholte sich in bemerkenswert kurzer Zeit.

»Es ist vier Uhr morgens!« Der Schock, den Jacobson erlitten hatte, äußerte sich in seiner verkrampften und überlauten Stimme. »Wo zum Teufel bist du gewesen?«

»Du bist nicht mein Aufpasser, Jacobson.«

»Das bin ich allerdings. Hier bin nämlich *ich* der Boß. Ich habe dich seit einer Stunde gesucht. Ich wollte gerade zur Polizei gehen.«

»Na, das wäre vielleicht ein Spaß gewesen. Da komme ich nämlich gerade her.«

»Du – was willst du damit sagen?«

»Ich habe justament einen Strolch bei der Polizei abgeliefert. Der Knabe hatte mir mitten in der Nacht einen Besuch abgestattet, aber unfreundlicherweise hatte er eine Pistole und ein Messer mitgebracht. Daher glaube ich nicht, daß er mir eine Gutenachtgeschichte erzählen wollte. Aber was er auch vorgehabt hat, er hat sich ziemlich dämlich angestellt. Inzwischen dürfte er wohl in einem Krankenhaus liegen – und zwar unter Polizeibewachung.«

»Komm rein«, sagte Jacobson. »Die Geschichte interessiert mich.«

Sie gingen ins Haus, und Harlow erzählte Jacobson soviel von seinen nächtlichen Erlebnissen, wie er für klug hielt. Schließlich sagte er: »Ich bin jetzt müde. In einer Minute werde ich fest schlafen.«

Harlow kehrte in sein spartanisches Quartier zurück und bezog wieder Posten am Fenster. Nach weniger als drei Minuten trat Jacobson auf die Straße und ging, den Schlüsselbund immer noch in der Hand, in Richtung auf die Rue Gérard davon. Wahrscheinlich war er auf dem Weg zur Coronado-Garage. Harlow hatte keine Ahnung, was er vorhatte, aber im Moment interessierte es ihn auch nicht im geringsten.

Harlow verließ das Haus und fuhr mit dem Renault los – genau entgegengesetzt zu der Richtung, die Jacobson eingeschlagen hatte. Etwa vier Blocks weiter bog er in eine schmale Gasse ein, stellte den Motor ab, vergewisserte sich, daß die Türen und Fenster von innen verschlossen waren, stellte die Weckerklingel seiner Armbanduhr auf fünf Uhr fünfundvierzig und rollte sich zu einer sehr kurzen Schlafpause zusammen: Nach dem eindrucksvollen nächtlichen Erlebnis hatte er gegen die Coronado-Villa als Schlafplatz eine gewisse Abneigung entwickelt.

9

Kurz vor Tagesanbruch betraten Harlow und die Zwillinge die Garage. Jacobson und ein unbekannter Mechaniker waren bereits da. Sie sahen genauso erschöpft aus, wie er sich fühlte, stellte Harlow fest.

»Du hast mir doch gesagt, du hättest *zwei* neue Mechaniker«, sagte Harlow.

»Einer von ihnen ist nicht aufgetaucht«, sagte Jacobson mit grimmigem Gesicht. »Damit ist er rausgeflogen. Komm, wir wollen den Transporter leermachen und aufladen.«

Die frühe Morgensonne, die für den späteren Tag Regen verhieß, stand bereits über den Dächern, als Harlow den Transporter rückwärts aus der Garage fuhr. »Na, dann los, ihr drei«, sagte Jacobson. »Ich werde ein paar Stunden nach euch in Vignolles sein. Ich habe erst noch was zu erledigen.«

Harlow unterließ es, die Frage zu stellen, was er denn erledigen müsse. Erstens wußte er, daß jede Antwort sowieso eine Lüge gewesen wäre, und zweitens kannte er die richtige Antwort: Jacobson mußte unbedingt seine Freunde in der ›Einsiedelei‹ aufsuchen, um ihnen zu berichten, was für Pech Luigi der Leichtfinger gehabt hatte. Also nickte Harlow nur und fuhr los.

Zur unendlichen Erleichterung der Zwillinge war die Fahrt nach Vignolles keine Wiederholung der haarsträubenden Reise von Monza nach Marseille. Harlow fuhr fast gemächlich dahin. Erstens hatte er viel Zeit. Zweitens wußte er, daß sein Reaktionsvermögen durch seine Müdigkeit ziemlich beeinträchtigt war, und drittens hatte es eine Stunde, nachdem sie Marseille hinter sich gelassen hatten, zuerst leicht und dann immer heftiger zu regnen begonnen, was die Sicht erheblich einschränkte. Trotzdem erreichten sie um elf Uhr dreißig ihr Ziel.

Harlow parkte den Transporter zwischen den Kiosks und einem großen chaletähnlichen Gebäude und kletterte, gefolgt von den Zwillingen, aus dem Führerhaus. Es regnete immer noch, und der Himmel war mit dicken dunklen Wolken bedeckt. Harlow ließ seinen Blick über die verlassene Piste wandern, streckte sich ausgiebig und gähnte.

»Home, sweet home«, sagte er. »Bin ich müde. Und hungrig. Wollen mal sehen, was die Kantine zu bieten hat.«

Es stellte sich heraus, daß die Kantine nicht gerade viel zu bieten hatte, aber die drei Männer waren zu hungrig, um sich zu beklagen. Während sie aßen, füllte sich die Kantine allmählich, hauptsächlich mit Leuten, die direkt mit den Rennen zu tun hatten. Jeder kannte Harlow, aber kaum jemand gab es zu erkennen, was Harlow nicht zu verletzen schien. Gegen zwölf stieß er seinen Stuhl zurück und ging auf die Tür zu. Als er gerade nach der Klinke greifen wollte, öffnete sich die Tür, und Mary kam herein. Sie entschädigte ihn mehr als ausreichend für die unfreundliche Gleichgültigkeit der anderen. Sie lächelte ihn freudestrahlend an, fiel ihm um den Hals und drückte sich ganz fest an ihn. Harlow räusperte sich und blickte sich in der Kantine um, in der die Gäste ihm jetzt erheblich mehr Aufmerksamkeit widmeten als zuvor.

»Ich dachte, du seist schüchtern«, sagte er.

»Bin ich auch. Aber ich falle doch jedem um den Hals, das weißt du doch.«

»Na, vielen Dank.«

Sie rieb sich die Wange. »Du bist kratzig und ungewaschen.«

»Was erwartest du von einem Gesicht, das vierundzwanzig Stunden lang weder mit Wasser noch mit einer Rasierklinge in Berührung gekommen ist?«

Sie lächelte. »Mr. Dunnet möchte dich gern sprechen. Drüben im Chalet. Ich verstehe allerdings nicht, warum er nicht zu dir in die Kantine kommen konnte...«

»Mr. Dunnet wird schon seine Gründe haben, Mary. Vielleicht will er nicht mit mir gesehen werden.«

Sie zog die Nase kraus, um ihre Ungläubigkeit zu zeigen, und trat vor ihm in den Regen hinaus. Sie hängte sich schwer an seinen Arm und sagte: »Ich hatte solche Angst, Johnny! Solche Angst!«

»Und das nicht zu Unrecht«, sagte Harlow düster. »Es ist eine gefährliche Aufgabe, einen Transporter nach Marseille und wieder zurück zu bringen.«

»Johnny!«

»Entschuldige.«

Sie liefen durch den Regen zum Chalet hinüber, die hölzernen Treppen hinauf und über die Veranda ins Haus. Als sie die Tür hinter sich geschlossen hatten, zog Mary Harlows Kopf zu sich herunter und küßte ihn. Es war weder ein schwesterlicher noch ein sonstwie platonischer Kuß. Harlow blinzelte angenehm überrascht.

»Aber *das* mache ich nicht mit jedem«, sagte sie.

»Du bist ein kleiner Frechdachs, meine liebe Mary.«

»Ja. Aber ein *lieber* kleiner Frechdachs.«

»Ich glaube schon.«

Rory beobachtete die Szene vom Kopf der Treppe aus. Er

machte ein geradezu furchterregend finsteres Gesicht, war aber klug genug, blitzschnell zu verschwinden, als Mary und Harlow sich umdrehten und auf die Treppe zugingen: Rory hatte seine letzte Begegnung mit Harlow noch in zu schlechter Erinnerung.

Zwanzig Minuten später saß Harlow – frisch geduscht und rasiert, aber immer noch sehr müde – in Dunnets Zimmer. Der Bericht, den Harlow ihm von seinen nächtlichen Erlebnissen gegeben hatte, war kurz und knapp gewesen, hatte jedoch alle wichtigen Tatsachen enthalten.

»Und jetzt?« fragte Dunnet.

»Ich fahre sofort nach Marseille zurück. Und zwar mit meinem Ferrari. Ich gehe zu Giancarlo und hole die Fotos, und dann mache ich Luigi dem Leichtfinger einen Höflichkeitsbesuch.«

»Wird er singen?«

»Wie eine Nachtigall. Wenn er auspackt, wird die Polizei vergessen, daß sie seine Pistole und sein Messer je gesehen hat, und damit erspart er sich fünf Jahre Tütenkleben oder Steinbrucharbeit oder was es sonst noch für schöne Freizeitbeschäftigungen gibt. Luigi kommt mir nicht gerade wie der edelste aller Römer vor.«

»Wie kommen Sie hierher zurück?«

»Mit dem Ferrari.«

»Aber ich dachte, James hätte gesagt, daß...«

»Daß ich ihn in Marseille lassen sollte? Ich werde ihn in der unbenutzten Scheune unten an der Straße lassen. Ich brauche den Ferrari heute abend. Ich will nämlich in die ›Einsiedelei‹ einbrechen. Ich brauche eine Waffe.«

Fast fünfzehn schier endlose Sekunden lang saß Dunnet regungslos da, ohne Harlow anzusehen. Dann holte er seine Schreibmaschine unter seinem Bett hervor, drehte sie um und nahm die Bodenplatte ab. Sie war mit Filz beklebt und mit sechs Paar Federklammern ausgestattet. Und von diesen Klammern wurden zwei automatische Pistolen, zwei Schalldämpfer und zwei Reservemagazine festgehalten. Harlow nahm sich die kleinere der beiden Pistolen, einen Schalldämpfer und ein Reservemagazin. Er ließ das in der Pistole befindliche Magazin herausrutschen, untersuchte es und schob es wieder an seinen Platz. Dann steckte er die drei Gegenstände in die Innentasche seiner Lederjacke und zog den Reißverschluß zu. Ohne ein weiteres Wort verließ er das Zimmer.

Sekunden später war er bei MacAlpine. Das Gesicht des ehemals so wohlaussehenden Mannes war grau, er litt ganz offensichtlich an einer schweren Krankheit, die sich jeder ärztlichen Diagnose entzog. »Gehen Sie schon wieder?« fragte er. »Sie müssen doch völlig erschöpft sein.«

»Das werde ich wahrscheinlich erst morgen früh merken«, entgegnete Harlow.

MacAlpine schaute zum Fenster hinaus. Der Regen hatte sich jetzt zu einem dichten Vorhang entwickelt. MacAlpine drehte sich wieder zu Harlow um und sagte: »Ich beneide Sie nicht um die Fahrt nach Marseille. Aber laut Wettervorhersage soll das Wetter heute abend bereits wieder gut sein. Dann werden wir auch den Transporter entladen.«

»Ich glaube, Sie wollen mir etwas sagen, Sir.«

»Nun, ja, das stimmt«, gab MacAlpine zögernd zu. »Ich glaube, Sie haben meine Tochter geküßt.«

»Das ist eine glatte Lüge. Sie hat *mich* geküßt. Irgendwann werde ich Ihren lieben Sohn doch noch einmal windelweich schlagen.«

»Meinen Segen haben Sie«, sagte MacAlpine müde. »Haben Sie bezüglich meiner Tochter irgendwelche Pläne?«

»Nicht daß ich wüßte. Aber fest steht, daß sie bezüglich *meiner* Person Pläne hat.«

Harlow verließ das Zimmer und stieß draußen auf dem Flur buchstäblich mit Rory zusammen. Sie musterten einander eingehend. In Harlows Augen lag Nachdenklichkeit, Rorys Augen drückten unmißverständlich Ängstlichkeit aus.

»Aha!« schnaubte Harlow. »Man hat also schon wieder gelauscht! Das ist doch fast so schön wie Spionieren, was, Rory?«

»Ich soll gelauscht haben? Nie im Leben! So was tue ich nicht.«

Harlow legte ihm freundlich den Arm um die Schultern.

»Rory, mein lieber Junge, ich habe Neuigkeiten für dich: Ich habe nicht nur die Erlaubnis deines Vaters, dich einmal so richtig zu vermöbeln, er hat mir sogar seinen *Segen* dazu gegeben.«

Harlow klopfte Rory väterlich auf die Schulter, aber in dieser Geste lag eine deutliche Drohung. Harlow ging lächelnd die Treppe hinunter. Unten erwartete ihn Mary.

»Kann ich mit dir sprechen, Johnny?«

»Sicher. Aber auf der Veranda. Das schwarzhaarige junge

Ungeheuer hat hier drin wahrscheinlich überall Abhöranlagen installiert.«

Sie traten auf die Veranda hinaus und machten die Tür hinter sich zu. Der eisige Regen fiel jetzt so dicht, daß man nicht einmal über den ganzen verlassenen Flugplatz schauen konnte.

»Leg deinen Arm um mich, Johnny!« sagte Mary.

»Gehorsamer Diener, Mylady. Und sozusagen als Bonus lege ich alle beide um dich.«

»Bitte sprich nicht so, Johnny. Ich habe Angst. Ich habe ununterbrochen Angst. Um dich. Es geht etwas Schreckliches vor, nicht wahr, Johnny?«

»Was sollte das denn sein?«

»Oh, du bist gräßlich!« Sie wechselte das Thema: »Fährst du nach Marseille?«

»Ja.«

»Nimm mich mit.«

»Nein.«

»Das ist nicht sehr nett.«

»Nein.«

»Was bist du eigentlich, Johnny? Was machst du in Wirklichkeit?«

Sie hatte sich ganz nah an ihn herangedrängt, aber jetzt löste sie sich langsam von ihm und schaute ihn fragend an. Sie schob eine Hand in seine Lederjacke, zog den Reißverschluß der Innentasche auf und nahm die Pistole heraus. Wie hypnotisiert starrte sie auf das schimmernde Metall.

»Es ist alles in Ordnung, Liebling.«

Sie schob die Hand noch einmal in die Tasche, brachte den Schalldämpfer zum Vorschein und starrte ihn mit schreckgeweiteten Augen an. »Das ist ein Schalldämpfer, nicht wahr?« flüsterte sie. »Damit kann man Menschen umbringen, ohne Lärm zu machen.«

»Es ist wirklich alles in Ordnung«, wiederholte Harlow.

»Ich weiß, daß du nie jemanden umbringen würdest. Aber – ich muß es Daddy sagen.«

»Wenn du deinen Vater zugrunde richten willst, dann tue es ruhig.« Harlow war sich durchaus bewußt, daß er brutal handelte, aber er wußte sich keinen anderen Rat. »Geh nur, sag's ihm.«

»Zugrunde richten? Was meinst du damit?«

»Ich habe etwas ganz Bestimmtes vor. Wenn dein Vater es

wüßte, würde er versuchen, mich davon abzuhalten. Er ist mit den Nerven am Ende. Aber im Gegensatz zur allgemeinen Meinung sind *meine* in allerbestem Zustand.«

»Was meinst du mit ›zugrunde richten‹?«

»Ich glaube nicht, daß er noch lange leben würde, wenn er vom Tod deiner Mutter erführe.«

»Meine Mutter?« Sie blickte ihn entgeistert an. »Aber ich denke, meine Mutter...«

»Deine Mutter lebt. Ich weiß es genau. Ich glaube, ich kann herausfinden, wo sie ist. Wenn es mir gelingt, dann hole ich sie noch heute nacht.«

»Bist du sicher?« Tränen liefen ihr über das Gesicht. »Bist du wirklich sicher?«

»Ganz sicher, mein Liebes.« Harlow wünschte, er wäre wirklich so überzeugt, wie er sich gab.

»Was ist mit der Polizei, Johnny?«

»Ich könnte den Leuten zwar sagen, wo sie sich Informationen beschaffen könnten, aber sie würden sie nicht bekommen. Sie müssen sich immer im Rahmen der Gesetze bewegen.«

Instinktiv glitt ihr Blick zur Pistole und zum Schalldämpfer hinunter. Nach ein paar Sekunden riß sie sich von dem Anblick los und schaute Harlow ins Gesicht. Harlow nickte einmal leicht, nahm ihr die beiden Gegenstände sanft aus der Hand, schob sie wieder in seine Tasche und machte den Reißverschluß zu. Sie schaute ihn lange Zeit unverwandt an und packte ihn dann am Revers seiner Jacke.

»Komm zu mir zurück, Johnny.«

»Ich komme immer wieder zu dir zurück, Mary.«

Sie versuchte zu lächeln, aber es gelang nicht so recht. »Ist dir das schon wieder herausgerutscht?«

»Nein, diesmal ist es mir nicht herausgerutscht.« Harlow schlug den Kragen seiner Jacke hoch, stieg die Treppen hinunter und ging schnell davon. Er schaute sich nicht um.

Weniger als eine Stunde später saßen Harlow und Giancarlo in den bequemen Sesseln in Giancarlos wissenschaftlichem Labor. Harlow blätterte in einer dicken Mappe mit Fotografien. »Ich bin wirklich ein ausgezeichneter Fotograf, wenn ich das mal von mir selbst sagen darf«, sagte Harlow.

»Wirklich«, nickte Giancarlo. »Und Ihre Motive sind außerdem noch höchst interessant. Die Dokumente von Neubauer und Tracchia verblüffen einen zunächst, aber das macht sie nur noch interessanter. Das soll nicht heißen, daß MacAlpine und Jacobson uninteressant wären. Ganz im Gegenteil. Wußten Sie, daß MacAlpine im Lauf der letzten sechs Monate 140000 Pfund bezahlt hat?«

»Ich dachte mir schon, daß es sich um eine ganz schöne Summe handeln würde, aber mit soviel hatte ich nicht gerechnet. Das ist sogar für einen Millionär eine ordentliche Stange Geld. Wie steht es mit den Möglichkeiten, den glücklichen Nutznießer herauszubekommen?«

»Im Augenblick gibt es noch keine. Das Geld ging auf ein Züricher Nummernkonto. Aber wenn man mit bewiesenen kriminellen Delikten aufwarten kann, und sogar mit einem Mord, dann werden die Schweizer Banken schon Informationen herausgeben.«

»Die Beweise können sie haben«, sagte Harlow grimmig.

Giancarlo schaute Harlow nachdenklich an. Schließlich nickte er. »Das würde mich nicht überraschen. Und nun zu unserem Freund Jacobson. Er muß der reichste Mechaniker Europas sein. Die Adressen in seinem Büchlein sind übrigens die der führenden Buchmacher Europas.«

»Er setzt doch nicht etwa auf Hottepferdchen?«

Giancarlo bedachte ihn mit einem mitleidigen Blick. »Man braucht kein Genie zu sein, um dahinterzukommen. Die Daten machen alles sehr einfach. Die Einzahlungen erfolgten jedesmal zwei oder drei Tage nach einem Grand-Prix-Rennen.«

»Donnerwetter! Ganz schön unternehmungslustig, unser guter Jacobson! Da tun sich ja völlig neue Möglichkeiten auf, was?«

»Allerdings. Sie können diese Aufnahmen mitnehmen. Ich habe Duplikate.«

»Verbindlichsten Dank.« Harlow gab Giancarlo die Mappe zurück. »Glauben Sie vielleicht, ich will mit denen erwischt werden?«

Harlow bedankte sich, verabschiedete sich und fuhr direkt zum Polizeirevier. Der Inspektor, der schon in den frühen Morgenstunden Dienst gehabt hatte, war immer noch da. Aber seine gute Laune war restlos verflogen. Er blickte jetzt recht niedergeschlagen drein.

»Hat Luigi der Leichtfinger ein paar hübsche Liedchen geträllert?« fragte Harlow.

»Nein.« Der Inspektor schüttelte traurig den Kopf. »Unser kleiner Singvogel hat die Stimme verloren.«

»Was heißt das?«

»Er hat die Medikamente nicht vertragen. Ich fürchte, Sie haben ihn so durch den Wolf gedreht, daß er jede Stunde schmerzstillende Mittel bekommen mußte. Ich habe vier Mann zur Bewachung abkommandiert. Zwei standen vor dem Zimmer und zwei waren drin bei ihm. Zehn Minuten vor zwölf erschien eine hinreißende blonde Krankenschwester – so haben diese Idioten sie jedenfalls beschrieben . . .«

»Idioten?«

»Mein Sergeant und die drei anderen Beamten. Die Dame brachte ein Glas Wasser und zwei Tabletten und bat den Sergeant, dafür zu sorgen, daß Luigi sie genau um zwölf Uhr mittags nahm. Sergeant Fleury ist niemals abgeneigt, einer schönen Frau einen Gefallen zu tun, also gab er Luigi um Punkt zwölf die Tabletten.«

»Und was waren das für Tabletten?«

»Zyanid.«

Es war bereits später Nachmittag, als Harlow mit seinem roten Ferrari auf dem Hof der verlassenen Farm, südlich des Flugplatzes von Vignolles, ankam. Das Tor der leeren Scheune stand offen. Harlow fuhr hinein, schaltete den Motor ab, stieg aus und versuchte, seine Augen möglichst schnell an das Halbdunkel zu gewöhnen, das in der fensterlosen Scheune herrschte. Sein Versuch war noch nicht ganz geglückt, als plötzlich eine maskierte Gestalt aus der künstlichen Dämmerung auftauchte. Trotz seiner gerade sprichwörtlichen Reaktionsfähigkeit kam Harlow nicht mehr dazu, seine Pistole zu ziehen; denn die Gestalt war weniger als zwei Meter von ihm entfernt und schwang etwas, das wie der Griff einer Breithacke aussah. Harlow warf sich nach vorn, tauchte unter der gefährlichen Keule durch und traf seinen Angreifer mit seiner Schulter direkt unter dem Brustbein. Der Mann schnappte nach Luft, taumelte rückwärts und fiel zu Boden. Harlow war sofort über ihm, legte eine Hand an die Kehle des Mannes und suchte mit der anderen nach seiner Waffe.

Er schaffte es nicht einmal, die Pistole aus der Tasche zu ziehen. Er hörte ein kaum wahrnehmbares Geräusch hinter sich und konnte sich gerade noch rechtzeitig umdrehen, um eine zweite maskierte Gestalt zu erblicken, die ebenfalls einen Prügel schwang. Und dann wurde es dunkel um ihn: Der Schlag hatte ihn mit voller Wucht an der rechten Schläfe getroffen. Der Mann, den Harlow überrumpelt hatte, richtete sich schwankend auf und trat Harlow, obwohl er dabei vor Schmerzen fast ein zweites Mal zusammenbrach, voller Wut in das ungeschützte Gesicht. Es war ein Glück für Harlow, daß sein Angreifer sich noch nicht ganz erholt hatte, denn sonst hätte der Tritt ihn ohne weiteres töten können. Offensichtlich war der Angreifer noch nicht mit dem Resultat seiner Anstrengungen zufrieden, denn er holte noch einmal mit dem Fuß aus, aber sein Begleiter zog ihn mit sich fort, bevor er seine mörderischen Absichten in die Tat umsetzen konnte. Er stolperte, immer noch zusammengekrümmt, zu einer Bank und setzte sich, während sein Kumpan Harlow gründlichst zu durchsuchen begann.

Als Harlow allmählich zu sich kam, war es in der Scheune noch dunkler als zuvor. Er bewegte sich, stöhnte, richtete sich mühsam auf und verharrte eine Weile in dieser Stellung. Nach einiger Zeit kam er unter Aufbietung aller Willenskraft auf die Füße und stand, schwankend wie ein Betrunkener, mitten in der verlassenen Scheune. Sein Gesicht fühlte sich an, als habe es ein vorbeikommender Coronado gestreift. Nach ein oder zwei Minuten schlurfte er mehr instinktiv als bewußt aus der Scheune, fiel auf dem Weg über den Hof zweimal hin und steuerte schließlich im Zickzack auf die Rollbahn des Flugplatzes zu.

Es hatte zu regnen aufgehört, und allmählich verschwanden die Wolken. Dunnet hatte gerade die Kantine verlassen und war auf dem Weg zum Chalet, als er in weniger als fünfzig Metern Entfernung eine schwankende Gestalt sah, die anscheinend total betrunken über die Rollbahn auf ihn zukam. Einen Moment lang stand Dunnet wie angewurzelt da, dann rannte er los. Er brauchte nur ein paar Sekunden, um Harlow zu erreichen. Er legte einen Arm um seine Schultern und starrte in Harlows Gesicht, das fast nicht mehr zu erkennen war. Auf der Stirn klaffte eine häßliche Platzwunde, und rundherum war die Haut abgeschürft, und das Blut, das aus der Wunde geströmt war und immer noch hervorsickerte, bedeckte seine ganze rechte Gesichtshälfte. Die linke Seite des Gesichts war in nicht viel besserem Zustand. Die linke Wange war eine einzige riesige Schürfwunde, durch die sich auch noch ein langer Schnitt zog. Harlow blutete aus Mund und Nase, seine Lippe war gespalten, und es fehlten ihm mindestens zwei Zähne.

»Mein Gott!« sagte Dunnet.

Halb geführt und halb getragen erreichte der schwankende, halb bewußtlose Harlow mit Dunnets Hilfe die Treppe, die zum Chalet hinaufführte, und stand schließlich in der Eingangshalle. Dunnet knurrte einen unterdrückten Fluch: Ausgerechnet jetzt mußte Mary aus dem Wohnzimmer kommen! Einen Moment lang stand sie wie versteinert, ihre braunen Augen in dem leichenblassen Gesicht waren weit aufgerissen, und als sie sprach, war ihre Stimme kaum zu verstehen.

»Johnny!« flüsterte sie. »O Johnny! Was haben sie mit dir gemacht?«

Sie streckte eine Hand aus und berührte vorsichtig das blutverkrustete Gesicht. Ein unkontrollierbares Zittern schüttelte ihren Körper, und Tränen stürzten ihr aus den Augen.

»Jetzt ist keine Zeit für Tränen, meine liebe Mary.« Dunnets Stimme klang betont munter. »Wir brauchen warmes Wasser, einen Schwamm und ein Handtuch. Und danach den Erste-Hilfe-Kasten. Und kein Sterbenswörtchen zu deinem Vater, hörst du? Wir warten in der Halle auf dich.«

Fünf Minuten später stand eine Schüssel mit rotgefärbtem Wasser neben Harlows Füßen, und daneben lag ein blutgetränktes Handtuch. Sein Gesicht war gesäubert und sah jetzt fast noch schlimmer aus, denn nun konnte man die Platzwunden und Abschürfungen deutlich sehen. Dunnet behandelte die offenen Wunden rücksichtslos mit Jod und konnte an dem Zucken seines Patienten erkennen, daß er beträchtliche Schmerzen hatte. Harlow griff mit Daumen und Zeigefinger in seinen Mund, verzog schmerzlich das Gesicht und brachte schließlich einen Zahn zum Vorschein, den er ziemlich mißbilligend ansah, bevor er ihn in die Schüssel fallen ließ. Als er sprach, merkte man, daß er, obwohl er nur undeutlich sprechen konnte und körperlich reichlich mitgenommen war, in geistiger Hinsicht wieder vollkommen fit war.

»Sie und ich, Alexis. Ich glaube, wir sollten uns fotografieren lassen. Für die Familienalben. Wie sehe ich aus, verglichen mit Ihnen, meine ich?«

Dunnet musterte ihn aufmerksam und sagte: »Es besteht kein großer Unterschied, würde ich sagen.«

»Richtig. Allerdings wurde ich von der Natur von vornherein besser ausgestattet als Sie.«

»Hört auf! Hört auf!« schluchzte Mary. »Er ist verletzt! Schwer verletzt! Ich werde einen Arzt holen.«

»Kommt nicht in Frage.« Das Zittern war aus Harlows Stimme verschwunden, und sein Ton duldete keinen Widerspruch. »Kein Arzt, keine Nähte, nichts dergleichen. Irgendwann. Aber nicht heute nacht.«

Mary starrte mit Tränen in den Augen unverwandt auf das Glas Brandy, das Harlow in der Hand hielt. Die Hand war so ruhig, als sei sie aus Stein gehauen. Ohne Bitterkeit und nur ahnend, was vorging, sagte sie: »Du hast uns alle hereingelegt. Der entnervte Champion mit den zitternden Händen! Du hast uns die ganze Zeit etwas vorgemacht, stimmt's, Johnny?«

»Ja. Bitte geh raus, Mary.«

»Ich werde niemandem etwas verraten, ich schwöre es. Nicht einmal Daddy.«

»Geh raus.«

»Lassen Sie sie doch hier«, sagte Dunnet. »Wenn du irgend jemandem etwas verrätst, wird Johnny dich nie wieder eines Blickes würdigen, das weißt du doch, Mary. Mein Gott, ein Unglück kommt wirklich nie allein. Sie sind schon der zweite Katastrophenfall heute. Tweedledum und Tweedledee sind spurlos verschwunden.«

Dunnet wartete auf Harlows Reaktion, aber es kam keine. Er sagte: »Sie haben am Transporter gearbeitet.« Es war keine Frage, sondern eine Feststellung.

»Woher wissen Sie das?«

»Im Südhangar. Mit Jacobson.«

Dunnet nickte langsam.

»Sie haben zuviel gesehen«, sagte Harlow. »Viel zuviel. Es kann nur Zufall gewesen sein, denn sie litten weiß Gott nicht unter der drückenden Bürde übermäßiger Intelligenz. Aber auf jeden Fall haben sie zuviel gesehen. Was hat denn unser guter Jacobson dazu zu sagen?«

»Die Zwillinge hätten eine Kaffeepause eingelegt und er habe sie, als sie nach vierzig Minuten immer noch nicht wieder da gewesen seien, überall gesucht. Er sagte, sie seien spurlos verschwunden gewesen.«

»Sind sie tatsächlich in die Kantine gegangen?« Dunnet schüttelte den Kopf. »Dann wird man sie irgendwann zufällig aus irgendeinem Kanal fischen. Erinnern Sie sich an Jacques und

Harry aus unserer Marseiller Garage?« Dunnet nickte. »Jacobson erzählte mir, sie hätten Heimweh bekommen und seien nach Hause gefahren. Sie dürften wohl am gleichen Ort zu Hause sein wie Tweedledum und Tweedledee. Jacobson hat zwei neue Mechaniker eingestellt, aber nur einer von ihnen ist heute früh zur Arbeit erschienen. Ich habe keine Beweise, aber die kriege ich schon noch. Der zweite Mechaniker kam nämlich nur deshalb nicht zur Arbeit, weil ich ihm heute nacht zu einem Krankenhausaufenthalt verholfen habe.«

Dunnets Gesicht blieb völlig ausdruckslos. Mary starrte Harlow mit ungläubigem Entsetzen an.

»Es tut mir leid, Mary«, sagte Harlow. »Jacobson ist ein Killer, ein Mörder, wenn dir das besser gefällt. Wenn es sich um seine eigenen Interessen handelt, geht er buchstäblich über Leichen. Ich weiß, daß er für den Tod meines Bruders verantwortlich ist, der beim ersten Grand-Prix-Rennen dieser Saison ums Leben kam. Damals erklärte ich mich bereit, mit Alexis zusammenzuarbeiten.«

»Du arbeitest für Alexis?« fragte Mary fassungslos. »Für einen Journalisten?«

Als ob er sie nicht gehört hätte, fuhr Harlow fort: »Er versuchte, mich beim Grand-Prix-Rennen in Frankreich aus dem Weg zu räumen. Dafür habe ich sogar fotografische Beweise. Er ist auch für Jethous Tod verantwortlich. Heute nacht hat er versucht, mich zu erledigen, indem er eine angebliche Polizei-Straßensperre aufbaute, um den Transporter zum Halten zu zwingen. Und er ist auch verantwortlich für den Tod eines Mannes, der heute in Marseille gestorben ist.«

»Wer war es?« fragte Dunnet gelassen.

»Luigi der Leichtfinger. Er bekam heute mittag im Krankenhaus ein schmerzstillendes Mittel. Es war sehr wirkungsvoll: Er wird nie wieder irgendwelche Schmerzen haben. Die Tabletten enthielten Zyanid. Jacobson war der einzige, der von dem Überfall Luigis auf mich wußte, also ließ er ihn aus dem Weg räumen, bevor er eine Chance hatte, der Polizei etwas zu erzählen. Es ist meine Schuld, daß Luigi tot ist – ich habe Jacobson erzählt, daß Luigi ins Krankenhaus gebracht worden sei. Aber ich hatte gar keine andere Wahl.«

»Ich kann es einfach nicht glauben.« Mary war völlig verwirrt. »Ich kann es nicht glauben! Das ist doch nur ein Alptraum.«

»Glaube was du willst. Aber bleibe auf alle Fälle von Jacobson weg. Er wird in deinem Gesicht lesen wie in einem Buch und sich plötzlich sehr für dich interessieren. Und das wäre mir ganz und gar nicht recht: denn ich möchte nicht, daß du irgendwo verscharrt wirst. Und vergiß eines nicht: Du wirst dein Leben lang ein Krüppel sein – und Jacobson ist schuld daran.«

Während er gesprochen hatte, hatte Harlow seine Taschen sorgfältig durchsucht.

»Ausgeräumt«, sagte er lakonisch. »Brieftasche, Paß, Führerschein, Geld, Autoschlüssel – alles weg. Aber ich habe Duplikate.« Er überlegte kurz. »Ich brauche ein Seil, einen Haken und eine Plane aus dem Transporter. Und außerdem...«

Mary unterbrach ihn. In ihren Augen stand nackte Angst. »Du kannst doch nicht... du kannst doch heute nacht nicht weg! Du solltest ins Krankenhaus!«

Harlow streifte sie mit einem kurzen Blick und fuhr fort: »Und außerdem haben sie mir natürlich meine Waffe abgenommen. Ich brauche Ersatz, Alexis. Und etwas Geld.«

Harlow stand auf, ging mit schnellen Schritten zur Tür und riß sie auf. Und wieder einmal fiel Rory, der sein Ohr fest an die Türfüllung gepreßt hatte, Harlow vor die Füße. Und wieder zog Harlow ihn an den Haaren hoch, und wieder winselte Rory vor Schmerzen.

»Schau dir mein Gesicht an, Rory«, sagte Harlow.

Rory gehorchte, zuckte zusammen und wurde bleich.

»Dafür bist du verantwortlich«, sagte Harlow.

Plötzlich und ohne Vorwarnung schlug er Rory mit der flachen Hand rechts ins Gesicht. Es war ein ganz beachtlicher Schlag, und eigentlich wäre Rory durch ihn ins Trudeln gekommen, doch Harlow hielt ihn an den Haaren fest. Für den zweiten, nicht weniger heftigen Schlag wählte Harlow die linke Gesichtshälfte des Jungen. Und so ging es weiter, immer schön abwechselnd.

»Johnny!« schrie Mary. »Johnny! Bist du wahnsinnig?« Sie wollte sich auf Harlow stürzen, aber Dunnet erwischte sie gerade noch und hielt ihr die Hände auf dem Rücken fest. Dunnet schien völlig ungerührt von dem unerwarteten Schauspiel, das sich ihm bot.

»Ich werde so lange weitermachen, bis du dich so fühlst, wie ich aussehe, Rory!« kündigte Harlow an.

Und er machte weiter. Rory versuchte nicht, sich zu wehren

oder zu entkommen. Sein Kopf rollte haltlos hin und her. Als Harlow schließlich der Meinung war, daß Rory genug habe, ließ er von ihm ab.

»Ich will Informationen«, sagte er. »Die Wahrheit! Aber sofort! Du hast Mr. Dunnet und mich heute nachmittag belauscht, stimmt's?«

Rorys Stimme war ein zitterndes, undeutliches Flüstern.

»Nein, nein! Ich schwöre, daß ich es nicht getan habe! Ich schwöre ...«

Er brach ab und schrie auf, als Harlow seine Behandlung wiederaufnahm. Nach ein paar Sekunden ließ Harlow erneut von ihm ab. Mary, deren Hände Dunnet immer noch festhielt, schluchzte laut und starrte ihn mit fassungslosem Entsetzen an.

»Ich bin von ein paar Typen zusammengeschlagen worden, die wußten, daß ich heute nachmittag nach Marseille fahren würde, um mir ein paar wichtige Fotos anzusehen. Und sie waren scharf auf diese Fotos. Sie wußten auch, daß ich den Ferrari in der verlassenen Scheune abstellen würde, die hier ganz in der Nähe auf dem Gelände einer unbewohnten Farm steht. Mr. Dunnet war außer mir der einzige Mensch, der von den Fotos und der Scheune wußte. Glaubst du vielleicht, daß er gequatscht hat?«

»Vielleicht.« Rorys Wangen waren, ebenso wie die seiner Schwester, tränenüberströmt. »Ich weiß es nicht. Vielleicht hat er es getan. Ja, er muß es getan haben.«

Harlow sprach langsam und deutlich und schlug Rory immer wieder klatschend ins Gesicht.

»Mr. Dunnet ist kein Journalist. Mr. Dunnet ist auch nie Beamter gewesen. Mr. Dunnet ist der Chef einer neuen Spezialabteilung von Scotland Yard und ein Mitglied der Interpol, und er hat genügend Beweise gegen dich in der Hand – zum Beispiel wegen Beihilfe zu allen möglichen kriminellen Handlungen –, daß er dich für die nächsten paar Jahre in einer Erziehungsanstalt unterbringen könnte.« Er nahm die linke Hand aus Rorys Locken. »Wem hast du es erzählt, Rory?«

»Tracchia.«

Harlow stieß Rory in einen Sessel, in dem er zusammensank und mit den Händen sein schmerzendes, hochrotes Gesicht bedeckte.

Harlow wandte sich an Dunnet: »Wo ist Tracchia?«

»Nach Marseille gefahren, sagte er. Mit Neubauer.«

»Der war auch hier? Na, das paßt ja! Und wo ist Jacobson?«

»Mit dem Wagen unterwegs. Auf der Suche nach den Zwillingen. Sagte er.«

»Er hat sicher einen Spaten im Kofferraum. Ich hole meine Ersatzschlüssel und schnappe mir den Ferrari. Ich treffe mich mit Ihnen in fünfzehn Minuten am Transporter. Bringen Sie die Pistole mit. Und etwas Geld.«

Harlow drehte sich um und ging. Rory kam unsicher auf die Beine und folgte ihm. Dunnet legte einen Arm um Marys Schultern, zog ein Taschentuch aus der Tasche und wischte ihr das tränenverschmierte Gesicht ab. Mary blickte ihn fragend an.

»Stimmt es wirklich, was Johnny gesagt hat? Die Sache mit der Spezialabteilung und mit Interpol?«

»Nun, ja. Ich bin gewissermaßen ein Polizeibeamter.«

»Dann halten Sie ihn auf, Mr. Dunnet. Ich flehe Sie an. Halten Sie ihn auf!«

»Kennst du deinen Johnny denn immer noch nicht?«

Mary nickte bekümmert, wartete, bis Dunnet ihre Tränen weggewischt hatte, und sagte schließlich: »Er ist hinter Tracchia her, nicht wahr?«

»Er ist hinter Tracchia her. Er ist hinter einer ganzen Menge Leute her. Aber am meisten liegt ihm daran, Jacobson zu erwischen. Wenn Johnny sagt, daß dieser Mann unmittelbar verantwortlich für den Tod von sieben Menschen ist, dann ist es auch so. Und abgesehen von allem anderen hat er auch noch zwei persönliche Rechnungen mit Jacobson zu begleichen.«

»Wegen seines Bruders?« Dunnet nickte. »Und die andere?«

»Schau dir deinen linken Fuß an, Mary.«

10

Auf der Umgehungsstraße südlich von Vignolles bremste ein schwarzer Citroën, um Harlows Ferrari vorbeizulassen. Als der Ferrari an ihm vorbeischoß, rieb sich Jacobson, der hinter dem Steuer des Citroën saß, nachdenklich das Kinn, lenkte den Wagen auf Vignolles zu und hielt an der ersten Telefonzelle, die er sah.

In der fast menschenleeren Kantine von Vignolles saßen MacAlpine und Dunnet und schauten Mary nach, die eben durch die Tür verschwand.

»Meine Tochter ist heute abend furchtbar niedergedrückt«, seufzte MacAlpine.

»Deine Tochter ist verliebt.«

»Ich fürchte es. Und wo ist dieser verdammte Rory hin?«

»Nun, um es einmal milde auszudrücken: Harlow hat ihn beim Lauschen erwischt.«

»Oh, nein, nicht schon wieder!«

»Doch, schon wieder. Die darauffolgende Szene war ziemlich schmerzlich für unseren lieben Rory. Ich war dabei. Ich nehme an, daß Rory nicht hier ist, weil er fürchtet, er könne Johnny über den Weg laufen. Johnny ist übrigens ins Bett gegangen. Ich glaube nicht, daß er in der vergangenen Nacht viel geschlafen hat.«

»Dieser Gedanke erscheint mir auch sehr verlockend. Ins Bett zu gehen, meine ich. Ich bin schrecklich müde. Würdest du mich bitte entschuldigen?«

Er wollte aufstehen, setzte sich jedoch wieder, als Jacobson auf ihren Tisch zukam. Auch er sah todmüde aus.

»Glück gehabt?« fragte MacAlpine.

»Nein. In einem Umkreis von acht Kilometern habe ich alles abgegrast. Vergeblich. Aber ich habe von der Polizei gehört, daß zwei Männer, auf die die Beschreibung paßt, in Le Beausset gesehen worden sind. Eine Verwechslung erscheint mir ziemlich ausgeschlossen, denn ich glaube nicht, daß die Beschreibung der Zwillinge auf viele Menschen paßt. Ich esse nur schnell einen Happen und fahre anschließend hin. Dazu brauche ich allerdings einen Wagen. Meinen kann ich nicht nehmen – die Hydraulik ist im Eimer.«

MacAlpine gab Jacobson einen Schlüsselbund. »Nehmen Sie meinen Aston.«

»Danke, Mr. MacAlpine. Wo sind die Wagenpapiere?«

»Alles im Handschuhfach. Ich finde es wirklich sehr nett von Ihnen, daß Sie sich solche Mühe machen.«

»Es sind ja auch *meine* Jungs, Mr. MacAlpine.«

Dunnets ausdrucksloser Blick verlor sich in unbestimmbarer Ferne.

Die Tachometernadel des Ferrari stand auf 180 Kilometer. Harlow kümmerte sich offensichtlich nicht im geringsten um die Geschwindigkeitsbegrenzung, doch von Zeit zu Zeit warf er allerdings instinktiv – es war unwahrscheinlich, daß es in Frankreich einen Polizeiwagen gab, der ihn überholen konnte – einen Blick in den Rückspiegel. Aber nie sah er etwas, außer dem zusammengerollten Seil, dem Haken und dem Erste-Hilfe-Kasten auf dem Rücksitz und dem schmutzigweißen Segeltuch auf dem Boden.

Nach der Rekordzeit von vierzig Minuten passierte er das Ortsschild von Marseille. Einen Kilometer weiter bremste er, als die Ampel auf Rot schaltete. Harlows Gesicht war so zerschlagen und abgeschürft und unter Pflastern verborgen, daß es unmöglich war, seinen Gesichtsausdruck zu erkennen. Aber seine Augen waren so ruhig und wachsam wie immer, seine Haltung so gelassen, als sei alles in bester Ordnung. Er zeigte keinerlei Anzeichen von Nervosität. Aber selbst Harlows sprichwörtliche Gelassenheit konnte kurzfristig erschüttert werden.

»Mr. Harlow?« Die Stimme kam aus dem hinteren Teil des Wagens.

Harlow fuhr herum und starrte direkt in das Gesicht Rorys, dessen Kopf gerade unter dem Segeltuch aufgetaucht war. Als Harlow sprach, tat er es sehr langsam und deutlich.

»Was zum Teufel machst du hier?«

»Ich dachte, Sie könnten vielleicht Hilfe brauchen«, verteidigte sich Rory.

Es gelang Harlow offensichtlich nur unter Aufbietung aller Willenskraft, sich zu beherrschen.

»Ich könnte sagen: ›Du hast mir gerade noch gefehlt‹, aber ich glaube nicht, daß das viel nützen würde.« Aus einer Innentasche seiner Jacke förderte er einen Teil des Geldes zutage, das Dunnet ihm gegeben hatte. »Hier sind dreihundert Francs. Geh in ein Hotel, rufe morgen früh in Vignolles an und laß dich abholen.«

»Nein, danke, Mr. Harlow. Ich habe Ihnen entsetzlich unrecht getan. Ich glaube, ich war einfach blöd. Ich werde mich nicht entschuldigen, denn keine Entschuldigung der Welt würde Sie für das entschädigen, was Sie durch mich haben leiden müssen. Der beste Weg, Entschuldigung zu sagen, ist, Ihnen zu helfen. Bitte, Mr. Harlow, geben Sie mir eine Chance.«

»Schau mal, Junge, ich gehe heute abend zu Leuten, die dich umlegen würden, bevor sie dich genau angeschaut hätten. Und im Moment bin ich für dich verantwortlich.«

Die Ampel wechselte auf Grün, und der Ferrari fuhr los. Der

kleine Teil, der von Harlows Gesicht zu sehen war, schien Belustigung auszudrücken.

»Und da ist noch etwas«, sagte Rory. »Was ist mit ihm los? Mit meinem Vater, meine ich.«

»Er wird erpreßt.«

»Dad wird erpreßt?« Rorys Gesicht spiegelte deutlich seine Ungläubigkeit wider.

»Aber nicht, weil er irgend etwas verbrochen hat. Ich erzähle es dir später einmal.«

»Werden Sie der Erpressung ein Ende machen?«

»Ich hoffe es.«

»Und was ist mit Jacobson? Er hat Mary auf Lebenszeit zum Krüppel gemacht. Ich muß völlig verrückt gewesen sein zu glauben, daß es Ihre Schuld war. Werden Sie ihn auch erledigen?«

»Ja.«

»Diesmal haben Sie ›ja‹ gesagt und nicht ›ich hoffe es‹«, bemerkte Rory.

»Richtig.«

Rory räusperte sich und fragte schüchtern: »Werden Sie Mary heiraten, Mr. Harlow?«

»Das Gefängnistor scheint sich allmählich zu schließen.«

»Nun, ich liebe sie auch. Auf andere Weise natürlich, aber genausosehr. Wenn Sie sich den Mistkerl vornehmen, der Marys Fuß auf dem Gewissen hat, dann komme ich auf jeden Fall mit.«

»Keine Kraftausdrücke, bitte«, mahnte Harlow geistesabwesend. Eine Weile fuhren sie schweigend dahin, dann seufzte Harlow resigniert: »Okay. Aber nur, wenn du mir versprichst, außer Sichtweite und in Sicherheit zu bleiben.«

»Ich werde genau das tun, was Sie mir sagen.«

Harlow biß sich gedankenlos in die Oberlippe und zuckte zusammen, als ihm wieder schmerzhaft bewußt wurde, daß sie gespalten war. Er schaute in den Rückspiegel: Rory saß auf dem Rücksitz und lächelte höchst zufrieden. Harlow schüttelte den Kopf. Ob aus Verzweiflung oder aus Verwunderung oder aus beidem, war nicht einwandfrei festzustellen.

Zehn Minuten später hielt Harlow, etwa dreihundert Meter von der Rue Georges Sand entfernt, in einer kleinen Seitenstraße an, stopfte seine ganze Ausrüstung in einen Campingbeutel, hängte ihn sich über die Schulter und machte sich auf den Weg. Rory, der neben ihm herging, sah jetzt nicht mehr so selbstzufrieden, sondern ganz entschieden ängstlich aus. Abgesehen von allem anderen hatte Rory einen einleuchtenden Grund für seine Nervosität: Für das, was Harlow vorhatte, war die Nacht alles andere als ideal: Der Vollmond hing wie eine helle Laterne an dem sternenübersäten, wolkenlosen Himmel. Die Sicht war nicht schlechter als an einem düsteren Winternachmittag. Der einzige Unterschied war, daß die Schatten bei Mondlicht dunkler sind.

Harlow und Rory drückten sich in den Schatten einer der drei Meter hohen Mauern, die die ›Einsiedelei‹ umgaben. Harlow inspizierte den Inhalt seiner Segeltuchtasche.

»Also, laß mal sehen: Seil, Haken, Plane, Schnur, isolierte Drahtschere, Meißel, Erste-Hilfe-Kasten – ja, das ist alles.«

»Wozu ist denn das alles, Mr. Harlow?«

»Die ersten drei brauche ich, um über die Mauer zu kommen, die Schnur, um irgend etwas zusammenzubinden, wie zum Beispiel Hände, die Drahtschere für die Alarmanlage – wenn ich die Drähte finden kann. Den Meißel brauche ich, um etwas zu öffnen, und den Erste-Hilfe-Kasten – nun, man kann nie wissen. Rory, würdest du bitte aufhören, mit den Zähnen zu klappern. Wenn du so weitermachst, hören unsere Freunde da drinnen dich schon auf hundert Meter.«

»Ich kann nichts dafür, Mr. Harlow.«

»Also, vergiß nicht, du mußt hier bleiben. Das letzte, was wir hier haben wollen, ist die Polizei. Doch wenn ich in einer halben Stunde nicht zurück bin, dann gehst du zur nächsten Telefonzelle und sagst Bescheid, daß wir Verstärkung brauchen.«

Harlow befestigte den Haken an einem Ende des Seils. Dieses eine Mal wirkte sich das helle Mondlicht günstig aus. Schon beim ersten Versuch legte sich das Seil um den Ast eines Baumes jenseits der Mauer. Harlow zog vorsichtig daran, bis der Haken sich in den Ast gebohrt hatte, warf sich die Plane über die Schulter, kletterte am Seil entlang in die Höhe, legte die Plane über die Glasscherben auf die Mauer, zog sich ganz hinauf, setzte sich vorsichtig mit gespreizten Beinen auf die Plane und schaute sich den Baum an, der ihm zu dem mühelosen Aufstieg verholfen hatte: Die untersten Äste befanden sich etwa anderthalb Meter über dem Boden.

»Die Tasche«, sagte Harlow zu Rory.

Die Tasche kam heraufgeflogen. Harlow fing sie auf und ließ sie auf den Rasen fallen. Er packte den Ast, schwang sich weit hinaus und stand fünf Sekunden später wieder auf festem Boden.

Als er aus einer kleinen Gruppe dicht beieinander stehender Bäume trat, sah er den Lichtschimmer, der aus einem Zimmer im Parterre durch die Vorhänge nach draußen fiel. Die massive Eichentür war zu und höchstwahrscheinlich auch verriegelt. Aber Harlow war sowieso der Ansicht, daß nur ein Mensch mit akuten Selbstmordabsichten daran denken konnte, das Haus durch den Haupteingang zu betreten. Er näherte sich dem Haus von der Seite, wobei er sich soweit als möglich im Schatten hielt. Die Fenster im Parterre boten keine Möglichkeit, in das Haus einzudringen – sie waren ausnahmslos vergittert. Der Hinterausgang war verschlossen, und Harlow fiel ein, daß sich der einzige Dietrich, mit dem er die Tür aufschließen konnte, im Haus befand.

Lautlos glitt er um das Haus herum zur anderen Seite. Die vergitterten Fenster würdigte er nicht einmal eines Blickes. Er schaute nach oben, und sofort bemerkte er ein Fenster, das einen Spaltweit offenstand. Der Spalt war vielleicht nur sechs Zentimeter breit, aber er war immerhin vorhanden. Harlow schaute sich im Park um. Ungefähr zwanzig Meter von ihm entfernt sah er eine Blumenrabatte, einen Gärtnerschuppen und ein Gewächshaus. Entschlossen ging er darauf zu.

Währenddessen ging Rory draußen nervös auf und ab und streifte das Seil immer wieder mit unentschlossenen Blicken. Plötzlich traf er eine Entscheidung, griff nach dem Seil und begann, sich daran hochzuziehen.

Als er sich auf der anderen Seite der Mauer auf den Boden fallen ließ, hatte Harlow bereits eine Leiter an das Fenstersims gelehnt und war bis zum Fenster hochgestiegen. Er zog seine Taschenlampe heraus und untersuchte sorgfältig beide Seiten des Fensters: Die Drähte, die sich am Fensterrahmen entlangzogen, waren eindeutig die elektrischen Leitungen, die Harlow gesucht hatte. Harlow griff in seine Segeltuchtasche, holte die Drahtzange heraus, durchschnitt die beiden Drähte, schob das Fenster hoch und kletterte hindurch.

Nach zwei Minuten hatte er sich vergewissert, daß sich niemand im ersten Stock aufhielt. Mit der Tasche und der ausgeschalteten Taschenlampe in der einen und der Pistole auf dem aufgesetzten Schalldämpfer in der anderen Hand glitt er lautlos die Treppe zur Eingangshalle hinunter. Durch eine angelehnte Tür fiel ein Lichtschein, und dahinter waren Stimmen zu hören. Eine davon – eine weibliche – drang besonders deutlich heraus. Aber dieser Raum interessierte ihn momentan nicht. Er schlich durch das Parterre und überzeugte sich, daß alle Zimmer leer waren. In der Küche sah er im Schein seiner Taschenlampe eine Treppe, die offensichtlich in den Keller führte. Harlow stieg hinunter und ließ den Strahl seiner Taschenlampe über den Betonfußboden und die Betonwände des Kellerraumes wandern. In die Wände waren vier Türen eingelassen. Drei von ihnen sahen völlig normal aus, aber an der vierten waren zwei massive Riegel angebracht, und im Schlüsselloch steckte ein schwerer Schlüssel, der zur Tür eines mittelalterlichen Kerkers gepaßt hätte. Harlow schob die Riegel zurück, drehte den Schlüssel herum, trat in den Raum und suchte und fand den Lichtschalter.

Was immer es auch sein mochte, ein Kerker war es jedenfalls nicht. Es sah viel eher wie ein sehr modernes Laboratorium aus, obwohl man auf den ersten Blick nicht erkennen konnte, wozu alle die Apparaturen dienten. Harlow ging zu einer Reihe von Aluminiumkästen hinüber, hob einen der Deckel ab, roch an dem puderähnlichen Inhalt, rümpfte angeekelt die Nase und machte den Deckel wieder zu. Auf dem Weg nach draußen entdeckte er an einer der Wände ein Telefon, mit dem man, nach der Wählscheibe zu urteilen, nach draußen telefonieren konnte. Er zögerte, zuckte schließlich die Achseln und verließ den Raum, wobei er die Tür offen- und das Licht eingeschaltet ließ.

Während Harlow die Kellertreppe hinaufstieg, stand Rory, dicht in den Schatten gepreßt, am Rand der kleinen Baumgruppe, von wo aus er sowohl die Front als auch die Seiten des Hauses sehen konnte. An seinem Gesicht konnte man deutlich erkennen, daß er sich fürchtete. Und dieser Ausdruck wurde noch um einige Grade verstärkt, als plötzlich ein gedrungener, sehr kräftiger Mann in dunklen Hosen und einem dunklen Rollkragenpullover hinter dem Haus hervorkam. Einen Augenblick lang stand der Wächter, von dessen Existenz Harlow nichts gewußt hatte, wie angewurzelt und starrte fassungslos die Leiter an, die an der Hauswand lehnte, dann rannte er auf die Eingangstür zu. Wie durch Zauberei hatte er plötzlich zwei Dinge in der Hand: einen großen Schlüssel und ein noch größeres Messer.

Harlow stand in der Halle vor der Tür des Zimmers, aus dem der Lichtschein kam, und lauschte angestrengt. Schließlich machte er zwei Schritte nach vorn und trat mit aller Wucht gegen die Tür. Sie wäre um ein Haar aus den Angeln geflogen. In dem Zimmer befanden sich fünf Personen. Drei von ihnen sahen einander merkwürdig ähnlich und konnten sehr gut Brüder sein. Sie waren sehr dick, sehr gut angezogen, offenbar sehr wohlhabend, sehr schwarzhaarig und hatten sehr dunkle Gesichter. Die vierte Person war ein schönes blondes Mädchen. Der fünfte war Willi Neubauer. Sie starrten Harlow wie hypnotisiert an, der mit seinem zerschundenen Gesicht und der Waffe in der Hand sicherlich keinen sehr freundlichen Eindruck machte.

»Die Hände hoch, wenn ich mal bitten darf«, sagte Harlow gelassen.

Alle fünf kamen seiner Bitte augenblicklich nach.

»Höher. Höher.«

Die fünf streckten ihre Arme so weit sie konnten.

»Was zum Teufel bedeutet das, Harlow?« Neubauers Stimme sollte eigentlich grob und energisch klingen, aber man merkte deutlich, wieviel Anstrengung es ihn kostete. »Ich besuche hier ein paar Freunde...«

»Maul halten!« unterbrach ihn Harlow mit eiskalter Stimme. »Vielleicht wird der Richter mehr Geduld mit dir haben als ich.«

»Vorsicht!« Der angstvolle Schrei war kaum als Rorys Stimme zu erkennen.

Es war unter anderem auch sein ungeheures Reaktionsvermögen gewesen, das Harlow zum besten Rennfahrer seiner Zeit gemacht hatte. Er fuhr herum und schoß im gleichen Moment. Der Mann, der schon zu einem tückischen Stich ausgeholt hatte, schrie schmerzerfüllt auf und starrte ungläubig auf seine zerschmetterte Hand hinunter. Harlow beachtete ihn nicht weiter und hatte sich bereits wieder den anderen zugewandt, bevor das Messer seines Angreifers auf dem Boden aufschlug. Einer der dunkelhäutigen Männer hatte seine rechte Hand heruntergenommen und wollte gerade in die Innentasche seines Jacketts greifen.

»Nur weiter«, sagte Harlow ermutigend.

Der dunkelhäutige Mann hob seine Hand, so schnell er konnte. Harlow trat vorsichtshalber einen Schritt zur Seite und zielte mit seiner Waffe auf den Verwundeten.

»Los, stell dich zu deinen Freunden.« Der Mann gehorchte. Er stöhnte vor Schmerz und umklammerte seine blutende rechte Hand krampfhaft mit der linken.

»Danke, Rory«, sagte Harlow, als der Junge ins Zimmer trat. »Damit sind dir alle deine Sünden vergeben. Nimm bitte den Erste-Hilfe-Kasten aus der Tasche. Ich habe dir doch gesagt, daß wir ihn brauchen werden. Wie man sieht, habe ich damit völlig recht gehabt.« Er musterte die jämmerliche Gesellschaft mit eisigen Blicken. »Aber ich hoffe, daß wir ihn nicht noch einmal brauchen werden.« Er deutete mit der Pistole auf das blonde Mädchen. »Kommen Sie her.«

Sie stand von ihrem Stuhl auf und kam langsam auf ihn zu. Harlow lächelte sie eisig an, aber entweder war sie zu geschockt oder zu dumm oder zu betäubt, um zu bemerken, was hinter diesem Lächeln lag.

»Ich glaube, Sie haben schon einige Übung als Krankenschwester«, sagte Harlow, »obwohl ich bezweifle, daß der verstorbene und unbeweinte Luigi Sie zu Ihren Fähigkeiten beglückwünschen würde. Da ist der Erste-Hilfe-Kasten. Verbinden Sie Ihrem Freund die Hand.«

Sie spuckte ihn an. »Mach es gefälligst selber!«

Ohne jede Warnung und so schnell, daß man die Bewegung kaum wahrnehmen konnte, krachte der Schalldämpfer in das Gesicht der Blondine. Sie schrie auf, stolperte und sank zu Boden. Aus den Platzwunden auf ihrer Wange und an ihrem Mund schoß ein Blutstrom.

»Um Gottes willen!« Rory war entsetzt. »Aber Mr. Harlow!«

»Vielleicht tröstet es dich, wenn ich dir sage, daß diese charmante Lady wegen vorsätzlichen Mordes gesucht wird.« Er blickte auf die Blondine hinunter, und in seinem Gesicht war aber auch nicht die geringste Spur von Mitleid zu entdecken. »Stehen Sie auf und verarzten Sie die Hand Ihres Freundes. Und dann können Sie sich auch noch selbst verarzten, wenn Sie wollen. Meinetwegen können Sie es aber auch bleibenlassen. Und die übrigen legen sich bitte mit dem Gesicht nach unten und mit den Händen auf dem Rücken auf den Boden. Rory, schau nach, ob sie Waffen haben. Und wer auch nur mit der Wimper zuckt, bekommt eine Kugel in den Hinterkopf.«

Rory durchsuchte sie. Als er fertig war, blickte er fast ehrfürchtig auf die vier Pistolen hinunter, die er auf den Tisch gelegt hatte.

»Alle hatten Waffen«, sagte er.

»Was hattest du denn gedacht? Daß sie Puderquasten in der Tasche hätten? Rory, ich brauche die Schnur. Du weißt, was du zu tun hast. Mach so viele Knoten wie du willst. Und kümmere dich nicht um den Kreislauf der Ärmsten.«

Rory machte sich mit Feuereifer ans Werk, und schon nach kurzer Zeit waren die Hände der Galgenvögel sicher auf ihren Rücken zusammengebunden. Die Hand des Mannes, der Harlow hatte niederstechen wollen, war provisorisch verbunden.

»Wo ist der Torschlüssel?« fragte Harlow Neubauer.

Neubauer starrte ihn giftig an und schwieg. Harlow steckte seine Pistole ein, nahm das Messer seines verhinderten Mörders und drückte die Spitze so fest gegen Neubauers Kehle, daß ein Blutstropfen hervorquoll.

»Ich werde jetzt bis drei zählen. Und wenn du dann nicht den Mund aufgemacht hast, werde ich dir das Ding durch den Hals rammen. Eins. Zwei.«

»Auf dem Tisch in der Halle.« Neubauers Gesicht war aschgrau.

»Auf die Beine. Alle. Na los, ein bißchen dalli. Runter in den Keller.«

Sie gingen im Gänsemarsch in den Keller hinunter. Die Angst auf ihren Gesichtern hatte sehr viel Ähnlichkeit mit nacktem Entsetzen. Der Mann, der als letzter in der Prozession ging, war sogar ängstlich genug, um sich dazu hinreißen zu lassen, sich plötzlich auf Harlow zu stürzen – vermutlich wollte er ihn die Treppe hinunterwerfen und dann zu Tode trampeln. Dieses Benehmen zeugte nicht gerade von überragender Intelligenz, denn er hatte ja schon einmal Gelegenheit gehabt, Harlows Reaktionsvermögen zu bewundern. Harlow trat einfach einen Schritt zur Seite, ließ den Lauf seiner Pistole auf das Ohr seines Angreifers niedersausen und beobachtete, wie der Mann erst langsam und dann immer schneller die Treppe hinunterstürzte. Harlow packte ihn an einem Fuß und zog ihn den restlichen Teil der Treppe hinter sich her, wobei er sich nicht darum kümmerte, daß der Kopf des Mannes auf jeder Treppenstufe aufschlug.

Einer der anderen Männder rief: »Harlow! Sind Sie wahnsinnig? Sie bringen ihn ja um!«

Harlow zerrte den Mann auch noch die letzte Stufe hinunter und schaute den Mann, der protestiert hatte, gleichgültig an. »Na und? Ich werde euch wahrscheinlich sowieso alle umbringen müssen.«

Er scheuchte sie in das Kellerlaboratorium und schleifte den bewußtlosen Mann mit Rorys Hilfe ebenfalls hinein.

»Auf den Boden!« befahl Harlow. »Rory, binde ihnen die Füße zusammen. Aber bitte fest!« Rory gehorchte, und diesmal war er nicht nur eifrig, sondern erledigte seine Aufgabe mit sichtlichem Vergnügen. Als er fertig war, sagte Harlow: »Durchsuche ihre Taschen. Schau nach, ob sie irgendwelche Ausweispapiere bei sich haben. Neubauer kannst du natürlich auslassen. Unseren lieben Willi kennen wir ja bereits zur Genüge.«

Als Rory fertig war, übergab er Harlow einen ganzen Stoß von Ausweispapieren. Unsicher blickte er zu der Frau auf dem Boden. »Was ist mit der Dame, Mr. Harlow?«

»Ich höre wohl nicht recht! Wie kannst du dieses Weibstück als Dame bezeichnen?« Harlow wandte sich an sie: »Wo ist Ihre Handtasche?«

»Ich habe keine.«

Harlow seufzte, trat zu ihr und kniete sich neben sie. »Wenn ich mit der anderen Seite Ihres Gesichts fertig bin, wird Sie in diesem Leben ganz bestimmt kein Mann mehr anschauen. Damit will ich nicht etwa sagen, daß Sie in nächster Zeit Gelegenheit haben werden, überhaupt ein männliches Wesen zu Gesicht zu bekommen – kein Gericht der Welt wird sich über die Aussagen von vier Polizisten hinwegsetzen, die Sie und Ihre Fingerabdrücke auf dem Ihnen bekannten Wasserglas identifizieren können.« Er schaute sie nachdenklich an und hob seine Pistole. »Und ich bezweifle, daß sich die Gefängniswärterinnen für Ihr Aussehen interessieren werden. Also, wo ist die Handtasche?«

»In meinem Zimmer.« Das Zittern in ihrer Stimme paßte zu ihrem angstvollen Gesichtsausdruck.

»Wo in Ihrem Zimmer?«

»Im Schrank.«

Harlow wandt sich an Rory. »Wenn du so nett sein würdest...«

»Woher soll ich denn wissen, welches Zimmer sie hat?« fragte Rory unsicher.

Harlow erklärte geduldig: »Wenn du in ein Zimmer kommst, in dem der Frisiertisch wie die Auslage einer Parfümerie aussieht, dann bist du ganz sicher an der richtigen Stelle. Und bring doch bitte auch gleich die vier Pistolen aus dem Wohnzimmer mit.«

Rory ging. Harlow richtete sich auf, ging zu dem Schreibtisch hinüber, auf den er die Ausweispapiere gelegt hatte, und unterzog sie einer gründlichen Überprüfung. Nach einer Minute schaute er auf.

»Marzio, Marzio und Marzio. Das hört sich an wie eine Anwaltsfirma. Und alle sind aus Korsika. Ich glaube, ich habe schon mal von den Gebrüdern Marzio gehört. Und ich bin sicher, daß die Polizei schon von ihnen gehört hat und sich sehr freuen wird, diese Papiere in die Hand zu bekommen.« Er legte die Papiere beiseite, zog ein etwa zwölf Zentimeter langes Stück Klebeband von einer Rolle ab und klebte es an den Rand des Schreibtisches. »Ich wette, ihr kommt nie darauf, wofür das sein soll«, sagte er.

In diesem Augenblick kam Rory zurück, und er brachte eine Handtasche mit, die es an Größe mit jedem Handkoffer aufnehmen konnte. Auf die Tasche hatte er die vier Pistolen gelegt. Harlow nahm sie ihm ab, öffnete die Handtasche, untersuchte ihren Inhalt, dem unter anderem auch ein Paß angehörte, machte den Reißverschluß der Innentasche auf und zog eine Pistole heraus.

»Sieh mal einer an. Anne-Marie Puccelli trägt also eine Feuerwaffe mit sich herum. Zweifellos, um sich gegen Angreifer zu verteidigen, die ihr die süßen kleinen Zyanidtabletten hätten rauben können, die sie dann Luigi dem Leichtfinger verabreicht hat.« Harlow steckte die Pistole wieder an ihren Platz und stopfte dann alle Papiere und die vier Pistolen, die Rory mitgebracht hatte, in die Tasche. Dann nahm er den Erste-Hilfe-Kasten aus seiner Segeltuchtasche, entnahm ihm eine kleine Flasche und schüttelte weiße Tabletten in seine Hand.

»Na, das paßt ja wieder mal glänzend! Ich habe noch genau sechs Tabletten. Eine für jeden. Ich möchte wissen, wo Mrs. MacAlpine festgehalten wird, und zwar innerhalb von zwei Minuten. Unsere kleine Florence Nightingale wird sicher genau wissen, was für Tabletten das hier sind.«

Florence Nightingale schwieg. Ihr Gesicht war leichenblaß und verzerrt. Sie schien in den letzten zehn Minuten um zehn Jahre gealtert zu sein.

»Was ist das für Zeug?« fragte Rory.

»Niedliche Zyaniddragees. Sie sind ganz leicht zu schlucken. Und sie brauchen nur etwa drei Minuten, um sich aufzulösen.«

»O nein! Das können Sie nicht tun!« In Rorys Gesicht spiegelte sich blankes Entsetzen. »Das können Sie nicht tun! Das ist – das ist glatter Mord!«

»Du möchtest doch deine Mutter wiedersehen, oder? Außerdem ist es nicht Mord, sondern eine Vernichtungsaktion. Wir haben es hier nämlich nicht mit Menschen zu tun, sondern mit der widerlichsten Sorte von Ungeziefer. Schau dich um. Was glaubst du, wird in dieser hübschen kleinen Fabrik hergestellt?«

Rory zuckte die Achseln. Er schien völlig betäubt zu sein. »Heroin. Denk an die Hunderte, ja Tausende von Menschen, die diese Gesellschaft hier auf dem Gewissen hat. Ich beleidige jedes Tier, wenn ich es als Vergleich für diese Kreaturen heranziehe. Es wäre mir ein ausgesprochenes Vergnügen, alle sechs ins Jenseits zu befördern.«

Die sechs gefesselten Gefangenen schwitzten wie in einer Sauna und leckten sich nervös über die Lippen. Man konnte ihnen deutlich ansehen, daß sie Todesängste ausstanden. Denn Harlows gnadenlose Härte deutete nicht darauf hin, daß er scherzte.

Harlow kniete sich auf Neubauers Brust. In einer Hand hatte er eine Tablette, in der anderen seine Pistole. Mit steifen Fingern stieß er Neubauer in den Solarplexus. Neubauer schnappte nach Luft, und Harlow nützte diese Gelegenheit, um ihm den Schalldämpfer in den Mund zu schieben: auf diese Weise konnte er wirksam verhindern, daß Neubauer die Zähne zusammenbiß. Er hielt Neubauer die Tablette dicht vor den Mund und fragte: »Wo ist Mrs. MacAlpine?« Er zog den Schalldämpfer auf seinem Mund. Neubauer sprach so schnell, daß er sich fast verhaspelte. Er war halb wahnsinnig vor Angst.

»Bandol! Bandol! Bandol! Auf einem Boot.«

»Was für ein Fabrikat? Wo?«

»In der Bucht. Eine Motorjacht. Zwölf Meter lang. Blau mit weißem Dach. Sie heißt ›The Chevalier‹.«

»Bring mir den Streifen Klebeband vom Schreibtisch«, sagte Harlow zu Rory. Wieder stach er Neubauer mit steifen Fingern in den Solarplexus. Und bevor er sich versah, hatte Neubauer schon wieder den Schalldämpfer im Mund. Und gleich darauf auch die Tablette. »Ich glaube dir nicht.« Er klebte ein Stück Tesafilm über Neubauers Mund. »Das mache ich nur, damit du keine Möglichkeit hast, die Zyanidtablette auszuspucken«, erklärte er seelenruhig.

Als nächsten nahm Harlow sich den Mann vor, der versucht hatte, seine Waffe zu ziehen. Mit einer Tablette in der Hand kniete er sich neben ihn. In panischer Angst begann der Mann zu schreien, bevor Harlow Gelegenheit hatte, auch nur ein Wort zu sagen.

»Sind Sie wahnsinnig? Sind Sie wahnsinnig? Um Gottes willen, er hat die Wahrheit gesagt! Die ›Chevalier‹ liegt in Bandol vor Anker. Zweihundert Meter vor der Küste. Und sie ist wirklich blau und weiß.«

Harlow starrte den Mann eine Weile an, nickte dann, stand auf, ging zum Telefon und wählte die Nummer 17 – das Überfallkommando, was man sowohl als polizeiliche Hilfe als auch als polizeilichen Notdienst verstehen kann. Er brauchte nicht lange zu warten.

»Ich rufe aus der ›Einsiedelei‹ in der Rue Georges Sand an. Ja, genau. In einem Kellerraum werden Sie Heroin finden, das, nach seiner Menge zu urteilen, ein Vermögen wert ist. Im gleichen Raum befindet sich auch die Ausrüstung, die für die Herstellung von Heroin im großen Stil erforderlich ist. Und in besagtem Raum werden Sie sechs Leute finden, die für die Herstellung und den Vertrieb des Heroins zuständig sind. Sie werden keinen Widerstand leisten – sie sind ausbruchssicher gefesselt. Drei von ihnen sind die Gebrüder Marzio. Ich habe ihnen die Ausweispapiere abgenommen – und auch einer gewissen Anne-Marie Puccelli, die wegen Mordes gesucht wird. Die Papiere werden Sie später erhalten.« Aus dem Telefonhörer drang eine Flut von Worten, aber Harlow nahm keine Notiz davon. Als hätte der andere gar nichts gesagt, fuhr Harlow fort: »Ich sage es nicht zweimal. Ich weiß, daß jeder Notruf auf Tonband gespeichert wird, es hat also keinen Sinn, mich festhalten zu wollen, bis Ihre Leute hier sind.« Er legte den Hörer auf.

Rory packte ihn am Arm und keuchte verzweifelt: »Sie haben Ihre Informationen erhalten. Die drei Minuten sind noch nicht um. Sie haben immer noch Zeit, Neubauer die Tablette wieder aus dem Mund zu nehmen.«

»Ach ja, ich habe ganz vergessen, es dir zu sagen.« Harlow ließ vier der übriggebliebenen Tabletten wieder in die kleine Flasche fallen und hielt die fünfte hoch. »Acetylsalicylsäure. Aspirin. Deshalb habe ich ihm auch den Mund zugeklebt. Schließlich wollte ich nicht, daß er seine Kumpane davon unterrichtet, daß ich ihm lediglich ein Aspirin gegeben hatte. Und das hätte er unweigerlich getan, denn es gibt in der westlichen Hemisphäre wohl kein menschliches Wesen, das den Geschmack von Aspirin nicht kennt. Schau ihn dir an. Er hat keine Angst mehr. Er ist lediglich halb verrückt vor Wut.« Er nahm die Handtasche der Blondine und schaute sie an: »Wir werden sie uns vorübergehend leihen. Für ungefähr fünfzehn bis zwanzig Jahre – je nachdem, für welches Strafmaß sich der Richter entscheidet.«

Sie verließen den Kellerraum, verschlossen und verriegelten die Tür hinter sich, nahmen den Schlüssel für das Parktor von dem Tischchen in der Halle, liefen durch die offene Eingangstür hinaus und die Einfahrt hinunter, schlossen das Tor auf und öffneten die Flügel so weit es ging. Harlow zog Rory in den Schatten eines Kiefernwäldchens.

»Wie lange bleiben wir hier?« fragte Rory.

»Nur so lange, bis wir sicher wissen, daß zuerst die *richtigen* Leute kommen.«

Sekunden später hörten sie das klagende Heulen näher kommender Sirenen. Kurz darauf rasten zwei Polizeiwagen mit heulenden Sirenen und blitzendem Blaulicht an ihnen vorbei durch das Parktor. Als sie vor dem Haus hielten, spritzte der Kies wie ein Vorhang hoch. Mindestens sieben Polizisten sprangen aus den Wagen und hasteten durch die offene Tür ins Haus. Trotz Harlows Aussage, daß die Verbrecher bewegungsunfähig seien, hielten sie es offenbar doch für sicherer, sich ihnen mit gezogenen Pistolen zu nähern.

»So, das wär's. Mehr wollte ich nicht wissen.«

Fünfzehn Minuten später saß Harlow wieder einmal in einem der bequemen Sessel in Giancarlos Labor. Giancarlo blätterte einen ganzen Stoß Papiere durch und stieß einen Seufzer aus.

»Sie führen wirklich ein interessantes Leben, John. Sie haben uns heute nacht einen großen Dienst erwiesen. Die drei Männer, von denen Sie erzählt haben, sind tatsächlich die berüchtigten Gebrüder Marzio. Es wird allgemein angenommen, daß sie Sizilianer sind und der Mafia angehören. Aber das stimmt nicht. Wie Sie sehr richtig sagen, sind sie aus Korsika. Und die Korsen betrachten die sizilianische Mafia als Stümperverein. Diese drei stehen seit Jahren ganz oben auf unserer Liste. Bis jetzt hatten wir nie Beweise gegen sie – aber diesmal haben sie keine Chance. Nicht, wenn man sie neben Heroin im Wert von mehreren Millionen Francs findet. Nun, eine Hand wäscht die andere.« Er gab Harlow einige Papiere. »Jean-Claude hat sich selbst übertroffen. Er hat den Code heute abend entschlüsselt. Eine interessante Lektüre, was?«

Nach einer Minute sagte Harlow: »Ja. Eine Liste von Tracchias und Neubauers Abnehmern in ganz Europa.«

»Allerdings.«

»Wie lange wird es dauern, Verbindung mit Dunnet zu bekommen?«

Giancarlo schaute ihn wieder einmal mitleidig an. »Ich kann jeden Anschluß in ganz Europa in dreißig Sekunden erreichen.«

Im Polizeirevier herrschte Hochbetrieb. Fast ein Dutzend Polizisten und Neubauer mit seinen fünf verbrecherischen Kumpanen hielten sich in dem kleinen Raum auf. Neubauer trat an den Tresen und sagte zu dem Sergeanten: »Ich stehe unter Anklage. Ich möchte meinen Anwalt sprechen. Ich habe ein Recht darauf.«

»Sie haben ein Recht darauf.« Der Sergeant deutete mit einer Kopfbewegung auf das Telefon, das auf dem Tresen stand.

»Gespräche zwischen Anwalt und Mandant haben Vorrang.« Er deutete auf eine Telefonzelle. »Ich weiß, wofür die da ist. Damit die Angeklagten mit ihren Anwälten sprechen können. Darf ich?«

Der Sergeant nickte.

In einer luxuriösen Wohnung, nicht einmal eine halbe Meile vom Polizeirevier entfernt, läutete das Telefon. Tracchia reckte sich auf einer Couch in dem großen Wohnraum. Neben ihm lag eine üppige Brünette, die offenkundig etwas gegen den übertriebenen Gebrauch von Textilien hatte. Tracchia runzelte die Stirn, nahm den Hörer von der Gabel und sagte: »Mein lieber Willi, ich bin untröstlich. Ich war verhindert...«

Neubauers Stimme klang laut und deutlich durch den Draht. »Bist du allein?«

»Nein.«

»Dann wirf sie raus.«

Tracchia wandte sich an das Mädchen: »Meine liebe Georgette, deine Nase glänzt.« Sie erhob sich beleidigt und verließ das Zimmer. »Okay«, meldete Tracchia.

»Du kannst deinem Glücksstern danken, daß du verhindert warst, sonst wärst du jetzt da, wo ich bin – auf dem Weg ins Gefängnis. Und jetzt hör zu.«

Tracchia hörte aufmerksam zu, und die Wut, die in ihm aufstieg, als er Neubauers kurzen Bericht hörte, wirkte sich nicht gerade positiv auf seine sonst so attraktiven Gesichtszüge aus. Als er seinen Bericht beendet hatte, sagte Neubauer: »Nimm die Lee Enfield und das Fernglas. Wenn er zuerst da ist, dann schnapp ihn dir, wenn er wieder an Land kommt – das heißt natürlich nur, wenn er Paulis Spezialbehandlung übersteht. Wenn du zuerst da bist, geh an Bord und warte dort auf ihn. Und dann wirf die Waffe ins Wasser. Wer ist momentan an Bord der ›Chevalier‹?«

»Nur Pauli. Ich nehme Yonnie mit. Ich brauche vielleicht einen, der Schmiere steht. Und mach dir keine Sorgen, Willi. Morgen bist du wieder raus. Sich mit Kriminellen abzugeben, ist noch kein Verbrechen, und es gibt auch nicht den geringsten Beweis gegen dich.«

»Wie kannst du davon so überzeugt sein? Woher willst du wissen, daß es dir nicht auch noch an den Kragen geht? Diesem verfluchten Harlow traue ich alles zu. Schnapp ihn dir. Mir zuliebe.«

»Es wird mir ein Vergnügen sein, Willi.«

In Giancarlos Labor telefonierte Harlow mit Dunnet: »Es werden also morgen früh um fünf alle gleichzeitig verhaftet. Zu diesem Zeitpunkt wird es eine ganze Menge unglücklicher Leute in Europa geben. Ich habe es etwas eilig, deshalb überlasse ich es Giancarlo, Ihnen alle Einzelheiten mitzuteilen. Ich hoffe, daß ich Sie irgendwann heute noch treffe. Aber jetzt habe ich noch eine Verabredung.«

11

»Sind Sie beim Secret Service oder Sonderbeauftragter oder so was?« fragte Rory.

Harlow streifte ihn mit einem kurzen Blick und schaute dann wieder geradeaus auf die Straße. Er fuhr schnell, aber nicht annähernd Höchstgeschwindigkeit. Er war der Meinung, daß die Aufgabe, die vor ihm lag, keine übermäßige Hast erforderte. »Ich bin ein arbeitsloser Rennfahrer«, sagte er.

»Ach, kommen Sie, wem wollen Sie das erzählen?«

»Aber es ist wahr. Ich helfe lediglich Mr. Dunnet ein bißchen.«

»Inwiefern? Ich meine, es sieht nicht so aus, als würde Mr. Dunnet sich überarbeiten.«

»Mr. Dunnet ist ein Koordinator. Und ich bin sozusagen sein Außendienstmitarbeiter.«

»Ja, ja. Aber was *tun* Sie?«

»Ich stelle Nachforschungen über andere Grand-Prix-Fahrer an. Besser gesagt, ich überwache sie. Und die Mechaniker – jeden, der irgendwie mit den Rennen zu tun hat.«

»Ich verstehe«, sagte Rory, aber man sah ihm an, daß er überhaupt nichts verstand. »Halten Sie mich bitte nicht für unverschämt, aber warum hat man gerade Sie für diesen Job ausgewählt? Warum hat man *Sie* nicht aufs Korn genommen?«

»Eine berechtigte Frage. Wahrscheinlich deshalb, weil ich in den letzten zwei Jahren soviel Glück hatte, daß sie vermuteten, ich würde auf ehrliche Weise mehr Geld verdienen, als ich bei krummen Geschäften würde herausschlagen können.«

»Das ist einleuchtend.« Rory hatte seine hartnäckigen fünf Minuten. »Aber warum haben Sie Nachforschungen angestellt?«

»Weil seit einem Jahr irgend etwas auf den Grand-Prix-Strecken ganz und gar nicht in Ordnung war. Wagen, von denen man sicher angenommen hatte, daß sie gewinnen würden, verloren völlig überraschend. Und andererseits gewannen Wagen, denen man nicht die geringste Chance eingeräumt hatte. Es gab mysteriöse Unfälle. Wagen schieden ohne jeden ersichtlichen Grund aus. Sie hatten unerklärlicherweise plötzlich kein Benzin mehr. Motoren wurden durch einen geheimnisvollen Verlust von Öl oder Kühlflüssigkeit oder beidem überhitzt. Fahrer erkrankten zu den merkwürdigsten – und unpassendsten – Zeiten. Und da es soviel Prestige, Stolz, Macht und vor allem Profit bringt, wenn man einen erfolgreichen Wagen auf die Piste schicken kann, war der erste Gedanke, daß vielleicht einer der Teamchefs die Absicht hatte, den Markt aufzukaufen.«

»Aber das war falsch, ja?«

»Sehr richtig. Das wurde klar, als die Fabrikanten und Teamchefs erkannten, daß es ihnen allen an den Kragen ging. Als sie sich an Scotland Yard wandten, erfuhren sie lediglich, man hätte keine Möglichkeit, einzugreifen. Scotland Yard wandte sich an Interpol, genauer gesagt an Mr. Dunnet.«

»Aber wie kamen Sie auf solche Leute wie Neubauer und Tracchia?«

»Hauptsächlich auf illegale Weise. Durch Bewachung der Telefonzentrale rund um die Uhr, durch strenge Überwachung aller

Verdächtigen bei jedem Grand-Prix-Treffen und Überprüfung der ein- und ausgehenden Post. Wir entdeckten, daß fünf Rennfahrer und sieben oder acht Mechaniker mehr Geld horteten, als sie auf legalem Weg verdienen konnten. Aber die meisten arbeiteten nur sporadisch. Es ist unmöglich, an jedem Rennen etwas zu drehen. Nur Tracchia und Neubauer kassierten nach jedem Rennen. Also nahmen wir an, daß sie etwas verkauften – und es gibt nur eine Sache, mit deren Verkauf man soviel unehrliches Geld machen kann.«

»Drogen. Heroin.«

»Sehr richtig.« Harlow deutete nach vorn. Vor ihnen leuchtete im Licht der Scheinwerfer das Ortsschild von Bandol auf. Harlow runzelte die Stirn, kurbelte das Fenster herunter, steckte den Kopf hinaus und schaute nach oben: Allmählich zogen Wolken herauf, aber der sternklare Himmel überwog noch immer. Harlow zog seinen Kopf zurück und sagte: »Wir hätten uns auch eine bessere Nacht für unsere Aufgabe aussuchen können. Es ist verdammt hell. Deine Mutter wird bestimmt bewacht – mindestens von einem. Die Frage ist, ob sie auf ihrem Posten sind. Schließlich wissen sie ja, daß deine Mutter nicht davonlaufen kann, und sie haben auch keinen Grund zu dem Verdacht, daß irgend jemand an Bord der ›Chevalier‹ kommen könnte. Ich kann mir jedenfalls nicht vorstellen, auf welche Weise sie erfahren haben sollten, in was für eine Pechsträhne Neubauer und seine Kumpane geritten sind. Aber ein Prinzip war unbedingt nötig, damit eine Organisation wie die der Gebrüder Marzio sich so lange halten konnte: nie ein Risiko eingehen.«

»Also setzen wir vorsichtshalber voraus, daß eine Wache da sein wird, Mr. Harlow?«

»Genau das.«

Harlow fuhr in die kleine Stadt hinein und parkte den Wagen auf einem kleinen, mit einem hohen Zaun umgebenen Bauplatz, der von dem schmalen Gäßchen draußen nicht einzusehen war. Sie stiegen aus dem Wagen und schlichen bereits kurze Zeit später, immer soweit wie möglich in Deckung bleibend, am Wasser entlang durch den Hafen. Schließlich blieben sie stehen und ließen die Blicke aufmerksam über die Bucht wandern.

»Ist sie das nicht?« Obwohl weit und breit keine Menschenseele zu sehen war, flüsterte Rory. »Ist sie das nicht?« Man merkte seiner unterdrückten Stimme deutlich die Spannung an, unter der er stand. »Ist sie das nicht?«

»Doch, das ist die ›Chevalier‹.«

In der Bucht lagen mindestens ein Dutzend Jachten und Kabinenkreuzer vor Anker. Das Wasser, in dem sich der Mond spiegelte, war glatt wie ein Brett. Die Jacht, die dem Ufer am nächsten lag, war ein sehr luxuriöses Modell und eher fünfzehn Meter lang als zwölf. Sie war tatsächlich weiß und blau.

»Und jetzt?« fragte Rory. »Was tun wir jetzt?« Er zitterte, aber diesmal lag es weder an der Kälte noch daran, daß er Angst hatte. Diesmal zitterte er eindeutig vor Aufregung. Harlow blickte nachdenklich nach oben.

Eine Wolkenbank glitt auf den Mond zu.

»Jetzt essen wir erst mal was. Ich bin hungrig.«

»Essen? Aber, ich meine...« Rory deutete erregt auf die Jacht.

»Alles zu seiner Zeit. Es ist ziemlich unwahrscheinlich, daß deine Mutter im Laufe der nächsten Stunde verschwindet. Außerdem, wenn wir uns ein Boot – äh – leihen würden und damit zur ›Chevalier‹ hinausführen... ich bin nicht gerade scharf darauf, bei dieser Festbeleuchtung entdeckt zu werden. Aber es sind Wolken im Anmarsch. Warten wir lieber noch ein bißchen. Festina lente.«

»Festina *was*?« fragte Rory verblüfft.

»Du bist wirklich ein reichlich ungebildeter junger Mann«, schalt ihn Harlow, aber sein Lächeln strafte seine tadelnden Worte Lügen. »Das ist eine alte lateinische Redensart und heißt: Eile mit Weile.«

Sie schlichen davon und erreichten schließlich ein Hafenrestaurant. Harlow begutachtete es von außen und schüttelte den Kopf. Desgleichen bei dem zweiten Restaurant. Erst das dritte schien seinen Wünschen zu entsprechen. Es war dreiviertel leer. Sie setzten sich an ein Fenster, an dem Vorhänge die Sicht nach draußen versperrten – aber auch die Sicht nach innen.

»Wo liegt der Unterschied zwischen diesem und den beiden anderen Restaurants?« fragte Rory.

Harlow zog den Vorhang ein Stückchen beiseite. »Von diesem hier hat man eine gute Aussicht.« Und Rory mußte zugeben, daß sie von ihrem Platz aus eine ausgezeichnete Sicht auf die »Chevalier« hatten.

»Aha«, sagte er und überflog lustlos die Speisekarte. »Ich bringe keinen Bissen hinunter.«

Fünf Minuten später dampften zwei riesige Teller mit Bouillabaisse vor ihnen auf dem Tisch. Und weitere fünf Minuten später war Rorys Teller so leer, als käme er frisch aus dem Geschirrschrank. Harlow musterte lächelnd den Teller und dann Rory. Aber urplötzlich verschwand das Lächeln aus seinem Gesicht.

»Rory, schau mich an. Schau auf keinen Fall zur Bar. Benimm dich ganz natürlich. Es ist nämlich gerade ein Mann hereingekommen, den ich flüchtig kenne. Er heißt Bloke und verließ das Coronado-Team ein paar Wochen nachdem ich dort angefangen hatte. Dein Vater hat ihn wegen Diebstahls gefeuert. Er stand auf sehr gutem Fuß mit Tracchia, und aus der Tatsache, daß er jetzt hier ist, kann man schließen, daß sich daran nichts geändert hat.«

Der Mann, der mit einem Glas Bier an der Bar saß, trug einen braunen Overall und war bemerkenswert hager. Er nahm einen Schluck aus seinem Glas, und sein Blick fiel auf den Spiegel, der hinter der Bar aufgehängt war. Und augenblicklich erkannte er Harlow, der an einem Tisch saß und sich ernsthaft mit Rory unterhielt. Er erstickte beinahe an seinem Bier. Er stellte sein Glas auf die Theke, legte ein paar Münzen daneben und verließ das Lokal so unauffällig wie möglich.

»Er wurde ›Yonnie‹ genannt. Seinen richtigen Namen kenne ich nicht. Ich glaube, wir haben ihn überzeugt, daß wir ihn weder gesehen noch erkannt haben. Wenn er mit Tracchia zusammenarbeitet, dann können wir sicher sein, daß Tracchia bereits an Bord ist. Entweder hat Tracchia ihm eine kurze Pause genehmigt, damit er etwas trinken konnte, oder er hat ihn weggeschickt, weil er keine Zeugen haben will, wenn er mich auf der Jacht schnappt.«

Harlow zog wieder den Vorhang beiseite, und sie schauten hinaus. Ein kleines, von einem Außenbordmotor angetriebenes Boot steuerte direkt auf die »Chevalier« zu. Rory warf Harlow einen fragenden Blick zu.

»Unser lieber Tracchia ist ein sehr impulsiver Mensch. Deshalb hat er es als Rennfahrer auch nie so weit gebracht, wie es eigentlich seinen Fähigkeiten entspricht. In fünf Minuten wird er irgendwo draußen auf mich warten, um mich niederzuschießen, sobald ich das Restaurant verlasse. Bring mir ein Stück Schnur und etwas Klebeband. Ich glaube, wir werden es brauchen. Warte an der Landungstreppe auf mich.«

Als Harlow nach dem Ober rief, um zu bezahlen, verließ Rory das Lokal. Sobald er durch den Perlenvorhang auf die Straße getreten war, fing er an zu rennen. Außer Atem erreichte er den Ferrari, machte den Kofferraum auf, stopfte sich die Schnur und die Rolle Klebeband in die Hosentaschen, machte den Kofferraum wieder zu, zögerte einen Moment, öffnete die Tür zum Fahrersitz und holte die vier Pistolen unter dem Sitz hervor. Er wählte die kleinste aus, schob die drei anderen wieder in ihr Versteck, musterte diejenige, die er in der Hand hielt, entsicherte sie, blickte sich schuldbewußt um und schob die Pistole in eine Innentasche seiner Jacke. Mit schnellen Schritten ging er zum Ufer hinunter.

In der Nähe der Landungsbrücke standen zwei Reihen Fässer, immer zwei übereinander. Harlow und Rory standen schweigend in der Dunkelheit, ersterer mit der Waffe im Anschlag. Sie konnten das kleine Boot, das von der Jacht zurückkehrte, sowohl sehen als auch hören. Der Außenbordmotor veränderte seinen Klang und verstummte schließlich. Schritte kamen die hölzerne Treppe herauf, und dann erschienen zwei Gestalten auf dem Kai: Tracchia und Yonnie, ersterer mit einem Gewehr in der Hand. Harlow trat aus dem Schatten und sagte:

»Keine falsche Bewegung. Die Waffe weg. Hände hoch und mit dem Rücken zu mir hinstellen. Ich bin es zwar allmählich leid, mich dauernd zu wiederholen, aber ich sage es euch auch noch einmal: Wer auch nur mit der Wimper zuckt, bekommt eine Kugel in den Hinterkopf. Und ihr verlaßt euch besser nicht darauf, daß ich aus einer Entfernung von anderthalb Metern danebenschieße. Rory, schau doch mal nach, was unsere lieben Freunde bei sich haben.« Die Untersuchung erbrachte zwei Pistolen.

»Wirf sie ins Wasser. Kommt, ihr beiden. Hinter die Fässer da. Gesicht nach unten und die Hände auf den Rücken. Rory, kümmere dich um unseren Freund Yonnie.«

Dank der erst kürzlich erworbenen, aber dafür sehr intensiven Übung brauchte Rory nicht einmal zwei Minuten, um Yonnie fachgerecht zu verschnüren.

»Du weißt, wofür wir das Klebeband brauchen?«

Rory wußte, wofür sie das Klebeband brauchten. Er ging nicht gerade sparsam damit um, und als er fertig war, hatte Yonnie nicht mehr die geringste Chance, irgendeinen Laut von sich zu geben.

»Kann er atmen?« fragte Harlow.

»Gerade noch.«

»Gerade noch ist genug. Nicht, daß ich mich grämen würde, wenn du dich geirrt hättest. Wir lassen ihn hier. Nach Tagesanbruch wird ihn sicher irgend jemand finden. Wenn nicht, ist es mir auch egal. Hoch, Tracchia.«

»Aber sind Sie nicht...«

»Mr. Tracchia brauchen wir. Wer sagt uns denn, daß an Bord der Jacht nicht noch eine Wache ist? Tracchia ist ein Spezialist auf dem Gebiet der Geiselnahme, er wird also verstehen, daß wir ihn brauchen.«

Rory blickte zum Himmel hinauf. »Die Wolke, die sich auf den Mond zu bewegt, läßt sich aber reichlich Zeit.«

»Sie scheint es wirklich nicht besonders eilig zu haben. Aber das ist jetzt nicht mehr so wichtig. Wir haben ja jetzt eine Lebensversicherung dabei.«

Das Boot glitt über das Wasser. Tracchia saß am Steuer, Harlow saß ihm gegenüber und hielt die Waffe auf ihn gerichtet.

Rory saß am Bug und schaute nach vorn. Sie waren jetzt nur noch hundert Meter von der weißblauen Jacht entfernt.

Im Ruderhaus der Jacht schaute ein hochgewachsener, muskulöser Mann aufmerksam durch ein Fernglas. Sein Gesicht verfinsterte sich. Er legte das Fernglas weg, nahm eine Pistole von einem Tischchen, verließ das Ruderhaus, kletterte die Leiter hinauf und legte sich bäuchlings flach auf das Dach der Kabine. Das Dingi kam längsseits, legte an der kleinen Leiter an, die am Heck angebracht war, und Rory vertäute es. Auf einen Wink von Harlow kletterte Tracchia als erster die Leiter hinauf und trat langsam einen Schritt zurück, als Harlow mit auf ihn gerichteter Waffe die Leiter hochkletterte. Rory folgte. Harlow bedeutete Rory, dort zu bleiben, wo er war, stieß Tracchia den Lauf seiner Waffe in den Rücken und machte sich daran, das Boot zu durchsuchen. Eine Minute später befanden sich Harlow, Rory und der sichtbar zornbebende Tracchia in dem hellerleuchteten Salon der Jacht.

»Es sieht aus, als sei niemand an Bord. Ich nehme an, daß Mrs. MacAlpine sich hinter der verschlossenen Tür unten befindet. Ich will den Schlüssel haben, Tracchia.«

»Keine Bewegung!« sagte eine tiefe Stimme hinter ihnen. »Dreht euch nicht um. Laß die Waffe fallen.«

Harlow gehorchte. Der Seemann trat durch die Hintertür in den Salon.

Tracchia lächelte entzückt. »Gut gemacht, Pauli.«

»Es war mir ein Vergnügen, Mr. Tracchia.« Er ging an Rory vorbei, versetzte ihm verächtlich einen Stoß, daß er in die Ecke einer Sitzbank flog, und bückte sich, um Harlows Waffe aufzuheben.

»Jetzt lassen Sie bitte die Waffe fallen! Sofort!« Rorys Stimme zitterte merkbar.

Pauli fuhr herum. Er war völlig überrascht. Rory hielt die Waffe mit beiden Händen umklammert. Sie zitterten noch mehr als seine Stimme.

Pauli grinste breit. »Na, sieh mal einer an. Was für ein tapferer kleiner Kampfhahn.« Er brachte seine Waffe in Anschlag.

Rorys Hände und Arme zitterten wie Espenlaub in einem Herbststurm. Er preßte die Lippen aufeinander, kniff die Augen zu und drückte ab. In dem kleinen Raum war der Knall ohrenbetäubend, aber nicht laut genug, um Paulis Schmerzensschrei zu übertönen. Pauli starrte wie betäubt auf seine zerschmetterte rechte Schulter. Zwischen den Fingern seiner linken Hand, die er auf die Wunde preßte, quoll ein Blutstrom hervor. Tracchia machte ein ähnlich verdattertes Gesicht, aber sein Ausdruck änderte sich unvermittelt, als Harlow einen tückischen linken Haken in seinen Magen landete. Tracchia fiel vornüber. Harlow ließ seine Handkante auf Tracchias Nacken heruntersausen, aber Tracchia war hart im Nehmen. Immer noch vornübergebeugt, stolperte er durch die Hintertür auf das Achterdeck hinaus. Auf seinem Weg kam er an Rory vorbei, der sehr blaß und geschwächt aussah und dem man deutlich anmerkte, daß er für diese Nacht genug von Schießübungen hatte. Und das war gut so, denn Harlow war seinem Opfer so dicht auf den Fersen, daß Rory mit seinen merkwürdigen Zielmethoden durchaus ihn hätte treffen können.

Rory schaute den verwundeten Pauli an und blickte dann auf die beiden Waffen hinunter, die vor seinen Füßen lagen. Er stand auf und richtete seine Waffe auf Pauli. »Setzen!« kommandierte er.

Obwohl Pauli vor Schmerzen halb benommen war, beeilte er sich, zu gehorchen. Man konnte nicht sagen, wo Rorys nächster Schuß hingehen würde. Als er in eine Ecke des Salons schlurfte, hörte man von draußen plötzlcih das Geräusch von Schlägen und Schmerzenslaute. Rory hob die beiden Waffen auf und rannte hinaus.

Der Kampf hatte seinen Höhepunkt erreicht. Tracchia lag mit dem Rücken auf der Reling und strampelte wie ein Wilder mit den Füßen. Sein Oberkörper hing über dem Wasser. Harlows Hände lagen um seinen Hals. Tracchia seinerseits bearbeitete Harlows zerschundenes Gesicht, aber er hatte damit keinen sichtbaren Erfolg. Unerbittlich stieß Harlow ihn immer weiter hinaus. Plötzlich änderte er die Taktik, nahm seine linke Hand von Tracchias Kehle, griff damit unter Tracchias Oberschenkel und wollte ihn über Bord werfen.

»Ich kann nicht schwimmen«, krächzte Tracchia. »Ich kann nicht schwimmen.« Seine Worte waren kaum zu verstehen.

Wenn Harlow ihn verstanden hatte, merkte man ihm jedenfalls nicht das geringste an. Mit einem letzten Ruck schob er Tracchia über die Reling, die strampelnden Beine verschwanden, und Tracchia klatschte mit einer solchen Wucht auf dem Wasser auf, daß es bis zu Harlows Gesicht hochspritzte. Die Wolkenbank hatte den Mond schließlich doch noch erreicht. Harlow starrte etwa fünfzehn Sekunden lang aufmerksam auf das Wasser hinunter, holte schließlich seine Taschenlampe heraus und ließ ihren Strahl über die Wasserfläche gleiten, die das Boot umgab. Noch einmal spähte er über die Reling und wandte sich dann, schwer atmend, an Rory: »Vielleicht hat er die Wahrheit gesagt, vielleicht kann er wirklich nicht schwimmen.«

Rory riß sich das Jackett herunter. »*Ich* kann schwimmen. Ich kann sogar ausgezeichnet schwimmen, Mr. Harlow.«

Harlow packte ihn mit eisernem Griff am Hemdkragen. »Du bist doch tatsächlich übergeschnappt, Rory MacAlpine!«

Rory blickte ihn lange unverwandt an, dann nickte er, zog sein Jackett wieder an und sagte: »Vernichtungsaktion?«

»Ja.« Sie gingen in den Salon zurück. Pauli saß zusammengekrümmt auf einem Sofa und stöhnte vor sich hin. »Den Schlüssel zu Mrs. MacAlpines Kabine, wenn ich mal bitten darf.«

Pauli nickte in Richtung auf ein kleines Schränkchen. Harlow fand den Schlüssel, nahm den Erste-Hilfe-Kasten vom Haken, schob Pauli mit gezückter Pistole vor sich her nach unten, öffnete die Tür der ersten Kabine, schob Pauli hinein und warf ihm den Erste-Hilfe-Kasten hinterher. »In einer halben Stunde wird ein

Arzt hier sein. Und bis dahin ist es mir egal, ob du verreckst oder am Leben bleibst.« Er verließ die Kabine und sperrte die Tür hinter sich zu.

In der nächsten Kabine saß eine etwa vierzigjährige Frau auf einem Hocker neben ihrer Koje. Obwohl sie durch ihre lange Gefangenschaft sehr abgemagert und blaß war, war sie immer noch eine Schönheit. Die Ähnlichkeit mit ihrer Tochter war geradezu auffallend. Sie war völlig apathisch – die Personifizierung von Resignation und Verzweiflung. Sie mußte den Schuß und den Kampf auf Deck gehört haben, aber ihrem Gesicht war nichts anzumerken.

Ein Schlüssel wurde im Schloß umgedreht, die Tür ging auf und Harlow trat in die Kabine. Sie rührte sich nicht. Er trat bis auf einen Meter an sie heran, aber sie starrte unverwandt auf einen Fleck zu ihren Füßen.

Harlow berührte ihre Schulter und sagte sehr sanft: »Ich bin gekommen, um Sie nach Hause zu bringen, Marie.«

Sie hob langsam den Kopf und starrte ungläubig in das Gesicht, das sie verständlicherweise nicht gleich erkannte. Nur ganz allmählich wurde eine Erinnerung in ihr wach. Sie stand unsicher auf, versuchte zu lächeln, machte einen zittrigen Schritt auf ihn zu, schlug ihre dünnen Arme um seinen Hals und vergrub ihr Gesicht an seiner Schulter.

»Johnny Harlow«, flüsterte sie. »Mein lieber, lieber Johnny. Was ist mit Ihrem Gesicht passiert?«

»Nichts, was die Zeit nicht heilen könnte«, sagte Harlow munter. »Und eigentlich war es gar nicht so schlimm.« Er klopfte ihr auf den Rücken, als wolle er ihr dadurch verdeutlichen, daß er tatsächlich da war, und schob sie dann sanft von sich. »Ich glaube, ich kenne jemanden, der Sie sehr gerne wiedersehen möchte, Marie.«

Für einen Mann, der behauptete, nicht schwimmen zu können, schoß Tracchia mit geradezu unglaublicher Geschwindigkeit durch das Wasser. Er erreichte die Landungstreppe, stolperte zum Kai hinaus und rannte zur nächsten Telefonzelle. Er meldete ein R-Gespräch nach Vignolles an und mußte beinahe fünf Minuten waren, bis die Verbindung zustande kam: Der französische Telefondienst ist nicht gerade der beste der Welt. Er fragte nach

Jacobson und erreichte ihn schließlich in seinem Zimmer. Tracchias Bericht über die Ereignisse des Abends war zwar präzise, aber streckenweise unnötig ausführlich, weil er seine Erzählung mit einem reichhaltigen Repertoire von Flüchen ausschmückte. »Das wär's, Jake«, sagte er schließlich. »Dieser gerissene Hund hat uns alle überlistet.«

Jacobson saß auf seinem Bett, und sein Gesicht war wutverzerrt, doch er hielt sich eisern unter Kontrolle. »Wir sind noch nicht am Ende. Unsere Trumpfkarten haben wir verloren. Also müssen wir uns Ersatz beschaffen. Verstehst du, was ich meine? Ich bin in einer Stunde in Bandol. Wir treffen uns an der üblichen Stelle.«

»Brauche ich einen Paß?«

»Ja.«

»Er ist in meinem Nachttisch. Und bring mir um Himmels willen etwas Tockenes zum Anziehen mit, sonst habe ich noch vor Morgengrauen eine Lungenentzündung.«

Als Tracchia aus der Telefonzelle trat, lächelte er breit. Er ging zu den Kisten und Fässern hinüber, um sich einen geschützten Platz zu suchen, von dem aus er die »Chevalier« im Auge behalten konnte, und stolperte buchstäblich über den auf dem Boden liegenden Yonnie.

»Mensch, Yonnie, dich hatte ich ja ganz vergessen!« Der gefesselte und geknebelte Mann blickte flehend zu ihm auf. Tracchia schüttelte den Kopf.

»Tut mir leid, Yonnie. Ich kann dich jetzt noch nicht losbinden. Dieser verdammte Harlow, genauer gesagt, der junge MacAlpine, hat Pauli angeschossen. Und ich mußte um mein Leben schwimmen. Die beiden müssen jeden Moment an Land kommen. Und es ist gut möglich, daß Harlow sich vergewissert, daß du noch hier bist. Und wenn du dann verschwunden bist, wird er augenblicklich Alarm schlagen. Wenn er dich aber noch vorfindet, wird er denken, daß er dich ruhig noch eine Weile hier liegen lassen kann. Das gibt uns etwas Spielraum. Wenn sie weg sind, nimm das kleine Boot und fahr damit zur ›Chevalier‹ raus. Such dir eine Tasche und stopfe alle Papiere aus den beiden obersten Schubladen des Kartentisches hinein. Nicht auszudenken, wenn sie der Polizei in die Hände fielen! Unter anderem wären dann auch deine Tage gezählt. Nimm meinen Wagen und fahre mit der Tasche in deine Wohnung. Und dort wartest du auf mich, klar?

Wenn du die Papiere hast, bist du aus dem Schneider. Harlow hat dich nicht erkannt, es war zu dunkel, und niemand kennt deinen Namen. Verstanden?«

Yonnie nickte verdrießlich und wandte sein Gesicht dem Hafen zu. Tracchia nickte. Das Geräusch eines Außenbordmotors klang auf, und kurz darauf erschien das kleine Boot vor dem Bug der ›Chevalier‹. Tracchia ging vorsichtshalber dreißig Meter das Ufer entlang. Das Dingi legte an. Rory stieg als erster aus und vertäute das Boot. Harlow half Marie ans Ufer und stieg dann mit ihrem Koffer in der Hand hinter ihr die Treppe hinauf. In der rechten Hand hielt er seine Waffe. Tracchia spielte kurz mit dem Gedanken, Harlow im Dunkeln zu überfallen, verwarf den Gedanken jedoch sofort wieder. Er wußte, daß Harlow nicht in der Stimmung war, irgendwelche Risiken einzugehen und ihn wenn nötig ohne die geringsten Hemmungen erschießen würde.

Harlow ging direkt zu der Stelle, an der Yonnie lag, beugte sich über ihn, richtete sich wieder auf und sagte: »Der ist noch sicher verpackt.« Die drei überquerten die Straße und gingen auf die Telefonzelle zu, die Tracchia soeben benutzt hatte, und Harlow trat hinein. Tracchia glitt im Schutze der Kisten und Fässer lautlos auf Yonnie zu. Er zog ein Messer aus der Tasche und durchschnitt die Fesseln. Yonnie setzte sich auf. Seinem Gesicht nach zu urteilen, hätte er viel darum gegeben, einen lauten Schmerzensschrei ausstoßen zu können. Er rieb sich die schmerzenden Hände und Handgelenke: Rory hatte wirklich keinerlei Rücksicht auf seinen Kreislauf genommen. Nach und nach entfernte er mühsam und nicht gerade schmerzlos das Klebeband von seinem Mund. Er öffnete den Mund, aber Tracchia legte ihm sofort die Hand darauf, um die Flut von Flüchen, die Yonnie mit Sicherheit hatte ausstoßen wollen, im Keim zu ersticken.

»Ruhig!« flüsterte Tracchia. »Sie sind auf der anderen Straßenseite. Harlow telefoniert gerade.« Er nahm die Hand von Yonnies Mund. »Wenn sie gehen, werde ich ihnen folgen, um festzustellen, ob sie Bandol wirklich verlassen. Sobald sie außer Sicht sind, schnappst du dir das Dingi. Aber nimm die Ruder. Wir wollen nicht riskieren, daß Harlow das Motorengeräusch hört und zurückkommt, um nachzusehen, was hier los ist.«

»Ich soll rudern?« fragte Yonnie heiser. Er bewegte seine Finger und zuckte zusammen. »Meine Hände sind völlig tot.«

»Dann solltest du sie besser schnellstens zum Leben erwecken«, sagte Tracchia ohne Mitleid. »Sonst wirst du nämlich sterben, mein Lieber. Ah, jetzt rührt sich was.« Er senkte seine Stimme noch mehr. »Er hat gerade die Zelle verlassen. Halt dich ja still! Dieser verdammte Harlow hört die Flöhe husten.«

Harlow, Rory und Mrs. MacAlpine gingen die Straße entlang und verschwanden schließlich um eine Ecke. »Los!« sagte Tracchia.

Er sah Yonnie nach, der zum Landungssteg eilte, und hastete dann hinter dem Trio her. Etwa drei Minuten lang folgte er ihnen in sicherer Entfernung, dann verlor er sie plötzlich aus den Augen, als sie links in eine Straße einbogen. Er spähte vorsichtig um die Ecke, stellte fest, daß die Straße eine Sackgasse war, zögerte und richtete sich plötzlich kerzengerade auf, als er das Aufröhren eines Ferrarimotors hörte. Immer noch heftig zitternd – seine nassen Kleider klebten ihm eiskalt auf der Haut – preßte er sich in einen Hauseingang. Der Ferrari schoß aus der Sackgasse, und bog nach links in die Straße ein, die aus Bandol herausführte. Tracchia blickte dem Wagen nach, bis die Schlußlichter verschwunden waren, dann eilte er zur Telefonzelle zurück.

Wieder mußte er schier endlos warten, bis die Verbindung mit Vignolles zustande kam. Endlich erreichte er Jacobson. »Harlow ist gerade mit Rory und Mrs. MacAlpine abgefahren. Bevor sie losfuhren, hat Harlow telefoniert – bestimmt hat er Mr. MacAlpine benachrichtigt, daß er seine Frau gefunden hat. Wenn ich du wäre, würde ich mich durch die Hintertür verkrümeln.«

»Keine Sorge«, sagte Jacobson seelenruhig. »Ich verschwinde durch die Hintertür. Und dann über die Feuerleiter. Unsere Koffer sind schon im Aston, und unsere Pässe habe ich in der Tasche. Und jetzt beschaffe ich noch den dritten Paß. Bis dann.«

Tracchia legte den Hörer auf die Gabel. Gerade wollte er die Tür der Zelle öffnen, als er plötzlich zu versteinern schien. Ein großer schwarzer Citroën war lautlos ans Ufer gerollt. Nur sein Standlicht war eingeschaltet. Und als er anhielt, verlosch auch das. Keine Sirene heulte, und kein Blaulicht blitzte, aber dennoch war es offensichtlich, daß es sich um einen Polizeiwagen handelte. Die Türen des Wagens öffneten sich, und vier uniformierte Polizisten sprangen heraus. Tracchia drückte die Tür der Zelle so weit auf, daß die automatische Beleuchtung ausging, preßte sich so eng wie möglich in die Dunkelheit und betete, daß er nicht bemerkt würde. Sein Gebet wurde erhört. Die vier Polizisten gingen mit eingeschalteten Taschenlampen direkt zu der Stelle hinter den Fässern, an der Yonnie gelegen hatte. Zehn Sekunden später erschienen sie wieder, und einer von ihnen hatte etwas Undefinierbares in der Hand. Tracchia mußte es nicht sehen, um zu wissen, was es war: die Schnur und das Klebeband, die Yonnie für einige Zeit außer Gefecht gesetzt hatten. Die vier Polizisten hielten eine kurze Besprechung ab und gingen dann auf die Landungstreppe zu. Zwanzig Sekunden später glitt ein Ruderboot auf die ›Chevalier‹ zu.

Tracchia trat mit geballten Fäusten aus der Telefonzelle. Sein Gesicht war dunkel vor Wut, und er fluchte leise, aber durchaus verständlich vor sich hin. Das einzige Wort, daß man hier wiedergeben kann und das immer wieder in seiner Schimpfkanonade auftauchte, war ›Harlow‹. Tracchia hatte erkannt, daß er sich geirrt hatte: Harlow hatte nicht in Vignolles angerufen, sondern die Ortspolizei alarmiert. In ihrem Zimmer in Vignolles machte sich Mary gerade für das Abendessen zurecht, als es klopfte. Sie öffnete die Tür und sah sich Jacobson gegenüber. »Kann ich Sie einen Moment unter vier Augen sprechen, Mary? Es ist sehr wichtig.«

Sie musterte ihn erstaunt und trat dann zur Seite, um ihn ins Zimmer zu lassen. Jacobson schloß die Tür.

»Was ist los?« fragte sie neugierig. »Was gibt es denn so Wichtiges?«

Jacobson zog eine Pistole aus seinem Gürtel. »Sie! Ich bin in Schwierigkeiten und ich brauche sozusagen eine Versicherung, um nicht noch mehr in Schwierigkeiten zu kommen. Und diese Versicherung sind Sie. Packen Sie ein paar Sachen zusammen und stecken Sie Ihren Paß ein.«

Jacobson trat ans Bett und ließ die Schlösser ihres Koffers zuschnappen. »Wunderbar. Dann können wir ja gleich gehen.«

»Wo bringen Sie mich hin?«

»Los, los, wir gehen!« Er hob drohend die Waffe.

»Wenn Sie mir nicht sagen, wohin die Reise geht, müssen Sie mich erschießen, um mich mitnehmen zu können. Das wäre dann Nummer acht.«

»Nach Cuneo. Und noch ein Stück weiter.« Seine Stimme klang zwar grob, aber was er sagte, klang ehrlich: »Ich bringe keine Frauen um. In vierundzwanzig Stunden sind Sie wieder frei.«

»In vierundzwanzig Stunden bin ich tot.« Sie nahm ihre Handtasche. »Darf ich noch schnell ins Bad? Mir ist schlecht.«

Jacobson öffnete die Tür des Badezimmers, und ließ seinen Blick durch den kleinen Raum wandern. »Kein Fenster. Kein Telefon. Okay.«

Mary ging ins Bad, machte die Tür hinter sich zu, nahm einen Kugelschreiber aus ihrer Handtasche, schrieb ein paar Worte auf ein Blatt Papier, legte das Papier mit der beschriebenen Seite nach unten auf den Boden hinter der Tür und verließ das Badezimmer wieder. Jacobson erwartete sie, in der einen Hand ihren Koffer, in der anderen seine Pistole. Die Hand mit der Waffe hatte er tief in seiner Jackettasche vergraben.

An Bord der ›Chevalier‹ stopfte Yonnie gerade die letzten Papiere aus den beiden Schubladen des Kartentisches in eine große Aktentasche. Er kehrte in den Salon zurück, legte die Aktentasche auf ein Sofa und ging den Seitengang entlang zu den Kabinen. Er trat in seine eigene Kabine und verbrachte fünf eilige Minuten damit, seine Habseligkeiten in einer Segeltuchtasche zu verstauen. Dann durchsuchte er hastig die anderen Kabinen. Seine Suche erwies sich als erfolgreich, und seine Beute wanderte ebenfalls in seine Tragtasche. Er zog den Reißverschluß der Tasche zu und machte sich auf den Weg nach oben. Vier Schritte vor dem Ziel blieb er plötzlich stehen, als sei er gegen eine unsichtbare Mauer gelaufen. Eigentlich hätte sein Gesicht Unglauben und Entsetzen zeigen sollen, aber nichts dergleichen war der Fall. Yonnie hatte keine Gefühle mehr, also konnte er auch keine zeigen.

Auf den Sofas im Salon saßen völlig entspannt vier sehr große, bewaffnete Polizisten. Ein Sergeant, der die Aktentasche auf den Knien hatte und sie mit einem Ellenbogen festhielt, hielt seine Pistole auf die Stelle gerichtet, wo Yonnies Herz sitzen mußte, und fragte freundlich: »Wolltest du gerade gehen, Yonnie?«

12

Diesmal ließ Harlow sich nicht soviel Zeit. Aber er raste auch nicht. Wie auf der Fahrt von Vignolles nach Bandol sah er auch jetzt keinen Grund für besondere Eile. Mrs. MacAlpine saß auf dem Beifahrersitz und hatte sich auf Harlows Drängen doppelt angeschnallt. Auf dem Rücksitz lag Rory und döste vor sich hin.

»Sie sehen also, es war alles ziemlich einfach«, sagte Harlow. »Jacobson war der Chef dieses Unternehmens. Es wird sich herausstellen, daß die Gebrüder Marzio die Drahtzieher waren, Jacobson kam auf die Idee, auf die Grand-Prix-Fahrer zu setzen, und er steuerte sein Glück, indem er nicht weniger als fünf Fahrer bestach. Die Zahl der Mechaniker war sogar noch höher. Er bezahlte sie gut – aber er machte ein Vermögen. Ich war ihm ein Dorn im Auge – er war klug genug, nicht an mich heranzutreten, und da ich die meisten Rennen gewann, wurde die Sache für ihn ziemlich schwierig. Also versuchte er in Clermont-Ferrand, mich aus dem Weg zu räumen. Dafür habe ich Beweise – sowohl Fotos als auch Filmaufnahmen.«

Rory richtete sich verschlafen auf: »Aber wie konnte er das machen, während Sie auf der Piste waren?« fragte er.

»Auf zweierlei Art. Mit einer funkgesteuerten Sprengladung an einer Verstrebung der Radaufhängung oder mit einer chemisch gesteuerten Sprengladung an den hydraulischen Bremsschläuchen. Ich nehme an, daß beide Konstruktionen sich bei ihrer Explosion in Nichts auflösten. Jedenfalls wurde Jacobson dabei gefilmt, wie er sowohl eine Verstrebung der Radaufhängung als auch einen Bremsschlauch auswechselte.«

»Deshalb hat er wohl auch darauf bestanden, die Unfallwagen immer allein zu reparieren«, sagte Rory.

Harlow nickte und blickte eine Weile gedankenverloren geradeaus. »Aber wie – wie konnten Sie sich auf so furchtbare Weise erniedrigen?« fragte Mrs. MacAlpine.

»Nun, angenehm war es wirklich nicht. Aber Sie wissen ja, was für ein Rummel um mich gemacht wurde. Ich konnte mir ja nicht einmal unbemerkt die Zähne putzen und viel weniger einen geheimen Auftrag ausführen. Also mußte ich eine Möglichkeit finden, aus dem Rampenlicht zu kommen und ein Einzelgänger werden. So schwierig war es gar nicht. Und der Grund, weshalb ich schließlich sogar den Job als Transporterfahrer annahm, war der, daß ich unbedingt wissen mußte, ob das Zeug aus der Coronado-Garage kam oder nicht.«

»Das Zeug?«

»Der Schnee. So heißt Heroin im europäischen Jargon.«

Marie schauderte zusammen. »Wußte James darüber Bescheid?«

»Er wußte seit sechs Monaten, daß der Transporter eine Rolle bei der Sache spielte. Merkwürdigerweise kam er aber nie auf die Idee, daß Jacobson in der Geschichte drinstecken könnte. Wahrscheinlich kannte er ihn schon zu lange, um so etwas zu vermuten. Jedenfalls mußten die Verbrecher sich irgendwie dagegen absichern, daß Ihr Mann den Mund aufmachte. Und dann kamen sie auf Sie. Und damit hatten sie gleich zwei Fliegen mit einer Klappe geschlagen, denn sie erpreßten von Ihrem Mann außerdem noch pro Monat etwa fünfundzwanzigtausend Pfund.«

Sie schwieg fast eine Minute lang und fragte dann: »Wußte James, daß ich noch am Leben war?«

»Ja.«

»Und er wußte all diese Monate über die Heroingeschichte Bescheid. Denken Sie nur an all die Menschen, deren Leben dadurch zerstört wurde und die vielleicht sogar starben. Denken Sie an alle ...«

Harlow löste seine rechte Hand vom Steuerrad und nahm ihre linke Hand. »Ich glaube, er hat sich so verhalten, weil er Sie liebt.«

Ein Wagen kam ihnen mit abgeblendeten Scheinwerfern entgegen. Harlow blendete ebenfalls ab. Einen Augenblick lang, wie aus Versehen, blendete der entgegenkommende Wagen auf, dann gleich wieder ab. Als die Wagen aneinander vorbeifuhren, wandte sich der Fahrer des anderen Wagens an das Mädchen, das mit gefesselten Händen auf dem Beifahrersitz saß.

»Na, ist das nicht wundervoll!« sagte Jacobson höchst vergnügt. »Unser junger Lochinvar fährt in die falsche Richtung!«

In dem Ferrari sagte Mrs. MacAlpine zu Harlow: »Wird James vor Gericht müssen – wegen Mitwisserschaft bei diesem Heroinhandel?«

»James wird nie und aus keinem Grund vor Gericht kommen.«

»Aber Heroin ...«

»Heroin?« Harlow blickte sich fragend zu Rory um. »Hast du gehört, daß irgend jemand etwas von Heroin gesagt hat?«

»Mutter hat eine ziemlich schwere Zeit hinter sich, Mr. Harlow. Ich glaube, sie fängt an, sich alles mögliche einzubilden.«

In einem Außenbezirk von Bandol hielt der Aston Martin vor einem verdunkelten Café. Tracchia löste sich zitternd aus dem Schatten und stieg hinten in den Wagen ein.

»Du hast unsere Versicherungspolice dabei, wie ich sehe«,

sagte er. »Du mußt irgendwo vor Bandol halten. Wenn ich nicht sofort aus diesen nassen Klamotten herauskomme, erfriere ich.«

»In Ordnung. Wo ist Yonnie?«

»Im Kittchen.«

»Um Himmel willen! Wieso denn das?« Jacobsons stoischer Gleichmut war sichtlich erschüttert. »Was ist denn passiert?«

»Bevor ich mit dir telefonierte, schickte ich Yonnie mit dem Dingi zur Jacht raus. Ich sagte ihm, er solle die Papier holen, die in den beiden obersten Schubladen des Kartentisches lagen. Du weißt, wie wichtig diese Papiere sind, Jake?«

»Ich weiß.« Die Verkrampfung in Jacobsons Stimme war nicht zu überhören.

»Erinnerst du dich noch, daß ich dir sagte, Harlow habe mit Vignolles telefoniert? Ich hatte mich geirrt. Der verdammte Mistkerl hatte die Ortspolizei von Bandol alarmiert. Die Beamten kamen gerade an, als ich die Zelle verlassen wollte. Sie ruderten zur ›Chevalier‹ hinaus und schnappten ihn dort.«

»Und was ist mit den Papieren?«

»Einer der Polypen trug einen großen Diplomatenkoffer.«

»Ich glaube nicht, daß uns das Klima in Bandol besonders gut bekommt.« Jacobson hatte seine Seelenruhe wiedergefunden. Er fuhr los, aber nicht so schnell, daß es Aufmerksamkeit erregen konnte. Als sie die Außenbezirke der Stadt erreichten, sagte er: »Das wär's also. Durch die Papiere und die Filmkassette ist die Operation gestorben. Schluß, aus, Ende.« Er schien bemerkenswert ruhig.

»Und was jetzt?«

»Jetzt kommt die Operation Flucht. Den Plan dafür habe ich schon seit Monaten fertig. Als erstes fahren wir zu unserer Wohnung in Cuneo.«

»Weiß niemand darüber Bescheid?«

»Niemand, außer Willi. Und der hält bestimmt den Mund. Außerdem läuft sie nicht auf unseren Namen.« Er fuhr an den Straßenrand und hielt an einer dichten Baumgruppe. »Der Kofferraum ist nicht verschlossen, und in dem grauen Koffer sind Sachen für dich. Die nassen Klamotten läßt du am besten unter den Bäumen liegen.«

»Warum? Der Anzug ist tadellos...«

»Was glaubst du, wird passieren, wenn wir am Zoll gefilzt werden und man bei uns nasse Kleider findet?«

»Du hast recht«, sagte Tracchia und stieg aus. Als er nach zwei oder drei Minuten zurückkam, saß Jacobson auf dem Rücksitz. »Soll ich fahren?« fragte Tracchia.

»Wir haben es eilig, und ich bin kein Rennfahrer.« Als Tracchia den Motor anließ, fuhr er fort: »Ich glaube kaum, daß wir mit dem Zoll und der Polizei am Col de Tende Schwierigkeiten haben werden. Die Fahndung wird bestimmt erst in ein paar Stunden eingeleitet. Es ist sehr gut möglich, daß Marys Verschwinden bisher noch gar nicht bemerkt worden ist. Und außerdem weiß niemand, in welche Richtung wir fahren. Ich wüßte nicht, weshalb sie die Grenzpolizei benachrichtigen sollten. An der Schweizer Grenze können wir vielleicht in Schwierigkeiten geraten.«

»Was hast du vor?«

»Wir bleiben zwei Stunden in Cuneo. Den Aston lassen wir in der Garage stehen und nehmen statt dessen den Peugeot. Wir packen das Nötigste zusammen, schnappen uns unsere falschen Pässe und die übrigen Ausweispapiere und lassen dann Erita und den Fotografen kommen. Innerhalb einer Stunde hat Erita unsere liebe Mary in eine Blondine verwandelt, und kurz darauf wird sie auch schon einen schönen, britischen Paß haben. Dann fahren wir in die Schweiz. Wenn die Fahndung bereits angelaufen ist, werden die Jungs an der Grenze die Augen offen halten. Jedenfalls so weit offen, wie sie das mitten in der Nacht noch können. Aber sie werden nach einem Aston-Martin Ausschau halten, in dem ein Mann und ein braunhaariges Mädchen sitzen – natürlich nur vorausgesetzt, daß unsere Freunde in Vignolles es geschafft haben, zwei und zwei zusammenzuzählen, was ich allerdings ernsthaft bezweifle. Aber auf keinen Fall werden sie nach einem Peugeot suchen, in dem zwei Männer und eine Blondine sitzen, die Pässe vorweisen, in denen völlig andere Namen stehen.«

Tracchia fuhr inzwischen beinahe mit Höchstgeschwindigkeit, und er mußte brüllen, um sich verständlich zu machen: Der Aston-Martin ist ein fabelhafter Wagen, aber nicht gerade für seinen leisen Motor berühmt. Es gab scharfe Kritiker, die behaupteten, daß die Motoren für die David-Brown-Traktor-Division versehentlich in eine falsche Karosserie eingebaut wurden. Und einige Ferrari- und Lamborghinibesitzer bezeichneten ihn als den schnellsten Lastwagen Europas. »Du scheinst deiner Sache sehr sicher zu sein«, sagte Tracchia.

»Das bin ich auch.«

Tracchia warf einen Blick auf das Mädchen neben sich. »Und was wird aus Mary? Wir sind weiß Gott keine Engel, aber ich möchte nicht, daß ihr etwas geschieht.«

»Ich habe ihr gesagt, daß ihr nichts geschieht, und ich halte mein Wort. Sie ist lediglich unsere Geisel, wenn die Polizei hinter uns her ist.«

»Oder Johnny Harlow.«

»Oder Johnny Harlow. Wenn wir in Zürich angekommen sind, gehen wir nacheinander auf die Bank; und einer paßt auf sie auf, während der andere Geld abholt und überweist. Und dann verschwinden wir.«

»Glaubst du, daß wir in Zürich mit Schwierigkeiten rechnen müssen?«

»Nein. Wir sind weder festgenommen noch verurteilt worden, also werden unsere Züricher Freunde den Mund halten. Außerdem reisen wir unter anderen Namen und haben Nummernkonten.«

»Und du meinst, wir können einfach so verschwinden? Wenn auf jedem Flugplatz der Welt unsere Fotos hängen?«

»Das gilt nur für die großen Flughäfen. Aber es gibt auch jede Menge kleinere. Auf dem Flughafen Kloten gibt es eine private Fluggesellschaft, und einer der Piloten ist ein Freund von mir. Er wird offiziell nach Genf fliegen. Auf diese Weise umgehen wir den Zoll. Aber in Wirklichkeit werden wir weit weg von der Schweiz landen. Er kann jederzeit behaupten, daß er zur Kursänderung gezwungen wurde – Luftpiraterie ist heute ja sozusagen an der Tagesordnung. Zehntausend Franken sollten eigentlich sämtliche Schwierigkeiten aus der Welt schaffen.«

»Du denkst wirklich an alles, was, Jake?« In Tracchias Stimme lag echte Bewunderung.

»Man tut sein Bestes.« Jacobsons Stimme klang sogar fast zufrieden. »Man tut sein Bestes.«

Vor dem Chalet in Vignolles stand der rote Ferrari. MacAlpine hielt seine schluchzende Frau in den Armen, aber er sah nicht so glücklich aus, wie man es hätte annehmen sollen. Dunnet gesellte sich zu Harlow.

»Wie geht es Ihnen, mein Junge?«

»Ich bin ganz schön erledigt.«

»Ich habe schlechte Nachrichten, Johnny. Jacobson ist verschwunden.«

»Den kriege ich schon.«

»Es kommt noch schlimmer, Johnny.«

»Wieso?«

»Er hat Mary mitgenommen.«

Harlow stand stocksteif da, auf seinem Gesicht zeigte sich keine Reaktion. »Weiß James es?« fragte er.

»Ich habe es ihm gerade gesagt. Und ich glaube, er ist gerade dabei, es seiner Frau beizubringen.« Er gab Harlow ein Blatt Papier. »Das habe ich in Marys Badezimmer gefunden.«

Harlow las halblaut: »Jacobson nimmt mich nach Cuneo mit«, und sagte ohne Übergang: »Ich bin schon unterwegs.«

»Sie können jetzt nicht losfahren, Mann. Sie sind total erschöpft! Das haben Sie selbst gesagt.«

»Ich bin wieder ganz in Ordnung. Kommen Sie mit?«

Dunnet schickte sich in das Unvermeidliche. »Selbstverständlich. Aber ich habe keine Waffe.«

»Wir haben jede Menge«, sagte Rory und brachte die vier Pistolen zum Vorschein.

»Wir?« fragte Harlow. »Du bleibst hier.«

»Darf ich Sie daran erinnern, daß ich Ihnen heute nacht zweimal das Leben gerettet habe, Mr. Harlow«, sagte Rory streng. »Und bekanntlich sind ja aller guten Dinge drei. Ich habe ein Recht darauf, mitzukommen.«

Harlow nickte. »Du hast recht.«

MacAlpine und seine Frau starrten die drei wie betäubt an. Auf ihren Gesichtern lag eine Mischung aus Glück und Verwirrung.

»Alexis hat mir alles erzählt«, sagte MacAlpine mit Tränen in den Augen. »Ich weiß, daß ich nicht lange genug leben werde, um mich bei Ihnen so oft zu bedanken, wie Sie es verdienten. Und ich werde mir nie verzeihen können, daß ich Sie so falsch eingeschätzt habe. Sie haben Ihre Karriere geopfert, um mir Mary zurückzubringen.«

»Geopfert?« fragte Harlow ruhig. »Das ist doch Unsinn. Die nächste Saison kommt bestimmt.« Er lächelte ohne Fröhlichkeit. »Und dann habe ich ein paar harte Konkurrenten weniger.« Wieder lächelte er, aber diesmal aufmunternd. »Ich bringe Mary bestimmt zurück. Mit Ihrer Hilfe, James. Jeder kennt Sie. Und Sie kennen jeden und sind außerdem noch Millionär. Von hier nach

Cuneo gibt es nur eine einzige Straße. Rufen Sie jemanden in Nizza an, am besten den Inhaber einer großen Transportfirma. Bieten Sie den Leuten 10 000 Pfund dafür, daß sie das Ende der Straße über die Col de Tende auf der französischen Seite verbarrikadieren. Mein Paß ist verschwunden. Verstehen Sie?«

»Ich habe einen Freund in Nizza, der für diese Gefälligkeit keinen Pfennig verlangt. Aber was soll das für einen Sinn haben, Johnny? Die Sache ist doch eine Aufgabe für die Polizei.«

»Nein. Und ich denke gar nicht an die hierzulande übliche Methode, gesuchte Wagen erst mit Kugeln zu durchlöchern und dann die Leichen zu verhören. Was ich...«

»Johnny, es spielt doch keine Rolle, ob die Polizei sie als erste erwischt oder Sie. Ich weiß jetzt, daß Sie schon seit langer Zeit unterrichtet sind. Die beiden sind diejenigen, die mich ins Gefängnis bringen werden.«

»Es gibt noch einen dritten«, korrigierte Harlow. »Willi Neubauer. Aber der wird bestimmt nicht den Mund aufmachen. Wenn er die Entführung gesteht, bekommt er noch zehn Jahre als Zugabe. Sie haben mir nicht zugehört, James. Rufen Sie in Nizza an. Und zwar jetzt gleich. Ich habe nur gesagt, daß ich Mary zurückbringen werde, mehr nicht.«

MacAlpine und seine Frau standen nah beieinander und lauschten dem schnell leiser werdenden Dröhnen des Ferrarimotors. Ganz leise fragte Marie MacAlpine: »Was hat Johnny mit seinen letzten Worten gemeint?«

»Ich muß sofort in Nizza anrufen. Danach genehmigen wir uns den größten Drink, den das Chateau zu bieten hat, essen eine Kleinigkeit, und dann gehen wir schlafen. Wir können im Augenblick nichts tun als warten.« Er schwieg einen Moment und sagte dann beinahe traurig: »Ich habe meine Grenzen. Ich bin eben kein Johnny Harlow.«

»Was hat er gemeint, James?«

»Was er gesagt hat.« MacAlpine drückte seine Frau fest an sich. »Er hat dich zurückgebracht, nicht wahr? Und Mary wird er auch zurückbringen. Weißt du nicht, daß die beiden sich lieben?«

»Was hat er gemeint, James?«

Mit tonloser Stimme sagte er: »Er hat gemeint, daß keiner von uns Jacobson und Tracchia jemals wiedersehen wird.«

Die alptraumähnliche Fahrt zum Col de Tende verlief, abgesehen von einer einzigen Ausnahme, in völligem Schweigen, teils, weil Harlow ausschließlich auf die Aufgabe konzentriert war, die vor ihm lag, und teils, weil Dunnet sich in einem Zustand befand, der sehr nahe an nacktes Entsetzen herankam. Harlow holte aus dem Ferrari nicht nur heraus, was drin war – nach Ansicht seiner beiden Mitfahrer holte er noch bedeutend mehr heraus. Auf der Schnellstraße zwischen Cannes und Nizza warf Dunnet einen Blick auf den Tachometer. Die Nadel stand wie festgeklebt auf der 260-Stundenkilometer-Marke.

»Darf ich etwas sagen?« fragte er.

Harlow warf ihm einen Blick zu. »Natürlich.«

»Sie sind der beste Fahrer der Welt, vielleicht sogar der beste Fahrer aller Zeiten, verflucht und zugenäht, aber was in Dreiteufelsnamen...«

»Aber, aber, zähmen Sie Ihre Zunge«, tadelte Harlow ihn milde, »mein minderjähriger zukünftiger Schwager sitzt hinter uns.«

»Auf diese Weise verdienen Sie Ihren Lebensunterhalt?«

»Ja.« Der angeschnallte Dunnet suchte verzweifelt Halt, als Harlow bremste, herunterschaltete und mit etwa hundertsechzig Kilometern in der Stunde und kreischenden Reifen in eine Kurve ging, die andere Fahrer, so gut sie auch fahren mochten, niemals schneller als mit siebzig genommen hätten. Harlow sagte gelassen: »Aber Sie müssen zugeben, daß es besser ist als arbeiten.«

»Hol Sie der Teufel!« Dunnet sank schweigend in sich zusammen und schloß die Augen, als bete er. Und wahrscheinlich traf das auch zu.

Die Nationalstraße 204, die Straße zwischen Nizza und La Giandola, ist von der Stelle ab, wo sie in die Straße von Ventimiglia einmündet, äußerst kurvenreich, hat einige besonders tückische Haarnadelkurven zu bieten und steigt manchmal bis auf etwa neunhundert Meter an, aber Harlow raste sie entlang, als befände er sich auf einer Autobahn. Inzwischen hatte auch Rory die Augen geschlossen. Vielleicht waren sie erschöpft, aber viel wahrscheinlicher war, daß sie nicht sehen wollten, was passierte.

Die Straße war wie leergefegt. Sie fuhren über den Col de Braus, in halsbrecherischem Tempo durch den Sospel und durch den Col de Brouis und erreichten La Giandola, ohne einem einzigen Wagen begegnet zu sein. Und das war gut so, denn es stand durchaus nicht fest, daß der Fahrer eines entgegenkommenden Wagens keinen Nervenzusammenbruch erlitten hätte. Dann fuhren sie durch Saorge, Fontan und schließlich durch Tende selbst. Kurz hinter Tende reckte sich Dunnet und öffnete die Augen.

»Lebe ich noch?« fragte er.

»Ich glaube schon.«

Dunnet rieb sich die Augen und fragte: »Was haben Sie da gerade über Ihren Schwager gesagt?«

»›Gerade‹ ist schon eine ganze Weile her«, sagte Harlow. »Es sieht so aus, als müsse sich jemand um die Familie MacAlpine kümmern. Und es kann nicht schaden, wenn ich ganz offiziell diese Aufgabe übernehme.«

»Sie sind vielleicht ein Geheimniskrämer. Sind Sie verlobt?

»Nein, eigentlich nicht. Ich habe sie noch gar nicht gefragt, ob sie mich will. Ich habe übrigens eine Neuigkeit für Sie, Alexis: Sie werden diesen Wagen nach Vignolles zurückbringen, während ich den Schlaf des Gerechten schlafen werde. Und zwar auf dem Rücksitz. Mit Mary.«

»Sie haben sie noch nicht einmal gefragt, ob sie Sie haben will, und sind vollkommen überzeugt davon, daß Sie sie befreien werden.« Dunnet schaute Harlow ungläubig an und schüttelte den Kopf. »Sie, mein lieber Johnny Harlow, sind der arroganteste Mensch, den ich jemals kennengelernt habe.«

»Beschimpfen Sie meinen zukünftigen Schwager nicht, Mr. Dunnet«, kam Rorys Stimme schläfrig von hinten. »Übrigens, wenn ich Ihr Schwager werde, Mr. Harlow, kann ich Sie dann nicht Johnny nennen?«

Harlow lächelte. »Du kannst mich nennen wie du willst, solange du es mit angemessenem Respekt tust.«

»Jawohl, Mr. Harlow, ich meine Johnny.« Rorys Stimme war plötzlich hellwach. »Seht ihr, was ich sehe?«

Vor sich sahen sie die Rücklichter eines Wagens, der die tückischen Haarnadelkurven am unteren Ende des Col de Tende entlangfuhr.

»Ich beobachte ihn schon eine ganze Weile. Es ist Tracchia.«

»Woher wollen Sie das wissen?« fragte Dunnet.

»Ich erkenne es an zwei Dingen.« Harlow schaltete zweimal herunter, bevor er in die erste Haarnadelkurve hineinfuhr. »Es gibt in ganz Europa keine sechs Leute, die einen Wagen so fahren können.« Er schaltete noch einmal herunter und durchfuhr die Haarnadelkurve mit der Gelassenheit eines Mannes, der zu Hause im Lehnstuhl sitzt. »Zeigen Sie einem Kunstexperten fünfzig verschiedene Gemälde und er wird Ihnen sofort sagen, wer sie gemalt hat. Ich meine nicht Maler, die sich in ihrem Stil so auffällig unterscheiden wie zum Beispiel Rembrandt und Renoir. Ich meine Maler, die einen sehr ähnlichen Stil haben. Und ich kann jeden Grand-Prix-Fahrer der Welt sofort an seinem Fahrstil erkennen. Aber das ist natürlich nicht so schwer, denn es gibt bedeutend mehr Maler als Grand-Prix-Fahrer. Tracchia hat die Angewohnheit, vor einer Kurve leicht abzubremsen und dann mit Vollgas hindurchzurauschen.« Er jagte den Ferrari mit quietschenden Reifen durch die nächste Kurve. »Es ist Tracchia.«

Und er hatte recht. Jacobson, der neben ihm saß, schaute ängstlich durch das Rückfenster nach hinten. »Hinter uns kommt jemand.«

»Es ist eine öffentliche Straße. Jeder darf sie benutzen.«

»Glaub mir, Nikki, das ist nicht irgend jemand.«

Im Ferrari sagte Harlow: »Ich glaube, wir sollten uns bereit halten.« Er drückte auf einen Knopf, und die Fensterscheiben glitten surrend herunter. Dann griff er nach seiner Waffe und legte sie neben sich. »Und ich wäre euch beiden sehr verbunden, wenn keiner von euch Mary erschießen würde.«

»Ich hoffe bloß, daß der Tunnel blockiert ist«, sagte Dunnet und zog seine Pistole aus der Tasche.

Der Tunnel war blockiert. Und zwar vollkommen. In der Öffnung steckte, quer und anscheinend unverrückbar, ein riesiger Möbelwagen.

Der Aston-Martin schoß aus der letzten Haarnadelkurve heraus. Tracchia stieß eine Flut von Flüchen aus und brachte den Wagen mit kreischenden Reifen zum Stehen. Beide Männer starrten ängstlich durch das Rückfenster. Auch Mary schaute sich um, aber auf ihrem Gesicht lag keine Angst, sondern Hoffnung.

»Sag mir jetzt bloß nicht, daß dieser verdammte Lastwagen zufällig da steht«, sagte Jacobson. »Du mußt wenden, Nikki. Mein Gott, da sind sie schon!«

Der Ferrari schlitterte aus der letzten Kurve und raste auf sie zu. Tracchia versuchte verzweifelt, den Wagen herumzureißen, was allerdings erheblich erschwert wurde, als Harlow den Ferrari in die Seite des Aston rammte. Jacobson hatte seine Waffe in der Hand und schoß ziellos in die Gegend.

»Jacobson!« befahl Harlow. »Nicht Tracchia. Sonst erwischt ihr womöglich Mary.«

Die beiden Männer lehnten sich aus den Fenstern und feuerten. Im gleichen Augenblick wurde ihre Windschutzscheibe getroffen. Jacobson duckte sich, aber es war zu spät. Er schrie auf, als zwei Kugeln sich in seine linke Schulter bohrten. Die allgemeine Verwirrung und den Lärm nutzte Mary, um die Wagentür zu öffnen und aus dem Wagen zu springen, so schnell ihr verkrüppelter Fuß es erlaubte. Keiner bemerkte, daß sie den Wagen verlassen hatte.

Tracchia, von dem nur der obere Teil seines Kopfes hinter der Windschutzscheibe zu sehen war, schaffte es, den Aston freizubekommen und zu wenden. Mit aufheulendem Motor schoß er davon. Vier Sekunden später war ihm der Ferrari, in der Dunnet Mary schnell noch hereingezerrt hatte, bereits dicht auf den Fersen. Ohne sich um die Schnittwunden zu kümmern, die er sich dabei zuziehen konnte, hatte Harlow mit der Faust die zerschmetterte Windschutzscheibe durchschlagen. Dunnet benutzte vorsichtshalber den Griff seiner Pistole, um die Scherben aus dem Rahmen zu schlagen.

Auf der rasenden Fahrt durch die gefährlichen Haarnadelkurven schrie Mary immer wieder angstvoll auf. Rory hatte den Arm ganz fest um seine Schwester gelegt, und obwohl er keinen Ton von sich gab, war er genauso von Angst geschüttelt wie Mary. Dunnet, der durch das Loch schoß, wo vorher die Windschutzscheibe gewesen war, sah auch nicht gerade glücklich aus. Harlows Gesicht war ruhig und unversöhnlich. Für einen unbeteiligten Betrachter mußte es aussehen, als säße ein Wahnsinniger am Steuer des Wagens: doch Harlow hatte den Wagen völlig unter Kontrolle. Zur Begleitmusik der kreischenden Reifen und des röhrenden Motors raste er die Serpentinen des Col de Tende hinunter, wie es noch niemand vor ihm getan hatte – und ganz sicher niemand nach ihm tun würde. Nach der sechsten Haarnadelkurve war er bis auf ein paar Meter an den Aston herangekommen.

»Nicht mehr schießen!« brüllte Harlow. Er mußte brüllen, sonst hätte man ihn bei dem Höllenlärm, den der Motor in den unteren Gängen machte, nicht verstanden.

»Warum?«

»Weil wir noch nicht sicher sein können, auch zu treffen.«

Der Aston schlitterte, nur noch eine Wagenlänge vor dem Ferrari, in eine scharfe Rechtskurve. Harlow beschleunigte, anstatt abzubremsen, steuerte scharf nach rechts, und der Wagen stellte sich mit kreischenden Reifen quer zur Fahrspur, scheinbar völlig außer Kontrolle geraten. Aber Harlow hatte sein Manöver genau berechnet – wenn auch haarsträubend knapp.

Die eine Seite des Ferrari prallte mit voller Wucht gegen die Seite des Aston. Nach dem Aufprall wurde der Ferrari zur Straßenmitte geschleudert, während der Aston, hoffnungslos manövrierunfähig, auf den Straßenrand zurutschte. Und jenseits dieses Straßenrandes gähnte eine hundertachtzig Meter tiefe Schlucht.

Harlow sprang genau in dem Augenblick aus dem haltenden Ferrari, als der Aston verschwand. Die anderen traten zu ihm. Alle vier blickten in den Abgrund hinunter.

Der Aston fiel wie in Zeitlupe und überschlug sich auf seinem Weg in die Tiefe immer wieder. Dann verschwand er in der Dunkelheit, aber als er unten aufschlug, gab es einen scharfen Knall, und die riesige, orangefarbene Stichflamme, die aus dem Wrack schlug, schien fast bis zu ihnen heraufzureichen. Danach senkte sich absolute Stille über die Szene.

Oben auf der Straße standen die vier regungslos, wie in Trance. Nach einer Weile schauderte Mary zusammen und vergrub ihr Gesicht an Harlows Schulter. Er legte den Arm um ihre Schulter und starrte, scheinbar ohne etwas zu sehen, in die Dunkelheit hinunter.

Jenseits der Grenze

1

Gleichmäßig und unablässig blies der Wind aus Norden, und die Nachtluft war bitter kalt. Nichts bewegte sich über die weite Schneefläche. Unter dem hohen Himmel, an dem die Sterne schimmerten, dehnte sich die winterlich starre Ebene, leer und verlassen, endlos nach allen Seiten, bis sie in der Ferne undeutlich verging an einem unbelebten Horizont. Über allem lag das Schweigen des Todes.

Doch diese Leere war eine Täuschung, das wußte Reynolds. Und auch das Schweigen und die Einsamkeit waren trügerisch. Nur der Schnee war real, der Schnee und diese eisige Kälte, die ihm bis ins Mark drang und ihn am ganzen Körper so heftig erzittern ließ, als ob ihn ein Fieber schüttelte. Auch das Gefühl der Schläfrigkeit, das ihn allmählich überkam, war keine Illusion, war real, und er wußte nur allzu genau, was es zu bedeuten hatte. Mit verbissener, ja mit geradezu verzweifelter Energie unterdrückte er jeden Gedanken an Kälte, Schnee und Schlaf und konzentrierte sich ausschließlich auf das Problem, am Leben zu bleiben.

Langsam und mit größter Vorsicht, um jede unnötige Bewegung, jedes Geräusch zu vermeiden, schob er die Hand unter die Aufschläge seines Trenchcoats und holte aus seiner Brusttasche sein Taschentuch, das er zu einem Ball zusammendrückte und sich in den Mund stopfte, um die Wolken, die sein Atem in der kalten Luft bildete, und das Klappern seiner Zähne zu dämpfen. Dann drehte er sich in dem tiefen Schnee des Straßengrabens, in den er gefallen war, vorsichtig um und streckte die Hand – sie war inzwischen durch die Kälte seltsam blau und weiß gefleckt – suchend nach seinem Hut aus, den er verloren hatte, als er vorhin vom Baum gefallen war. Er fand ihn und zog ihn langsam zu sich heran. So gründlich, wie seine erstarrten Finger, in denen kaum noch ein Gefühl war, es ihm gestatteten, bedeckte er Kopfteil und Rand des Hutes mit einer dicken Schneeschicht, stülpte sich den Hut tief über seinen verräterisch dunklen Haarschopf und hob in geradezu groteskem Zeitlupentempo Kopf und Schultern, bis erst der Hutrand und dann seine Augen über den Rand des Grabens sahen.

Obwohl er vor Kälte heftig zitterte, war jeder Muskel seines Körpers so straff gespannt wie die Sehne eines Bogens, während er, mit einem flauen Gefühl in der Magengrube, auf den lauten Ausruf wartete, der bedeutete, daß man ihn entdeckt hatte, oder auf den Schuß und das dumpfe Krachen, mit dem ein Geschoß seinen Kopf als Ziel fand und sein Bewußtsein auslöschte. Doch es kam kein Ruf, kein Schuß, und sein Bewußtsein wurde mit jedem Augenblick, der verging, nur noch wacher und schärfer. Er warf einen raschen, spähenden Blick rings in die Runde, und soviel schien völlig sicher: Es war niemand da, jedenfalls nicht in der Nähe, niemand, den er oder der ihn hätte sehen können.

Genauso vorsichtig und langsam, jetzt aber nicht mehr mit angehaltenem Atem, sonden in langen Zügen ein- und ausatmend, richtete Reynolds sich auf, bis er in dem Graben kniete. Er zitterte noch immer vor Kälte, doch er spürte es nicht mehr, und die Schläfrigkeit war so völlig von ihm abgefallen, als ob es ein Traum gewesen wäre. Erneut wanderte sein prüfender Blick den ganzen Umkreis des Horizontes ab, diesmal langsam und so eindringlich, daß den scharfen braunen Augen keine Einzelheit entging, und wieder war die Antwort dieselbe: Es war niemand und nichts zu sehen, nichts als das kalte Funkeln der Sterne in dem dunklen Samt des Himmels, die flache, weiße Ebene, einige vereinzelte Baumgruppen und die Biegung der Straße neben ihm, auf der der Schnee von den Reifen schwerer Lastwagen festgefahren war.

Reynolds duckte sich wieder in die tiefe Mulde, die sein fallender Körper in die Schneewehen im Straßengraben gedrückt hatte. Er mußte sich Zeit lassen. Er brauchte Zeit, um wieder zu Atem zu kommen, um den Lufthunger seiner noch immer keuchenden Lungen zu stillen.

Kaum zehn Minuten waren vergangen, seit die Straßenkontrolle, die plötzlich aufgetaucht war und den Lastwagen, auf dem er ohne Wissen des Fahrers mitgefahren war, angehalten hatte, seit dem kurzen, heftigen Handgemenge mit den beiden überraschten Polizisten, die den Laderaum des Lasters inspiziert hatten, seit dem schnellen Kurzstreckenlauf um die schützende Straßenbiegung herum und dem anschließenden mühsamen Langstreckenlauf bis zu der Baumgruppe, neben der er jetzt lag, der ihn an den Rand der Erschöpfung gebracht hatte. Er brauchte Zeit, um sich zu überlegen, aus welchem Grunde wohl die Polizei es so rasch aufgegeben haben mochte, ihn weiter zu verfolgen – den Leuten war offenbar klar, daß ihm gar nichts anderes übrigblieb, als auf der Straße zu bleiben. Denn der tiefe, unberührte Schnee rechts und links der Straße hätte nicht nur seine Flucht zum Schneckentempo verlangsamt, sondern ihn auch durch die frischen Spuren, die in dieser sternenklaren Nacht so leicht zu sehen waren, sofort verraten. Vor allem aber brauchte er Zeit, um zu überlegen, was jetzt zu tun war.

Es war typisch für Michael Reynolds, daß er keine Zeit damit verlor, sich Vorwürfe zu machen oder zu überlegen, wie es vielleicht gekommen wäre, wenn er sich anders verhalten hätte. Er war durch eine sehr harte Schule gegangen, in der ein so überflüssiger Luxus wie etwa die Reue über das, was unwiderruflich vorbei und erledigt war, und überhaupt jede Art nutzloser Spekulation und negativer Empfindung, wodurch die Entschlußkraft und die Einsatzbereitschaft möglicherweise beeinträchtigt werden konnte, streng verpönt waren. Er verwendete vielleicht fünf Sekunden darauf, die letzten zwölf Stunden zu überdenken, und zog dann einen endgültigen Schlußstrich darunter. Er hätte ein zweitesmal genauso gehandelt. Er hatte allen Anlaß gehabt, der Mitteilung seines Gewährsmannes in Wien Glauben zu schenken, wonach der Luftweg nach Budapest zur Zeit nicht in Frage kam – für die Dauer der gegenwärtig dort stattfindenden Tagung internationaler Wissenschaftler war die Überwachung des Flughafens durch die ungarische Sicherheitspolizei strenger denn je. Dasselbe galt für die Bahnhöfe und alle Züge, die aus dem Ausland kamen. Blieb also nur die Straße: zunächst schwarz über die Grenze – was keine große Leistung war, wenn man erfahrene Helfer hatte, und Reynolds hatte die besten gehabt, die es überhaupt gab – und dann eine Fahrt als blinder Passagier auf irgendeinem Lastwagen, der in östlicher Richtung unterwegs war. Unmittelbar vor Budapest, auch das hatte sein Wiener Gewährsmann ihm mitgeteilt, war mit ziemlicher Sicherheit mit einer Straßenkontrolle zu rechnen, und Reynolds war darauf auch vorbereitet gewesen: worauf er nicht vorbereitet war, und was auch keiner seiner Gewährsmänner gewußt hatte, das war die Straßenkontrolle östlich von Komarom gewesen, rund siebzig Kilometer vor Budapest. Das war nun einmal eine dieser Pannen, wie sie jedem passieren konnten – und diesmal war halt er derjenige, dem es passierte. Es war ebenso typisch für ihn – oder vielleicht sollte man genauer sagen: Es war typisch für die strenge geistige Schulung, die er während seiner langen Ausbildungszeit durchgemacht hatte, daß seine Gedanken an die Zukunft völlig eingleisig und ausschließlich auf das Erreichen eines bestimmten Zieles gerichtet waren. Sein Kopf arbeitete fieberhaft, während er da in der eisigen Kälte in seiner Schneemulde lag, die verschiedenen Möglichkeiten durchdachte, sich einen Plan machte und das Für und Wider gegeneinander abwog; doch diese Überlegungen waren völlig frei von der gefühlsmäßigen Färbung, wie sie bei dem Gedanken an die möglichen positiven Auswirkungen einer erfolgreich durchgeführten Mission oder die tragischen Folgen des Mißlingens an sich normal gewesen wäre. »Sie müssen an die Aufgabe denken, immer an die Ihnen gestellte Aufgabe«, hatte der Oberst gesagt, einmal, zweimal, tausendmal. »Ob Sie bei dem, was Sie tun, Erfolg haben oder nicht, mag für andere außerordentlich wichtig sein, doch für Sie selbst muß das vollkommen unwichtig sein. Für Sie, Reynolds, gibt es keine Konsequenzen, darf es Konsequenzen einfach nicht geben, und zwar aus zweierlei Gründen: Der Gedanke daran würde einmal Ihre Entschlußkraft und Ihr Urteilsvermögen beeinträchtigen – und außerdem wäre jede Sekunde, die Sie an derartig negative Überlegungen verschwenden, in jedem Falle eine Sekunde, die Sie dringend dafür benötigen, sich die Durchführung der Ihnen gestellten Aufgabe zu überlegen.«

Die Aufgabe, immer nur die Aufgabe. Reynolds mußte grimmig lächeln, während er da in dem Graben lag und darauf wartete, daß sein Körper wieder zur Ruhe kam. Die Chancen für das Gelingen waren von Anfang an kaum größer gewesen als eins zu hundert, und jetzt hatte sich dieses Mißverhältnis geradezu astronomisch zu seinen Ungunsten gesteigert. Doch die Aufgabe war und blieb dieselbe, es galt, Professor Jennings zu erreichen und ihn und all sein unschätzbares Wissen über die Grenze zu bringen, alles andere war unwichtig. Und wenn ihm das nicht gelang, dann hatte er eben versagt, und weiter war dazu nichts zu bemerken. Möglicherweise ging die Sache bereits heute nacht schief, am ersten Tag seines Einsatzes, nach achtzehn Monaten einer unerhört harten Spezialausbildung, deren Ziel einzig und allein die Durchführung dieser Aufgabe gewesen war; aber auch das war völlig gleichgültig.

Reynolds war körperlich in hervorragender Verfassung – das

verlangte der Oberst von jedem, der zu der kleinen Gruppe seiner Spezialisten gehörte –, und sein Atem war inzwischen wieder annähernd normal. Was die Polizisten bei der Straßenkontrolle anging – es mußte ein halbes Dutzend gewesen sein, denn er hatte, als er um die Biegung rannte, eben noch gesehen, wie einige weitere aus dem Wachlokal auftauchten – so blieb ihm nichts weiter übrig, als es darauf ankommen zu lassen. Und was die unmittelbare Zukunft betraf, so war jedenfalls klar, daß er nicht ewig hier liegenbleiben konnte, bis er erfror oder bis ihn das scharfe Auge des Fahrers eines vorbeikommenden Wagens entdeckte.

Er mußte sich auf den Weg machen nach Budapest, und zumindest die erste Strecke des Weges mußte er zu Fuß zurücklegen. Fünf bis sechs Kilometer mühsam querfeldein durch den hohen Schnee, und dann wieder auf die Straße. So weit mußte er sich wenigstens von der Straßenkontrolle absetzen, ehe er wagen durfte, wieder mit einem Laster mitzufahren. Mit heftig klappernden Zähnen, durchgefroren bis auf die Knochen und mit starren, gefühllosen Händen und Füßen stand Reynolds unsicher schwankend auf und begann, den festgefrorenen Schnee von seinem Mantel zu klopfen, während er gleichzeitig einen Blick in die Richtung der Straßenkontrolle warf. Eine Sekunde später lag er wieder flach auf dem Bauch im Schnee des Grabens, und sein Herz hämmerte dumpf gegen seine Rippen, während er sich verzweifelt bemühte, mit der rechten Hand seine Schußwaffe aus der Manteltasche herauszuholen, in die er sie nach dem Handgemenge mit der Polizei gesteckt hatte.

Er verstand jetzt, wieso die Polizei sich Zeit gelassen hatte, nach ihm Ausschau zu halten. Sie konnten es sich leisten. Unverständlich dagegen war ihm, wie er so dumm hatte sein können, anzunehmen, daß nur eine verräterische Bewegung oder ein unvorsichtiges Geräusch seinerseits zu seiner Entdeckung führen könnte. Er hatte nicht daran gedacht, daß es auch noch so etwas wie einen Geruchssinn gab – er hatte überhaupt nicht an Hunde gedacht. Und was die Rasse des ersten Hundes anging, der da aufgeregt schnüffelnd auf der Straße herankam, so war ein Irrtum völlig ausgeschlossen, selbst in dieser halben Dunkelheit: Ein Bluthund war, solange man überhaupt noch irgend etwas sehen konnte, unverkennbar.

Reynolds sprang auf und war mit drei raschen Schritten bei der

Baumgruppe neben ihm, während gleichzeitig einer der Herankommenden einen lauten Ausruf ausstieß, dem ein aufgeregtes
Durcheinander mehrerer Stimmen folgte; es war auch zuviel
verlangt, daß man ihn vor diesem riesigen weißen Hintergrund
nicht hätte bemerken sollen. Er seinerseits hatte mit einem letzten
kurzen Blick feststellen können, daß es vier Mann waren, jeder mit
einem Hund an der Leine, drei davon waren keine Bluthunde,
soviel war sicher.

Er trat hinter den Stamm des Baumes, dessen Äste ihm vor
knapp zehn Minuten einen so kurzen und trügerischen Schutz
gewährt hatten, zog die Schußwaffe aus seiner Manteltasche und
sah sie an: eine belgische Pistole Kaliber 6,35, Spezialausführung,
eine zuverlässige und tödliche kleine Schußwaffe, mit der er ein
Ziel, das kleiner war als eine Hand, auf zwanzig Schritt mit
unfehlbarer Sicherheit traf. Im Augenblick aber, darüber war er
sich klar, würde er Schwierigkeiten haben, selbst auf eine Entfernung von nur zehn Schritt einen Mann zu treffen, so ungenügend
reagierten seine erstarrten, zitternden Hände auf das, was er von
ihnen verlangte. Doch dann veranlaßte ihn der Instinkt, seine
Hand zu heben und sich die Waffe nahe vor die Augen zu halten –
und seine Lippen wurden schmal: Selbst in dem schwachen Licht
der Sterne konnte er sehen, daß die Mündung des Laufes durch
festgefrorenen Schneematsch blockiert und damit unbrauchbar
geworden war.

Er nahm seinen Hut, faßte ihn an der Krempe und hielt ihn so,
daß er ungefähr in Schulterhöhe auf der rechten Seite des Baumes
hervorstand, wartete einige Sekunden, bückte sich dann, so tief er
konnte, und riskierte um die linke Seite des Baumes herum einen
raschen Blick nach vorn. Die vier Polizisten, die nebeneinander
hergingen, waren mit den Hunden, die noch immer an ihren
Leinen zerrten, inzwischen bis auf dreißig Schritt heran, womöglich sogar schon näher. Reynolds schob den vor Frost weißen
Zeigefinger durch den Abzugsbügel seiner Pistole, legte die
Innenseite des Handgelenks gegen die rauhe Borke des Baums –
er mußte die Hand fest gegen den Stamm pressen, um das Zittern
einigermaßen zu unterdrücken – und mühte sich ab, mit der
linken Hand das Springmesser von seinem Gürtel loszumachen.
Die Pistole war für die Männer, das Messer für die Hunde, und die
Chancen waren ungefähr fifty-fifty: denn die Polizisten kamen
nebeneinander, quer über die Straße verteilt, auf ihn zu, die

Gewehre locker unter dem Arm – dilettantische Stümper, die weder vom Krieg noch vom Tod eine Ahnung hatten. Oder vielmehr, die Chancen wären einigermaßen gleich gewesen, wenn nicht dieser Eispfropfen in der Mündung seiner Pistole gewesen wäre; der erste Schuß konnte den Lauf frei machen, er konnte ihm aber genausogut die Hand wegreißen. Dadurch verschlechterten sich seine Aussichten, aber schließlich waren bei einem Einsatz wie diesem die Chancen ohnehin immer nur sehr gering.

Die Klinge des Messers schnappte mit lautem Klick aus der Scheide, eine zwölf Zentimeter lange, zweischneidige Stahlklinge, die bedrohlich im Licht der Sterne funkelte, während Reynolds seine Hand um den Stamm des Baumes herumschob und den Lauf seiner Pistole auf den nächsten der herankommenden Polizisten richtete. Der Finger, der am Abzug lag, krümmte sich, stockte, ließ locker – und im nächsten Augenblick war Reynolds wieder hinter dem Stamm verschwunden. Seine Hand zitterte noch heftiger als vorher, und sein Mund war plötzlich trocken geworden: Er hatte erst jetzt erkannt, zu welcher Rasse die anderen drei Hunde gehörten.

Mangelhaft ausgebildete Landgendarmen waren kein ernsthaftes Problem für ihn, mochten sie auch noch so schwer bewaffnet sein; auch mit Bluthunden konnte er es aufnehmen, und die Aussicht, mit ihnen fertig zu werden, war ziemlich groß; doch nur ein Wahnsinniger konnte auf den Gedanken kommen, es mit drei abgerichteten Dobermännern aufnehmen zu wollen. Der Dobermann, schnell wie ein Wolf, stark wie ein Schäferhund, blutgierig und ohne jede Furcht, war von allen Hunden der gefährlichste, und nur der Tod konnte seinem rasenden Angriff ein Ende machen. Reynolds schwankte nicht einen Augenblick.

Die ungewisse Chance, auf die er sich eben noch hatte einlassen wollen, war keine Chance mehr, sondern glatter Selbstmord. Und nach wie vor war seine Aufgabe das einzige, worauf es ankam. Wenn er am Leben blieb, sei es auch als Gefangener, so bestand immer noch irgendeine Hoffnung. War aber seine Kehle zerfleischt von den Zähnen eines Dobermanns, so würde weder Jennings noch das einmalige Spezialwissen des alten Mannes jemals England erreichen.

Reynolds setzte die Spitze seines Messers gegen die Borke des Baumes, schob die Klinge zurück in die lederne Scheide, legte das

Messer oben auf seinen Kopf und stülpte seinen Hut darüber. Dann warf er seine Pistole für die Füße der verblüfften Polizisten und trat hinter dem Baum hervor auf die Straße und in das Licht der Sterne, beide Hände hoch über seinem Kopf.

Zwanzig Minuten später langten sie bei dem Wachlokal der Polizei an. Sowohl seine Festnahme als auch der lange Weg zurück durch die Kälte waren ohne irgendwelche besonderen Vorkommnisse vor sich gegangen. Das Verhalten der Polizisten war völlig sachlich, fast höflich gewesen. Sie hatten ihn flüchtig nach weiteren Waffen durchsucht. Sonst aber hatten sie ihn völlig unbehelligt gelassen, hatten ihn weder irgend etwas gefragt noch seine Papiere zu sehen verlangt. Reynolds war diese Zurückhaltung, diese peinliche Korrektheit nicht ganz geheuer: eine derartige Behandlung war nicht unbedingt das, was man in einem Polizeistaat erwartete.

Der Lastwagen, auf dem er als blinder Passagier mitgefahren war, stand noch immer am Kontrollpunkt, und der Fahrer redete aufgeregt und mit beiden Händen gestikulierend auf zwei Polizisten ein, die er von seiner Unschuld zu überzeugen suchte – man hatte ihn ganz offenbar in Verdacht, etwas davon gewußt zu haben, daß Reynolds hinten auf seinem Wagen mitgefahren war. Reynolds blieb stehen und wollte etwas sagen, um den Fahrer zu entlasten, doch er kam nicht dazu: Zwei der Polizisten, die hier in der Nähe der Dienststelle und ihres unmittelbaren Vorgesetzten wieder sehr energisch und diensteifrig waren, ergriffen ihn an den Armen und schoben ihn eilig durch die Tür des Wachlokales.

Die Wache war eine kleine, viereckige Bretterbude, die Ritzen in den Wänden waren mit zusammengeknülltem, feuchtem Zeitungspapier verstopft, und das Mobiliar war spärlich: ein Kanonenofen, dessen Rohr als Esse zum Dach hinausging, ein Telefon, zwei Stühle und ein arg ramponierter, mäßig großer Schreibtisch. Hinter dem Schreibtisch saß der Wachhabende, ein kleiner, dicklicher Mann mittleren Alters, mit einem roten und unbedeutenden Gesicht. Er bemühte sich, seinen kleinen Schweinsäuglein einen kalten, durchdringenden Ausdruck zu geben, doch das gelang ihm nicht so ganz: Der Anschein dienstlicher Autorität, den er vorzutäuschen suchte, hing um ihn wie ein fadenscheiniger Mantel. Eine Null, schätzte Reynolds. Es konnte nichts schaden, ein wenig Krach zu schlagen.

Reynolds entriß sich den Händen der Polizisten, die ihn festhielten, war mit zwei Schritten am Schreibtisch und schlug mit
der Faust so kräftig auf die Schreibtischplatte, daß das Telefon
einen Satz machte und ein dünnes, klingendes Geräusch von sich
gab.

»Sind Sie der Wachhabende hier?« fragte er ungehalten.

Der Mann hinter dem Schreibtisch blinzelte verblüfft und
erschreckt, rutschte in seinem Stuhl nach hinten und war schon
dabei, in instinktiver Abwehr die Hände zu erheben, als er sich
von seinem Schreck erholte und die Bewegung unterdrückte.
Doch er wußte, daß seine Leute es bemerkt hatten, und das Rot
seines Halses und seiner Backen färbte sich noch um einen Schein
dunkler.

»Natürlich bin ich der Wachhabende hier!« Seine Stimme, die
zunächst ein hohes Quieken gewesen war, wurde um eine Oktave
tiefer, während er seine Fassung wiedergewann. »Was dachten
Sie denn?«

Reynolds ließ ihn nicht ausreden. »Was soll dann dieser Un-
fug?« fuhr er ihn an, holte seinen Paß und seinen Personalausweis
aus seiner Brieftasche und warf beides auf den Tisch. »Da, sehen
Sie sich das an, untersuchen Sie es genau! Vergleichen Sie die
Fotografie und die Fingerabdrücke, aber beeilen Sie sich gefälligst
ein bißchen. Ich bin bereits verspätet und habe keine Zeit, mich
die ganze Nacht hier mit Ihnen herumzutreiben. Also los, und
bitte ein bißchen plötzlich!«

Der kleine Mann hinter dem Schreibtisch hätte kein Mensch
sein dürfen, wenn er von soviel Selbstsicherheit und rechtschaffe-
ner Entrüstung nicht hätte beeindruckt sein sollen – und er war
durchaus ein menschliches Wesen. Langsam und innerlich widerstrebend zog er die Ausweise zu sich heran und betrachtete sie
genau.

»John Buhl«, las er laut. »Geboren Linz 1923, gegenwärtiger
Wohnort Wien, Beruf Kaufmann, Import und Export von Ma-
schinenteilen.«

»Und hier auf ausdrückliche Einladung Ihres Wirtschaftsmini-
steriums«, setzte Reynolds mit sanfter Stimme hinzu. Der Brief,
den er dabei auf den Tisch warf, war auf einem amtlichen
Briefbogen des Ministeriums geschrieben und, wie der Stempel
auf dem Umschlag erkennen ließ, vor vier Tagen in Budapest zur
Post gegangen. Reynolds angelte beiläufig mit dem Fuß nach

einem Stuhl, zog ihn zu sich heran, nahm darauf Platz und steckte sich eine Zigarette an. »Was mögen wohl Ihre Vorgesetzten in Budapest denken, wenn sie von Ihrer heutigen Leistung hören?« sagte er leise. »Ihre Aussichten auf Beförderung dürften sich dadurch kaum verbessern, möchte ich annehmen.«

»Diensteifer, selbst wenn er einmal unangebracht sein sollte, ist in unserem Lande kein strafwürdiges Vergehen.« Der Beamte hatte seine Stimme wieder einigermaßen in der Gewalt, doch seine weißen, fleischigen Hände zitterten leicht, während er den Brief in den Umschlag steckte und ihn zusammen mit den Ausweisen Reynolds zurückgab. Er verschränkte die Hände vor sich auf dem Schreibtisch, hob dann den Blick und sah Reynolds mit gerunzelter Stirn an. »Warum sind Sie davongelaufen?«

»Du lieber Gott!« sagte Reynolds und schüttelte verzweifelt den Kopf. Diese Frage mußte ja kommen, und er hatte reichlich Zeit gehabt, sich darauf vorzubereiten. »Was würden Sie denn machen, wenn im Dunkeln zwei Rowdys auf Sie losgehen und Ihnen mit ihren Schießprügeln vor der Nase herumwedeln? Würden Sie stillhalten und sich abmurksen lassen?«

»Es waren aber keine Rowdys, sondern Polizeibeamte. Das hätten Sie ...«

»Gewiß, es waren Polizeibeamte«, fiel Reynolds ihm ins Wort. »Jetzt kann ich das auch sehen – doch da hinten in dem Lastwagen war es schwarz wie die Nacht.« Er war jetzt völlig gelockert, äußerlich ruhig und entspannt, während sein Kopf fieberhaft arbeitete. »Also gut, reden wir nicht mehr davon. Es ist schließlich nicht Ihre Schuld. Sie haben einfach Ihre Pflicht getan – wenn natürlich auch Ihr dienstlicher Eifer sehr unangenehme Folgen für Sie hätte haben können. Ich mache Ihnen einen Vorschlag: Sie beschaffen mir eine Fahrgelegenheit nach Budapest, und ich vergesse die ganze Sache. Ihre Vorgesetzten brauchen von dem Vorfall überhaupt nichts zu erfahren.«

»Danke, das ist sehr freundlich von Ihnen.« Der Beamte reagierte auf den Vorschlag nicht so begeistert, wie Reynolds erwartet hatte; man hätte sogar fast meinen können, seine Stimme habe ein klein wenig spöttisch geklungen. »Sagen Sie, Herr Buhl, wie kam es überhaupt, daß Sie auf diesem Lastwagen mitfuhren? Das ist kaum ein normales Verkehrsmittel für Leute, die in so wichtigen Geschäften unterwegs sind wie Sie. Und Sie haben dem Fahrer nicht einmal etwas davon gesagt.«

»Er hätte es vermutlich abgelehnt, mich mitzunehmen – da ihm die Mitnahme unbefugter Passagiere verboten ist.« Ganz hinten in seinem Bewußtsein hörte Reynolds ein leises Warnungssignal ertönen. »Und ich hatte es eilig.«

»Wieso dann aber...«

»Der Lastwagen?« Reynolds zeigte ein unfrohes Lächeln. »Die Straßen hier sind heimtückisch. Ich kam auf dem Eis ins Schleudern, rutschte in einen tiefen Graben, und da saß ich – mit einer gebrochenen Vorderachse.«

»Sie sind mit dem Wagen gekommen? Aber Geschäftsleute, die es eilig haben...«

»Ich weiß, ich weiß!« Reynolds sprach jetzt so, daß seiner Stimme eine leichte Gereiztheit, eine gewisse Ungeduld anzuhören war. »Sie kommen mit dem Flugzeug. Aber ich hatte hinten im Wagen zweihundertfünfzig Kilo Maschinenteile: eine so verdammt schwere Musterkollektion können sie nicht im Flugzeug mitnehmen.« Ärgerlich drückte er seine Zigarette aus. »Diese Fragerei ist einfach lächerlich. Ich habe mich hinreichend ausgewiesen, und ich habe es eilig. Wie steht es also mit der Fahrgelegenheit nach Budapest?«

»Nur zwei kurze Fragen, und dann können Sie fahren«, versprach der Beamte. Er saß jetzt bequem nach hinten gelehnt in seinem Stuhl und hatte die Arme auf der Brust verschränkt, während sich Reynolds immer unbehaglicher in seiner Haut fühlte. »Sie sind direkt von Wien gekommen? Auf der Hauptstraße?«

»Selbstverständlich! Wie hätte ich denn sonst kommen sollen?«

»Heute vormittag?«

»Reden Sie doch keinen Unsinn!« Wien war keine zweihundert Kilometer von hier entfernt. »Heute nachmittag.«

»Um vier? Oder um fünf?«

»Später. Genau zehn nach sechs. Ich erinnere mich, daß ich auf meine Armbanduhr sah, als ich bei Ihrer Zollkontrolle vorbeikam.«

»Können Sie das beschwören?«

»Falls das notwendig sein sollte, ja.«

Der rasche Seitenblick und das Nicken des Polizeibeamten kamen für Reynolds völlig überraschend, und ehe er eine Bewegung machen konnte, hatten ihn drei Mann von hinten ergriffen, vom Stuhl hochgerissen, ihm die Arme vorn zusammengedrückt und ein Paar schimmernde stählerne Handschellen zuschnappen lassen.

»Was zum Teufel soll das bedeuten?« So heftig der Schock für Reynolds auch war – der Ton wütender Entrüstung in seiner Stimme hätte kaum echter klingen können.

»Weiter nichts, als daß man keine Fehler machen darf, wenn man mit Erfolg lügen will.« Der Beamte versuchte ganz gelassen zu reden, doch der Triumph in seiner Stimme und in seinen Augen war unverkennbar. »Ich habe eine interessante Neuigkeit für Sie, Herr Buhl – falls das Ihr Name sein sollte, was ich allerdings auch nicht einen Augenblick lang glaube. Die österreichische Grenze ist vierundzwanzig Stunden lang für jeglichen Verkehr gesperrt – eine normale Sicherheitskontrolle, wie ich annehme – und zwar seit heute nachmittag drei Uhr. Nach Ihrer Uhr allerdings erst seit zehn nach sechs!« Er grinste jetzt ganz unverhohlen, während er die Hand nach dem Telefon ausstreckte. »Sie sollen Ihre Fahrgelegenheit nach Budapest haben, Sie unverschämter Schwindler – und zwar in einem bewachten Polizeiauto. Wir haben schon lange keinen westlichen Spion mehr in die Finger bekommen; ich bin überzeugt, daß man mit Freuden den weiten Weg von Budapest hierher einen Wagen für Sie schicken wird, ganz speziell für Sie.«

Er verstummte plötzlich, zog die Stirn in Falten, drückte wiederholt auf die Gabel, lauschte von neuem in den Hörer, brummte irgend etwas vor sich hin und legte dann verärgert auf.

»Funktioniert schon wieder nicht! Dauernd ist mit diesem verdammten Apparat irgend etwas nicht in Ordnung.« Es war ihm nicht möglich, seine Enttäuschung zu verbergen; denn es hätte einen Höhepunkt seines Lebens bedeutet, diese wichtige Meldung persönlich durchzugeben. Er winkte einen seiner Leute heran.

»Wo ist das nächste Telefon?«

»Im Dorf, drei Kilometer von hier.«

»Gehen Sie hin, so schnell wie möglich«, sagte er, während er aufgeregt etwas auf ein Stück Papier kritzelte. »Da haben Sie die Nummer und den Wortlaut der Meldung. Vergessen Sie nicht zu sagen, daß die Meldung von mir kommt. Und beeilen Sie sich.«

Der Mann faltete den Zettel zusammen, steckte ihn in die Tasche, knöpfte sich den Mantel zu und ging hinaus.

»Ich fürchte, das wird Sie teuer zu stehen kommen«, sagte

Reynolds mit ruhiger Stimme. »Sie machen da einen sehr schweren Fehler.«

»Beharrlichkeit ist an sich eine lobenswerte Sache, doch der kluge Mann weiß, wann er aufhören muß, das Spiel weiterzutreiben«, sagte der kleine Dicke, der die Situation jetzt ausgesprochen zu genießen schien. »Der einzige Fehler, den ich gemacht habe, war, Ihnen auch nur ein einziges Wort zu glauben.« Er sah auf seine Uhr. »Es wird anderthalb Stunden dauern, oder vielleicht auch zwei, auf diesen verschneiten Straßen, ehe der – hm – Wagen für Sie da ist. Doch wir können diese Zeit sehr nützlich ausfüllen. Ich darf Sie bitten, einige Angaben zu Ihrer Person zu machen. Zunächst einmal Ihren Namen – und zwar diesmal Ihren wirklichen Namen, wenn Sie nichts dagegen haben.«

»Den kennen Sie bereits. Sie haben ja meine Papiere gesehen«, Reynolds nahm unaufgefordert wieder Platz auf dem Stuhl, wobei er seine Handschellen unauffällig einer kurzen Prüfung unterzog; sie waren stark und saßen eng um das Handgelenk, und hier war also keine Hoffnung. Auch so, selbst mit gefesselten Händen, hätte er mit dem kleinen Dicken fertig werden können – er hatte ja noch immer das Springmesser unter seinem Hut – doch es war sinnlos, daran überhaupt zu denken, denn schließlich standen hinter ihm drei bewaffnete Polizisten. »Die in meinen Papieren angegebenen Personalien entsprechen genau der Wahrheit. Ich kann hier nicht irgendwelche Lügen erzählen, nur um Ihnen gefällig zu sein.«

»Niemand verlangt von Ihnen, daß Sie Lügen erzählen sollen, Sie sollen nur, sagen wir mal, sich etwas genauer erinnern. Nun, vermutlich bedarf Ihr Gedächtnis einer kleinen Auffrischung.« Er schob seinen Stuhl zurück, erhob sich schwerfällig und kam um seinen Schreibtisch herum. »Also, wie ist Ihr Name?«

»Ich sagte Ihnen bereits...«, begann Reynolds, brach aber mit einem unterdrückten Ächzen ab, als ihm der Beamte einmal mit der offenen Hand und einmal mit dem Handrücken heftig ins Gesicht schlug. Er schüttelte leicht benommen den Kopf, hob seine gefesselten Arme und wischte sich etwas Blut vom Mundwinkel.

»Mir scheint, es zeigen sich bei Ihnen erste Ansätze zur Vernunft«, sagte der kleine Mann strahlend. »Also lassen Sie jetzt endlich den Unsinn und ersparen Sie uns weitere Unannehmlichkeiten.«

Reynolds rief ihm ein nicht wiederzugebendes Schimpfwort zu. Das schwammige Gesicht des Dicken lief dunkel an, als hätte man ihm einen Schlag mit der Peitsche versetzt. Er kam einen Schritt auf Reynolds zu, hob den Arm zu einem bösartigen Schlag – und sank dann rücklings auf seinen Schreibtisch, ächzend vor Schmerz, getroffen von dem Fuß, den Reynolds ruckartig hatte hochschnellen lassen. Sekundenlag blieb er in der Stellung, wie er gefallen war, halb an und halb auf seinem Schreibtisch liegen, stöhnend und nach Luft schnappend, während seine Leute noch immer bewegungslos dastanden, wie erstarrt durch die Plötzlichkeit, die Ungeheuerlichkeit des Geschehens. Genau in diesem Augenblick wurde die Tür weit aufgerissen, und ein Schwall eisiger Luft drang herein.

Reynolds fuhr auf seinem Sitz herum. In der weit geöffneten Tür stand ein Mann, der mit seinen durchdringenden blauen Augen – sie waren von einem auffallend hellen und intensiven Blau – jede Einzelheit der Szene in sich aufnahm. Er war schlank, breitschultrig und so groß, daß sein unbedecktes, dichtes braunes Haar fast den Türrahmen berührte, und trug einen militärischen Trenchcoat von grünlicher Farbe, mit hohem Kragen, Schulterklappen und ledernem Koppel. Das Gesicht entsprach dem Ausdruck der Augen: die buschigen Brauen, die geschwungenen Nasenflügel über dem kurzen Schnurrbart, die dünnen Lippen – das alles verlieh dem markanten, gutgeschnittenen Gesicht diese undefinierbare Autorität eines Mannes, der an sofortigen und bedingungslosen Gehorsam gewöhnt ist.

Zwei Sekunden genügten ihm, um sich über die Situation zu informieren – und Reynolds vermutete, daß dieser Mann nie länger brauchte als zwei Sekunden. Er durchquerte mit lässigen Schritten den Raum, beugte sich über den gestürzten Polizeibeamten, ergriff ihn mit einer Hand am Kragen und stellte ihn mit einem Ruck auf die Füße, ohne sich um sein aschfahles Gesicht und sein schmerzliches Ächzen und Stöhnen zu kümmern.

»Idiot!« sagte er. Die Stimme entsprach seiner ganzen Erscheinung, sie war kalt, unbeteiligt und fast ohne jede Modulation. »Wenn Sie das nächstemal jemanden – ausfragen, dann kommen Sie seinen Füßen nicht zu nahe.« Er zeigte mit einem kurzen Nicken auf Reynolds. »Wer ist dieser Mann, was haben Sie ihn gefragt und warum?«

Der Polizeibeamte warf Reynolds einen feindseligen Blick zu, schnappte mühsam nach Luft und sagte krächzend und heiser: »Sein Name ist Johann Buhl, ein Geschäftsmann aus Wien – doch das glaube ich nicht. Er ist ein Spion, ein dreckiger faschistischer Spion!«

»Natürlich.« Der Mann im grünen Trenchoat lächelte ironisch. »Alle Spione sind dreckige Faschisten. Aber ich habe Sie nicht nach Ihrer Meinung gefragt, mich interessieren die Tatsachen. Zunächst: Woher wissen Sie seinen Namen?«

»Er hat sich ausgewiesen. Aber seine Ausweise sind natürlich gefälscht.«

»Ich möchte sie sehen.«

Der Beamte reichte sie dem Mann im Trenchcoat, der sie rasch und fachmännisch prüfte.

»Hervorragend gemacht, wirklich ausgezeichnet. Könnten direkt echt sein – was sie aber nicht sind. Dieser Mann ist in der Tat unser Mann.«

Nur mit Mühe gelang es Reynolds, seine krampfhaft zur Faust geschlossenen Hände zu entspannen. Dieser Mann war ungeheuer gefährlich, gefährlicher als ein ganzes Heer stümperhafter Trottel vom Format des kleinen Polizeibeamten.

»Ihr Mann! Ihr Mann!« fragte der Polizeibeamte, der vollkommen durcheinander war. »Was meinen Sie damit?«

»Ich stelle hier die Fragen, mein Freundchen. Sie sagen, dieser Mann sei ein Spion. Wieso?«

»Er behauptet, die Grenze heute abend überschritten zu haben«, sagte der kleine Dicke, der sehr rasch seine Lektionen zu lernen schien. »Die Grenze war aber gesperrt.«

»Allerdings.« Der Fremde lehnte sich mit dem Rücken gegen die Wand, entnahm einem flachen Zigarettenetui eine russische Zigarette – das Etui war aus Gold, nicht Messing oder Chrom, der Mann mußte also ein hohes Tier sein – steckte sich die Zigarette an und betrachtete Reynolds nachdenklich. Es war der Polizeibeamte, der das Schweigen schließlich brach. Er hatte mittlerweile Zeit gehabt, seine verlorene Fassung wenigstens zu einem kleinen Teil wiederzugewinnen.

»Wieso soll ich mir eigentlich von Ihnen etwas befehlen lassen?« sagte er aufbegehrend. »Ich habe Sie noch nie im Leben gesehen. Ich bin der Wachhabende hier. Wer sind Sie überhaupt?«

Es vergingen etwa zehn Sekunden – zehn Sekunden, die der Mann im grünen Trenchcoat damit verbrachte, Reynolds von oben bis unten sehr genau in Augenschein zu nehmen – ehe er sich beiläufig zur Seite wandte und den kleinen Polizeibeamten von oben herab ansah. Die Augen blickten noch kälter, geradezu eisig, doch der Ausdruck seines Gesichts war unverändert. Der Polizist schien unter diesem Blick sonderbar zu schrumpfen, er wich zurück und drückte sich ängstlich gegen die Kante seines Schreibtisches.

»Ich bin mitunter großmütig, wenn auch nicht oft. Wir wollen fürs erste vergessen, was Sie gesagt und wie Sie es gesagt haben.« Er zeigte mit dem Kopf auf Reynolds, und sein Ton wurde um eine Idee schärfer. »Dieser Mann da blutet am Mund. Hat er versucht, bei seiner Festnahme Widerstand zu leisten?«

»Er wollte meine Fragen nicht beantworten, und...«

»Wer hat Ihnen das Recht gegeben, einen Festgenommenen zu verhören oder zu mißhandeln?« Die Stimme schlug zu wie eine Peitsche. »Sie erbärmlicher, stümperhafter Idiot, Sie hätten unter Umständen einen Schaden anrichten können, der gar nicht wieder gutzumachen ist! Überschreiten Sie Ihre Befugnisse noch ein einzigesmal, und ich werde persönlich dafür sorgen, daß Sie sich von Ihren angemaßten Amtsgeschäften ausruhen und erholen können. Vielleicht ein Urlaub am Meer – wie wäre es mit Konstanta?«

Der Polizist bekam trockene Lippen, und in seinen Augen stand die blanke Angst. Konstanta, das Gebiet der Zwangsarbeitslager für den Bau des Donaukanals, war in ganz Zentraleuropa berüchtigt: Viele waren dorthin geschickt worden, doch keiner von ihnen war jemals zurückgekehrt.

»Ich – ich dachte nur...«

»Sie dachten? Überlassen Sie das Leuten, die dazu in der Lage sind.« Er zeigte mit dem Daumen auf Reynolds. »Lassen Sie den Mann zu meinem Wagen bringen. Ich nehme an, man hat ihn durchsucht?«

»Aber selbstverständlich!« Der Beamte zitterte geradezu vor Eifer. »Und zwar gründlich.«

»Eine solche Beteuerung aus Ihrem Munde läßt eine weitere Durchsuchung dringend geboten erscheinen«, sagte der Mann im grünen Trenchcoat trocken. Er sah Reynolds an, wobei sich seine eine Braue ein wenig in die Höhe schob. »Müssen wir uns wirklich gegenseitig so weit erniedrigen – ich meine, daß ich Sie eigenhändig durchsuchen muß?«

»Unter meinem Hut befindet sich ein Messer.«

»Danke.« Der Mann hob den Hut hoch, nahm das Messer, setzte Reynolds seinen Hut höflich wieder auf, ließ die Klinge herausschnellen, betrachtete sie nachdenklich, schob sie wieder zurück in den Schaft, ließ das Messer in seiner Tasche verschwinden und sah starr den Polizisten an, der blaß geworden war.

»Ich muß los. Wie ich sehe, haben Sie da ein Telefon. Verbinden Sie mich mit der Andrassy Ut, und beeilen Sie sich ein bißchen!«

Andrassy Ut! Obwohl es Reynolds mit jedem Augenblick klarer geworden war, wen er hier vor sich hatte, erschrak er jetzt doch, als er seine Befürchtung bestätigt sah. Es gelang ihm nicht, zu verhindern, daß sich die Muskeln seines Gesichts spannten, während ihn der große Mann im Trenchcoat prüfend ansah. Die ungarische Geheimpolizei galt zur Zeit als eine der erbarmungslosesten Institutionen dieser Art hinter dem Eisernen Vorhang, und Andrassy Ut, das Hauptquartier der gefürchteten AVO, war der einzige Ort auf der ganzen Erde, den er unter allen Umständen zu meiden wünschte.

»Es scheint, dieser Name ist Ihnen nicht ganz unbekannt«, sagte der Fremde lächelnd. »Das bedeutet nichts Gutes für Sie und für die Richtigkeit Ihrer Angaben, Herr Buhl: Andrassy Ut dürfte kaum ein Name sein, der westlichen Geschäftsleuten geläufig ist.« Er wandte sich an den Polizeibeamten. »Nun, was haben Sie denn jetzt schon wieder zu stottern?«

»Das – das Telefon.« Die Stimme des kleinen Dicken, dessen Angst jetzt geradezu panisch zu sein schien, war ein hohes, quiekendes Gestammel. »Es ist außer Betrieb.«

»Wie könnte es anders sein. Überall die gleiche Tüchtigkeit. Gott helfe unserem armen Vaterland.« Er holte seine Brieftasche heraus, die er aufschlug und dem Polizeibeamten kurz vor die Nase hielt. »Das dürfte genügen, um Sie zu beruhigen.«

»Selbstverständlich, Herr Oberst, selbstverständlich!« Die Worte überschlugen sich förmlich. »Wie Sie befehlen, Herr Oberst.«

»Gut.« Die Brieftasche klappte zu, der Fremde drehte sich um und machte Reynolds eine ironische Verbeugung. »Gestatten Sie – Oberst Szendro, von der ungarischen Staatspolizei. Ich stehe Ihnen mit meinem Wagen zur Verfügung, Herr Buhl. Wir fahren unverzüglich nach Budapest. Meine Kollegen und ich haben Sie schon seit einigen Wochen erwartet, und wir sind äußerst begierig, bestimmte Dinge mit Ihnen zu besprechen.«

2

Draußen war jetzt pechschwarze Nacht, doch das Licht, das aus der offenen Tür und dem vorhanglosen Fenster des Wachlokals fiel, ergab eine ausreichende Seite der Straße – ein schwarzer, geschlossener Mercedes, der bereits mit einer dicken Schneeschicht bedeckt war. Reynolds mußte einen Augenblick warten, während der Oberst die Polizisten anwies, den Fahrer des Lastwagens freizulassen und im Laderaum des Lasters nach irgendwelchen Gepäckstücken zu suchen, die Buhl möglicherweise dort hatte zurücklassen müssen; man fand sein Handgepäck, stopfte seine Pistole in die Seitentasche – dann machte Szendro die vordere Wagentür auf und ließ Reynolds Platz nehmen.

Reynolds war felsenfest davon überzeugt, daß niemand, der einen Wagen fuhr, ihn fünfzig Meilen weit als seinen Gefangenen mitnehmen konnte, doch der Wagen war noch gar nicht abgefahren, als er bereits feststellen mußte, wie sehr er sich geirrt hatte. Während ein Polizist von links her sein Gewehr auf Reynolds gerichtet hielt, beugte sich Szendro durch die rechte Tür, öffnete das Handschuhfach vor Reynolds, holte zwei dünne Ketten heraus und ließ das Handschuhfach offen.

»Ein etwas ungewöhnlicher Wagen, mein lieber Buhl«, sagte der Oberst entschuldigend. »Aber Sie müssen das verstehen. Bei bestimmten Mitfahrern scheint es mir doch mitunter notwendig, ihnen das Gefühl einer gewissen Sicherheit zu geben.« Er schloß rasch eine der beiden Handschellen auf, schob das Endglied einer der beiden Ketten über den stählernen Bügel, ließ die Handschelle wieder zuschnappen, führte die Kette durch einen Ring an der Hinterwand des Handschuhkastens und befestigte das andere Ende der Kette an dem Bügel der anderen Handschelle. Dann legte er die zweite Kette Reynolds um die Beine, kurz oberhalb der Knie, machte die Tür zu, beugte sich durch das geöffnete Fenster herein und schloß die Kette mit einem kleinen Vorhängeschloß an der Armlehne an. Danach trat er zurück und nahm sein Werk in Augenschein.

»Zufriedenstellend, scheint mir. Sie müßten eigentlich völlig bequem sitzen und ausreichend Bewegungsfreiheit haben – allerdings nicht genug, das dürfen Sie mir glauben, um mich zu erreichen. Ebenso werden Sie feststellen, daß es Ihnen kaum möglich ist, sich aus der Tür zu stürzen, die sich ohnehin nur sehr schwer öffnen läßt, denn wie Sie sehen, fehlt an dieser Tür innen der Griff.«

Seine Stimme klang beiläufig, fast liebenswürdig scherzend; doch Reynolds gab sich keinerlei Illusionen hin. »Ebenso darf ich Sie freundlichst bitten, sich nicht etwa selbst zu verletzen, indem Sie heimlich ausprobieren, wie stark diese Ketten und ihre Verankerungen sind: Die Ketten reißen erst bei einer Belastung von etwas mehr als einer Tonne, die Armlehne ist besonders verstärkt, und dieser Ring da in dem Handschuhkasten ist unten am Chassis verankert. – Du lieber Gott, was haben Sie denn jetzt schon wieder?«

»Ich hatte ganz vergessen, es Ihnen zu sagen, Herr Oberst.« Die Stimme des Polizeibeamten war hastig und nervös. »Ich habe bei unserer Budapester Dienststelle anrufen lassen und darum gebeten, einen Wagen für diesen Mann herzuschicken.«

»So?« sagte Szendro schroff. »Und wann?«

»Ungefähr vor zehn bis fünfzehn Minuten.«

»Trottel! Warum haben Sie mir das nicht gleich gesagt. Nun, jetzt ist es zu spät. Aber es macht nichts, vielleicht ist es sogar gut. Wenn die Leute dort ein ebenso dickes Brett vorm Kopf haben wie Sie, was allerdings, das gebe ich zu, schwer vorstellbar ist, so kann ihnen die Fahrt durch die kalte Nachtluft nur guttun.«

Oberst Szendro schlug die Tür zu, schaltete das Deckenlicht über der Windschutzscheibe an, um seinen Gefangenen besser beobachten zu können, und fuhr los, Richtung Budapest. Der Mercedes hatte an allen vier Rädern Winterreifen, und Szendro holte trotz der verschneiten Straße eine gute Zeit heraus. Er fuhr mit der lässigen Sicherheit des geübten Fahrers, und seine kalten blauen Augen gingen immer wieder nach rechts, sehr oft und mit wechselnden Pausen.

Reynolds saß sehr still und starrte unverwandt nach vorn. Er hatte bereits, obwohl der Oberst ihm davon abgeraten hatte, die Stärke der Ketten getestet: Der Oberst hatte nicht übertrieben. Jetzt zwang er sich, einen kalten Kopf zu behalten und so klar und konstruktiv wie irgend möglich zu denken. Seine Situation war so gut wie hoffnungslos – sie würde völlig aussichtslos sein, sobald sie Budapest erreicht hatten. Gewiß, es gab Wunder, doch bestimmte Wunder gab es einfach nicht: Aus dem Hauptquartier der AVO, den Folterkammern in der Stalinstraße, gab es kein Entrinnen. War er erst einmal dort, dann war er verloren; sollte es für ihn überhaupt noch irgendeine Möglichkeit zur Flucht geben, so mußte er aus diesem Wagen entfliehen, innerhalb der nächsten Stunde.

An der Tür auf seiner Seite befand sich kein Griff zum Herunterdrehen des Fensters – der Oberst hatte vorsorglich alle derartigen Versuchungen entfernt. Doch auch wenn das Fenster offen gewesen wäre, hätte er den Griff außen nicht erreichen können. Er konnte mit den Händen auch nicht an das Steuerrad heran; er hatte bereits den Radius der Kette berechnet und festgestellt, daß sie seine ausgestreckten Finger wenigstens fünf Zentimeter von dem Steuer entfernt festhalten würde. Er konnte seine Beine in einem bestimmten Umfang bewegen, aber er konnte sie nicht hoch genug heben, um die Windschutzscheibe zu zersplittern und dadurch bei entsprechend hoher Geschwindigkeit vielleicht einen Unfall zu veranlassen. Er hätte seine Füße gegen das Armaturenbrett stemmen können, und es gab Wagen, bei denen es ihm möglich gewesen wäre, den ganzen Vordersitz aus den Schienen herauszudrücken und nach hinten zu schieben. Doch alles an diesem Wagen zeigte solide Festigkeit, und wenn der Versuch mißlang, wie fast mit Sicherheit anzunehmen war, dann würde er sich mit seiner qualvollen Anstrengung vermutlich nichts anderes einhandeln als einen Schlag auf den Kopf, der ihn bewegungslos machte, bis sie am Ziel waren. Und die ganze Zeit zwang er sich, nicht an das zu denken, was ihm bevorstand, wenn er dort angelangt war: Das konnte nur dazu führen, daß er die Nerven endgültig verlor.

Eben war ihm doch noch etwas eingefallen – ein verzweifelter Versuch, immerhin aber mit einer gewissen Aussicht auf Erfolg –, als der Oberst, der die ganzen fünfzehn Minuten seit ihrer Abfahrt geschwiegen hatte, die ersten Worte sprach.

»Sie sind ein gefährlicher Mann, Buhl«, bemerkte er in leichtem Plauderton. »Ihr denkt zuviel, Cassius – Sie kennen natürlich Ihren Shakespeare?«

Reynolds sagte nichts. Jedes Wort, das dieser Mann sagte, war eine mögliche Falle.

»Der gefährlichste Mann, mit dem ich je in diesem Wagen gefahren bin, möchte ich sagen, und ich habe schon gelegentlich dort auf dem Platz, wo Sie jetzt sitzen, ein paar zu allem entschlossene Burschen gehabt«, fuhr Szendro nachdenklich fort. »Sie wissen, wohin die Reise geht, und es scheint Sie kaltzulassen. Aber es läßt Sie natürlich nicht kalt.«

Reynolds sagte auch darauf nichts. Vielleicht glückte sein Plan – und die geringste Aussicht auf Erfolg genügte, das Risiko zu rechtfertigen.

»Dies Schweigen ist, milde ausgedrückt, ungesellig«, meinte Oberst Szendro. Er brannte sich eine Zigarette an und warf das Streichholz durch das kleine Drehfenster hinaus, das einen Spalt breit offenstand. Reynold spürte, wie sich seine Muskeln unwillkürlich ein wenig anspannten – das war genau das, worauf er gewartet hatte. »Ich hoffe, Sie sitzen einigermaßen bequem?« fragte Szendro.

»Danke«, antwortete Reynolds, in genau dem gleichen Ton beiläufiger Unterhaltung, in dem Szendro gesprochen hatte. »Doch ich würde auch gern eine Zigarette rauchen, wenn Sie nichts dagegen haben.«

»Aber bitte, bitte!« Szendro war die Gastlichkeit in Person. »Man muß für das leibliche Wohl seiner Mitfahrer sorgen – da in dem Handschuhfach vor Ihnen liegen einige lose Zigaretten.«

»Besten Dank.« Reynolds zeigte mit dem Kopf auf die kleine Rundung, die vor seinem Sitz oben aus dem Armaturenbrett herausragte. »Ein Zigarettenanzünder, nicht wahr?«

»So ist es. Bitte, bedienen Sie sich.«

Reynolds langte mit seinen durch die Handschellen aneinandergefesselten Händen nach vorn, drückte den Zigarettenanzünder einige Sekunden lang hinein und zog ihn dann heraus. Doch als er den Anzünder mit der rötlich glühenden Spirale am Ende herumdrehen wollte, entglitt er seinen unsicheren Händen und fiel zu Boden. Er wollte ihn aufheben, doch zehn oder fünfzehn Zentimeter vom Fußboden entfernt wurden seine Hände durch die Kette mit einem heftigen Ruck zurückgerissen. Er fluchte leise vor sich hin.

Szendro lachte, und Reynolds richtete sich auf und sah ihn an. Das Gesicht des Obersten zeigte keinerlei boshafte Schadenfreude, sondern einfach einen teils belustigten, teils bewundernden Ausdruck, wobei die Bewunderung überwog.

»Sehr schlau ausgedacht, mein lieber Buhl, wirklich sehr schlau. Ich sagte ja schon, Sie seien ein gefährlicher Mann, und davon bin ich jetzt erst recht überzeugt.« Er nahm einen tiefen Zug aus seiner Zigarette. »Es gäbe jetzt also drei verschiedene Möglichkeiten, nicht wahr? Wobei ich allerdings gestehen muß, daß mir keine dieser verschiedenen Möglichkeiten sonderlich reizvoll erscheint.«

»Ich weiß nicht, wovon Sie eigentlich reden.«

»Abermals großartig!« sagte Szendro mit breitem Lächeln. »Die erstaunte Ahnungslosigkeit, mit der Sie das eben gesagt haben, könnte gar nicht besser sein. Es gibt also, wie ich schon sagte, drei Möglichkeiten. Erstens: ich könnte mich höflich hinüber- und hinunterbeugen, um den Zigarettenanzünder aufzuheben, worauf Sie sich nach besten Kräften bemühen würden, mir den Hinterkopf mit Ihren Handschellen zu zertrümmern. Zumindest würde es Ihnen gelingen, mir durch einen solchen Schlag das Bewußtsein zu rauben – und Sie haben sehr genau, wenn auch durchaus unauffällig, festgestellt, wo ich den Schlüssel zu Ihren Handschellen verwahrt habe.« Reynolds sah ihn an, als begriffe er überhaupt nichts; doch in seinem Mund spürte er bereits den bitteren Geschmack der Niederlage.

»Zweitens: ich könnte Ihnen eine Schachtel Streichhölzer zuwerfen. Dann würden Sie ein Streichholz aufreißen, damit die Köpfe sämtlicher anderer Streichhölzer, die sich in der Schachtel befinden, zur Entzündung bringen, mir die Schachtel ins Gesicht werfen, ich würde die Herrschaft über den Wagen verlieren – und daraus könnte sich natürlich alles mögliche ergeben. Oder drittens konnten Sie einfach hoffen, daß ich Ihnen Feuer geben würde, entweder mit meinem Feuerzeug oder von meiner Zigarette; dann machen Sie den bekannten Judogriff, brechen mir ein paar Finger – und der Schlüssel steht zu Ihrer Verfügung. Mein lieber Herr Buhl, Sie sind ein Mann, auf den man wirklich aufpassen muß.«

»Was Sie da reden, ist völliger Unsinn«, sagte Reynolds.

»Mag sein, mag sein. Ich bin ein mißtrauischer Mensch, aber ich bleibe am Leben.« Der Oberst warf Reynolds irgend etwas auf den Schoß. »Anbei ein einzelnes Streichholz. Sie können es am Deckel des Handschuhkastens anreißen.«

Reynolds rauchte schweigend. Er konnte, er wollte nicht aufgeben, obwohl er fühlte und wußte, daß dieser Mann da am Steuer auf alles vorbereitet war – vermutlich sogar auf vieles, von dem er, Reynolds, überhaupt nichts ahnte. Er machte ein halbes Dutzend verschiedener Pläne, von denen jeder noch fantastischer und aussichtsloser war als der vorhergegangene, als der Oberst vom vierten Gang herunterschaltete in den dritten, suchend den Straßenrand abspähte, plötzlich bremste und von der Straße auf einen schmalen Feldweg abbog. Eine halbe Minute später hielt er auf diesem Feldweg an – parallel zur Straße und knapp zwanzig Meter von ihr entfernt, aber durch dichtes, verschneites Buschwerk fast völlig gegen jede Sicht geschützt – und stellte den Motor ab. Dann schaltete er den Scheinwerfer und das Standlicht aus, drehte auf seiner Seite das Fenster trotz der bitteren Kälte ganz herunter, drehte sich um und richtete den Blick auf Reynolds. Die Deckenlampe über der Windschutzscheibe brannte noch immer in der Dunkelheit.

Jetzt kommte es, dachte Reynolds. Nur noch knapp fünfzig Kilometer bis Budapest, doch Szendro kann einfach nicht mehr länger waren. Reynolds gab sich keinerlei Illusionen hin. Er hatte Zugang gehabt zu geheimen Berichten über die Tätigkeit der ungarischen Staatspolizei im Verlauf der Zeit, die seit dem blutigen Aufstand vom Oktober 1956 vergangen war, und diese Berichte waren eine grausige Lektüre gewesen: Es war schwer, sich die Leute der AVO – oder AVH, wie die neuere Bezeichnung lautete – als menschliche Wesen vorzustellen. Wo immer sie auftauchten, verbreiteten sie Angst und Schrecken, ließen sie das Leben erstarren und brachten den Tod: den langsamen Tod der Alten in den Konzentrationslagern und den der Jungen in den Zwangsarbeitslagern, den raschen Tod der Massenliquidationen und den langsamen, grausigen Tod derer, die unter den Qualen der teuflischsten Folterungen starben, die je von perversen Sadisten ersonnen wurden, von Sadisten, wie sie überall auf der Welt in den Geheimpolizeien totalitärer Regime zu finden sind. Und keine Geheimpolizei der neuesten Zeit konnte es mit der ungarischen AVO an unmenschlicher Grausamkeit aufnehmen: Die AVO-Leute hatten im Zweiten Weltkrieg viel von Hitlers Gestapo gelernt, und sie hatten noch mehr dazugelernt durch die russische NKWD. Doch inzwischen hatten die Schüler ihre Lehrmeister überflügelt und Methoden des Terrors entwickelt, von denen diese sich nicht einmal hätten träumen lassen.

Doch Oberst Szendro hielt sich noch immer bei der ›Vorrede‹

auf. Er drehte sich um, nahm Reynolds' Koffer vom Hintersitz, legte ihn auf den Schoß und versuchte ihn zu öffnen. Er war abgeschlossen.

»Den Schlüssel«, sagte Szendro. »Und erzählen Sie mir bitte nicht, Sie hätten ihn verloren. Dieses kindliche Stadium dürften wir beide wohl längst hinter uns haben.«

Damit hatte er allerdings recht, mußte Reynolds denken. »In der kleinen Innentasche meiner Jacke«, sagte er.

»Geben Sie ihn mir. Und gleichzeitig Ihre Ausweise.«

»An die kann ich nicht heran.«

»Dann gestatten Sie.« Renolds zuckte zusammen, als Szendro ihm die Mündung seiner Pistole gegen die Zähne drückte, während er gleichzeitig in seine Brusttasche langte und die Papiere mit einer Leichtigkeit herausholte, die einem gelernten Taschendieb Ehre gemacht hätte. Und dann saß Szendro wieder drüben auf seiner Seite, öffnete den Koffer, schnitt im nächsten Augenblick das Leinenfutter des Koffers auf und zog daraus ein schmales Bündel Papiere hervor, die er mit denen verglich, die er aus Reynolds' Jackentasche genommen hatte.

»Sieh da, sieh da. Interessant, Herr Buhl, außerordentlich interessant. Im Nu verwandeln Sie sich in einen ganz anderen, wie ein Chamäleon, welchseln Namen, den Geburtsort, den Beruf, sogar die Nationalität. Eine erstaunliche Verwandlung.« Er verglich die Ausweise auf den Namen Buhl, die er in der rechten Hand hielt, mit denen in seiner linken Hand. »Was davon ist denn nun eigentlich echt – falls überhaupt irgend etwas davon echt sein sollte?«

»Die österreichischen Ausweise sind gefälscht«, brummte Reynolds. Er sprach jetzt nicht mehr Deutsch, sondern Ungarisch, und zwar fließend und mit mundartlichem Einschlag. »Ich hatte Nachricht bekommen, daß meine Mutter, die seit vielen Jahren in Wien lebt, im Sterben lag. Deshalb brauchte ich diese Papiere.«

»Oh, ich verstehe. Und Ihre Mutter?«

»Sie ist nicht mehr«, sagte Reynolds und bekreuzigte sich. »Sie können ihre Todesanzeige in der Zeitung vom Dienstag finden. Maria Rakosi.«

»Ich bin allmählich soweit, daß ich erstaunt wäre, wenn ich sie dort nicht finden würde.« Szendro sprach jetzt gleichfalls Ungarisch, doch sein Akzent war nicht der von Budapest, das hörte Reynolds genau – er hatte bei einem ehemaligen Professor für zentraleuropäische Sprachen der Budapester Universität in monatelanger, mühevoller Arbeit jede kleinste Einzelheit der Budapester Sprechweise erlernt. »Zweifellos ein sehr schwerer Schlag für Sie«, fuhr Szendro fort. »Ich darf Ihnen mein tief empfundenes Beileid ausprechen. Sie behaupten also, Ihr wirklicher Name sei Lajos Rakosi? Das ist allerdings ein sehr bekannter Name.«

»Ja, er ist ziemlich häufig, und außerdem ist er echt. Sie können meine Personalien anhand der amtlichen Unterlagen nachprüfen und werden alles bestätigt finden, das Geburtsdatum, die Adresse, das Datum meiner Heirat und auch...«

»Verschonen Sie mich«, sagte Szendro und hielt protestierend die Hand hoch. »Ich zweifle nicht daran. Ich bin überzeugt, Sie könnten mir sogar die Schulbank zeigen, in deren Holz die Anfangsbuchstaben Ihres Namens eingeschnitten sind, und das einstmals kleine Mädchen, dessen Büchermappe Sie damals aus der Schule nach Hause getragen haben. Doch das alles würde auf mich nicht den geringsten Eindruck machen. Was mich dagegen beeindruckt, sind nicht nur Ihre eigenen Fähigkeiten, sondern ebenso die ungewöhnliche Sorgfalt und Gründlichkeit Ihrer Vorgesetzten, die Sie so hervorragend für die Durchführung Ihrer Aufgabe geschult haben – was immer diese Aufgabe nun sein mag.«

»Sie sprechen in Rätseln, Oberst Zendro. Ich bin ein ganz gewöhnlicher Budapester Bürger, und das kann ich beweisen. Ungarn ist mein Vaterland, und deshalb bin ich zurückgekommen.«

»Ich muß Sie ein wenig korrigieren«, meinte Szendro. »Sie kommen nach Budapest nicht zurück – Sie fahren hin, und vermutlich zum erstenmal in Ihrem Leben.« Er sah Reynolds unverwandt in die Augen, als sich der Ausdruck seines Gesichts plötzlich veränderte. »Hinter Ihnen!«

Reynolds hatte sich bereits hastig umgedreht, ehe ihm im nächsten Augenblick klar wurde, daß Szendro die beiden Worte auf englisch gerufen hatte. Langsam und mit fast gelangweilter Miene drehte er sich wieder herum.

»Ein geradezu kindischer Trick«, sagte er, nunmehr auf englisch. »Natürlich spreche ich Englisch, warum sollte ich es leugnen? Wenn Sie Budapester wären, Herr Oberst, was Sie aber nicht sind, dann wüßten Sie auch, daß es dort mindestens fünfzigtausend Leute gibt, die Englisch können. Ich weiß wirklich nicht, was an einer so allgemein verbreiteten Fähigkeit verdächtig sein sollte.«

»Bei den Göttern!« rief Szendro und schlug sich mit der Hand auf den Schenkel. »Das ist großartig, das ist geradezu einzigartig. Ich erblasse direkt vor Neid. Ein Engländer oder Amerikaner – vermutlich Engländer, denn es ist kaum möglich, den amerikanischen Tonfall so völlig zu verbergen – also ein Engländer, der Ungarisch mit einem so einwandfreien Budapester Akzent spricht wie Sie, das ist keine geringe Leistung. Aber einem Engländer beizubringen, Englisch mit Budapester Akzent zu sprechen – das ist wunderbar!«

»Herrgott noch mal, daran ist überhaupt nichts wunderbar«, sagte Reynolds, beinahe schreiend vor Wut. »Ich bin ja Ungar.«

»Ich fürchte, nein.« Szendro schüttelte den Kopf. »Sie sind durch eine gute Schule gegangen, und man hat Sie hervorragend vorbereitet – Sie wären für jeden Geheimdienst der Welt ein Vermögen wert. Doch etwas haben Ihre Lehrmeister Ihnen nicht beigebracht, konnten sie Ihnen nicht beibringen, weil sie es nicht kennen, und das ist die Mentalität der Menschen hier. Ich denke, wir können als intelligente Leute ganz offen miteinander reden und uns die hochtrabenden patriotischen Phrasen sparen. Es handelt sich, kurz gesagt, um die Mentalität des Unterworfenen, der in ständiger Angst lebt und niemals weiß, wann die kalte Hand des Todes nach ihm greift. Ich habe allzu viele unserer Landsleute in der gleichen Situation erlebt, in der Sie sich jetzt befinden, Herr Buhl, denen also ein qualvoller Tod bevorstand. Die meisten sind einfach gelähmt, manche wimmern vor Angst, und einzelne toben vor Wut. Sie, Buhl, passen in keine dieser Kategorien – Sie sind äußerlich kühl und beherrscht, überlegen dabei aber unablässig und fieberhaft, sind in hohem Maße überzeugt von Ihrer Fähigkeit, aus der geringsten sich bietenden Chance den größtmöglichen Vorteil herauszuschlagen, und warten unermüdlich darauf, daß eine solche günstige Gelegenheit eintritt. Wären Sie ein Mann von geringerem Format, Herr Buhl, so hätten Sie sich nicht so rasch und leicht verraten ...«

Er brach plötzlich ab und schaltete die Lampe oben über der Windschutzscheibe aus, während Reynolds gleichzeitig das leise Motorengeräusch eines sich nähernden Wagens vernahm, drehte das Fenster an seiner Seite hoch, nahm Reynolds mit einer raschen Bewegung die brennende Zigarette aus der Hand und trat sie aus. Dann saß er schweigend und unbeweglich, bis der sich nähernde Wagen, der hinter den schwenkenden Lichtkegeln seiner starken Scheinwerfer nur als undeutlicher Umriß zu erkennen war, heran und vorbei war. Kaum war er in westlicher Richtung unsichtbar und unhörbar verschwunden, als Szendro aus dem Feldweg wieder zurücksetzte und in östlicher Richtung weiterfuhr, so rasch die Glätte der Straße und der mählich fallende Schnee es gestatteten.

Es dauerte mehr als anderthalb Stunden, bis sie endlich Budapest erreichten – eine Strecke, die normalerweise in der Hälfte der Zeit zu schaffen gewesen wäre. Der Schnee, ein Vorhang aus großen weichen Flocken, war immer dichter gefallen und hatte ihr Tempo verringert, zeitweilig fast bis zur Schrittgeschwindigkeit. Und dann, ein paar Kilometer vor Budapest, war Szendro erneut von der Autostraße abgebogen und auf allen möglichen schmalen, kurvenreichen Nebenstraßen weitergefahren. Weshalb der Oberst das tat, ahnte Reynolds nicht, und genausowenig vermochte er sich zu erklären, weshalb er vorhin in den Feldweg hineingefahren war und angehalten hatte. Daß es sich vorhin darum gehandelt hatte, dem Polizeiauto nicht zu begegnen, das unterwegs gewesen war nach Komarom, und daß es sich jetzt darum handelte, die polizeiliche Straßenkontrolle am Stadtrand zu vermeiden, vor der man Reynolds in Wien gewarnt hatte, das war deutlich genug; doch aus was für Gründen, das war eine ganz andere Frage. Reynolds hielt sich nicht dabei auf, nutzlos über diese Frage nachzudenken – es gab für ihn genügend andere Probleme, die jetzt zu bedenken waren. Und er hatte vielleicht noch ganze zehn Minuten Zeit.

Sie fuhren jetzt durch die Straßen des Villenviertels von Buda, dem westlichen Teil der Stadt, die in steilen Windungen hinunterführten zur Donau. Der Schneefall hatte wieder nachgelassen, und Reynolds, der sich auf seinem Platz umdrehte, konnte eben noch undeutlich den granitenen Sockel der Gellert-Höhe erkennen, das riesige Gebäude des Gellert-Hotels, als sie sich jetzt der Ferenc-Jozsef-Brücke näherten. Schon waren sie über die Donau hinüber und bogen nach links ein auf den Korso, die Straße am Pester Ufer, in deren Boulevard-Cafés sich einst die elegante Welt getroffen hatte. Doch jetzt lag sie dunkel und verlassen da, so menschenleer wie fast alle anderen Straßen auch, ein Anachronismus, eine wehmütige Erinnerung an eine frühere, glücklichere

Zeit. Es war schwer, sich auch nur annähernd das Budapest von damals vorzustellen, diese schönste und lebenslustigste aller Städte, von einem Charme, wie ihn Wien nie besaß, diese Stadt, in die so viele Reisende aus so vielen westlichen Ländern für einen kurzen Aufenthalt von zwei oder drei Tagen kamen und dann bis an ihr Lebensende dort blieben. Doch das alles war nicht mehr, lebte kaum noch in der Erinnerung.

Reynolds war noch nie hier gewesen, doch er kannte die Stadt so gut, wie wohl nur wenige ihrer Bewohner sie jemals kennenlernten. Das Königliche Schloß und die Hofkirche dort drüben auf der anderen Seite der Donau waren in der Dunkelheit und in dem Schneetreiben mehr zu ahnen als zu sehen, doch Reynolds wußte so genau, wo sie lagen und wie sie aussahen, als ob er sein ganzes Leben in Budapest zugebracht hätte. Und das da, rechts von ihm, das war das prächtige Gebäude des Reichstags der Magyaren, mit dem blutgetränkten Platz davor, auf dem bei der Erhebung vom Oktober 1956 tausend Ungarn den Tod gefunden hatten, niedergemäht von Tanks und dem mörderischen Feuer schwerer Maschinengewehre, mit denen die AVO auf dem Dach des Reichstags in Stellung gegangen war.

Alles war durchaus real, alle Gebäude, alle Straßen waren genau dort, wo sie sein sollten, entsprachen in ihrer Lage haargenau dem, was man ihm darüber erzählt hatte, und doch gelang es Reynolds nicht, ein immer stärker werdendes Gefühl der Unwirklichkeit loszuwerden. Er kam sich vor wie im Theater, wo man als Zuschauer etwas miterlebt, was einem ganz anderen geschieht. Reynolds, der von Haus aus nicht zu Einbildungen neigte und durch eine außerordentlich harte Schule dazu erzogen worden war, auf eine extreme und anomale Weise sachlich und nüchtern zu reagieren und jede gefühlsmäßige Regung der Kritik des Verstandes zu unterwerfen, war sich der Sonderbarkeit dieser Empfindungen durchaus bewußt, ohne jedoch irgendeine Erklärung dafür finden zu können.

Und jetzt verließen sie die Straße am Donauufer, bogen um die Ecke und kamen auf einen langen, breiten, mit Baumreihen bestandenen Boulevard: Andrassy Ut. Diese Straße, die an der Königlichen Oper vorbei zum Zoo führte, zum Rummelplatz und zum Stadtpark, war in vergangenen Zeiten für Zehntausende von Menschen untrennbar verbunden gewesen mit der Erinnerung an glückliche Tage und ausgelassene Nächte, an Frohsinn, Freiheit und heiteres Vergessen, und keine Stelle der Erde war den Herzen der Ungarn näher gewesen. Doch jetzt war das alles vorbei und konnte nie wieder so werden, ganz gleich, was geschah, selbst dann nicht, wenn Frieden, Freiheit und Unabhängigkeit wiederkehren sollten. Denn jetzt bedeutete der Name dieser Straße nur noch Unterdrückung und Terror, das Hämmern an die Tür mitten in der Nacht; und die braunen Wagen, in denen man die Leute abholte, bedeuteten Lager und Deportation, grausame Folter und erlösenden Tod. Andrassy Ut, das bedeutete heute nur noch das Hauptquartier der AVO.

Und dann verlangsamte der Mercedes seine Fahrt, die schweren Reifen knirschten auf dem hartgefrorenen Schnee der Straße, und trotz des jahrelangen Trainings, trotz des stoischen Gleichmuts, mit dem er sich wie mit einem schützenden Panzer gewappnet hatte, spürte Reynolds zum erstenmal, wie die Angst nach ihm griff, eine Angst, die seine Kehle trocken werden ließ, die sein Herz anrührte und hämmern ließ, daß er es wie einen scharfen Schmerz in der Brust und im Magen fühlte; doch im Ausdruck seines Gesichts zeigte sich hiervon keine Spur. Er wußte, daß Oberst Szendro ihn aufmerksam beobachtete, und er war sich auch darüber klar, daß er, wenn er der war, der zu sein er behauptete, ein harmloser Budapester Bürger, jetzt Angst haben und erkennen lassen müßte. Doch das brachte er nicht über sich: nicht, weil er dazu unfähig gewesen wäre, sondern weil ihm die Wechselwirkung bekannt war, die zwischen Gesichtsausdruck und Gemütsbewegung bestand. Wenn jemand ein ängstliches Gesicht machte, so brauchte das nicht notwendigerweise zu bedeuten, daß er auch wirklich Angst hatte; doch Angst erkennen zu lassen, wenn man in der Tat Angst hatte und sich verzweifelt bemühte, keine Angst zu haben, das konnte verhängnisvoll werden.

Es war, als habe Oberst Szendro seine Gedanken gelesen. »Ich habe keinerlei Verdacht mehr, Herr Buhl«, sagte er, »es gibt für mich nur noch Gewißheit. Sie wissen, wo wir uns hier befinden.«

»Natürlich«, sagte Reynolds. »Ich bin hier tausendmal langgegangen.«

»Sie sind noch nie im Leben hier entlanggegangen, doch es scheint mir zweifelhaft, ob selbst der Stadtbaurat eine so genaue Karte von Budapest zeichnen könnte wie Sie«, sagte Szendro. Er hielt an und fragte: »Erkennen Sie hier irgend etwas?«

»Ihre Dienststelle«, sagte Reynolds und zeigte auf ein Gebäude, das fünfzig Meter von ihnen entfernt auf der anderen Seite der Straße stand.

»Stimmt. Und hier, Herr Buhl, müßten Sie entweder in Ohnmacht fallen, hysterisch werden oder einfach dasitzen und vor Angst wimmern. Das machen alle anderen, nur Sie nicht. Deshalb sind Sie überführt: Sie sind keiner von uns. Vielleicht nicht, wie unser Freund auf der Polizei meinte, ein dreckiger faschistischer Spion, zweifellos aber ein Spion.« Er sah auf seine Uhr und richtete dann den Blick mit einer gespannten Aufmerksamkeit besonderer Art auf Reynolds. »Kurz nach Mitternacht – um diese Zeit arbeiten wir immer am besten. Und Sie sollen die beste Behandlung und das beste Quartier haben – einen kleinen, schalldichten Raum tief unter den Straßen von Budapest, von dessen Existenz nur drei Beamten der AVO etwas bekannt ist.«

Er sah Reynolds noch ein paar Sekunden lang prüfend an und fuhr dann wieder los. Doch statt vor dem Gebäude der AVO anzuhalten, bog er von der Andrassy Ut scharf links ab, fuhr hundert Meter weit eine unbeleuchtete Nebenstraße entlang, hielt an, verband Reynolds die Augen mit einem seidenen Taschentuch und fuhr wieder weiter. Zehn Minuten später, nach einer Fahrt um viele Ecken und Kurven, bei der Reynolds, wie zweifellos auch beabsichtigt, jegliche Orientierung verlor, rollte der Wagen eine steile Einfahrt hinunter und fuhr langsam in einen von Mauern umgebenen Raum hinein – Reynolds konnte hören, wie der tiefe Ton des Auspuffs als Echo von den Wänden zurückgeworfen wurde. Und dann, als der Motor verstummte, hörte er, wie hinter ihnen schwere Eisentüren klirrend ins Schloß fielen.

Im nächsten Augenblick ging an der Seite, wo Reynolds saß, die Wagentür auf, und zwei Hände machten sich eifrig daran, ihn von den Ketten zu befreien, die ihn festhielten, um danach die Handschellen wieder zuschnappen zu lassen. Dann zogen dieselben Hände ihn aus dem Wagen und entfernten das Taschentuch, mit dem seine Augen verbunden waren.

Reynolds sah sich blinzelnd um. Sie befanden sich in einer großen, fensterlosen Garage, deren schwere Türen bereits wieder geschlossen waren, und das helle Licht der Deckenbeleuchtung, das von den weißgetünchten Wänden zurückgeworfen wurde, blendete ihn im ersten Augenblick. Am anderen Ende der Garage, nicht weit von ihm, führte eine zweite, halbgeöffnete Tür auf einen hellerleuchteten, gleichfalls weißgekalkten Korridor: Weißgetünchte Wände, mußte Reynolds denken, schienen ein unentbehrliches Zubehör aller modernen Folterkammern zu sein.

Zwischen Reynolds und der Tür stand der Mann, der ihm die Ketten abgenommen hatte und ihn noch immer am Arm hielt. Reynolds sah ihn sich genau an. Wenn ein solcher Mann zur Verfügung stand, dann konnte die AVO auf Folterinstrumente verzichten – diese gewaltigen Pranken genügten, einen Häftling in seine Bestandteile zu zerlegen, langsam, Stück für Stück. Er war ungefähr so groß wie Reynolds, wirkte dabei aber untersetzt, fast deformiert, und die Schultern, die auf der gewaltigen Tonne dieses Rumpfes saßen, waren die breitesten, die Reynolds jemals gesehen hatte: Der Mann mußte reichlich über zwei Zentner wiegen. Das Gesicht mit dem gebrochenen Nasenbein war häßlich, zeigte allerdings keinerlei Spur irgendeiner üblen Brutalität, sondern war einfach auf eine gemütliche Weise häßlich. Doch das besagte an sich nichts; der übelste Bursche, den Reynolds jemals kennengelernt hatte, hatte ein Gesicht gehabt wie ein Knabe aus dem Kirchenchor.

Oberst Szendro schlug die Wagentür zu und kam heran. Er sah den Mann und zeigte mit dem Kopf auf Reynolds.

»Ich habe einen Gast mitgebracht, Sandor. Einen kleinen Kanarienvogel, der uns etwas vorsingen will, bevor die Nacht zu Ende ist. Ist der Chef schon zu Bett gegangen?«

»Er erwartet Sie in seinem Büro«, sagte der Mann. Seine Stimme war, wie nicht anders zu erwarten, ein dumpfer, dröhnender Baß.

»Ausgezeichnet. Ich bin in ein paar Minuten wieder da. Paß inzwischen auf unseren Freund hier auf, und gib gut auf ihn acht. Ich vermute, er ist ein sehr gefährlicher Mann.«

»Ich werde auf ihn aufpassen«, versprach Sandor zuversichtlich. Er wartete, bis Szendro, der die Papiere und den Koffer von Reynolds in der Hand hielt, gegangen war, lehnte sich dann mit dem Rücken gegen die Wand und verschränkte seine mächtigen Arme vor der Brust. Doch er hatte es kaum getan, als er sich von der Wand abstieß und einen Schritt auf Reynolds zukam. »Sie sehen aus, als ob Ihnen nicht gut ist.«

»Mir fehlt nichts«, sagte Reynolds. Seine Stimme klang heiser, sein Atem ging rasch, und er schien sich nur mühsam auf den Füßen zu halten. Er hob seine aneinandergefesselten Hände über die rechte Schulter und massierte seinen Nacken. »Es ist nur mein Kopf«, sagte er, »mein Hinterkopf.«

Sandor machte noch einen Schritt und kam dann rasch heran, als er sah, wie Reynolds die Augen verdrehte, bis nur noch das Weiße zu sehen war, und langsam zusammenklappte, wobei sich sein Körper leicht nach rechts drehte. Er konnte sich unter Umständen schwer, ja vielleicht sogar tödlich verletzen, wenn er mit dem Kopf auf den Zement aufschlug, und Sandor mußte sich rasch vorbeugen, um mit seinen ausgestreckten Armen den Fall abzufangen.

Reynolds schlug zu, härter als er in seinem ganzen Leben jemals zugeschlagen hatte. Er stieß sich mit den Fußballen ab, warf seinen Körper blitzschnell von links nach rechts und ließ seine aneinandergefesselten Hände heruntersausen in einem mörderischen Schlag, der bis auf die letzte Unze die gesamte Kraft seiner muskulösen Arme und Schultern enthielt. Die flachen Kanten seiner beiden fest aneinander gelegten Hände trafen Sandors ungeschützten Hals unmittelbar unter dem Ohr. Es war wie ein Schlag mit der Axt gegen den Stamm eines Baumes, und Reynolds schnappte vor Schmerz nach Luft: Er hatte das Gefühl, als seien seine beiden kleinen Finger gebrochen.

Es war ein Judoschlag, ein tödlicher Schlag, und viele Männer hätte er in der Tat getötet. Allen anderen hätte er für Stunden das Bewußtsein geraubt – das heißt, allen anderen, soweit Reynolds sie jemals kennengelernt hatte. Sandor aber brummte nur, schüttelte einen Augenblick den Kopf und kam dann weiter auf Reynolds zu, und zwar seitlich, um ihm keine Gelegenheit zu geben, sich etwa seiner Füße oder seiner Knie zu bedienen, und drückte ihn langsam, aber erbarmungslos gegen die Karosserie des Mercedes.

Reynolds biß die Zähne zusammen und preßte die Lippen aufeinander, bis ihm die Kinnladen weh taten, um nicht laut zu schreien vor Schmerz. Es war, als seien seine Unterarme in zwei riesige Schraubstöcke eingespannt, die unerbittlich immer fester angezogen wurden. Er spürte, wie ihm der kalte Schweiß auf die Stirn trat, das Blut hämmerte in seinem Kopf und die Wände der Garage begannen undeutlich vor seinen Augen zu verschwimmen, als Sandor endlich seinen mörderischen Griff lockerte und einen Schritt zurücktrat.

»Das nächstemal, da drücke ich ein Stückchen weiter oben«,

brummte er freundlich, während er sich sanft die linke Seite seines Halses massierte. »Ungefähr an der Stelle, wo Sie mich hingeschlagen haben. Also hören Sie lieber auf mit dem Unsinn. Wir haben uns beide weh getan, und für nichts und wieder nichts.«

Es vergingen fünf Minuten, in deren Verlauf sich der brennende Schmerz in Reynolds' Armen zu einem dumpfen Klopfen milderte, fünf Minuten, in denen Sandor ihn nicht eine Sekunde lang aus den Augen ließ. Dann ging die Tür auf, und es erschien ein junger Mann, noch ein halber Junge. Er war schmal und blaß, mit einer struppigen Mähne und unruhig flatternden Augen, die fast so dunkel waren wie sein Haar. Er warf einen Blick auf Reynolds, zeigte mit dem Daumen nach hinten und sagte: »Er soll zum Chef kommen, Sandor. Du möchtest ihn reinbringen.«

Sandor führte Reynolds den schmalen Gang entlang, an dessen Ende es ein paar Stufen hinunter und in einen zweiten Korridor ging, auf den mehrere Türen mündeten, und beförderte ihn hier mit einem Stoß durch die erste dieser Türen. Reynolds stolperte, gewann das Gleichgewicht wieder und sah sich um.

Es war ein großer Raum, mit holzgetäfelten Wänden, und das abgetretene Linoleum des Fußbodens wurde nur belebt durch einen schmalen, fadenscheinigen Teppich, der vor dem Schreibtisch am anderen Ende des Raumes lag. Er war hell erleuchtet durch eine Deckenlampe von mäßiger Stärke und eine schwenkbare Wandlampe mit einer sehr starken Birne: Im Augenblick fiel der Schein dieser Lampe nach unten auf die Platte des Schreibtisches und beleuchtete grell seine Pistole und einen wirren Haufen aus Kleidungsstücken und anderen Gegenständen, die sich noch vor kurzem sauber verpackt in seinem Handkoffer befunden hatten. Und neben dem Inhalt des Koffers sah er die Reste des Koffers selbst: die Fetzen des Futters, den herausgerissenen Reißverschluß und den aufgeschlitzten ledernen Griff; sogar die Beschläge an den vier Ecken des Koffers hatte man mit der Zange, die daneben lag, abmontiert. Reynolds zollte dieser fachmännischen Arbeit schweigend seine Anerkennung.

Oberst Szendro stand neben dem Schreibtisch und beugte sich zu dem Mann, der dahinter saß. Das Gesicht dieses Mannes lag unsichtbar im Schatten, doch seine beiden Hände, die die Papiere von Reynolds hielten, waren der schonungslosen Helligkeit der Lampe ausgesetzt. Diese Hände waren schrecklich. Reynolds hatte noch nie irgend etwas gesehen, was diesen Händen auch nur entfernt ähnlich war, hatte es nie für möglich gehalten, daß die Hände irgendeines Menschen so mit Narben bedeckt, so grausam verstümmelt sein und doch noch als Hände dienen könnten. Die Daumen waren platt gequetscht und verkrümmt, die Fingerspitzen und Nägel zu einer unförmigen Masse deformiert, der kleine Finger und die Hälfte des Ringfingers der linken Hand fehlten, und beide Hände trugen in der Mitte des Handrükkens blaurote, von scheußlichen Narbenwülsten umgebene Wundmale. Reynolds starrte fasziniert diese Wundmale an und erschauerte unwillkürlich. Er hatte sie schon einmal gesehen, bei einem Toten: die Wundmale eines Menschen, den man ans Kreuz geschlagen hatte. Wären das da seine eigenen Hände gewesen, dachte Reynolds, er hätte sie sich amputieren lassen. Was mußte das für ein Mensch sein, der fähig war, mit solchen Händen weiterzuleben, der es nicht nur ertrug, solche Hände zu haben, sondern sie sogar unverhüllt zeigte. Er war plötzlich geradezu besessen von dem Verlangen, das Gesicht zu sehen, das zu diesen Händen gehörte, doch Sandor hatte mehrere Meter von dem Schreibtisch entfernt haltgemacht, und der dunkle Schatten des Lampenschirms machte es Reynolds unmöglich, das Gesicht des Mannes zu erkennen. Die Hände bewegten sich, deuteten auf Reynolds' Papiere, und der Mann hinter dem Schreibtisch sprach. Seine Stimme klang ruhig, beherrscht, fast freundlich. »Diese Papiere da sind an sich recht interessant – wahre Meisterwerke der Fälscherkunst. Aber Sie werden doch die Güte haben müssen, uns Ihren wirklichen Namen zu verraten.« Er brach ab und sah zu Sandor hin, der noch immer sanft seinen Hals massierte. »Was ist los, Sandor?«

»Er hat mir einen Schlag versetzt«, erklärte Sandor. »Er versteht was davon, wie und wohin man schlagen soll – und er hat einen kräftigen Schlag am Leibe.«

»Ja, er ist ein gefährlicher Mann«, sagte Szendro. »Ich hatte dich gewarnt.«

»Wohl, aber das ist ein schlaues Aas«, meinte Sandor. »Er tat, als ob er ohnmächtig würde.«

»Dir weh zu tun, das ist keine geringe Leistung, und überhaupt auf die Idee zu kommen, nach dir zu schlagen, das ist ein Akt der Verzweiflung«, sagte der Mann am Schreibtisch. »Doch das mußt du verstehen, Sandor. Wer so unmittelbar an der Schwelle des

Todes steht, der kämpft um jeden Atemzug. Also, Herr Buhl – Ihr Name, bitte?«

»Ich habe ihn Oberst Szendro bereits mitgeteilt«, antwortete Reynolds. »Rakosi, Lajos Rakosi. Ich könnte natürlich ein Dutzend verschiedener Namen erfinden, in der Hoffnung, mir dadurch unnötige Leiden zu ersparen, aber ich könnte nicht beweisen, bei keinem dieser Namen, daß ich ein Recht habe, mich so zu nennen. Ich kann es aber bei meinem eigenen Namen, Rakosi.«

»Sie sind ein mutiger Mann, Herr Buhl.« Der Mann am Schreibtisch schüttelte den Kopf: »Doch Sie werden feststellen, daß hier, in diesem Hause, Mut eine völlig wertlose Sache ist. Hier hilft nur die reine Wahrheit. Ihr Name, bitte?«

Reynolds antwortete nicht gleich. Er war verwirrt, weil sich zu vieles von dem, was ihm geschah, nicht zusammenreimte, weil es nicht zu dem Bild paßte, das er sich von der AVO machte, nach allem, was man ihm über die Angehörigen dieser Organisation mitgeteilt hatte: Man begegnete ihm hier mit einer sonderbaren Zurückhaltung, beinahe mit einer kühlen Höflichkeit. Es war natürlich möglich, daß man nur Katze und Maus mit ihm spielte, daß man einfach versuchte, seine Entschlossenheit, Widerstand zu leisten, langsam zu unterminieren, um dann in einem Augenblick zuzuschlagen, da er am wenigsten darauf vorbereitet war. Wieso allerdings seine Furcht nachließ, das hätte er nicht zu sagen vermocht. Es mußte sich wohl um leise Einflüsterungen seines Unterbewußtseins handeln, denn sein Bewußtstein war außerstande, eine Erklärung dafür zu finden.

»Wir warten auf Ihre Antwort, Herr Buhl.« Reynolds vermochte aus der betont ruhigen Stimme nicht die geringste Spur irgendeiner Schärfe herauszuhören.

»Ich kann Ihnen nichts anderes sagen als die Wahrheit.«

»Also gut. Ziehen Sie sich aus – und zwar ganz.«

»Nein!« Reynolds warf einen raschen Blick nach hinten, doch zwischen ihm und der Tür stand Sandor. Er drehte sich wieder um und sah, daß Oberst Szendro seine Pistole herausgeholt hatte. »Der Teufel soll mich holen, wenn ich das tue!«

»Seien Sie doch nicht so dumm«, sagte Szendro. »Ich habe eine Schußwaffe in meiner Hand, und wenn Sie nicht wollen, dann wird Sandor es besorgen. Sandor hat eine ganz besondere, wenn auch nicht gerade sehr feine Methode, Leute auszuziehen – er reißt ihnen die Jacken und die Hemden auf dem Rücken auseinander. Es ist wesentlich bequemer für Sie, wenn Sie es selber machen.«

Reynolds machte es selber. Die Handschellen wurden aufgeschlossen, und innerhalb einer Minute lagen seine sämtlichen Kleidungsstücke in einem Haufen neben ihm auf dem Fußboden, und Reynolds stand da, zitternd vor Kälte und besah sich seine Unterarme, die sich dort, wo Sandor die Schraubstöcke seiner Hände angesetzt hatte, rot und blau verfärbten.

»Bring die Sachen her, Sandor«, sagte der Mann am Schreibtisch. Dann sah er zu Reynolds hin und sagte: »Da, auf der Bank hinter Ihnen, ist eine Wolldecke.«

Reynolds war fassungslos vor Staunen. Daß man sich nicht für ihn, sondern für seine Sachen interessierte – vermutlich um nach irgendeinem verräterischen Kennzeichen zu suchen – war an sich schon überraschend genug; doch daß man so höflich und so freundlich war, ihm bei dieser Kälte eine Decke anzubieten, das war wirklich erstaunlich. Und dann stockte ihm der Atem, und er vergaß alles andere; denn der Mann am Schreibtisch war aufgestanden und kam mit auffällig steifem Gang um den Schreibtisch herum, um die Kleidungsstücke in Augenschein zu nehmen.

Reynolds war sehr geübt darin, Gesichter zu beobachten und ihre Träger danach zu beurteilen. Es kam vor, daß er sich irrte, er irrte sich sogar oft, aber nie entscheidend; und er wußte, daß er sich hier in diesem Fall unmöglich entscheidend irren konnte. Das Gesicht, das jetzt voll beleuchtet war, strafte diese grauenhaften Hände Lügen, machte sie geradezu zu einer Blasphemie. Es war das zerfurchte Gesicht eines Mannes, der noch keineswegs so alt war, wie es das dichte, schneeweiße Haar glauben machen wollte, ein Gesicht, gezeichnet und geprägt von so schweren Erfahrungen, wie sie Reynolds sich nicht einmal vorzustellen vermochte, von einer Güte und einem wissenden Verstehen, wie es Reynolds so noch nie bei irgendeinem Menschen gesehen hatte. Es war das Gesicht eines Mannes, dem nichts fremd geblieben war, der alles gesehen, erlebt und erlitten hatte, und der sich dabei das Herz eines Kindes bewahrt hatte.

Reynolds wickelte sich in die abgeschabte Wolldecke und ließ sich langsam auf die Bank sinken, während er sich fast verzweifelt bemühte, klar und nüchtern zu denken, um Ordnung in die Vielfalt der verworrenen und einander widersprechenden Gedanken zu bringen, die ihm kaleidoskopartig durch den Kopf schossen. Doch er war noch immer bei dem ersten unlösbaren Problem, dem Rätsel der Anwesenheit eines derartigen Mannes innerhalb einer diabolischen Organisation, wie es die AVO war, als er den letzten Schock und fast unmittelbar danach die Antwort auf alle seine Fragen erhielt.

Die Tür neben ihm ging auf, und ein Mädchen kam herein. Reynolds wußte, daß es in den Reihen der AVO weibliche Mitglieder gab, und daß sich diese weiblichen AVO-Leute durch ganz besondere Grausamkeit auszeichneten. Doch selbst der wildesten Fantasie war es unmöglich, dieses Mädchen in diese Kategorie einzureihen. Sie war knapp mittelgroß, und ihr junges, frisches Gesicht war unschuldig und völlig unberührt von irgendeiner Verworfenheit. Sie hielt mit der einen Hand ihren Morgenrock fest, den sie eng um ihre schlanke Taille gewickelt hatte, und mit der anderen Hand rieb sie sich den Schlaf aus ihren Augen, die von einem tiefen Blau waren. Als sie zu sprechen begann, klang ihre Stimme noch ein wenig undeutlich und schlaftrunken, dabei aber sanft und melodisch, wenn auch vielleicht ein klein wenig gereizt.

»Weshalb seid ihr eigentlich alle noch auf und redet? Es ist ein Uhr, es ist schon nach eins, und ich möchte gern endlich schlafen.« Plötzlich fiel ihr Blick auf die Sachen, die in einem Haufen auf dem Schreibtisch lagen, sie fuhr herum und sah Reynolds, der, nur mit der alten Decke bekleidet, auf der Bank saß. Sie machte große Augen, wich unwillkürlich einen Schritt zurück, nahm ihren Morgenrock noch fester zusammen und sagte: »Wer – wer ist das da, Jansci?«

3

»Jansci!« rief Michael Reynolds, der aufgesprungen war, ohne es zu wissen und zu wollen. Zum erstenmal, seit er in die Hände der ungarischen Polizei gefallen war, verschwand die Maske der einstudierten Gleichgültigkeit, und in seinen Augen leuchtete eine Hoffnung, von der er schon geglaubt hatte, sie sei endgültig geschwunden. Er machte zwei schnelle Schritte auf das Mädchen zu, während er gleichzeitig nach seiner Wolldecke griff, die herunterzurutschen drohte. »Haben Sie Jansci gesagt?« fragte er.

»Was ist los? Was wollen Sie von mir?« Das Mädchen, das

zunächst, als Reynolds auf sie zukam, zurückgewichen war, blieb stehen, als sie gegen Sandor stieß, und ergriff seinen Arm. Die Nähe des Riesen gab ihr ihre Sicherheit wieder, der ängstliche Ausdruck auf ihrem Gesicht verschwand, sie sah Reynolds nachdenklich an und nickte zustimmend. »Ja, das habe ich gesagt – Jansci.«

»Jansci.« Reynolds wiederholte das Wort langsam, jede Silbe einzeln auskostend, wie jemand, der etwas einfach noch nicht zu glauben vermag, obwohl er es doch unbedingt zu glauben wünscht. Er ging, während in seinem Gesicht Hoffnung und Zweifel miteinander im Streit lagen, quer durch den Raum und blieb vor dem Mann mit den narbenbedeckten Händen stehen.

»Ihr Name ist wirklich Jansci?« fragte Reynolds langsam.

»Ja, ich heiße Jansci«, sagte der Mann, dessen Augen Reynolds ruhig und prüfend ansahen.

»Eins vier eins vier eins acht zwei.« Reynolds sah den anderen unverwandt an und suchte in seinem Gesicht nach den geringsten Anzeichen einer Zustimmung, einer Bestätigung. »Stimmt das?«

»Was soll stimmen?«

»Wenn Sie Jansci sind, dann ist die Nummer eins vier eins vier eins acht zwei«, wiederholte Reynolds. Behutsam und ohne auf Widerstand zu stoßen, griff er nach der linken Hand des Mannes, schob die Manschette zurück und starrte auf die bläuliche Tätowierung, die sich auf dem Handgelenk befand: 1414182 – die Zahl war so klar und deutlich, als sei sie erst gestern eintätowiert worden.

Reynolds setzte sich auf die Kante des Schreibtischs, sah auf dem Schreibtisch ein Päckchen mit Zigaretten liegen und schüttelte eine Zigarette heraus. Szendero brannte ein Streichholz an und hielt es ihm hin, und Reynolds nickte dankbar; er wußte nicht, ob er es selbst hätte tun können, so heftig zitterten seine Hände. Im Raum war es plötzlich so still geworden, daß das Zischen, womit das Streichholz sich entzündete, seltsam laut klang. Es war Jansci, der das Schweigen endlich brach.

»Sie scheinen einiges über mich zu wissen?« fragte er freundlich auffordernd.

»Ich weiß eine ganze Menge über Sie«, sagte Reynolds. Er sah sich um und sah Szendro an, Sandor, das Mädchen und den Jungen mit den nervös flackernden Augen, die ihn alle teils erstaunt und teils gespannt beobachteten. »Sind das hier Freunde von Ihnen? Leute, auf die Sie sich absolut verlassen können? Und die alle wissen, wer Sie sind? Ich meine, wer Sie in Wirklichkeit sind?«

»Sie wissen es. Sie können offen reden.«

»Jansci ist ein Pseudonym für Illjurin.« Es klang, als ob Reynolds etwas wiederholte, was er auswendig gelernt hatte; und so war es auch. »Generalmajor Alexis Illjurin. Geboren in Kalinovka, Ukraine, am 18. Oktober 1904, Heirat am 18. Juni 1931. Vorname der Frau Katharina, Name der Tochter Julia.« Reynolds sah zu dem Mädchen hinüber. »Dann müßte das eigentlich Julia sein, das Alter scheint zu stimmen. Oberst Mackintosh läßt Ihnen ausrichten, er möchte gern seine Stiefel wiederhaben. Was er damit meint, entzieht sich meiner Kenntnis.«

»Das ist nur so ein alter Scherz zwischen uns.« Jansci ging um den Schreibtisch herum, setzte sich in seinen Stuhl und lehnte sich lächelnd zurück. »So, so, mein alter Freund Peter Mackintosh lebt also noch. Unverwüstlich, aber das war er schon immer. Und Sie scheinen offenbar für ihn zu arbeiten, Mr. – hm –«

»Reynolds – Michael Reynolds. Ja, ich arbeite für ihn.«

»Beschreiben Sie ihn.« Die Stimme war nur um eine Nuance schärfer geworden, doch diese geringe Veränderung war unüberhörbar. »Gesicht, Statur, Kleidung, Lebenslauf, Familie – alles.«

Reynolds tat es. Er sprach fünf Minuten lang ohne Pause, bis Jansci die Hand hob.

»Das genügt. Sie kennen ihn zweifellos, arbeiten für ihn und sind zweifellos auch wirklich der, für den Sie sich ausgeben. Doch Mackintosh hat ein Risiko in Kauf genommen, ein erhebliches Risiko. Sieht meinem alten Freund gar nicht ähnlich.«

»Sie meinen, falls man mich gefaßt und zum Reden gebracht hätte, daß dann auch Sie mit hochgegangen wären?«

»Sie haben eine sehr rasche Auffassungsgabe, junger Mann.«

»Nein, Oberst Mackintosh hat kein Risiko in Kauf genommen«, sagte Reynolds. »Ihr Name und die Nummer – das war alles, was ich wußte. Wo Sie wohnten, wie Sie aussahen – davon hatte ich keine Ahnung. Er hat mir nicht einmal etwas von den Narben an Ihren Händen erzählt; daran hätte ich Sie sofort erkannt.«

»Auf welche Weise hofften Sie denn dann, sich mit mir in Verbindung setzen zu können?«

»Ich hatte die Adresse eines Cafés.« Reynolds nannte den Namen. »Es sei ein Treffpunkt unzufriedener Elemente, sagte mir

Oberst Mackintosh. Dort sollte ich jeden Abend am gleichen Tisch sitzen und warten, bis ich angesprochen würde.«

»Keinerlei Erkennungszeichen?« sagte Szendro.

»Natürlich – mein Schlips.«

Oberst Szendro warf einen Blick auf das knallige Rot der Krawatte, die auf dem Schreibtisch lag, zuckte zusammen, nickte bestätigend und sah wortlos beiseite. Reynolds verspürte die ersten leisen Regungen eines aufsteigenden Unmuts.

»Warum fragen Sie, wenn Sie es doch schon wissen?« Seiner Stimme war anzuhören, daß er gereizt war.

»Es geschah nicht in beleidigender Absicht«, sagte Jansci, der für Szendro antwortete. »Unablässiger Argwohn, Mr. Reynolds, ist unsere einzige Garantie dafür, am Leben zu bleiben. Wir trauen niemandem. Unser Verdacht richtet sich in jedem Augenblick gegen jeden lebenden Menschen. Aber, wie Sie sehen, wir bleiben am Leben. Wir waren gebeten worden, uns in diesem Café mit Ihnen in Verbindung zu setzen. Imre hat die letzten drei Tage praktisch dort gelebt – doch die Aufforderung entstammte einer anonymen Wiener Quelle. Von Mackintosh war dabei nichts erwähnt. Er ist ein alter Fuchs, dieser Bursche.«

Reynolds drückte umständlich seine Zigarette in einem Aschenbecher aus. Dann hob er den Blick, sah Jansci an, ließ seinen Blick hinübergehen zu Szendro und wieder zurück zu Jansci: Sein Gesicht war völlig ausdruckslos.

»Oberst Szendro – genauer gesagt: der Mann, den Sie als Oberst Szendro kennen – ist seit anderthalb Jahren Angehöriger der AVO«, sagte Jansci mit ruhiger Stimme. »Er ist einer ihrer tüchtigsten und angesehensten Beamten, und wenn irgend etwas auf unerklärliche Weise schiefgeht und Leute, die verhaftet werden sollen, im letzten Augenblick entkommen, dann gibt es niemanden, der vor Wut so rasend ist wie Szendro, niemanden, der seine Leute so erbarmungslos antreibt, bis sie buchstäblich vor Erschöpfung zusammenklappen. Seine Ansprachen an Lehrgangsteilnehmer, die neu in die AVO aufgenommen werden, sind bereits in Buchform gesammelt. Man nennt ihn ›Die Peitsche‹. Sein Chef, Furmint, ist außerstande, Szendros pathologischen Haß auf seine eigenen Landsleute zu begreifen, erklärt aber immer wieder, daß er der einzige wirklich unentbehrliche Mitarbeiter der Geheimen Staatspolizei in Budapest sei.« Jansci machte eine kurze Pause und sagte dann: »An die zweihundert Ungarn, die heute noch leben, hier oder im Westen verdanken ihr Leben Oberst Szendro.«

Reynolds starrte Szendro an, musterte jede Einzelheit seines Gesichts, als sähe er es zum erstenmal, und fragte sich, was für ein Mensch das wohl sein mochte, der bereit war, ein so unglaublich schwieriges und gefährliches Leben auf sich zu nehmen, bei dem er nie sicher sein konnte, ob er verdächtigt, überwacht oder verraten wurde, ob das nächste Opfer, dem der Henker die Hand auf die Schulter legte, er selber war, und plötzlich wußte Reynolds, ohne irgendeine verstandesmäßige Erklärung dafür zu haben, daß dieser Mann wirklich alles das war, was Jansci von ihm behauptet hatte. Außerdem mußte es einfach stimmen; denn sonst wäre er, Reynolds, jetzt nicht hier, sondern hätte schreiend auf der Folter gelegen, tief unterhalb der Stalinstraße.

»Es scheint offenbar wirklich so zu sein, wie Sie sagen, General Illjurin«, sagte Reynolds mit leiser Stimme. »Das Risiko, das damit verbunden ist, ist allerdings unerhört.«

»Jansci, wenn ich bitten darf – immer nur Jansci. Generalmajor Illjurin ist tot.«

»Ich bitte um Entschuldigung. Und heute abend – wie erklärt sich das?«

»Ach, Sie meinen Ihre – hm – Verhaftung durch unseren Freund hier?«

»Ja.«

»Das ist sehr einfach. Mit Ausnahme einiger weniger ganz geheimer Sachen hat er Zugang zu allen Akten. Ebenso ist er über alle geplanten Maßnahmen in Budapest und im westlichen Ungarn vorher informiert. Er hatte Kenntnis von der Straßenkontrolle und von der Schließung der Grenze – und er wußte, daß Sie auf dem Wege hierher waren.«

»Aber – man war doch zweifellos nicht hinter mir her – wieso . . .«

»Nein, mein lieber Reynolds, so wichtig sind Sie nun auch wieder nicht«, sagte Szendro. »Man hatte es weder auf Sie noch sonst auf irgend jemanden abgesehen. Man hielt nur Lastwagen an, und zwar auf der Suche nach großen Mengen von Wolframmetall, die aus Österreich zu uns hereingeschmuggelt werden.«

»Ich hatte gedacht, man wäre hier daran interessiert, soviel Wolfram zu bekommen wie irgend möglich«, meinte Reynolds.

»So ist es auch, mein Sohn, so ist es auch. Dennoch, es muß alles seine Ordnung haben, muß durch bestimmte Kanäle fließen. Kurz und gut, einige unserer höchsten und angesehensten Parteibonzen sahen sich um ihren üblichen Anteil gebracht. Ein unmöglicher Zustand.«

»Unerhört«, meinte Reynolds. »Dagegen mußte natürlich etwas unternommen werden.«

»Genau!« Szendro lächelte – es war das erstemal, daß Reynolds ihn lächeln sah – und das plötzliche Aufblitzen der weißen, ebenmäßigen Zähne und die kleinen Fältchen, die sich an den Augenwinkeln bildeten, ließen das Gesicht dieses sonst so kühl und reserviert wirkenden Mannes völlig anders erscheinen. »Dummerweise gehen einem bei solchen Gelegenheiten auch einige Fische ins Netz, auf die man eigentlich gar nicht aus war.«

»Wie beispielsweise ich?«

»Wie beispielsweise Sie. Ich habe es mir daher zur Gewohnheit gemacht, mich bei derlei Aktionen in der Nähe bestimmter polizeilicher Kontrollstellen aufzuhalten. Eine Maßnahme, die sich leider nur in ganz seltenen Fällen auszahlt: Sie sind erst der fünfte, den ich innerhalb eines Jahres auf diese Weise der Polizei abgeluchst habe. Leider werden Sie auch der letzte sein. In den früheren Fällen hatte ich den Dorftrotteln, die auf solchen Kontrollposten Dienst tun, eingeschärft, sie hätten zu niemandem ein Sterbenswörtchen darüber zu sagen, daß sie mich oder den Festgenommenen, den ich ihnen ausspannte, jemals gesehen hätten. Heute aber hatte man, wie Sie wissen, bereits die Budapester Zentrale benachrichtigt, und inzwischen werden sämtliche Polizeistationen und Kontrollstellen Anweisung haben, auf der Hut zu sein vor einem Mann, der sich fälschlich als Beamter der AVO ausgibt.«

Reynolds starrte Szendro entsetzt an. »Ja, aber um Gottes willen, man hat Sie doch gesehen! Mindestens fünf von diesen Polizisten haben Sie genau gesehen. Ihre Personenbeschreibung ist in Budapest, noch ehe...«

»Pah!« Szendro schnippte lässig ein wenig Asche von seinem Ärmel. »Das wird den Idioten wenig nützen. Außerdem, ich bin kein Schwindler – ich bin wirklich Beamter der AVO! Haben Sie etwa daran gezweifelt?«

»Nein, das habe ich nicht«, sagte Reynolds voller Respekt.

»Nun also.« Szendro setzte sich lässig auf den Schreibtisch und schlug die Beine übereinander. »Übrigens, Mr. Reynolds, möchte ich mich noch bei Ihnen entschuldigen für mein einigermaßen furchterregendes Verhalten auf der Fahrt hierher. Zunächst ging es mir dabei nur darum, festzustellen, ob Sie wirklich ein westlicher Agent waren und also der Mann, den wir erwarteten, oder aber ob ich irgendwo anhalten, Sie raussetzen und Ihnen den Rat geben sollte, zu verduften. Doch als wir im Zentrum der Stadt angekommen waren, da fiel mir noch eine andere und höchst unangenehme Möglichkeit ein.«

»Als Sie auf der Andrassy Ut hielten?« fragte Reynolds. »Sie sahen mich auf eine sehr besondere Weise an, milde ausgedrückt.«

»Ich weiß. Mir war gerade der Gedanke gekommen, daß Sie möglicherweise ein Spitzel der AVO sein könnten, den man mir absichtlich zugespielt hatte, und daß Sie deshalb keine Angst vor einem Besuch in der Andrassy Ut zu haben brauchten. Ich gestehe, ich hätte eher an diese Möglichkeit denken sollen. Jedenfalls, als ich Ihnen dann sagte, ich wollte mit Ihnen in einen geheimen Kellerraum gehen, da wäre Ihnen sofort klargewesen, welchen Verdacht ich hatte, Sie hätten gewußt, daß ich es mir jetzt nicht mehr leisten konnte, Sie am Leben zu lassen, und hätten geschrien, so laut Sie nur konnten. Doch Sie sagten nichts, und so wußte ich zumindest, daß Sie kein Spitzel waren. Ach, Jansci, würden Sie mich bitte einen Augenblick entschuldigen? Sie wissen, warum.«

»Natürlich, aber beeilen Sie sich. Mr. Reynolds hat uns eine Menge zu erzählen.«

»Was ich zu erzählen habe, ist allein für Ihre Ohren bestimmt«, sagte Reynolds. »Das hat Oberst Mackintosh mir eingeschärft.«

»Oberst Szendro ist meine rechte Hand, Mr. Reynolds.«

»Also gut. Aber nur Sie beide.«

Szendro verbeugte sich und ging hinaus. Jansci wandte sich an seine Tochter.

»Hol doch bitte etwas Wein, Julia. Wir haben hoffentlich noch eine Flasche Villanyi Furmint da?«

»Ich werde nachsehen.« Sie ging zur Tür, doch Jansci rief hinter ihr her.

»Einen Augenblick, liebe Julia. Sagen Sie, Mr. Reynolds, wann haben Sie zuletzt etwas gegessen?«

»Heute früh gegen zehn Uhr.«

»Dann müssen Sie schrecklichen Hunger haben. Julia?«

»Ich will sehen, was ich noch zusammenbekomme, Jansci.«

»Dank dir – doch zuerst bitte den Wein.« Er wandte sich an den Jungen, der unruhig auf und ab ging. »Imre, du gehst auf das Dach. Mach einen Rundgang und sieh nach, ob die Luft rein ist. Du, Sandor, kümmerst dich um die Nummernschilder des Wagens. Verbrenne sie und mach neue an.«

»Verbrennen?« fragte Reynolds, während Sandor hinausging. »Ist das denn möglich?«

»Wir haben einen großen Vorrat an Nummernschildern«, sagte Jansci lächelnd. »Alle aus Holz, dreifaches Furnier. Brennen hervorragend. Oh, hast du noch eine Flasche Villanyi gefunden?«

»Ja, aber es ist die letzte.« Ihr Haar war inzwischen gekämmt, und sie lächelte Reynolds mit ihren blauen Augen freundlich und neugierig an. »Werden Sie noch zwanzig Minuten warten können, Mr. Reynolds?«

»Wenn es sein muß«, sagte er lächelnd. »Aber es wird schwierig sein.«

»Ich werde so schnell machen wie möglich«, versprach sie.

Während sie wieder hinausging, machte Jansci die Flasche auf und goß von dem kühlen, weißen Wein in zwei Gläser.

»Auf Ihr Wohl, Mr. Reynolds – und auf gutes Gelingen.«

»Danke.« Reynolds trank langsam und dankbar von dem Wein, in tiefen Zügen – er konnte sich nicht daran erinnern, daß seine Kehle jemals so ausgedörrt war – und zeigte mit dem Kopf auf den einzigen Schmuck in diesem reichlich kahlen und düsteren Raum, eine Fotografie in silbernem Rahmen, die auf Janscis Schreibtisch stand. »Ein außerordentlich gutes und ähnliches Bild Ihrer Tochter. Sie haben gute Fotografen in Ungarn.«

»Ich habe es selber aufgenommen«, sagte Jansci lächelnd. »Und Sie finden also, es ist ein gutes Bild? Bitte, sagen Sie mir Ihre ehrliche Meinung. Es interessiert mich immer, festzustellen, wie genau jemand beobachten kann.«

Reynolds sah ihn ein wenig überrascht an, nahm dann einen Schluck von seinem Wein und betrachtete schweigend das Bild: das blonde, lockige Haar, die breiten Brauen über den Augen mit den langen Wimpern, die auffallend slawischen Backenknochen und die Rundung der Wangen, die hinuntergingen zu dem vollen lächelnden Mund, das runde Kinn über der schlanken Säule des Halses. Ein bemerkenswertes Gesicht, mußte er denken, eigenartig, intensiv, heiter und von einem wunderbaren Hunger auf das Leben. Ein Gesicht, das man nicht so leicht vergaß.

»Nun, Mr. Reynolds?« fragte Jansci.

»Ja, es ist ein gutes Bild«, sagte Reynolds. Er zögerte, ehe er weitersprach, weil er nicht gern anmaßend erscheinen wollte; doch dann sah er Jansci an und wußte instinktiv, wie hoffnungslos es war, diese wissenden, müden Augen täuschen zu wollen, und so fuhr er fort: »Man könnte fast sagen, daß es ein wenig zu gut sei.«

»So?«

»Ja. Die Formen des Gesichts, auch der Ausdruck des Lächelns, das alles stimmt genau. Doch dieses Bild zeigt noch etwas mehr – eine größere Reife, ein tieferes Wissen. In zwei, vielleicht in drei Jahren wird es Ihrer Tochter völlig ähnlich sein; doch hier haben Sie der Entwicklung sozusagen vorausgegriffen. Ich weiß nicht, wie Sie das gemacht haben.«

»Das ist sehr einfach. Es ist gar keine Fotografie meiner Tochter, sondern meiner Frau.«

»Ihrer Frau! Mein Gott, was für eine außerordentliche Ähnlichkeit.« Reynolds brach ab, überlegte eilig, ob einer seiner letzten Sätze eine Ungeschicklichkeit enthalten habe, und stellte fest, daß das nicht der Fall war. »Sie ist hier im Haus?«

»Nein, sie ist nicht hier.« Jansci setzte sein Glas ab und drehte es in seinen Fingern. »Wir wissen leider nicht, wo sie ist.«

»Verzeihen Sie, bitte.«

»Mißverstehen Sie mich nicht«, sagte Jansci freundlich. »Wir wissen leider, was mit ihr geschah. Die braunen Wagen – Sie verstehen, was ich meine?«

»Die Geheimpolizei?«

»Ja.« Jansci nickte schwer. »Die gleichen Wagen, mit denen man eine Million Menschen in Polen abholte, eine Million in Rumänien und eine halbe Million in Bulgarien, um sie in die Sklaverei zu schicken und in den Tod. Mit einem dieser Wagen, mit denen man in den baltischen Staaten den Mittelstand ausradiert und in Ungarn hunderttausend Menschen abgeholt hat – ein solcher brauner Wagen kam auch, um Katharina abzuholen. Doch was bedeutet das Schicksal eines einzelnen gegenüber so vielen Millionen, die leiden und sterben mußten?«

»Das war dann also im Sommer 1951?« war alles, was Reynolds

hervorbringen konnte; ihm war bekannt, daß damals in Budapest die Massendeportationen stattgefunden hatten.

»Nein, damals lebten wir noch nicht hier. Es war genau vor zweieinhalb Jahren, einen knappen Monat nachdem wir herhergekommen waren. Julia war zum Glück gerade bei Freunden auf dem Lande, und ich selbst war in dieser Nacht nicht zu Haus.«

»Sie hatte vorher keinerlei Mitteilung bekommen?«

»Nein, keine. Sie bekam einen blauen Zettel in die Hand gedrückt, durfte einen kleinen Handkoffer mitnehmen, und fort ging es, erst mit dem braunen Wagen und dann mit der Eisenbahn, im geschlossenen Viehwagen.«

»Aber es ist doch möglich, daß sie noch lebt. Sie haben nichts von ihr gehört?«

»Nein, nichts. Wir können nur hoffen, daß sie am Leben ist. Aber es sind so viele auf dem Transport gestorben, erstickt oder erfroren in diesen Waggons, und die Zwangsarbeit auf den Feldern, in den Fabriken oder Bergwerken ist mörderisch, selbst für den, der kräftig und gesund ist. Und meine Frau war gerade erst nach einer schweren Lungenoperation aus dem Krankenhaus entlassen worden.«

Reynolds fluchte leise in sich hinein. Wie oft las oder hörte man derartige Dinge, wie rasch vergaß man sie wieder, wie leicht ging man darüber hinweg – und wie anders war es, wenn man mit der Realität konfrontiert wurde.

»Sie haben aber doch versucht, sie zu finden – haben nach Ihrer Frau gesucht?« fragte Reynolds, und seine Frage klang rauh.

»Ja, ich habe nach ihr gesucht. Vergeblich.«

Reynolds spürte, wie der Ärger in ihm hochstieg. Jansci schien alles so leichtzunehmen, es schien ihn kaum zu berühren.

Der junge Mann mit dem schwarzen Haar steckte den Kopf zur Tür herein, berichtete, daß alles in Ordnung sei, und verschwand. Doch selbst in diesem kurzen Augenblick hatte Reynolds Zeit gehabt, das auffällige, nervöse Zucken auf der linken Wange zu bemerken, kurz unterhalb der unruhig, flackernden schwarzen Augen. Jansci schien der bedenkliche Ausdruck auf dem Gesicht von Reynolds nicht entgangen zu sein, denn als er jetzt sprach, klang seine Stimme, als wolle er um Entschuldigung bitten.

»Der arme Imre! Er war nicht immer so wie jetzt, Mr. Reynolds, nicht immer so verstört und ruhelos.«

»Ruhelos! Ich sage es ungern, doch da es sich hier auch um mich und meine Pläne handelt, muß ich es sagen: Dieser Junge ist ein ausgesprochener Neurotiker.« Reynolds sah Jansci scharf an, doch Jansci blieb unverändert sanft und freundlich. »Ein Junge wie der in einer solchen Umgebung! Zu sagen, er sei eine potentielle Gefahr, wäre eine Untertreibung ersten Ranges.«

»Ich weiß, glauben Sie nicht, daß ich es nicht wüßte.« Jansci seufzte. »Sie hätten ihn vor etwas mehr als zwei Jahren sehen sollen, Mr. Reynolds, im Kampf gegen die russischen Panzer auf dem Schloßberg. Damals war er so kaltblütig, als ob er überhaupt keine Nerven hätte. Wenn es darum ging, flüssige Seife auf die Straße zu schütten oder lose Pflastersteine herauszuholen, die Löcher mit Benzin zu füllen und es im Augenblick anzubrennen, wenn ein Tank darüberfuhr, da war Imre unvergleichlich. Doch er wurde allzu unvorsichtig, und eines Nachts wurde er von einem großen Panzer T-54, dessen gesamte Bemannung tot war und der rückwärts den Berg herunterrutschte, erfaßt und, auf allen vieren kauernd, gegen die Wand eines Hauses gedrückt. Es dauerte sechsunddreißig Stunden, ehe ihn jemand dort entdeckte – und inzwischen war der Tank zweimal von russischen Kampffliegern schwer beharkt worden – die Russen wollten nicht, daß man sie mit ihren eigenen Panzern angriff.«

»Sechsunddreißig Stunden!« sagte Reynolds und starrte Jansci an. »Und er war noch am Leben?«

»Er hatte nicht einmal eine Schramme, hat er bis heute nicht. Sandor hat ihn dann herausgeholt – das war ihre erste Begegnung. Er nahm eine Brechstange und brach die Wand des Hauses von innen her ab – ich war dabei und habe gesehen, wie er mit den Zentnerblöcken um sich warf, als ob es Kieselsteine wären. Wir brachten Imre in ein Haus in der Nähe, ließen ihn dort, und als wir zurückkamen, war das ganze Haus ein einziger Trümmerhaufen; eine Gruppe der Aufständischen hatte sich darin verschanzt, und russische Panzer hatten das unterste Stockwerk so lange zerschossen, bis das ganze Haus darüber zusammenstürzte. Doch wir bekamen ihn auch dort heraus, und noch immer hatte er nicht einen Kratzer. Er war lange Zeit sehr krank, monatelang – aber es geht ihm jetzt schon sehr viel besser.«

»Sandor und Sie, Sie haben beide bei dem Aufstand mitgekämpft?«

»Sandor hat mitgekämpft. Er war Vorarbeiter im Dunapentele-Stahlwerk, Elektromechaniker, und er hat seine Fachkenntnisse sehr wirkungsvoll eingesetzt. Es konnte einem angst und bange werden, wenn man sah, wie er mit Hochspannungsdrähten umging – einfach mit ein paar Holzlatten, die er in seinen bloßen Händen hielt.«

»Im Kampf gegen die Panzer?«

»Ja«, sagte Jansci. »Er hat die Besatzung von drei Panzern durch Starkstrom erledigt. Und man hat mir erzählt, daß er in Zsepel sogar noch mehr Panzer erledigt hat. Er tötete einen Gegner, erbeutete dessen Flammenwerfer, richtete den Strahl auf den Sehschlitz des Fahrers, und wenn die Besatzung die Luke öffnete, um etwas Luft zu bekommen, dann warf er einen Molotow-Cocktail hinein – das sind einfach Flaschen mit ganz gewöhnlichem Benzin, in deren Hals man etwas Schießbaumwolle steckt. Dann machte er die Luke zu, und wenn Sandor eine Luke zumacht und sich daraufsetzt, dann bleibt sie zu. Sie kennen ihn ja.«

»Das kann ich mir vorstellen«, sagte Reynolds und rieb sich sacht seine Arme, die immer noch schmerzten – als ihm plötzlich etwas einfiel. »Sie sagten, Sandor habe teilgenommen. Und Sie selbst?«

»Ich nicht.« Jansci breitete seine mißhandelten, verstümmelten Hände aus, mit den Handflächen nach oben, und jetzt sah Reynolds, daß die Wundmale der Kreuzigung tatsächlich von außen nach innen durchgingen. »Ich habe mich an dem Aufstand nicht beteiligt. Ich habe mich im Gegenteil nach Möglichkeit bemüht, ihn zu verhindern.«

Reynolds betrachtete ihn schweigend und versuchte, den Ausdruck dieser grauen, von tausend feinen Fältchen umgebenen Augen zu ergründen. Schließlich sagte er: »Tut mir leid, aber das kann ich Ihnen einfach nicht glauben.«

»Sie werden es glauben müssen.« Jansci lächelte, hob die Hand und berührte sein weißes Haar. »Ich bin zwar nicht ganz so alt, mein Sohn, wie der Schnee auf meinem Haupt Sie vielleicht annehmen läßt; aber ich bin viel zu alt für eine Geste, die großartig sein mag, aber ebenso sinnlos wie selbstmörderisch ist. Und ich bin auch zu alt, um zu glauben, es ließe sich irgend etwas durch Gewalt erreichen. Außerdem, Mr. Reynolds, abgesehen von der Zwecklosigkeit der Gewalt – was für ein Recht haben wir, irgendeinen Menschen zu töten? Wir alle sind Kinder eines Vaters, und daraus ergibt sich für mich zwangsläufig, daß jeder, der einen Brudermord begeht, sich gegen Gott versündigt.«

»Sie reden wie ein Pazifist«, sagte Reynolds aufgebracht. »Wie ein Pazifist, der wehrlos zusieht, wie Soldatenstiefel ihn niedertrampeln, ihn und seine Frau und seine Kinder.«

»Nicht ganz so, Mr. Reynolds, nicht ganz«, sagte Jansci mit sanfter Stimme. »Ich bin nicht ganz so, wie ich gern sein möchte. Der Mann, der Hand an meine Tochter Julia legt, stirbt im selben Augenblick.«

Für einen flüchtigen Augenblick, so flüchtig, daß es fast hätte Einbildung sein können, gewahrte Reynolds das Feuer, das in der Tiefe dieser erloschenen Augen glühte; er mußte plötzlich wieder an all das denken, was ihm Oberst Mackintosh über diesen fantastischen Mann erzählt hatte, der ihm hier gegenübersaß, und er fühlte sich so verwirrt wie noch nie.

»Aber – Sie haben mir doch gesagt, daß . . .«

»Ich habe Ihnen nur zu erklären versucht, weshalb ich mich an dem Aufstand nicht beteiligt habe«, sagte Jansci. »Ich halte nichts von der Gewalt, solange es noch irgendeine andere Möglichkeit gibt. Außerdem war der Zeitpunkt der denkbar ungünstigste. Und ich hasse die Russen nicht, ich mag sie sogar gern. Vergessen Sie nicht, Mr. Reynolds, daß ich selbst Russe bin. Ich bin zwar Ukrainer, aber deshalb doch Russe, wenn auch manche meiner Landsleute häufig anderer Meinung sein mögen.«

»Sie haben die Russen gern – Sie betrachten selbst den Russen als Ihren Bruder?« Reynolds bemühte sich, höflich zu bleiben, konnte aber seine Fassungslosigkeit nicht ganz verbergen. »Nach allem, was man Ihnen und Ihrer Familie angetan hat?«

»Ich weiß, das ist unverzeihlich. Die Liebe zu unseren Feinden sollte auf die Bibel beschränkt bleiben – und nur ein Wahnsinniger könnte den Mut, die Arroganz oder die Stupidität besitzen, die Seiten der Bibel aufzuschlagen und mit ihren Grundsätzen Ernst zu machen.« Jansci machte eine kurze Pause und fuhr dann in verändertem Ton fort: »Ja, ich liebe das russische Volk, Mr. Reynolds. Die Russen sind liebenswert, fröhlich und heiter, und von einer Freundlichkeit, die auf der ganzen Welt nicht ihresgleichen hat. Doch sie sind jung, noch sehr jung, wie Kinder. Und sie sind, wie Kinder, voller Launen, sie sind einfältig und ein bißchen grausam, wie das alle Kinder sind. Man darf dabei nicht vergessen, daß sie bei all ihrer Jugend eine große Liebe für die Poesie haben, für Musik und Tanz, für das Ballett und die Oper.«

»Außerdem sind sie brutal und barbarisch, und ein Menschenleben bedeutet für sie überhaupt nichts«, warf Reynolds dazwischen.

»Wer könnte das leugnen? Aber vergessen Sie bitte nicht, daß die westliche Welt genauso war, als sie politisch noch ebenso jung war, wie die Völker Rußlands es heute sind. Sie sind rückständig, primitiv, und sie lassen sich leicht beeinflussen. Sie hassen und fürchten den Westen, weil man ihnen gesagt hat, sie müßten den Westen hassen und fürchten. Aber unvernünftige, emotional gesteuerte Verhaltensweisen sind im Westen genauso möglich wie im Osten.«

»Meinen Sie damit unsere Regierungen?«

»Ja, eure Regierungen«, sagte Jansci. »Und natürlich auch die Presse, die stets und überall die öffentliche Meinungsbildung dirigiert. Doch in erster Linie meinte ich die Regierungen.«

»Es gibt bei uns im Westen schlechte Regierungen, oft sogar sehr schlechte Regierungen«, sagte Reynolds langsam. »Sie machen Fehler, sie verrechnen sich, sie fassen törichte Entschlüsse, es gibt unter ihren Mitgliedern sogar einen bestimmten Prozentsatz von Opportunisten, Karrieremachern und Leuten, die ausschließlich nach der Macht streben. Doch das alles ist nur deshalb so, weil es eben menschlich ist. Jedenfalls wollen unsere Regierungen das Beste, sie bemühen sich ernstlich, das Gute zu tun, und nicht einmal ein Kind hat vor ihnen Angst.« Reynolds sah den älteren Mann nachdenklich an. »Sie haben soeben selber gesagt, die russischen Machthaber hätten in den vergangenen Jahren Millionen ins Gefängnis, in die Sklaverei und in den Tod geschickt. Wenn die Menschen wirklich, wie Sie behaupten, hier wie dort die gleichen sind, wieso sind dann die Regierungsformen so völlig verschieden? Die einzige Erklärung hierfür ist der Kommunismus.«

Jansci schüttelte den Kopf. »Der Kommunismus ist passé, und zwar endgültig. Er lebt heute nur noch fort als ein Mythos, und die zynischen Realpolitiker des Kreml bedienen sich seiner Parolen, um jede rigorose Maßnahme zu rechtfertigen, die ihre Politik erfordert. Ein paar von der alten Garde, die noch an der Macht sind, mögen vielleicht von der Eroberung der Welt durch den Kommunismus träumen, doch das sind nur wenige; denn dieses Ziel wäre nur durch einen globalen Krieg zu erreichen, und die hartgesottenen Realisten im Kreml sind sich über die Sinnlosigkeit einer Politik klar, die den Keim der Selbstzerstörung in sich trägt.«

»Und die brutale Unterdrückung, die Massenliquidierungen, das sollte nicht dem Wunsch entspringen, die Welt zu erobern?« sagte Reynolds. »Wollen Sie das im Ernst behaupten?«

»Allerdings.«

»Ja, was in aller Welt sollte denn dann dahinterstecken?«

»Die Angst, Mr. Reynolds«, sagte Jansci. »Eine geradezu panische Angst, für die es bei den Regierungen der Neuzeit keine Parallele gibt.

Sie haben Angst, weil der Geländeverlust der Zentralgewalt kaum wiedergutzumachen ist: Malenkows Konzessionen von 1953, Chruschtschows berühmte Rede vom Jahre 1956, mit der er vom Stalinismus abrückte, und die Dezentralisation der gesamten Industrie, zu der er sich gezwungen sah, das alles widersprach den geheiligten Ideen der Unfehlbarkeit des Kommunismus und der zentralisierten Kontrolle. Doch es war unumgänglich, im Interesse der Produktionssteigerung – und die Menschen bekamen den Geruch der Freiheit in die Nase. Und die russischen Machthaber haben Angst, weil ihre Geheimpolizei längst nicht mehr das ist, was sie war: Berija ist tot, die NKWD ist in Rußland nicht annähernd so gefürchtet wie die AVO hier bei uns, das heißt also, daß auch der Glaube an die Macht der Autorität, an die Unvermeidbarkeit der Straße erschüttert ist.« Jansci machte eine kleine Pause, nahm einen Schluck und fuhr fort: »Diese Ängste beziehen sich auf die Zustände im Innern. Doch sie sind gering, verglichen mit der Angst vor der Außenwelt. Stalin sagte kurz vor seinem Tode: ›Was wird werden, wenn ich nicht mehr bin? Ihr seid so blind wie neugeborene Katzen, und Rußland wird zerstört werden, weil ihr nicht fähig seid zu erkennen, wer eure Feinde sind.‹ Selbst Stalin konnte nicht wissen, wie recht er mit diesen Worten behalten sollte. Die Russen sind nicht in der Lage, ihre Feinde zu erkennen, und sie sind nur sicher, können sich nur sicher fühlen, wenn sie alle anderen Völker als ihre Feinde betrachten. Und speziell den Westen. Sie fürchten den Westen, und sie haben, von ihrem Standpunkt aus, auch allen Grund dazu.

Sie haben Angst vor einer westlichen Welt, die, wie sie meinen, ihnen feindlich gesinnt ist und nur auf eine günstige Gelegenheit wartet, sie anzugreifen. Sie haben außerdem Angst vor Leuten, die alles in dem beschränkten Licht ihrer eigenen besonderen

Kultur zu interpretieren versuchen, die überzeugt sind, alle Menschen, auf der ganzen Welt, seien im Grunde gleich. Eine sehr weit verbreitete Annahme, die aber ebenso töricht wie gefährlich ist. Die Kluft zwischen der westlichen und der slawischen Mentalität und die kulturellen Unterschiede sind enorm, doch leider machen sich das die wenigsten Menschen klar.

Schließlich, und das ist vielleicht noch gravierender als alles andere, haben sie Angst vor dem Eindringen westlicher Ideen in ihr Land. Und das ist der Grund, weshalb die Satellitenländer für sie einen so unschätzbaren Wert haben als *cordon sanitaire*, als Isolierung gegen gefährliche kapitalistische Einflüsse. Deshalb fühlen sich die russischen Machthaber durch eine Revolte in einem ihrer Satellitenländer, wie durch den Aufstand in Ungarn vor zwei Jahren, aufs höchste bedroht und reagieren entsprechend. Ihre Reaktion war deshalb von so unglaublicher Heftigkeit, weil sie in dem Budapester Aufstand den Kulminationspunkt, das gleichzeitige Eintreffen ihrer drei schlimmsten Befürchtungen erblickten: daß ihr gesamtes Satellitenreich hochgehen, und der *cordon sanitaire* für immer verschwinden könnte, daß durch einen auch nur teilweisen Erfolg eine ähnliche Revolte in Rußland ausgelöst werden könnte und, das Schlimmste von allem, daß eine Verschwörung großen Maßstabs vom Baltischen bis zum Schwarzen Meer den Amerikanern jede irgendwie benötigte Ausrede oder Begründung dafür geliefert haben würde, um den strategischen Bombern und den Flugzeugträgern der sechsten Flotte das Signal zum Angriff zu geben. Ich weiß, diese Vorstellung ist fantastisch, und Sie wissen es auch; doch wir reden hier nicht über Fakten, sondern nur über das, was die russischen Machthaber für Fakten halten.«

Jansci leerte sein Glas und sah Reynolds fragend an. »Ich hoffe, Sie beginnen nun zu begreifen, weshalb ich den Aufstand vom Oktober weder befürwortet noch an ihm teilgenommen habe. Vielleicht beginnen Sie auch zu begreifen, weshalb die Revolte niedergeschlagen werden mußte, und zwar um so erbarmungsloser, je größer und bedrohlicher sie war – um den *cordon* zu schützen, als Abschreckungsmaßnahme gegenüber den anderen Satelliten und allen in den eigenen Reihen, die möglicherweise ähnliche Ideen hatten. Vielleicht begreifen Sie auch, daß dieser Aufstand von vornherein zum Scheitern verurteilt war und einer verhängnisvollen Verkennung der Lage entsprang. Die einzige

Wirkung, die er hatte, war, daß die Stellung Rußlands gegenüber den anderen Satelliten gestärkt wurde, daß Tausende von Ungarn getötet oder verstümmelt, mehr als zwanzigtausend Häuser zerstört oder beschädigt wurden, daß es zu einer Inflation und zu einer bedrohlichen Verknappung der Lebensmittel kam, und daß die Wirtschaft des Landes einen beinahe tödlichen Schlag erhielt. Es hätte nie dazu kommen dürfen; doch die Wut der Verzweiflung ist immer blind.«

Reynolds sagte nichts; er wußte im Augenblick nicht, was er hätte erwidern können. Es entstand wieder ein langes Schweigen, doch diesmal war es nicht feindlich. Im Raum war nichts zu hören als das Geräusch, das Reynolds machte, der sich die Schuhbänder zuband – er hatte sich angezogen, während Jansci sprach. Schließlich stand Jansci auf, schaltete das Licht aus, zog den Vorhang an dem einzigen Fenster zurück, warf einen Blick nach draußen, zog den Vorhang zu und machte dann das Licht wieder an. Es hatte nichts Besonderes zu bedeuten, das konnte Reynolds sehen, es war reine Routine, die übliche Vorsichtsmaßnahme eines Mannes, der nur dadurch bisher am Leben geblieben war, daß er nie auch nur die geringste Vorsichtsmaßnahme außer acht gelassen hatte. Reynolds verstaute seine Papiere in seiner Brieftasche und die Pistole in dem Achselhafter.

Es klopfte, und Julia kam herein. Ihr Gesicht war gerötet von der Wärme des Küchenofens, und sie trug ein Tablett mit einer Suppe, einem Gericht aus kleingeschnittenem Fleisch und Gemüse, und eine Flasche Wein.

»So, Mr. Reynolds, bitte sehr«, sagte sie, während sie die Schüsseln auf den Tisch stellte. »Es sind zwei unserer Nationalgerichte – Gulyassuppe und Tokany. Hoffentlich ist für Ihren Geschmack nicht zuviel Paprika an der Suppe und zuviel Knoblauch an dem Tokany, aber wir mögen es so.« Sie sah ihn an und lächelte entschuldigend. »Es sind Reste – etwas anderes konnte ich in der Eile und um diese Zeit nicht zustande bringen.«

»Es riecht wunderbar«, sagte Reynolds. »Es tut mir nur leid, daß ich Ihnen mitten in der Nacht soviel Mühe mache.«

»Daran bin ich gewöhnt«, sagte sie. »Meist muß ich für ein halbes Dutzend Leute etwas zu essen machen, und fast immer so gegen vier Uhr morgens. Vaters Gäste kommen zu ziemlich ungewöhnlichen Zeiten.«

»Da hast du wirklich recht«, sagte Jansci lächelnd. »Jetzt aber zu Bett mit dir, mein Kind – es ist schon sehr spät.«

»Ich würde gern noch ein bißchen bleiben, Jansci.«

»Ich zweifle nicht daran«, sagte Jansci augenzwinkernd. »Verglichen mit unseren sonstigen Gästen ist Mr. Reynolds ein ausgesprochen gutaussehender Mann. Frisch gewaschen, frisch gekämmt und frisch rasiert könnte er direkt repräsentabel sein.«

»Das ist ungerecht, Vater, und das weißt du auch.« Sie schlug sich wacker, fand Reynolds, doch ihre Wangen waren noch um einen Schein röter geworden. »So was mußt du nicht sagen.«

»Ja, es ist ungerecht, und ich sollte es nicht sagen«, gab Jansci zu. Er sah Reynolds an. »Die Welt, von der Julia träumt, liegt westlich der österreichischen Grenze, und sie kann jedem, der davon erzählt, stundenlang zuhören. Aber es gibt gewisse Dinge, bei denen es gefährlich für sie wäre, auch nur etwas davon zu ahnen. Ins Bett mit dir, mein liebes Kind.«

»Nun gut.« Sie erhob sich gehorsam, wenn auch widerstrebend, gab Jansci einen Kuß auf die Wange, lächelte Reynolds zu und ging hinaus. Reynolds sah hinüber zu Jansci, der nach der zweiten Flasche Wein gegriffen hatte und sie öffnete.

»Sind Sie Julias wegen nicht dauernd in einer Todesangst?«

»Ja, weiß Gott«, sagte Jansci einfach. »Das ist kein Leben für sie, für ein Mädchen sowieso nicht, und wenn es mich erwischt, dann ist es um sie auch geschehen, das ist so gut wie sicher.«

»Können Sie denn Ihre Tochter nicht irgendwo in Sicherheit bringen?«

»Ja, versuchen Sie das mal! Ich könnte sie schon morgen ohne die geringste Schwierigkeit oder Gefahr in den Westen bringen – Sie wissen, das ist meine Spezialität – aber sie will nicht. Sie ist eine gehorsame, respektvolle Tochter, wie Sie ja gesehen haben – doch nur bis zu einer bestimmten Grenze, die sie selbst gezogen hat. Sie weiß, wie gefährlich es hier für sie ist, aber sie bleibt. Sie sagt, sie würde niemals hier weggehen, bevor wir nicht ihre Mutter gefunden haben und sie beide zusammen gehen können. Doch selbst dann . . .«

Er brach plötzlich ab, als die Tür aufging und ein Fremder hereinkam. Reynolds, der sich blitzschnell umgedreht hatte und von seinem Stuhl aufgesprungen war, hatte seine Pistole gezogen und auf den Mann angelegt, noch ehe dieser zwei Schritte gemacht hatte. Er starrte den Mann unverwandt an und nahm jede

Einzelheit des Gesichts in sich auf, das schwarze, glatt nach hinten gekämmte Haar, die schmale Nase unter der hohen Stirn: das typische Gesicht des unverkennbaren polnischen Aristokraten. Reynolds erschrak, als Jansci ihm die Hand auf den Arm legte und den Lauf der Pistole sanft, aber energisch nach unten drückte.

»Szendro hat recht gehabt«, murmelte er nachdenklich. »Sie sind ein gefährlicher Mann, sehr gefährlich – schnell wie eine Giftschlange. Doch dieser Mann ist ein Freund, ein guter Freund. Gestatten Sie, Mr. Reynolds, daß ich Ihnen den Grafen vorstelle.«

Reynolds steckte seine Pistole weg, ging zu dem Mann hin und streckte ihm die Hand entgegen. »Freut mich, Ihre Bekanntschaft zu machen«, murmelte er erleichtert. »Und wie ist Ihr Name?«

»Einfach nur: der Graf«, sagte der Mann, der eben hereingekommen war, und Reynolds starrte ihn von neuem an. Die Stimme war unverkennbar.

»Oberst Szendro!« rief Reynolds fassungslos.

»Erraten«, sagte der Graf, während sich gleichzeitig seine Stimme ebenso unmerklich und ebenso vollständig veränderte wie sein Äußeres. »Ich darf bei aller Bescheidenheit behaupten, daß es nicht viele gibt, die mir in der Kunst der Tarnung und Verstellung gleichkommen. Was Sie jetzt vor sich sehen, Mr. Reynolds, das bin ich – mehr oder weniger. Dann noch eine Narbe hier und eine Narbe da, und dann haben Sie das Bild, wie die AVO mich sieht. Sie werden vielleicht verstehen, weshalb ich nicht ungebührlich beunruhigt darüber war, daß man mich bei der Polizei gesehen hatte?«

»Ja«, sagte Reynolds, »das verstehe ich in der Tat. Und – und Sie wohnen hier – hier bei Jansci? Ist das nicht reichlich gefährlich?«

»Ich wohne in dem zweitbesten Hotel von Budapest«, sagte der Graf. »Wie das einem Mann von meinem Rang zukommt. Doch da ich Junggeselle bin, brauche ich natürlich gewisse, sagen wir, Zerstreuungen. Die Tatsache, daß ich von Zeit zu Zeit nicht da bin, bedarf keiner besonderen Erklärung.« Er ging zu einem Wandschrank, holte eine schwarze Flasche hervor, schenkte sich ein großes Glas halb voll und richtete den Blick auf Reynolds. »Das ist Barack«, sagte er, »Aprikosenschnaps. Ein teuflisches Zeug. Hüten Sie sich davor wie vor der Pest. Eigenes Fabrikat.« Während Reynolds ihm staunend zusah, trank er den Inhalt des Glases auf einen Zug aus und schenkte sich dann von neuem ein. »Sie haben noch nicht von dem angefangen, weshalb Sie hier sind.«

»Ich wollte gerade damit beginnen.« Reynolds schob seinen Teller beiseite und nahm einen Schluck von dem Wein. »Von Professor Harold Jennings haben Sie, wie ich annehme, wohl schon gehört?«

»Das haben wir allerdings«, sagte Jansci. »Wer hätte nicht von ihm gehört?«

»Eben. Dann wissen Sie auch ungefähr, was für ein Mann das ist – ein alter Sonderling, weit über siebzig, kurzsichtig, liebenswürdig, der typische zerstreute Professor – nur in einer Beziehung nicht: Sein Kopf arbeitet wie ein Elektronengehirn, und er ist die größte wissenschaftliche Autorität der Welt auf dem Gebiet der Ballistik.«

»Was ja auch der Grund war, weshalb er sich den Russen zur Verfügung stellte«, bemerkte der Graf.

»Irrtum«, sagte Reynolds. »Das ist zwar die allgemein verbreitete Ansicht, doch sie ist falsch.«

»Wissen Sie das genau?« fragte Jansci, der sich auf seinem Stuhl weit nach vorn geneigt hatte.

»Ganz genau. Hören Sie zu, bitte. Als damals einige andere englische Wissenschaftler ins russische Lager übergegangen waren, ergriff der alte Jennings in einer öffentlichen Äußerung sehr energisch für diese Leute Partei. Er wandte sich mit scharfen Worten gegen das, was er als überholten Nationalismus bezeichnete, und sagte, jeder Mensch habe das Recht, sich frei zu entscheiden und der Forderung seines Gewissenes zu folgen. Unmittelbar danach setzten sich, wie wir nicht anders erwartet hatten, die Russen mit ihm in Verbindung. Er ließ sie aber abblitzen, forderte sie auf, sich schleunigst zurückzuscheren nach Moskau, und erklärte ihnen, daß er für den russischen Nationalismus noch sehr viel weniger übrig habe als für den englischen. Er habe nur ganz allgemein gesprochen, sagte er.«

»Woher wissen Sie das so genau?«

»Wir haben die ganze Unterhaltung auf Band – wir hatten überall im Haus Mikrofone eingebaut. Doch wir hatten seine Äußerungen damals nicht publik gemacht, und als er dann zu den Russen übergegangen war, da wäre es zu spät gewesen – kein Mensch hätte es uns geglaubt.«

»Da haben Sie allerdings recht«, meinte Jansci. »Und nach dieser Unterredung mit den Russen haben Sie dann vermutlich die Überwachung des Professors abgeblasen?«

»Ja, das haben wir«, sagte Reynolds. »Aber es hätte uns ohnehin nichts genützt – wir paßten am falschen Ende auf. Knapp zwei Monate nach dem Interview des Alten mit den russischen Agenten fuhr Mrs. Jennings mit ihrem sechzehnjährigen Sohn Brian – der Professor hat erst spät geheiratet – zur Erholung in die Schweiz. Jennings hatte eigentlich mit ihnen fahren wollen, wurde aber im letzten Augenblick durch irgendeine wichtige Sache aufgehalten. So fuhren die beiden allein voraus, er wollte sie zwei oder drei Tage später in ihrem Züricher Hotel treffen. Als er hinkam, waren sie nicht mehr da.«

»Entführt, natürlich, sagte Jansci langsam. »Und jetzt wollt ihr ihn vermutlich gern wiederhaben?«

»Ja, wir wollen ihn wiederhaben. Deshalb bin ich hier.«

Jansci lächelte leise. »Ich bin außerordentlich begierig, von Ihnen zu hören, Mr. Reynolds, wie Sie es sich eigentlich gedacht haben, den Professor zu entführen, und natürlich auch seine Frau und seinen Sohn, da er ohne diese beiden ohnehin nicht mitkommt. Das sind drei Leute, Mr. Reynolds, ein alter Mann, eine Frau und ein Junge – Moskau ist sehr weit von hier, und der Schnee auf den Steppen liegt hoch.«

»Nicht drei Leute«, sagte Reynolds. »Es handelt sich nur um einen – den Professor. Und ich brauche seinetwegen nicht erst bis nach Moskau zu gehen. Er ist hier, hier in Budapest.«

»Hier?« fragte Jansci erstaunt. »Wissen Sie das genau, Mr. Reynolds?«

»Ich weiß es von Oberst Mackintosh.«

»Dann muß es stimmen, dann muß Jennings wirklich hier sein.« Jansci drehte sich in seinem Stuhl herum und sah zu dem Grafen hin. »Haben Sie etwas davon gehört?«

»Kein Wort. Und es weiß auch bei uns im Amt niemand etwas davon.«

»Nächste Woche wird die ganze Welt es wissen«, sagte Reynolds ruhig, aber bestimmt. »Wenn am Montag der internationale wissenschaftliche Kongreß hier eröffnet wird, dann wird die erste Rede von Professor Jennings gehalten werden. Er soll als Paradepferd herausgestellt werden. Es wird der größte propagandistische Triumph sein, den die Kommunisten seit Jahren erzielt haben.«

»So, so.« Jansci trommelte nachdenklich mit den Fingern auf der Platte des Schreibtischs und hob dann plötzlich den Blick. »Sagten Sie, daß Sie nur den Professor haben wollen?«

Reynolds nickte bestätigend.

»Nur den Professor!« sagte Jansci und sah Reynolds an. »Ja, mein Gott, begreifen Sie denn gar nicht, welches Schicksal dann seine Frau und seinen Sohn erwarten würde? Ich muß Ihnen sagen, wenn Sie wollen, daß wir Ihnen helfen sollen...«

Reynolds hob die Hände hoch, um weitere Fragen abzuschneiden. »Mrs. Jennings befindet sich bereits in London«, sagte er. »Vor ungefähr zehn Wochen wurde sie sehr krank, und Jennings bestand darauf, daß sie nach London fuhr, um sich dort operieren zu lassen, und er zwang die Russen, auf seine Forderung einzugehen – man kann einen Mann vom Format des Professors nicht einsperren, foltern oder Gehirnwäsche mit ihm machen, ohne gleichzeitig seine Fähigkeit zu wissenschaftlicher Arbeit zu zerstören, und er erklärte kategorisch, er werde seine Arbeit nicht eher fortsetzen, ehe man ihm nicht die Erfüllung seiner Wünsche zugesichert habe.«

»Offenbar ein Mann mit Mut«, sagte der Graf voller Bewunderung.

»Ja«, sagte Reynolds lächelnd, »wenn er sich auf etwas versteift, dann ist nicht gut mit ihm zu reden. Doch es war an sich keine so besonders große Leistung. Die Russen hatten nichts zu verlieren, sondern im Gegenteil alles zu gewinnen – nämlich die weitere Mitarbeit des größten heute lebenden Experten auf dem Gebiet der Ballistik. Sie behielten die beiden Trumpfkarten, den Professor und seinen Sohn, in Rußland, und sie wußten, daß Mrs. Jennings zurückkommen würde. Außerdem verlangten sie, daß das Ganze in größter Heimlichkeit vor sich ginge. Kaum ein halbes Dutzend Leute in England wissen überhaupt, daß sich Mrs. Jennings in London befindet; das weiß nicht einmal der Arzt, der sie operiert hat.«

»Und sie hat die Operation gut überstanden?«

»Es sah äußerst kritisch aus, doch sie hat es überstanden, und ihre Genesung macht gute Fortschritte.«

»Da wird der alte Mann sich freuen«, sagte Jansci. »Wird seine Frau bald nach Rußland zurückfahren?«

»Sie wird nie wieder nach Rußland gehen«, sagte Reynolds. »Und Professor Jennings hat auch keinen Anlaß, sich zu freuen. Er nimmt an, der Zustand seiner Frau sei sehr kritisch und verschlechtere sich rasch. Und zwar glaubt er das, weil wir es ihm gesagt haben.«

»Was!« Jansci sprang auf, seine grauen Augen waren kalt und hart wie Stein. »Was sagen Sie da? Das ist ja geradezu unmenschlich! Ihr habt dem alten Mann tatsächlich erzählt, seine Frau liege im Sterben?«

»Er wird bei uns gebraucht, dringend gebraucht: Unsere Wissenschaftler sind bei ihrem neuesten Projekt auf Schwierigkeiten gestoßen, seit zehn Wochen kommen sie einfach nicht mehr weiter, und sie sind überzeugt, daß Jennings der einzige Mensch ist, der ihnen die Hilfe geben kann, die sie brauchen, um weiterzukommen.«

»Und da wollte man sich also wirklich eines so üblen Tricks bedienen...«

»Es geht um Tod oder Leben, Jansci«, unterbrach ihn Reynolds. »Es kann unter Umständen für Millionen Tod oder Leben bedeuten. Wir müssen Jennings nach England bringen, und wir sind bereit, jeden Hebel anzusetzen, um ihn zur Rückkehr zu bewegen.«

»Halten Sie das für ethisch vertretbar, Reynolds? Glauben Sie, es ließe sich durch irgend etwas rechtfertigen...«

»Ob ich das glaube oder nicht, ist völlig unwichtig«, sagte Reynolds. »Es ist nicht meine Sache, über das Für und Wider zu entscheiden. Für mich handelt es sich einzig und allein darum, daß man mir einen Auftrag erteilt hat; und diesen Auftrag werde ich, wenn es irgend möglich ist, auch ausführen.«

»Ein gefährlicher Mann«, meinte der Graf. »Ich habe es Ihnen ja gleich gesagt. Ein unbedenklicher Killer, der aber zufällig auf der Seite des Rechts steht.«

»So ist es«, sagte Reynolds ungerührt. »Und es kommt noch etwas anderes hinzu. Wie so viele Männer von hervorragender wissenschaftlicher Begabung ist auch Jennings reichlich naiv und kurzsichtig, sobald es sich um Dinge handelt, die außerhalb seines Spezialgebietes liegen. Wir wissen durch Mrs. Jennings, daß die Russen ihm versichert haben, das Projekt, an dem der arbeitet, werde ausschließlich für friedliche Zwecke Verwendung finden. Und Jennings glaubt das. Er ist im Grunde Pazifist, und daher ist er eher bereit, für die Russen zu arbeiten, wenn er glaubt, daß er damit für den Frieden arbeitet, als für sein eigenes Land, wenn er weiß, daß er damit für den Krieg arbeitet. Das macht es natürlich noch sehr viel schwieriger, ihn zur Rückkehr zu bewegen, und das wiederum macht es notwendig, jedes Druckmittel zu verwenden, das sich irgendwie bietet.«

»Was dabei aus dem jungen Mann wird, dem Sohn des Professors, ist natürlich vollkommen unwichtig«, sagte der Graf mit einer wegwerfenden Handbewegung. »Wo so ungeheure Interessen auf dem Spiele stehen...«

»Brian, der Sohn, war den ganzen gestrigen Tag über in Posen«, unterbrach ihn Reynolds. »Da war irgendeine Ausstellung oder dergleichen, vorwiegend für Jugendorganisationen. Zwei unserer Agenten haben ihn von morgens bis abends beschattet. Morgen gegen Mittag – das heißt also, heute mittag – wird er in Stettin sein. Vierundzwanzig Stunden später befindet er sich in Schweden.«

»Ach so. Aber sind Sie da nicht allzu sicher, Reynolds? Sie unterschätzen die Wachsamkeit der Russen.« Der Graf betrachtete ihn nachdenklich über den Rand seines Schnapsglases. »Man weiß von Fällen, in denen Agenten versagt haben.«

»Diese beiden haben noch nie versagt. Es sind die besten, die es in Europa gibt. Brian Jennings wird morgen in Schweden sein. Die Bestätigung dafür kommt aus London, und zwar im Rahmen einer normalen Nachrichtensendung des Europaprogramms. Erst wenn wir diese Bestätigung haben, werden wir Kontakt mit Jennings aufnehmen.«

»So, so«, meinte der Graf. »Anscheinend gibt es bei euch doch noch so etwas wie Menschlichkeit.«

»Menschlichkeit!« Janscis Stimme klang kalt, fast verächtlich. »Das ist nichts weiter als ein zusätzliches Druckmittel, dessen man sich gegen den armen alten Mann bedient – und die Auftraggeber unseres Freundes Reynolds sind sich sehr genau darüber klar, daß sich Jennings nie und nimmer bereit finden würde, auch nur einen Finger für England zu rühren, wenn man seinen Sohn in Rußland umkommen läßt.«

Reynolds zuckte die Schultern und sagte nichts. Er spürte nur allzu deutlich, wie sehr sich die Atmosphäre in den letzten fünf Minuten verändert hatte und welche feindliche Ablehnung ihm jetzt entgegenschlug. Doch es war ihm gar nichts anderes übriggeblieben, als Jansci alle Einzelheiten mitzuteilen – darauf hatte Oberst Mackintosh bestanden, und es war auch unvermeidlich, wenn sie Janscis Hilfe haben wollten. Ob er bereit war, ihnen zu helfen, das hing jetzt zumindest in der Schwebe – und ohne seine

Hilfe, darüber war sich Reynolds klar, hätte er sich ebensogut die Mühe sparen können, überhaupt herzukommen.

So vergingen zwei Minuten, ohne daß ein Wort gesprochen wurde; dann blickten sich Jansci und der Graf an und nickten sich kaum wahrnehmbar zu.

Jansci sah Reynolds genau in die Augen und sagte: »Wenn Ihre Landsleute alle so wären wie Sie, Mr. Reynolds, dann würde ich keinen Finger rühren, um Ihnen zu helfen. Wer sich so gleichgültig über die Frage von Recht oder Unrecht hinwegsetzt, wen das Leid eines anderen so völlig kalt läßt, der macht sich, durch schweigende Duldung, genauso schuldig wie die, von denen Sie vorhin als von barbarischen Mördern sprachen; doch ich weiß, daß nicht alle Engländer so sind wie Sie. Und ebensowenig würde ich Ihnen helfen, wenn es sich nur darum handelte, euren Wissenschaftlern die Möglichkeit zu geben, Kriegsmaschinen herzustellen. Doch Oberst Mackintosh war und ist mein Freund, und es scheint mir unmenschlich, ganz gleich, worum es sonst noch geht, daß ein alter Mann in der Fremde sterben sollte, zwischen Menschen, denen er gleichgültig ist, fern von seiner Familie und denen, die er liebt. Soweit es irgend in unserer Macht steht, werden wir, mit Gottes Hilfe, dafür sorgen, daß der alte Mann wohlbehalten in seine Heimat zurückkehrt.«

4

Der Graf, der die Zigarettenspitze zwischen den Zähnen hielt, in der die unvermeidliche russische Zigarette brannte, lehnte sich mit dem Ellbogen auf den Knopf des Summers und blieb so stehen, bis aus dem Zimmerchen hinter dem Empfang des Hotels eilig ein kleiner Mann angeschlurft kam, in Hemdsärmeln, unrasiert und verschlafen.

»Ein Nachtportier sollte am Tage schlafen«, sagte der Graf mißbilligend. »Den Geschäftsführer, Freundchen, und zwar etwas plötzlich.«

»Den Geschäftsführer? Jetzt? Mitten in der Nacht?« Der Mann sah indigniert auf die Uhr, die über ihm an der Wand hing, richtete dann seinen Blick auf den Grafen – der sich umgezogen hatte und einen grauen Anzug und einen unauffälligen grauen Regenmantel trug – und sagte in einem Ton, dessen Unverschämtheit nicht zu überhören war: »Der Geschäftsführer schläft. Kommen Sie morgen früh wieder.«

Im nächsten Augenblick ertönte ein erschreckter Ausruf, man hörte ein Geräusch, wie wenn Leinwand zerreißt, und der Graf hatte den Portier, den er mit der rechten Hand am Hemd gepackt hatte, halb über den Tisch des Empfangs zu sich herangezogen. Das Gesicht des Mannes befand sich knapp zehn Zentimeter von dem Dienstausweis entfernt, den plötzlich, wie durch Zauberei, der Graf in der linken Hand hielt, und die verschlafenen, geröteten Augen weiteten sich erst erschreckt und dann voller Furcht. Es blieb einen Augenblick still, dann versetzte der Graf dem Mann einen Stoß, daß er hinten gegen das Regal mit den Postfächern taumelte, an dem er sich krampfhaft festhielt, um das Gleichgewicht nicht zu verlieren.

»Verzeihung, Genosse, bitte tausendmal um Verzeihung!« Der Portier fuhr sich mit der Zunge über die Lippen, die plötzlich trocken geworden waren. »Ich – ich wußte nicht...«

»Wer sollte denn sonst um diese Zeit kommen – jetzt, mitten in der Nacht?« fragte der Graf leise und lauernd.

»Niemand, Genosse, natürlich niemand! Es ist nur – na ja, sie waren doch gerade vor zwanzig Minuten hier...«

»Ich sollte hier gewesen sein?«

»Nein, nein – Sie natürlich nicht. Nicht Sie – ich meine, Ihre Leute – sie kamen hierher, um...«

»Ich weiß, mein Freundchen. Ich habe sie ja hergeschickt.« Der Graf winkte lässig und gelangweilt ab, und der Portier entfernte sich eilends. Reynolds erhob sich von der Bank an der Wand, auf der er gesessen hatte, und kam durch die Halle heran.

»Allerhand«, sagte er leise. »Selbst ich bekam es mit der Angst.«

»Alles nur Übungssache«, meinte der Graf bescheiden. »Ist gut für meinen Ruf und schadet den anderen nicht, jedenfalls nicht auf die Dauer, so widerwärtig es auch ist, von einem solchen Schwachsinnigen als ›Genosse‹ angesprochen zu werden. Sie hörten, was er sagte?«

»Ja – die Leute verlieren keine unnötige Zeit.«

»Sie sind zwar fantasielos, aber doch auf ihre Weise recht tüchtig«, sagte der Graf. »Bis morgen früh wird man die meisten Hotels der Stadt überprüft haben. Natürlich nur eine sehr geringe Chance für die Leute, immerhin eine Chance, bei der man es sich nicht leisten kann, sie zu vernachlässigen. Sie jedenfalls sind hier dadurch doppelt sicher, um das Dreifache sicherer als bei Jansci.«

Reynolds nickte und sagte nichts. Es war erst eine halbe Stunde her, seit Jansci sich bereit erklärt hatte, ihm zu helfen. Jansci und der Graf waren beide der Meinung gewesen, daß er keinen Augenblick länger dort bleiben dürfe. Das Haus lag in einer allzu einsamen und abgelegenen Gegend; ein Fremder, der zu den verschiedensten Tages- und Nachtzeiten kam oder ging, wie das für Reynolds wahrscheinlich notwendig werden würde, mußte hier unbedingt auffallen. Das Haus lag zu weit vom Zentrum der Stadt entfernt, von den großen Hotels von Pest, die als Unterbringung für Professor Jennings in Frage kamen; und der größte aller Nachteile war, daß die Wohnung kein Telefon hatte.

Und es war gefährlich, weil Jansci mehr und mehr davon überzeugt war, daß das Haus beobachtet wurde. Reynolds war überrascht gewesen durch die beiläufige, fast gleichgültige Art, in der Jansci von dieser Gefahr berichtet hatte; doch das hatte der Graf ihm erklärt, als sie im Mercedes durch die verschneiten Straßen hier zu diesem Hotel am Ufer der Donau gefahren waren. Die Notwendigkeit, ihren Unterschlupf zu wechseln, weil irgendwelche Nachbarn Verdacht geschöpft hatten, war so häufig geworden, daß es fast schon Routine war, und außerdem hatte Jansci einen sechsten Sinn, der sie bisher jedenfalls immer noch veranlaßt hatte, rechtzeitig die Stellung zu wechseln. Natürlich lästig, hatte der Graf gemeint, aber kein ernstliches Problem, denn es gäbe ein halbes Dutzend Verstecke, die genauso gut seien, und ihr ständiges Hauptquartier, das nur Jansci, Julia und ihm bekannt sei, liege außerhalb, auf dem Lande.

Reynolds wurde in seinen Gedanken unterbrochen durch das Geräusch der Tür am anderen Ende der Halle. Er hob den Blick und sah einen Mann, der eilig herankam, während er sich seine Jacke über das zerknitterte Hemd zog; in dem schmalen, bebrillten Gesicht spiegelten sich Angst und Gespanntheit.

»Bitte um Entschuldigung, Genosse, bitte tausendmal um Entschuldigung!« Er rang verzweifelt die Hände und warf dann einen bösen Blick auf den Portier, der langsam hinterherkam. »Dieser Trottel da ...«

»Sie sind der Geschäftsführer?« fiel ihm der Graf ins Wort.

»Ja. gewiß, das bin ich.«

»Dann schicken Sie den Trottel weg. Ich möchte mit Ihnen allein sprechen.« Er wartete, bis der Portier gegangen war, holte sein goldenes Zigarettenetui heraus, wählte sorgfältig und umständlich eine Zigarette, prüfte sie eingehend, befestigte sie bedächtig in seiner Zigarettenspitze, suchte ohne Eile in seinen Taschen nach der Streichholzschachtel und entnahm ihr ein Streichholz, mit dem er schließlich seine Zigarette anzündete. Großartig gemacht, mußte Reynolds denken: die Angst des Geschäftsführers steigerte sich fast bis zur Hysterie.

»Was ist, Genosse, ist irgend etwas passiert?« Bei dem Versuch, seine Fassung zu bewahren, war die Stimme des Mannes lauter geworden als beabsichtigt, und er senkte sie jetzt fast zu einem Flüstern. »Wenn ich der AVO auf irgendeine Weise behilflich sein kann, selbstverständlich . . .«

»Sie haben nur zu reden, wenn Sie gefragt sind.« Der Graf hatte nicht einmal die Stimme erhoben, doch der Geschäftsführer wurde förmlich kleiner und preßte die blassen Lippen ängstlich zusammen. »Sie haben vor kurzem mit meinen Leuten gesprochen?«

»Jawohl, vor ganz kurzer Zeit. Ich war noch gar nicht wieder eingeschlafen, als jetzt . . .«

»Sie haben nur meine Fragen zu beantworten«, wiederholte der Graf mit sanfter Stimme. »Ich hoffe, ich brauche das nicht noch einmal zu sagen. Man fragte Sie, ob bei Ihnen irgendwelche neu angekommenen Gäste wohnen, ob irgendwelche neuen Zimmerbestellungen vorlägen, man überprüfte die Liste der Gäste und durchsuchte die Zimmer. Und meine Leute haben Ihnen natürlich auch eine maschinegeschriebene Beschreibung des Mannes dagelassen, nach dem sie suchten?«

»Jawohl, Genosse, die Beschreibung habe ich hier«, sagte der Geschäftsführer und klopfte auf seine Brusttasche.

»Und man hat Ihnen die Anweisung erteilt, unverzüglich anzurufen, sobald jemand hier auftaucht, auf den die Beschreibung zutreffen könnte?«

Der Geschäftsführer nickte bestätigend.

»Vergessen Sie das alles«, befahl ihm der Graf. »Die Dinge ändern sich rasch. Wir haben guten Grund zu der Annahme, daß der Mann, den wir suchen, im Lauf der nächsten vierundzwanzig Stunden hier aufkreuzt und daß sein Verbindungsmann entweder bereits hier im Hotel ist oder gleichfalls demnächst hierherkommt.« Der Graf blies langsam den Zigarettenrauch von sich und sah den Geschäftsführer nachdenklich an. »Außerdem ist uns sehr genau bekannt, daß Sie damit innerhalb von drei Monaten bereits zum viertenmal Feinden unseres Staates in Ihrem Hotel Unterkunft gewähren.«

»Hier? In diesem Hotel?« Der Geschäftsführer war blaß geworden. »Ich schwöre bei Gott, Genosse...«

»Gott?« fragte der Graf mit gerunzelter Stirn. »Was für ein Gott?« Wessen Gott?«

Das blasse Gesicht des Geschäftsführers wurde aschfahl; Fehler dieser Art passierten einem guten Kommunisten nicht. Reynolds tat der Mann geradezu leid, doch er begriff, was der Graf bezweckte: Er wollte dem Mann eine solche Angst einjagen, daß er bereit war, blindlings zu gehorchen. Und das hatte er schon erreicht.

»Das – das war mir nur so herausgerutscht, Genosse.« Der Geschäftsführer stotterte vor panischer Angst und zitterte am ganzen Körper. »Sie können mir wirklich glauben, Genosse, wenn ich Ihnen sage...«

»Nein – aber was ich Ihnen jetzt sage, das können Sie wirklich glauben, Genosse.« Die Stimme des Grafen klang sanft, fast wie ein behagliches Schnurren. »Wenn Ihnen noch einmal so etwas herausrutscht, dann müssen wir dafür sorgen, daß Sie ein bißchen umerzogen werden, damit Sie endlich Ihre unangebrachten bürgerlichen Gefühle ablegen und nicht mehr so leicht bereit sind, irgendwelchen Leuten bei sich Unterschlupf zu gewähren, die Feinde unseres Staates sind.« Der Geschäftsführer öffnete den Mund, um zu protestieren, doch seine Lippen bewegten sich lautlos, und der Graf fuhr fort, wobei jetzt jedes seiner Worte eine kalte und tödliche Drohung war. »Sie werden meine Anordnungen befolgen, und zwar sehr genau befolgen, und Sie werden für jede Panne persönlich haftbar gemacht werden, ganz gleich, ob diese Panne Ihre Schuld ist oder nicht. Sonst, mein Lieber – Zwangsarbeit am Schwarzen Meer.«

»Ich werde alles tun, alles!« sagte der Geschäftsführer flehend; er war wie von Sinnen vor Angst und mußte sich an der Tischplatte festhalten, um sein Zittern zu unterdrücken. »Wirklich alles, Genosse, ich schwöre es!«

»Wir geben Ihnen eine letzte Chance.« Der Graf zeigte mit dem

Kopf auf Reynolds. »Einer meiner Leute. Sieht dem Spion, nach dem wir aus sind, einigermaßen ähnlich, und wir haben ihn ein bißchen zurechtgemacht. Wenn er in einer etwas schummerigen Ecke Ihres Aufenthaltsraums sitzt, könnte man ihn für den Mann halten, den wir suchen. Eine unvorsichtige Annäherung – und wir haben den Verbindungsmann. Der Verbindungsmann wird auspacken, wie alle Leute bei der AVO auspacken, und dann haben wir auch den Spion selbst.«

Reynolds seh den Grafen an – nur das jahrelange Training ermöglichte ihm, sein Gesicht ausdruckslos bleiben zu lassen – und fragte sich, ob die Unverschämtheit dieses Mannes irgendeine Grenze habe. Doch gerade diese unverschämte Frechheit, darüber war sich Reynolds klar, war die beste und sicherste Tarnung.

»Das alles sind jedoch Dinge, die Sie nichts angehen«, fuhr der Graf fort. »Und jetzt die Anweisungen für Sie: ein Zimmer für meinen Freund hier – nennen wir ihn einmal, der Einfachheit halber, Herrn Rakosi – und zwar das beste, das Sie haben, mit Bad, Zugang zu einer Nottreppe, Radiogerät mit Kurzwelle, Telefon und Wecker – Duplikate aller Hauptschlüssel des Hotels, und absolute Ungestörtheit. Keiner in der Vermittlung, der etwa versucht, Gespräche mitzuhören, die Herr Rakosi von seinem Zimmer aus führt – es dürfte Ihnen ja wohl bekannt sein, lieber Herr, daß wir über technische Vorrichtungen verfügen, die uns jeden derartigen Versuch sofort verraten. Kein Zimmermädchen, kein Etagenkellner, kein Elektriker, Klempner oder sonst jemand hat sich seinem Zimmer zu nähern. Alle Mahlzeiten werden Sie persönlich hinaufbringen. Herr Rakosi existiert überhaupt nicht, es sei denn, daß er sich selber entschließt, in Erscheinung zu treten. Niemand weiß etwas von seiner Existenz, selbst Sie haben ihn nie gesehen, Sie haben auch mich niemals gesehen. Haben Sie das alles genau begriffen?«

»Ja, selbstverständlich, gewiß.« Der Geschäftsführer griff verzweifelt nach diesem Strohhalm einer letzten Chance. »Ich werde alles genauso ausführen, wie Sie gesagt haben, Genosse. Darauf gebe ich Ihnen mein Wort.«

»Nun, vielleicht leben Sie wirklich noch lange genug, um ein paar weitere tausend Gäste zu melken«, sagte der Graf verächtlich. »Sagen Sie dem Trottel von Portier Bescheid, daß er seinen Mund zu halten hat, und zeigen Sie uns jetzt sofort das Zimmer.«

Fünf Minuten später waren beide allein in dem Zimmer von Reynolds. Es war nicht groß, aber behaglich eingerichtet, hatte Radio und Telefon, und die Nottreppe war vom Fenster des anschließenden Badezimmers aus leicht zu erreichen. Der Graf sah sich um und nickte beifällig. »Hier sind Sie ganz gut untergebracht, jedenfalls für die nächsten zwei bis drei Tage. Länger nicht, das wäre zu gefährlich. Der Geschäftsführer wird zwar die Klappe halten, aber es gibt immer einen ängstlichen Dummkopf oder einen berufsmäßigen Spitzel, der bereit ist, zu quatschen.«

»Und dann?«

»Dann müssen wir Ihnen eine andere Identität besorgen. Ich lege mich jetzt ein paar Stunden aufs Ohr, und anschließend suche ich einen guten Bekannten auf, der Spezialist für solche Dinge ist.« Der Graf rieb sich nachdenklich sein stoppliges Kinn. »Ich glaube, das Beste für Sie wird sein, wenn Sie Deutscher sind, möglichst aus dem Ruhrgebiet – aus Dortmund oder Essen. Sie könnten beispielsweise Repräsentant eines Unternehmens sein, das Aluminium und Kupfer verarbeitet. Ich werde Ihnen ein Buch darüber beschaffen.«

»Aber das sind doch verbotene Waren?«

»Selbstverständlich, mein Lieber. Es gibt Hunderte verschiedener Warenarten, bei denen es seitens der westlichen Regierungen streng verboten ist, sie nach dem Osten zu exportieren, und trotzdem strömen diese Waren Jahr für Jahr in riesigen Massen durch den Eisernen Vorhang herein, ein Umsatz von vielen Millionen – wie hoch, das weiß niemand genau.«

»Allmächtiger!« sagte Reynolds verblüfft, hatte sich aber rasch wieder gefaßt. »Und ich werde also zu diesem Strom mein Teil beitragen?«

»Nichts leichter als das, mein Freund. Ihre Ware geht nach Hamburg oder irgendeinen anderen Hafen, mit falschen Beschriftungen und falschen Begleitpapieren; diese werden im Freihafen ausgewechselt gegen andere, und die Ware wird auf ein russisches Schiff verladen. Oder, noch einfacher: Man schickt das Zeug einfach über die Grenze nach Frankreich, packt es dort um und läßt es weitergehen in die Tschechoslowakei – nach dem Intransit-Abkommen von 1921 können Waren aus dem Lande A in das Land C durch das Land B verschickt werden, ohne durch irgendwelche zollamtliche Prüfungen behelligt zu werden. Wunderbar einfach, finden Sie nicht auch?«

»Allerdings«, sagte Reynolds. »Die betreffenden Regierungen müssen mit Blindheit geschlagen sein.«

»Die Regierungen!« Der Graf lachte. »Mein lieber Reynolds, wenn die Wirtschaft irgendeines Landes Hochkonjunktur hat, dann wird die Regierung dieses Landes regelmäßig von einer unheilbaren Kurzsichtigkeit befallen. Vor einiger Zeit hatte ein empörter deutscher Bürger, ein führender Mann der Sozialdemokratischen Partei, ich glaube, er hieß Wehner – ja, stimmt, Herbert Wehner – der Regierung in Bonn eine Liste von sechshundert Firmen vorgelegt – sechshundert, mein Lieber! – die aktiv an diesem Warenschmuggel beteiligt waren.«

»Und was war das Ergebnis?«

»In sechshundert Firmen wurden die sechshundert Leute, von denen die Informationen stammten, entlassen«, sagte der Graf lakonisch. »Das jedenfalls behauptet Wehner, und er wußte zweifellos Bescheid. Geschäft ist eben Geschäft, und Profit ist überall auf der Welt Profit. Die Kommunisten empfangen jeden mit offenen Armen, der ihnen das liefert, was sie brauchen. Das werde ich schon machen. Wir machen aus Ihnen einen Repräsentanten und Mitinhaber irgendeiner großen metallverarbeitenden Firma im Ruhrgebiet.«

»Einer tatsächlich bestehenden Firma?«

»Aber natürlich. Die Sache muß hieb- und stichfest sein – und dieser Firma wird es nicht wehtun, denn sie erfährt nichts davon. Wie gesagt, ich werde als erstes heute früh die Frage Ihrer Identität in Ordnung bringen. Danach werde ich mich in unser Amt begeben und feststellen, wo die russischen Teilnehmer an dieser wissenschaftlichen Tagung untergebracht sind. Vermutlich im Hotel Dreikronen – dessen gesamtes Personal aus AVO-Leuten besteht – aber es kann auch irgendein anderes Hotel sein.« Er holte Zettel und Bleistift heraus und schrieb eine Reihe von Namen darauf. »Hier haben Sie die Namen und Adressen acht verschiedener Hotels – eins von diesen muß es bestimmt sein. Ich habe sie der Reihe nach mit den Buchstaben A bis H bezeichnet. Wenn ich Sie im Laufe des Tages anrufe, werde ich Sie als erstes mit einem falschen Namen anreden. Der erste Buchstabe dieses Namens entspricht dem Buchstaben des Hotels hier auf der Liste. Verstanden?«

Reynolds nickte.

»Ich werde auch versuchen herauszubekommen, welche Nummer das Zimmer von Professor Jennings hat. Das wird allerdings schon etwas schwieriger werden. Ich werde Ihnen die Zimmernummer in umgekehrter Reihenfolge telefonisch durchsagen – in der Form irgendeiner Preisangabe, die mit Ihrem Exportgeschäft zusammenhängt.« Der Graf verstaute seine Schnapsflasche und erhob sich. »Und das ist leider so ziemlich alles, was ich für Sie tun kann, Mr. Reynolds. Alles übrige muß ich Ihnen überlassen. Ich kann mich nicht gut in die Nähe irgendeines Hotels begeben, in dem Jennings wohnt, weil dort unsere eigenen Leute Wache halten, und außerdem werde ich voraussichtlich heute nachmittag und abend bis wenigstens zehn Uhr im Dienst sein.«

»Sie haben bereits mehr als genug für mich getan«, versicherte Reynolds. »Ich lebe noch, ist das nichts? Und ich werde also dieses Zimmer nicht eher verlassen, als bis ich von Ihnen höre?«

»Unter keinen Umständen. Ja, jetzt also ein wenig Schlaf, dann hinein in die Uniform und an mein tägliches Pensum, aller Welt Schrecken einzujagen«, sagte der Graf und lächelte schief. »Sie können sich gar nicht vorstellen, Mr. Reynolds, was für ein stolzes Gefühl es ist, von aller Welt so geliebt zu werden. Au revoir.«

Reynolds verlor keine unnötige Zeit, als der Graf gegangen war. Er war entsetzlich müde. Er schloß die Tür seines Zimmers ab, sorgte dafür, daß man den Schlüssel nicht von außen aus dem Schlüsselloch herausschieben konnte, stellte als zusätzliche Sicherheitsmaßnahme die Lehne eines Stuhles unter die Klinke, machte die Fenster im Zimmer und im Badezimmer zu, stellte mehrere Gläser und andere zerbrechliche Gegenstände auf die Fensterbretter – eine außerordentlich wirkungsvolle Alarmvorrichtung zum Schutz gegen Einbrecher, wie er aus Erfahrung wußte – schob seine Pistole unter das Kopfkissen, zog sich aus und kroch müde und dankbar ins Bett.

Nur ein oder zwei Minuten lang beschäftigte er sich in Gedanken noch einmal mit den hinter ihm liegenden Stunden. Er dachte an Jansci, diesen so gütigen Menschen, dessen Wesen und dessen ganze Denkungsart in einem so unvereinbaren Gegensatz zu den schrecklichen Dingen seiner Vergangenheit standen, an den genauso rätselhaften Grafen, an Janscis Tochter, die bisher für ihn eigentlich nur aus zwei blauen Augen unter goldblondem Haar bestand, an Sandor, der sanft und freundlich war wie sein Herr und Meister, und an Imre mit den unruhig flackernden Augen.

Er versuchte auch an morgen zu denken, oder vielmehr an

heute: welche Möglichkeiten er hatte, sich mit dem alten Professor in Verbindung zu setzen, und was er ihm dann sagen sollte; doch er war viel zu müde, seine Gedanken waren unbestimmt und zusammenhanglos, nur ein kaleidoskopartiges Muster, und auch dieses Muster wurde rasch undeutlich und verging, während er in den tiefen Schlaf der Erschöpfung sank.

Bereits vier Stunden später riß ihn das heftige Klingeln des Weckers aus dem Schlaf. Er erwachte mit der dumpfen Benommenheit dessen, der noch längst nicht ausgeschlafen hat, war aber trotzdem sofort hellwach und stellte den Wecker ab, noch ehe er länger als ein paar Sekunden geklingelt hatte. Er bestellte sich telefonisch einen Kaffee, zog seinen Morgenrock an, schloß die Tür auf und nahm den Kaffee in Empfang, schloß wieder ab, brannte sich eine Zigarette an und klemmte sich die Kopfhörer über die Ohren.

Die Nachricht, daß Brian sicher in Schweden angekommen war, sollte dadurch übermittelt werden, daß sich der Sprecher absichtlich versprach; und zwar sollte er sagen: »... heute abend – Verzeihung, es muß heißen: morgen abend.« Doch die für Europa bestimmte Nachrichtensendung der BBC auf Kurzwelle enthielt an diesem Morgen keinen absichtlichen Fehler dieser Art, und Reynolds nahm die Kopfhörer wieder ab, ohne irgendwie enttäuscht zu sein. Er hatte kaum damit gerechnet, daß die Mitteilung so bald komme, doch es wäre immerhin möglich gewesen, und jedenfalls durfte er es nicht verpassen. Er trank den Rest seines Kaffees und war innerhalb weniger Minuten wieder eingeschlafen.

Das nächstemal erwachte er, ohne geweckt worden zu sein, und zwar völlig ausgeruht und erfrischt. Es war kurz nach ein Uhr mittags. Er wusch und rasierte sich, bestellte telefonisch das Mittagessen, zog sich an und machte dann die Vorhänge auf, als es im gleichen Augenblick an seine Tür klopfte.

Reynolds schloß auf und ließ den Geschäftsführer herein, der ein Tablett mit dem Essen für ihn brachte. Falls der Geschäftsführer etwas dagegen haben sollte, hier den Zimmerkellner spielen zu müssen, so ließ er sich jedenfalls nichts davon anmerken: im Gegenteil, er war die Unterwürfigkeit in Person, und daß sich auf dem Tablett auch eine Flasche Aszu-Imperial befand, ein goldgelber Tokayer, der, wie Reynolds richtig vermutete, den gleichen Seltenheitswert besaß wie reines Gold, bewies zur Genüge, mit welchem Eifer der Geschäftsführer bemüht war, der AVO auf jede nur denkbare Weise gefällig zu sein. Reynolds unterließ es, sich zu bedanken – er nahm an, daß dergleichen Höflichkeit bei der AVO kaum üblich war – und entließ den Mann mit einer Handbewegung. Doch der Geschäftsführer blieb stehen und holte aus seiner Tasche einen Briefumschlag heraus, der keine Anschrift trug. »Dies hier sollte ich Ihnen aushändigen, Herr Rakosi.«

»Mir?« fragte Reynolds mit Schärfe, aber ohne jede Ängstlichkeit. Nur der Graf und seine Freunde kannten seinen neuen Decknamen. »Wann ist das angekommen?«

»Vor nur fünf Minuten.«

»Vor fünf Minuten!« Reynolds sah den Geschäftsführer strafend an und fragte mit drohender Stimme: »Warum haben Sie es mir dann nicht bereits vor fünf Minuten gebracht?«

»Verzeihung, Genosse.« Die Stimme des Geschäftsführers zitterte schon wieder vor Angst. »Ihr – Ihr Essen war fast fertig, und da dachte ich...«

»Sie haben nicht zu denken. Wenn das nächstemal eine Nachricht für mich kommt, dann bringen Sie sie sofort. Und wer hat das da gebracht?«

»Ein Mädchen – eine junge Frau.«

»Beschreiben Sie, wie sie aussah.«

»Das ist nicht so einfach – ich kann so etwas nicht so gut.« Er zögerte unsicher. »Ja, also – sie hatte einen Regenmantel an, mit so einer Kapuze dran. Sie war nicht groß, eher klein, aber von guter Figur, und ihre Schuhe...«

»Ihr Gesicht sollen Sie beschreiben, Sie Idiot! Was für Haar hatte sie?«

»Das konnte ich unter der Kapuze nicht sehen. Aber sie hatte blaue Augen, ja sehr blaue Augen hatte sie...« Der Geschäftsführer hielt sich eifrig an dieser Einzelheit fest, doch dann wurde seine Stimme wieder unsicher. »Mehr weiß ich leider auch nicht, Genosse...«

Reynolds unterbrach ihn kurz und schickte ihn hinaus. Er brauchte nichts weiter zu hören: die Beschreibung paßte ausreichend auf Janscis Tochter. Seine erste Reaktion war, zu seiner eigenen Überraschung, eine fast zornige Verwunderung darüber, daß man das Mädchen einer solchen Gefahr aussetzte; doch im nächsten Augenblick sah er ein, daß sein Vorwurf ungerecht war. Für Jansci, dessen Gesicht Hunderte von Menschen kannten, wäre es außerordentlich gefährlich gewesen, sich auf der Straße sehen zu lassen, und auch an Sandor und Imre, die sich bei dem Oktoberaufstand so hervorgetan hatten, würden sich sicher noch viele erinnern; doch ein junges Mädchen erregte keinen Verdacht, und selbst für den Fall, daß später noch irgendwelche Nachforschungen angestellt werden sollten, so würde die Beschreibung des Geschäftsführers genausogut auf tausend andere Mädchen passen.

Er riß den Umschlag auf. Er enthielt eine kurze Nachricht in Blockschrift: »Kommen Sie heute abend nicht zu uns. Erwarten Sie mich zwischen acht und neun im Café zum Weißen Engel!« Unterschrieben war der Zettel mit ›J‹. Das hieß natürlich Julia, nicht etwa Jansci – wenn Jansci schon nicht riskierte, durch die Straßen zu gehen, so würde er sich erst recht nicht in ein volles Café begeben. Was der Grund für diese Abänderung des ursprünglichen Plans sein mochte – es war verabredet gewesen, daß er nach seiner Zusammenkunft mit Professor Jennings zu Jansci kommen sollte, um zu berichten – das ahnte er nicht. Es war typisch für Reynolds, daß er sich nicht weiter den Kopf darüber zerbrach; es hätte ohnehin zu nichts geführt, Vermutungen darüber anzustellen, und heute abend würde er es ja von dem Mädchen hören. Er verbrannte den Zettel und den Briefumschlag im Waschbecken des Badezimmers, drehte dann den Hahn auf, um die Asche wegzuspülen, und verzehrte anschließend eine hervorragende Mahlzeit.

Die Stunden kamen und gingen. Es wurde zwei, drei und schließlich vier Uhr, und noch immer kam kein Anruf von dem Grafen. Reynolds wurde allmählich unruhig: Er mußte feststellen, wo der Professor wohnte, sich mit ihm in Verbindung setzen, ihn dazu überreden, mitzukommen und über die Grenze nach Österreich zu fliehen; und wenn er dann noch bis neun Uhr im Café zum Weißen Engel sein wollte – die Adresse hatte er inzwischen im Telefonbuch festgestellt – dann wurde die Zeit allmählich wirklich sehr knapp.

Es wurde fünf, und es wurde halb sechs. Doch dann, zwanzig vor sechs, ertönte die Klingel des Telefons schrill in der Stille des Raums. Reynolds war mit zwei Schritten am Apparat und nahm den Hörer ab.

»Herr Buhl? Ist dort Herr Johann Buhl?« Die Stimme war leise und eilig, doch es war unverkennbar die Stimme des Grafen.

»Am Apparat.«

»Wunderbar. Ich habe sehr gute Nachrichten für Sie, Herr Buhl. Ich war heute nachmittag im Ministerium, man ist dort außerordentlich an dem Angebot Ihrer Firma interessiert und möchte gern unverzüglich mit Ihnen darüber verhandeln – vorausgesetzt, daß Sie bereit wären, zu dem Preis abzuschließen, über den man nicht hinausgehen kann: neun fünf.«

»Ich glaube, daß meine Firma diesen Preis akzeptabel finden wird.«

»Dann wird man mit Ihnen ins Geschäft kommen. Wir können noch beim Abendessen darüber reden. Ist Ihnen sechs Uhr dreißig zu früh?«

»Durchaus nicht. Ich werde zur Stelle sein. Es war dritte Etage, nicht wahr?«

»Nein, zweite. Also dann bis sechs Uhr dreißig. Auf Wiedersehen.« Es machte klick im Apparat, und Reynolds legte gleichfalls auf.

Die Stimme des Grafen hatte hastig geklungen, als habe er es eilig und befürchte, es könne jemand hereinkommen; dennoch hatte er alles durchgesagt, was Reynolds wissen mußte.

Er hatte ihn zweimal mit Buhl angeredet, womit er deutlich kundgetan hatte, daß es sich um das Hotel B handelte, also das Hotel ›Zu den drei Kronen‹, das einzige Hotel, dessen Personal ausschließlich aus Angehörigen der AVO bestand. Schade, dadurch wurde alles außerordentlich erschwert, doch jedenfalls wußte er, womit er zu rechnen hatte – jeder Mann in diesem Hotel war ein potentieller Gegner. Der Professor wohnte im Zimmer Nummer 59, er aß gegen sechs Uhr dreißig zu Abend, zu dieser Zeit war sein Zimmer also voraussichtlich leer.

Reynolds sah auf seine Uhr: Es war höchste Zeit. Er zog seinen Trenchcoat an, setzte den Hut tief in die Stirn, schraubte den Schalldämpfer auf seine Pistole, verstaute die Waffe in der rechten Manteltasche, eine mit Gummi überzogene Stablampe in der linken und steckte zwei zusätzliche Ladestreifen mit Patronen für seine Pistole in eine Innentasche seiner Jacke. Dann ließ er sich mit dem Geschäftsführer verbinden und sagte ihm, daß er in den nächsten vier Stunden für niemanden zu sprechen sei, auch nicht telefonisch, befestigte den Schlüssel im Schlüsselloch, ließ das Licht brennen, für den Fall, daß jemand so neugierig sein sollte, einen Blick durch das Schlüsselloch zu werfen, öffnete das Fenster des Badezimmers und entfernte sich über die Nottreppe.

Draußen war es bitter kalt, Reynolds versank bis über die Knöchel im frischgefallenen Schnee, und er war noch keine zweihundert Meter gegangen, als sein Mantel und sein Hut schon fast so weiß waren wie der Boden unter seinen Füßen. Doch er begrüßte es dankbar, daß es kalt war und daß es schneite, denn selbst der pflichtbewußte Polizist würde bei dieser Kälte die Straßen nicht mit der Achtsamkeit abpatrouillieren wie sonst, und der Schnee, der ihn in der Anonymität seiner weißen Umhüllung verbarg, dämpfte außerdem jedes Geräusch und machte auch seine Schritte fast unhörbar. Eine ideale Nacht für einen Jäger, dachte Reynolds grimmig.

Selbst in dem winterlichen Dämmerlicht fand Reynolds seinen Weg so sicher, als habe er sein ganzes Leben in Budapest verbracht. In weniger als zehn Minuten hatte er das Hotel ›Zu den drei Kronen‹ erreicht, das er von der gegenüberliegenden Straßenseite aus einer ersten flüchtigen Musterung unterzog.

Es war ein großes Hotel, das einen ganzen Block einnahm. Der Eingang, eine große, zweiteilige Glastür mit einer dahinterliegenden Drehtür, war in grelles Neonlicht getaucht. Er wurde bewacht von zwei uniformierten Portiers, die von Zeit zu Zeit mit den Füßen stampften und mit den Armen schlugen, um sich gegen die Kälte zu schützen. Beide waren, wie Reynolds feststellen konnte, mit Schußwaffen und Gummiknüppel ausgerüstet, und vermutlich war bei beiden die Portiersuniform eine Tarnung, hinter der sich ein AVO-Mann verbarg. Das alles stellte Reynolds unauffällig fest, während er rasch auf der anderen Straßenseite vorbeiging, den Kopf zum Schutz gegen den treibenden Schnee zwischen die Schultern gezogen – ganz wie ein Mann auf dem Weg nach Haus, der es eilig hat, in die behagliche Wäre zu kommen. Als er weit genug entfernt war, daß ihn die beiden Türhüter nicht mehr sehen konnten, machte er auf dem Absatz kehrt und unterzog die seitliche Front des Hotels einer raschen Musterung. Doch hier sah die Sache genauso hoffnungslos aus wie bei der Vorderfront: Sämtliche Parterrefenster waren mit schweren Eisengittern versehen, und die Fenster der ersten Etage hätten, was ihre Erreichbarkeit anging, ebensogut auf dem Mond liegen können. Blieb also nur die Rückseite.

Der Eingang für Lieferanten und Personal führte durch eine

tunnelartige Einfahrt in der Mitte der Rückfront, breit genug und hoch genug, um einen großen Lieferwagen durchzulassen. Reynolds warf einen raschen Blick durch diese Einfahrt auf den quadratischen, schneebedeckten Hof des Hotels, auf dem ein oder zwei parkende Wagen standen. Im ganzen war der Hof nur mäßig beleuchtet, doch die Beleuchtung reichte immerhin aus, um Reynolds die unteren Plattformen der drei eisernen Nottreppen erkennen zu lassen, die im Zickzack nach oben führten.

Reynolds ging weiter bis zur Ecke, sah sich rasch um, überquerte eilig die Straße und ging, so eng wie möglich an die Mauer des Hotels gedrückt, zu der Einfahrt zurück. Unmittelbar neben der Einfahrt blieb er stehen, zog den Rand seines Hutes noch tiefer in die Augen und spähte dann vorsichtig um die Ecke.

Zunächst konnte er überhaupt nichts sehen, denn seine Augen, die so lange auf die Dunkelheit eingestellt gewesen waren, wurden plötzlich geblendet vom Strahl einer starken Taschenlampe, und Reynolds, der ein flaues Gefühl in der Magengegend bekam, war bereits überzeugt, man habe ihn entdeckt. Er zog eben die Hand, die den Griff seiner Pistole umschloß, aus seiner Manteltasche – als der Lichtstrahl weiterwanderte und die Runde durch das Innere des Hofes machte.

Reynolds, dessen Pupillen sich allmählich wieder weiteten, konnte jetzt erkennen, was eigentlich geschehen war. Ein Mann, ein Soldat mit umgehängtem Gewehr, ging seine Runde rings um den Hof, und der Schein seiner Lampe war einen Augenblick lang völlig zufällig auf das Gesicht von Reynolds gefallen; doch der Posten, dessen Augen offenbar nicht mit dem Lichtkegel mitgegangen waren, hatte nichts bemerkt.

Reynolds tat lautlos drei Schritte in die Einfahrt hinein und blieb dann beobachtend stehen. Der Posten, der seine Runde fortsetzte, entfernte sich nach hinten in Richtung auf den Haupttrakt, und Reynolds konnte jetzt auch genau sehen, was der Mann eigentlich machte: Er kontrollierte die Notausgänge, indem er bei jeder der drei eisernen Treppen die schneebedeckten Stufen bis zum ersten Treppenabsatz mit dem Schein seiner Taschenlampe ableuchtete.

Jetzt, sagte sich Reynolds, das ist meine Chance. Der Posten, der im Augenblick gerade unter der elektrischen Windlaterne vorbeiging, die über dem Eingang hinten auf der anderen Seite des Hofes hing, war jetzt am weitesten von ihm entfernt, und es bestand kein Grund, zu warten, bis er eine weitere Runde gemacht hatte. Rasch und lautlos, ein geisterhafter Schatten in dem weißen Dämmerlicht der Winternacht, huschte Reynolds über die Pflastersteine der Einfahrt vorwärts, unterdrückte mit knapper Not einen erschreckten Ausruf, machte abrupt halt und wich zurück an die Wand neben ihm, drückte sich mit dem Rücken so flach wie irgend möglich gegen die kalten, vereisten Steine der Mauer, während sein Herz dumpf in seiner Brust zu schlagen begann.

Idiot, beschimpfte er sich wütend, du verdammter Idiot. Um ein Haar wärst du dem Burschen jetzt tatsächlich auf den Leim gegangen. Ja, um ein Haar – wenn er nicht im letzten Augenblick die achtlos weggeworfene Zigarette gesehen hätte, die als roter Punkt durch die Luft geflogen war und jetzt zischend im Schnee erlosch, keinen Meter von der Stelle entfernt, an der er unbeweglich stand und nicht einmal zu atmen wagte. Dabei hätte er es wahrhaftig besser wissen müssen, hätte der AVO die primitive Höflichkeit erweisen sollen, ihr soviel Intelligenz zuzutrauen, daß sie es jemandem, der hier herein- oder herauszukommen versuchte, nicht so kindisch einfach machen würde.

Das Schilderhaus auf dem Hof stand unmittelbar neben der Einfahrt, und der Posten, der halb darin stand und halb daraus hervorlehnte, war keinen dreiviertel Meter von Reynolds entfernt. Reynolds konnte seine Atemzüge hören, und das gelegentliche Schnurren seiner Stiefel auf dem hölzernen Fußboden des Schilderhauses drang geradezu unerträglich laut an seine Ohren.

Reynolds wußte, daß ihm nur noch Sekunden blieben, vielleicht fünf oder sechs, höchstens. Der Posten in dem Schilderhaus brauchte nur eine Bewegung zu machen, brauchte nur den Kopf zehn Zentimeter zur Seite zu drehen, und er war verloren. Und selbst wenn er den Kopf nicht zur Seite drehte, so mußte der andere Posten, der seine Runden machte und nur noch wenige Meter entfernt war, ihn im Schein seiner Taschenlampe entdecken, wenn er bei der Einfahrt vorbeikam. Es blieb ihm also nur eine Möglichkeit, bei der einige Aussicht auf Erfolg bestand, und für diese mußte er sich jetzt auch unverzüglich entscheiden.

Er hielt den Griff seiner Pistole mit beiden Händen fest umschlossen und drückte den Rücken des rechten Handgelenks kräftig gegen die Wand der Einfahrt, um eine möglichst große Zielsicherheit zu erreichen. Durch den aufgeschraubten Schalldämpfer war das Zielen ohnehin schwierig, und es wurde noch schwieriger durch den wirbelnden Schnee; doch dieses Risiko mußte er eben eingehen. Der Posten mit der Taschenlampe war inzwischen bis auf etwa drei Meter heran, und der Mann in dem Schilderhaus räusperte sich, um irgend etwas zu seinem Kameraden zu sagen, als Reynolds langsam Druckpunkt nahm und weiter durchkrümmte.

Der gedämpfte Knall des Schusses ging unter in dem lauten Krachen, als das Glas der Laterne über dem Eingang in tausend Stücke sprang und die Scherben klirrend gegen die Wand dahinter schlugen, ehe sie lautlos in den Schnee fielen. Zwar mußte der dumpfe Knall des Abschusses die Ohren des Mannes im Schilderhaus um den Bruchteil einer Sekunde eher erreicht haben als das laute Klirren des Glases, doch da das menschliche Ohr nicht in der Lage war, so geringe zeitliche Unterschiede zu registrieren, hatte der Mann nur das spätere, sehr viel lautere Geräusch wahrgenommen. Er stürmte bereits eilig über den Hof, Seite an Seite mit dem Mann mit der Taschenlampe.

Reynolds folgte nicht weit hinter ihnen. Er lief an dem Schilderhaus vorbei, bog scharf nach rechts, rannte die Spur entlang, die der Posten bei seinem Rundgang in den frischgefallenen Schnee getreten hatte, kam an der ersten Nottreppe vorbei, wandte sich um, warf sich mit einem Sprung zur Seite und nach oben und griff mit ausgestreckten Armen nach der senkrechten Stütze des Geländers auf dem ersten Treppenabsatz. Einen unangenehmen Augenblick lang spürte er, wie seine Finger auf dem kalten, glatten Metall rutschten, umklammerte die Stange mit verzweifelter Kraft und zog sich dann Hand über Hand daran nach oben, bis er das Geländer zu fassen bekam. Im nächsten Augenblick stand er sicher auf dem ersten Treppenabsatz, ohne daß dem Schnee, der auf den dorthin führenden Stufen lag, auch nur das geringste anzusehen gewesen wäre.

Fünf Sekunden später hatte er – auch dies unter Vermeidung jeglicher Spuren, die von unten zu sehen gewesen wären – den zweiten Treppenabsatz erreicht, befand sich also jetzt in der Höhe des ersten Stockwerks. Hier duckte er sich und machte sich so klein wie möglich, denn die beiden Posten kamen zurück und begaben sich wieder zu der Einfahrt; sie hatten es nicht besonders eilig und redeten miteinander. Reynolds hörte, daß sie überzeugt waren, das heiße Glas sei infolge der außerordentlichen Kälte zersprungen. Mehr der Form halber gingen die beiden um die parkenden Wagen herum und leuchteten mit ihren Taschenlampen die untersten Stufen der Nottreppe ab; doch als sie ihre oberflächliche Inspektion beendet hatten, war Reynolds auf dem Treppenabsatz angelangt, der sich in der Höhe des zweiten Stockwerks befand, und zwar stand er hier vor einer zweiteiligen Glastür.

Er versuchte, vorsichtig und energisch zugleich, sie zu öffnen. Die Tür war abgeschlossen. Er hatte es nicht anders erwartet. Langsam und mit der größten Vorsicht – denn seine Hände waren allmählich fast gefühllos vor Kälte, und der geringste Fehler konnte sein Schicksal besiegeln – holte er sein Messer aus der Tasche, ließ die Klinge geräuschlos herausschnellen, schob sie in den Spalt zwischen den beiden Türflügeln und drückte nach oben. Wenige Sekunden später war er drin und machte die Glastür hinter sich zu.

Hier war es nun völlig dunkel, doch seine ausgestreckten, tastenden Hände belehrten ihn sehr bald darüber, wo er sich befand. Diese harte Glätte ringsum, das konnten nur die gekachelten Wände eines Badezimmers sein. Er zog die Vorhänge achtlos vor die Scheiben der Glastür – denn soweit es sich um die beiden Posten unten auf dem Hof handelte, gab es keinerlei vernünftigen Grund, weshalb aus diesem Raum nicht ebensogut ein Lichtschein nach draußen dringen sollte wie aus irgendeinem der anderen Zimmer – tastete sich dann zur Tür und machte das Licht an.

Es war ein sehr geräumiges, altmodisches Badezimmer, von dessen Wänden drei gekachelt waren, während die vierte Wand ein großer zweiteiliger Schrank einnahm; doch Reynolds verlor keine Zeit damit, diesen Schrank genauer in Augenschein zu nehmen. Er ging zurück zu dem Waschbecken, ließ es fast bis an den Rand voll heißes Wasser laufen und steckte seine Hände hinein. Eine reichlich drastische Methode, bei erstarrten Händen die gestörte Blutzirkulation wiederherzustellen, und außerdem ein äußerst schmerzhaftes Verfahren; doch dieser Nachteil wurde reichlich wettgemacht durch den Zeitgewinn, und das war das einzige, was Reynolds im Augenblick interessierte. Er trocknete sich seine Finger ab, in denen es heftig kribbelte und stach, holte seine Pistole heraus, schaltete das Licht aus, machte leise die Tür auf und riskierte einen vorsichtigen Blick nach draußen.

Er stellte fest, daß er sich am Ende eines langen Korridors befand, der mit einem dicken, kostbaren Läufer ausgelegt war, wie er das bei einem von der AVO geleiteten Hotel nicht anders erwartet hatte. Zu beiden Seiten dieses Korridors zog sich eine Reihe von Türen entlang, die Tür ihm gegenüber hatte die Nummer 56 und die übernächste die Nummer 57. Das Glück schien sich endlich auf seine Seite zu schlagen: Der Zufall hatte ihn direkt in den Flügel geführt, in welchem Jennings und vermutlich eine Reihe weiterer wissenschaftlicher Koryphäen untergebracht waren. Doch als sein forschender Blick das Ende des Korridors erreichte, wurden seine Lippen schmal; er zog sich rasch und lautlos zurück und machte die Tür vorsichtig wieder zu. Er hatte sich offenbar ein wenig zu früh zu seinem Glück gratuliert, dachte er grimmig. Um was es sich bei diesem Mann in Uniform handelte, der da am Ende des Korridors gestanden und, die Hände auf dem Rücken verschränkt, durch das vereiste Fenster nach draußen gesehen hatte, darüber konnte es keinen Zweifel geben: Einen AVO-Mann, der Wache stand, erkannte man überall sofort.

Reynolds setzte sich auf den Rand der Badewanne, steckte sich eine Zigarette an und überlegte, was jetzt zu tun sei. Die Zeit drängte, doch so eilig hatte er es auch wieder nicht, daß irgendeine Unbesonnenheit gerechtfertigt gewesen wäre; durch Unbesonnenheit konnte alles zunichte gemacht werden.

Der Posten hatte zweifellos die Absicht, dort, wo er stand, auch stehenzubleiben – er mußte also entfernt werden. Die Frage war nur: wie. Der Versuch, den hellerleuchteten, vierzig Meter langen Korridor entlang auf den Mann loszustürmen oder auch sich unbemerkt anschleichen zu wollen, schied von vornherein aus; es gab zwar noch andere, aber kaum törichtere Methoden, Selbstmord zu begehen. Nein, der Mann mußte zu ihm kommen, und er mußte kommen, ohne irgendeinen Verdacht zu hegen. Reynolds lächelte, drückte seine Zigarette aus und stand auf. Der Graf, dachte er, hätte an diesem Einfall seine Freude gehabt.

Er legte Hut und Mantel, Jacke, Schlips und Hemd ab, wobei er die Sachen in die Badewanne warf, ließ warmes Wasser in das Waschbecken laufen, nahm Seife und Rasierpinsel und seifte sich mit solchem Eifer ein, daß sein Gesicht bis an die Augen mit einer dicken Schicht weißen Schaums bedeckt war; denn soviel er wußte, war seine Personenbeschreibung jedem Polizisten und jedem AVO-Mann in Budapest zugegangen. Dann trocknete er sich sorgfältig die Hände, nahm die Pistole in die linke Hand, tarnte sie durch ein darübergelegtes Handtuch und machte die Tür auf. Sein Hilferuf war zwar gedämpft, aber doch intensiv genug, um deutlich hörbar bis an das Ende des langen Korridors zu dringen.

Der Posten fuhr mit einem Ruck herum und wollte schon automatisch nach seiner Schußwaffe greifen, unterließ es dann aber, als er die harmlose Figur sah, die da im Unterhemd am anderen Ende des Korridors erschien und heftig gestikulierte. Er wollte etwas sagen, doch Reynolds legte aufgeregt und beschwörend den Finger an die Lippen. Der Mann zögerte einen Augenblick unschlüssig, doch als er sah, wie Reynolds ihn verzweifelt heranwinkte, kam er eilig den Korridor entlanggelaufen. Seine Gummisohlen machten auf dem dicken Läufer keinerlei Geräusch, und als er bei Reynolds ankam, hielt er seine Pistole in der Hand.

»Da draußen ist ein Mann!« flüsterte Reynolds aufgeregt. »Auf der Nottreppe vor meinem Badezimmer.« Er hantierte nervös mit dem Handtuch und ließ dabei die Pistole unbemerkt aus der linken Hand in die rechte wandern. »Er versucht die Tür zu öffnen.«

»Sind Sie ganz sicher?« Die Stimme des Mannes war nur ein heiseres Brummen. »Haben Sie ihn denn gesehen?«

»Ja, ich habe ihn gesehen«, sagte Reynolds mit leiser, vor Aufregung zitternder Stimme. »Er kann aber nicht hereinsehen – die Vorhänge sind vorgezogen.«

Der Mann kniff die dunklen Augen zusammen, und seine wulstigen Lippen verzogen sich zu einem Lächeln bösartiger Vorfreude. Er schob Reynolds achtlos beiseite und stieß die Tür des Badezimmers auf, und Reynolds, dessen rechte Hand aus dem Handtuch herauskam, folgte ihm auf den Fersen.

Er fing den Mann, als er zusammensackte, in seinen Armen auf und legte ihn vorsichtig auf den Fußboden. Den Wäscheschrank zu öffnen, zwei Bettlaken in Streifen zu reißen, den bewußtlosen Posten zu binden und zu knebeln, ihn in den Kleiderschrank zu heben und die Schranktür abzuschließen, dafür benötigten die geübten Hände von Reynolds nicht mehr als zwei Minuten.

Zwei Minuten später stand Reynolds, den Hut in der Hand und den Mantel über dem Arm, ganz in der Art eines Hotelgastes, der zu seinem Zimmer zurückkehrt, vor der Tür des Zimmers Nummer 59. Er hatte ein halbes Dutzend Nachschlüssel und außerdem vier Hauptschlüssel, die ihm der Geschäftsführer des Hotels gegeben hatte, in dem er selber wohnte – und nicht einer paßte.

Reynolds ging weiter zur nächsten Tür. Von den Türen zu beiden Seiten dieses Korridors trug jeweils nur die zweite eine Nummer, was mit Sicherheit darauf schließen ließ, daß es sich bei den Türen ohne Nummer um den Zugang vom Korridor zu den privaten Baderäumen handelte, die zu jedem der Zimmer gehörten – die Russen räumten ihren wissenschaftlichen Spezialisten einen Komfort ein, wie er in anderen, weniger realistischen Ländern im allgemeinen den Filmstars vorbehalten war, der Aristokratie und den Spitzen der Gesellschaft.

Auch diese Tür, wie hätte es anders sein können, war abgeschlossen. Ein so langer Korridor in einem so betriebsamen Hotel konnte nicht in alle Ewigkeit menschenleer bleiben, und Reynolds schob mit der Geschwindigkeit und Präzision eines gelernten Taschenspielers einen Schlüssel nach dem anderen in das Schlüsselloch und zog ihn wieder heraus. Und diesmal hatte er Glück: Der vierte Schlüssel paßte! Einen Augenblick später machte Reynolds die Tür vorsichtig von innen zu.

Das Badezimmer, in dem er sich befand, glich in allen Einzelheiten dem anderen, aus dem er gerade kam, mit Ausnahme der Anordnung der Türen. Der zweiteilige Wandschrank stand hier, wenn man hereinkam, rechts, zwischen den beiden Türen. Er öffnete den Schrank, stellte fest, daß die eine Seite einzelne Fächer enthielt und die andere, an deren Tür sich ein von oben bis unten durchgehender Spiegel befand, leer war, und machte den Schrank dann wieder zu. Die eine Schrankhälfte war ein sehr geeignetes Versteck, doch er hoffte, daß er keine Veranlassung haben würde, es zu benutzen.

Er ging an die Verbindungstür zwischen Bad und Schlafzimmer und spähte durch das Schlüsselloch. Das Zimmer dahinter war dunkel. Diese Tür gab nach, als er die Hand auf die Klinke legte, er trat ein und ließ den dünnen Strahl seiner Stablampe rasch im Raum herumgehen. Das Zimmer war leer. Er ging zum Fenster, stellte fest, daß durch die heruntergelassenen Jalousien und die zugezogenen schweren Vorhänge unmöglich irgendein Lichtschein nach draußen dringen konnte, ging quer durch das

Zimmer zur Tür, schaltete das Licht ein und hängte seinen Hut über den Türgriff, um das Schlüsselloch zu verdecken.

Dann machte er sich daran, das Zimmer zu untersuchen. Das war eine Sache, die er gelernt hatte, und bereits nach einer Minute genauer Prüfung der Wände, der Bilder und der Decke hatte er festgestellt, daß es in diesem Zimmer kein heimliches Guckloch gab. Anschließend brauchte er weniger als zwanzig Sekunden, um das unvermeidliche Mikrophon zu finden, das hinter dem Gitter der Lüftungsklappe über dem Fenster verborgen war. Dann nahm er sich das Badezimmer vor, und dort dauerte die Untersuchung nur einige Sekunden. Die Wanne war eingebaut, dort konnte also nichts sein. Hinter dem Waschbecken und dem WC war auch nichts, und hinter dem Vorhang der Dusche war nur der Metallgriff an der Wand und die altmodische Brause oben an der Decke.

Er war gerade dabei, die Vorhänge vor der Dusche wieder zusammenzuziehen, als er draußen auf dem Korridor Schritte hörte, die sich näherten. Eilig schlüpfte er durch die Verbindungstür zurück in das Zimmer und schaltete das Licht aus. Es mußten zwei Leute sein, die da kamen, er konnte sie miteinander reden hören, und seine einzige Hoffnung war, daß ihre Stimmen das Geräusch des Lichtschalters übertönten. Er schnappte sich seinen Hut, retirierte eiligst in das Bad und hatte eben die Verbindungstür bis auf einen schmalen Spalt zugemacht, durch den er nach drüben spähte, als die Zimmertür aufgeschlossen wurde und Professor Jennings hereinkam. Und unmittelbar hinter ihm kam ein großer, breiter Mann in einem braunen Anzug. Ob es sich um einen Mann handelte, der im Auftrag der AVO den Professor überwachte, oder einfach um einen Kollegen, das ließ sich unmöglich feststellen. Das eine aber war deutlich genug: Er brachte eine Flasche und zwei Gläser mit, und er hatte die Absicht zu bleiben.

5

Die Pistole befand sich in seiner Hand, fast ohne daß es Reynolds bewußt geworden wäre, sie herausgeholt zu haben. Sollte sich der Begleiter des Professors dazu entschließen, das Badezimmer zu inspizieren, dann blieb keine Zeit, sich in dem Wandschrank zu verstecken. Wurde er entdeckt, dann blieb ihm gar keine Wahl, und wenn der AVO-Mann – und sicherheitshalber mußte er von der Annahme ausgehen, daß es sich um einen solchen handelte – bewußtlos war oder tot, dann gab es nur noch die Flucht nach vorn. Dann gab es keinerlei Möglichkeit mehr, sich mit Jennings in Verbindung zu setzen, dann mußte der alte Professor heute abend mitkommen, ob er wollte oder nicht; und was die Möglichkeit betraf, mit einem Mann, der nicht mitkommen wollte und den man mit vorgehaltener Pistole zwingen mußte, unbemerkt das Hotel ›Zu den drei Kronen‹ zu verlassen, so erachtete sie Reynolds praktisch gleich Null.

Doch der Begleiter des Professors zeigte keinerlei Absicht, das Badezimmer zu betreten, und es wurde sehr bald deutlich, daß er kein AVO-Mann war. Jennings schien ihn gut zu kennen, nannte ihn Josef und unterhielt sich mit ihm, in englischer Sprache, über irgendwelche sehr speziellen Dinge, von denen Reynolds nicht das mindeste begriff. Zweifellos war der Mann gleichfalls ein Wissenschaftler, ein Kollege von Professor Jennings.

Reynolds, der durch den Spalt zwischen der Tür und dem Türrahmen spähte, konnte feststellen, daß sich dieser Jennings hier sehr stark verändert hatte gegenüber dem Jennings, dessen Gestalt und Gesicht Reynolds sich anhand von hundert Fotografien eingeprägt hatte. In den letzten zwei Jahren war er äußerlich um mehr als zehn Jahre gealtert. Er schien irgendwie kleiner, sonderbar zusammengeschrumpft, und anstelle der prächtigen weißen Mähne von einst umgaben jetzt nur noch einige spärliche Locken das kahle Haupt; sein Gesicht war von einer ungesunden Blässe, und nur die tiefliegenden, dunklen Augen hatten nichts von ihrem alten Feuer verloren. Reynolds mußte in der Dunkelheit des Badezimmers heimlich in sich hineinlächeln: Was immer die Russen dem alten Mann angetan haben mochten, es war ihnen jedenfalls nicht gelungen, seinen Geist zu brechen; das war auch völlig unvorstellbar.

Reynolds warf einen Blick auf das Leuchtzifferblatt seiner Uhr, und das Lächeln auf seinem Gesicht verschwand. Die Zeit drängte. Er mußte Jennings sprechen, mußte ihn unter vier Augen sprechen, und zwar bald. Ein halbes Dutzend verschiedener Ideen gingen ihm innerhalb einer Minute durch den Kopf, doch sie schieden alle aus, weil sie entweder undurchführbar oder aber allzu gefährlich waren. Er durfte sich auf kein Risiko einlassen.

Schließlich kam er auf eine Idee, die immerhin einige Aussicht auf Erfolg hatte. Er schlich geräuschlos zu dem Waschbecken, nahm ein Stück Seife, ging zu dem großen Schrank, machte die Tür mit dem Spiegel innen auf und begann auf das Glas zu schreiben.

Es ging nicht. Die trockene Seife glitt über die glatte Oberfläche, ohne irgendeine erkennbare Spur zu hinterlassen. Reynolds fluchte stumm in sich hinein, begab sich ebenso leise zurück zum Waschbecken, drehte mit außerordentlicher Vorsicht den Hahn auf, bis ein wenig Wasser herauskam, und machte dann die Seife gründlich naß. Diesmal ging es mit dem Schreiben völlig nach Wunsch, und er schrieb auf das Glas des Spiegels in großer, deutlicher Blockschrift:

ICH KOMME AUS ENGLAND – MUSS SIE SOFORT UND OHNE ZEUGEN SPRECHEN.

Dann öffnete er, sorgfältig darauf bedacht, jegliches Knarren oder Kreischen der Angeln zu vermeiden, die Tür des Badezimmers zum Korridor und sah hinaus. Im Korridor war niemand zu sehen. Mit zwei langen Schritten war er an der Tür des Zimmers 59, klopfte rasch und sehr leise an, war im nächsten Augenblick ebenso geräuschlos, wie er gekommen war, wieder in dem Badezimmer verschwunden, hatte die Tür leise zugemacht und nahm seine Taschenlampe in die Hand.

Der Mann im braunen Anzug war bereits aufgestanden und auf dem Weg zur Tür, als Reynolds den Kopf durch die einen Spalt breit geöffnete Verbindungstür zum Badezimmer hereinsteckte, den Zeigefinger beschwörend an die Lippen legte und gleichzeitig auf den Morseknopf seiner Stablampe drücke, daß der Strahl die Augen von Professor Jennings traf – nur für den Bruchteil einer Sekunde, aber lange genug. Jennings fuhr erschreckt herum, sah das Gesicht an der Tür des Badezimmers, und nicht einmal der Zeigefinger, den Reynolds warnend an die Lippen hielt, konnte den Ausruf der Überraschung verhindern, der dem Professor entfuhr. Der Mann im braunen Anzug, der inzwischen die Zimmertür geöffnet hatte und den Korridor entlangblickte, drehte sich um. »Ist Ihnen irgend etwas, Herr Professor?«

Jennings nickte. »Mein verdammter Kopf – Sie wissen ja, wie er mir zuweilen zu schaffen macht. Niemand draußen?«

»Nein – kein Mensch. Und dabei hätte ich schwören können – Ihnen scheint aber wirklich nicht gut zu sein, Herr Professor.«

»Nein, entschuldigen Sie mich bitte,« sagte Jennings und stand auf. »Ich denke, ich werde einen Schluck Wasser trinken und ein paar von meinen Migränetabletten nehmen.«

Reynolds stand in dem großen Kleiderschrank, dessen Tür nur angelehnt war. Sobald er sah, daß Jennings in das Badezimmer hereinkam, stieß er die Tür weit auf. Jennings konnte die für ihn bestimmte Mitteilung, die auf das Glas des Spiegels geschrieben war, unmöglich übersehen: Er nickte kaum wahrnehmbar, warf Reynolds einen warnenden Blick zu und ging weiter zum Waschbecken, ohne den Schritt zu verhalten. Für einen alten Mann, der keinerlei Übung in derartigen Dingen hatte, war das eine beachtliche Leistung.

Reynolds hatte den warnenden Blick richtig interpretiert, und die Schranktür war kaum geschlossen, als der russische Kollege des Professors hereinkam.

»Vielleicht sollte ich doch lieber den Hotelarzt rufen«, sagte er besorgt. »Er würde Ihnen nur zu gern behilflich sein.«

»Nein, nein.« Jennings nahm eine Tablette und spülte sie mit einem Schluck Wasser hinunter. »Mit diesen üblen Migränen, die ich von Zeit zu Zeit habe, weiß ich besser Bescheid als irgendein Arzt. Drei von diesen Tabletten, und dann drei Stunden liegen, in absoluter Dunkelheit. Es tut mir schrecklich leid, Josef, unsere Unterhaltung fing gerade an, wirkich interessant zu werden, aber wenn Sie mich vielleicht entschuldigen wollen . . .«

»Aber natürlich, selbstverständlich.« Der Mann im braunen Anzug war voller Verständnis. »Wir müssen vor allem dafür sorgen, daß Sie in guter Verfassung sind für Ihre Eröffnungsansprache am Montag.« Der Mann im braunen Anzug wünschte gute Besserung, verabschiedete sich und ging.

Man hörte, wie er die Tür nebenan zumachte und wie das leise Geräusch seiner Schritte in der Ferne verging. Jennings, auf dessen Gesicht Entrüstung, Besorgnis und Neugier seltsam miteinander stritten, setzte zum Sprechen an, doch Reynolds hob die Hand und deutete ihm, zu schweigen, ging nach nebenan und sperrte die Zimmertür ab, kam dann zurück, schloß die Tür ab, die vom Badezimmer zum Korridor führte und machte die Verbindungstür zwischen Bad und Schlafzimmer zu. Er holte sein Zigarettenetui heraus und hielt es dem Professor hin, der es jedoch mit einer Handbewegung beiseite schob.

»Wer sind Sie? Und was machen Sie hier in meinem Zimmer?«

Der Professor sprach leise, doch in der abweisenden Schroffheit seiner Stimme schwang ein leichter Unterton von Furcht mit.

»Mein Name ist Reynolds, Michael Reynolds«, sagte dieser und setzte hastig eine Zigarette in Brand; er hatte das Gefühl, eine Zigarette nötig zu haben. »Ich komme direkt aus London, wo ich vor knapp zwei Tagen abgereist bin, und ich würde gern etwas mit Ihnen besprechen, Herr Professor.«

»Ja, zum Teufel, warum können wir dann nicht nebenan in meinem Zimmer miteinander reden?« sagte Jennings und setzte sich bereits in Bewegung, machte dann aber unvermittelt halt, als ihn Reynolds an der Schulter faßte.

»Nein, Herr Professor, bitte nicht in Ihrem Zimmer«, sagte Reynolds entschuldigend. »In der Lüftungsklappe über Ihrem Fenster ist ein Mikrofon eingebaut.«

»Was sagen Sie da – ein Mikrofon? Und woher wissen Sie denn das so genau, junger Mann?«

»Entschuldigen Sie – aber ich habe mich ein bißchen bei Ihnen umgesehen«, sagte Reynolds. »Es gehört zu meinem Beruf, zu wissen, wo man nach so etwas zu suchen hat.«

»Natürlich! Was sollten Sie auch anderes sein? Ein Spion, ein Abwehrmann – für mich ist das dasselbe, ob man es nun so oder so nennt. Und worum handelt es sich? Was wünschen Sie, mein Herr?«

»Sie«, sagte Reynolds ruhig. »Genauer gesagt: Die britische Regierung wünscht Sie. Man hat mich beauftragt, Ihnen die sehr herzliche Einladung der Regierung zu übermitteln...«

»Ungewöhnlich höflich von der britischen Regierung, das muß ich schon sagen. Oh, ich hatte es erwartet, ich warte schon seit langem darauf.« Jennings' Stimme wurde lauter: »Empfehlen Sie mich der britischen Regierung, Mr. Reynolds, und sagen Sie den Leuten, sie möchten sich zum Teufel scheren. Vielleicht finden sie dort, in der Hölle, jemanden, der bereit ist, ihnen beim Bau ihrer Höllenmaschinen behilflich zu sein – ich jedenfalls werde ihnen nicht dabei helfen.«

»Das Vaterland braucht Sie, Herr Professor, es ist auf Ihre Hilfe angewiesen.«

»Aha – der letzte Appell, und der erbärmlichste von allen.« Der alte Mann sprach jetzt mit unverhüllter Verachtung. »Nein, Mr. Reynolds: Die abgedroschenen nationalistischen Phrasen, die billigen Schlagworte der Bannerträger eures verlogenen Patriotismus, die verfangen nur bei Kindern und Schwachsinnigen, bei machtgierigen Egoisten und bei Leuten, die ausschließlich für den Krieg leben. Ich bin einzig und allein daran interessiert, für den Frieden der Welt zu arbeiten.«

»Bitte sehr, Herr Professor.« Die Leute daheim in England, mußte Reynolds denken, hatten entweder die Leichtgläubigkeit des Professors oder die Überredungskunst der Russen heftig unterschätzt. Er sah Jennings ruhig an und sagte: »Die Entscheidung liegt natürlich ganz und gar bei Ihnen, Herr Professor.«

»Was!« sagte Jennings, der nicht imstande war, sein Erstaunen zu verbergen. »Sie machen keine Einwendungen? Sie nehmen das so einfach hin – und dafür haben Sie die weite Reise gemacht?«

Reynolds zog die Schultern hoch. »Ich bin nur ein Bote, Herr Professor.«

»Ein Bote? Und wenn ich nun auf Ihren lächerlichen Vorschlag eingegangen wäre?«

»Dann hätte ich Sie natürlich nach England zurückbegleitet.«

»Sie hätten mich – Mr. Reynolds, sind Sie sich eigentlich darüber klar, was Sie da sagen? Sind Sie sich darüber klar, was es bedeutet – Sie hätten mich aus Budapest herausgebracht, quer durch Ungarn und über die Grenze...« Jennings verstummte, und als er jetzt den Blick hob und Reynolds ansah, stand in seinen Augen Angst.

»Sie sind kein Mann, der einfach nur eine Botschaft zu überbringen hat, Mr. Reynolds«, sagte er mit leiser Stimme. »Leute wie Sie sind nie und nimmer Boten.« Eine ungewisse Befürchtung verdichtete sich plötzlich zur Gewißheit, und die Lippen des alten Mannes wurden blaß. »Sagen Sie, Mr. Reynolds, wie – geht es meiner Frau? Lebt sie?«

»Ich war zwei Stunden vor meinem Abflug von London bei ihr.«

Reynolds sprach mit dem ruhigen Ernst völliger Aufrichtigkeit, und dabei hatte er Mrs. Jennings nie im Leben gesehen. »Ich fand sie unverändert.«

»Meinen Sie, daß ihr Zustand noch immer kritisch ist?«

Reynolds zuckte die Schultern. »Das zu sagen, ist Sache der Ärzte.«

»Um Gottes willen, Mann, spannen Sie mich doch nicht so auf die Folter! Was sagen denn die Ärzte?«

»Der Docht glimmt. Das ist kaum ein medizinischer Fachausdruck, Herr Professor, aber so drückte sich Mr. Bathurst aus, der Chirurg, der sie operiert hat. Sie ist die ganze Zeit bei vollem Bewußtsein und hat kaum Schmerzen, ist aber sehr schwach. Um ganz offen zu sein: Es kann jeden Augenblick mit ihr zu Ende gehen. Mr. Bathurst meint, sie habe einfach keinen Lebenswillen mehr.«

»Mein Gott, mein Gott!« Jennings wandte sich ab und starrte blicklos zum Fenster hinaus. Als er sich nach kurzer Zeit wieder umdrehte, war sein Gesicht schmerzlich verzerrt, und in seinen Augen standen Tränen. »Ich kann es nicht glauben, Mr. Reynolds, ich kann es einfach nicht glauben. Es ist nicht möglich. Meine Frau war immer von einem so zähen Lebenswillen. Sie war immer...«

»Sie *wollen* es nicht glauben«, unterbrach ihn Reynolds. Seine Stimme war kalt bis zur Grausamkeit. »Es ist ja auch ganz gleichgültig, was wir uns vormachen, nicht wahr, solange es nur unser Gewissen beruhigt. Sie wissen sehr gut, daß das Leben für Ihre Frau einfach keinen Sinn mehr hat – jedenfalls nicht, solange ihr Mann und ihr Sohn unerreichbar für sie hinter dem Eisernen Vorhang verschwunden sind.«

»Wie können Sie es wagen, so etwas...«

»Sie machen mich krank!« Für einen Augenblick verspürte Reynolds einen Widerwillen gegen das, was er diesem wehrlosen alten Mann antat, doch er unterdrückte diese Regung. »Sie stehen hier, führen großartige Reden und berufen sich auf Ihre wunderbaren Grundsätze – und gleichzeitig liegt Ihre Frau in einer Londoner Klinik und stirbt. Ja, Professor Jennings, sie stirbt, und Sie töten sie, genauso unfehlbar, als ob Sie an ihrem Bett ständen und ihr mit Ihren eigenen Händen die Kehle...«

»Schweigen Sie! Um Gottes willen, schweigen Sie!« Jennings hielt sich die Ohren zu und drehte verzweifelt den Kopf hin und her. Dann strich er sich mit den Händen über die Stirn. »Sie haben ja recht, Reynolds, Sie haben nur allzu recht. Ich würde morgen zu ihr fahren, aber so einfach ist die Sache nicht.« Er schüttelte bekümmert den Kopf. »Wie können Sie von einem Mann verlangen, zwischen dem Leben seiner Frau, bei der vielleicht gar keine Hoffnung mehr besteht, und dem Leben seines einzigen Sohnes zu wählen. Meine Situation ist unlösbar! Ich habe einen Sohn...«

»Wir wissen sehr genau über Ihren Sohn Bescheid, Herr Professor. Wir sind nicht ganz und gar unmenschlich«, sagte Reynolds mit leiser, sanft überredender Stimme. »Ihr Sohn Brian war gestern in Posen. Heute nachmittag wird er in Stettin angekommen sein, und morgen früh ist er in Schweden. Ich erwarte nur noch die Bestätigung per Funk aus London, und dann können wir uns auf den Weg machen. Also mit Sicherheit innerhalb der nächsten vierundzwanzig Stunden.«

»Ich glaube es nicht, ich glaube es nicht«, sagte Jennings, in dessen Gesicht Hoffnung und Mißtrauen mitleiderregend miteinander stritten. »Wie können Sie behaupten...«

»Ich kann nichts beweisen, und ich brauche auch nichts zu beweisen«, sagte Reynolds irritiert. »Entschuldigen Sie schon, Herr Professor, aber ich muß Sie wirklich fragen, was ist eigentlich mit Ihrem so großartig arbeitenden Gehirn passiert? Sie müssen sich doch darüber klar sein, daß die Regierung nur den einen Wunsch hat, daß Sie Ihre wissenschaftlichen Fähigkeiten wieder in den Dienst unseres Landes stellen, und Sie müssen doch auch wissen, daß man bei der Regierung sehr genau weiß, mit wem man es bei Ihnen zu tun hat. Man ist sich in England völlig darüber klar, daß Sie, wenn Sie zurückkämen und feststellten, daß sich Ihr Sohn noch als Gefangener in Rußland befindet, nie und nimmer bereit wären, Ihre Kräfte in den Dienst Englands zu stellen. Und an einem solchen Ausgang der Sache hat man bei uns wahrhaftig nicht das mindeste Interesse.«

Jennings hatte lange gezweifelt, doch als er jetzt endlich überzeugt war, da war er es auch gründlich. Reynolds, der sah, wie sich das Gesicht des Professors neu belebte, wie die zweifelnde Sorge allmählich verschwand und der Entschlossenheit Platz machte, hätte am liebsten laut gelacht, so erleichtert fühlte er sich nach der vorangegangenen Spannung. Nach weiteren fünf Minuten, in denen er pausenlos Fragen an Reynolds gerichtet hatte, war der Professor, begeistert von der Aussicht, seine Frau und seinen Sohn im Lauf der nächsten Tage wiederzusehen, wild entschlossen, unverzüglich aufzubrechen, und Reynolds mußte ihn bitten, sich noch etwas zu gedulden. Die Sache müsse vorbereitet werden, erklärte er ihm, vor allem aber müßten sie erst die Bestätigung dafür haben, daß Brian wohlbehalten in Schweden angelangt sei, und diese Erinnerung brachte den Professor sofort auf den Boden der Realität zurück. Er erklärte sich damit einverstanden, weitere Instruktionen abzuwarten, wiederholte mehrmals laut die Adresse von Janscis Wohnung, bis er sie auswendig wußte, versprach aber, sich dieser Adresse nur im Falle äußerster Not zu bedienen – nach allem, was Reynolds wußte, war es durchaus möglich, daß die Polizei inzwischen bereits zugegriffen hatte – und inzwischen seine Arbeit fortzusetzen und sich genauso zu benehmen wie bisher.

Seine Haltung gegenüber Reynolds hatte sich so vollkommen verändert, daß er ihn sogar dazu zu überreden versuchte, mit ihm gemeinsam ein Glas zu trinken, doch das lehnte Reynolds ab. Es war zwar erst halb acht und er hatte noch viel Zeit bis zu seiner Verabredung im ›Weißen Engel‹, doch er hatte sein Glück bereits reichlich strapaziert: Der im Schrank eingesperrte Posten konnte jetzt jeden Augenblick das Bewußtsein wiedererlangen und anfangen, die Tür einzutreten, oder ein Vorgesetzter konnte bei seinem Kontrollgang feststellen, daß der Mann nicht da war. Reynolds entfernte sich daher unverzüglich, und zwar durch das Fenster im Zimmer des Professors und mit Hilfe zweier aneinandergebundener Bettlaken, an denen er so weit hinunterklettern konnte, daß er das Gitter eines der Parterrefenster zu fassen bekam. Jennings hatte noch nicht einmal die Laken wieder hereingeholt und das Fenster zugemacht, als Reynolds mit einem lautlosen Sprung die Straße erreichte und wie ein Geist in die Dunkelheit und in das Schneetreiben entschwand.

Das Café zum ›Weißen Engel‹ lag auf der Pester Seite, ganz in der Nähe des östlichen Donauufers, gegenüber der Margit-Insel, und Reynolds zog soeben die eisenbeschlagene Pendeltür auf, um das Café zu betreten, als es vom Turm einer Kirche in der Nähe acht Uhr schlug.

Der Kontrast zwischen der Welt draußen vor dieser Pendeltür und dem, was dahinter lag, war ebenso abrupt wie komplett. Ein Schritt über die Schwelle – und der Schnee, die Kälte, die dunkle Einsamkeit und die schweigende Verlassenheit der Straßen von Budapest verwandelten sich wie durch ein Wunder in Wärme und Helligkeit, und in den munteren Lärm lachender, schwatzender Stimmen von Männern und Frauen, die hier in der Enge des kleinen, verrauchten Cafés ein Ventil für das ihnen angeborene Bedürfnis nach Geselligkeit fanden und die harte Wirklichkeit der Welt da draußen zu vergessen suchten, und sei es auch nur für kurze Zeit. Reynolds war im ersten Augenblick überrascht, ja fast verblüfft, in der trüben grauen Öde eines Polizeistaates eine solche Oase von Farbe und Licht zu finden, doch diese Reaktion war nur kurz; die Kommunisten waren schließlich keine schlechten Psychologen, und es war unvermeidlich, daß sie solche Orte wie diesen hier nicht nur gestatteten, sondern sogar ausgesprochen befürworteten. Da der Drang zur Geselligkeit sich doch nicht unterbinden ließ, wieviel besser dann, wenn die Menschen an irgendeinem öffentlichen Ort zusmmenkamen und ihren Kaffee, ihren Wein, oder ihr Bier unter den wachsamen, wohlwollenden Augen irgendwelcher verläßlicher Diener des Staates zu sich nahmen, als wenn sie sich heimlich in einem Versteck trafen und Pläne gegen das Regime schmiedeten.

Er hatte kurz hinter der Tür einen Augenblick den Schritt verhalten, war dann aber sofort und ohne Hast weitergegangen. An zwei Tischen in der Nähe der Tür saßen russische Soldaten, die lachten, sangen und mit ihren Gläsern auf den Tisch schlugen, offensichtlich in bester Laune. Sie machten auf Reynolds einen ziemlich harmlosen Eindruck, und zweifellos war das der Grund gewesen, weshalb man dieses Café als Treffpunkt gewählt hatte: Niemand wäre auf die Idee gekommen, in der Stammkneipe russischer Soldaten nach einem westlichen Spion zu suchen. Immerhin, es waren die ersten Russen, denen Reynolds begegnete, und er zog es vor, nicht unnötig stehenzubleiben.

Er ging weiter durch das Café nach hinten und entdeckte sie sofort. Sie saß allein an einem kleinen Tisch mit zwei Stühlen. Sie hatte den Mantel mit der Kapuze an, den ihm der Geschäftsführer des Hotels heute nachmittag beschrieben hatte, doch die Kapuze war jetzt heruntergeklappt und der Mantel am Hals aufgeknöpft. Sie begegnete seinem Blick ohne das geringste Zeichen des Wiedererkennens, und Reynolds verstand den Wink sofort. In der Nähe waren mehrere Tische, an denen ein oder auch zwei Plätze frei waren, und er stand genügend lange da und überlegte, wohin er sich setzen sollte, so daß mehrere Leute seine Anwesenheit zur Kenntnis nahmen. Dann ging er hinüber zu dem Tisch, an dem Julia saß.

»Gestatten Sie, daß ich hier bei Ihnen Platz nehme?« fragte er.

Sie sah ihn nicht gerade freundlich an, wandte den Kopf und sah unmißverständlich zu einem unbesetzten Tisch in der Ecke, sah ihn nochmals kurz an und drehte ihm dann den Rücken zu. Dabei sagte sie kein Wort, und Reynolds konnte hören, wie die

Leute hinter ihm tuschelten, als er sich zu ihr setzte. Er rückte mit einem Stuhl näher zu ihr heran, und seine Stimme war nur ein leises Murmeln.

»Irgend etwas nicht in Ordnung?«

»Jemand ist mir nachgegangen.« Sie hatte sich ihm wieder zugewandt und sah ihn indigniert und abweisend an. Sie ist nicht dumm, dachte Reynolds, und sie ist eine verdammt gute Schauspielerin.

»Ist er hier im Café?«

»Ja.«

»Wo?«

»Auf der Bank neben der Tür. In der Nähe der Soldaten.«

Reynolds machte nicht die geringste Anstalt, sich umzusehen. »Beschreiben Sie ihn«, sagte er.

»Mittelgroß, brauner Regenmantel, ohne Hut, schmales Gesicht und schwarzer Schnurrbart.« Ihre nach wie vor entrüstete Miene stand in geradezu komischem Kontrast zu dem, was sie sagte.

»Wir müssen ihn loswerden. Also hier raus. Sie gehen zuerst, ich komme nach.« Er streckte die Hand aus, ergriff ihren Arm, neigte sich zu ihr und sah sie zudringlich lächelnd an. »Ich versuche, mit Ihnen anzubandeln. Ich habe Ihnen eben sogar einen höchst unziemlichen Vorschlag gemacht. Wie reagieren Sie darauf?«

»So.« Sie holte aus und versetzte ihm eine so schallende Ohrfeige, daß für einen Augenblick die gesamte Unterhaltung verstummte und sich aller Augen ihnen zuwandten. Dann stand sie auf, nahm ihre Handtasche und ging, ohne nach rechts und links zu sehen, hocherhobenen Hauptes zur Tür. Wie auf ein Zeichen setzten das Stimmengewirr und das Lachen wieder ein — und das Gelächter ging, wie Reynolds feststellen konnte, größtenteils auf seine Rechnung.

Er hob die Hand und strich sich sacht über die Backe. Er fand, die junge Dame habe den Realismus unnötig weit getrieben. Als er sich mit finsterer Miene umdrehte, sah er gerade noch, wie die Glastür des Windfangs hinter ihr wieder zufiel und wie sich ein Mann in einem braunen Regenmantel, der in der Nähe der Tür saß, unauffällig von seinem Platz erhob, Geld auf den Tisch warf und hinter ihr hinausging, noch ehe die Glastür ausgependelt hatte.

Reynolds stand auf und verließ das Café, ganz wie jemand, der es eilig hat, dem Schauplatz seiner Blamage zu entfliehen.

Es schneite jetzt nur noch ganz wenig, und es fiel ihm nicht schwer, sowohl das Mädchen ausfindig zu machen als auch den Mann, der sie beschattete. Sie gingen langsam die Straße entlang nach links, und er folgte ihnen in so weitem Abstand, daß er sie eben noch erkennen konnte. So ging es mehrere hundert Meter weit, um ein paar Ecken herum, und dann blieb Julia in einem Wartehäuschen an der Straßenbahnhaltestelle stehen. Ihr Schatten verdrückte sich lautlos in einen Hauseingang hinter dem Wartehäuschen, und Reynolds ging an ihm vorbei und betrat gleichfalls den kleinen, mit Glaswänden geschützten Warteraum.

»Er ist hinter uns, in einem Hauseingang«, sagte Reynolds leise. »Meinen Sie, daß Sie imstande wären, sich ernstlich zur Wehr zu setzen, um Ihre Ehre zu verteidigen?«

»Ob ich imstande wäre...« Sie brach ab und warf einen nervösen Blick über die Schulter. »Wir müssen vorsichtig sein. Das ist bestimmt einer von der AVO, und alle AVO-Leute sind gefährlich.«

»Gefährliche Idioten«, sagte Reynolds. »Wir müssen den Kerl möglichst bald loswerden.« Er sah sie überlegend an, hob dann die Hände und ergriff sie bei den Mantelaufschlägen. »Ich denke, es ist das beste, wenn ich Sie zu erwürgen versuche. Das ist eine einleuchtende Erklärung dafür, daß Sie nicht laut um Hilfe rufen. Wir haben so schon genügend Gesellschaft.«

Der Mann im braunen Regenmantel ging prompt auf den Leim. Er sah, wie der Mann und die Frau taumelnd aus dem Wartehäuschen herauskamen, wie die Frau verzweifelte Anstrengungen machte, sich der Hände zu erwehren, die ihr die Kehle zuschnürten, und wartete nicht länger. Geräuschlos kam er auf dem festgetretenen Schnee des Bürgersteigs herangelaufen, die rechte Hand, die irgendeine Waffe hielt, zum Schlag erhoben – und sackte dann lautlos zusammen, als Reynolds, durch einen Ausruf des Mädchens gewarnt, plötzlich herumfuhr, ihm den Ellbogen in die Magengrube rammte und ihm mit der Kante der flachen Hand seitlich über den Hals schlug. Wenige Sekunden später hatte Reynolds den Totschläger des Mannes – einen mit Schrotkugeln gefüllten Leinwandschlauch – in seine Tasche gesteckt und den Mann selbst in das Wartehäuschen gelegt; dann hakte er das Mädchen unter und ging eilig mit ihr die Straße entlang.

Das Mädchen zitterte heftig, und Reynolds sah in der fast undurchdringlichen Dunkelheit erstaunt zu ihr hin. Hier, in der Enge der Holzbude, die sie gegen den Schnee und den scharfen Wind schützte, war es verhältnismäßig erträglich, ja fast gemütlich, und selbst durch den Stoff ihres Mantels konnte er an der Schulter die Wärme der Schulter des Mädchens spüren.

»Was ist denn?« fragte Reynolds verwundert. »Ist Ihnen immer noch so kalt?«

»Ich weiß nicht, ich – doch, ich weiß. Nein, mir ist nicht kalt.« Sie zitterte erneut. »Es ist – Ihretwegen. Sie sind so unmenschlich. Ich habe Angst vor Leuten, die unmenschlich sind.«

»Angst?« fragte Reynolds fassungslos. »Angst vor mir? Aber, Kind, ich wäre nicht imstande, Ihnen ein Haar zu krümmen.«

»Sagen Sie nicht ›Kind‹ zu mir!« sagte sie mit plötzlicher Heftigkeit, um dann kleinlaut hinzuzusetzen: »Ich weiß, daß Sie mir nichts tun würden.«

»Dann sagen Sie mir gefälligst, was ich eigentlich getan habe.«

»Nichts. Das ist es ja gerade. Es ist nicht das, was Sie tun, sondern das, was Sie nicht tun, was Sie nicht zeigen. Sie zeigen keinerlei Gefühl oder Empfindung, Ihnen ist alles völlig gleichgültig. O ja, ich weiß, Sie sind außerordentlich daran interessiert, den Auftrag auszuführen, den Sie haben, aber das Wie, die Art und Weise, das ist für Sie völlig gleichgültig. Hauptsache, Sie erledigen Ihren Auftrag.«

Reynolds sagte nichts, und das Mädchen fuhr fort: »Der Graf meint, Sie seien einfach eine Maschine, ein seelenloser Mechanismus, sehr zweckmäßig konstruiert zur Ausführung einer bestimmten Arbeit, aber ohne jedes Eigenleben. Er sagt, Sie seien so ziemlich der einzige ihm bekannte Mensch, der nicht imstande sei, Furcht zu empfinden, und er habe Angst vor Leuten, die nicht wüßten, was Furcht ist. Stellen Sie sich vor – der Graf hat Angst!«

»Unglaublich«, murmelte Reynolds höflich.

»Jansci ist der gleichen Meinung. Er sagt, Sie seien weder moralisch noch unmoralisch, sondern einfach amoralisch, mit einer bestimmten probritischen und antikommunistischen Reaktionsweise, die reine Dressur und an sich völlig wertlos sei. Er meint, ob Sie einen Menschen töten oder nicht, das sei für Sie kein ethisches Problem, sondern eine Frage der reinen Zweckmäßigkeit. Wie heute abend! Sie sperren einen Mann, gefesselt und geknebelt, in einen Schrank und lassen ihn darin ersticken –

vermutlich ist er wirklich erstickt. Sie schlagen einen anderen Mann bewußtlos und überlassen ihn dann seinem Schicksal – in dieser Kälte wird er nach spätestens zwanzig Minuten erfroren sein. Und das schlimmste von allem ist, was Sie mit diesem armen alten Mann machen. Hauptsache, er kommt mit nach England, alles andere ist Ihnen vollkommen gleichgültig. Sie setzen ihm zu, bis er beinahe von Sinnen ist vor Kummer und Sorge. Er glaubt, seine Frau liege im Sterben, und Sie reden ihm sogar noch ein, daß, wenn sie wirklich stirbt, er sie auf dem Gewissen hat. Warum tun Sie das, Mr. Reynolds, warum?«

»Das wissen Sie doch. Weil ich eine seelenlose Maschine bin, ein amoralischer Gangster, der einfach tut, was man ihm sagt. Das haben Sie mir doch eben erklärt, nicht wahr?«

»Mir scheint, ich hätte mir meine Worte genausogut sparen können – meinen Sie nicht auch, Mr. Reynolds?«

»Aber nein!« Reynolds lächelte in der Dunkelheit. »Ich könnte Ihnen bis morgen früh zuhören, und ich bin überzeugt, daß Sie mir nicht so ernsthaft ins Gewissen reden würden, wenn Sie nicht meinten, es bestünde doch noch Hoffnung, den Sünder zu bekehren.«

»Sie lachen mich aus, nicht wahr?«

»Ja«, meinte Reynolds, »auf meine widerwärtige, überhebliche Art.« Er ergriff plötzlich ihre Hand und sagte leise: »Still – und keine Bewegung!«

»Was...« Sie hatte kaum das erste Wort heraus, als ihr Reynolds mit der Hand den Mund zuhielt. Sie wollte sich schon zur Wehr setzen, hielt aber fast im gleichen Augenblick still. Auch sie hatte es gehört – das knirschende Geräusch von Schritten im Schnee. Beide saßen unbeweglich und wagten kaum zu atmen, während drei Polizisten langsam bei ihnen vorbeikamen, an den verlassenen Café-Terrassen weiter hinten entlanggingen und auf einem Weg verschwanden, der sich in Windungen unter den kahlen, schneebeladenen Buchen, Platanen und Eichen hinzog, die am Rande einer großen Rasenfläche standen.

Es war Julia gewesen, die, zähneklappernd vor Kälte, vorgeschlagen hatte, hierherzugehen, nachdem sie vergeblich anderswo nach einer Stelle gesucht hatten, an der sie ungestört miteinander reden konnten; der ›Weiße Engel‹ war das einzige Café, das in dieser Gegend geöffnet war. Ein Teil der Insel, so hatte sie erklärt, dürfte nach Eintritt der Dunkelheit nicht mehr betreten werden, doch es würde mit dieser Sperrstunde nicht allzu streng gehandhabt. Die patrouillierenden Posten seien Angehörige der normalen Polizei, nicht etwa der Geheimpolizei, und zwischen diesen Polizisten und den AVO-Leuten sei ein himmelweiter Unterschied. Reynolds, dem fast genauso kalt war, hatte dem Vorschlag mit Freuden zugestimmt, und die von Pflastersteinen und Teerfässern umgebene Holzbude, die unbenutzt stand, seit mit dem Einsetzen der Kälte die Straßenarbeiter verschwunden waren, schien auch ein geradezu idealer Platz.

Hier hatte Julia ihm berichtet, was inzwischen bei ihnen geschehen war. Die beiden Leute, die das Haus so beharrlich bespitzelt hatten, waren unvorsichtig gewesen – zwar nur ein einzigesmal, zugegeben, doch das war zugleich das letztemal gewesen. Sie waren allzu sicher geworden, und, statt sich wie bisher auf der gegenüberliegenden Straßenseite zu halten, hatten sie angefangen, auf der Seite zu gehen, auf der auch die Einfahrt zu der Garage lag. Als sie dabei einmal die Tür der Garage offen vorgefunden hatten, war ihre Neugier mit ihnen durchgegangen, und sie hatten einen Blick in die Garage hinein riskiert – was ein Fehler gewesen war, da Sandor auf der Lauer gestanden hatte. Ob es sich bei den beiden um bezahlte Spitzel oder um Angehörige der AVO handelte, hatte man bisher noch nicht feststellen können, da Sandor sie etwas kräftiger als notwendig mit den Köpfen aneinandergestoßen hatte. Jedenfalls säßen sie jetzt hinter Schloß und Riegel, so daß Reynolds ohne Gefahr hinkommen könne, um die endgültigen Pläne für die ›Entführung‹ des Professors zu besprechen. Aber nicht vor Mitternacht, hatte Julia erklärt, darauf habe Jansci bestanden.

Reynolds seinerseits hatte ihr berichtet, was er inzwischen erlebt hatte, und jetzt sah er, nachdem die drei Polizisten verschwunden waren, in der Dunkelheit des Schuppens zu ihr hin. Er hielt noch immer ihre Hand, was sie gar nicht zu bemerken schien; und ihre Hand war starr und verkrampft.

»Im Grunde vertragen Sie solche Aufregungen gar nicht, Fräulein Illjurin«, sagte er ruhig. »Das können die wenigsten. Wenn Sie hierbleiben und ein solches Leben führen, dann doch sicher nicht, weil es Ihnen Spaß macht, oder?«

»Spaß? Du lieber Gott, wem könnte ein solches Leben schon Spaß machen! Nichts als Angst und Hunger und Druck, und wir, wir müssen dauernd von einem Versteck in das nächste, dauernd müssen wir uns umsehen, ob jemand hinter uns her ist, und haben gleichzeitig Angst davor, uns umzusehen, falls wirklich jemand hinter uns herkommt. Ein Wort am falschen Ort, ein Lächeln zur falschen Zeit...«

»Sie würden wahrscheinlich lieber heute als morgen nach dem Westen gehen, nicht wahr?«

»Ja, das heißt nein. Nein, das kann ich nicht. Sehen Sie...«

»Wegen Ihrer Mutter?«

»Meine Mutter!« Er spürte, wie sie sich abwandte, um in die Dunkelheit zu starren. »Meine Mutter ist tot, Mr. Reynolds.«

»Tot?« fragte er erstaunt. »Ihr Vater ist nicht dieser Meinung.«

»Ich weiß, ich weiß.« Ihre Stimme war weich, als sie weitersprach. »Der arme Jansci, er wird es nie glauben, daß Mutter tot ist. Sie war eine Sterbende, als man sie holte, die eine Lunge war so gut wie hin, sie hatte keine paar Tage mehr zu leben. Doch Jansci wird das niemals glauben. Er wird hoffen, solange er lebt.«

»Und Sie, Sie bestärken ihn darin?«

»Ja. Ich bleibe hier, weil Jansci außer mir nichts mehr auf dieser Welt hat und ich ihn nicht allein lassen kann. Doch wenn ich ihm das sagen würde, dann würde er mich noch morgen über die Grenze nach Österreich bringen – er würde nie zulassen, daß ich um seinetwillen mein Leben aufs Spiel setze. Und deshalb erkläre ich ihm, ich bliebe hier, um auf Mutter zu warten.«

»Sagen Sie, hat sich Ihr Vater eigentlich um Ihre Mutter gekümmert? Ich meine, hat er nach ihr gesucht?«

»Sie glauben, er hätte nicht nach ihr gesucht, nicht wahr? Er tut immer so; warum, das weiß ich auch nicht.« Sie verstummte für einen Augenblick und sagte dann: »Sie werden es nicht glauben, niemand glaubt es, und doch ist es wahr: Es gibt neun Konzentrationslager in Ungarn, und im Verlauf der letzten achtzehn Monate ist Jansci in fünf dieser Lager gewesen, nur um dort nach meiner Mutter zu suchen. Er ist hineingekommen und, wie Sie ja sehen, auch wieder heraus. Das klingt unglaublich, nicht wahr?«

»Ja, das klingt unglaublich«, sagte Reynolds langsam. Irgend etwas in ihrer Stimme ließ Reynolds aufmerksam werden. Er streckte sacht die Hand aus und berührte ihr Gesicht: Es war naß von Tränen, doch sie wandte es nicht beiseite, die Berührung schien ihr nicht unangenehm zu sein.

»Ich habe Ihnen ja schon gesagt, dieses Leben ist nichts für Sie, Fräulein Illjurin.«

»Ich heiße für Sie Julia, immer nur Julia. Sie dürfen diesen Namen nicht aussprechen, ja, Sie dürfen ihn nicht einmal denken. Warum erzähle ich Ihnen eigentlich das alles?«

»Wer weiß? Aber bitte reden Sie weiter, erzählen Sie mir von Jansci. Ein bißchen weiß ich über ihn, aber nur wenig.«

»Was soll ich Ihnen erzählen? Sie sagen, Sie wüßten ein wenig; doch mehr weiß ich auch nicht. Mein Vater spricht nie über das Vergangene, er sagt nicht einmal, weshalb er nicht darüber reden will. Ich glaube, weil er jetzt nur noch dafür lebt, für den Frieden zu arbeiten und all denen zu helfen, die sich nicht selber helfen können. Das habe ich ihn jedenfalls einmal sagen hören. Ich glaube, die Erinnerung an früher quält ihn. Er hat soviel verloren, und er hat soviel Blut vergossen.«

Reynolds sagte nichts, und das Mädchen fuhr nach einiger Zeit fort: »Janscis Vater war einer der führenden Kommunisten in der Ukraine. Er war ein überzeugter Kommunist, und er war auch ein guter Mensch – man kann beides gleichzeitig sein, Mr. Reynolds. Wie fast alle führenden Kommunisten in der Ukraine fand er 1938 den Tod in den Folterkellern der Geheimpolizei von Kiew. Damals hat alles angefangen. Jansci brachte die Männer um, die seinen Vater umgebracht hatten, doch er hatte allzu viele gegen sich. Man schaffte ihn nach Sibirien, und er verbrachte sechs Monate in einer unterirdischen Zelle in einem Durchgangslager in Wladiwostok, darauf wartend, daß das Eis schmolz und der Dampfer kam, um die Sträflinge abzuholen. Sechs Monate lang sah er das Licht des Tages nicht, sah er kein menschliches Gesicht – die Rinden und Abfälle, die man ihm als Nahrung gab, wurden durch eine Luke zu ihm hinuntergelassen. Alle wußten genau, wer er war, und er sollte eines langsamen und qualvollen Todes sterben. Er hatte kein Bett, keine Zudecke, und die Temperatur war weit unter Null. Im letzten Monat gab man ihm auch kein Wasser mehr, aber Jansci blieb dadurch am Leben, daß er den Rauhreif von der eisernen Tür seiner Zelle ableckte. Da begriffen sie allmählich, daß Jansci einfach unzerstörbar war.«

»Weiter, bitte reden Sie weiter.« Reynolds hielt noch immer die Hand des Mädchens fest, doch das bemerkten beide nicht. »Und was geschah dann?«

»Dann kam der Frachtdampfer, der die Sträflinge abholte und zum Kolyma-Gebirge brachte. Von dort kommt keiner jemals zurück – nur Jansci, der ist doch zurückgekommen.« Reynolds konnte den Ton ehrfürchtiger Ergriffenheit in der Stimme des Mädchens hören, obwohl sie doch etwas wiederholte, was sie tausendmal gesagt oder gedacht haben mußte. »Die Monate, die er dort verbracht hat, das war die schlimmste Zeit seines Lebens. Ich weiß nicht, wie es damals dort war, und ich glaube auch nicht, daß noch irgend jemand lebt, der es weiß.« Sie schwieg eine Weile, und als sie danach weitersprach, war ihre Stimme unsicher. »Sie haben gesehen, daß er nicht mehr alle Finger hat. Er hat nur ein paar Finger verloren. Und diese Narben an seinen Händen – wissen Sie, wo er die her hat, Mr. Reynolds?«

Er schüttelte im Dunkeln schweigend den Kopf, und sie schien die Bewegung zu spüren.

»Wölfe, Mr. Reynolds. Die Wachmannschaften fingen sie in Fallen, ließen sie so lange hungern, bis sie halb irrsinnig waren vor Hunger, und warfen dann jeweils einen Mann und einen Wolf zusammen in eine Grube. Der Mann hatte zu seiner Verteidigung nichts als seine Hände; auch Jansci hatte nur seine Hände. Seine Arme, sein ganzer Körper sind bedeckt von diesen Narben.«

»Das ist nicht möglich, das alles ist einfach nicht möglich«, stieß Reynolds leise zwischen den Zähnen hervor. »Und was ist mit diesen Wundmalen der Kreuzigung, die er an seinen Händen trägt?«

»Jansci hatte irgend etwas Furchtbares verbrochen, was, weiß ich nicht, jedenfalls führte man ihn zur Strafe mitten im Winter hinaus in die Taiga, den tiefen Wald, zog ihn nackt aus, nagelte ihn mit den Händen an die Stämme zweier Bäume, die dicht beieinander standen, und überließ ihn seinem Schicksal. Man wußte, es würde nicht lange dauern, bis er entweder der entsetzlichen Kälte oder den Wölfen zum Opfer fiel. Doch er blieb am Leben, der Himmel mag wissen wie, Jansci selber weiß es nicht. Jedenfalls, er kam irgendwie davon, er fand seine Kleider, die man achtlos hatte liegenlassen, und ging fort aus dem Kolyma-Gebirge. Damals war es, daß er alle seine Fingerkuppen einbüßte, und damals sind ihm auch alle seine Zehen abgefroren. Sie haben bemerkt, wie er geht?«

»Ja.« Reynolds erinnerte sich an den sonderbar steifbeinigen Gang, der ihm aufgefallen war. Er dachte an Janscis Gesicht, dieses so unendlich gütige Gesicht, und versuchte, es sich vorzustellen vor dem Hintergrund dessen, was dieser Mensch erlebt hatte; doch der Kontrast war so groß, daß seine Vorstellungskraft versagte. »Ich hätte es nie für möglich gehalten, Julia, daß ein Mensch so viel zu überleben vermag. Er muß wirklich unzerstörbar sein.«

»Ja, das glaube ich auch. Er brauchte vier Monate, um die Stelle zu erreichen, wo die Transsibirische Eisenbahn die Lena überquert, und als er hier endlich einen Zug anhielt, war er gar nicht mehr richtig bei Verstand. Lange Zeit war er geistig gestört und wußte von nichts, schließlich aber erholte er sich und kehrte in die Ukraine zurück.«

»Wann war das?« fragte Reynolds.

»Das war 1941. Er trat in die Armee ein und wurde innerhalb eines Jahres Major. Jansci wurde aus dem gleichen Grunde Soldat wie die meisten Ukrainer – um eines Tages gegen die Rote Armee losschlagen zu können. Und die Gelegenheit hierzu kam sehr bald, als die Deutschen angriffen.«

Es entstand eine lange Pause. Als sie danach weitersprach, konnte Reynolds hören, wie sich ihre Stimme bei der Erinnerung erwärmte. »Wir empfingen damals die Deutschen mit offenen Armen. Wir bereiteten ihnen den herzlichsten Empfang, den irgendeine Armee jemals erlebt hat. Wir gaben ihnen Brot und Wein, wir schmückten unsere Straßen, und wir bekränzten die Soldaten mit Blumen. Nicht ein Schuß fiel zur Verteidigung von Kiew. Ukrainische Regimenter, ganze Divisionen gingen zu den Deutschen über. Jansci meint, etwas Ähnliches habe es in der ganzen Geschichte noch nie gegeben, und es dauerte nicht lange, da hatten die Deutschen eine russische Armee, eine Million Russen, die für sie kämpften, unter dem Oberbefehl des sowjetischen Generals Andrej Wlassow. Auch Jansci gehörte dieser Armee an, er stieg auf zum Generalmajor und wurde einer der wichtigsten Ratgeber Wlassows, und bei dieser Armee blieb und kämpfte er, bis die Deutschen im Jahre 1943 nach Winniza zurückgingen, seiner Geburtsstadt.« Ihre Stimme verging unhörbar, und es entstand eine lange Pause, ehe sie endlich weitersprach. »Winniza war der entscheidende Wendepunkt für ihn. Jansci tat den Schwur, nie wieder zu kämpfen und nie mehr einen Menschen zu töten. Diesen Schwur hat er gehalten – bis zum heutigen Tag.«

»Winniza?« fragte Reynolds erstaunt. »Was war denn damals in Winniza?«

»Sie – Sie haben nie etwas von Winniza gehört?«

»Nein.«

»Mein Gott«, sagte sie leise. »Ich dachte, die ganze Welt hätte von Winniza gehört.«

»Tut mir leid, aber ich habe wirklich noch nichts davon gehört. Was war denn da?«

»Fragen Sie mich nicht, bitte fragen Sie mich nicht!« sagte das Mädchen mit zitternder Stimme. »Fragen Sie, wen Sie wollen, aber bitte nicht mich.«

»Schon gut, schon gut«, sagte Reynolds rasch. Er spürte, wie ein lautloses Schluchzen ihren ganzen Körper erzittern ließ, und er streichelte tröstend und ein wenig verlegen ihre Schulter. »Reden wir nicht mehr davon. Ist ja nicht so wichtig.«

»Danke«, sagte sie mit erstickter Stimme. »Ja, Mr. Reynolds, und weiter ist eigentlich nicht mehr viel zu erzählen. In Winniza besuchte Jansci das Haus, in dem er früher gewohnt hatte, und dort warteten die Russen auf ihn – sie hatten ihn schon seit langem erwartet. Man machte ihn zum Kommandeur eines Regiments, das aus lauter Ukrainern bestand, die zu den Deutschen übergelaufen und beim Rückzug den Russen wieder in die Hände gefallen waren – man drückte ihnen irgendwelche unbrauchbare Waffen in die Hand, gab ihnen überhaupt keine Uniformen, setzte sie an der Front ein und zwang sie, im Kampf gegen die Deutschen Selbstmord zu begehen. So erging es damals Zehntausenden von Ukrainern. Jansci geriet in deutsche Gefangenschaft – er ging waffenlos auf die feindlichen Stellungen zu, man erkannte ihn, und er verbrachte den Rest des Krieges zusammen mit General Wlassow. Nach dem Ende des Krieges spaltete sich die ukrainische Befreiungsarmee in verschiedene Gruppen auf – von denen einige noch heute bestehen und ihren Privatkrieg führen, ob Sie es glauben oder nicht – und dabei traf er mit dem Grafen zusammen. Seitdem haben sich die beiden nicht mehr getrennt.«

»Er ist doch wirklich Pole – ich meine, der Graf?«

»Ja, dort haben sie sich auch kennengelernt – in Polen.«

»Und wie heißt er eigentlich? Wer ist er denn wirklich? Wissen Sie es?«

»Nein, das weiß niemand außer Jansci. Ich weiß nur, daß er, natürlich mit Ausnahme meines Vaters, der wunderbarste Mensch ist, den ich jemals kennengelernt habe. Und zwischen den beiden besteht irgendeine sonderbare Bindung. Ich glaube, das kommt daher, daß beide soviel Blut an ihren Händen haben, und weil beide aus tiefster Überzeugung seit Jahren keinerlei Blut mehr vergossen haben.«

»Ist er wirklich ein Graf?«

»Doch, soviel ich weiß, ist er das wirklich. Er hat früher einmal riesige Ländereien besessen, da oben in der Nähe der ostpreußischen und litauischen Grenze – oder jedenfalls in der Gegend, wo früher die Grenzen waren. 1939 nahm er am Kampf gegen die Deutschen teil, und später schloß er sich dann der polnischen Widerstandsbewegung an. Nach langer Zeit wurde er gefangengenommen, und die Deutschen meinten, es sei ein besonders guter Witz, einen polnischen Aristokraten sich seinen Lebensunterhalt durch Zwangsarbeiten erwerben zu lassen. Er und eine Gruppe Gleichgesinnter töteten ihre Aufseher und schlossen sich der polnischen Widerstandsarmee des Generals Bor an. Sie wissen ja vielleicht, Mr. Reynolds, was dann geschah: Rossokowsky blieb mit seinen russischen Streitkräften vor Warschau stehen und ließ erst Deutsche und Widerstandskämpfer in den Kloaken von Warschau bis zum bitteren Ende fechten.«

»Ja, ich habe davon gehört. Es heißt, es sei der erbittertste Kampf des ganzen Krieges gewesen. Die Polen wurden niedergemacht.«

»Fast alle. Die Überlebenden, darunter auch der Graf, wurden nach Auschwitz gebracht, zu den Gaskammern. Doch die Deutschen ließen sie fast alle laufen, warum, das weiß niemand.«

»Und danach traf er dann mit Ihrem Vater zusammen?«

»Ja. Sie gehörten beide einer Gruppe von Wlassowleuten an, aber sie blieben nicht lange dabei. Beide konnten dieses endlose und sinnlose Morden einfach nicht mehr mitmachen. Deshalb gingen sie in die Tschechoslowakei und schlossen sich den slowakischen Partisanen an, die in der Hohen Tatra kämpften.«

»Ja, von denen habe ich gehört, sogar in England«, sagte Reynolds. »Das müssen verwegene Burschen gewesen sein, denen die Freiheit über alles ging.«

»Ich glaube, daß Jansci und der Graf dieses Urteil unterschreiben würden«, sagte sie. »Doch auch dort blieben sie nicht lange. Diese Slowaken kämpften im Grunde gar nicht für irgendeine bestimmte Sache, sie kämpften einfach, um zu kämpfen, und wenn einmal nichts los war, dann machte es ihnen genausoviel Spaß, sich untereinander zu bekämpfen. So kamen Jansci und der Graf schließlich nach Ungarn – sie sind jetzt schon seit mehr als sieben Jahren hier, haben allerdings meist nicht in Budapest, sondern auf dem Lande gelebt.«

»Und seit wann sind Sie hier?«

»Genauso lange. Mit das erste, was Jansci und der Graf taten, war, daß sie mich und meine Mutter in der Ukraine abholten und hierherbrachten, und zwar auf dem Weg über die Karpaten und die Hohe Tatra. Ich weiß, das muß sich sonderbar anhören, aber es war eine ganz herrliche Reise. Es war Sommer, und die Sonne schien warm, und die beiden kannten alle Leute, hatten überall gute Freunde. Ich habe meine Mutter nie so glücklich erlebt wie damals.«

»Ja«, sagte Reynolds, der sie von dem Thema abbringen wollte, »das übrige ist mir bekannt. Der Graf warnt die Leute, bei denen der Kopf wackelt, und Jansci schafft sie über die Grenze. Ich habe allein in England mit Dutzenden gesprochen, die von Jansci herausgeschafft worden sind. Das Sonderbare dabei war, daß keiner von diesen Leuten die Russen haßte. Jansci hat sie alle zu Friedensaposteln gemacht. Er hat sogar versucht, mich zu bekehren!«

»Ja«, sagte sie leise, »er ist ein wunderbarer Mensch.« Sie blieb stumm, eine Minute, zwei Minuten lang, und dann fragte sie auf einmal unvermittelt: »Sie sind nicht verheiratet, Mr. Reynolds, nicht wahr?«

»Wie bitte?« fragte Reynolds überrascht.

»Sie haben sicher keine Frau, nicht wahr, und auch keine Freundin – und bitte sagen Sie jetzt nicht etwa: ›Nein, habe ich nicht, aber sparen Sie sich die Mühe, sich um die freie Stelle zu bewerben‹ – denn das wäre unnötig unfreundlich und auch ein bißchen billig, und außerdem würde das im Grunde auch gar nicht zu Ihnen passen.«

»Ich habe ja meinen Mund überhaupt nicht aufgemacht«, sagte Reynolds protestierend. »Was Ihre Frage betrifft, so haben Sie richtig vermutet. Das ist ja auch ganz klar. Ein Leben, wie ich es führe, und Frauen – das schließt sich gegenseitig aus. Das werden Sie sicher begreifen.«

»Ich weiß«, sagte sie leise. »Ich weiß auch, daß Sie mich heute abend im Gespräch zwei- oder dreimal von – von unangenehmen Dingen abgelenkt haben. So rücksichtsvoll sind Unmenschen ohne Herz und Seele eigentlich nicht. Es tut mir leid, daß ich gesagt habe, Sie seien ein Unmensch; ich bin aber eben doch auch sehr froh darüber, denn ich habe erkannt, daß das ein Irrtum war, und ich bin eher dahintergekommen als Jansci und der Graf. Sie können sich gar nicht vorstellen, was das für mich bedeutet – die beiden – immer haben sie recht, und ich habe nie recht. Diesmal aber habe ich recht, und ich bin zeitiger dahintergekommen als Jansci und der Graf.«

»Ich zweifle nicht daran, daß Sie wissen, wovon Sie reden ...«, begann Reynolds höflich.

»Und stellen Sie sich doch bloß mal vor, was die beiden für Gesichter machen werden, wenn ich ihnen erzähle, daß ich heute abend neben Mr. Reynolds gesessen habe, und daß Mr. Reynolds zehn Minuten lang seinen Arm um mich gelegt hat.« Sie sprach ganz ernsthaft, doch in ihrer Stimme hüpfte ein heimliches Lachen. »Sie legten Ihren Arm um mich, weil Sie dachten, ich weinte – und ich weinte wirklich. Mir scheint, Mr. Reynolds, das Wolfsfell, das Sie sich umgehängt haben, wird ein bißchen fadenscheinig.«

»Großer Gott!« sagte Reynolds, dem erst jetzt richtig zum Bewußtsein kam, daß er den Arm um das Mädchen gelegt hatte. Er murmelte eine halb verlegene Entschuldigung und wollte den Arm gerade fortnehmen, als er unbeweglich erstarrte. Dann ließ er den Arm langsam wieder sinken, legte ihn noch fester um ihre Schultern und näherte seinen Mund ihrem Ohr.

»Wir haben Gesellschaft, Julia«, flüsterte er leise.

Ein unauffälliger Seitenblick ergab die Bestätigung dessen, was ihm sein ungewöhnlich scharfes Gehör bereits mitgeteilt hatte. Es schneite nicht mehr, und er konnte deutlich die drei Leute sehen, die leise auf sie zukamen.

Reynolds überlegte nicht lange. Er zog Julia an sich, beugte sich über sie und küßte sie. Im ersten Augenblick machte sie sich steif, versuchte, ihn zurückzustoßen und das Gesicht beiseite zu drehen. Doch dann ließ ihr Widerstand plötzlich nach, und Reynolds wußte, daß sie begriffen hatte. Sie war ihres Vaters Tochter, und sie begriff schnell. Sie hob den Arm und legte ihn um seinen Hals.

So vergingen an die zehn Sekunden, und er hätte schwören mögen, daß der Druck des Armes, der seinen Hals umschlungen hielt, stärker zu werden begann – als der Strahl einer starken Scheinwerferlampe auf sie fiel und eine sonore, gemütliche Stimme sich vernehmen ließ.

»Also wirklich, Stefan, von mir aus können die Leute reden,

was sie wollen: Ich finde, die Jugend von heute ist in Ordnung. Da sitzen sie hier bei zwanzig Grad unter Null, und man könnte meinen, daß sie in der Hundstagshitze am Strand von Balaton liegen. Sachte, sachte, junger Mann, nicht so rasch!« Aus der Dunkelheit hinter dem Lichtkegel der Lampe kam eine große Hand hervor und drückte Reynolds, der aufzustehen versucht hatte, wieder herunter. »Was macht ihr denn hier? Wißt ihr gar nicht, daß diese Gegend nachts verboten ist?«

»Doch, ich weiß«, stammelte Reynolds, dessen Gesicht einen teils ängstlichen, teils verlegenen Ausdruck zeigte. »Entschuldigen Sie bitte, aber – wir wußten nicht, wo wir sonst hätten hingehen sollen.«

»Unsinn!« dröhnte die joviale Stimme. »Als ich in Ihrem Alter war, junger Mann, da gab es im Winter nichts Besseres als die kleinen Nischen im Café zum Weißen Engel, wo man die Vorhänge vorziehen konnte. Ist nur ein paar hundert Meter von hier.«

Reynolds begann aufzuatmen. Von diesem Mann war nicht viel zu befürchten. »Wir waren ja auch im Weißen Engel...«, begann er.

»Zeigen Sie mal Ihre Papiere«, verlangte die Stimme eines anderen Mannes, und diese Stimme war kalt und ziemlich widerwärtig. »Sie haben Ihre Papiere doch bei sich, oder?«

»Natürlich habe ich sie bei mir.« Der Mann, der zu dieser Stimme gehörte, war ernst zu nehmen. Reynolds griff mit der Hand in seinen Mantel, und seine Finger schlossen sich schon um den Kolben seiner Pistole, als sich wieder der Mann vernehmen ließ, der zuerst gesprochen hatte.

»Mach dich doch nicht lächerlich, Stefan. Du solltest wirklich nicht soviel von diesen Schauerromanen lesen. Oder vielleicht meinst du, das da sei ein westlicher Spion, den man hierhergeschickt hat, damit er feststellt, wie es mit der Bereitschaft der jungen Damen von Budapest zur Mitarbeit aussieht, wenn die nächste Erhebung kommt?« Er bog sich vor Lachen und schlug sich auf den Schenkel, geradezu hingerissen von seinem eigenen Witz, und richtete sich dann langsam wieder auf. »Außerdem, er ist genausogut in Budapest geboren und aufgewachsen wie ich, das hörst du doch. Im Weißen Engel wart ihr?« sagte er plötzlich mit nachdenklicher Stimme. »Kommt doch mal raus da, ihr zwei.«

Sie erhoben sich mühsam, steif vor Kälte, und die Lampe schien

Reynolds aus solcher Nähe ins Gesicht, daß er die Augen zusammenkneifen mußte.

»Tatsächlich, das ist er«, verkündete der Polizist mit munterer Stimme. »Der, von dem man uns erzählt hat. Du kannst noch alle vier Finger auf seiner Backe sehen. Kein Wunder, daß er keine Lust hat, dort wieder hinzugehen. Ein Wunder ist nur, daß ihm das Mädchen den Unterkiefer nicht ausgerenkt hat.« Er brach abermals in dröhnendes Gelächter aus und winkte ihnen dann zum Abschied gnädig zu. »Haut ab, Kinder. Aber merkt euch: Das nächstemal werdet ihr eingelocht.«

Fünf Minuten später, als es eben wieder zu schneien begann, trennten sie sich am Ende der Brücke, die von der Insel zur Stadt hinüberführte. Reynolds sah auf das Leuchtzifferblatt seiner Uhr.

»Kurz vor zehn. Ich werde also in zwei Stunden zu Ihnen kommen.«

»Wir erwarten Sie dann. Die Zeit bis dahin dürfte gerade knapp ausreichen, um mit allen Einzelheiten zu schildern, wie ich Ihnen beinahe den Unterkiefer ausgerenkt habe und wie die eiskalte Rechenmaschine ihren Arm um mich gelegt und mich eine ganze Minute lang geküßt hat, ohne auch nur einmal Atem zu holen!«

»Dreißig Sekunden«, sagte Reynolds protestierend.

»Mindestens anderthalb Minuten. Und ich werde den beiden nicht verraten warum. Ich kann es kaum erwarten, ihre Gesichter zu sehen!« Damit hob sie sich auf die Zehenspitzen, küßte ihn flüchtig auf die Wange und entfernte sich eilig in die Dunkelheit. Eine volle Minute lang stand Reynolds da und sah hinter ihr her, auch noch, als sie gar nicht mehr zu sehen war, während er sich nachdenklich mit der Hand über die Wange strich. Dann fluchte er leise vor sich hin und ging in entgegengesetzter Richtung davon.

Als Reynolds sein Zimmer im Hotel erreichte, auf dem Weg über die Nottreppe und von niemandem gesehen, war es zwanzig nach zehn, und er war sehr durchgefroren und sehr hungrig. Er drehte die Zentralheizung auf, stellte befriedigt fest, daß niemand während seiner Abwesenheit in seinem Zimmer gewesen war, und ließ sich dann mit dem Geschäftsführer verbinden.

Nein, es waren keine Besucher für ihn dagewesen und auch keine Anrufe gekommen. Natürlich, es würde ein Vergnügen sein, ihm auch zu dieser späten Stunde eine warme Mahlzeit bereiten zu lassen; der Küchenchef sei zwar gerade dabei, sich zu Bett zu begeben, doch er würde es als eine Ehre betrachten, Herrn Rakosi zu zeigen, was er sozusagen aus dem Stegreif zusammenzaubern könne. Wozu Reynolds einigermaßen barsch bemerkte, daß es in erster Linie auf Schnelligkeit ankäme und daß die kulinarischen Meisterwerke Zeit hätten bis zu einem anderen Tag.

Kurz nach elf Uhr hatte er sich eine hervorragende Mahlzeit und den größten Teil einer Flasche Soproni einverleibt und machte sich zum Aufbruch bereit. Es war zwar fast eine Stunde vor der verabredeten Zeit, doch die Strecke, für die der Mercedes des Grafen nur sechs oder sieben Minuten gebraucht hatte, würde zu Fuß sehr viel länger dauern, um so mehr, da er nicht den direkten Weg wählen, sondern allerhand Umwege machen würde. Er zog ein frisches Hemd und frische Socken an und legte die gebrauchte Wäsche ordentlich in den Schrank; denn er wußte in diesem Augenblick noch nicht, daß er diesen Raum nie wieder betreten sollte. Er zog sich warm an, zum Schutz gegen die Kälte der Winternacht, und entfernte sich dann abermals auf dem Weg über die Nottreppe. Eben, als er die Straße erreichte, hörte er oben ein Telefon klingeln, leise und immer wieder; doch er kümmerte sich nicht darum.

Es war kurz nach zwölf, als er die Straße erreichte, in der Janscis Haus lag. Auf der Straße war kein Mensch zu sehen, und als er an die Tür der Garage kam, fand er sie offen, als habe man ihn erwartet. In der Garage war es dunkel, doch er ging hinein, ohne den Schritt zu verlangsamen, und steuerte zuversichtlich auf die Tür am anderen Ende zu. Er hatte vielleicht vier oder fünf Schritte gemacht, als in der Garage plötzlich helles Licht anging, während gleichzeitig die Eisentüren hinter ihm klirrend ins Schloß fielen.

Reynolds stand völlig unbeweglich und hütete sich wohlweislich, etwa eine Hand einer seiner Taschen zu nähern. Dann sah er sich langsam um: In jeder Ecke der Garage stand, eine Maschinenpistole schußbereit unter dem Arm, in dem typischen langen Trenchcoat und mit der hohen Mütze auf dem Kopf, ein lauernder, lächelnder AVO-Mann.

Diese Leute waren unverkennbar, dachte Reynolds. Man wußte sofort Bescheid, wenn man dies vor sich sah, die brutale Geheimheit, den geilen Sadismus in den Gesichtern dieser Untermenschen, die auf der ganzen Welt mit geradezu automatischer

Sicherheit den Weg in die Geheimpolizei totalitärer Regime fanden.

Doch dann noch stärker als diese vier fiel ihm ein fünftes Gesicht auf, das schmale, intelligente Gesicht eines kleinen, dunkelhaarigen Mannes, der in der Nähe der Tür stand. Und während Reynolds jetzt zu ihm hinsah, steckte dieser Mann seine Pistole wieder fort, kam zwei Schritte auf Reynolds zu und verbeugte sich ironisch lächelnd.

»Captain Michael Reynolds vom Secret Service, wenn ich nicht irre. Sie sind außerordentlich pünktlich, und wir wissen das durchaus zu schätzen. Wir von der AVO haben es nicht gern, wenn man uns warten läßt.«

6

Stumm und unbeweglich stand Reynolds in der Mitte der Garage. Eine Ewigkeit stand er da, so schien es ihm, während er den Schock zu überwinden suchte, sich der bitteren Realität bewußt wurde und dann fieberhaft nach einer Erklärung suchte, nach einer Erklärung für die Anwesenheit der AVO-Leute und die Abwesenheit seiner Freunde. Doch es war keine Ewigkeit, es waren vermutlich alles in allem nicht mehr als fünfzehn Sekunden, und sie waren noch nicht verstrichen, als Reynolds den Unterkiefer erschreckt heruntersinken ließ, während sich seine Augen vor Angst weiteten. »Reynolds?« sagte er unsicher und mit der Schwierigkeit, die das Aussprechen dieses Namens einem Ungarn verursacht haben würde. »Michael Reynolds? Ich – ich weiß gar nicht, was Sie meinen, Genosse. Was – ist denn? Warum stehen da diese Männer mit den Schußwaffen? Ich habe nichts getan, Genosse, wirklich nicht! Ich schwöre es!« Er rang die Hände, daß die Knöchel weiß hervortraten, und das Zittern in seiner Stimme war das Beben der Angst.

Die beiden Posten, die Reynolds sehen konnten, zogen die Stirn in Falten und sahen sich verwundert an, doch die dunklen, amüsierten Augen des kleinen Mannes an der Tür zeigten nicht den leisesten Schatten eines Zweifels.

»Gedächtnisschwund«, sagte er freundlich. »Eine Folge des Schocks, mein Freund, daß Sie sich an Ihren eigenen Namen nicht mehr erinnern können. Dennoch eine bemerkenswerte Leistung, und wäre ich mir über Ihre Identität nicht so völlig im klaren, so wäre auch ich – genau wie meine Leute hier, die noch nicht wissen, wer Sie sind – nur allzu geneigt, Ihnen Glauben zu schenken. Die britische Abwehr macht uns ein großes Kompliment, sie schickt uns ihre besten Leute. Andererseits hatte ich gar nichts anderes erwartet, da es sich schließlich darum handelt, sich der Person von Professor Harold Jennings – sagen wir: zu vergewissern.«

Reynolds verspürte ein flaues Gefühl in der Magengrube, und in seinem Mund war der bittere Geschmack der Niederlage. Mein Gott, das war sogar noch schlimmer, als er befürchtet hatte. Wenn die Leute das wußten, dann wußten sie alles, dann war alles verloren. Doch der Ausdruck verständnisloser Angst auf seinem Gesicht blieb völlig unverändert. Dann schüttelte er sich, wie einer, der einen beklemmenden Traum abzuschütteln versucht, und blickte mit wilden Augen um sich.

»Ich habe nichts getan!« rief er laut, fast schreiend. »Lassen Sie mich in Ruhe! Ich habe Ihnen doch gesagt, ich habe nichts getan, gar nichts! Ich bin ein guter Kommunist, Mitglied der Partei.« Sein Gesicht war verzerrt, und seine Lippen zuckten hilflos. »Ich bin ein Bürger von Budapest, Genosse, ich habe meine Papiere bei mir, ich kann mich ausweisen!« Er hob die Hand und wollte in seinen Mantel greifen, als er auf ein einziges Wort des AVO-Beamten bewegungslos erstarrte, ein einziges Wort, das gar nicht besonders laut ertönte, aber durch die Luft schnitt wie ein Peitschenhieb.

»Halt!« Reynolds hielt seine Hand, die eben bei den Aufschlägen seines Mantel angekommen war, still und ließ sie dann langsam wieder herunterfallen. Der kleine, dunkelhaarige Mann lächelte.

»Wirklich schade, Captain Reynolds, daß Sie zum Secret Service gegangen sind – ich bin überzeugt, daß dadurch das Theater um einen bemerkenswerten Schauspieler gekommen ist.« Er sah an Reynolds vorbei zu einem Mann, der neben der Garagentür stand. »Coco, Captain Reynolds war soeben im Begriff, eine Pistole oder irgendeine andere Angriffswaffe hervorzuholen. Befreien Sie ihn von dieser Versuchung.«

Reynolds hörte auf dem Zementfußboden schwere Schritte herkommen und stöhnte im nächsten Augenblick vor Schmerz, als ihm ein Gewehrkolben ins Kreuz fuhr, kurz oberhalb der

Niere. Er schwankte unsicher auf den Füßen, während er undeutlich und wie durch einen roten Nebel wahrnahm, daß geübte Hände seine Sachen durchsuchten.

»Sie müssen Coco entschuldigen, Captain Reynolds«, hörte er den AVO-Beamten sagen. »Coco hat nun mal seine ganz bestimmte Art, und er geht in diesen Dingen außerordentlich direkt vor. Doch die Erfahrungen, die er beim Durchsuchen von Häftlingen gesammelt hat, haben ihn gelehrt, daß ein kleiner Vorgeschmack dessen, was irgendeine Widersetzlichkeit unweigerlich einbringt, sehr viel wirkungsvoller ist als selbst die finstersten Drohungen.« Der Ton seiner Stimme veränderte sich. Nur um eine Nuance, aber unangenehm. »Oh, Fundgegenstand Nummer eins, und höchst interessant. Eine belgische Pistole Kaliber 6,35, noch dazu mit einem Schalldämpfer versehen – beides Dinge, die in unserem Land nicht erhältlich sind. Zweifellos haben Sie beides auf der Straße gefunden. Und weiß vielleicht jemand von euch, was das hier ist?«

Reynolds, dem noch immer alles vor den Augen verschwamm, gelang es nur mit Mühe, festzustellen, worum es sich handelte. Der AVO-Beamte hielt in seiner Hand den Totschläger, den Reynolds vor einigen Stunden dem Mann abgenommen hatte, der ihn damit hatte niederschlagen wollen.

»Ich glaube, ja, Oberst Hidas. Das Ding kommt mir bekannt vor.« Der AVO-Mann, den sein Vorgesetzter Coco genannt hatte, kam in das Blickfeld von Reynolds – ein Kleiderschrank, wie Reynolds jetzt sehen konnte, mindestens einsneunzig groß und entsprechend breit, und das narbige Gesicht mit dem gebrochenen Nasenbein war das eines brutalen Schlägers – und nahm den Totschläger, der in seiner riesigen, schwarzbehaarten Pranke fast verschwand. »Das gehört Herped, Herr Oberst, bestimmt. Sehen Sie, da unten sind seine Anfangsbuchstaben. Es gehört meinem Freund Herped. Woher hast du das?« fauchte er Reynolds an.

»Habe ich zusammen mit der Pistole gefunden«, sagte Reynolds mißmutig. »In einem Paket, an der Ecke der . . .«

Er sah den Totschläger durch die Luft sausen, doch zu spät, um auszuweichen. Der Schlag ließ ihn hinten gegen die Wand taumeln und daran zu Boden gehen. Während er schwankend wieder hochkam, spürte er, wie von seinen zerschlagenen Lippen das Blut tropfte. Außerdem stellte er fest, daß von den Zähnen vorn einige wackelten.

»Sachte, Coco, sachte«, sagte Colonel Hidas. »Gib mir das Ding mal wieder her, Coco. So, danke schön. Ja, Captain Reynolds, das haben Sie sich ganz allein zuzuschreiben. Wir wissen im Augenblick nämlich noch nicht, ob Herped Cocos Freund ist oder ob er Cocos Freund war. Es war nicht mehr sehr viel Leben in ihm, als man ihn an der Stelle fand, an der Sie ihn hatten liegen lassen.« Hidas winkte einen seiner Leute heran. »Gehen Sie an das Ende der Straße – da ist ein Telefon. Rufen Sie an und sagen Sie Bescheid, daß man sofort einen geschlossenen Lastwagen herschicken soll.« Er sah Reynolds lächelnd an. »Leider konnten wir den Wagen nicht hier vorm Haus parken lassen. Hätte unter Umständen Ihren Verdacht wachgerufen, nicht wahr, Captain Reynolds?« Er sah auf seine Uhr. »Der Wagen müßte spätestens in zehn Minuten hier sein, länger dauert es bestimmt nicht, doch diese zehn Minuten können wir mit einer sinnvollen Beschäftigung ausfüllen. Ich könnte mir vorstellen, daß Captain Reynolds daran interessiert wäre, einen schriftlichen Bericht über seine Tätigkeit in letzter Zeit zu Papier zu bringen – und zu unterschreiben. Aber es muß selbstverständlich ein Tatsachenbericht sein und keine romanhafte Erfindung, Captain Reynolds. Bringt ihn herein.«

Er wurde hineingebracht und mußte vor dem Schreibtisch Aufstellung nehmen, an dem Hidas Platz nahm und die Lampe so einstellte, daß sie Reynolds aus einer Entfernung von weniger als einem Meter voll ins Gesicht schien.

»Jetzt wollen wir erzählen, Captain Reynolds, und dann wollen wir den Wortlaut der Erzählung für die dankbare Nachwelt festhalten – oder zumindest für den Volksgerichtshof, wo man Ihnen ordnungsgemäß den Prozeß machen wird. Ein Versuch, zu schwindeln oder auch nur Zeit zu gewinnen, würde zu nichts führen. Nur durch ein rasches Geständnis dessen, was uns bereits bekannt ist, können Sie unter Umständen Ihr Leben noch retten – es wäre uns lieber, wenn wir einen internationalen Zwischenfall vermeiden könnten. Wir wissen alles, Captain Reynolds, wirklich alles, und ich schlage vor, Sie erzählen uns zunächst einmal, auf welchem Weg Sie hergekommen sind«, sagte Hidas.

»Hergekommen?« sagte Reynolds, dessen Stimme mühsam und undeutlich durch seine geschwollenen Lippen kam. Er schüttelte langsam den Kopf. »Ich verstehe leider nicht . . .«

Er brach ab, sprang zur Seite und warf sich mit einem plötzlichen Ruck herum, einem Ruck, der ihm wie ein scharfes Messer durch seine schmerzende Seite fuhr: selbst in der ungewissen Dunkelheit hinter der hellen Lampe, in der Hidas saß, war ihm nicht entgangen, wie dieser plötzlich zur Seite sah und Coco leise zunickte, und erst hinterher wurde ihm klar, daß Hidas dies vermutlich auch beabsichtigt hatte. Jedenfalls ging der gefährlich heftige Schlag mit der Faust, den Coco ihm zugedacht hatte, fast ganz daneben, nur die geschliffene Kante eines Siegelringes, den Coco trug, hinterließ eine schmale Schramme, die sich von der Schläfe zum Kinn hinunterzog; doch der angreifende Riese war völlig überrascht und ungedeckt, und Reynolds' Fuß traf genau.

Hidas war aufgesprungen, hatte seine Pistole in der Hand und betrachtete die Szene: die beiden Posten, die mit schußbereiten Maschinenpistolen herankamen, Reynolds, der mühsam auf einem Fuß stand – der andere fühlte sich an, als sei er gebrochen –, und Coco, der auf dem Boden lag und sich vor Schmerzen krümmte. Schließlich erschien auf seinem Gesicht ein dünnes Lächeln.

»Sie haben sich selber das Urteil gesprochen, Captain Reynolds«, sagte er. »Ein harmloser Budapester Bürger würde jetzt dort liegen, wo der bedauernswerte Coco liegt – diese Form der Judo-Abwehr, die Sie eben demonstriert haben, wird an unseren Schulen nicht gelehrt.« Reynolds verspürte ein leichtes Frösteln, als er sich klarmachte, daß Hidas den Zwischenfall absichtlich provoziert hatte, ohne Rücksicht auf die Folgen, die sich für seinen Untergebenen daraus ergaben. »Damit weiß ich alles, was ich wissen wollte – und ich bin mir auch völlig darüber klar, daß es Zeitvergeudung wäre, Ihnen die Knochen zu brechen. Wir werden uns jetzt also zur Stalinstraße begeben, Captain Reynolds, und es mit einer sanfteren Form der Überredung versuchen.«

Drei Minuten später saßen sie alle in dem Lastwagen, der soeben draußen vor der Garage angehalten hatte. Coco lag, grau im Gesicht und noch immer ächzend, lang ausgestreckt auf der einen Seitenbank, während Oberst Hidas und zwei seiner Leute auf der Bank gegenüber saßen. Reynolds hockte auf dem Boden zwischen den beiden Bänken, mit dem Rücken zum Fahrerhaus, wo der vierte AVO-Mann neben dem Fahrer saß.

Das Krachen des Zusammenstoßes, bei dem hinten im Wagen alle von ihren Sitzen flogen und einer der Posten auf Reynolds fiel, erfolgte innerhalb von zwanzig Sekunden nach dem Start, als sie gerade um die erste Ecke bogen. Er kam völlig überraschend, man hörte nur plötzlich das Geräusch kreischender Bremsen und das Knirschen von Metall, während die Reifen des Lastwagens quer über den vereisten Schnee der Straße rutschten und gegen den Kantstein auf der gegenüberliegenden Seite stießen.

Alle lagen noch wild durcheinander auf dem Boden, als die Tür an der Rückseite des Lastwagens aufgerissen wurde und das Licht ausging. Im nächsten Augenblick wurde die plötzliche Dunkelheit im Innern von zwei starken Lampen in eine blendend weiße Helligkeit getaucht. Im Lichtkegel dieser Lampen erschienen jetzt, bösartig schimmernd, zwei lange, schmale Gewehrläufe, und eine tiefe, heisere Stimme befahl ihnen, die Hände über den Köpfen zu verschränken. Dann, auf ein leises Murmeln von draußen, bewegten sich die beiden Lampen und Gewehrläufe ein Stück weiter auseinander, und ein Mann – es war, wie Reynolds feststellte, der vierte AVO-Mann – kam taumelnd hereingestolpert. Unmittelbar hinterher kam der Körper eines Bewußtlosen, der ohne weitere Umstände auf den Fußboden gepackt wurde. Die beiden bewaffneten Männer sprangen auf. Dann wurden die Türen zugeknallt, der Motor arbeitete wild im Rückwärtsgang, und einen Augenblick später waren sie wieder unterwegs.

Das Ganze hatte keine zwanzig Sekunden gedauert, und Reynolds zollte den Fachleuten, die so rasche und saubere Arbeit geleistet hatten, schweigend seine Anerkennung.

Wer diese Fachleute waren, darüber war er sich nicht einen Augenblick lang im Zweifel; doch erst als sein Blick auf die Hand fiel, welche das eine der beiden Gewehre hielt – eine verstümmelte, narbenbedeckte Hand mit einem sonderbaren rötlichblauen Wundmal in der Mitte des Handrückens –, erst da stieg wie eine Welle der Erleichterung die Gewißheit in ihm auf.

Der Schmerz im Rücken und am Mund meldete sich wieder, war doppelt spürbar, da die unmittelbare Zukunft jetzt keine Drohung mehr darstellte und er wieder an die Gegenwart denken konnte. Die Übelkeit stieg in Wellen in ihm hoch, er fühlte das Blut in seinem Kopf hämmern, er war betäubt und halb benommen, und er wußte sehr genau, daß er sich nur ein ganz klein wenig gehenlassen brauchte, damit ihn das gnädige Vergessen einer Ohnmacht umfing. Doch dafür war später Zeit, nicht jetzt.

Er biß die Zähne aufeinander, um das Stöhnen zu unterdrükken, schob den Mann, der halb neben und halb auf ihm lag, beiseite, beugte sich zu ihm und nahm ihm seine Maschinenpistole ab. Er legte die Waffe auf die Bank zu seiner Linken und beförderte sie mit einem Stoß nach hinten, wo eine unsichtbare Hand sie ergriff und in der Dunkelheit verschwinden ließ. Auf dem gleichen Weg beförderte er zwei weitere Maschinenpistolen nach hinten, und schließlich die Pistole von Hidas; seine eigene Pistole, die Hidas in eine Tasche seiner Uniform gesteckt hatte, nahm er diesem wieder ab, verwahrte sie unter seinem Mantel und nahm auf der Bank gegenüber Coco Platz.

Einige Minuten später war zu hören, wie der Fahrer herunterschaltete, und zu spüren, wie der Wagen seine Fahrt verlangsamte. Die Mündungen der Gewehrläufe hinten im Wagen schoben sich suggestiv um einige zehn oder zwanzig Zentimeter weiter nach vorn, und eine heisere Stimme erteilte den warnenden Befehl, sich absolut still zu verhalten. Reynolds holte seine Pistole heraus, schraubte den Schalldämpfer fest und setzte die Mündung mit ziemlichem Druck an das Genick von Hidas; das leise, beifällige Gemurmel aus dem hinteren Teil des Wagens erreichte ihn eben in dem Augenblick, als der Lastwagen haltmachte.

Der Aufenthalt war nur kurz. Irgend jemand draußen auf der Straße stellte eine Frage, vorn im Fahrerhaus gab es eine knappe dienstliche Antwort – im Innern des Wagens war nur zu hören, daß gesprochen wurde, doch die einzelnen Worte waren nicht zu verstehen –, und im nächsten Augenblick setzte der Wagen seine Fahrt fort. Reynolds lehnte sich auf seinem Sitz zurück, stieß einen Seufzer der Erleichterung aus und steckte seine Waffe wieder zu sich. Es war ein aufregender Augenblick gewesen, und auf dem Hals von Hidas war dort, wo Reynolds den Schalldämpfer seiner Pistole angesetzt hatte, eine tiefe, heftig rot gefärbte Druckstelle zu sehen.

Von da an gab es keinen Aufenthalt mehr, und aus dem Umstand, daß die Straße kurvenreicher wurde, sacht hinauf- und hinunterging, und auch das Geräusch des Auspuffs nicht mehr zu hören war, das als Echo von den Mauern der Häuser zurückgeworfen wurde, schloß Reynolds, daß sie die Außenbezirke von Budapest hinter sich gelassen hatten und aufs Land hinausfuhren. Er zwang sich, wach und bei Bewußtsein zu bleiben, indem er seinen Blick beständig im Innern des Wagens umherwandern ließ. Seine Augen hatten sich inzwischen an das grelle Licht gewöhnt, und in dem Widerschein der beiden Lampen vermochte er die Umrisse zweier Männer auszumachen, die bewegungslos dasaßen und die Läufe ihrer Schußwaffen und die Lichtkegel ihrer Lampen unverwandt auf ihre Gefangenen gerichtet hielten: Diese Wachsamkeit hatte in ihrer Intensität, in ihrer völlig gleichbleibenden Konzentration fast etwas Unmenschliches, und Reynolds begann zu ahnen, wie es Jansci und seinen Freunden gelungen war, so lange am Leben zu bleiben. Von Zeit zu Zeit kehrte Reynolds mit seinem Blick zu den Männern zurück, die vor ihm auf dem Boden des Wagens lagen, und er sah den Ausdruck verständnislosen Schreckens auf ihren Gesichtern, sah das Zittern ihrer Arme, da ihnen die Schultermuskeln weh taten infolge der langen Anstrengung, die Hände über ihren Köpfen verschränkt zu halten; nur Hidas erschien völlig unbeeindruckt, sein Gesicht war beherrscht und zeigte keinerlei Ausdruck.

Einer der Männer hinten an der Tür richtete den Schein seiner Lampe auf sein Handgelenk – vermutlich, um auf die Uhr zu sehen, obwohl Reynolds das auf diese Entfernung nicht erkennen konnte – und begann dann zu reden, mit einer tiefen, rauhen Stimme, die undeutlich und unkenntlich hinter einem mehrfach zusammengelegten Taschentuch hervorkam.

»Stiefel ausziehen, alle Mann, aber immer nur einer zur Zeit. Und da auf die rechte Bank stellen.« Einen Augenblick lang schien es, als wolle Oberst Hidas sich weigern, und den nötigen Mut dazu hatte dieser Mann ganz zweifellos; doch die Pistole, die Reynolds ihm gegen die Rippen stieß, machte die Sinnlosigkeit irgendeines Widerstandes allzu deutlich. Selbst Coco, der sich inzwischen soweit erholt hatte, daß er sich auf einen Ellenbogen stützen und allein behelfen konnte, hatte seine Stiefel innerhalb von dreißig Sekunden ausgezogen.

»Ausgezeichnet«, kam die trockene Stimme von hinten. »Jetzt noch die Mäntel, meine Herren, und das wäre dann alles.« Der Sprecher machte eine kurze Pause und sagte dann: »Besten Dank. Und jetzt hören Sie bitte sehr genau zu. Wir fahren im Augenblick eine sehr einsame Straße entlang und werden in kurzer Zeit bei einer kleinen Hütte anhalten. Das nächste Haus ist mehr als fünf Kilometer entfernt – und ich verrate Ihnen nicht, in welcher Richtung. Falls Sie den Versuch unternehmen sollten, es heute nacht zu finden, in der Dunkelheit und auf Strümpfen, dann werden Sie vermutlich erfroren sein, ehe Sie es finden – und höchstwahrscheinlich müßten Sie sich beide Füße amputieren lassen. Die Hütte dagegen«, fuhr die Stimme fort, »ist trocken, winddicht und mit einem ausreichenden Vorrat von Brennholz versehen. Dort werden Sie es warm haben, und morgen früh wird bestimmt irgendein Bauer mit seinem Wagen vorbeikommen.«

»Was soll das Ganze?« fragte Hidas gleichmütig, fast gelangweilt.

»Meinen Sie, weshalb wir Sie hier in der Einöde aussetzen oder weshalb wir Sie nicht einfach umlegen?«

»Beides.«

»Das ist leicht erklärt. Niemand weiß, daß wir im Besitz eines Lastwagens der AVO sind, und wenn wir Sie nicht gerade in der Nähe einer Telefonzelle freilassen, dann wird es auch niemand erfahren, bis wir die österreichische Grenze erreicht haben – und allein schon dieses Fahrzeug dürfte eine sichere Garantie dafür bieten, daß wir unbehelligt bis an die Grenze kommen. Was die Frage betrifft, weshalb wir Ihnen das Leben schenken, so ist sie aus Ihrem Munde nur zu verständlich: Wer durch das Schwert lebt, muß darauf gefaßt sein, durch das Schwert zu sterben. Doch wir sind keine Mörder.«

Der Mann hinter der Lampe hatte kaum zu Ende gesprochen, als der Wagen auch schon hielt. Sekundenlang blieb es völlig still, dann hörte man das knirschende Geräusch von Schritten, die sich auf dem Schnee näherten, und gleich darauf wurden die Türen hinten weit geöffnet. Reynolds sah zwei Gestalten auf der Straße stehen, die sich als dunkle Umrisse von den schneebedeckten Wänden einer kleinen Hütte direkt hinter ihnen abhoben, und dann stiegen Hidas und seine Leute, auf ein barsches Kommando von draußen, einer nach dem anderen vom Wagen herunter, wobei einer dem noch immer behinderten Coco behilflich war. Reynolds sah, wie die AVO-Leute in die Hütte verfrachtet und die Tür der Hütte abgeschlossen wurde; im nächsten Augenblick stiegen fast gleichzeitig drei Leute hinten ein, die Türen wurden geschlossen, und der Wagen fuhr weiter.

Das Licht ging an, eifrige Hände waren damit beschäftigt, die vorgebundenen Taschentücher zu entfernen, und dann hörte Reynolds, wie ein Mädchen erschreckt nach Luft schnappte – kein Wunder, dachte er, falls sein Gesicht auch nur annähernd so aussehen sollte, wie es sich anfühlte. Doch es war der Graf, der als erster sprach.

»Man sollte meinen, Sie seien unter einen Autobus geraten, Mr.

Reynolds. Oder aber, Sie hätten eine unterhaltsame halbe Stunde mit unserem guten Freund Coco verbracht.«

»Sie kennen ihn?« fragte Reynolds mit heiserer, undeutlicher Stimme.

»Wer kennt ihn nicht! Er ist überall ebenso bekannt wie beliebt. Übrigens, was war eigentlich mit unserem Freund? Er schien nicht so gut aufgelegt zu sein wie sonst.«

»Ich habe ihm einen ziemlich heftigen Tritt versetzt.«

»Sie haben ihm einen Tritt versetzt!« Der Graf zog die eine Augenbraue ein wenig in die Höhe – eine Geste, die bei ihm gleichbedeutend war mit dem Ausdruck höchsten Erstaunens. »Coco auch nur anzurühren, ist schon eine beachtliche Leistung, doch ihn außer Gefecht zu setzen...«

»Ach, so hören Sie schon auf!« sagte Julia mit einer Stimme, die ärgerlich und besorgt zugleich klang. »Sehen Sie sich doch nur sein Gesicht an! Wir müssen irgend etwas tun.«

»Ja, hübsch sieht er nicht aus«, meinte der Graf. Er holte eine flache Flasche heraus, die er immer bei sich trug. »Da, das Universalmittel.«

»Sag Imre, er soll anhalten«, forderte Jansci leise und bestimmt. Er beobachtete Reynolds sehr genau, der nach dem ersten Schluck von dem scharfen Schnaps zu husten anfing und dabei jedesmal die Augen zusammenkniff. »Sie sind ernstlich verletzt, Mr. Reynolds. Wo?«

Reynolds erklärte es ihm, und der Graf stieß einen leisen Fluch aus. »Bitte tausendmal um Entschuldigung, Mr. Reynolds. Das hätte ich mir selbst sagen müssen. Dieser verdammte Coco! Da, nehmen Sie noch einen Schluck – das Zeug tut weh, aber es hilft.«

Der Wagen hielt an, Jansci stieg aus und kam eine Minute später mit einem der Mäntel der AVO-Leute zurück, den er voll Schnee gepackt hatte.

»Das ist eine Arbeit für weibliche Hände«, sagte er und überreichte Juli den Mantel und ein Taschentuch. »Versuch doch mal, ob es dir gelingt, dafür zu sorgen, daß unser Freund hier ein bißchen manierlicher aussieht.«

Sie nahm das Taschentuch und wandte sich Reynolds zu. Ihre Hand war so behutsam wie ihr Blick ernst, doch auch so brannte der kalte Schnee wie Feuer auf den offenen Wunden, als sie vorsichtig das verkrustete Blut abzuwaschen versuchte, und

Reynolds zuckte unwillkürlich zusammen. Der Graf räusperte sich.

»Vielleicht sollten Sie es doch lieber auf die direktere Methode versuchen, Julia«, meinte er. »Wie heute abend auf der Margit-Insel, als die Polizisten kamen. Fast drei Minuten lang, Mr. Reynolds, hat sie uns erzählt...«

»Eine freche Lüge.« Reynolds versuchte zu lächeln, doch es tat allzu weh. »Dreißig Sekunden, und nur aus reiner Notwehr. Was ist eigentlich heute nacht geschehen? Was ist schiefgegangen?«

»Eine durchaus berechtigte Frage«, sagte Jansci mit ruhiger Stimme. »Was schiefgegangen ist? Alles, mein Junge, einfach alles. Alle haben Böcke geschossen – Sie, wir und die AVO. Den ersten Fehler haben wir gemacht. Sie wissen, daß das Haus beobachtet wurde und daß wir der Meinung waren, es handele sich bei den Leuten, die sich für unser Haus interessierten, einfach um bezahlte Spitzel und Denunzianten. Ein schwerer Irrtum meinerseits – es waren Leute von der AVO, und als der Graf heute abend nach Beendigung seines Dienstes zu uns kam, erkannte er die beiden Leute, die Sandor sich geschnappt hatte, sofort. Doch da war Julia schon fort, um sich mit Ihnen zu treffen, wir konnten Ihnen durch sie keine Nachricht zukommen lassen, und außerdem meinten wir, das sei auch gar nicht nötig: Der Graf, der über die Arbeitsweise der AVO sehr genau informiert ist, war völlig sicher, daß man, falls überhaupt schon in dieser Nacht, erst gegen Morgen zufassen würde. Das ist das feststehende Schema, nach dem die AVO in allen Fällen vorgeht. Wir beschlossen daher, das Haus kurz nach Mitternacht zu verlassen.«

»Dann ist also der Mann, der Julia beschattet hat, ihr vermutlich schon von zu Haus aus nachgegangen?«

»Ja. Sie haben sich übrigens dieses Mannes sehr geschickt entledigt, doch wie ich Sie inzwischen kennengelernt habe, war das kaum anders zu erwarten. Der schlimmste Fehler von heute nacht hatte sich allerdings schon vorher ereignet, und zwar, als Sie mit Professor Jennings sprachen.«

»Als ich mit – ich verstehe nicht.«

»Es war ebensosehr mein Fehler wie seiner«, sagte der Graf. »Ich wußte es ja – und ich hätte ihn warnen sollen.«

»Wovon reden Sie eigentlich?« fragte Reynolds.

»Das will ich Ihnen erklären.« Jansci sah auf seine Hände, dann hob er langsam den Blick und richtete ihn auf Reynolds. »Haben

Sie das Zimmer von Professor Jennings nach eingebauten Mikrofonen abgesucht?«

»Ja, das habe ich. Es war hinter dem Gitter der Entlüftungsklappe.«

»Und im Badezimmer?«

»Da war nichts.«

»Leider doch. Und zwar oben in der Brause. Wie mir der Graf sagte, ist in jedem Badezimmer im Hotel ›Zu den drei Kronen‹ oben in der Brause ein Mikrofon eingebaut. Keine dieser Duschen funktioniert – Sie hätten das ausprobieren sollen.«

»In der Brause!« Reynolds kam mit einem Ruck hoch, ohne sich um den stechenden Schmerz in seinem Rücken zu kümmern, und schob das erschreckte Mädchen beiseite. »Ein Mikrofon? Das ist ja entsetzlich!«

»So ist es«, sagte Jansci.

»Dann ist jedes Wort, alles, was ich dem Professor gesagt habe...« Reynolds brach ab und lehnte sich hinten gegen die Wand des Lastwagens, so fassungslos war er im ersten Augenblick, als er sich klarmachte, was für ungeheure Folgen sich daraus ergaben, welchen wahrhaft verhängnisvollen Fehler er da begangen hatte. Kein Wunder, daß Hidas gewußt hatte, wer er war und weshalb er nach Budapest gekommen war. Nun wußte Hidas alles. Und die jetzt noch bestehende Chance, den Professor nach England zurückzubringen, war so verschwindend gering, daß er genausogut gleich hätte in London bleiben können.

»Es ist ein harter Schlag für Sie«, sagte Jansci sanft.

»Sie haben getan, was Sie konnten«, murmelte Julia. Sie zog seinen Oberkörper wieder nach vorn, um sein Gesicht weiter vom Blut zu reinigen, und er leistete keinen Widerstand.

»Jennings wird sich inzwischen in Sicherheitsverwahrung befinden, falls er nicht überhaupt bereits auf dem Weg zurück nach Rußland ist«, sagte er zu Jansci. »Ich habe Jennings erzählt, was mit seinem Sohn Brian geplant ist, also wird man inzwischen Stettin alarmiert haben, damit man dort versucht, ihn festzuhalten.« Er machte eine Pause und untersuchte mit der Zunge zwei seiner Zähne, die nur noch sehr locker in seinem Unterkiefer saßen. »Das Spiel ist verloren, doch im übrigen glaube ich nicht, daß irgendein größerer Schaden angerichtet worden ist. Ich habe zwar dem Professor Ihre Adresse gegeben, aber ich habe weder irgendeinen Namen genannt noch mit einem Wort erwähnt, womit Sie und Ihre Leute sich beschäftigen. Durch die Adresse ist die AVO auch nicht schlauer geworden – die wußte man dort ohnehin. Doch wer die Bewohner dieses Hauses waren, davon hat die AVO nicht die geringste Ahnung. Verschiedene Dinge sind mir allerdings noch nicht ganz klar.«

»So?«

»Ja. Erstens: Wenn man meine Unterhaltung mit Professor Jennings mitgehört hat, warum hat man mich dann nicht gleich im Hotel verhaftet?«

»Sehr einfach. Fast jedes Mikrofon im Hotel ist an ein Bandgerät angeschlossen.« Der Graf grinste. »Ich hätte ein Vermögen darum gegeben, die Gesichter sehen zu können, als sie sich bei der AVO dieses Band vorspielten.«

»Und warum haben Sie mich nicht angerufen, um mich zu warnen? Außerdem: Nachdem Sie Julias Bericht gehört hatten, mußte Ihnen klar sein, daß die AVO sofort zufassen würde.«

»Das hat sie auch getan – jedenfalls beinahe. Und wir hatten versucht, Sie telefonisch zu erreichen – doch es meldete sich niemand.«

»Ich hatte mich ziemlich eilig auf den Weg gemacht«, sagte Reynolds. Er erinnerte sich, wie er oben das Telefon hatte klingeln hören, als er gerade am Ende der Nottreppe angelangt war. »Dann hätten Sie mich aber immer noch auf der Straße anhalten können.«

»Ja, das hätten wir«, sagte Jansci. »Mir scheint, Graf, Sie müssen es ihm nun wohl erklären.«

»Bitte sehr.« Einen Augenblick lang sah der Graf beinahe verlegen aus – was so wenig zu ihm paßte, daß Reynolds schon dachte, er habe nicht richtig gesehen. Doch er hatte sich nicht geirrt.

»Sie haben heute abend die Bekanntschaft meines Freundes Hidas gemacht«, begann der Graf ausweichend. »Stellvertretender Chef der AVO, ein kluger und gefährlicher Mann – der gefährlichste und klügste Mann von ganz Budapest. Ein Mann, Mr. Reynolds, der zahlreichere – und bemerkenswertere Erfolge erzielt hat als irgendein anderer Beamter der ungarischen Polizei. Er ist nicht nur schlau, er ist geradezu genial, eiskalt, ein Mann, der niemals aufgibt. Ein Mann, vor dem ich verständlicherweise den größten Respekt habe – Sie werden bemerkt haben, daß ich es vorhin sorgfältig vermieden habe, von ihm gesehen zu werden, obwohl ich getarnt war. Und daß es Jansci fast noch mehr darum zu tun war, ihn glauben zu machen, daß wir beabsichtigen, uns an die österreichische Grenze zu begeben, obwohl wir keineswegs diese Absicht haben.«

»Kommen Sie endlich zur Sache«, sagte Reynolds ungeduldig.

»Ich bin bereits dabei angelangt. Seit mehreren Jahren ist die Tätigkeit unserer Gruppe der bei weitem heftigste Stachel in seinem Fleisch gewesen, und in letzter Zeit war es mir fast so vorgekommen, als ob sich Hidas ein ganz klein wenig zu sehr für mich interessierte.« Der Graf machte eine beiläufige Handbewegung. »Selbstverständlich rechnen wir bei der AVO immer damit, daß wir von Zeit zu Zeit kontrolliert und überwacht werden, aber vielleicht bin ich in bezug auf diese Dinge ein bißchen überempfindlich geworden. Ich hielt es für möglich, daß meine Besuche auf Polizeirevieren vielleicht doch nicht ganz so unbemerkt geblieben waren, wie ich gewünscht hätte, und daß Hidas Sie mir absichtlich zugespielt haben könnte, um uns auf die Schliche zu kommen und unsere Gruppe hochgehen zu lassen.« Er lächelte ein wenig, ohne sich um den erstaunten Ausdruck zu kümmern, der sowohl auf dem Gesicht von Reynolds als auch von Julia erschienen war. »Wir bleiben nur dadurch am Leben, Mr. Reynolds, daß wir niemals irgendein Risiko eingehen – und es erschien uns doch ein bißchen verdächtig, daß wie gerufen ein westlicher Agent zur Stelle war. Wie gesagt, wir dachten, Sie seien ein Lockspitzel. Daß Ihnen die Anwesenheit von Professor Jennings in Budapest bekannt war, von der wir keine Kenntnis hatten, sprach gleichfalls gegen Sie. Und alle Fragen in bezug auf uns und die Tätigkeit unserer Organisation, die Sie gestern abend an Julia richteten, konnten natürlich einem freundlichen Interesse entspringen – doch genausogut konnte auch eine ziemlich finstere Absicht dahinterstecken. Und vielleicht hatten die Polizisten Sie laufen lassen, weil sie wußten, wer Sie waren, und nicht auf Grund Ihrer – na ja, der besonderen Art Ihrer Betätigung in dem Wärterhäuschen.«

»Davon haben Sie mir kein Wort gesagt!« sagte Julia, die rot geworden war und deren blaue Augen kalt und böse blickten.

»Wir sind bemüht«, sagte der Graf galant, »Sie vor der rauhen Wirklichkeit dieses Lebens zu beschützen. Und schließlich, Mr. Reynolds, als wir bei Ihnen anriefen und Sie sich nicht meldeten, da befürchteten wir, Sie könnten irgendwo anders sein – in der

Andrassy Ut, beispielsweise. Wir waren uns unserer Sache keineswegs sicher, aber immerhin mißtrauisch genug, keinerlei Risiko auf uns zu nehmen. Und deshalb ließen wir Sie in die Falle gehen – ich bedaure, Ihnen gestehen zu müssen, daß wir Sie tatsächlich hineingehen sahen. Wir waren keine hundert Meter entfernt, und zwar versteckt in dem Wagen – es war zum Glück nicht meiner, möchte ich feststellen –, mit dem Imre später den Lastwagen rammte.« Er richtete den Blick voller Bedauern auf das Gesicht von Reynolds. »Wir hatten nicht damit gerechnet, daß man Sie gleich so ernsthaft vornehmen würde.«

»Hoffentlich sind Sie jetzt wenigstens zufriedengestellt«, sagte Reynolds, zog an einem wackelnden Zahn, zuckte zusammen, als er herauskam, und warf ihn auf den Fußboden. »Noch mal möchte ich das alles nicht so gern durchmachen.«

»Das ist alles, was Sie dazu zu sagen haben?« fragte Julia. Sie sah den Grafen und auch Jansci aus feindlichen Augen an, doch ihr Blick wurde sanft, als sie ihn wieder auf Reynolds' Mund richtete. »Nach alldem, was man Ihnen angetan hat?«

»Was sollte ich denn Ihrer Meinung nach tun?« fragte Reynolds freundlich. »Soll ich vielleicht versuchen, dem Grafen gleichfalls ein paar Zähne auszuschlagen? Ich hätte an seiner Stelle genauso gehandelt.«

»Ja, siehst du, meine Liebe, das ist eben die verständnisvolle Haltung des Mannes vom Fach«, meinte Jansci. »Dennoch, es tut uns außerordentlich leid, daß es so gekommen ist. Ja, und was jetzt, nachdem inzwischen diese Bandaufnahme die größte Treibjagd seit Monaten ausgelöst haben dürfte? Ihnen, Mr. Reynolds, bleibt nur die österreichische Grenze, nehme ich an, und zwar so schnell wie möglich.«

»Die österreichische Grenze, ja. So schnell wie möglich – das weiß ich nicht.« Reynolds sah die beiden Männer an, die ihm gegenübersaßen, dachte an die fantastischen Geschichten, die ihm Julia von ihnen erzählt hatte, und wußte, daß es auf Janscis Frage nur eine mögliche Antwort gab. Er zog vorsichtig an einem zweiten Zahn, seufzte, als auch dieser herauskam, und richtete den Blick auf Jansci. »Das hängt ganz davon ab, wie lange es dauert, bis ich Professor Jennings gefunden habe.«

Es vergingen zehn Sekunden, zwanzig Sekunden, eine halbe Minute, ohne daß irgend etwas zu hören gewesen wäre außer dem gleichmäßigen Dröhnen des Motors, dem Knirschen der Reifen auf dem Schnee und dem Gemurmel von Sandor und Imre, die sich vorn im Fahrerhaus miteinander unterhielten. Dann streckte das Mädchen die Hände nach Reynolds aus, ergriff vorsichtig mit den Fingerspitzen sein zerschundenes Gesicht und drehte es zu sich herum.

»Sind Sie wahnsinnig?« sagte sie und starrte ihn aus fassungslosen Augen an. »Es ist gar nicht anders möglich – Sie müssen wahnsinnig geworden sein.«

»Unzweifelhaft«, meinte der Graf, entkorkte seine Flasche, nahm einen kräftigen Schluck und korkte die Flasche dann wieder zu. »Es war zuviel für ihn.«

»Ja, Wahnsinn«, sagte Jansci. Er sah nach unten auf seine vernarbten Hände, und seine Stimme war sehr sanft. »Es gibt keine Krankheit, die auch nur annähernd so ansteckend wäre wie diese.«

»Und sie bricht so plötzlich aus.« Der Graf betrachtete bekümmert seine Taschenflasche. »Das Universalmittel hilft gegen alles, aber nur, wenn man es rechtzeitig anwendet.«

Völlig verständnislos sah Julia zwischen den drei Männern hin und her; dann begann sie allmählich zu begreifen, und mit dem Begreifen kam die Gewißheit irgendeines nahenden Unheils. Sie wurde blaß, ihre blauen Augen verdunkelten sich und füllten sich mit Tränen. Sie protestierte nicht, machte nicht die geringste Geste der Ablehnung – als sei ihr gleichzeitig klargeworden, wie vergeblich jeder Einwand wäre –, und als die ersten Tränen über ihre Wangen herunterrollten, wandte sie das Gesicht beiseite, damit es niemand sehen konnte.

7

Es war noch dunkel, als Reynolds wach wurde, doch durch das kleine Fenster war im Osten das erste Grau der Morgendämmerung zu sehen. Reynolds hatte gewußt, daß das Zimmer ein Fenster hatte, doch wo dieses Fenster war, das sah er erst jetzt. Als sie heute nacht gegen zwei Uhr in dem unbewohnten Bauernhaus angekommen waren, hatte Jansci verboten, in einem der Zimmer, in denen keine Läden vor den Fenstern waren, Licht zu machen, und dieses Verbot hatte auch für das Zimmer von Reynolds gegolten.

Er konnte vom Bett aus den ganzen Raum übersehen, ohne den Kopf zu bewegen. Das Zimmer war nur zweimal so groß wie das Bett, und das Bett war nur eine schmale Koje aus Segeltuch. Ein Stuhl, ein Waschbecken und ein stockfleckiger Spiegel vervollständigten die Einrichtung des Zimmers, und für mehr wäre auch gar kein Platz gewesen.

Das Licht, das durch das kleine Fenster über dem Waschbecken hereinfiel, wurde allmählich heller, und Reynolds konnte in einiger Entfernung, vielleicht drei- oder vierhundert Meter, die dickverschneiten Zweige von Kiefern erkennen. Die Luft war klar, das Grau des Himmels wandelte sich allmählich zu einem sehr blassen, völlig wolkenlosen Blau: Es war das erstemal, seit er nach Ungarn gekommen war, daß er einen wolkenlosen Himmel, ja daß er überhaupt ein Stückchen Himmelsblau zu sehen bekam. Der Wind hatte sich gelegt, nicht das leiseste Lüftchen strich über die weite Ebene, und über dem ganzen Land lag die tiefe, regungslose Stille, wie man sie nur an einem kalten Wintermorgen und bei hohem Schnee erlebt.

Diese Stille wurde jetzt unterbrochen durch einen dünnen, peitschenähnlichen Knall, anzuhören wie ein entfernter Gewehrschuß, und als Reynolds jetzt überlegte, fiel ihm wieder ein, daß es dieses Geräusch gewesen war, das ihn vorhin hatte wach werden lassen. Er lauschte, und ungefähr nach einer Minute hörte er es wieder, diesmal eher noch etwas näher. Dann, nach einem noch kürzeren Zwischenraum, hörte er es zum drittenmal und beschloß, der Sache auf den Grund zu gehen. Er warf die Bettdecke zurück und schwang die Beine aus dem Bett.

Bereits im nächsten Augenblick mußte er erkennen, daß es nicht zu empfehlen war, irgendwelche plötzlichen, unüberlegten Bewegungen zu machen: Sein Rücken fühlte sich an, als stecke ein riesiger, spitzer Haken darin, an dem jemand mit aller Kraft zog. Langsam und vorsichtig hob er seine Beine wieder auf das Bett und legte sich mit einem Seufzer zurück. So blieb er liegen, sah nach oben an die Decke und dachte, wie es wohl dem Grafen und Imre ergangen sein mochte, die heute nacht, nachdem sie die anderen hier in der Nähe des Bauernhauses abgesetzt hatten, nach Budapest zurückgefahren waren. Es gab gar keine andere Möglichkeit, als den Lastwagen der AVO irgendwo in der Anonymität der großen Stadt stehenzulassen; ihn einfach auf einem Feldweg hier in der Nähe zu parken, hätte verheerende Folgen haben können. Wie Jansci gesagt hatte, würde man heute früh überall im westlichen Teil von Ungarn fieberhaft nach diesem Wagen suchen, und es gab für ihn kein besseres Versteck als irgendeine unbelebte Nebenstraße in einer großen Stadt.

Außerdem war es auch unbedingt erforderlich, daß sich der Graf nach Budapest zurückbegab. Falls es ihnen überhaupt gelingen sollte, festzustellen, wohin man Professor Jennings gebracht hatte, so mußte er zurück in die AVO-Hauptstelle, wo er ohnehin am Nachmittag Dienst hatte. Eine andere Möglichkeit, den Aufenthalt von Professor Jennings ausfindig zu machen, gab es nicht. Es lag natürlich ein Risiko für den Grafen darin, sich in die Höhle des Löwen zu begeben, aber dieses Risiko hatte schließlich schon immer bestanden.

Reynolds gab sich keiner Täuschung hin. Mit der besten Hilfe der Welt – und die hatte er, wenn Jansci und der Graf ihm halfen – waren die Chancen für ein endgültiges Gelingen immer noch außerordentlich gering. Der Gegner war gewarnt – wahrhaft gründlich gewarnt; Reynolds dachte an die Bandaufnahme im Hotel mit einer Bitterkeit –, und wer gewarnt war, der war auch auf der Hut. Die AVO konnte alle Straßen blockieren, konnte den gesamten Verkehr nach Budapest hinein und aus Budapest heraus stoppen. Man konnte den Professor in die uneinnehmbare Festung eines Gefängnisses oder eines Konzentrationslagers irgendwo draußen auf dem flachen Land bringen, vielleicht transportierte man ihn sogar zurück nach Rußland. Und die entscheidende Unbekannte in dieser Gleichung aus lauter Unbekannten war: Wie war es mit dem Sohn des Professors in Stettin gegangen? Reynolds war sich völlig darüber klar, daß in der Hafenstadt an der Ostsee heute ein solches Aufgebot von Überwachungspersonal tätig sein würde wie noch nie zuvor, und es bedurfte nur der geringsten Unachtsamkeit, der kleinsten Fehlkalkulation seitens der beiden Agenten, die für die Sicherheit des Jungen verantwortlich waren, daß alles verloren war; und die beiden Agenten konnten nicht wissen, daß Großalarm gegeben war und Hunderte polnischer Geheimpolizisten jeden Winkel der Stadt durchsuchten. Es war zum Wahnsinnigwerden, hier liegen und hilflos warten zu müssen, während sich tausend Meilen entfernt das Netz zuzog.

Das Brennen in seinem Rücken ließ allmählich nach, und der scharfe, stechende Schmerz verging schließlich ganz. Doch das

Geknalle da draußen hörte nicht auf, im Gegenteil, es wurde von Minute zu Minute lauter und stärker. Reynolds konnte seine Neugier nicht länger im Zaum halten. Mit äußerster Vorsicht stand er langsam auf, zog die Hosen seines grauen Anzugs an und humpelte an das kleine Fenster über dem Waschbecken.

Ein erstaunliches Schauspiel bot sich seinen Augen, erstaunlich vor allem durch die Figur des Hauptakteurs. Der Mann da unten, im Grunde noch ein halber Junge, sah aus, als käme er direkt von einer Operettenbühne: mit seiner hohen, pelzverbrämten Kopfbedeckung, dem langen, weiten Umhang aus gelbem Wollstoff und den reichverzierten hohen Schaftstiefeln, an denen silberne Sporen blitzten.

Seine Beschäftigung war ebenso ungewöhnlich wie sein Äußeres. In seiner behandschuhten Hand hielt er den Stiel einer langen, dünnen Peitsche, und eben jetzt, während Reynolds ihm zusah, machte er eine lässige Bewegung aus dem Handgelenk und ein Kork, der gut vier Meter vor ihm auf dem Schnee lag, sprang drei Meter weit zur Seite. Bei dem nächsten Schlag sprang der Kork wieder zurück, genau an die Stelle, an der er vorher gelegen hatte. Dies wurde ein dutzendmal wiederholt, ohne daß Reynolds auch nur ein einziges Mal hätte sehen können, wie die Peitschenschnur den Kork berührte, dazu ging das Ganze viel zu schnell. Der Junge war sichtlich mit höchster Konzentration bei der Sache, und seine Treffsicherheit erwies sich geradezu als fantastisch.

Reynolds sah dieser Darbietung mit solchem Interesse zu, daß er nicht hörte, wie hinter ihm die Tür leise geöffnet wurde. Doch er hörte das erschreckte »Oh!« und drehte sich so plötzlich herum, daß er die Zähne zusammenbeißen mußte, da ihm der Schmerz scharf wie ein Messer durch den Rücken fuhr.

»Entschuldigen Sie«, sagte Julia ziemlich verlegen. »Ich wußte nicht...«

»Kommen Sie ruhig herein«, sagte Reynolds lächelnd. »Ich bin ganz manierlich bekleidet. Außerdem dürfte Ihnen ja bekannt sein, daß wir vom Geheimdienst gewohnt sind, weibliche Gesellschaft aller Art im Schlafzimmer zu empfangen.« Er sah auf das Tablett, das sie auf sein Bett gestellt hatte. »Bringen Sie dem Invaliden eine Stärkung? Das ist wirklich sehr freundlich von Ihnen.«

»Der Invalide ist viel invalider, als er zugeben will«, sagte Julia.

Sie trug ein blaues Wollkleid, hatte ihr goldenes Haar gebürstet, daß es glänzte, und ihre Wangen und Augen sahen aus, als ob sie eben ihr Gesicht in Schnee gewaschen habe. Und genauso frisch und kühl wie ihre ganze Erscheinung waren auch ihre Fingerspitzen, als sie jetzt die geschwollene und verfärbte Stelle auf seinem Rücken berührte. Reynolds hörte, wie sie entsetzt nach Luft schnappte.

»Wir müssen einen Arzt holen, Mr. Reynolds. Rot, blau, violett – alle Farben, die man sich nur denken kann. Sie können das nicht einfach so lassen – es sieht ganz schlimm aus.« Sie drehte ihn vorsichtig herum und schaute hinauf in sein unrasiertes Gesicht. »Sie sollten sich wieder ins Bett legen. Sie haben arge Schmerzen, nicht wahr?«

»Nur, wenn ich lache – wie der Mann sagte, dem eine Harpune im Leib steckte.« Er zeigte mit dem Kopf zum Fenster. »Wer ist denn der Zirkusartist da draußen?« fragte er.

»Ich brauche nicht erst hinauszusehen«, sagte sie lachend. »Das kann ich hören – das ist der Kosak, einer von den Leuten meines Vaters.«

»Der Kosak?«

»Ja, so nennt er sich selbst. Sein richtiger Name ist Alexander Moritz – er meint, wir wüßten das nicht, aber mein Vater weiß alles über ihn, genauso, wie er von fast allen Leuten alles weiß. Er nennt sich der Kosak, weil er meint, Alexander sei ein unmännlicher Name. Er ist erst achtzehn Jahre alt.«

»Und wozu diese operettenhafte Aufmachung?«

»Die typische Ahnungslosigkeit des Inselbewohners«, erwiderte sie. »An seinem Anzug ist durchaus nichts Operettenhaftes. Unser Kosak ist ein echter Csikos von der Puszta, oder ein Cowboy, wie man in England sagen würde, und die sind nun einmal so angezogen. Auch die Peitsche gehört dazu. Der Kosak ist auf einem bestimmten Sektor tätig, der gleichfalls zu den Aufgaben gehört, die Jansci sich gestellt hat – hungernde Menschen mit Nahrung zu versorgen.« Ihre Stimme war ernst geworden. »Wenn es Winter wird, Mr. Reynolds, gibt es in Ungarn viele Menschen, die Hunger leiden. Der Staat verlangt den Bauern so viel ab, daß ihnen nur sehr wenig übrigbleibt, und am schlimmsten ist es in den Gegenden, wo Weizen angebaut wird, denn dort nimmt der Staat den Bauern alles ab. Einmal war es so schlimm, daß die Bevölkerung von Budapest tatsächlich Brot auf das Land hinausschickte. Und diese hungernden Menschen versorgt Jansci mit Nahrung. Er entscheidet, von welchem staatlichen Gut das Vieh genommen werden und wo es hingebracht werden soll – und der Kosak ist es, der es hinbringt. Auch heute nacht hat er wieder die Grenze überquert.«

»So ganz einfach?«

»Ja, für den Kosaken ist das ganz einfach. Er hat eine besondere Begabung dafür, mit dem Vieh umzugehen. Meist holt er es aus der Tschechoslowakei – die Grenze ist nur zwanzig Kilometer von hier entfernt. Der Kosak chloroformiert die Kühe einfach oder gibt ihnen Kleie zu fressen, der er irgendeinen billigen Fusel zugesetzt hat. Wenn die Tiere dann halb betrunken sind, geht er mit ihnen einfach über die Grenze, genauso selbstverständlich wie Sie oder ich von einer Straßenseite auf die andere gehen.«

»Schade, daß man es mit den Menschen nicht genauso machen kann«, meinte Reynolds.

Julia sah eine Weile zum Fenster hinaus, ohne etwas zu sehen, richtete dann den Blick ihrer blauen Augen mit ernstem Ausdruck auf Reynolds und begann zögernd: »Mr. Reynolds, ich...«

Reynolds wußte, was kommen sollte, und er beeilte sich, vorzubeugen. Es hatte heute nacht keiner besonderen Hellsichtigkeit bedurft, um zu erkennen, daß sie nur zum Schein und nur für den Augenblick den Entschluß der Männer, die Suche nach Professor Jennings nicht aufzugeben, widerspruchslos hingenommen hatte; er hatte darauf gewartet, daß sie versuchen würde, ihn von diesem Entschluß wieder abzubringen, hatte von dem Augenblick an, da sie hereingekommen war, gewußt, daß sie mit dieser Absicht kam.

»Könnten Sie sich nicht daran gewöhnen, mich Michael zu nennen?« meinte er. »Es fällt mir schwer, so förmlich und würdig zu bleiben, wo ich nicht einmal ein Hemd anhabe.«

»Michael«, sagte sie langsam, jede Silbe einzeln betonend. »Oder sollte ich vielleicht lieber sagen: Michel?«

»Ich bringe Sie um«, sagte er drohend.

»Also gut – Michael.«

»Wollten Sie nicht eben etwas sagen?« fragte er und sah lächelnd zu ihr hinunter.

Die dunkelbraunen und die blauen Augen begegneten sich und verharrten sekundenlang in stummem Zwiegespräch. Das Mädchen wußte, wie die Antwort auf ihre Frage lautete, auch ohne sie gestellt zu haben, ließ die schmalen Schultern sinken und wandte sich zum Gehen.

»Nein, nichts«, sagte sie mit tonloser Stimme. »Ich werde dafür sorgen, daß ein Arzt zu Ihnen kommt. Und Jansci läßt sagen, Sie möchten in zwanzig Minuten unten sein.«

»Großer Gott, ja!« rief Reynolds. »Die Nachrichten aus London. Das hatte ich völlig vergessen.«

»Immerhin etwas«, sagte sie, lächelte schwach und machte die Tür hinter sich zu.

Jansci erhob sich langsam, ging zum Radio, stellte es ab und richtete den Blick auf Reynolds.

»Halten Sie das für schlimm?«

»Ziemlich.« Reynolds bewegte sich sacht in seinem Stuhl, um ein wenig Linderung für die Schmerzen in seinem Rücken zu finden; allein schon sich zu waschen, sich anzuziehen und die Treppe herunterzukommen, hatte ihn mehr angestrengt, als er zuzugeben wagte, und die Schmerzen ließen jetzt überhaupt nicht mehr nach. »Das vereinbarte Stichwort sollte spätestens heute kommen.«

»Ja, dann allerdings – doch wenn diese beiden Agenten wirklich so gut sind, wie Sie behaupten, dann haben sie vielleicht Lunte gerochen und sich in Stettin für einen Tag oder auch zwei in eine stille Ecke verzogen, bis die Luft wieder rein ist.«

»Das ist die einzige Hoffnung, die uns noch bleibt. Mein Gott, daß ich aber auch auf dieses Mikrofon in der Dusche hereinfallen mußte«, sagte Reynolds mit bitterer Stimme. »Und was soll man jetzt machen?«

»Nichts, als sich in Geduld fassen«, meinte Jansci. »Das heißt, wir. Was sie betrifft, Sie gehören ins Bett – und keine Widerrede. Der Arzt wird gleich da sein. Er ist ein langjähriger Freund von mir«, sagte er lächelnd, als er die Frage auf dem Gesicht von Reynolds sah. »Er ist absolut zuverlässig.«

Zwanzig Minuten später erschien Jansci mit dem Arzt im Zimmer von Reynolds. Der Arzt war ein großer, stämmiger Mann, mit rotem Gesicht und einem Menjou-Bärtchen, seine Stimme hatte die tröstende Heiterkeit, die den Patienten unweigerlich das Schlimmste befürchten ließ, und er strahlte ein gewaltiges Selbstvertrauen aus – er war in der Tat, mußte Reynolds denken, kaum anders als die Ärzte überall auf der Welt. Und genau wie viele andere Ärzte auch hatte er sehr entschiedene Ansichten und keine übertriebene Scheu, diesen Ansichten Ausdruck zu verleihen: Er war kaum eine Minute im Zimmer, als er auch schon ein halbes dutzendmal diese verdammten Kommunisten kräftig verflucht hatte.

»Wie haben Sie es gemacht, so lange am Leben zu bleiben?« fragte Reynolds ihn lächelnd. »Ich meine, da Sie Ihre Ansichten mit solcher Deutlichkeit...«

»Pah! Alle Welt weiß, was ich von diesen verdammten Kommunisten halte. Aber uns Quacksalbern wagen sie nichts zu tun, mein Junge. Wir sind unentbehrlich.« Der Arzt untersuchte fachmännisch, gründlich und rasch.

»Sterben werden Sie nicht«, verkündete er schließlich. »Vermutlich eine innere Blutung, aber nur sehr gering. Die Entzündung dagegen ist erheblich, und die Quetschung wahrhaft gewaltig. Einen Kopfkissenbezug, Jansci, wenn ich Sie darum bitten darf. Die Wirksamkeit dieses Heilmittels«, fuhr er zu Reynolds gewandt fort, »steht in einem direkten Verhältnis zu dem Schmerz, den es verursacht. Sie werden vermutlich die Wände hinaufgehen, aber morgen wird Ihnen besser sein.« Er tat mit einem Löffel etwa ein Pfund einer graufarbenen Paste auf den Kopfkissenbezug und verteilte sie gleichmäßig. »Dieses Einreibemittel ist eine Art Pferdekur«, erklärte er dabei. »Ein jahrhundertealtes Rezept. Verwende ich für alles. Die Patienten haben erstens einmal Vertrauen zu Ärzten, die an guten, althergebrachten Heilmitteln festhalten, und außerdem erspart mir das die Mühe, mich über alle diese Neuerungen auf dem laufenden zu halten. Nebenbei, dieses Mittel ist so ungefähr das einzige, was die verdammten Kommunisten uns noch gelassen haben.«

Reynolds spürte, wie ihm der Schweiß auf die Stirn trat, als die Salbe auf seiner Haut zu brennen begann. Der Arzt schien die Wirkung mit Befriedigung zu registrieren.

»Na, was habe ich Ihnen gesagt? Bis morgen sind Sie frisch wie ein Fisch im Wasser! Schlucken Sie jetzt nur ein paar von diesen weißen Tabletten, mein Junge – dann spüren Sie den Schmerz nicht so, und diese blaue – davon schlafen Sie ein. Wenn Sie nämlich nicht schlafen, werden Sie sich spätestens in zehn Minuten den Umschlag herunterreißen. Aber diese Pillen wirken schnell, das können Sie mir glauben.«

Sie wirkten wirklich schnell, und das letzte, an das Reynolds sich mit Bewußtsein erinnern konnte, war die Stimme des Arztes, der sich laut über diese verdammten Kommunisten ereiferte, während er die Treppe hinunterging. Und danach erinnerte er sich an nichts mehr, fast zwölf Stunden lang.

Als er wach wurde, war es wieder Nacht, doch diesmal war sein Fenster verhängt, und im Zimmer brannte eine kleine Petroleumlampe. Er war sofort hellwach, und zwar, wie er sich im Lauf eines langen Trainings angewöhnt hatte, ohne irgendeine Bewegung zu machen oder das Tempo seiner Atmung zu verändern, und seine Augen waren eine volle Sekunde lang auf Julias Gesicht gerichtet – das einen Ausdruck zeigte, wie er ihn auf diesem Gesicht bisher noch nie gesehen hatte –, ehe sie bemerkte, daß er wach war und sie ansah. Er sah, wie sie errötete, während sie die Hand, mit der sie ihn wachgerüttelt hatte, langsam von seiner Schulter nahm; doch er drehte sein Handgelenk herum und sah auf seine Armbanduhr, als habe er überhaupt nichts Ungewöhnliches bemerkt.

»Was, schon acht Uhr!« sagte er und kam mit einem Ruck im Bett hoch, und erst, als er schon saß, fiel ihm der heftige Schmerz wieder ein, den gestern jede körperliche Bewegung ausgelöst hatte. Er machte ein völlig verdutztes Gesicht.

»Nun«, fragte sie lächelnd, »wie fühlen Sie sich? Besser, nicht wahr?«

»Besser? Großartig!« Sein Rücken war heiß wie Feuer, doch der Schmerz war völlig vergangen. »Acht Uhr!« wiederholte er ungläubig. »Dann habe ich also zwölf Stunden geschlafen?«

»Ja, das haben Sie. Ihr Gesicht sieht auch wieder besser aus.« Julia hatte ihre Fassung wiedergewonnen. »Das Abendbrot ist fertig«, sagte sie. »Soll ich es heraufbringen?«

»Nein, ich bin in ein paar Minuten unten«, versprach Reynolds.

In der kleinen Küche brannte ein gemütliches Feuer, und der Tisch war für fünf Personen gedeckt. Sandor und Jansci begrüßten Reynolds, als er hereinkam, freuten sich, zu hören, daß es ihm schon viel besser ging, und machten ihn mit dem Kosaken bekannt. Der Kosak gab ihm kurz die Hand, machte ein finsteres Gesicht, setzte sich schweigend an seine Suppe und sagte während der ganzen Mahlzeit kein einziges Wort. Erst als er, den letzten Bissen noch im Mund, aufstand, Jansci irgend etwas zumurmelte und hinausging, bekam Reynolds zum erstenmal sein offenes, jungenhaftes Gesicht zu sehen, über dem ein drohender Ausdruck lag. Daß dieser drohende Ausdruck ihm galt, darüber war sich Reynolds durchaus klar. Der junge Mann schlug die Tür mit einem Knall zu, und wenige Sekunden später hörte man ein donnerndes Geräusch, das offenbar von einem schweren Motorrad herrührte, sich entfernte, rasch leiser wurde und bald unhörbar vergangen war. Reynolds sah die Gesichter der anderen an, die mit ihm am Tisch saßen.

»Würde vielleicht jemand von Ihnen so freundlich sein, mir zu erklären, was ich eigentlich verbrochen habe? Wenn Blicke töten könnten, so lebte ich nicht mehr.«

Er sah Jansci an, doch Jansci war gerade eifrig damit beschäftigt, seine Pfeife in Brand zu stecken. Sandor starrte in das Feuer und war offensichtlich tief in Gedanken versunken. Als Reynolds schließlich eine Erklärung erhielt, kam diese Erklärung von Julia, deren Stimme auf eine so ungewöhnliche Weise irritiert und gereizt klang, daß Reynolds überrascht zu ihr hinsah.

»Also gut, wenn die beiden Männer zu feige sind, es Ihnen zu sagen, dann muß ich es Ihnen wohl erklären. Das einzige, was der Kosak an Ihnen auszusetzen hat, ist die Tatsache, daß Sie überhaupt hier sind. Sehen Sie, er – na ja, er bildet sich halt ein, daß er mich liebt –, stellen Sie sich vor, mich, wo ich doch sechs Jahre älter bin als er.«

»Was bedeuten schon sechs Jahre«, meinte Reynolds gleichmütig. »Hauptsache ist doch, daß Sie ...«

»Ach, seien Sie still und nicht so schwer von Begriff! Er glaubt, Sie seien – na ja, ein Rivale, ein Konkurrent!«

»Nun, so mag der bessere Mann gewinnen«, sagte Reynolds mit ernsthafter Stimme. Jansci zog so heftig an seiner Pfeife, daß er einen Hustenanfall bekam, Sandor verbarg sein Gesicht hinter seiner riesigen Pranke, und das Schweigen vom Kopfende des Tisches war so eisig, daß Reynolds meinte, es sei auch für ihn besser, irgendwo anders hinzusehen. Doch als das Schweigen anhielt, fühlte er sich schließlich genötigt, doch hinzusehen, und als er es tat, nahm er weder zornige Entrüstung noch errötende Verwirrung wahr, die er erwartet hatte, sondern sah eine durchaus beherrschte Julia, die das Kinn in die Hand gestützt hatte und ihn nachdenklich und mit einer ganz schwachen Spur von Spott betrachtete, so daß ihm unter diesem Blick ein wenig unbehaglich wurde. Es war nicht das erstemal, daß er sich klarmachen mußte, was für ein schwerer Fehler es unter Umständen sein konnte, die Tochter eines Mannes wie Jansci zu unter-schätzen.

Schließlich stand sie auf, um den Tisch abzuräumen, und Reynolds wandte sich an Jansci.

»Ich nehme an, das war der Kosak, den wir da abbrausen hörten. Wohin ist er gefahren?«

»Nach Budapest. Er trifft sich am Stadtrand mit dem Grafen.«

»Was! Und da fährt er auf einem schweren Motorrad, das man meilenweit hören kann – und in diesem Kostüm, das man fast genauso weit sehen kann?«

»Es ist kein schweres Motorrad – der Kosak hat nur vor einiger Zeit den Schalldämpfer am Auspuff entfernt, damit die Leute besser hören können, wenn er kommt. Das ist nun mal die Eitelkeit sehr junger Leute. Doch der Krach, den sein Motorrad macht, und sein ungewöhnlicher Anzug ist die sicherste Tarnung. Er ist derartig auffällig, daß kein Mensch jemals auf den Gedanken kommen würde, ihn für verdächtig zu halten.«

»Und wie lange braucht er?«

»Normalerweise dauert es hin und zurück nicht viel länger als eine halbe Stunde – wir sind nur etwa fünfzehn Kilometer von der Stadt entfernt. Aber heute abend?« Jansci überlegte. »Vielleicht anderthalb Stunden.«

Es dauerte in der Tat zwei Stunden – zwei der unvergeßlichsten Stunden, die Reynolds jemals erlebt hatte. Jansci sprach fast die ganze Zeit und Reynolds, der ein sehr deutliches Gefühl für die Einmaligkeit dieser Mitteilung hatte, hörte ihm sehr angespannt zu. Eine solche Mitteilungsfreudigkeit war bestimmt etwas au-ßerordentlich Seltenes bei diesem Mann, der so ungewöhnlich, so faszinierend war, daß im Vergleich zu ihm all die anderen, denen Reynolds im Lauf seines wechselreichen und gefährlichen Le-bens begegnet war, zur Bedeutungslosigkeit zu verblassen schie-nen. Und zwei geschlagene Stunden lang kauerte Julia neben ihm auf einem Kissen, und ihr Antlitz war so ernst und konzen-triert, wie es Reynolds bei ihr nie für möglich gehalten hätte. Es war, als habe sie das gleiche irrationale Vorgefühl von der Einmaligkeit und Unwiederbringlichkeit dieser Stunde, wie es auch Reynolds hatte, und als versuche sie, sich das Gesicht und die Hände ihres Vaters in allen Einzelheiten unvergeßlich einzu-prägen.

Jansci sprach von sich selbst überhaupt nicht, und von seiner

Organisation und ihrer Arbeitsweise nur, soweit das notwendig war; er erzählte statt dessen von Menschen, Hunderten von Menschen, denen er und der Graf und Sandor geholfen hatten, die Sicherheit jenseits der Grenze zu erreichen, und von den Hoffnungen und Ängsten dieser Menschen. Er sprach von dem Frieden, den er hier auf Erden erhoffte, von seiner festen Überzeugung, daß eines Tages Frieden auf Erden einkehren müsse, wenn von tausend Menschen auch nur einer ernstlich und mit gutem Willen dafür arbeite, und von der törichten Vorstellung, daß es irgend etwas anderes auf der Welt geben könne, wofür zu arbeiten sich lohne.

Jansci argumentierte nicht, sondern er ließ seine Gedanken schweifen, er sprach von den Menschen in Rußland und von seiner Jugend unter diesen Menschen. Das Bild, das er von der Ukraine entwarf, war vielleicht ein wenig gefärbt von der Trauer, die man für das unwiederbringlich Verlorene empfindet, dennoch hatte Reynolds das deutliche Gefühl, daß dieses Bild der Wirklichkeit genau entsprach. Jansci leugnete nicht die Härten, die das Leben in der Ukraine damals gehabt hatte, er sprach von der langen, schweren Arbeit auf den Feldern, den gelegentlichen Hungersnöten, von der brennenden Hitze des Sommers und der bitteren Kälte des Winters, wenn der sibirische Wind über die Steppen blies; doch vor allem schilderte er ein glückliches, ein blühendes Land, in dem es keine Furcht und keine Unterdrückung gab, ein Land, in dem sich die wogenden Weizenfelder unendlich bis zum fernen Horizont dehnten und die Menschen lachten, sangen und tanzten. Er erzählte von Fahrten im Schlitten unter dem sternenflimmernden Winterhimmel, in Pelze gehüllt, gezogen von schellenklirrenden Troïkagespannen; oder von einem Dampfer, der in der Wärme einer Sommernacht langsam den Dnjepr hinunterfährt, während leise Musik über das Wasser herübertönt.

Reynolds war sich durchaus klar darüber, daß Jansci, so absichtslos und allgemein er allem Anschein nach auch sprach, dennoch ganz unmittelbar ihn ansprach: um seine vorgefaßten Meinungen zu erschüttern, um ihn den krassen, tragischen Kontrast sehen zu lassen, der zwischen den heiteren Menschen und den finsteren Aposteln der Weltrevolution bestand, um ihn dazu zu bringen, sich zu fragen, ob ein so völliger Wandel glaubhaft oder überhaupt möglich sei. Jansci hatte damit die Absicht verfolgt, Reynolds einen Spiegel vorzuhalten, in welchem er sich selbst erkennen sollte, und Reynolds stellte mit einigem Unbehagen fest, daß ihm dies nicht ganz mißlungen war. Die leisen Zweifel, die ihn zu beunruhigen begannen, behagten ihm nicht, und er schob sie entschlossen beiseite.

Es war Punkt elf Uhr, als die Tür aufgerissen wurde und der Kosak hereinkam; er brachte einen Schwall kalter Schneeluft mit und ein großes, in Papier eingewickeltes Paket, das er in einer Ecke des Raumes ablegte. Sein Gesicht und seine Hände waren blau vor Kälte, doch er tat, als merke er nichts davon; er begab sich auch nicht etwa in die Nähe des wärmenden Feuers, sondern nahm am Tisch Platz, brannte sich eine Zigarette an, rollte sie mit den Lippen in den Mundwinkel und ließ sie dort.

Sein Bericht war kurz und sachlich. Er hatte den Grafen an der verabredeten Stelle getroffen. Jennings befand sich nicht mehr in seinem Hotel, und man hatte bereits vorsorglich das Gerücht in Umlauf gesetzt, daß er unpäßlich sei. Wo der Professor war, das wußte der Graf nicht – bestimmt hatte man ihn nicht zum AVO-Hauptamt oder irgendeiner der bekannten AVO-Stellen in Budapest gebracht; der Graf nahm an, daß man ihn entweder direkt nach Rußland zurücktransportiert oder an irgendeine sichere Stelle außerhalb der Stadt gebracht habe, er wolle versuchen herauszubekommen wohin. Man warte auf Nachricht aus Stettin, und falls Brian noch dort sein sollte, dann würden die Russen den Professor doch noch an der Konferenz teilnehmen lassen – nachdem sie ihn am Telefon die Stimme seines Sohnes hatten hören lassen. Doch falls der Sohn entwischt sein sollte, dann würde man den Professor bestimmt sofort nach Rußland abtransportieren. Budapest liege allzu nah an der österreichischen Grenze, und die Russen könnten sich den Prestigeverlust nicht leisten, den Professor entkommen zu lassen. Und schließlich brachte der Kosak noch eine außerordentlich beunruhigende Nachricht: Imre war verschwunden, und der Graf konnte ihn nirgends finden.

Am nächsten Morgen hatten sie um sieben Uhr die Nachrichtensendung der BBC abgehört, und auch diesmal war die Durchsage nicht gekommen. Brian Jennings war also nicht in Schweden angelangt, und Reynolds war sich darüber klar, daß nur noch sehr wenig Hoffnung bestand; doch er hatte es schon mehrfach erlebt, daß ein Einsatz mit einem Mißerfolg geendet hatte, und bisher hatte er sich deswegen nie Kopfschmerzen gemacht. Was ihn diesmal beunruhigte, war der Gedanke an Jansci: denn er wußte, daß dieser Mann, nachdem er einmal versprochen hatte zu helfen, auch entschlossen war, dieses Versprechen unter allen Umständen einzulösen – dabei mußte Jansci sehr genau wissen, genauer noch als Reynolds, was es bedeutete, im kommunistischen Ungarn einen Mann entführen zu wollen, der so schwer bewacht war wie der Professor. Doch das war noch nicht alles; Reynolds mußte sich eingestehen, daß seine Sorge nicht ausschließlich, ja nicht einmal in erster Linie Jansci galt, so groß auch seine Bewunderung und Hochachtung für diesen Mann waren: Seine Sorge galt der Tochter dieses Mannes. Julia liebte und verehrte ihren Vater, und der Verlust des letzten lebenden Mitglieds ihrer Familie würde ihr das Herz brechen. Und sie würde nicht nur untröstlich sein, das Schlimmste war, daß sie einzig und allein ihm, Reynolds, die Schuld am Tode ihres Vaters geben würde. Dadurch aber würde sich für alle Zukunft eine trennende Schranke zwischen ihnen erheben, und Reynolds, der zum hundertstenmal den lächelnden Mund und die ernsten, sorgenvollen Augen darüber ansehen mußte, die dieses Lächeln Lügen straften, erkannte staunend und erschüttert, daß er sich hiervor mehr fürchtete als vor allem anderen.

Auch dieser nicht endenwollende Tag neigte sich schließlich seinem Ende zu, die Sonne, die fern hinter den Hügeln im Westen versank, ließ die schneebedeckten Wipfel der Kiefern rötlich erglühen, und die Dunkelheit senkte sich rasch über das Land, während die Sterne hell am winterlichen Himmel erschienen. Das Abendessen kam und verging in fast völligem Schweigen, und anschließend probierten Jansci und Reynolds den Inhalt des Pakets, das der Kosak mitgebracht hatte – zwei AVO-Uniformen, die sie mit Julias Hilfe passend veränderten. Der Graf war zweifellos von einer richtigen Überlegung ausgegangen, als er diese Uniformen mitgeschickt hatte, denn sie würden außerordentlich wertvoll sein, ganz gleich, wo der alte Jennings sich auch befinden mochte: Diese Uniformen bedeuteten das ›Sesam, öffne dich!‹ für jede Tür in ganz Ungarn. Und sie konnten auch nur für Jansci und Reynolds bestimmt gewesen sein; eine Uniform, die geeignet gewesen wäre, Sandors Schultern aufzunehmen, hatte Reynolds in seinem ganzen Leben noch nicht gesehen.

Kurz nach neun Uhr fuhr der Kosak mit seinem Motorrad los. Er fuhr in seinem üblichen farbenprächtigen Gewand, hatte hinter jedem Ohr eine Zigarette stecken und im Mundwinkel eine nicht angebrannte dritte und befand sich bei bester Laune: Es konnte ihm unmöglich entgangen sein, daß Reynolds und Julia im Laufe des Abends nicht ein Wort miteinander gewechselt hatten, und so hatte seine heitere Miene einen guten Grund.

Er hätte gegen elf Uhr wieder da sein sollen, spätestens aber um Mitternacht. Doch es wurde zwölf, ohne daß von dem Kosaken irgend etwas zu sehen oder zu hören gewesen wäre. Die Uhr schlug eins, es wurde halb zwei, die Ungeduld steigerte sich zu gespannter Erwartung und war bange Sorge geworden, als er endlich kurz vor zwei Uhr erschien. Und zwar kam er nicht auf seinem Motorrad, sondern am Steuer eines großen grauen Opel Kapitän, hielt an, stellte den Motor ab und stieg mit der gleichgültigen Lässigkeit aus, wie man sie Dingen gegenüber an den Tag legt, die so selbstverständlich geworden sind, daß sie einem nachgerade langweilig werden. Erst später stellte sich heraus, daß der Kosak bis dahin noch nie einen Wagen gefahren hatte, ein Umstand, der seine verspätete Ankunft hinreichend erklärte.

Er brachte gute und schlechte Nachrichten, Ausweise und Instruktionen mit. Die gute Nachricht bestand darin, daß der Graf mit geradezu lächerlicher Leichtigkeit festgestellt hatte, wo sich Jennings befand – Furmint, der Chef der AVO, hatte es ihm persönlich im Verlauf einer Unterhaltung mitgeteilt. Die schlechten Nachrichten waren einmal, daß man den Professor in das berüchtigte Szarhaza-Gefängnis gebracht hatte, das rund hundert Kilometer südlich von Budapest lag, als völlig uneinnehmbare Festung galt und im allgemeinen für solche Feinde des Staates bestimmt war, die auf Nimmerwiedersehen verschwinden sollten; und zum anderen, daß der Graf selber leider verhindert war, ihnen zu helfen: Oberst Hidas hatte ihm persönlich die Leitung einer Aktion zur Überprüfung der Zuverlässigkeit der Bevölkerung von Gödöllö übertragen, einer Stadt, in der sich seit einiger Zeit unzufriedene Elemente bemerkbar gemacht hatten. Zu den schlechten Nachrichten gehörte außerdem, daß Imre noch immer spurlos verschwunden war.

Der Graf bedaure, so sagte der Kosak, ihnen keinerlei genauere Einzelheiten über das Szarhaza-Gefängnis mitteilen zu können, da es nicht zu seinem Dienstbezirk gehöre und er selber noch nie dort gewesen sei. Ohnehin sei in diesem Falle eine genaue

Kenntnis der Örtlichkeit und des inneren Dienstbetriebes unwichtig: hier sei nur durch einen kompletten und unverschämten Bluff etwas zu erreichen. Daher die Ausweise.

Die Ausweise waren für Jansci und Reynolds bestimmt: wahre Meisterwerke. Komplette AVO-Ausweise für beide, und außerdem, auf einem Originalbriefbogen mit dem Briefkopf der AVO, ein dienstliches Schreiben, von Furmint unterschrieben und von dem zuständigen Minister gegengezeichnet, versehen mit den dazugehörigen echten Dienstsiegeln beider Ämter, worin der Kommandant des Szarhaza-Gefängnisses ermächtigt wurde, Professor Harold Jennings den Überbringern dieses Schreibens zu übergeben.

Der Graf war der Meinung, daß die Aussichten für das Gelingen – falls es überhaupt noch eine Möglichkeit gab, sich der Person des Professors zu vergewissern – ziemlich hoch seien: Von einer höheren Stelle könne die Anweisung, einen Gefangenen herauszugeben, überhaupt nicht ausgehen. Die Idee, es könne sich jemand aus freien Stücken in das gefürchtete Szarhaza-Gefängnis hineinbegeben, sei zu fantastisch, als daß irgendein vernünftiger Mensch mit einer solchen Möglichkeit überhaupt rechnen könne.

Außerdem schlug der Graf vor, der Kosak und Sandor sollten bis zum Gasthaus von Petoli, einen kleinen Dorf, das rund acht Kilometer nördlich von dem Gefängnis lag, mitfahren und dort in der Nähe des Telefons warten: Auf diese Weise könnten alle Mitglieder der Organisation untereinander Verbindung halten. Und zu allem anderen hatte der Graf auch noch das unerläßlich notwendige Transportmittel besorgt, wobei er allerdings nicht verraten hatte, wo er es aufgetrieben hatte.

»Dieser Mann ist ein wahres Wunder!« sagte Reynolds und schüttelte staunend den Kopf. »Weiß der Himmel, wie er es angestellt hat, das alles an einem einzigen Tag zu erreichen – man sollte meinen, man hätte ihm freigegeben, damit er sich ausschließlich mit unserer Angelegenheit beschäftigen kann.« Er wandte sich an Jansci, sorgfältig bemüht, eine indifferente Miene zu zeigen.

»Und was meinen Sie?«

»Wir gehen hin«, sagte Jansci ruhig. Er sah dabei Reynolds an, doch Reynolds wußte, daß seine Worte für Julia bestimmt waren. »Falls noch irgendwelche Hoffnung auf gute Nachrichten aus

Schweden besteht, dann müssen wir es versuchen. Der Professor ist ein alter Mann, und es wäre unmenschlich, daß er so weit von seiner Frau und seiner Heimat entfernt sterben sollte.«

»...erfolgt heute gegen Abend, nach Beendigung der Pariser Besprechung. Der Außenminister wird voraussichtlich heute abend – ich bitte um Entschuldigung, es muß heißen: morgen abend – nach London zurückfliegen, um dem Kabinett Bericht zu erstatten. Es ist bisher noch nichts darüber bekannt...«

Die Stimme des Nachrichtensprechers verstummte, als das Radio ausgeschaltet wurde, und eine ganze Weile saßen sie schweigend da, ohne einander anzusehen. Es war Julia, die schließlich das Schweigen brach, und ihre Stimme war unnatürlich ruhig und sachlich.

»Ja, das war es doch, nicht wahr? Das war doch das seit so langer Zeit erwartete Stichwort: nicht heute abend, sondern morgen abend. Der Sohn des Professors ist in Sicherheit, er ist in Schweden. Also, worauf wartet ihr noch?«

»Ja, es ist wohl das beste, wir machen uns gleich auf den Weg«, sagte Reynolds und stand auf. Jetzt, da endlich das Zeichen gekommen war, daß es losgehen konnte, verspürte er nichts von der Erleichterung, nichts von der Erregung, die er erwartet hatte; er war wie betäubt und das Herz war ihm sonderbar schwer. »Da wir es jetzt wissen, wissen die anderen es bestimmt schon längst, und der Professor kann jeden Augenblick nach Rußland zurücktransportiert werden. Wir haben keine Zeit zu verlieren.«

»Nein, das haben wir wirklich nicht«, sagte Jansci und zog seinen Mantel an; genau wie Reynolds war auch er bereits in AVO-Uniform. »Mach dir bitte um uns keine Sorgen, mein liebes Kind«, sagte er, während er sich seine Militärhandschuhe überstreifte. »Du brauchst weiter gar nichts zu tun, als in vierundzwanzig Stunden in unserem Hauptquartier zu sein – aber geh bitte nicht durch Budapest.« Er küßte sie und ging hinaus in den dunklen, bitterkalten Morgen.

Reynolds zögerte, drehte sich halb zu ihr herum, sah, wie sie den Kopf abwandte und in das Feuer starrte, und ging wortlos hinaus. Während er hinten in dem Opel Platz nahm, sah er das Gesicht des Kosaken, der nach ihm einstieg: Er strahlte von einem Ohr bis zum anderen.

Nach einer Fahrt von drei Stunden, unter einem dunklen,

lastenden Wolkenhimmel, setzten sie Sandor und den Kosaken am Straßenrand ab, nicht weit von dem Dorfgasthaus von Petoli entfernt. Die Fahrt war ohne jeden Zwischenfall verlaufen, und es hatte auch keine Straßenkontrollen gegeben, mit denen sie fest gerechnet hatten. Die Kommunisten schienen sich ihrer Sache sehr sicher zu sein, und sie hatten auch allen Anlaß dazu.

Zehn Minuten später tauchte die große, graue Masse des Szarhaza-Gefängnisses vor ihnen auf, ein altes, finsteres Bauwerk mit mächtigen Mauern, umgeben von drei konzentrischen Kreisen aus Stacheldraht, zwischen denen das Erdreich aufgewühlt war: Der Stacheldraht war zweifellos elektrisch geladen, und das Erdreich dazwischen dicht mit Tellerminen bepflastert. Längs der äußeren und der inneren Wand aus Stacheldraht erhoben sich in kurzen Abständen hohe hölzerne Wachttürme, mit Maschinengewehren und Scheinwerfern ausgerüstet, und Reynolds hatte bei dem ersten Blick auf diese Anlage sofort ein leises Gefühl der Furcht, als er sich klarmachte, auf was für ein wahnwitziges Abenteuer sie sich hier einließen.

Jansci schien zu ahnen, wie es in Reynolds aussah, jedenfalls sagte er nichts, gab Gas und brachte kurz danach den Wagen vor dem Hauptportal zum Stehen. Einer der Posten kam, die Waffe schußbereit in der Hand, eilig auf sie zu und verlangte die Ausweise zu sehen, trat aber respektvoll zurück, als Jansci in seiner AVO-Uniform aus dem Wagen stieg, ihn einmal kurz ansah und in befehlendem Ton mitteilte, daß er den Kommandanten zu sprechen wünsche. Der Schrecken, den diese Uniform selbst bei Leuten erzeugte, die keinen vernünftigen Grund hatten, sich davor zu fürchten, war so groß, daß Jansci und Reynolds innerhalb von fünf Minuten im Dienstzimmer des Kommandanten waren.

Der Mann, der sie hier begrüßte, sah allerdings gänzlich anders aus, als sich Reynolds den Kommandanten dieses Gefängnisses vorgestellt hatte. Die hohe Figur in dem gutsitzenden dunklen Anzug war ein wenig gebeugt, und das schmale Gesicht mit der hohen Stirn war das typische Gesicht eines Intellektuellen. Er trug einen Klemmer, hatte feingliedrige, durchgebildete Hände und machte auf Reynolds eher den Eindruck eines hervorragenden Chirurgen oder Wissenschaftlers. Er war in der Tat beides und galt als größte Kapazität auf dem Gebiet der psychologischen und physiologischen Zermürbungstaktik außerhalb der Sowjetunion.

Er hatte keinerlei Zweifel, daß es sich bei seinen Besuchern wirklich um Beamte der AVO handelte, das konnte Reynolds deutlich sehen. Er bot ihnen einen Cognac an, lächelte höflich, als sein Angebot abgelehnt wurde, bat sie mit einer Handbewegung, Platz zu nehmen, und studierte dann das Schreiben, das Jansci ihm überreicht hatte.

»Hm! Ja, meine Herren, an der Gültigkeit dieses Dokuments kann es ja wohl keinen Zweifel geben, oder?« ›Meine Herren‹ hatte er gesagt, registrierte Reynolds erstaunt. Ein Mann mußte seiner selbst schon sehr sicher sein, ehe er an Stelle des obligatorischen ›Genosse‹ dieses Wort verwendete. »Ich hatte es nicht anders erwartet von meinem guten Freund Furmint. Schließlich ist heute die Eröffnung der Tagung, nicht wahr? Wir können es uns nicht leisten, daß Professor Jennings nicht dabeisein sollte. Er ist der leuchtendste Stein in unserer Krone – wenn es erlaubt ist, diesen ein wenig altmodischen Ausdruck zu gebrauchen. Sie haben Ihre Dienstausweise bei sich, meine Herren?«

»Selbstverständlich.« Jansci holte seine Ausweistasche heraus, Reynolds tat das gleiche, und der Kommandant nickte befriedigt. Er sah Jansci an, nahm ein Blatt Papier, schrieb etwas darauf und versah es mit einem Dienstsiegel. Er drückte auf einen Klingelknopf, übergab die schriftliche Anweisung einer Ordonnanz und schickte den Mann mit einer Handbewegung wieder hinaus.

»Ich darf Sie bitten, sich drei Minuten zu gedulden, meine Herren – länger dauert es bestimmt nicht.«

Es dauerte nicht einmal drei Minuten, es dauerte knapp dreißig Sekunden, bis sich die Tür wieder öffnete, und sie öffnete sich nicht, um Jennings hereinzulassen, sondern mehrere Posten, die mit entsicherten Schußwaffen rasch auf Jansci und Reynolds zukamen und die beiden, die sich eben noch in trügerischer Sicherheit gewiegt hatten, überwältigten und hilflos an die Stühle fesselten, auf denen sie saßen, noch ehe sie richtig begriffen hatten, was eigentlich geschah. Der Kommandant schüttelte den Kopf und sah sie mit einem bedauernden Lächeln an.

»Verzeihen Sie dieses Täuschungsmanöver, meine Herren. So etwas ist nie besonders angenehm, doch in diesem Falle war es unerläßlich. Das Schriftstück, das ich eben ausfertigte, war kein Entlassungsschein für den Professor, sondern der Befehl, Sie zu verhaften.« Er nahm seinen Klemmer ab, putzte die Gläser mit einem weißen Taschentuch und sagte seufzend: »Captain Reynolds, Sie sind ein ungewöhnlich hartnäckiger junger Mann.«

8

Reynolds war im ersten Augenblick völlig gelähmt vor Schreck. Er empfand nichts, absolut nichts, als habe ihn die Berührung der metallenen Fesseln, die sich um seine Hand- und Fußgelenke legten, jeglicher Reaktionsfähigkeit beraubt. Doch dann kam langsam ein dumpfes Erstaunen, daß ihm dies hier tatsächlich ein zweitesmal passiert sein sollte, und aus dem Erstaunen wurde schließlich die bittere, die unerträgliche Erkenntnis, daß sie in die Falle gegangen waren, daß der Kommandant sie mit Leichtigkeit überlistet und völlig überrumpelt hatte, und daß sie sich jetzt als Gefangene in dem gefürchteten Szarhaza-Gefängnis befanden, aus dem sie, wenn überhaupt, nur als wesenlose, unkenntliche Schatten ihres einstigen Selbst wieder herauskommen würden.

Er sah hinüber zu Jansci, um festzustellen, wie der ältere Mann diesen vernichtenden Schlag hinnahm, der alle ihre Pläne endgültig vereitelte und für sie gleichbedeutend war mit einem Todesurteil. Er wollte sehen, wie Jansci darauf reagierte, doch soweit sich das feststellen ließ, reagierte Jansci überhaupt nicht. Sein Gesicht war völlig unbewegt, und er betrachtete den Kommandanten mit einem nachdenklichen, prüfenden Blick – einem Blick, mußte Reynolds denken, der auf eine seltsame Weise dem Blick ähnelte, womit der Kommandant Jansci betrachtete.

Als die letzte Kette um ein Stuhlbein gelegt und eingerastet war, richtete der Kommandoführer den Blick fragend auf den Kommandanten. Dieser machte eine abschließende Handbewegung.

»Fertig? Und die beiden sind zuverlässig gefesselt?«

»Absolut zuverlässig.«

»Gut. Dann können Sie jetzt gehen.«

Er wartete, bis sich die Tür geschlossen hatte, verschränkte seine schmalen Hände und sprach dann weiter in seiner ruhigen Art.

»Ja, meine Herren, wirklich ein einzigartiger Augenblick: ein britischer Geheimagent, durch seine eigenen Worte überführt, und das gefürchtete Oberhaupt der erfolgreichsten antikommunistischen Gruppe in Ungarn, beide auf einen Schlag. Wir wollen uns jedoch nicht damit aufhalten, über diesen Erfolg zu triumphieren; das ist reine Zeitverschwendung, ein törichtes Vergnügen für Dummköpfe und Schwachsinnige.« Er lächelte ein wenig. »Als erstes werden Sie natürlich wissen wollen – ach, Mr. Reynolds, würden Sie die Güte haben, dem Beispiel Ihres Freundes zu folgen und sich nicht selbst ganz unnötigerweise irgendeinen Schaden zufügen, indem Sie die Festigkeit dieser Ketten ausprobieren –, wie gesagt, Sie werden zunächst einmal wissen wollen, wie es dazu gekommen ist, daß Sie sich in dieser unerfreulichen Situation befinden. Es besteht kein Grund, weshalb Sie es nicht sofort erfahren sollten.« Er richtete den Blick auf Jansci. »Ich muß Ihnen leider mitteilen, daß Ihr so ungewöhnlich befähigter und ganz unglaublich couragierter Freund, der so lange und mit so fantastischem Erfolg die Rolle eines Majors bei der AVO gespielt hat, schließlich doch zum Verräter an Ihnen geworden ist.«

Es entstand ein längeres Schweigen. Reynolds sah mit ausdruckslosem Gesicht zu dem Kommandanten und dann zu Jansci hin. Janscis Gesicht war völlig beherrscht.

»So etwas kann natürlich immer einmal vorkommen«, sagte er. »Doch ich nehme an, es geschah völlig unbeabsichtigt.«

»Das allerdings«, sagte der Kommandant und nickte zustimmend. »Oberst Hidas, dessen Bekanntschaft Captain Reynolds ja bereits gemacht hat, hatte in bezug auf Major Howarth seit einiger Zeit so ein Gefühl – es war nicht mehr als ein Gefühl, noch nicht einmal ein Verdacht.« Reynolds hörte zum erstenmal den Namen, unter dem der Graf bei der AVO bekannt war. »Doch gestern verstärkte sich dieses Gefühl zum Verdacht, und der Verdacht verdichtete sich zur Gewißheit, und daher stellten ihm Hidas und mein Freund Furmint eine Falle, wobei sie sich als Köder der Mitteilung bedienten, daß sich der Professor hier in diesem Gefängnis befinde, und daß das Zimmer von Furmint genügend lange leer sein würde, um sich dort gewisse Dokumente und Dienstsiegel zu beschaffen – dieselben, die jetzt hier vor mir auf meinem Schreibtisch liegen. Ihr Freund, an dessen genialer Begabung nicht zu zweifeln ist, ging prompt in die Falle. Aber irren ist menschlich, und wir sind alle nur Menschen.«

»Ist er tot?«

»Aber nein – er lebt, befindet sich bei bester Gesundheit und hat bisher noch nicht die leiseste Ahnung, daß er entlarvt ist. Man hat ihn unter irgendeinem dienstlichen Vorwand weggeschickt, damit er heute hier nicht im Wege ist; ich vermute, daß Oberst Hidas die Verhaftung persönlich vorzunehmen wünscht. Er wird im Laufe des Vormittags hier erscheinen. Heute um Mitternacht wird man Howarth in der Andrassy Ut den Prozeß machen und ihn anschließend hinrichten – wobei ich allerdings fürchte, daß die Vollstreckung des Urteils einige Zeit in Anspruch nehmen wird.«

»Zweifellos«, meinte Jansci. »Man wird ihn vor versammelter Mannschaft sehr allmählich sterben lassen, damit niemand auf die Idee kommt, es ihm gleichtun zu wollen. Diese Dummköpfe! Wissen sie denn gar nicht, daß es einen solchen Mann nur einmal geben kann?«

»Damit haben Sie wohl leider recht. Doch das ist nicht meine Sorge. Und wie ist nun Ihr Name, wenn ich bitten darf?«

»Nennen Sie mich bitte Jansci.«

»Ja, für den Augenblick genügt das.« Der Kommandant nahm seinen Klemmer ab und klopfte damit nachdenklich auf den Schreibtisch. »Sagen Sie, Jansci, was wissen Sie eigentlich darüber, aus was für Leuten sich unsere Geheime Staatspolizei zusammensetzt?«

»Ich höre; denn Sie haben doch offensichtlich den Wunsch, es mir zu erklären.«

»Ja, ich werde es Ihnen erklären, obwohl ich meine, daß es Ihnen bereits bekannt sein müßte. Bis auf verschwindend geringe Ausnahmen besteht die AVO fast ausschließlich aus ehrgeizigen Machtstrebern, aus Schwachköpfen, die finden, daß der Dienst bei uns keine geistigen Anforderungen an sie stellt, aus den unvermeidlichen Sadisten, die allein schon durch ihre Veranlagung für irgendeine normale bürgerliche Beschäftigung nicht in Frage kommen, aus Leuten, die vergiftet sind vom Haß auf die menschliche Gesellschaft: Das Beispiel für diese letzte Kategorie ist Oberst Hidas, ein Jude, also Angehöriger eines Volkes, das in Zentraleuropa unvorstellbaren Leiden ausgesetzt war. Außerdem gibt es bei uns natürlich auch Leute, die überzeugte Kommunisten sind – sie stellen zwar nur eine verschwindend geringe Minderheit dar, sind aber gleichwohl gefürchteter und gefährlicher als alle anderen, da sie völlig ausgefüllt sind von der Idee des Staates, Automaten also, deren persönliches moralisches Unterscheidungsvermögen entweder dauernd abgeschaltet oder aber völlig atrophiert ist. Zu dieser Kategorie gehört Furmint. Hidas übrigens auch.«

»Ihre Selbstsicherheit ist wirklich erstaunlich«, sagte Reynolds.

»Er ist der Kommandant des Szarhaza-Gefängnisses«, gab ihm Jansci zur Antwort. »Aber sagen Sie, Herr Kommandant, warum erzählen Sie uns das alles? Sagten Sie nicht vorhin, daß Zeitverschwendung für Sie ein Greuel sei?«

»Dieser Meinung bin ich noch immer, glauben Sie mir. Hören Sie bitte weiter. Wenn es sich um die heikle Frage handelt, wie man das Vertrauen eines anderen gewinnen soll, so zeigt sich, daß die Angehörigen all der verschiedenen Kategorien, die ich Ihnen geschildert habe, eines gemeinsam haben: Sie alle, mit Ausnahme von Hidas, halten fest an der unerschütterlichen Überzeugung, daß der Weg zu dem Herzen eines anderen Menschen...«

»Verschonen Sie uns mit diesen Phrasen«, sagte Reynolds grimmig. »Sie wollen also sagen, daß diese Leute, wenn sie von jemand die Wahrheit erfahren wollen, sie aus ihm herausprügeln.«

»Das ist zwar kraß, aber mit bemerkenswerter Kürze ausgedrückt«, meinte der Kommandant. »Um mich ähnlich kurz zu fassen: Ich habe den Auftrag, Ihr Vertrauen zu gewinnen, meine Herren – genauer gesagt: von Captain Reynolds ein umfassendes Geständnis zu erhalten und von Jansci über seinen wahren Namen, das Ausmaß und die Arbeitsweise seiner Organisation Aufschluß zu bekommen. Die abstoßenden und mittelalterlichen Methoden, deren sich die – hm – Kollegen, von denen ich soeben sprach, in allen derartigen Fällen zu bedienen pflegen, sind Ihnen bekannt.«

»Abstoßend?« sagte Jansci, leise verwundert.

»Für mich, ja. Mir als ehemaligem Professor für Neurochirurgie an der Budapester Universität ist diese ganze mittelalterliche Idee des hochnotpeinlichen Verhörs einfach ein Greuel. Um ehrlich zu sein, ich finde jede Art von Verhör widerwärtig, doch es bieten sich mir hier in diesem Gefängnis ganz unvergleichliche Möglichkeiten zur Beobachtung von nervösen Störungen, und ich vermochte tiefer, als das bisher je möglich war, in die außerordentlich komplizierte Arbeitsweise des menschlichen Nervensystems einzudringen. Glauben Sie mir, ich bin nicht der einzige Mediziner, der ein Gefängnis oder ein Lager leitet. Wir leisten dem Staat außerordentlich wertvolle Dienste – doch die Dienste, die der Staat uns leistet, sind nicht weniger wertvoll.«

Er brach ab und lächelte, fast ein wenig verlegen. »Durch Oberst Hidas ist mir bereits bekannt, daß bei Captain Reynolds eine verschärfte Vernehmung kaum zum Ziele führen dürfte. Und was Sie betrifft...« Er richtete den Blick langsam auf Jansci. »Ich glaube nicht, daß ich schon jemals einen Menschen gesehen habe, dessen Gesicht von den Spuren so vieler durchlittener Leiden gezeichnet gewesen wäre. Ich will Ihnen nicht schmeicheln, aber ich muß Ihnen gestehen, daß ich mir keine körperliche Qual vorstellen kann, durch die man Sie auch nur im mindesten mürbe machen könnte.«

Er lehnte sich im Stuhl zurück, steckte sich eine lange, dünne Zigarette an und betrachtete Jansci und Reynolds nachdenklich. Nachdem mehr als zwei Minuten vergangen waren, kam er mit dem Oberkörper wieder nach vor.

»Nun, meine Herren, soll ich einen Stenografen kommen lassen?«

»Ganz wie Sie wünschen«, sagte Jansci höflich. »Doch wir würden Ihnen ungern noch mehr von Ihrer kostbaren Zeit stehlen, als wir es bereits getan haben.«

»Ich hatte keine andere Antwort erwartet«, sagte der Kommandant. Er drückte auf einen Knopf, sprach sehr rasch in ein eingebautes Mikrofon und legte sich dann wieder in seinen Stuhl zurück. »Von Pawlow, dem russischen Psychologen, werden Sie vermutlich gehört haben, oder?«

»Der Schutzheilige der AVO, wenn ich nicht irre«, murmelte Jansci.

»Heilige gibt es nicht nach unserer marxistischen Lehre – Pawlow war übrigens, das muß ich leider sagen, kein Anhänger dieser Lehre. Aber in gewisser Weise haben Sie natürlich recht. Wenn er auch, von uns aus gesehen, ein blutiger Anfänger war, ein Stümper, so sind doch diejenigen unter uns, die sich fortschrittlicherer Methoden der Vernehmung bedienen, ihm außerordentlich zu Dank verpflichtet, und...«

»Die Sache mit Pawlow, seinen Hunden und dem bedingten Reflex ist uns durchaus bekannt«, fiel ihm Reynolds ins Wort. »Wir befinden uns hier im Szarhaza-Gefängnis, nicht in der Budapester Universität. Ersparen Sie uns das Kolleg über die Geschichte der Gehirnwäsche.«

Zum erstenmal bekam die Maske der bemühten Gefaßtheit einen Sprung, auf den vorstehenden Backenknochen des Kommandanten erschienen rote Flecken, doch er hatte sich sofort wieder in der Hand. »Sie haben natürlich völlig recht, Captain Reynolds. Es erfordert eine gewisse, sagen wir, philosophische Objektivität, um – doch ich schweife schon wieder ab. Ich wollte nur sagen, daß es uns durch die physiologischen Methoden Pawlows und durch gewisse – hm – psychologische Prozesse, die Sie im Lauf der Zeit an sich selbst konstatieren werden, möglich geworden ist, ganz unglaubliche Erfolge zu erzielen.« Die schwärmerische und dabei völlig sachliche Begeisterung dieses Mannes hatte etwas Furchterregendes. »Es gibt keinen Menschen, bei dem es uns nicht möglich wäre, seinen Widerstand zu brechen – und zwar so, daß nicht die geringste Narbe zu sehen ist. Die Bemühungen der Amerikaner, die Angehörigen ihrer Geheimdienste widerstandsfähig zu machen gegen das, was die westliche Welt so unschön und kraß als Gehirnwäsche bezeichnet, sind ebenso rührend wie zwecklos. Wir haben Kardinal Mindszenty innerhalb von achtundvierzig Stunden mürbe gemacht; wir können jeden mürbe machen.«

Er brach ab, als drei Männer in weißen Mänteln den Raum betraten, und warteten, bis einer dieser Männer in zwei Tassen etwas hineingegossen hatte, was offensichtlich Kaffee war.

»Das, meine Herren, sind meine Assistenten. Entschuldigen Sie die weißen Kittel – ein ziemlich billiger psychologischer Trick, der sich aber bei den meisten unserer – hm – Patienten als recht wirkungsvoll erweist. Und das da ist Kaffee, meine Herren. Bitte, trinken Sie.«

»Der Teufel soll mich holen«, sagte Reynolds trocken.

»Wenn Sie es nicht freiwillig tun, müßten wir Ihnen die Nase zuklemmen und Ihnen einen Schlauch in den Hals stecken«, meinte der Kommandant. »Also bitte, seien Sie doch nicht kindisch.«

Reynolds trank, und Jansci gleichfalls. Es schmeckte genau wie jeder andere Kaffee, nur besonders stark und vielleicht etwas bitterer.

»Ja, es ist echter Kaffee«, sagte der Kommandant lächelnd. »Doch er enthält außerdem einen chemischen Stoff, der allgemein unter dem Namen Actedron bekannt ist. Lassen Sie sich durch die Wirkung dieses Stoffes nicht täuschen, meine Herren. Er wirkt zunächst anregend, und Sie werden entschlossener sein denn je, Widerstand zu leisten; doch nach kurzer Zeit kommen dann ziemlich heftige Kopfschmerzen, Schwindelgefühl, Übelkeit, krampfhafte Unruhe und ein Zustand einer gewissen geistigen Verwirrung – nach Ablauf einer bestimmten Zeit bekommen Sie natürlich nochmals die gleiche Dosis.« Er zeigte auf die Spritze, die einer der Assistenten in der Hand hielt, und fuhr mit seiner Erklärung fort: »Das ist Mescalin – erzeugt einen geistigen Zustand, der große Ähnlichkeit mit der Schizophrenie hat, und erfreut sich, wie ich höre, bei Malern und Schriftstellern der westlichen Welt zunehmender Beliebtheit – wobei ich allerdings, im eigenen Interesse dieser Leute, hoffen möchte, daß sie sich das Mescalin nicht gleichzeitig mit Actedron zuführen.«

Reynolds starrte ihn an und spürte, wie es ihm kalt über den Rücken lief. Die ruhige, gemütlich-professorale Art, in der der Kommandant sprach, wirkte auf eine vertrackte Art übel und unmenschlich, und das um so mehr, da diese Wirkung gar nicht beabsichtigt war. Dieser Mann war gar kein Sadist, er war nur so völlig besessen von dem Verlangen, seine Forschungsarbeit, sein Lebenswerk weiterzutreiben, daß daneben für irgendeine menschliche Regung einfach kein Platz blieb. Der Kommandant fuhr mit seinen Erklärungen fort:

»Später werde ich Ihnen dann eine neue Substanz injizieren lassen, von mir selbst entwickelt, aber vor so kurzer Zeit, daß ich noch gar keinen Namen dafür habe. Die Kombination dieser drei Drogen erzeugt, nach vielleicht zweimaliger Verabreichung, einen Zustand absoluter geistiger Erschöpfung – Sie werden also zusammenbrechen. Dann erzählen Sie uns alles, was wir von Ihnen wissen wollen, und es wird die Wahrheit sein – und wir sagen Ihnen, was Sie denken sollen, und für Sie wird das dann gleichfalls die Wahrheit sein.«

»Und das erzählen Sie uns vorher alles so genau?« sagte Jansci langsam.

»Warum nicht? Gewarnt zu sein, ist in diesem Falle nicht gleichbedeutend mit gewappnet zu sein: Der Ablauf dieses Prozesses ist unabänderlich.« Er sprach mit einer Sicherheit, die jeglichen Zweifel ausschloß, und gab den weißbekittelten Assistenten einen Wink, die Injektion vorzunehmen. Dann drückte er auf einen Knopf an seinem Schreibtisch. »Kommen Sie, mei-

ne Herren, es ist an der Zeit, Ihnen zu zeigen, wo Sie untergebracht werden.«

Im nächsten Augenblick erschienen die Posten erneut, schlossen Janscis und Reynolds' Arme und Beine von den Armlehnen
und Beinen der Stühle los und fesselten ihnen die Handgelenke
und Fußgelenke sofort wieder aneinander, mit einer so zügigen
Präzision, daß die Idee, einen Fluchtversuch zu unternehmen,
überhaupt nicht aufkommen konnte. Dann ging der Kommandant voraus, Jansci und Reynolds hinterher, rechts und links von
je zwei Posten flankiert, während hinter jedem von ihnen ein
dritter Posten mit schußbereiter Waffe blieb. Die Vorsichtsmaßnahmen waren lückenlos.

Es ging quer über den verschneiten Hof, durch den bewachten
Eingang in einen Gebäudekomplex mit massiven Mauern und
vergitterten Fenstern und einem schmalen, schwachbeleuchteten
Korridor entlang. Etwa auf halbem Wege blieb der Kommandant
am Anfang einer steinernen Treppe stehen, die nach unten in die
Dunkelheit führte, winkte einem der Posten, zeigte auf eine Tür
und wandte sich dann an die beiden Gefangenen.

»Ein letzter Anblick, meine Herren, ein Bild, das Sie mit
hinunternehmen können in die Kerkerzellen dort unten, um
daran zu denken, während Sie die letzten Stunden als diejenigen
verbringen, die Sie Ihr bisheriges Leben lang gewesen sind.«
Der Kommandant öffnete die Tür, die der Posten aufgeschlossen
hatte, und sagte: »Nach Ihnen, meine Herren.«

Reynolds und Jansic, durch die Fesseln behindert, stolperten
hinein und hielten sich, um nicht zu fallen, am Fußende einer
altmodischen Bettstelle fest. Auf dem Bett lag ein Mann und
schlief, und Reynolds sah ohne jede Überraschung, daß es Professor Jennings war. Er war bleich und hager und schien in den
drei Tagen, seit Reynolds ihn nicht gesehen hatte, um Jahre
gealtert zu sein; doch er war fast augenblicklich wach, und
Reynolds konnte ein leises Gefühl der Befriedigung nicht unterdrücken, als er sah, daß Jennings, was immer der alte Mann sonst
eingebüßt haben mochte, seinen Starrsinn jedenfalls behalten
hatte: Seine Augen sprühten glühende Funken, während er sich
mühsam aufrichtete.

»Was in drei Teufels Namen soll nun das schon wieder bedeuten?« sagte er auf englisch. Doch Reynolds konnte feststellen, daß der Kommandant ihn verstand. »Habt ihr verdammten

Burschen mich das Wochenende über nicht schon genug belästigt, ohne...«

Er brach ab, als er jetzt Reynolds erkannte, und starrte ihn an. »Haben diese Kerle Sie also auch erwischt?«

»Zwangsläufig«, sagte der Kommandant in einwandfreiem Englisch. Er wandte sich an Reynolds. »Sie haben den weiten Weg von England hierher gemacht, um den Professor zu sprechen. Sie haben ihn gesprochen. Jetzt können Sie Abschied von ihm nehmen, er fährt heute nachmittag – genauer gesagt, in drei Stunden – nach Rußland.« Er wandte sich wieder an Jennings und sagte: »Die Straßen sind außerordentlich schlecht. Wir haben dafür gesorgt, daß ein Sonderwagen an den Zug nach Pecs angehängt wird. Sie werden auf diese Weise sehr bequem reisen.«

»Pecs?« sagte Jennings und starrte den Kommandanten wütend an. »Wo zum Teufel liegt Pecs?«

»Hundert Kilometer südlich von hier, mein lieber Herr Professor. Der Flughafen von Budapest ist zur Zeit durch den Schnee unbrauchbar, doch den letzten Meldungen zufolge ist der Flugplatz von Pecs noch offen. Dort erwartet Sie ein Sonderflugzeug, das Sie und – hm – einige andere Spezialfälle nach Rußland bringen wird.«

Jennings wandte sich Reynolds zu. »Mein Sohn Brian ist also in England angekommen?« fragte er, und Reynolds nickte stumm. »Und ich bin immer noch hier, wie? Das haben Sie großartig gemacht, junger Mann, einfach großartig. Was jetzt werden soll, das mag der Himmel wissen.«

»Ich kann Ihnen nicht sagen, wie leid mir das alles tut, Herr Professor«, sagte Reynolds. Er zögerte einen Augenblick unentschlossen, doch dann fuhr er fort: »Etwas möchte ich Ihnen gern noch sagen. Ich bin zwar dienstlich nicht dazu befugt, doch dieses eine Mal soll mir das verdammt gleichgültig sein. Ihre Frau – die Operation Ihrer Frau war ein hundertprozentiger Erfolg, Ihre Frau ist auf dem Wege der Besserung und schon so gut wie völlig wiederhergestellt.«

»Was! Was sagen Sie da?« Jennings packte Reynolds bei den Rockaufschlägen und schüttelte ihn. »Das ist nicht wahr! Ich weiß, daß Sie lügen! Der Chirurg hat gesagt...«

»Ja, aber er hat es gesagt, weil wir es von ihm verlangt hatten«, unterbrach ihn Reynolds. »Ich weiß, das war unverzeihlich, doch es war außerordentlich wichtig, Sie zu veranlassen, nach England zurückzukehren, und deshalb mußte mit jedem möglichen Druckmittel gearbeitet werden. Aber da jetzt sowieso alles aus ist, dachte ich, ich könnte es Ihnen genausogut auch sagen.«

»Mein Gott, mein Gott!« stöhnte der Professor und weinte vor Glück. »Das ist ja wunderbar, ich kann Ihnen gar nicht sagen, wie wunderbar das ist. Und noch vor wenigen Stunden war ich fest davon überzeugt, daß ich nie im Leben mehr glücklich sein könnte.«

»Interessant, außerordentlich interessant«, bemerkte der Kommandant. »Und da besitzt der Westen die Frechheit, uns Unmenschlichkeit vorzuwerfen.«

»Sie haben ganz recht«, meinte Jansci leise. »Aber zumindest pumpt man im Westen die Leute nicht gegen ihren Willen voll mit Actedron und Mescalin.«

»Was? Was sagen Sie da?« sagte Jennings. »Wen hat man vollgepumpt mit...?«

»Uns«, unterbrach ihn Jansci freundlich. »Man wird uns ordnungsgemäß den Prozeß machen und uns dann im Morgengrauen erschießen, doch vorher werden wir aufs Rad geflochten – natürlich mit modernen wissenschaftlichen Methoden.«

Jennings starrte Jansci und Reynolds an, und aus dem ungläubigen Staunen auf seinem Gesicht wurde allmählich ein Ausdruck des Entsetzens. Er stand auf und sah den Kommandanten an.

»Ist das wahr? Ich meine, stimmt das, was dieser Mann da sagt?«

Der Kommandant zuckte die Schultern. »Er übertreibt natürlich, aber...«

»Also ist es wahr«, sagte Jennings, und seine Stimme war völlig ruhig. »Mr. Reynolds, Sie brauchen sich keine Vorwürfe zu machen, daß Sie mir über meine Frau die Unwahrheit gesagt haben. Dieses Druckmittel wäre jetzt gar nicht mehr nötig. Doch nun ist es zu spät. Das ist mir klar, wie mir überhaupt alles mögliche klarzuwerden beginnt. Und ich weiß auch, was ich nie in meinem Leben mehr sehen werde.«

»Ihre Frau?« sagte Jansci.

»Ja, meine Frau. Und meinen Sohn.«

»Sie werden sie wiedersehen«, sagte Jansci. Er sagte es in einem Ton absoluter Gewißheit, daß die anderen ihn verwundert anstarrten und sich fragten, ob dieser Mann ein Hellseher sei oder ein Wahnsinniger. »Das verspreche ich Ihnen, Herr Professor.«

Der alte Mann starrte ihn an, doch dann erlosch die Hoffnung langsam in seinen Augen.

»Das ist sehr freundlich von Ihnen, mein Herr. Die Religion . . .«

»Nein«, unterbrach ihn Jansci. »Hier in dieser Welt – und sogar bald.«

»Schafft den Mann fort«, befahl der Kommandant. »Er redet bereits irre.«

Michael Reynolds wurde wahnsinnig, langsam, aber unaufhaltsam, und das Schrecklichste dabei war, daß er genau wußte, daß er wahnsinnig wurde. Doch seit man sie hier in diesem unterirdischen Keller auf ihren Stühlen festgeschnallt und ihnen die letzte Spritze in den Körper gejagt hatte, war es ihm nicht möglich gewesen, sich gegen den unaufhaltsam ausbrechenden Wahnsinn zur Wehr zu setzen, und je mehr er versuchte, dagegen anzugehen, je heftiger er sich bemühte, die Symptome nicht zu beachten, desto schärfer und schmerzhafter registrierte er diese grauenhaften Symptome, desto tiefer gruben sich diese teuflischen Krallen in sein Gehirn, chemische Krallen, die ihn um den Verstand brachten.

Übelkeit stieg in Wellen in ihm auf, in seinem Magen war es, als habe dort jemand in ein Wespennest gestochen, das Atmen machte ihm Schwierigkeiten, und immer häufiger schnürte sich ihm die Kehle zusammen, daß er krampfhaft und voller Angst nach Luft schnappte und schon zu ersticken glaubte, bis dann im letzten Augenblick der Krampf nachließ und seine gequälten Lungen sich voll Luft pumpten. Doch das Schlimmste von allem, das war sein Kopf. In seinem Kopf herrschte eine dunkle Verwirrung, sein Bewußtsein schien sich zu zerfransen und mehr und mehr den Kontakt mit der Realität zu verlieren, so verzweifelt er sich auch bemühte, das letzte Restchen von Vernunft zu bewahren, das Actedron und Mescalin ihm noch gelassen hatten. Sein Hinterkopf fühlte sich an, als ob er in einem Schraubstock säße, und die Augen taten ihm unbeschreiblich weh. Er vernahm Stimmen; Stimmen, die aus weiter Ferne zu ihm drangen, während sein letzter Widerstand erlahmte und er endgültig in dem finsteren Nebel des Wahnsinns versank.

Doch die Stimmen kamen noch immer – selbst in der schwarzen Tiefe vernahm er sie noch. Nein, nicht Stimmen schienen ihm irgend etwas mitzuteilen, es waren nicht Stimmen, sondern eine Stimme. Und diese Stimme war keine Einflüsterung seines Wahnsinns, wie es all die anderen Stimmen gewesen waren, diese Stimme rief laut. Es war eine Stimme, die er genau kannte, wenn er sie auch noch nie so gehört hatte wie jetzt: Es dämmerte ihm dunkel, daß es Janscis Stimme war, und sie rief ihm wieder und wieder zu: »Nehmen Sie den Kopf hoch! Nehmen Sie um Gottes willen den Kopf hoch! Kopf hoch! Kopf hoch!«

Langsam, Zentimeter um Zentimeter, mit einer Anstrengung, als hebe er ein ungeheures Gewicht, hob Reynolds den Kopf, der ihm auf die Brust gesunken war, wieder in die Höhe, bis er fühlte, wie sein Hinterkopf gegen das Holz des Stuhlrückens drückte. In dieser Haltung blieb er eine ganze Weile, keuchend wie ein Langstreckenläufer am Ende eines mörderisch harten Rennens, doch dann begann sein Kopf wieder vornüber zu sinken.

»Behalten Sie den Kopf oben! Ich habe Ihnen gesagt, Sie sollen den Kopf oben behalten!« rief Jansci mit befehlender Stimme, und Reynolds spürte plötzlich, registrierte mit absoluter Klarheit, daß Jansci ihm etwas von der fantastischen Willenskraft übermittelte, die ihn befähigt hatte, das Kolyma-Gebirge zu verlassen und auf der endlosen Wanderung durch das Niemandsland der sibirischen Eiswüsten am Leben zu bleiben. »Ich sage Ihnen, behalten Sie den Kopf oben! So, ja – das ist besser! Und jetzt die Augen – machen Sie die Augen auf und sehen Sie mich an!«

Reynolds machte die Augen auf. Es kostete ihn eine solche Anstrengung, als habe ihm jemand dicke Bleiplatten daraufgelegt, doch er schaffte es schließlich, die Augen zu öffnen. Zunächst vermochte er überhaupt nichts zu erkennen, alles verschwamm ihm vor den Augen, wie ein undeutlicher Nebel, doch dann begriff er plötzlich, daß sein Blick tatsächlich auf einen undeutlichen Nebel fiel, und es fiel ihm auch wieder ein, daß auf dem steinernen Fußboden das Wasser zwanzig Zentimeter hoch stand, und daß überall an den Wänden dieses Kellers Rohre entlangliefen, aus denen Dampf strömte: Die feuchte Hitze, die schlimmer war als in irgendeinem Dampfbad, gehörte zu der Behandlung.

Und jetzt konnte er auch Jansci sehen. Er sah ihn wie durch eine beschlagene Fensterscheibe, doch er konnte ihn sehen, keine drei Meter entfernt und genauso an einem Stuhl festgeschnallt wie er selbst. Er konnte sehen, wie er den Kopf dauernd von einer Seite zur anderen drehte, wie seine Kiefer unablässig mahlten und sich die Hände an seinen gefesselten Armen krampfhaft öffneten und zusammenballten, um die unerträgliche Spannung, das teuflisch schmerzende Kitzeln des überreizten Nervensystems ein wenig zu lindern.

»Behalten Sie den Kopf oben, Michael, lassen Sie ihn nicht wieder sinken«, sagte er warnend und mahnend, und in all seiner Qual berührte es Reynolds sonderbar stark, daß Jansci ihn zum erstenmal bei seinem Vornamen nannte, den er genauso aussprach, wie ihn seine Tochter ausgesprochen hatte. »Und halten Sie um Himmels willen Ihre Augen offen. Geben Sie nicht nach, machen Sie, was Sie wollen, aber lassen Sie sich nicht gehen! Die Wirkung dieser verdammten Chemikalien erreicht irgendeinen kritischen Höhepunkt, und wenn man den übersteht – nicht nachgeben!« rief er plötzlich laut. Von neuem öffnete Reynolds die Augen, und diesmal war die Anstrengung schon ein klein wenig geringer.

»Ja, so ist es richtig!« sagte Jansci, und Reynolds konnte seine Stimme schon deutlicher hören. »Mir war vor einem Augenblick genauso zumute, aber wenn man nachgibt, dann ist man rettungslos verloren. Nur nicht aufgeben, mein Junge, nicht aufgeben. Ich spüre bereits, daß es nachläßt.«

Und auch Reynolds konnte fühlen, wie sich der klammernde Griff der Chemikalien lockerte. Er hatte noch immer das gleiche verzweifelte Verlangen, sich loszureißen, jeden einzelnen Muskel zu verkrampfen, doch in seinem Kopf wurde es allmählich klarer, und der Schmerz hinter seinen Augen begann nachzulassen. Jansci sprach die ganze Zeit zu ihm, machte ihm Mut und lenkte ihn ab, und allmählich begann sich sein ganzer Körper zu beruhigen, ihm wurde kalt, selbst in der mörderischen Hitze, die in diesem Keller herrschte, und Anfälle von heftigem Schüttelfrost ließen ihn am ganzen Leibe erzittern. Dann ließ der Schüttelfrost nach und verging. Reynolds begann zu schwitzen und war einer Ohnmacht nahe, als die feuchte Hitze, die den Dampfrohren entströmte, mit jedem Augenblick zunahm. Er war abermals am Rande des Zusammenbruchs, diesmal allerdings bei klarem Verstand, als die Tür aufging und Wärter in Gummistiefeln platschend durch das Wasser herankamen. Innerhalb weniger Sekunden hatten die Wärter sie losgeschnallt und führten sie eilig durch die offene Tür hinaus in die klare, eisige Luft – und zum erstenmal in seinem Leben wußte Reynolds genau, wie einem, der in der Wüste verdurstete, Wasser schmecken mußte.

Er konnte sehen, wie Jansci, der vor ihm ging, die Hände der Wärter abschüttelte, die ihn rechts und links stützten, und Reynolds folgte seinem Beispiel, obwohl ihm zumute war wie einem, der ein langes, schweres Fieber hinter sich hat. Er schwankte und war nahe daran umzufallen, als die Wärter seine Arme losließen, gewann aber sein Gleichgewicht wieder und zwang sich, aufrecht und mit hocherhobenem Haupt hinter Jansci her in den Schnee und die bittere Kälte des Hofes hinauszugehen.

Der Kommandant, der sie hier erwartete, kniff ungläubig die Augen zusammen, als er sie herauskommen sah. Für einen Augenblick verschlug es ihm die Sprache, doch er hatte sich rasch gefaßt, und sein Gesicht verbarg sich wieder hinter der gewohnten professoralen Maske.

»Wahrhaftig, meine Herren, hätte mir einer meiner Kollegen dies berichtet, so würde ich ihn einen Lügner genannt haben. Ich hätte es ihm einfach nicht geglaubt. Darf ich Sie, aus rein klinischem Interesse, nach Ihrem Befinden fragen?«

»Mir ist kalt«, sagte Reynolds. »Es ist Ihnen vielleicht nicht aufgefallen, aber unsere Füße sind klatschnaß – wir haben die letzten zwei Stunden im Wasser gestanden.« Reynolds lehnte sich lässig gegen die Wand, während er sprach; nicht, daß diese Haltung seiner Gemütslage entsprochen hätte, sondern weil er ohne die stützende Wand zusammengebrochen und in den Schnee gefallen wäre. Doch auch die Wand bedeutete keine so entscheidende Stütze und Hilfe, wie der anerkennende Blick, den Jansci ihm zuwarf.

»Alles zu seiner Zeit«, sagte der Kommandant. »Periodischer Temperaturwechsel gehört gleichfalls zu der – hm – Behandlung. Ich gratuliere, meine Herren. Dies verspricht ein ungewöhnlich interessanter Fall zu werden.« Er wandte sich an einen der Wachtposten. »Stellen Sie den beiden eine Uhr in den Keller, und zwar an eine Stelle, wo beide sie sehen können. Die nächste Injektion mit Actedron erfolgt – Moment, es ist jetzt zwölf Uhr mittags –, erfolgt genau zwei Uhr nachmittags. Wir wollen die Patienten nicht unnötig in Spannung halten.«

Zehn Minuten später sah Reynolds, der nach der Kälte draußen auf dem Hof in der plötzlichen Hitze des Kellers mühsam nach Luft schnappte, zu der tickenden Uhr hin und dann Jansci an.

»Dieser Bursche läßt auch nicht die kleinste Kleinigkeit aus, um die Folter zu vervollkommnen, finden Sie nicht?«

»Er wäre entsetzt, ehrlich entsetzt, wenn er hören würde, daß Sie von Folter sprechen«, sagte Jansci nachdenklich. »In seinen eigenen Augen ist der Kommandant nichts als ein Wissenschaftler, der ein Experiment durchführt und dem es nur darum geht, die wirkungsvollste Methode zur Erreichung eines bestimmten Resultats zu ermitteln. Er ist natürlich ernstlich geistesgestört, genauso verrückt wie alle blinden Fanatiker. Wenn man ihm das sagen wollte, wäre er allerdings genauso schockiert.«

»Verrückt?« sagte Reynolds. »Er ist ein Unmensch, ein Teufel. Sagen Sie, Jansci, nennen Sie einen solchen Mann etwa auch Ihren Bruder? Glauben Sie immer noch an die brüderliche Verbundenheit aller Menschen?«

»Ein Unmensch?« meinte Jansci leise. »Nun gut, Sie sollen recht haben. Nur wollen wir dabei nicht vergessen, daß die Unmenschlichkeit keine Grenzen kennt, weder räumliche noch zeitliche. Sie ist keineswegs eine ausschließlich russische Errungenschaft. Tausende von Ungarn sind hingerichtet oder zu Tode gefoltert worden – wie viele, das weiß niemand genau – von ihren eigenen ungarischen Landsleuten. Die tschechische SSB stand der NKWD in nichts nach, und die polnische UB, die fast ausschließlich aus Polen bestand, war verantwortlich für schlimmere Greuel, als die Russen sie sich jemals hatten träumen lassen.«

»Noch schlimmer als Winniza?«

Jansci sah ihn lange und nachdenklich an, dann hob er die Hand und fuhr sich mit dem Handrücken über die Stirn – vielleicht, um den Schweiß abzuwischen.

»Winniza?« Er ließ die Hand sinken und richtete den Blick in eine unbestimmte Ferne. »Warum fragen Sie nach Winniza, Michael?«

»Ich weiß nicht. Julia sprach davon – vielleicht hätte ich nicht danach fragen sollen. Entschuldigen Sie bitte, Jansci, und denken Sie nicht mehr daran.«

»Sie brauchen sich nicht zu entschuldigen – und ich werde immer an Winniza denken müssen.« Er verstummte und sprach erst nach einer ganzen Weile langsam weiter. »Ich werde es nie vergessen. Es war im Jahre 1943, und ich war damals bei den Deutschen, als wir in der Nähe des Hauptquartiers des NKWD die Erde eines von einem hohen Zaun umgebenen Geländes aufgruben. Es war ein Massengrab, das die Leichen von zehntausend Toten enthielt. Wir fanden meine Mutter, meine Schwester, meine Tochter – Julias ältere Schwester – und meinen einzigen Sohn. Meine Tochter und mein Sohn waren lebendig begraben worden – das war leicht festzustellen.«

Jansci sprach weiter, und das dunkle, kochendheiße Verlies tief unter der gefrorenen Erde von Szarhaza hörte für Reynolds auf zu existieren. Er vergaß die grauenvolle Lage, in der sie sich befanden, dachte nicht mehr an den internationalen Skandal, den der Prozeß gegen ihn hervorrufen würde, er vergaß den Mann, der darauf brannte, sie zu vernichten, er hörte nicht einmal mehr das Ticken der Uhr. Er konnte an nichts anderes denken als an den Mann, der ihm da gegenübersaß und mit solcher Ruhe und Einfachheit von einem so grauenhaften Geschehen berichtete, und an das Wunder, daß es dieser Mann nicht nur fertiggebracht hatte, seinen Verstand nicht zu verlieren, sondern der wissende und gütige Mensch zu werden, der er war, mit einem Herzen, das völlig frei war von jeglichem Haß. Reynolds sah ihn an und wußte, daß er eben erst anfing zu begreifen, was für ein Mensch dieser Mann war.

»Es ist nicht schwer, Ihre Gedanken zu lesen«, sagte Jansci freundlich. »Ich habe so viele meiner nächsten und liebsten Menschen verloren, und eine Zeitlang habe ich darüber auch beinahe meinen Verstand verloren. Der Graf – ich werde Ihnen seine Geschichte eines Tages erzählen – hat sogar noch mehr verloren als ich; ich habe doch wenigstens noch meine Julia und, davon bin ich im Innersten überzeugt, auch meine Frau. Der Graf hat alles verloren, was er auf dieser Welt besaß. Doch dieses eine wissen wir beide: Wir wissen, daß es Mord war und gewaltsam vergossenes Blut, wodurch wir unsere Liebsten verloren haben, doch wir wissen auch, daß in alle Ewigkeit kein vergossenes Blut sie uns jemals zurückbringen wird. Rache ist sinnlos, ist Verblendung. Durch Rache kann nie und nimmer eine Welt entstehen, in der es unmöglich geworden ist, daß uns die, die wir lieben, durch Mord und Gewalttat entrissen werden.« Er brach ab, als er das Geräusch schwerer Schritte hörte, die sich draußen auf dem Korridor näherten, und richtete den Blick auf die Tür. »Ich fürchte«, sagte er leise, »wir werden schon wieder gestört.«

Die Posten betraten den Raum, schnallten die beiden los und beförderten sie in ihrer üblichen wortkargen Eile nach oben und quer über den Hof, auf dem jetzt eine große SIS-Limousine stand. Als sie bei dem Zimmer des Kommandanten angelangt waren, klopfte der Kommandoführer, wartete, bis von drinnen die Aufforderung zum Eintreten kam, stieß dann die Tür auf und schob die beiden vor sich her hinein. Der Kommandant war nicht allein, und Reynolds erkannte den Mann, der bei ihm war, sofort. Oberst Joseph Hidas, stellvertretender Chef der AVO. Hidas stand auf und ging auf Reynolds zu, der dastand und versuchte, das Klappern seiner Zähne und das Zittern seines Körpers zu unterdrücken: Auch ohne die Drogen begann der dauernde Temperaturwechsel allmählich eine sonderbar zermürbende Wirkung auszuüben.

»Ja, Captain Reynolds«, sagte Hidas und sah ihn lächelnd an, »so sehen wir uns also doch noch wieder. Diesmal allerdings unter Umständen, die für Sie noch unangenehmer sein dürften als das letztemal. Dabei fällt mir ein: Es wird Sie freuen zu hören, daß unser Freund Coco sich recht gut erholt hat und wieder seinen Dienst versieht, allerdings – er humpelt noch ein wenig.«

»Das höre ich mit Bedauern«, antwortete Reynolds. »Ich habe ihn also nicht kräftig genug getroffen.«

Hidas machte ein erstauntes Gesicht und sah den Kommandanten an. »Die beiden sind heute vormittag behandelt worden? Mit allem, was dazugehört?«

»Mit allem, was dazugehört, Oberst Hidas. Ein ungewöhnlich hohes Maß an Widerstandskraft – aber ein klinisches Problem, wie ich es mir nicht besser wünschen könnte. Sie werden noch vor Mitternacht anfangen zu reden.«

»Ich zweifle nicht daran«, sagte Hidas und wandte sich wieder Reynolds zu. »Der Prozeß gegen Sie findet am Donnerstag statt, vor dem Volksgerichtshof. Die offizielle Mitteilung erfolgt morgen, und wir bieten allen westlichen Journalisten, die an dem Prozeß teilzunehmen wünschen, unverzügliche Erteilung der Einreisegenehmigung und Unterbringung in den besten Hotels.«

»Es werden keine Zimmer übrigbleiben für irgendwelche anderen Reisenden«, murmelte Reynolds.

»Dagegen hätten wir nicht das geringste. Trotzdem ist die ganze Sache verhältnismäßig unwichtig im Vergleich zu einem anderen Prozeß, der sogar noch eher stattfinden wird, allerdings unter Ausschluß der Öffentlichkeit.« Hidas ging quer durch den Raum und blieb vor Jansci stehen. »Was ich in diesem Augenblick erlebe, ist, das muß ich offen gestehen, die Erfüllung meines brennendsten Wunsches, meines höchsten Ehrgeizes: dem Mann gegenüberzustehen, und zwar unter den entsprechenden Umständen, der mir mehr Ärger, größere und ernstlichere Schwierigkeiten und zahlreichere schlaflose Nächte verursacht hat als alle anderen – hm – Staatsfeinde zusammengenommen, mit denen ich jemals zu tun gehabt habe. Ja, ich leugne es nicht. Seit sieben Jahren schon sind Sie mir jetzt fast pausenlos in die Quere gekommen, haben Sie Hunderte von Verrätern und Feinden des Kommunismus geschützt und außer Landes gebracht, haben Sie gegen die Gesetze verstoßen und das Recht gebrochen. In den letzten anderthalb Jahren hat Ihre staatsfeindliche Tätigkeit, mit Hilfe des so ungewöhnlich begabten Major Howarth, ein geradezu unerträgliches Maß erreicht. Doch jetzt ist das schlimme Ende, das für jeden von Ihnen irgendwann einmal unweigerlich kommen muß, endlich da. Ich kann es kaum erwarten, Ihr Geständnis zu hören. Wie ist Ihr Name, mein Freund?«

»Jansci – einen anderen Namen habe ich nicht.«

»Natürlich! Ich hatte nichts anderes erwartet von einem Mann, der...« Hidas brach mitten im Satz ab, seine Augen weiteten sich, und das Blut wich aus seinem Gesicht. Er trat einen Schritt zurück, und dann noch einen. »Was hatten Sie eben gesagt, wie Ihr Name sei?« fragte Hidas, und seine Stimme war nur ein heiseres Flüstern.

»Jansci – einfach nur Jansci.«

Vielleicht zehn Sekunden vergingen in völligem Schweigen, während alles den Oberst der AVO anstarrte. Dann fuhr sich Hidas mit der Zunge über die Lippen und sagte mit rauher Stimme: »Drehen Sie sich um!«

Jansci machte kehrt, und Hidas starrte auf die Hände, die auf dem Rücken mit Handschellen gefesselt waren, bis sich Jansci schließlich ohne Aufforderung wieder herumdrehte.

»Sie sind tot!« sagte Hidas, dessen Stimme noch immer ein heiseres Flüstern war. »Sie sind vor zwei Jahren gestorben. Als wir Ihre Frau abholten...«

»Ich bin nicht gestorben, mein lieber Hidas«, unterbrach Jansci ihn. »Es war ein anderer, der damals starb – in jener Woche, als eure braunen Wagen so eifrig am Werke waren, gab es haufenweise Leute, die Selbstmord begingen. Wir suchten einfach den aus, der mir am ähnlichsten war. Wir holten den Toten in unsere

Wohnung, zogen ihm meine Sachen an und präparierten seine Hände so sorgfältig, daß sie jeder Prüfung standhalten konnten. Wie Ihnen inzwischen wohl auch klargeworden sein dürfte, ist Major Howarth geradezu ein Genie, was Tarnung und Maskierung angeht.« Jansci zog die Schultern hoch. »Es war keine angenehme Sache, aber schließlich: Der Mann war ja schon tot. Meine Frau aber lebte – und wir dachten, daß sie vielleicht am Leben bleiben würde, wenn die AVO meinte, ich sei tot.«

»So also ist das. Ja, jetzt wird mir Verschiedenes klar.« Oberst Hidas hatte inzwischen Zeit gehabt, sich von seinem Schreck wieder zu erholen, und seiner Stimme war die Erregung anzuhören, der Triumph.

»Oberst Hidas!« sagte der Kommandant ungeduldig. »Wer ist dieser Mann?«

»Ein Mann, dem man leider nicht in Budapest den Prozeß machen wird. In Kiew, vielleicht in Moskau, aber nie und nimmer in Budapest. Kommandant, darf ich vorstellen: Generalmajor Alexis Illjurin, von der ukrainischen Nationalarmee, die rechte Hand von General Wlassow.«

»Illjurin!« sagte der Kommandant. »Hier, in meinem Dienstzimmer? Nicht möglich!«

»Es scheint unglaubhaft, ich weiß, doch es gibt auf der ganzen Welt nur einen Mann mit solchen Händen! Und Sie haben ihn noch nicht zum Reden gebracht? Nein? Doch er wird reden, wir müssen ein umfassendes Geständnis von ihm haben, wenn wir ihn auf die Reise nach Rußland schicken.« Hidas warf einen Blick auf seine Uhr. »Soviel zu tun, Herr Kommandant, und sowenig Zeit dafür. Ich muß sofort weiter. Geben Sie gut auf unseren Freund hier acht, bis ich wieder da bin. Ich werde in zwei, spätestens in drei Stunden zurück sein. Illjurin? Wahrhaftig, Illjurin!«

Jansci und Reynolds hatten sich nicht viel zu sagen, als sie anschließend wieder in ihrem Keller saßen. Janscis Gesicht war so beherrscht wie immer, doch auch ihn schien sein unerschütterlicher Optimismus verlassen zu haben. Und Reynolds war sich völlig darüber klar, daß alles verloren war, für Jansci sogar noch mehr als für ihn, daß die letzte Karte ausgespielt war.

Und während Reynolds den Mann ansah, der ihm da gegenübersaß, ruhig und völlig gefaßt, war er fast froh bei dem Gedanken, daß er selbst auch sterben würde, wobei er sich der bitteren Ironie durchaus bewußt war, daß diese Regung nicht etwa dem Mut entsprang, sondern im Gegenteil der Feigheit: Wenn Jansci tot war, und durch seine Schuld, so würde er Janscis Tochter nie wieder unter die Augen treten können. Aber fast unerträglich war der Gedanke, wie es Julia zwangsläufig ergehen mußte, wenn der Graf und Jansci und auch er, Reynolds, nicht mehr waren. Doch diese Vorstellung war kaum in ihm aufgestiegen, als er sie auch schon hart und unerbittlich von sich wies: Wenn es jemals einen Augenblick geben würde, da er jeden Gedanken unterdrücken mußte, der geeignet war, ihn weichzustimmen, so war dieser Augenblick jetzt gekommen.

Zischend schoß der Dampf aus den Rohren, der ganze Raum füllte sich mit feuchter Hitze, und die Temperatur stieg unablässig weiter an: fünfzig Grad, sechzig Grad, siebzig Grad. Sie waren am ganzen Körper klatschnaß, der Schweiß lief ihnen in die Augen und machte sie blind. Zweimal, dreimal verlor Reynolds das Bewußtsein, und wäre er nicht angeschnallt gewesen, so wäre er zu Boden gestürzt und in dem zwanzig Zentimeter hohen Wasser ertrunken.

Als er gerade wieder einmal aus einem solchen Zustand der Bewußtlosigkeit auftauchte, spürte er Hände, die damit beschäftigt waren, ihn loszuschnallen, und ehe er richtig begriffen hatte, was eigentlich geschah, hatten die Wachen ihn und Jansci zum drittenmal an diesem Tag aus dem Keller nach oben in die bittere Kälte des Hofes hinausgebracht. Reynolds taumelte, in seinem Kopf drehte es sich, und auch Jansci, das konnte er sehen, war kaum imstande, sich auf den Beinen zu halten; doch bei all seiner Benommenheit, die ihn wie ein Nebel einhüllte, erinnerte sich Reynolds an irgend etwas. Er sah auf seine Uhr: Es war genau zwei Uhr. Er nahm wahr, wie Jansci zu ihm herüberblickte und bestätigend nickte. Es war zwei Uhr, und der Kommandant erwartete sie – und nicht nur er, sondern auch die Spritzen und der Kaffee, das Mescalin und Actedron.

Der Kommandant erwartete sie, doch er war nicht allein. Das erste, was Reynolds sah, war ein AVO-Mann, dann entdeckte er zwei weitere AVO-Leute, und dann den Riesen Coco, der ihn lauernd ansah, ein breites, bösartiges Grinsen auf seinem brutalen Gesicht. Und dann, als letztes, sah er den Rücken eines Mannes, der lässig am Fenster lehnte und eine schwarze russische

Zigarette rauchte, die in einer langen, schmalen Zigarettenspitze steckte; und als dieser Mann sich jetzt umdrehte, da sah Reynolds, daß es der Graf war.

9

Reynolds war überzeugt, daß seine Sinne ihn täuschten. Er wußte, daß man den Grafen in eine ganz andere Gegend geschickt hatte, damit er hier nicht stören konnte, und daß seine Vorgesetzten bei der AVO jeden seiner Schritte schärfstens überwachen würden. Doch dann löste sich der Mann, der am Fenster lehnte, lässig von der Wand und kam mit lockeren Schritten heran, in der einen Hand die Zigarettenspitze und in der anderen ein Paar schwere Lederhandschuhe, und plötzlich war gar kein Zweifel mehr möglich: Es war wirklich der Graf, bei bester Gesundheit und völlig unverändert. Reynolds sank der Unterkiefer herunter, seine Augen weiteten sich vor Schreck, doch dann erschien auf seinem bleichen, eingefallenen Gesicht langsam ein Lächeln.

»Wie ist denn das bloß...«, begann er, taumelte aber im nächsten Augenblick hinten gegen die Wand, als ihm der Graf mit seinen schweren Lederhandschuhen mitten ins Gesicht schlug. Er fühlte, wie aus einer der eben erst verheilten Schrammen auf seiner Oberlippe das Blut herausfloß, und nach alledem, was er bereits hinter sich hatte, war dieser letzte Schmerz und Schock zuviel für ihn, ihm wurde schwach und schwindlig, und er sah den Grafen nur noch undeutlich, wie durch einen Nebel.

»Lektion Nummer eins, Freundchen«, sagte der Graf beiläufig. »In Zukunft werden Sie den Mund nur aufmachen, wenn man Sie etwas gefragt hat.« Er entdeckte auf einem seiner Handschuhe einen winzigen Blutfleck, den er sichtlich angewidert betrachtete, und richtete dann seinen Blick ebenso angewidert auf die beiden Gefangenen. »Sagen Sie, Kommandant, sind diese Leute da eigentlich in einen Bach gefallen?«

»Keineswegs«, sagte der Kommandant, der sehr aufgeregt schien. »Sie machten nur gerade eine Spezialbehandlung in einem unserer Dampfräume durch. Das trifft sich wirklich sehr unglücklich, Hauptmann Zsolt, wirklich außerordentlich unglücklich. Es zerstört den ganzen Ablauf der Behandlung.«

»Ich würde mir an Ihrer Stelle keine unnötigen Sorgen machen,

Kommandant«, sagte der Graf beruhigend. »Dies ist inoffiziell, und bitte sagen Sie nicht, daß ich es Ihnen erzählt habe, aber soviel mir bekannt ist, sind die beiden entweder heute abend spät oder morgen früh zeitig wieder hier. Ich glaube, Genosse Furmint hat die allergrößte Hochachtung vor Ihren Fähigkeiten als – wie soll ich sagen – als Psychologe.«

»Meinen Sie, Hauptmann Zsolt? Sind Sie sich dessen ganz sicher?«

»Völlig sicher.« Der Graf sah auf seine Uhr. »Die Zeit drängt, Herr Kommandant. Sie wissen sicher selbst, wie wichtig es oft ist, sich zu beeilen. Außerdem«, sagte er lächelnd, »je eher wir losfahren, desto früher sind die beiden wieder hier.« Er wandte sich an die vier AVO-Leute. »Los, bringt sie raus und in den Wagen. Coco, mein Kleiner, was ist denn mit Ihnen? Denken Sie vielleicht, die beiden wären aus Glas?«

Coco grinste und nahm seine Chance wahr. Er stieß seine flache Hand Reynolds mit solcher Wucht ins Gesicht, daß dieser gegen die Wand flog, und zwei andere AVO-Leute packten Jansci und schleiften ihn rücksichtslos hinaus.

»Hauptmann Zsolt!« sagte der Kommandant und hob entsetzt die Hände in die Höhe. »Ist es wirklich notwendig – ich meine, ich möchte die beiden gern in gutem Zustand zurückhaben, damit ich...«

»Seien Sie unbesorgt, Herr Kommandant«, sagte der Graf lächelnd. »Auch wir sind, auf unsere etwas rauhe Art, Spezialisten. Ich darf Sie also bitten, Oberst Hidas die Sache zu erklären, wenn er zurückkommt, und ihm zu sagen, er möchte den Chef anrufen, ja? Und sagen Sie ihm doch bitte auch, wie leid es mir tut, ihn nicht angetroffen zu haben, aber ich kann nicht länger warten. Nochmals besten Dank, Herr Kommandant, und leben Sie wohl.«

Jansci und Reynolds, die in ihren naßgeschwitzten Sachen vor Kälte zitterten, wurden eilig über den Hof gebracht und in dem wartenden Lastwagen der AVO verfrachtet. Der eine AVO-Mann nahm vorn im Fahrerhaus neben dem Fahrer Platz, der Graf, Coco und ein weiterer AVO-Mann stiegen hinten ein, legten ihre Schußwaffen griffbereit auf den Schoß und behielten die beiden Gefangenen wachsam im Auge. Einen Augenblick später hatte der Fahrer den Motor gestartet, der Lastwagen fuhr los und wenige Sekunden später durchs Tor hinaus, an der salutierenden Wache vorbei.

Der Graf holte eine Karte heraus, schaute sie kurz an und steckte sie wieder ein. Fünf Minuten später ging er an Jansci und Reynolds vorbei, machte die Luke zum Fahrerhaus auf und sprach mit dem Fahrer.

»Fünfhundert Meter von hier zweigt links ein Feldweg ab. Biegen Sie in diesen Feldweg ein und fahren Sie auf ihm entlang, bis ich Ihnen sage, daß Sie anhalten sollen.«

Eine Minute später verlangsamte der Wagen seine Fahrt, bog von der Straße ab und fuhr rumpelnd und schaukelnd einen schmalen Feldweg entlang. Nach zehn Minuten stand der Graf auf und sah hinten zum Wagen hinaus, als suche er nach einer bestimmten Stelle, und bald darauf schien er diese Stelle gefunden zu haben. Er gab einen Befehl, der Wagen hielt an, und der Graf sprang hinaus auf den Schnee, hinter ihm Coco und der andere AVO-Mann. Der unmißverständlichen Aufforderung der wortlos winkenden Laufmündungen folgend, verließen Jansci und Reynolds anschließend gleichfalls den Wagen.

Der Graf hatte den Wagen in der Mitte eines dichten Waldes halten lassen, und zwar neben einer kleinen Lichtung. Er erteilte einen weiteren Befehl, und der Fahrer benutzte den freien Raum, den die Lichtung bot, um mit dem Wagen zu wenden und den Motor im Stand laufen zu lassen: denn bei dieser Hundekälte, so erklärte er, könnte der Motor sonst nachher eventuell nicht anspringen.

Und es war in der Tat grimmig kalt. Jansci und Reynolds, noch immer in ihren nassen Sachen, zitterten am ganzen Leib, als ob sie Schüttelfrost hätten. Die eisige Luft färbte Ohren und Nasenspitzen rot und blau und weiß, der Atem bildete vor dem Mund dichte Wolken und verzog sich in der unbewegten Kälte so langsam wie Rauch.

»Los, Männer, beeilt euch!« befal der Graf. »Oder wollt ihr alle miteinander hier erfrieren? Coco, Sie bewachen diese beiden Leute. Kann ich mich auf Sie verlassen?«

»Völlig«, sagte Coco und grinste boshaft. »Die kleinste Bewegung, und ich lege die Burschen um.«

»Ich zweifle nicht daran.« Der Graf wandte sich an die anderen. »Ihr anderen nehmt jeder eine Schaufel. Ich habe eine Arbeit für euch, bei der euch warm werden wird.«

»Schaufeln, Genosse?« fragte der eine AVO-Mann verständnislos. »Für – für die Gefangenen?«

»Dachten Sie vielleicht, ich hätte die Absicht, hier einen Schrebergarten anzulegen?« fragte der Graf mit kalter Stimme.

»Nein, natürlich nicht. Ich dachte nur, weil Sie doch zu dem Kommandanten gesagt haben – ich meine, ich hatte gedacht, wir führen nach Budapest...« Der Mann stockte und verstummte.

»Sie hatten gedacht«, meinte der Graf. »Dabei ist Denken das letzte, Genosse, was man von Ihnen verlangt. Kommt, Leute, oder wir erfrieren hier alle. Und keine Angst – ihr braucht nicht die Erde aufzugraben, das ist sowieso unmöglich, sie ist steinhart gefroren. Eine kleine Senke im Wald, wo der Schnee hoch liegt, ein schmaler Graben im Schnee genügt auch.«

Er verschwand mit den anderen drei AVO-Leuten in dem Wald jenseits der Lichtung, und selbst in dieser kristallklaren weittragenden Luft wurden ihre Stimmen für die Zurückbleibenden leiser und immer leiser, bis es nur noch ein fernes, schwaches Gemurmel war. Der Graf mußte mit den Leuten sehr tief in den Wald hineingegangen sein. Coco hielt inzwischen seine kleinen, bösartigen Augen unverwandt auf die Gefangenen gerichtet, und Jansci wie Reynolds waren sich nur allzu klar darüber, daß er die geringste Bewegung als Vorwand benutzen würde, den Finger um den Abzug der Maschinenpistole zu krümmen, die er wie ein Spielzeug in seinen mächtigen Pranken hielt. Doch sie boten ihm keinen solchen Vorwand: bis auf das Zittern, das sie nicht zu unterdrücken vermochten, standen sie wie Statuen.

Nach einiger Zeit tauchte der Graf aus dem Wald wieder auf und schlug sich mit den Handschuhen gegen die blankgeputzten Schäfte seiner Stiefel und den Saum seines langen Mantels, um den Schnee zu entfernen.

»Die Arbeit macht rasche Fortschritte«, verkündete er. »Noch zwei Minuten, und dann können wir uns zu unseren Genossen begeben. Haben die beiden sich ordentlich benommen, Coco?«

»Doch, das haben sie«, sagte Coco mit einer Stimme, der die Enttäuschung deutlich anzuhören war.

»Macht nichts, Genosse«, sagte der Graf tröstend. Er marschierte hinter Coco auf und ab und schlug sich die Arme um den Leib, um sich zu wärmen. »Sie brauchen nicht mehr lange zu warten. Passen Sie nur gut auf die beiden auf, lassen Sie sie nicht einen Augenblick aus den Augen. Übrigens – wie geht es denn heute?«

»Es tut immer noch weh«, sagte Coco und warf Reynolds einen bösartigen Blick zu. »Ich bin am ganzen Körper braun und blau!«

»Armer Coco, Sie haben es wirklich nicht leicht in diesen Tagen«, sagte der Graf freundlich, und in der Stille des Waldes klang es laut wie ein Schuß, als er mit seiner Pistole zuschlug und Coco mit ungeheurer Wucht genau über dem Ohr traf. Coco schwankte, die Waffe entfiel seiner Hand, und er verdrehte die Augen und schlug dann krachend wie ein gefällter Baum zum Boden, während der Graf respektvoll zur Seite trat, um dem stürzenden Riesen Platz zu machen. Zwanzig Sekunden später war der Lastwagen wieder unterwegs, und die Lichtung im Wald blieb unsichtbar zurück, als der Weg jetzt eine Kurve machte.

Während der ersten drei oder vier Minuten sprach keiner von ihnen ein Wort, und in dem Fahrerhaus des Lastwagens war nichts zu hören als das leise, gleichmäßige Brummen des Dieselmotors. Hundert Fragen drängten sich Jansci und Reynolds auf die Lippen, doch sie wußten nicht, wo sie anfangen sollten, und der finstere Alptraum, dem sie soeben erst entronnen waren, stand noch allzu deutlich vor ihren Augen. Doch dann verlangsamte der Graf die Fahrt und hielt an, auf seinem schmalen, aristokratischen Gesicht erschien ein bei diesem Mann so seltens Lächeln, während er in seine Tasche langte und die Metallflasche herausholte.

»Slibowitz, meine Freunde«, sagte er, mit einer Stimme, die nicht ganz so beherrscht war wie sonst. »Slibowitz, und weiß der Himmel, daß niemand ihn nötiger hat als wir drei an diesem heutigen Tage. Ich, weil ich heute tausend Tode gestorben bin – besonders, als unser junger Freund hier um ein Haar alles zunichte gemacht hätte, als er mich im Dienstzimmer des Gefängniskommandanten erblickte –, und Sie beide, weil Sie in Ihren nassen Sachen scheußlich frieren müssen und sich wohl mit Sicherheit eine Lungenentzündung holen. Und außerdem, weil man Sie vermutlich nicht besonders gut behandelt hat. Habe ich recht?«

»Sie haben recht«, sagte Jansci, der für beide antworten mußte; denn Reynolds verschlug es den Atem, als ihm die lebensspendende Wärme des starken Schnapses brennend durch die Kehle rann. »Die üblichen chemischen Zermürbungsmittel, kombiniert mit einem ganz neuen Stoff, den er soeben entwickelt hat – und, wie Sie ja wissen, das Dampfbad.«

»Ich konnte es mir denken«, meinte der Graf. »Sie machten keinen besonders glücklichen Eindruck. An sich waren sie gar nicht berechtigt, sich überhaupt noch auf den Füßen halten zu können – zweifellos aber hat Sie die Gewißheit aufrechterhalten, daß es nur eine Frage der Zeit war, bis ich auf der Bildfläche erschien.«

»Selbstverständlich«, bemerkte Jansci trocken. Er nahm einen kräftigen Schluck aus der Flasche, die Tränen schossen ihm in die Augen, und er schnappte nach Luft. »Ein Teufelszeug«, sagte er, »das reine Gift – aber noch nie hat mir irgend etwas auch nur annähernd so gut geschmeckt!«

»Ja«, meinte der Graf, »es gibt halt Zeiten, wo es besser ist, nicht allzu wählerisch zu sein.« Er setzte die Flasche an die Lippen, trank von dem scharfen Schnaps, als ob es Wasser sei, und verstaute die Flasche wieder hinten in seiner Tasche. »Dieser Aufenthalt war absolut notwendig, doch jetzt müssen wir schleunigst weiter: Die Zeit arbeitet nicht für uns.«

Er schaltete den Gang ein, gab Gas, und der Wagen setzte sich in Bewegung. Reynolds mußte seinen Protest mit lauter Stimme anmelden, um sich bei dem Dröhnen des ersten Ganges verständlich zu machen.

»Aber Sie werden uns doch wohl erzählen...«

»Versuchen Sie, mich daran zu hindern!« sagte der Graf. »Doch während wir weiterfahren, wenn Sie nichts dagegen haben. Ich werde Ihnen später erklären, warum. Ja, was also die Ereignisse des heutigen Tages betrifft, so muß ich Ihnen zunächst einmal mitteilen, daß ich meinen Dienst bei der AVO quittiert habe. Natürlich nur ungern.«

»Natürlich«, murmelte Jansci. »Weiß es schon jemand?«

»Furmint weiß es, sollte ich meinen. Ich habe die Sache zwar nicht schriftlich mitgeteilt, doch da ich ihn in seinem Dienstzimmer gefesselt und geknebelt zurückgelassen habe, so dürfte er sich eigentlich über meine weiteren Absichten nicht im unklaren sein.«

Weder Reynolds noch Jansci sagten etwas, es schien nicht möglich, zu dieser Mitteilung irgendeine passende Bemerkung zu finden, und als das Schweigen anhielt, konnten sie sehen, wie sich die schmalen Lippen des Grafen zu einem grinsenden Lächeln verzogen.

»Furmint!« sagte Jansci schließlich. »Wollen Sie damit sagen, daß Sie Ihren Chef...«

»Meinen ehemaligen Chef«, verbesserte der Graf. »So ist es in der Tat. Doch lassen Sie mich von Anfang an erzählen. Sie werden sich erinnern, daß ich Ihnen durch den Kosaken eine Nachricht übermittelt hatte – übrigens, ist er mit seinem Opel wohlbehalten angelangt?«

»Beide in bester Ordnung.«

»Ein wahres Wunder – Sie hätten sehen sollen, wie er losfuhr! Nun also, ich hatte ihm gesagt, er möchte Ihnen mitteilen, daß ich nach Gödöllö müßte – zu so einer Überprüfungsaktion, in ziemlich großem Maßstab. Ich hatte eigentlich angenommen, daß Hidas die Sache persönlich würde leiten wollen, doch er sagte mir, er müsse nach Györ, wo er irgendwas ganz Wichtiges zu erledigen habe. Also, wir fuhren los nach Gödöllö – acht Mann, meine Wenigkeit und ein Hauptmann Zsolt – ein Mann, der sehr gut mit einem Gummiknüppel umzugehen versteht, im übrigen aber ungewöhnlich unbegabt. Ich war sehr beunruhigt, während wir hinfuhren – kurz vor der Abfahrt hatte ich zufällig in einem Spiegel gesehen, wie der Chef mir mit einem sehr merkwürdigen Blick nachsah. Nicht, als ob es irgendwie etwas Bemerkenswertes wäre, wenn der Chef jemanden sonderbar ansieht, er traut nicht einmal seiner eigenen Frau über den Weg; jedoch mir kam es merkwürdig vor, da der gleiche Mann mir noch vor einer Woche das Kompliment gemacht hatte, ich sei der fähigste Beamte der ganzen AVO.«

»Sie sind unersetzlich«, brummte Jansci.

»Besten Dank! Ja, und dann, als wir gerade in Gödöllö ankamen, da sagte Zsolt etwas, was bei mir wie eine Bombe einschlug. Er erwähnte beiläufig, er habe heute früh mit dem Chauffeur von Hidas gesprochen und von ihm erfahren, daß der Oberst im Laufe des Vormittags zum Szarhaza-Gefängnis fahren wolle, und er begreife gar nicht, was der Oberst in diesem finsteren Loch zu suchen haben könnte. In mir fiel alles zusammen, als ich das hörte, und zwar mit einem so lauten Knall, daß es wirklich ein Wunder ist, daß Zsolt es nicht hörte. Der Umstand, daß man mich abgeschoben hatte nach Gödöllö, der sonderbare Blick, mit dem der Chef mir nachgesehen hatte, die Lüge von Hidas, der mir gesagt hatte, er müsse nach Györ, die Leichtigkeit, mit der ich festgestellt hatte, daß sich der Professor im Szarhaza-Gefängnis befand, und die noch größere Leichtigkeit, mit der ich mir die Papiere und Dienstsiegel in Furmints Büro hatte beschaffen können – mein Gott, ich hätte mich in den Hintern treten können, als ich jetzt daran dachte, daß Furmint völlig gegen seine sonstige Gewohnheit und ohne jeden besonderen Anlaß mir mitgeteilt hatte, er müsse irgendwohin zu einer Besprechung, wodurch ich also wußte, daß sein Dienstzimmer zu einer bestimmten Zeit leer sein würde. Jetzt war mir natürlich alles klar. Wie man mir allerdings auf die Sprünge gekommen ist, das ahnte ich nicht, und das werde ich wohl auch nie erfahren.

Ich mußte also handeln, jetzt oder nie, und ich wußte auch, daß ich nichts mehr zu verlieren hatte. Und zwar mußte ich von der Annahme ausgehen, daß nur Furmint und Hidas Bescheid wußten. Zsolt wußte ganz offensichtlich von nichts, doch darauf gab ich an sich wenig, weil er einfach zu blöd ist, als daß man ihm irgend etwas anvertraut«, sagte der Graf mit einem breiten Lächeln. »Sofort nach unserer Ankunft in Gödöllö begaben wir uns zur dortigen Kreisleitung, warfen den Kreisleiter hinaus und übernahmen die Geschäfte. Ich ließ Zsolt oben in den Arbeitsräumen, ging nach unten, versammelte unsere Leute und erklärte ihnen, daß bis heute nachmittag fünf Uhr ihre dienstliche Aufgabe darin bestehe, durch die verschiedenen Lokale, Cafés und Kneipen von Gödöllö zu gehen und sich als AVO-Leute aufzuspielen, denen das Ganze nicht mehr paßte, um festzustellen, wie die Bevölkerung auf provozierende Bemerkungen reagiere. Das war ein Auftrag, der ihnen außerordentlich zusagte. Ich stattete sie zu diesem Zweck auch reichlich mit Geldmitteln aus – sie werden jetzt stundenlang saufen und sich langsam vollaufen lassen. Dann begab ich mich wieder nach oben, stürzte im Zustand äußerster Erregung in die Kreisleitung und berichtete Zsolt, ich hätte eine Sache von größter Wichtigkeit festgestellt. Er ließ sich nicht einmal Zeit, mich zu fragen, um was es sich eigentlich handele. Er stürmte mit mir nach unten, und in seinen Augen leuchtete die Hoffnung auf Beförderung.« Der Graf machte eine kleine Pause und hustete diskret. »Wir wollen den weniger erfreulichen Teil übergehen. Ich möchte nur soviel sagen, daß er sich jetzt in einem unbenutzten Keller befindet, keine fünfzig Meter von der Kreisleitung entfernt. Er ist nicht gefesselt und auch nicht irgendwie verletzt, doch man wird einen Schweißapparat brauchen, um ihn zu befreien.«

Der Graf unterbrach seinen Bericht, hielt an und stieg aus, um die Windschutzscheibe abzuwischen. Es hatte seit zwei oder drei Minuten ziemlich heftig geschneit, doch Jansci und Reynolds hatten es nicht bemerkt.

»Ich nahm die Papiere meines unglücklichen Kollegen an mich«, sagte der Graf, nachdem er wieder hinter dem Steuer saß und weiterfuhr. »Ich kehrte zurück nach Budapest und machte unterwegs nur einmal kurz halt, um eine Wäscheleine zu kaufen. Fünfundvierzig Minuten später hielt ich vor dem Hauptportal unserer Zentrale in der Andrassy Ut, und eine Minute später stand ich in Furmints Dienstzimmer – schon allein die Tatsache, daß ich so weit gekommen war, war ein deutlicher Beweis dafür, daß Furmint und Hidas in der Tat so verschwiegen gewesen waren, wie ich vermutet hatte.

Die ganze Sache war geradezu lächerlich einfach. Ich hatte nichts zu verlieren, war offiziell noch in Amt und Würde, und nichts ist so erfolgreich wie Frechheit, insbesondere horrende Frechheit. Furmint war so verblüfft, mich zu sehen, daß ihm der Unterkiefer herunterklappte, und ich hatte ihm den Lauf meiner Pistole zwischen die Zähne geschoben, noch ehe er den Mund wieder zumachen konnte. Überall an seinem Schreibtisch und in seinem Zimmer gibt es raffinierte Knöpfe, alle installiert zu dem Zweck, sein kostbares Leben zu beschützen, aber man hatte natürlich bei der Anlage dieser Notsignale nicht mit einem Mann wie mir gerechnet.

Ich zwang ihn, einen handschriftlichen Brief zu schreiben, nach meinem Diktat. Furmint ist ein mutiger Mann, und zunächst wollte er gar nicht, doch durch nichts geraten die besten Vorsätze rascher ins Wanken, als wenn man den Leuten die Mündung einer Pistole in die Ohrmuschel drückt. Der Brief war an den Kommandanten des Szarhaza-Gefängnisses gerichtet, der Furmints Handschrift so genau kennt wie seine eigene, und ermächtigte ihn, Sie beide dem Überbringer, einem Hauptmann Zsolt, auszuhändigen. Er unterschrieb den Brief, drückte so ziemlich jeden Stempel darauf, den wir auf seinem Schreibtisch finden konnten, steckte ihn in einen Umschlag und versiegelte ihn mit seinem privaten Siegel.

Ich hatte zwanzig Meter Wäscheleine, und als ich fertig war, konnte Furmint nur noch die Augen und die Augenbrauen bewegen, und das machte er außerordentlich ausdrucksvoll, als ich den Hörer der direkten Leitung zum Szarhaza-Gefängnis abnahm und mit dem Kommandanten telefonierte – wobei, das darf ich wohl behaupten, meine Stimme von der Stimme Furmints nicht zu unterscheiden war. Ich glaube, daß Furmint dabei eine ganze Reihe von Dingen zu begreifen begann, die ihm im Laufe des letzten Jahres einigermaßen rätselhaft gewesen waren. Jedenfalls, ich teilte dem Kommandanten mit, daß Hauptmann Zsolt zu ihm kommen würde, der den Auftrag erhalten habe, diese beiden Häftlinge abzuholen, daß ich außerdem eine schriftliche Bestätigung mitschickte, in meiner eigenen Handschrift und mit meinem persönlichen Siegel versehen, um jede unnötige Rückfrage oder Verzögerung zu vermeiden.«

»Und was, wenn Hidas nun noch dagewesen wäre?« fragte Reynolds. »Er kann erst ganz kurze Zeit vor Ihrem Anruf weggefahren sein.«

»Nichts leichter als das«, sagte der Graf und machte eine lässige Handbewegung. »Dann hätte ich Hidas ganz einfach den Befehl erteilt, Sie beide unverzüglich zum Andrassy Ut zu bringen, und hätte ihm unterwegs aufgelauert. Nun, er war schon fort. Während ich mit dem Kommandanten telefonierte, hustete und nieste ich von Zeit zu Zeit und sprach mit etwas belegter Stimme. Ich teilte dem Kommandanten mit, daß bei mir eine teuflische Erkältung im Anzug sei. Ich hatte meine Gründe dafür. Danach sprach ich über die Sprechanlage auf seinem Schreibtisch mit seinem Vorzimmer und sagte, daß ich die nächsten drei Stunden unter keinen Umständen gestört zu werden wünsche, nicht einmal, wenn ein Minister mich sprechen wolle. Ich ließ die Leute nicht im unklaren darüber, was sie zu erwarten hätten, falls sie meine Anweisungen nicht strikt befolgten. Furmint, der das alles mit anhören mußte, machte ein Gesicht, als sollte ihn der Schlag treffen. Dann rief ich, immer noch mit Furmints Stimme, die Fahrbereitschaft an, forderte einen Lastwagen für Major Howarth an, der sofort losfahren müsse, und gab Anweisung, daß sich vier Mann bereitzuhalten hätten, um ihn zu begleiten – ich hätte lieber niemanden mitgenommen, doch ich mußte es, damit die Sache das richtige Gesicht hatte. Dann verstaute ich Furmint in seinem Kleiderschrank, schloß diesen ab, verließ sein Dienstzimmer, schloß dieses gleichfalls ab und nahm den Schlüssel mit. Ja, und dann fuhren wir also los nach Szarhaza.«

Der Graf verstummte, und auch die beiden anderen schwiegen. Es schneite immer heftiger, die Sicht wurde immer schlechter, und der Graf mußte seine ganze Aufmerksamkeit dem Fahren zuwenden. Jansci und Reynolds, die neben ihm saßen, konnten spüren, wie ihre erstarrten Glieder sich langsam wieder erwärmten, teils durch den zweiten kräftigen Schluck aus der Flasche des Grafen und teils durch die Wärme, die der Motor in dem Fahrerhaus erzeugte. Das unablässige Zittern ließ mehr und mehr nach und hörte schließlich ganz auf, während die wiedereinsetzende Blutzirkulation in ihren erstarrten Armen und Beinen wie mit tausend Nadeln zu stechen begann. Sie hatten dem Bericht des Grafen in fast völligem Schweigen zugehört, und auch jetzt saßen sie noch immer schweigend da. Reynolds fiel kein passender Kommentar zu dieser fantastischen Geschichte ein, und mit welchen Worten er diesem unglaublichen Mann seinen Dank hätte aussprechen sollen, das wußte er erst recht nicht. Außerdem war ihm ziemlich klar, daß der Graf sich jeden Dank energisch verbitten würde.

»Hat einer von Ihnen den Wagen gesehen, in dem Hidas kam?« fragte der Graf plötzlich.

»Ja«, sagte Reynolds. »Ein schwerer russischer SIS – groß wie ein Haus.«

»Kenne ich – gepanzerte Karosserie und kugelsichere Scheiben.« Der Graf verlangsamte, fuhr an die Seite und hielt im Schutz einer dichten Baumgruppe an. »Ich halte es für wenig wahrscheinlich, daß Hidas einen Lastwagen der AVO etwa nicht erkennen und wortlos daran vorbeifahren könnte. Kommen Sie, wir wollen mal eben die Lage peilen.«

Er stieg aus, und die beiden anderen folgten ihm in den wirbelnden Schnee. Nach knapp zwanzig Metern erreichten sie die Stelle, wo der Feldweg in die Hauptstraße mündete, die von unberührtem Neuschnee bedeckt war.

»Hier ist ganz offensichtlich noch niemand vorbeigekommen, seit es angefangen hat zu schneien«, meinte Jansci.

»So ist es«, sagte der Graf. Er warf einen Blick auf seine Armbanduhr. »Genau drei Stunden, seit Hidas von Szarhaza losgefahren ist – und er hat gesagt, er sei innerhalb von drei Stunden wieder zurück. Dann müßte er jetzt eigentlich bald kommen.« Er brach plötzlich ab und lauschte angestrengt, und Reynolds konnte es jetzt auch hören: das dumpfe Brummen eines schweren Wagens, der sich mit großer Geschwindigkeit näherte.

Sie verschwanden von der Straße und konnten gerade noch rechtzeitig hinter einigen Bäumen Deckung nehmen. Der Wagen, der durch den wirbelnden Schnee herankam – ohne Zweifel der schwarze SIS von Hidas –, brauste vorbei und war im Handumdrehen wieder verschwunden. Für einen flüchtigen Augenblick konnte Reynolds vorn den Fahrer sehen und hinten Hidas, neben dem noch jemand zu sitzen schien, eine kleine, zusammengesunkene Gestalt, doch das war nicht genau festzustellen.

Im Laufschritt begaben sie sich zurück zu dem Lastwagen, der Graf fuhr sofort los und bog auf die Hauptverkehrsstraße ein: denn jetzt dauerte es nur noch Minuten, bis das Treiben begann.

Der Graf hatte gerade erst den vierten Gang eingeschaltet, als er auch schon wieder herunterschaltete und bei einem kleinen Wäldchen anhielt, durch das eine Telefonleitung führte. Er hatte kaum angehalten, als zwei Leute, halb erfroren und so verschneit, daß sie mehr Ähnlichkeit mit Schneemännern als mit Menschen hatten, aus dem Wäldchen kamen und auf den Wagen zuliefen, jeder mit einem Kasten unter dem Arm. Als die beiden vorn neben dem Grafen Jansci und Reynolds sitzen sahen, winkten sie und strahlten, und jetzt war es auch deutlich zu sehen: Es waren Sandor und der Kosak, und ihre Gesichter sahen aus, als ob sie Freunde begrüßten, die sie schon totgeglaubt hatten. So schnell, wie ihre erstarrten Beine es erlaubten, kletterten sie hinten in den Lastwagen, und keine fünfzehn Sekunden, nachdem er angehalten hatte, fuhr der Graf wieder weiter.

Die Luke, durch die man vom Fahrerhaus nach hinten sehen konnte, wurde aufgemacht, und Sandor und der Kosak bestürmten die beiden mit aufgeregten Fragen und Glückwünschen. Nach ein oder zwei Minuten reichte der Graf seine Flasche nach hinten, und Jansci benutzte die plötzliche Pause im Gespräch, um eine Frage an den Grafen zu richten.

»Was sind das für Kästen, die die beiden trugen?«

»Der kleinere enthält das erforderliche Werkzeug zum Anzapfen von Telefonleitungen«, erklärte der Graf. »Jeder Lastwagen der AVO führt einen derartigen Werkzeugkasten mit sich. Auf der Fahrt von Budapest hierher hielt ich bei dem Gasthof von Petoli an, gab Sandor diesen Kasten und sagte ihm, er solle sich in die Nähe von Szarhaza begeben, auf einen Telefonmast klettern und die direkte Leitung vom Gefängnis nach Budapest anzapfen. Wenn der Kommandant noch immer irgendeinen Verdacht gehabt und Furmint angerufen hätte, dann hätte Sandor ihm telefonisch Auskunft gegeben: Ich hatte Sandor gesagt, er solle durch ein Taschentuch sprechen, so als ob Furmints Erkältung, über deren Ausbruch ich den Kommandanten ja bereits informiert hatte, sich wesentlich verschlimmert hätte.«

»Großer Gott!« sagte Reynolds, der nicht imstande war, sein Staunen und seine Bewunderung zu verbergen. »Gibt es eigentlich überhaupt irgend etwas, woran Sie nicht gedacht haben?«

»Kaum«, meinte der Graf bescheiden. »Ohnehin erwies sich diese Vorsichtsmaßnahme als nicht notwendig. Der Kommandant hatte, wie Sie ja selber gesehen haben, nicht den geringsten Verdacht. Das einzige, was mir ernstlich Sorgen machte, war, daß einer dieser Trottel von AVO-Leuten, die ich bei mir hatte, mich im Beisein des Kommandanten Major Howarth nennen könnte und nicht, wie ich ihnen eingeschärft hatte, Hauptmann Zsolt — die Gründe dafür, so hatte ich ihnen erklärt, würde ihnen Furmint auseinandersetzen, falls einer von ihnen Mist machen sollte.«

»Ich verstehe«, sagte Jansci und nickte anerkennend.

»Ja, und der andere Kasten enthält Ihre normale Kleidung, die Sandor gleichfalls von Petoli in dem Opel mitgebracht hat. Ich werde gleich noch einmal anhalten, und Sie können sich dann hinten im Wagen umziehen. Sagen Sie, Sandor, wo haben Sie eigentlich den Opel stehen lassen?«

»Da hinten, mitten im Wald. Niemand kann ihn sehen.«

»Das ist weiter kein Verlust«, meinte der Graf mit einer lässigen Handbewegung. »Er gehörte ohnehin nicht uns. Ja, meine Herren, die Treibjagd hat begonnen, oder sie beginnt jetzt jeden Augenblick, und zwar gründlich. Jede Fluchtroute nach dem Westen, angefangen von den Hauptverkehrsstraßen bis hinunter zu den schmalsten Fahrradwegen, wird so gründlich abgeriegelt sein wie noch nie bisher. Bei aller schuldigen Hochachtung für Sie, Mr. Reynolds: General Illjurin ist der größte Fisch, der jemals ihren Netzen zu entwischen drohte. Wir können wirklich von Glück sagen, wenn es uns gelingt, unser nacktes Leben zu retten — ich beurteile die Aussichten dafür nicht allzu günstig. Es erhebt sich also die Frage: was jetzt?«

Im ersten Augenblick hatte niemand irgendeinen bestimmten Vorschlag zu machen. Jansci sah schweigend vor sich hin, sein gefurchtes Gesicht unter dem dichten weißen Haar sah ganz ruhig und beherrscht aus, und Reynolds hätte beinahe schwören mögen, daß um seine Mundwinkel ein leises Lächeln spiele. Ihm selbst war noch nie in seinem Leben weniger danach zumute gewesen zu lächeln, und während der Wagen mit gleichmäßig brummendem Motor durch eine gleichbleibende Welt aus weißlich schimmerndem Schnee fuhr, überschlug er im Geist, was alles er richtig und was alles er falsch gemacht hatte, seit er vor vier Tagen die ungarische Grenze überschritten hatte. Es war eine unerfreuliche Liste, kein Grund zum Stolzsein.

Er hatte den Professor ans Messer geliefert, ihn endgültig von seinen Angehörigen getrennt, durch seine Schuld hatte der Graf den Posten bei der AVO eingebüßt, wodurch allein Janscis Organisation in der Lage gewesen war, so erfolgreich zu arbeiten – und noch schlimmer als alles andere: Falls er jemals gehofft haben sollte, Janscis Tochter könne ihm noch einmal freundlich begegnen, so war es mit dieser Hoffnung nun endgültig aus und vorbei. Es geschah zum erstenmal, daß Reynolds sich ehrlich eingestand, etwas Derartiges in der Tat gehofft zu haben, und die Erkenntnis erfüllte ihn mit tiefem Staunen. Er mußte sich gewaltsam zwingen, nicht mehr daran zu denken; denn im Augenblick gab es für ihn nur eins, durfte es für ihn nur diese eine Sache geben.

»Ich möchte etwas ganz Bestimmtes tun, und zwar möchte ich es allein tun«, sagte er langsam. »Ich möchte einen Zug ausfindig machen, den Zug, mit dem...«

»Als ob wir das nicht alle wollten!« rief der Graf, und sein schmales Gesicht strahlte förmlich vor Vergnügen. »Das wollen wir doch alle, mein Junge! Sehen Sie sich mal das Gesicht von Jansci an – er hat die letzten zehn Minuten an nichts anderes gedacht.«

Reynolds sah überrascht den Grafen an und dann zögernd zu Jansci hin. Nein, er hatte sich nicht geirrt, es war wirklich der Anfang eines Lächelns gewesen, was er auf Janscis Gesicht gesehen hatte.

»Also, Jansci, was schlagen Sie vor?« meinte der Graf.

»Sie haben alles in Erfahrung gebracht, was wir wissen müssen?«

»Selbstverständlich«, sagte der Graf fast beleidigt. »Ich mußte bei dem Kommandanten vier Minuten warten, während man die – hm – Gefangenen herbeiholte. Ich habe diese vier Minuten nicht ungenutzt verstreichen lassen.« Der Graf brachte den Wagen zum Stehen, holte eine Karte heraus, hielt sie so, daß auch Sandor und der Kosak sie durch die Luke sehen konnten, und zeigte mit dem

Finger darauf. »Da ist Cece, die Station, bei der der Professor heute in den Zug gesetzt wird – genauer gesagt: bereits gesetzt worden ist.«

»Der Kommandant erwähnte irgend etwas von einem Sonderwagen«, sagte Jansci, »der hinten an den Zug angehängt werden sollte.«

»Dieser Sonderwagen ist ein Viehwagen, in dem alle möglichen Schwerverbrecher reisen, die nach Sibirien abtransportiert werden. Mir gegenüber hat der Kommandant daraus nicht den geringsten Hehl gemacht«, sagte der Graf. Er zeigte mit dem Finger auf eine Stelle sechzig Kilometer nördlich der jugoslawischen Grenze, wo die Eisenbahnstrecke die Straße erster Ordnung berührt, die von Budapest genau nach Süden führte. »Da liegt Sekszard, und dort hält der Zug. Die Strecke führt von da parallel zur Autostraße in genau südlicher Richtung nach Bataszek – dort hält der Zug nicht –, dann biegt sie in westlicher Richtung ab nach Pecs und entfernt sich immer mehr von der Straße. Es müßte also irgendwo zwischen Sekszard und Bataszek passieren, meine Herren, und das ›Wie‹ ist dabei ein ziemliches Problem. Es gibt viele Züge, bei denen ich bereit wäre, sie entgleisen zu lassen, aber ich kann nicht einen Zug entgleisen lassen, in dem Hunderte von harmlosen Reisenden sitzen. Dieser Zug ist ein ganz normaler, fahrplanmäßiger Personenzug.«

»Darf ich mir die Karte einmal ansehen?« fragte Reynolds. Es war eine Generalstabskarte, auf der auch jede Bodenerhebung genau angegeben war, und Reynolds studierte sie mit wachsender Erregung. Er mußte dabei an die Zeit vor vierzehn Jahren denken, da er als jüngster Leutnant einem Sabotagetrupp angehört hatte. Er zeigte mit dem Finger auf eine bestimmte Stelle, nicht weit nördlich von Pecs, wo die Straße nach fast vierzig Kilometern abermals parallel zu der Eisenbahn verlief, und sah dann fragend den Grafen an.

»Können Sie mit dem Wagen dort sein, ehe der Zug dort ist?«

»Wenn ich nicht in den Graben fahre und die Straßen nicht gesperrt sind – doch, ich denke, das ist zu machen.«

»Wunderbar. Und hier ist mein Vorschlag.« Reynolds erläuterte mit knappen Worten seinen Plan und sah schließlich die beiden anderen fragend an. »Nun?«

Jansci schüttelte langsam den Kopf, sagte jedoch nichts. Der Graf dagegen äußerte seine Meinung mit großer Entschiedenheit.

»Unmöglich«, sagte er. »Das ist nicht zu machen.«

»Es ist schon gemacht worden. In den Vogesen, neunzehnhundertvierundvierzig. Mit dem Resultat, daß ein Munitionslager in die Luft ging. Ich weiß es, denn ich war dabei. Welchen anderen Vorschlag haben Sie zu machen?« Es blieb eine Weile still, bis Reynolds schließlich sagte: »Also bitte. Jede weitere Diskussion wäre Zeitverschwendung.«

»So ist es«, sagte Jansci, und der Graf nickte bestätigend. »Es bleibt uns nichts anderes übrig, als es zu versuchen.«

»Sie beide gehen jetzt nach hinten und ziehen sich um, und ich brause los«, sagte der Graf. »Fahrplanmäßig soll der Zug in zwanzig Minuten in Sekszard eintreffen – ich werde in fünfzehn Minuten dort sein.«

10

Schwankend und schlingernd ratterte der uralte Zug die Schienen der schlecht instand gehaltenen Strecke entlang und drohte jedesmal fast zu entgleisen, wenn eine der Schneeböen aus Südost mit voller Wucht seine Flanke traf. Die Federung der Wagen hatte den ungleichen Kampf gegen die Zeit längst aufgegeben, und die Räder rollten ratternd und stampfend über die Unebenheiten des Schienenstranges, daß einem die Zähne im Mund klapperten. Der Wind pfiff eisig durch hundert Ritzen der schlechtschließenden Türen und Fenster, das Holzwerk ächzte und krachte wie der Rumpf eines Schiffes bei grober See, doch der alte Zug ratterte unentwegt weiter durch die weiße Unkenntlichkeit dieses späten Nachmittags mitten im Winter. Der Lokomotivführer, der fast unablässig die Dampfpfeife betätigte, die in diesem Schneesturm keine fünfzig Meter weit zu hören war, schien sich offenbar mit grenzenloser Zuversicht auf die Leistungsfähigkeit seines Zuges, auf seine eigenen Fähigkeiten und auf die genaue Kenntnis der vor ihm liegenden Strecke zu verlassen.

Reynolds, der schwankend den Seitengang eines der heftig schlingernden Wagen entlangschritt, war keineswegs so zuversichtlich wie der Lokomotivführer. Nicht, daß er sich etwa Gedanken gemacht hätte über die Sicherheit dieses Zuges, das war seine geringste Sorge; aber er hatte ernstliche Zweifel, ob es ihm gelingen würde, die vor ihm liegende Aufgabe zu erfüllen. Als er vorhin den anderen seinen Plan erläutert hatte, hatte er dabei an eine laue Sommernacht gedacht und an einen Zug, der gemächlich zwischen den bewaldeten Bergen der Vogesen entlangdampfte; jetzt aber, knapp zehn Minuten, nachdem er und Jansci sich in Sekszard ihre Fahrkarten gekauft und ohne jede Schwierigkeit den Zug bestiegen hatten, war das, was er vorhatte, was er unbedingt tun mußte, zu einem geradezu ungeheuerlichen Problem geworden.

Sein Plan war leicht beschrieben. Er wollte den Professor befreien, und zu diesem Zweck mußte er den letzten Wagen – den Viehwagen mit dem Sträflingstransport – von dem übrigen Zug trennen, ihn abhängen, und das wiederum war nur in dem Augenblick zu bewerkstelligen, in dem der Zug hielt und sich dadurch die Spannung der Kupplung verringerte, die diesen letzten Wagen mit dem vorletzten, dem Wagen der Wachmannschaft, verband. Er mußte also irgendwie die Lokomotive erreichen – schon das allein stellte sich im Augenblick als ein so gut wie unlösbares Problem dar –, und dann mußte er die Leute da vorn irgendwie dazu bewegen, den Zug an einer bestimmten Stelle, die er ihnen noch mitteilen würde, zum Halten zu bringen. Irgendwie dazu bewegen: Das war genau der richtige Ausdruck, mußte Reynolds denken. Vielleicht waren es ja ganz freundliche Leute, und dann konnte er sie möglicherweise bitten und überreden. Vielleicht konnte er ihnen auch Angst einjagen. Soviel war jedenfalls völlig klar: daß er sie nicht zwingen konnte. Sie brauchten weiter nichts zu tun, als sich zu weigern, dann war er machtlos. Der Führerstand einer Lokomotive war für ihn ein völliges Mysterium, und nicht einmal dem Professor zuliebe konnte er den Lokomotivführer und den Heizer erschießen oder k. o. schlagen und dadurch Hunderte unschuldiger Passagiere in Lebensgefahr bringen. Aber das war ein späteres Problem. Zunächst einmal handelte es sich darum, die Lokomotive überhaupt zu erreichen.

Er bog am Ende des Seitenganges um die Ecke, wobei er sich nur mit der einen Hand an der Stange festhielt, die unter dem Fenster entlanglief – die andere hatte er tief in seiner Manteltasche vergraben, um dadurch die verdächtige Ausbuchtung zu tarnen, die der schwere Vorschlaghammer und die Taschenlampe dort verursachten –, als er gegen Jansci rannte. Jansci murmelte eine Entschuldigung, sah Reynolds kurz und ohne jedes Zeichen des

Erkennens an, ging einen Schritt weiter, bis er den Gang, aus dem Reynolds soeben aufgetaucht war, in seiner ganzen Länge übersehen konnte, kam zurück, öffnete die Tür des WC, um festzustellen, daß niemand darin war, und sagte dann leise zu Reynolds: »Nun?«

»Sieht nicht so besonders gut aus. Man hat mich schon auf dem Kieker.«

»Man?«

»Zwei Leute. In Zivil, Trenchcoat, ohne Hut. Sind mir durch den ganzen Zug nachgegangen. Sehr diskret. Wenn ich nicht damit gerechnet und aufgepaßt hätte, wäre es mir gar nicht aufgefallen.«

»Bleiben Sie draußen auf dem Korridor stehen, und sagen Sie mir Bescheid, wenn ...«

»Sie kommen gerade«, sagte Reynolds leise.

Er sah flüchtig zu den zwei Männern hin, die langsam auf ihn zukamen, während Jansci leise in der Toilette verschwand und die Tür bis auf einen ganz schmalen Spalt zuzog. Der vordere der beiden, ein großer Mann mit einem kalkigweißen Gesicht und schwarzen Augen, warf Reynolds im Vorbeigehen einen gleichgültigen Blick zu, während der zweite ihn völlig ignorierte.

»Sie haben recht, man hat Sie erkannt«, sagte Jansci, als die beiden verschwunden waren. »Und was noch schlimmer ist: Die Burschen wissen, daß Sie es bemerkt haben. Wir hätten daran denken sollen, daß jeder Zug nach und von Budapest während der Dauer dieser Konferenz überwacht wird.«

»Kennen Sie die beiden?«

»Den einen, ja. Der mit dem bleichen Gesicht ist ein AVO-Mann – ein ganz gefährlicher Bursche. Den anderen kenne ich nicht.«

»Aber zweifellos ist der auch von der AVO. Sicherlich hat das Szarhaza-Gefängnis ...«

»Nein, davon können sie noch nichts wissen. Aber Ihr Steckbrief ist schon seit einigen Tagen jedem AVO-Mann in Ungarn bekannt.«

»Stimmt«, sagte Reynolds und nickte langsam, »natürlich. Und wie sieht es bei Ihnen aus?«

»Drei Posten im Wagen der Wachmannschaft – im letzten Wagen ist bestimmt keiner, die Posten fahren nie im selben Wagen wie die Häftlinge. Die drei Soldaten sitzen zusammen mit dem Transportbegleiter um einen rotglühenden Kanonenofen, und eine Flasche macht die Runde.«

»Werden Sie mit den Leuten fertigwerden?«

»Ich denke, ja. Aber wie . . .«

»Vorsicht!« stieß Reynolds leise zwischen den Zähnen hervor. Er lehnte am Fenster, hatte beide Hände in die Taschen seines Mantels gesteckt und starrte nach unten auf den Fußboden, als dieselben zwei Männer wieder vorbeikamen. Er hob gleichgültig den Blick, machte ein ganz leicht erstauntes Gesicht, als er sah, wer es war, blickte wieder nach unten und dann unauffällig zur Seite, bis die beiden am Ende des Ganges verschwunden waren.

»Nervenkrieg«, murmelte Jansci. »Ein Problem.«

»Und nicht das einzige. Ich kann nicht in die ersten Wagen.« Jansci sah ihn fragend an, sagte aber nichts.

»Militär«, erklärte Reynolds. »Der dritte Wagen von vorn ist ein Personenwagen, bei dem der Gang in der Mitte ist, und dort sitzen lauter Soldaten. Ein Offizier hat mich rausgeschmissen, als ich durchgehen wollte.«

»Sehen Sie überhaupt noch eine Möglichkeit, Michael? Wie steht es mit Notbremsen?«

»Im ganzen Zug nicht eine einzige. Aber ich werde es schon schaffen – ich muß es einfach schaffen, verdammt noch mal. Haben Sie irgendwo einen Platz?«

»Dritter Wagen von hinten.«

»Ich gebe Ihnen zehn Minuten vorher Bescheid. Jetzt mache ich mich wohl besser wieder auf den Weg. Die beiden können jeden Augenblick zurückkommen.«

»In fünf Minuten sind wir in Bataszek. Vergessen Sie bitte nicht: Falls der Zug dort halten sollte, so bedeutet das, daß Hidas Verdacht geschöpft und Bescheid gesagt hat. Dann müssen wir rückwärts aus dem Zug heraus und nichts wie weg!«

»Sie kommen«, murmelte Reynolds. Er verließ das Fenster, an dem er lehnte, und ging an den beiden, die ihm entgegenkamen, vorbei. Diesmal sahen ihn beide mit ausdruckslosen Gesichtern an, und Reynolds fragte sich, wieviel Zeit sie noch verstreichen lassen würden, bis sie zugriffen. Er ging durch die nächsten beiden Wagen und in das WC am Ende des vierten Wagens von vorn, versteckte seinen Hammer und die Taschenlampe in dem kleinen Schränkchen unter dem zerkratzen Waschbecken aus Blech, nahm die Pistole in die Hand und versenkte sie in seiner rechten Manteltasche, ehe er wieder hinausging. Es war nicht seine eigene Pistole, die hatte man ihm ja abgenommen, es war die des Grafen, und sie hatte keinen Schalldämpfer.

Der Zug fuhr jetzt durch die Außenbezirke von Bataszek und bremste auf einmal mit solcher Plötzlichkeit, daß Reynolds sich abstützen mußte, um nicht gegen die Wand zu stürzen. Er spürte, wie es in den Fingerspitzen der Hand, die die Pistole hielt, seltsam kribbelte. Er machte die Tür des WC hinter sich zu, nahm in der Mitte zwischen den beiden gegenüberliegenden Türen Aufstellung – er hatte keine Ahnung, auf welcher Seite der Bahnsteig sein würde –, überzeugte sich, daß seine Waffe entsichert war, und wartete angespannt, mit dumpf hämmerndem Herzen. Er mußte sich festhalten, als der Zug, der sein Tempo noch weiter verlangsamt hatte, heftig rumpelnd über eine Reihe von Unebenheiten fuhr – vermutlich eine Baustelle –, im nächsten Augenblick lösten sich die Druckluftbremsen zischend, die Lokomotive ließ einen kurzen Pfiff ertönen, während der Zug sein Tempo wieder beschleunigte, und der Bahnhof von Bataszek war nichts als eine undeutlich verschwimmende Reihe flackernder Lampen.

Ungeachtet der bitteren Kälte hier draußen auf dem Gang konnte Reynolds fühlen, daß der Kragen seines Hemdes naß war vor Schweiß. Auch die Hand, mit der er krampfhaft den Griff seiner Pistole umklammert hatte, war naßgeschwitzt, und während er jetzt zu der Tür auf der linken Seite hinüberging, zog er die Hand aus der Tasche und wischte sie außen an seinem Mantel trocken.

Er zog das Fenster der Tür ein Stück herunter, schob es eine Sekunde später mit einem Ruck wieder hoch, schnappte nach Luft, trat vom Fenster zurück und fuhr sich über die Augen: Der eisige Wind war ihm wie ein Peitschenhieb ins Gesicht gefahren, und der kurze Augenblick hatte genügt, ihn fast blind werden zu lassen. Er lehnte sich mit dem Rücken gegen das Holz der Wand, und seine Hände zitterten ein wenig, als er sich eine Zigarette ansteckte.

Es war hoffnungslos, sagte er sich, völlig hoffnungslos. Bei diesem Schneesturm da draußen, der gar kein richtiger Sturm war, sondern einfach eine heulende, fast horizontal heranfegende Wand aus Schnee und Eis, war einfach nichts zu machen. Schon eine knappe Sekunde am offenen Fenster war zuviel für ihn gewesen, und wie es erst da draußen werden würde, wenn sein ganzer Körper diesem Schneesturm ausgesetzt war, endlose Minuten lang, das mochte der Himmel wissen. Doch er schob den Gedanken daran unnachsichtig beiseite.

Eilig schritt er durch die Harmonika hinüber in den nächsten Wagen und warf dort einen Blick den Gang entlang: Noch war nichts von den beiden Männern zu sehen. Er ging rasch wieder zurück und an die Tür auf der anderen, windabgewandten Seite, öffnete sie vorsichtig, um nicht durch den Sog aus dem Zug gerissen zu werden, nahm das Maß der Vertiefung, in die der Türriegel einrastete, machte die Tür wieder zu, überzeugte sich davon, daß sich das Fenster mit Leichtigkeit öffnen ließ, und begab sich wieder in das WC. Hier schnitt er mit dem Messer ein kleines Stück Holz von der Tür des Eckschränkchens unter dem Waschbecken ab, und innerhalb von knapp zwei Minuten hatte er es so weit zurechtgeschnitten, daß es genau in die Vertiefung für den Türriegel hineinpaßte und ein kleines Stück daraus hervorragte. Sobald er damit fertig war, ging er sofort wieder hinaus auf den Gang. Es war wichtig, daß die beiden Leute, die ihn beschatteten, ihn immer wieder einmal sahen: Sollten sie ihn vermissen, so würden sie Alarm schlagen und den ganzen Zug nach ihm absuchen – da vorn saßen hundert oder vielleicht auch zweihundert Soldaten, die ihnen dabei helfen konnten.

Er sah ungeduldig auf seine Uhr. Er hatte noch zehn Minuten Zeit, höchstens zwölf. Der Zug hatte bereits den Anfang der mählichen Steigung erreicht, denn die Geschwindigkeit verringerte sich spürbar, und er hätte schwören mögen, daß er eben zum erstenmal draußen eine Straße erblickt hatte, die fast parallel zu der Eisenbahnstrecke lief. Er überlegte, wie groß die Möglichkeit war, daß der Graf und die anderen es rechtzeitig geschafft hatten, und fragte sich, ob überhaupt irgendeine Chance bestand, daß sie es schaffen konnten.

Doch er mußte sich einfach darauf verlassen, es blieb ihm gar nichts anderes übrig. Er warf einen letzten Blick auf seine Uhr, begab sich nochmals in das WC, füllte einen großen Tonkrug mit Wasser, stellte ihn in das Schränkchen, nahm das Stück Holz, das er zurechtgeschnitten hatte, ging damit nach draußen, öffnete abermals die im Windschatten gelegene Tür und schlug das vorbereitete Holzstück mit dem Handgriff seiner Pistole fest in die Vertiefung für den Riegel hinein. Dann machte er die Tür vorsichtig wieder zu: Der Riegel rastete jetzt nicht mehr in die eiserne Vertiefung ein, wurde aber durch die vorstehende Kante des Holzstücks genügend festgehalten.

Rasch und unauffällig ging er durch den Zug nach hinten. Im nächsten Wagen tauchten aus einer dunklen Ecke zwei Männer auf und kamen schweigend hinter ihm her, doch er beachtete sie nicht. Er wußte, daß sie nichts unternehmen würden, solange er an den Abteilen entlangging, in denen Menschen saßen, und wenn er an das Ende eines Wagens kam, lief er, so rasch er konnte, durch die Harmonika in den nächsten Wagen. Und dann war er im dritten Wagen von hinten und ging langsam den Gang entlang, wobei er den Kopf geradeaus hielt, um die Männer zu täuschen, die hinter ihm herkamen, hatte aber den Blick zur Seite gerichtet und suchte die Abteile ab.

Jansci saß im dritten Abteil. Reynolds blieb plötzlich stehen, trat überraschend zur Seite und ließ seine beiden Schatten vorbei, wartete, bis sie drei bis vier Meter entfernt waren, nickte Jansci kurz zu und rannte zurück, dorthin, von wo er gekommen war, wobei er nur beten konnte, daß ihm niemand den Weg versperrte. Er hörte die raschen Schritte seiner Verfolger, die hinter ihm herkamen, und beschleunigte sein Tempo. Der zweite Wagen, der dritte, der vierte, und das war seiner: Er bog scharf um die Ecke, stürzte in das WC, schlug die Tür hinter sich mit einem möglichst lauten Knall zu – seine Verfolger sollten nicht einen Augenblick lang im Zweifel darüber sein, wohin er verschwunden war, und riegelte ab.

Er nahm den großen irdenen Wasserkrug, stopfte oben ein schmutziges Handtuch hinein, damit möglichst viel Wasser darin blieb, trat einen Schritt zurück und schleuderte den Krug mit aller Kraft durch das Fenster. Der Krach war so laut, wie er gehofft hatte, ja fast noch lauter, und er hatte noch das Geräusch splittern- den Glases im Ohr, als er die Pistole aus der Tasche herausholte, sie am Lauf ergriff, das Licht ausschaltete, leise die Tür aufriegelte und hinaustrat auf den Gang.

Die beiden Verfolger hatten das Fenster heruntergezogen und lehnten sich so weit wie irgend möglich nach draußen, um festzustellen, was passiert war und wohin Reynolds entschwun- den sein mochte. Reynolds zögerte nicht einen Augenblick, machte einen langen Schritt und trat den nächsten der beiden mit voller Kraft in den Hintern: Die Tür sprang auf, und der eine der beiden schoß kopfüber hinaus in den treibenden Schnee, noch ehe er Zeit gehabt hatte, zu schreien. Den anderen, den mit dem bleichen Gesicht, riß es hinterher, er drehte sich um seine eigene Achse, bekam mit der einen Hand die Innenkante der Tür zu fassen und machte verzweifelte Anstrengungen, sich wieder in den Wagen hineinzuziehen. Doch der ganze Kampf dauerte höchstens zwei Sekunden, Reynolds war erbarmungslos, der Knauf seiner Pistole traf die Finger der Hand, die den Rand der Tür umklammert hielt, mit voller Wucht, und dann war in der Türöffnung kein Mann mehr zu sehen, nur noch die zunehmende Dunkelheit der Nacht, und der dünne, hohe Schrei ging unter im Donnern der Räder und im Heulen des Windes.

Innerhalb weniger Sekunden hatte Reynolds das bereits locker gewordene Holzstück aus der Vertiefung für den Riegel herausgeholt und die Tür wieder zuverlässig geschlossen. Er verstaute die Pistole in seiner Manteltasche, holte aus dem WC den Hammer und die Taschenlampe und ging an die gegenüberliegende, dem Wind zugekehrte Tür des Wagens.

Der Zug ratterte jetzt in südwestlicher Richtung, nach Pecs, der Schneesturm aus Südost traf ihn genau breitseits, und Reynolds hatte den Eindruck, daß von draußen jemand gegen die Tür drückte, der stärker war als er. Zweimal, dreimal stemmte er sich mit aller Kraft dagegen, doch die Tür ließ sich nur ein paar Zentimeter weit öffnen.

Er hatte nicht mehr sehr viel Zeit, vielleicht noch sieben Minuten, höchstens acht. Er langte nach dem Griff oben am Fenster, zog die Scheibe mit einem Ruck herunter – und mußte sich im nächsten Augenblick ducken, mit solcher Wucht kam der Wind durch das offene Fenster herein. Der Schneesturm war noch schlimmer, als Reynolds es sich vorgestellt hatte, und es wurde ihm jetzt auch klar, daß der Zug nicht infolge einer Steigung langsamer fuhr, sondern daß der Lokomotivführer das Tempo verlangsamt hatte, um zu vermeiden, daß der Zug entgleise. Reynolds überlegte schon, ob es nicht besser sei, den ganzen selbstmörderischen Plan aufzugeben, doch diese Anwandlung dauerte nur sehr kurz.

Er drückte mit aller Kraft gegen die Tür, einmal, zweimal, dreimal, und beim vierten Versuch gelang es ihm, seinen Fuß in die Öffnung zu schieben. Er zwängte den Arm durch den Spalt, dann die Schulter, und war schließlich mit dem halben Körper draußen, stemmte die Tür mit aller Kraft auf, langte mit dem rechten Fuß tastend nach unten, bis er das vereiste Trittbrett gefunden hatte, und stellte den linken Fuß in die Öffnung der Tür. Als er gerade soweit war, hakte sich der Hammer in seiner Manteltasche irgendwo innen an der Tür fest, und so stand er, eingeklemmt zwischen der Tür und der Wand des Wagens, fast eine Minute lang, eine Minute, die ihm wie eine Ewigkeit erschien, verzweifelt bemüht, sich aus dieser Lage zu befreien, und dauernd in der Angst, es könnte jemand kommen, um festzustellen, was die Ursache dieses Schneesturmes sei, der den Gang entlangpfiff. Und dann rissen an seinem Mantel ein paar Knöpfe ab und er war frei, so plötzlich und mit einem so heftigen Ruck, daß sein rechter Fuß vom Trittbrett rutschte und Reynolds einen Augenblick lang dahing, nur durch seine linke Hand und seinen linken Fuß gehalten, der noch in der Tür klemmte. Mühsam und langsam zog er sich wieder hoch, stellte den rechten Fuß auf das Trittbrett, zog den linken Arm aus der Tür und faßte mit der Hand um den Rand des offenen Fensters. Schließlich machte er auch seinen linken Fuß frei, der zwischen der Tür steckte, die Tür schlug krachend zu, und Reynolds stand draußen, nur gehalten von den bereits starr und gefühllos werdenden Fingern seiner linken Hand und dem Druck des Windes, der ihn gegen die Wand des Wagens preßte.

Es war noch nicht so dunkel, daß man nichts hätte sehen können, doch der Wind trieb ihm den Schnee in die Augen und machte ihn blind. Er wußte, daß er ganz am Ende des Wagens stand, und obwohl er mit dem rechten Arm fast einen halben Meter um die Ecke herumlangen konnte, fand er nicht den geringsten Vorsprung, an dem er sich hätte festhalten können. Er beugte sich an seinem ausgestreckten linken Arm so weit wie irgend möglich nach hinten und suchte mit seinem rechten Fuß nach dem Puffer, konnte ihn aber nicht finden. Sein linker Arm, der das ganze Gewicht seines Körpers tragen mußte, begann zu schmerzen, und seine Finger waren inzwischen so gefühllos geworden, daß er nicht mehr feststellen konnte, ob sie abrutschten oder nicht. Er überlegte nicht länger, denn er war sich dunkel bewußt, ohne es sich selbst einzugestehen, daß es ihm nie gelingen würde, das zu tun, was er jetzt tun mußte, wenn er sich auch nur einen Augenblick lang die Konsequenzen überlegte, die damit verbunden waren: die an Sicherheit grenzende Wahrscheinlichkeit, danebenzutreten, abzurutschen und den Tod unter den Rädern zu finden. Er stellte seine beiden Füße an das äußerste Ende des Trittbretts, ließ den Rand des Fensterrahmens los, den seine linke Hand umklammert hielt, so daß er jetzt nur noch vom Druck des Windes gehalten, an der nach außen gebogenen Wand des Wagens stand, hob dann den rechten Fuß und machte einen Schritt ins Ungewisse – und der Wind ergriff ihn und drückte ihn zwischen die beiden Wagen.

Er landete mit dem linken Knie auf der Kante der Zugstange, sein rechtes Schienbein stieß grausam hart gegen den Puffer, während seine ausgestreckte Hand gleichzeitig gegen die seitliche Wand der Harmonika stieß, deren fester, gummierter Stoff kaum nachgab. Er versuchte sich anzuklammern, doch seine Handflächen glitten hoffnungslos an dem glatten, vereisten Stoff nach unten, verzweifelt warf er die linke Hand zur Seite, schlug mit dem Handrücken schmerzhaft gegen die Rückwand des Wagens, schob die Hand nach vorn und spürte, wie sich seine erstarrten Finger in den schmalen Spalt zwischen dem Wagen und der Harmonika schoben. Krampfhaft umklammerte seine Hand die Kante, und drei Sekunden später stand er aufrecht auf der Zugstange, durch den Griff seiner linken Hand zuverlässig verankert und vor Anstrengung am ganzen Leibe zitternd.

Das Zittern war wirklich nur eine Folge der Anstrengung. Reynolds, der eben noch fast gestorben war vor Angst, hatte inzwischen diese seltsame Grenze überschritten, jenseits der die Angst aufhört und alles völlig gleichgültig wird. Mit seinem Messer schnitt er in den Gummi der Harmonika ein Standloch für seinen rechten Fuß und weiter oben ein Griffloch für seine linke Hand, zog sich hinauf und stieß mit der rechten Hand die Klinge seines Messers bis zum Griff in die Decke der Harmonika. Und dann war er oben und hielt sich verzweifelt am Griff seines Messers fest, als ihn der Wind mit voller Wucht traf und seitlich über die heftig hin und her schwankende Harmonika hinwegzublasen drohte.

Der erste Wagen – genauer gesagt: der vierte von vorn – erwies sich als verhältnismäßig einfach. Die metallene Verkleidung der Ventilationsöffnungen, die sich in der Mitte des Daches erhob, zog sich als schmale Kante den ganzen Wagen entlang, und Reynolds, der auf der windabgewandten Seite des Daches auf dem Bauch lag und das Gesicht zum Schutz gegen den schneidenden Wind nach unten nahm, brauchte weniger als eine halbe Minute, um sich Hand über Hand an dieser Kante entlang bis an das andere Ende zu ziehen. Seine Füße hingen dabei die ganze Zeit über den Rand des Daches, doch dagegen war nichts zu machen; die Spitzen seiner Schuhe fanden keinen Halt, denn die Regenrinne war zugeschneit und vereist.

Doch er hatte kaum den sicheren Halt, den die Kante der Ventilation bot, losgelassen, und die Hände nach den Falten der Harmonika ausgestreckt, die zum Dach des nächsten Wagens hinüberführte, als er auch schon erkannte, daß er einen Fehler begangen hatte. Er hätte lieber versuchen sollen, mit einem Sprung das Dach des nächsten Wagens zu erreichen, statt sich diesem heulenden Wind auszusetzen, der auf eine heimtückische Weise böig zu werden begann, ihn jetzt über den Rand der heftig schwankenden Harmonika hinwegzublasen drohte und im nächsten Augenblick so plötzlich nachließ, daß Reynolds sich krampfhaft festhalten mußte, um nicht hinabzustürzen. Doch indem er sich so flach wie möglich machte und sich mit krampfhaftem Klammergriff von Falte zu Falte vorarbeitete, schaffte er es schließlich, das Ende des dritten Wagens zu erreichen.

Auch hier war es wieder verhältnismäßig einfach, das Dach zu überqueren, und als er am Ende angelangt war, richtete er den Oberkörper auf, hob die Beine über den Rand des Daches und stellte sich auf die nächste Harmonika, bückte sich dann und machte einen Sprung nach vorn, stieß sich das eine Knie ziemlich übel am Rand des zweiten Wagens, fand aber gleichzeitig mit den Händen sicheren Halt an der Kante der Ventilation. Innerhalb weniger Sekunden, so schien es ihm, hatte er auch das Dach des zweiten Wagens hinter sich, und als er jetzt die Beine über den Rand hob und die Füße auf die nächste Harmonika setzte, da sah er es: die schwankenden Lichtkegel der Scheinwerfer eines Wagens, auftauchend und wieder verschwindend hinter wirbelnden Wolken von Schnee, auf einer Straße, die keine zwanzig Meter entfernt neben der Eisenbahn herlief. Reynolds verspürte eine solche Erleichterung, daß er im Augenblick seine Erschöpfung, die grausame Kälte und seine klammen, gefühllosen Hände, die ihm nicht mehr sehr lange irgendwelche Dienste leisten konnten, völlig vergaß. Es konnte natürlich irgendein beliebiger Wagen sein, der dort durch den wirbelnden Schnee fuhr, doch Reynolds wußte mit seltsamer Sicherheit, daß es nicht so war. Er bückte sich, stellte sich auf die Zehenspitzen und warf sich mit einem Sprung nach vorn auf das Dach des ersten Wagens – und eine Welle der Erleichterung stieg in ihm hoch, als er schließlich den vorderen Rand des Wagens vor sich sah, der sich deutlich gegen die rote Glut des Feuers abzeichnete, kaum einen Meter von ihm entfernt. Durch den wirbelnden Schnee konnte er im Führerstand der Lokomotive den Lokomotivführer und den Heizer erkennen, und außerdem sah er noch etwas, was dort eigentlich nicht hingehörte, doch womit er immerhin hätte rechnen müssen: einen Soldaten, der zum Schutz gegen die Kälte nahe neben dem Feuerloch hockte, das Gewehr im Arm.

Reynolds griff nach seiner Waffe, doch seine Hände waren völlig erstarrt und ohne jedes Gefühl, es gelang ihm nicht einmal, seinen erstarrten Zeigefinger durch den Abzugsbügel zu schieben. Er steckte die Waffe wieder weg und stand rasch auf, den Oberkörper gegen den Wind weit nach vorn geneigt. Jetzt ging es ums Ganze. Er machte einen raschen Schritt nach vorn, beim zweiten Schritt fand die Sohle seines rechten Schuhs den Rand des Wagendaches, er sprang ab, flog durch die Luft, rutschte den schrägen Hang des Kohlenberges im Tender hinunter und landete am hinteren Ende der Plattform, wo er, momentan außer Gefecht gesetzt, liegenblieb.

Die drei Männer, der Lokomotivführer, der Heizer und der Soldat, drehten sich um und starrten zu ihm hin, mit so verblüfften Gesichtern, daß es fast schon komisch war. Es verstrichen vielleicht fünf Sekunden, fünf kostbare Sekunden, die es Reynolds ermöglichten, wenigstens teilweise wieder zu Atem zu kommen – bevor sich der Soldat endlich von seiner Überraschung erholte, sein Gewehr nahm, den Kolben hoch in die Luft schwang und auf den am Boden liegenden Reynolds zukam. Reynolds ergriff das erste, was ihm in die Hand kam, einen Klumpen Kohle, und warf damit nach dem Mann, doch seine Finger waren zu erstarrt, und als der Soldat sich duckte, flog die Kohle über seinen Kopf hinweg und verfehlte ihr Ziel. Doch der Heizer verfehlte sein Ziel nicht, und der Soldat sank zusammen und stürzte zu Boden, als der Schlag mit der flachen Schaufel seinen Hinterkopf traf.

Reynolds erhob sich hastig und taumelnd. In seinen zerfetzten Kleidern, blutend, halb erfroren und Hände und Gesicht mit Kohlenstaub beschmiert, bot er einen unbeschreiblichen Anblick, doch das war ihm in diesem Augenblick überhaupt nicht bewußt. Er starrte den Heizer an, einen stämmigen jungen Burschen mit einem Kopf voll krauser Locken, und richtete dann seinen Blick auf den Soldaten, der vor ihm lag.

»Das ist die Hitze«, sagte der Heizer grinsend. »Plötzlich ist es über ihn gekommen.«

»Ja, aber wieso...«

»Hören Sie mal«, sagte der Heizer, »ich weiß zwar nicht, für wen Sie sind, aber ich weiß jedenfalls, gegen wen ich bin.« Er lehnte sich auf seine Schaufel. »Können wir Ihnen helfen?«

»Und ob ihr mir helfen könnt!« sagte Reynolds. Hastig erklärte er, um was es ging, und die beiden Männer sahen sich an. Der Ältere, der Lokomotivführer, schien unschlüssig.

»Wir müssen auch an uns selbst denken...«

»Da, sehen Sie!« Reynolds riß seine Jacke auf. »Ein Seil. Wickeln Sie es bitte los, ja – in meinen Händen ist überhaupt kein Gefühl mehr. Sie können sich gegenseitig fesseln. Das dürfte eine genügende...«

»Na klar!« sagte der Heizer grinsend, während der Lokomotivführer bereits nach dem Griff der Druckluftbremse langte. »Wir sind überfallen worden – mindestens fünf oder sechs Leute.«

Reynolds hatte kaum Zeit, den beiden zu danken, die ihm mit solcher Selbstverständlichkeit halfen und dabei so wenig an die Folgen dachten, die es für sie selbst vielleicht haben könnte. Das Tempo des Zuges verringerte sich rasch, da die Strecke anstieg, und er mußte den letzten Wagen erreicht haben, ehe der Zug ganz zum Stehen gekommen war und die zunehmende Spannung der Kupplung, wenn der Wagen rückwärts den Berg wieder hinunterrollen wollte, es unmöglich machte, die Kupplung auszuklinken und den Wagen abzuhängen. Er sprang von der untersten Stufe des Führerstandes ab, taumelte, gewann das Gleichgewicht wieder und rannte nach hinten. Der Zug hielt schon fast, als jetzt der Wagen der Wachmannschaft langsam am ihm vorbeikam, und es wurde Reynolds warm ums Herz, als er für einen Augenblick Jansci in der offenen Tür am Ende dieses Wagens stehen sah, die Pistole unbeweglich in der Hand.

Und dann stießen die Puffer krachend und klirrend aneinander, als die Lokomotive anhielt. Reynolds hatte seine Taschenlampe eingeschaltet, klinkte die Verriegelung aus und schlug mit seinem Hammer die Kupplung der Druckluftbremse los. Durch alle

Wagen lief jetzt ein Ruck nach hinten, als der Druck nachließ, der die Federung der Puffer zusammengedrückt hatte. Jansci, in der einen Hand einen Schlüsselbund schwingend und in der anderen Hand die Pistole haltend, begab sich mit einem Schritt vom Wagen der Wachmannschaft hinüber auf den letzten, den Viehwagen, und Reynolds hatte eben nach dem Geländer gegriffen und war aufgestiegen, als der Wagen der Wachmannschaft dem Viehwagen einen heftigen Stoß versetzte und ihn auf seine Reise schickte, abwärts, die lange, sanfte Steigung wieder hinunter, die der Zug eben nach oben geklettert war.

Sie waren etwa einen halben Kilometer von dem Zug entfernt, als Reynolds anfing, das große Rad der Bremse außen am Wagen zu drehen, und schon etwas über einen Kilometer, als Jansci endlich den richtigen Schlüssel gefunden hatte, die Tür zu dem Viehwagen mit einem Fußtritt aufstieß und mit seiner Taschenlampe hineinleuchtete. Und der Wagen war vielleicht noch sechs- bis siebenhundert Meter weitergerollt, als ihn Reynolds mit einer letzten Umdrehung des Bremsrades endlich zum Stehen brachte, während ihm Jansci lächelnd und Professor Jennings zunächst völlig verblüfft, dann ungläubig staunend und schließlich so aufgeregt wie ein Schuljunge zusahen. Um die anderen Insassen kümmerten sie sich nicht. Jansci, der Professor und Reynolds waren kaum aus dem Wagen ausgestiegen und auf dem Weg nach Westen, wo, wie sie wußten, die Straße lag, als sie einen lauten Schrei hörten und jemanden durch den tiefen Schnee auf sich zustürmen sahen. Es war der Graf, der alle aristokratische Reserviertheit vergessen hatte und schrie und ihnen mit den Armen zuwinkte wie ein Wahnsinniger.

11

Sie erreichten Janscis Hauptquartier – ein Haus auf dem Lande, keine zwanzig Kilometer von der österreichischen Grenze entfernt – am folgenden Morgen gegen halb sieben. Sie erreichten es, nachdem sie vierzehn Stunden lang mit einer Durchschnittsgeschwindigkeit von knapp dreißig Kilometern über die verschneiten Straßen Ungarns gefahren waren, nach der kältesten, mühsamsten, anstrengendsten Fahrt, die Reynolds in seinem ganzen Leben bisher hinter sich gebracht hatte. Doch sie kamen an, und trotz Kälte und Hunger und Schlaflosigkeit sogar in einer ausgesprochenen Hochstimmung, die alle Strapazen und alles Elend vergessen ließ. Nur der Graf war nach dem ersten stürmischen Ausbruch der Freude über das glückliche Gelingen wieder in seine kühle Reserviertheit und ironische Schweigsamkeit versunken.

Sie hatten im Lauf der Nacht genau vierhundert Kilometer zurückgelegt, und der Graf hatte während der ganzen Fahrt am Steuer gesessen und nur zweimal gehalten, um zu tanken, wobei er die widerwilligen, verschlafenen Tankwächter durch die doppelte Drohung seiner Uniform und seiner scharfen Stimme auf die Beine gebracht hatte. Als die Spuren der Anspannung sich immer tiefer in das schmale Gesicht des Grafen eingruben, war Reynolds mehrfach nahe daran gewesen, vorzuschlagen, daß er ihn ablöste; doch wie er bereits bei der ersten Fahrt in dem schwarzen Mercedes festgestellt hatte, war der Graf als Fahrer ein einmaliges Phänomen, und bei diesen heimtückischen vereisten Straßen war es wichtiger, das Ziel ohne Panne zu erreichen, als dem Grafen eine Erleichterung zu verschaffen.

Der direkte Weg von Pecs hierzu zu Janscis Landhaus wäre um mehr als die Hälfte kürzer gewesen als die Strecke, die sie gewählt hatten, doch sowohl Jansci als auch der Graf waren überzeugt gewesen, daß der kürzere Weg unvermeidlich ins Verderben geführt hätte. Beide waren sich völlig klar darüber, daß zwischen dem südlichen Ende des Balaton-Sees und der jugoslawischen Grenze nicht nur jede Straße, sondern auch jeder Feldweg als möglicher Fluchtweg nach Österreich scharf kontrolliert werden würde. Die anderen Wege nach dem Westen, zwischen dem nördlichen Ende des Balaton-Sees und Budapest, wurden möglicherweise gleichfalls kontrolliert, möglicherweise auch nicht, jedenfalls hatten die beiden beschlossen, keinerlei Risiko einzugehen. Sie waren deshalb zweihundert Kilometer in genau nördlicher Richtung gefahren, im Bogen um die nördlichen Vororte von Budapest herum, und dann auf der großen, nach Österreich führenden Autostraße weiter bis kurz vor Györ, wo sie dann abgebogen und in südwestlicher Richtung weitergefahren waren.

Deshalb also hatten sie vierhundert Kilometer hinter sich gebracht, hatten vierzehn Stunden dafür gebraucht und waren kalt, hungrig, müde und erschöpft am Ziel angelangt. Doch das alles war vergessen, als sie erst einmal im Haus und in Sicherheit waren, und als dann Jansci und der Kosak ein prasselndes Holzfeuer in Gang setzten, Sandor mit einem Kochtopf hantierte, aus dem es wunderbar zu riechen begann, und der Graf aus einem mehr als ausreichenden Vorrat, den er hier im Haus lagern hatte, eine Flasche Barack heranholte, da entlud sich das Gefühl der Erleichterung, die triumphierende Freude darüber, daß sie die AVO so völlig überlistet hatten, in einer allgemeinen Munterkeit, und alle begannen zu reden und zu lachen und noch mehr zu reden, und als sie erst etwas Warmes im Magen hatten und der Barack des Grafen sie noch herzhafter erwärmte, da war alle Müdigkeit vergessen, und keiner dachte mehr an Schlaf. Zum Schlafen war später noch Zeit genug, sie konnten den ganzen Tag schlafen, denn Jansci hatte beschlossen, den Grenzübergang erst nach Mitternacht zu versuchen.

Es wurde acht Uhr, und im Radio kamen die Frühnachrichten mit dem anschließenden Wetterbericht. Von ihrer eigenen Tätigkeit und der Entführung des Professors wurde dabei allerdings nichts erwähnt, und das hatten sie auch wahrhaftig nicht erwartet. Dagegen enthielt der Wetterbericht, der für ganz Ungarn weiter heftige Schneefälle voraussagte, eine außerordentlich interessante Mitteilung: In ganz Südwestungarn war durch den schwersten Schneesturm der Nachkriegszeit jeglicher Verkehr lahmgelegt, waren alle Autostraßen und Eisenbahnstrecken völlig unbefahrbar, alle Flugplätze völlig unbenutzbar geworden. Jansci und die anderen lauschten dieser Meldung in einem Schweigen, das beredter war als alle Worte: Hätten sie ihren Versuch zwölf Stunden später unternommen, so wäre es ihnen nicht mehr möglich gewesen, den Professor zu befreien und hierher zu entkommen.

Es wurde neun Uhr, durch den inzwischen wieder dichter fallenden Schnee stahl sich das erste Grau der Morgendämmerung, man war bei der zweiten Flasche Barack und bei der Wiederholung der vielen Geschichten angelangt, die es zu berichten gab. Jansci schilderte, was sie im Szarhaza-Gefängnis erlebt hatten, der Graf, der bereits mindestens eine halbe Flasche Schnaps getrunken hatte, gab einen ironischen Bericht seines Interviews mit Furmint, und Reynolds mußte wiederholt von seiner halsbrecherischen Klettertour über die Wagendächer berichten. Das alles hörte sich niemand mit so gespannter Aufmerksamkeit an wie der alte Professor, dessen gefühlsmäßige Einstellung gegenüber seinen russischen Gastgebern, wie Jansci und Reynolds bereits festgestellt hatten, als sie ihn im Szarhaza-Gefängnis gesehen hatten, eine radikale und heftige Wandlung durchgemacht hatte. Angefangen habe seine eigene Sinnesänderung und die veränderte Haltung der Russen ihm gegenüber, so sagte er, als er sich geweigert habe, auf der Konferenz zu reden, solange er nicht wisse, was mit seinem Sohn sei. Als er dann erfuhr, daß sein Sohn nicht mehr in Rußland war, da hatte er sich erst recht geweigert, auf der Konferenz zu reden – denn damit hatten die Russen das letzte Druckmittel verloren. Daß man ihn in das Szarhaza-Gefängnis steckte, hatte ihn maßlos erbittert, und daß man ihn schließlich auch noch zusammen mit einer Bande hartgesottener Krimineller in einem ungeheizten Viehwagen eingesperrt hatte, dadurch war er dann endgültig bekehrt gewesen. Und als er jetzt hörte, wie man Jansci und Reynolds behandelt hatte, da geriet er vor Wut außer sich und fluchte auf eine höchst unwissenschaftliche Weise.

»Aber wartet nur!« sagte er. »Bei Gott, laßt mich nur erst wieder in England sein! Die britische Regierung und ihre so überaus wichtigen Projekte – zum Teufel mit diesen Projekten! Ich habe zunächst einmal Wichtigeres zu tun, als Raketen zu konstruieren.«

»Und das wäre?« fragte Jansci freundlich.

»Die Wahrheit über den Kommunismus!« rief der Professor und trank sein Schnapsglas leer. »Ich will mich nicht wichtig machen, aber fast alle großen Zeitungen bei uns stehen mir zur Verfügung. Sie werden mich zu Worte kommen lassen – zumal, wenn sie sich an das ungereimte Zeug erinnern, das ich früher von mir zu geben pflegte. Ich werde dieses ganze teuflische System entlarven, und dann . . .«

»Zu spät«, fiel ihm der Graf ins Wort, und seine Stimme klang ironisch.

»Zu spät?« fragte Jennings. »Was wollen Sie damit sagen?«

»Der Graf wollte nur sagen, daß der Kommunismus längst entlarvt ist«, sagte Jansci besänftigend. »Und zwar ziemlich gründlich und – ohne Ihnen zu nahe treten zu wollen, Herr Professor – von Leuten, die jahrelang unter diesem System gelitten haben, und nicht, wie Sie, nur ein Wochenende.«

»Ja, was zum Teufel sollte ich denn Ihrer Meinung nach dann

tun?« wollte Jennings wissen. »Einfach nicht mehr daran denken?« ·

»Nein«, sagte Jansci und schüttelte den Kopf. »Vergessen sollen Sie ganz gewiß nicht, Sie nicht und keiner; es gibt für mich kein größeres Verbrechen, keine schwerere Sünde als Gleichgültigkeit. Nein, Herr Professor Jennings, wenn Sie wissen wollen, was Sie meiner Meinung nach tun sollten, wenn Sie wieder nach England kommen: Erzählen Sie den Menschen dort, daß wir hier in Zentraleuropa auch jeder nur ein kurzes Menschenleben zur Verfügung haben und daß die Zeit allmählich knapp wird. Erzählen Sie den Leuten bei sich zu Haus, daß wir gern noch einmal den süßen Duft der Freiheit atmen würden, nur einmal noch, ehe wir von dieser Erde scheiden. Sagen Sie den Menschen, daß wir nun schon seit vielen Jahren darauf warten und hoffen und daß auch die Hoffnung irgendwann einmal stirbt. Sagen Sie ihnen, daß es auf dieser Erde nur eines gäbe, was wirklich wichtig ist, und das ist der Friede. Und machen Sie den Menschen klar, daß unsere Erde sehr klein ist und mit jedem Jahr, das vergeht, noch kleiner wird, daß wir aber alle auf dieser Erde leben müssen und daß wir gemeinsam darauf leben müssen.«

»Sie meinen also: Koexistenz?« sagte Professor Jennings und zog fragend die Augenbrauen in die Höhe.

»Ja, Koexistenz. Ein schreckliches Wort, ich weiß, vor dem die Menschen sich fürchten wie vor dem schwarzen Mann; aber gibt es für irgendeinen vernünftigen Menschen irgendeine mögliche Alternative? Wir müssen uns selbst kennenlernen, und wir müssen die Menschen der anderen Völker auf dieser Erde ebensogut kennenlernen wie uns selbst: Diese Aufgabe ist von einer ungeheuren, einmaligen Dringlichkeit, und sie zwingt uns, eine Anstrengung zu unternehmen, für die es in der Geschichte keine Parallele gibt. Wenn wir die anderen richtig kennenlernen, dann werden wir auch erkennen, daß sie genau die gleichen menschlichen Eigenschaften haben wie wir. Und aus der Kenntnis, aus dem Verstehen des anderen erwächst dann das Gefühl für den anderen, das Mitgefühl – und das ist eine Kraft, die stärker ist als jede Macht dieser Erde. Hohe Gebirge, Ströme und Meere sind keine trennenden Schranken mehr, nur das menschliche Denken errichtet solche Schranken noch zwischen Mensch und Mensch. Die Intoleranz aus Unwissenheit, die Unduldsamkeit des einfach

Nichtwissenwollens – das ist die letzte trennende Grenze, die es auf dieser Erde noch gibt.«

Es blieb lange Zeit still, nachdem Jansci geendet hatte, und im Raum war nichts zu hören als das Knistern der brennenden Kiefernscheite. Alle saßen schweigend da und starrten in das Feuer, als versuchten sie, darin die hohe Zukunft zu erblicken, von der Jansci gesprochen hatte. Nach einer Weile erhob sich der Graf, machte schweigend die Runde, um die leeren Gläser neu zu füllen, und nahm dann schweigend wieder Platz. Auch von den anderen wollte offenbar keiner dieses Schweigen brechen, ja keiner schien zu wünschen, daß es gebrochen würde. Sie alle waren tief in ihre eigenen Gedanken versunken – als die Stille plötzlich durchschnitten wurde vom schrillen Läuten des Telefons.

Jansci kam mit einem Ruck im Stuhl hoch und nahm das Glas in die rechte Hand, um mit der linken Hand nach dem Telefon zu greifen. Als er den Hörer abhob, hörte das Läuten abrupt auf, und statt dessen ertönte, für jeden der im Raum Anwesenden deutlich hörbar, ein lautes, gellendes Schreien, das, als sich Jansci jetzt den Hörer fest ans Ohr preßte, verging, zu einem leisen, grauenhaften Wimmern. Dann kam eine harte abgehackte Stimme und dann eine leisere, höhere, die schluchzend sprach, doch was sie sagte, war für keinen der anderen zu verstehen, da Jansci den Hörer so krampfhaft ans Ohr gepreßt hielt, daß die Knöchel seiner Hand weißlich hervortraten. Die anderen im Raum, die nichts mehr hören, die nur noch Janscis Gesicht beobachten konnten, sahen, wie dieses Gesicht zu einer steinernen Maske erstarrte und wie aus den geröteten Wangen das Blut mehr und mehr entwich, bis sie schließlich fast so bleich waren wie das schneeweiße Haar darüber. Zwanzig, vielleicht dreißig Sekunden vergingen, ohne daß Jansci ein Wort sagte, dann kam plötzlich ein krachendes, splitterndes Geräusch, als das Glas in Janscis Hand zerbrach, auf den steinernen Fußboden fiel und in lauter Scherben zersplitterte, während aus einer Schnittwunde das Blut zu fließen und von der narbenbedeckten, verstümmelten Hand zwischen die Scherben zu tropfen begann. Jansci hatte es überhaupt nicht bemerkt, so sehr war er in diesem Augenblick mit seinem ganzen Denken, seinem ganzen Sein am anderen Ende dieses Drahtes. Dann sagte er plötzlich: »Ich rufe Sie wieder an«, hörte noch eine Weile in den Apparat, sagte leise und wie erstickt: »Nein, nein«, und legte hastig und heftig wieder auf, doch nicht schnell genug, als daß die anderen nicht den gleichen Laut hätten hören können wie vorhin, als Jansci den Hörer abgenommen hatte, einen heiseren Schmerzensschrei, der wie mit dem Fallbeil abgeschnitten endete, als die Verbindung unterbrochen wurde.

»Um Gottes willen – was war das?« sagte der alte Jennings mit leiser, bebender Stimme, und seine Hände zitterten so heftig, daß er den Schnaps verschüttete, den er in seinem Glas hatte.

»Das war die Erklärung für vieles«, sagte Jansci, wickelte sich das Taschentuch um die Hand, schloß die Hand zur Faust, um den Verband festzuhalten, und sah in die rötliche Glut des Kaminfeuers. »Jetzt wissen wir den Grund für das spurlose Verschwinden von Imre, und jetzt wissen wir auch, wieso der Graf entlarvt wurde. Imre wurde von der AVO geschnappt, man hat ihn in den Keller der Stalinstraße gebracht, und dort hat er kurz vor seinem Tod gesprochen.«

»Vor seinem Tod!« sagte der Graf leise. »Und ich hatte ihn im Verdacht gehabt, er wäre weggelaufen.« Er sah fragend und verständnislos zum Telefon hin. »Sie wollen doch nicht etwa sagen, daß . . .«

»Nein«, sagte Jansci leise, »Imre ist gestern gestorben – einsam und verlassen. Armer Imre. Eben am Telefon, das war Julia, Imre hatte gesagt, wo sie war, und die AVO ist hingefahren und hat sie festgenommen, als sie gerade im Aufbruch war, um hierherzukommen. Und dann hat man sie gezwungen zu sagen, wo unser Hauptquartier ist.«

Reynolds sprang so plötzlich auf, daß sein Stuhl krachend hintenüber fiel.

»Das war Julia, die da geschrien hat«, sagte er mit heiserer, völlig entstellter Stimme. »Man hat sie gefoltert, die Hunde haben sie gefoltert!«

»Ja, das am Telefon war Julia«, sagte Jansci. »Hidas wollte mir zeigen, daß es ihm Ernst ist.« Janscis tonlose Stimme wurde undeutlich und gedämpft, als er jetzt das Gesicht in seinen Händen vergrub. »Aber man hat nicht Julia gefoltert, man folterte Katharina, und Julia mußte es mit ansehen und es mir berichten.«

Reynolds sah Jansci an und begriff nichts, Jennings machte ein entsetztes Gesicht, und der Graf fluchte leise und pausenlos vor sich hin, eine sinnlose Folge unflätiger Flüche, und Reynolds begriff, daß der Graf verstanden haben mußte, was los war; und dann begann Jansci wieder zu sprechen, leise und wie zu sich selbst, und da wurde auch Reynolds plötzlich alles klar, und seine Beine waren auf einmal so sonderbar schwach, daß er sich setzen mußte.

»Ich wußte es, daß sie nicht gestorben war«, murmelte Jansci. »Ich habe es die ganze Zeit gewußt, daß sie noch lebte, ich habe nie die Hoffnung aufgegeben, sie wiederzufinden, nicht wahr, Wladimir? Ich wußte, daß sie nicht gestorben war. Ach, warum hat Gott sie nicht sterben lassen? Warum hat er ihr nicht erlaubt zu sterben?«

Janscis Frau, Reynolds begriff es wie durch einen Nebel, sie lebte also, sie war also doch am Leben geblieben. Julia hatte gemeint, sie müsse innerhalb weniger Tage nachdem man sie abgeholt hatte gestorben sein; doch sie war nicht gestorben, die gleiche Hoffnung, die gleiche feste Gewißheit, die Jansci veranlaßt hatte, unermüdlich überall in Ungarn nach ihr zu suchen, hatte offenbar auch in seiner Frau den Willen zum Leben wachgehalten. Doch jetzt hatte die AVO sie in ihren Klauen, Hidas war vom Szarhaza-Gefängnis weggefahren, weil er wußte, wo sie war, diese Teufel hatten sie in der Hand – und was noch tausendmal schlimmer war, sie hatten Janscis Tochter.

Ungerufen und nebelhaft tauchte Julias Bild vor ihm auf, das schalkhafte Lächeln, womit sie ihn angesehen hatte, als sie ihm damals in der Nähe der Margit-Insel zum Abschied einen Kuß auf die Wange gegeben hatte, die tiefe Sorge in ihrem Gesicht, als sie gesehen hatte, wie Coco ihn zugerichtet hatte, und der Ausdruck, mit dem sie ihn angesehen hatte, als er am nächsten Tag aus dem Schlaf erwacht war, und wie ihr Blick erstorben war, wie ihre Augen sich verschleiert hatten, als die Vorahnung kommenden Unheils in ihr aufgestiegen war.

Im nächsten Augenblick war Reynolds aufgestanden.

»Sagen Sie, Jansci, von wo kam dieser Anruf?« sagte er mit einer Stimme, die wieder ganz normal war und keine Spur von der eiskalten Wut verriet, die in ihm tobte.

»Von der Andrassy Ut. Weshalb fragen Sie, Michael?«

»Wir können sofort hinfahren und sie wieder herausholen – der Graf und ich. Wir schaffen es.«

»Wenn es überhaupt zwei Leute gibt, die etwas Derartiges fertigbringen könnten, dann sehe ich diese beiden hier vor mir. Doch diese Aufgabe ist selbst für Sie zu schwer, denn sie ist noch schlimmer, als Sie denken. Sagten Sie etwas, Herr Professor?«

»Katharina«, murmelte der alte Mann. »Wie sonderbar – so heißt meine Frau auch.«

»Die Übereinstimmung geht leider noch weiter, Herr Professor.« Jansci starrte lange blicklos in die Glut, ehe er schließlich fortfuhr: »Die Engländer bedienten sich Ihrer Frau, um einen Druck auf Sie auszuüben, und jetzt ...«

»Ja, natürlich, ich verstehe«, sagte Jennings leise. Er zitterte jetzt nicht mehr, sondern war ruhig und völlig gefaßt. »Die Sache ist ganz klar, nicht wahr, weshalb hätten sie sonst auch hier anrufen sollen? Ich werde mich sofort auf den Weg machen.«

»Sofort auf den Weg machen?« fragte Reynolds. »Was soll das heißen?«

»Wenn Sie Hidas so genau kennen würden, wie ich ihn kenne«, sagte der Graf, »dann würden Sie das nicht fragen. Ein glatter Handel, nicht wahr, Jansci? Sie bekommen Katharina und Julia lebend zurück, wenn die AVO dafür den Professor bekommt.«

»Ja, das hat man mir vorgeschlagen. Man ist bereit, mir die beiden zurückzugeben, wenn ich Ihnen den Professor ausliefere.« Jansci schüttelte langsam und endgültig den Kopf. »Aber das geht natürlich nicht, das ist unmöglich. Ich kann Sie unmöglich im Stich lassen, Professor, ich kann Sie nicht einfach ausliefern. Der Himmel mag wissen, was man mit Ihnen anfangen würde, wenn man Sie wieder in die Hände bekäme.«

»Aber nein, Sie müssen mich ausliefern, Sie müssen«, sagte Jennings. Er war aufgestanden und sah mit blitzenden Augen auf Jansci herunter. »Man wird mir nichts tun, dazu bin ich viel zu wertvoll für sie. Überlegen Sie doch, Jansci, was bedeutet meine Freiheit, verglichen mit dem Leben Ihrer Frau und Ihrer Tochter? Es bleibt Ihnen gar nichts anderes übrig – ich gehe.«

»Damit würden Sie mir meine Familie wiedergeben, und Sie würden Ihre Familie nie wiedersehen. Ist Ihnen eigentlich klar, was Sie da sagen, Professor Jennings?«

»Ja, ich weiß genau, was ich sage.« Jennings sprach mit ruhiger Entschiedenheit. »Die Trennung ist nicht das Entscheidende. Es handelt sich doch einfach darum, daß, wenn ich jetzt zurückgehe, unsere beiden Familien am Leben bleiben – und wer weiß, vielleicht erlange auch ich eines Tages wieder die Freiheit. Wenn ich jetzt aber nicht zurückgehe, dann sterben Ihre Frau und Ihre Tochter. Das muß Ihnen doch auch klar sein, oder?«

Jansci nickte, schwieg einen Augenblick und räusperte sich dann, und Reynolds wußte, was er sagen würde, noch ehe er angefangen hatte zu sprechen.

»Es freut mich jetzt um so mehr, Herr Professor, daß es mir möglich war, zu einem kleinen Teil dazu beizutragen, Sie zu befreien. Sie sind nicht nur ein unerschrockener Mann, Sie sind ein guter Mensch. Doch ich werde nicht zulassen, daß Sie sich für mich oder die Meinen opfern. Ich werde Oberst Hidas sagen...«

»Nein«, unterbrach ihn der Graf, »ich werde es Oberst Hidas sagen...« Er ging zum Telefon, nahm den Hörer ab und bat die Vermittlung, ihn mit einer Nummer zu verbinden. »Nein, Jansci, überlassen Sie das bitte mir. Sie haben bisher noch nie an mir gezweifelt – ich darf Sie bitten, nicht etwa jetzt damit anzufangen.«

Er brach ab, nahm für einen Augenblick stramme Haltung an und entspannte sich dann lächelnd.

»Oberst Hidas? Hier spricht Major a. D. Howarth – bei bester Gesundheit, danke sehr –, ja, wir haben uns Ihren Vorschlag überlegt, und ich habe einen Gegenvorschlag zu machen. Es muß doch außerordentlich unangenehm für Sie sein, daß ausgerechnet der tüchtigste Beamte der AVO nicht mehr bei Ihnen ist, und ich möchte vorschlagen, diesem Übelstand abzuhelfen. Falls ich Ihnen garantieren könnte, daß Professor Jennings, wenn er den Westen erreicht, Stillschweigen bewahrt, wären Sie dann bereit, als Kompensation für die Frau und die Tochter von Generalmajor Illjurin mit meiner geringen Person vorliebzunehmen – ja, ich warte.«

Er behielt den Hörer in der Hand, richtete den Blick auf den Professor und Jansci und streckte den Arm aus, um ihrem Protest Einhalt zu gebieten und um den Professor zurückzudrängen, der sich vergeblich bemühte, ihm den Hörer wegzunehmen.

»Sachte, meine Herren, und bitte beruhigen Sie sich. Edle Selbstaufopferung ist nicht unbedingt meine Sache; ehrlich gesagt, so was liegt mir überhaupt nicht. – Ja, Oberst Hidas? – Ach so, ich hatte es fast schon befürchtet – natürlich ein harter Schlag für meinen Stolz, aber ich bin schließlich wohl doch nur ein kleiner Wicht – so, es muß also der Professor sein – doch, ja, er ist durchaus dazu bereit – nein, Oberst Hidas, nach Budapest kommt er nicht. Halten Sie uns eigentlich für vollkommen wahnsinnig? Wenn wir nach Budapest kommen, dann haben und behalten Sie ja alle drei! Nein, wenn Sie darauf bestehen, daß der Austausch in Budapest vorgenommen wird, dann geht Professor Jennings noch heute nacht über die Grenze, und weder Sie noch sonst jemand in Ungarn kann irgend etwas tun, um das zu verhindern. Das sollte gerade Ihnen klarer sein als – aha, ich hatte mir doch gleich gedacht, daß Sie es einsehen würden, Sie waren schon immer ein so verständiger und einsichtiger Mann, nicht wahr? Dann hören Sie bitte gut zu.

Etwa drei Kilometer nördlich von diesem Haus hier – die Tochter des Generals wird Ihnen den Weg zeigen, falls Sie Schwierigkeiten haben sollten, herzufinden – biegt eine Nebenstraße nach links ab. Diese Nebenstraße fahren Sie entlang, sie endet acht Kilometer weiter bei einer kleinen Fähre, die über einen Nebenfluß der Raab führt. Dort halten Sie. Etwa drei Kilometer nördlich führt eine Holzbrücke über denselben Fluß. Wir werden über diese Brücke hinüberfahren, sie anschließend sprengen, damit Sie nicht in Versuchung geraten, uns nachzufahren, und uns dann wieder in südlicher Richtung zu dem Fährhaus begeben, das gegenüber der Stelle, wo Sie ankommen, am anderen Ufer liegt. Über den Fluß führt eine kleine Seilfähre hinüber, und diese Fähre werden wir benutzen, um den Austausch der Gefangenen vorzunehmen. Ist Ihnen das alles klar?«

Der Graf hörte längere Zeit schweigend in den Apparat; im Raum war nichts zu hören als das leise, unverständliche Gemurmel der harten Stimme von Oberst Hidas, dann sagte der Graf: »Warten Sie einen Augenblick«, nahm den Hörer vom Ohr, legte die Hand über die Sprechöffnung und wandte sich an die anderen.

»Er sagt, er braucht eine Stunde Bedenkzeit – man müsse erst bei der Regierung die Genehmigung einholen. Das ist schon möglich. Wahrscheinlicher allerdings ist, daß unser werter Freund versucht, diese Stunde dazu zu benutzen, um die Armee zu alarmieren und uns zu umzingeln, oder die Luftwaffe zu ersuchen, ein paar wohlgezielte Bomben in unseren Schornstein zu setzen.«

»Unmöglich«, sagte Jansci und schüttelte mit Entschiedenheit den Kopf. »Die nächsten Truppen liegen in Kaposvar, südlich vom Balaton-See, und wie wir aus den Wettermeldungen wissen, sind sie völlig unbeweglich.«

»Und die nächstgelegenen Stützpunkte der Luftwaffe befinden sich oben an der tschechischen Grenze«, sagte der Graf und warf einen Blick durch das Fenster nach draußen, in diese graue Welt aus treibendem Schnee. »Selbst wenn man dort in der Lage sein sollte zu starten, würde uns bei diesem Wetter kein Aas finden. Also, wir riskieren es?«

»Wir riskieren es«, sagte Jansci.

»Gut, Oberst Hidas, Sie sollen Ihre Stunde Bedenkzeit haben«, sagte der Graf, der die Hand wieder von der Sprechöffnung genommen hatte. »Aber wenn Sie auch nur eine Minute später anrufen, dann sind wir nicht mehr da. Und noch etwas: Wenn Sie dort hinkommen, werden Sie die Strecke über Vylok fahren, und keine andere – wir möchten nämlich nicht gern, daß Sie uns den Fluchtweg abschneiden. Die Größe unserer Organisation ist Ihnen ja bekannt – wir werden jede andere Straße nördlich von Szombathely überwachen, und wenn sich auf einer dieser Straßen auch nur irgendein Fahrzeug zeigt, dann werden Sie, wenn Sie dort ankommen, uns nicht mehr antreffen. Alsdann, mein lieber Oberst, bis nachher.«

Zufrieden lächelnd legte er den Hörer hin und wandte sich den anderen zu.

»Da können Sie mal sehen, meine Herren – ich ernte den ganzen Ruhm der Ritterlichkeit und des opferbereiten Edelmuts, und zwar ohne irgendeines der unbehaglichen Risiken, wie sie sonst normalerweise mit diesen Tugenden verbunden sind. Raketen zu bauen ist eben wichtiger, als Rache zu nehmen, und die Leute wollen nun einmal unbedingt den Professor haben. Wir haben drei Stunden Zeit.«

Drei Stunden, und die erste davon war inzwischen fast vergangen. Eine Stunde, die sie alle, so wie der Kosak, dazu benutzt haben sollten, zu schlafen, denn sie waren erschöpft und völlig übermüdet, und doch dachte keiner an Schlaf. Jansci nicht, da er noch halb betäubt war vor Freude bei dem Gedanken, seine Frau wiederzusehen, während ihm gleichzeitig der Kummer das Herz zerdrückte und er innerlich fest entschlossen war, den Professor nicht gehen zu lassen; und ebensowenig dachte der Professor an Schlaf, denn er hatte nicht den Wunsch, seine letzten Stunden der Freiheit schlafend zu verbringen. Auch Sandor hatte keinen

Augenblick daran gedacht, zu schlafen; er ging draußen in der bitteren Kälte mit Jansci auf und ab, weil er ihn in dieser Stunde nicht allein lassen mochte. Und der Graf trank gleichmäßig und unaufhörlich, als sollte er nie wieder eine Flasche Schnaps zu sehen bekommen. Reynolds sah ihm dabei zu und staunte heimlich, als er die dritte Flasche Barack aufmachte – und dann hatte er einen Augenblick ungewöhnlicher Hellsichtigkeit. »Ich glaube, Sie wissen, daß Jansci seine Frau und seine Tochter wiedersehen wird – wieso Sie das mit solcher Sicherheit wissen können, das ahne ich allerdings nicht, aber Sie wissen es jedenfalls. Sie wissen, daß sein Kummer ein Ende hat. Ihr Kummer aber bleibt, und da Sie jetzt diesen Kummer allein tragen müssen, fühlen Sie ihn mit doppelter Stärke.«

»Ach, Jansci hat Ihnen also von mir erzählt?«

»Nein, nicht ein Wort.«

»Ich glaube Ihnen«, sagte der Graf und betrachtete Reynolds nachdenklich. »Wissen Sie, mein Freund, Sie sind im Verlauf weniger Tage um zehn Jahre älter geworden. Sie werden nie wieder der sein können, der Sie einmal waren. Ich nehme an, Sie werden Ihren Dienst beim Intelligence Service quittieren?«

»Ja, das war mein letzter Auftrag. Ich scheide aus.«

»Und heiraten die schöne Julia?«

»Du lieber Gott! Ist das wirklich so deutlich zu sehen?«

»Sie haben es natürlich als letzter bemerkt, aber für alle anderen war es völlig offensichtlich.«

»Also, wenn es so ist: Ja, natürlich möchte ich sie heiraten.« Reynolds zog die Stirn in Falten. »Ich habe sie allerdings noch nicht gefragt, ob sie mich will.«

»Nicht nötig«, sagte der Graf und winkte lässig mit der Hand. »Ich kenne die Frauen. Wahrscheinlich hat sie eine schwache Hoffnung, noch einen vernünftigen Menschen aus Ihnen machen zu können.«

»Hoffentlich hat sie diese Hoffnung«, sagte Reynolds.

Der Graf goß sein Glas voll, nahm einen kräftigen Schluck, entzündete die nächste in der Kette der russischen Zigaretten und sagte dann unvermittelt: »Jansci war auf der Suche nach seiner Frau, und ich war auf der Suche nach meinem Kleinen. Was heißt hier: Kleiner! Nächsten Monat wäre er zwanzig – vielleicht ist er wirklich zwanzig. Ich weiß es nicht, ich weiß es einfach nicht. Aber ich hoffe, daß er am Leben geblieben ist.«

»Hatten Sie nur diesen einen Sohn?«

»Ich hatte fünf Kinder, und die Kinder hatten eine Mutter und einen Großvater und einen Onkel, doch ich mache mir keine Sorgen um sie, sie alle sind in Sicherheit.«

Reynolds sagte nichts, es war nicht nötig, irgend etwas hinzuzufügen. Er wußte von Jansci, daß der Graf alles und alle verloren hatte – mit Ausnahme seines kleinen Söhnes.

»Er war gerade erst drei Jahre alt, als sie mich holten«, sagte der Graf. »Ich sehe ihn noch heute vor mir, wie er da im Schnee stand, große Augen machte und nichts begriff. Immer habe ich seither an ihn denken müssen, in jeder Nacht, an jedem Tag meines Lebens. Ob er am Leben geblieben ist? Wer mag sich seiner angenommen haben? Vielleicht hat ihn keiner haben wollen, aber Gott doch sicherlich – er war noch so klein, so ein kleiner Junge, Mr. Reynolds. Wie er wohl aussehen mag? Ich habe immer nur für ihn gelebt, doch für jeden Menschen kommt einmal der Augenblick, da er mit der Wahrheit konfrontiert wird, und für mich kam dieser Augenblick heute früh. Ich weiß, daß ich ihn nie wiedersehen werde.«

»Entschuldigen Sie bitte, daß ich Sie danach gefragt habe«, sagte Reynolds leise. »Es tut mir wirklich außerordentlich leid.« Er machte eine Pause und sagte dann: »Nein, das stimmt gar nicht, ich weiß nicht, wieso ich das gesagt habe. Ich bin froh, daß ich Sie gefragt habe.«

»Es ist sonderbar, aber auch ich bin froh, daß ich es Ihnen erzählt habe«, sagte der Graf, trank sein Glas leer, schenkte sich wieder ein, warf einen Blick auf seine Uhr, und als er danach weitersprach, war er wieder ganz der alte, und seine Stimme war knapp und entschieden und ironisch. »Der Schnaps macht den Menschen melancholisch, doch er vertreibt die Melancholie auch wieder. Es wird Zeit, daß wir uns auf die Beine machen, mein Freund. Die Stunde ist schon beinahe um. Wir können hier nicht ewig sitzen und warten – nur ein Wahnsinniger könnte auf die Idee kommen, diesem Hidas über den Weg zu trauen.«

»Jennings muß also wirklich zurück?«

»Ja. Wenn sie ihn nicht zurückbekommen, dann . . .«

»Dann bedeutet das das Ende für Janscis Frau und für Julia – meinen Sie das?«

»Tut mir leid, aber so ist es.«

»Hidas scheint außerordentlich viel daran gelegen zu sein, den Professor wieder in die Hand zu bekommen.«

»Er will ihn unbedingt und um jeden Preis haben. Die Kommunisten haben eine tödliche Angst davor, daß er in den Westen entkommt und sich dort äußert – das wäre ein Schlag für sie, von dem sie sich lange nicht erholen würden. Deshalb hatte ich angerufen und mich selbst angeboten. Ich weiß, wieviel ihnen an mir gelegen ist, und ich wollte feststellen, wie sehr ihnen daran gelegen ist, Jennings in ihre Hände zu bekommen. Wie gesagt, sie wollen ihn unbedingt und um jeden Preis haben.«

»Ja, aber warum denn?«

»Er wird nie wieder für sie arbeiten«, sagte der Graf beiläufig, »und das wissen sie auch sehr genau.«

»Wollen Sie damit sagen, daß...«

»Ich will damit nur sagen, daß man sicherzugehen wünscht, daß der Professor den Mund hält, und zwar für immer«, sagte der Graf. »Wenn man absolut sichergehen will, gibt es da nur einen Weg.«

»Ja, um Gottes willen!« sagte Reynolds entsetzt. »Wir können doch nicht zulassen, daß er in seinen sicheren Tod geht!«

»Sie vergessen Julia«, sagte der Graf.

Reynolds, der nicht mehr imstande war, irgendeinen klaren Gedanken zu fassen, senkte den Kopf und barg das Gesicht in seinen Händen. So saß er vielleicht eine Minute lang und fuhr dann mit einem Ruck wieder hoch, als die Stille plötzlich von dem schrillen Klingeln des Telefons zerschnitten wurde. Der Graf riß den Hörer ans Ohr. »Hier Howarth – Oberst Hidas?«

Auch diesmal konnten die anderen – Jansci und Sandor waren eben eilig zur Tür hereingekommen – die harte, metallische Stimme hören, die am anderen Ende des Drahtes war, aber nichts von dem verstehen, was Hidas sagte. Sie konnten nur den Grafen beobachten, der lässig an der Wand lehnte, während sein Blick ziellos im Raum umherwanderte. Plötzlich stieß er sich von der Wand ab und zog die Augenbrauen zusammen.

»Unmöglich! Eine Stunde, hatte ich gesagt, Oberst Hidas. Länger können wir nicht warten. Halten Sie uns eigentlich für wahnsinnig, daß Sie denken, wir würden hier sitzenbleiben und ruhig abwarten, bis Sie uns nach Belieben einkassieren können?«

Er brach ab und hörte zu, als jetzt die Stimme am anderen Ende des Drahtes wieder zu reden anfing, eilig und abgehackt, und erstarrte im nächsten Augenblick, als er hörte, wie Hidas einhängte. Nachdenklich besah er sich den Hörer, aus dem nichts mehr zu hören war, und legte ihn dann langsam wieder auf.

»Irgend etwas stimmt da nicht«, sagte er. »Irgend etwas stimmt ganz und gar nicht. Hidas sagt, der zuständige Minister sei auf seinem Landsitz, die Telefonverbindung dorthin sei gestört, sie hätten einen Wagen hinschicken müssen, es könnte vielleicht noch eine weitere halbe Stunde dauern, möglicherweise sogar – oh, du verdammter Idiot!«

»Wie bitte?« fragte Jansci. »Wer ist...«

»Ich.« Der Graf, auf dessen Gesicht die zweifelnde Ungewißheit verschwunden war, sprach leise und völlig beherrscht, dabei aber mit einer so verzweifelten Dringlichkeit, wie Reynolds ihn noch nie hatte sprechen hören. »Sandor, den Motor des Lastwagens starten – sofort. Handgranaten mitnehmen, Sprengladungen für diese kleine Brücke da an der Straße und das Feldtelefon. Jetzt müssen wir schnell machen, wir alle. Es ist wirklich höchste Eile geboten!«

Niemand hielt sich damit auf, den Grafen nach einer Erklärung zu fragen. Zehn Sekunden später standen alle draußen vor dem Haus in dem heftigen Schneefall und verluden die Ausrüstung, und innerhalb einer Minute fuhr der Lastwagen schwankend den unebenen Feldweg entlang auf die Straße zu. Erst dann wandte sich Jansci dem Grafen zu und sah ihn fragend an.

»Der letzte Anruf kam aus einer Telefonzelle«, sagte der Graf ruhig. »Völlig unverzeihlich, daß ich nicht sofort darauf gekommen bin. Wieso telefoniert Oberst Hidas aus einer Telefonzelle? Weil er sich nicht mehr in seinem Dienstzimmer in Budapest befindet. Ich wette hundert zu eins, daß auch der vorige Anruf nicht aus Budapest kam, sondern von unserer Dienststelle in Györ. Hidas ist schon die ganze Zeit hierher unterwegs gewesen, und seine Anrufe hatten nur den einen Zweck, uns aufzuhalten, uns zu täuschen. Der Minister, die erforderliche Genehmigung der Regierung, die unterbrochenen Telefonleitungen – lauter Lügen. Mein Gott, wenn ich denke, daß wir darauf hereingefallen sind! Ich möchte wetten, daß Hidas in diesem Augenblick keine zehn Kilometer mehr von hier entfernt ist. Eine Viertelstunde später hätte er uns alle geschnappt, sechs auf einen Schlag, sechs brave kleine Fliegen, die geduldig warten, bis die Spinne kommt.«

Sie standen frierend bei dem Telefonmast am Rande des Waldes, spähten durch den Schnee, der im Augenblick weniger dicht fiel. Zuwenig Schlaf, Überanstrengung und die trügerische, rasch sich verflüchtigende Wärme, die der Schnaps erzeugte, waren keine geeignete Vorbereitung, um auch nur kurze Zeit in der bitteren Kälte Wache zu stehen.

Von hier aus konnten sie das soeben fluchtartig verlassene Haus und die Straße übersehen, auf der die AVO-Leute kommen mußten.

Knappe fünfzehn Minuten waren vergangen, seit sie aufgebrochen und losgefahren waren, den Feldweg entlang und über die kleine, gewölbte Steinbrücke zur Hauptstraße, auf der sie zweihundert Meter in westlicher Richtung gefahren waren, bis zu diesem Wäldchen hier, in dem sie den Wagen versteckt hatten. Der Graf und Sandor waren bei der Brücke abgesetzt worden, um die Sprengladungen anzubringen, während Reynolds und der Professor in aller Eile Reisig aus dem Wald herangeholt und dem Grafen und Sandor dabei geholfen hatten, die Spuren der Reifen ihres Wagens zu verwischen und die Leitung zu tarnen, die von der Sprengladung an der Brücke zu der Stelle in dem Wäldchen führte, wo jetzt Sandor im Versteck lag, den Auslöser in der Hand. Als sie danach zu dem Lastwagen zurückgekehrt waren, hatten Jansci und der Kosak das Feldtelefon inzwischen bereits an die Oberleitung angeschlossen, die zum Haus führte.

Es verstrichen weitere zehn Minuten, zwanzig Minuten, und schließlich eine halbe Stunde, es schneite noch immer sacht, und die Kälte drang ihnen immer tiefer ins Gebein. Die AVO, die inzwischen längst überfällig war, war noch immer nicht erschienen, und Jansci und dem Grafen kam die Sache außerordentlich verdächtig vor. Der Graf war inzwischen fest davon überzeugt, daß Hidas irgend etwas Übles im Schild führte.

Und daß es sich in der Tat so verhielt, das war, als Hidas endlich erschien, sofort deutlich zu erkennen. Er kam aus östlicher Richtung, und zwar in einem großen, grünen, geschlossenen Lastwagen mit Wohnwagenanhänger, der, wie der Graf erklärte, sein fahrbares Hauptquartier enthielt, begleitet von einem zweiten, kleineren, braunen Lastwagen, in dem zweifellos eine Reihe seiner AVO-Killer saßen. Das hatten Jansci und der Chef auch nicht anders erwartet. Was sie dagegen nicht erwartet hatten und wodurch die verspätete Ankunft der AVO eine ausreichende Erklärung fand, das war die Anwesenheit des dritten Fahrzeugs in diesem Geleitzug: ein großer, schwerfälliger, schwer gepanzerter Raupenschlepper mit einer übel aussehenden Panzerabwehrkanone darauf, deren Rohr fast halb so lang war wie das ganze Fahrzeug. Die Männer am Waldrand, die diese gewaltige Heeresmacht heranrollen sahen, starrten sich verblüfft an und fragten sich vergeblich, was der Grund für dieses Aufgebot sein könne; die Antwort ließ nicht lange auf sich warten.

Hidas schien sehr genau zu wissen, was er wollte – er mußte offenbar durch Julia erfahren haben, daß die beiden seitlichen Giebelwände des Hauses keine Fenster hatten –, denn er zögerte nicht einen Augenblick. Einige hundert Meter vor dem Feldweg, der zum Haus hinführte, beschleunigten die beiden Lastwagen ihr Tempo und ließen den Raupenschlepper zurück, schalteten dann fast genau gleichzeitig herunter, bremsten, bogen von der Straße ab, fuhren über die kleine Brücke und in schnellem Tempo auf das Haus zu, wo der eine nach rechts und der andere nach links bog und beide wenige Meter neben den fensterlosen Giebelwänden anhielten. Im nächsten Augenblick sprangen bewaffnete Männer heraus und gingen hinter den Lastwagen, den kleinen Nebengebäuden und den Bäumen hinter dem Haus in Stellung.

Der letzte Mann war noch nicht schußbereit, als auch schon der gepanzerte Raupenschlepper in den Landweg einbog, zwischen den niedrigen steinernen Brüstungen der gewölbten Brücke hinaufrasselte, daß das lange Rohr seiner Kanone grotesk nach oben in den Himmel zeigte, auf der anderen Seite abwärts rumpelte und rund fünfzig Meter von der Vorderfront des Hauses entfernt haltmachte. Es verging eine Sekunde, eine zweite, und dann kam der flache, harte Knall des Abschusses und das Krachen der Detonation, als die Granate in die Vorderfront des Hauses einschlug, ein kurzes Stück unterhalb der Fenster des Erdgeschosses. Die Wolke aus Rauch und Staub hatte noch nicht Zeit gehabt, sich zu verziehen, als wenige Sekunden später die nächste Granate etwa einen Meter vom ersten Einschlag entfernt in die Wand des Hauses schlug, und nach drei weiteren Schüssen war bereits ein Loch von drei Metern Länge in das Mauerwerk der Hauswand gerissen.

»Dieser Hund, dieser Mörder«, sagte der Graf leise. »Ich wußte, daß ihm nicht zu trauen ist, aber daß er ein so heimtückisches Schwein ist, das weiß ich erst jetzt.« Er brach ab, als die Panzerabwehrkanone erneut feuerte, und wartete, bis das grollende Echo der Detonation vergangen war. »Das da habe ich hundertmal gesehen – das ist eine Methode, die erstmalig von den Deutschen in Warschau zur Perfektion ausgebildet wurde. Wenn man ein Haus zusammenschießen will, ohne daß es die Straße blockiert, dann schießt man einfach so lange unten in das Fundament, bis das Haus darüber in sich zusammenstürzt. Die Methode hat außerdem noch den zusätzlichen Vorteil, daß jeder, der sich etwa in einem solchen Haus verbirgt, unter den Trümmern begraben wird!«

»Und das versucht man also jetzt – ich meine, man nimmt an, daß wir da im Haus sind?« fragte Professor Jennings.

»Natürlich denkt man, daß wir im Haus sind«, sagte der Graf. »Zum Spaß machen die das schließlich nicht. Und Hidas hat rund um das ganze Haus seine Terrier stationiert, für den Fall, daß die Ratten versuchen sollten, aus irgendeinem Loch zu entweichen.«

»Ich verstehe«, sagte Jennings, der sich inzwischen wieder einigermaßen gefaßt hatte. »Danach scheint es also, als hätte ich den Wert meiner Dienste für die Russen etwas zu hoch eingeschätzt.«

»Nein, das haben Sie nicht«, sagte der Graf. »Den Leuten liegt wirklich sehr viel daran, sich Ihrer Dienste zu versichern – ich fürchte nur, daß ihnen noch mehr daran gelegen ist, Generalmajor Illjurin und auch meine Wenigkeit unschädlich zu machen. Für das kommunistische Ungarn ist Jansci der Staatsfeind Nummer eins, und die AVO ist sich darüber klar, daß sich ihnen diese Chance nicht ein zweitesmal bietet. Sie können es sich einfach nicht leisten, sie ungenutzt vorbeigehen zu lassen, und deshalb war man bereit, notfalls sogar Ihr Leben, Herr Professor, zu opfern, um diese einmalige Gelegenheit möglichst gründlich auszunützen.«

»Das sind keine Menschen«, sagte Jennings staunend, »das sind Teufel.«

»Ja, mitunter fällt es wirklich schwer, anders von ihnen zu denken«, sagte Jansci. »Hat – hat jemand die beiden gesehen?« Alle verstanden sofort, wen er meinte, und schüttelten schweigend den Kopf. »Nein? Dann ist es vielleicht besser, wenn wir unseren Freund Hidas einmal anrufen. Die telefonische Zuleitung liegt oben unter dem Giebel. Sie müßte eigentlich noch intakt sein.«

Sie war intakt. Als Jansci in einer Feuerpause die Kurbel des Feldtelefons betätigte, drang das Läuten des Apparats drüben im Haus deutlich hörbar durch die unbewegte, frostklare Luft herüber, und ebenso deutlich hörten sie einen kurzen Befehl und sahen einen Mann, der um die Ecke die Hauses gelaufen kam und den Kanonieren der Panzerabwehrkanone ein Signal zuwinkte: Im nächsten Augenblick schwenkte das Rohr der Kanone zur Seite. Auf einen zweiten Befehl sprangen die Männer, die rings um das Haus in Stellung gegangen waren, aus ihrer Deckung hervor und rannten teils auf die Vorderfront, teils auf die Rückfront des Hauses zu. Bei den AVO-Männern, die auf die Vorderfront des Hauses zugelaufen waren, konnten die Beobachter sehen, wie sie sich geduckt die zerschossene Mauer entlang bewegten, sich dann ruckartig aufrichteten und ihre Maschinenpistolen durch die zersplitterten Fenster schoben, während zwei weitere Leute die Eingangstür, die nur noch lose in den Angeln hing, mit einem Fußtritt aufstießen und hineingingen. Selbst aus dieser Entfernung war unzweideutig zu erkennen, wer der Mann war, der als erster eintrat: Es war Coco, dessen riesige, gorillahafte Figur auf jede Entfernung zu erkennen war.

Fast im nächsten Augenblick kam er wieder zum Vorschein, während ein anderer sich unverzüglich in das Haus hinein begab, und daß dieser andere nur Oberst Hidas gewesen sein konnte, dafür erhielten sie die Bestätigung, als gleich darauf seine Stimme aus dem Kopfhörer des Feldtelefons kam: Jansci hatte nur den einen der beiden Hörer am Ohr, und die Stimme ertönte deutlich genug aus dem zweiten Hörer, so daß sie es alle verstehen konnten.

»Ich nehme an, ich spreche mit Generalmajor Illjurin?«

»Ja. Sagen Sie, Oberst Hidas, pflegt man so bei der AVO eine Abmachung einzuhalten?«

»Kindische Vorwürfe dieser Art sind zwischen uns beiden völlig unangebracht«, erwiderte Hidas. »Von wo aus sprechen Sie, wenn ich fragen darf?«

»Das ist unwichtig. Haben Sie meine Frau und meine Tochter mitgebracht?«

Es entstand eine lange Pause, und die Leitung war wie tot,

bis schließlich die Stimme von Oberst Hidas wiederkam. »Selbstverständlich, das hatte ich ja gesagt.«

»Dürfte ich Sie dann bitten, mich die beiden sehen zu lassen?«

»Sie glauben mir also nicht?«

»Eine überflüssige Frage, Oberst Hidas. Geben Sie mir Gelegenheit, meine Frau und meine Tochter zu sehen.«

»Ich muß einen Augenblick überlegen.« Wieder entstand eine völlig geräuschlose Pause, und der Graf sagte hastig:

»Er überlegt natürlich gar nicht. Dieser Fuchs braucht nie zu überlegen. Er versucht Zeit zu gewinnen. Er weiß, daß wir irgendwo sein müssen, von wo aus wir ihn sehen können, also weiß er, daß auch er uns sehen kann. Deshalb vorhin diese erste Pause – er hat seinen Leuten Anweisungen erteilt, daß Sie...«

Ein lauter Ruf vom Haus bestätigte die Vermutung des Grafen, noch ehe er sie ausgesprochen hatte, und im nächsten Augenblick kam ein Mann aus der Haustür gestürzt und lief eilig auf den Raupenschlepper zu.

»Er hat uns also gesehen«, sagte der Graf schlicht. »Entweder uns oder den Lastwagen hinter uns. Und was mag nun kommen?«

»Darüber brauchen wir keine Vermutungen anzustellen«, sagte Jansci und legte den Kopfhörer des Feldtelefons aus der Hand. »Alles in Deckung – denn jetzt kommt der Raupenschlepper!« Er hatte noch nicht zu Ende gesprochen, als der schwere Dieselmotor des Raupenschleppers zu brummen begann, und jetzt setzte sich das schwerfällige Fahrzeug in Bewegung, um auf der freien Fläche vor dem Haus zu wenden.

»Er kommt tatsächlich her«, sagte Jansci. »Wenn sie von dort aus hätten schießen wollen, so hätten sie nicht nötig gehabt zu wenden – dieser Geschützturm ist um dreihundertsechzig Grad schwenkbar.« Er kam hinter dem Baum hervor, hinter dem er in Deckung gelegen hatte, sprang über den schneegefüllten Graben auf die Straße und schlug hoch über seinem Kopf für einen kurzen Augenblick die beiden Hände zusammen: das verabredete Zeichen für Sandor, auf die Bewegung des Raupenschleppers genau zu achten.

Niemand war auf das gefaßt, was nun geschah, nicht einmal der Graf, der nicht damit gerechnet hatte, daß Hidas inzwischen in einen Zustand so finsterer und verzweifelter Entschlossenheit geraten war. Sie hörten gedämpft das Kommando, mit dem Hidas seinen Leuten befahl, das Feuer zu eröffnen, und der Graf hatte noch nicht einmal Zeit gehabt, Jansci eine Warnung zuzurufen, als auch schon vom Haus her mehrere Maschinenpistolen zu feuern begannen. Sie mußten mit einem Sprung hinter Baumstümpfen in Deckung gehen, so plötzlich setzte der Hagel der Geschosse ein, die ihnen um die Ohren pfiffen, krachend in die Stämme der Bäume schlugen oder abprallten und mit bösartigem Wimmern als Querschläger durch die Luft flogen. Jansci aber, der keine Zeit, keine Möglichkeit gehabt hatte, in Deckung zu gehen, schwankte, kippte und schlug schwer auf die Straße. Reynolds kam aus seiner Deckung hoch und hatte gerade zum ersten Sprung auf die Stelle angesetzt, wo Jansci lag, als ihn eine Hand von hinten packte und mit einem Ruck zurückriß hinter den Baum, hinter dem er soeben vorgekommen war.

»Wollen Sie sich vielleicht auch umlegen lassen?« fragte der Graf wütend, doch die Wut in seiner Stimme richtete sich nicht gegen Reynolds. »Ich glaube übrigens nicht, daß er tot ist – sein Fuß bewegt sich.«

»Sie können jeden Augenblick das Feuer wieder eröffnen«, sagte Reynolds protestierend; das Knattern des Gewehrfeuers hatte so plötzlich aufgehört, wie es angefangen hatte. »Die können ihn dort, wo er liegt, durchlöchern.«

»Um so mehr Grund für Sie, nicht etwa Selbstmord zu begehen.«

»Aber Sandor wartet! Es ging so schnell, er hat das Zeichen bestimmt nicht gesehen!«

»Sandor ist nicht blöd. Er braucht kein Zeichen.« Der Graf riskierte einen Blick um den Stamm des Baumes, hinter dem er in Deckung lag, und sah, wie der Raupenschlepper den Feldweg entlang auf die Brücke zurumpelte. »Wenn die Brücke jetzt in die Luft geht, dann bleibt dieser verdammte Panzer stehen und macht von der Stelle aus, wo er gerade ist, Kleinholz aus uns; oder, noch schlimmer: Er kann wenden und im Rückwärtsgang durch den Fluß auf die Hauptstraße fahren. Das weiß Sandor. Passen Sie mal auf!«

Reynolds gab Obacht. Der Raupenschlepper war schon fast auf der Brücke. Noch zehn Meter, noch fünf Meter, und jetzt kroch er die Wölbung nach oben. Sandor hat zu lange gewartet, dachte Reynolds, bestimmt hat er zu lange gewartet – doch da blitzte es plötzlich, und dann kam das dumpfe Dröhnen der Detonation – nicht annähernd so laut, wie Reynolds erwartet hatte – und danach zunächst das Rumpeln einstürzenden Mauerwerks, und dann metallisches Knirschen und Kreischen, als der Raupenschlepper kopfüber in das Flußbett stürzte und auf das Widerlager der Brücke aufschlug, wobei das lange Rohr der Panzerabwehrkanone umknickte wie Pappe.

»Großartig«, murmelte der Graf. »Hat unser Sandor wunderbar hingekriegt.« Er sprach in seiner üblichen, kühl-ironischen Art; dabei konnte man ihm ansehen, daß er seine erbitterte Wut nur mühsam im Zaum hielt. Er griff sich das Feldtelefon, drehte heftig die Kurbel und wartete.

»Hidas? Hier Howarth. Sie Idiot, Sie armer Irrer!" Wissen Sie auch, wen Sie eben erschossen haben?«

»Woher sollte ich das wissen? Und was geht es mich an?« sagte Hidas, aus dessen Stimme die lässige Überlegenheit verschwunden war; der Verlust der Panzerabwehrkanone war offenbar ein schwerer Schlag für ihn gewesen.

»Das will ich Ihnen sagen, wieso Sie das etwas angeht«, sagte der Graf, der sich wieder ganz in der Hand hatte, mit einer Stimme, die kalt und glatt war wie Seide. »Das war Jansci, der eben getroffen wurde, und wenn er tot ist, dann dürfte es für Sie das beste sein, mitzukommen, wenn wir heute nacht über die Grenze nach Österreich gehen.«

»Sind Sie wahnsinnig geworden?«

»Hören Sie erst einmal gut zu, und sagen Sie dann, wer von uns seine fünf Sinne beieinander hat. Falls Jansci tot ist, sind wir an seiner Frau und an seiner Tochter überhaupt nicht mehr interessiert. Sie können dann mit den beiden tun und lassen, was Sie wollen. Wenn Jansci tot ist, dann sind wir heute um Mitternacht über die Grenze, und vierundzwanzig Stunden später wird die Story des Professors in der gesamten westlichen Presse mit dicken Schlagzeilen auf der ersten Seite erscheinen. Die hohen Herren in Budapest und Moskau werden toben – und ich werde es mir ganz besonders angelegen sein lassen, dafür zu sorgen, daß die Presse einen ausführlichen Bericht über unsere Flucht bringt – und über die Rolle, die Sie dabei gespielt haben, Oberst Hidas. Das bedeutet für Sie – Sibirien, wenn Sie Glück haben; mit noch größerer Wahrscheinlichkeit allerdings wird man Sie einfach, sagen wir mal, in der Versenkung verschwinden lassen. Wenn Jansci stirbt, dann sterben Sie auch – und niemand weiß das besser als Sie selber, Oberst Hidas.«

Es entstand eine längere Pause, und als Hidas endlich sprach, war seine Stimme nur noch ein heiseres Flüstern. »Vielleicht ist er ja gar nicht tot, Major Howarth.«

»Das werden wir sehen. Ich werde jetzt hingehen, um es festzustellen. Und wenn Ihnen Ihr Leben noch etwas wert ist, dann pfeifen Sie Ihre Bluthunde zurück!«

»Ich werde sofort Befehl geben.«

Der Graf nahm die Kopfhörer ab und sah zu Reynolds hin, der ihn fassungslos anstarrte.

»War das Ihr Ernst? Wollen Sie tatsächlich Julia und ihre Mutter...?«

»Sagen Sie mal, wofür halten Sie mich eigentlich, wie? Entschuldigen Sie, ich wollte Sie nicht beißen. Ich habe also offenbar sehr überzeugend gewirkt, nicht wahr? Ich habe natürlich geblufft, doch Hidas, der soeben einen Schreck bekommen hat wie noch nie in seinem Leben, hat es nicht bemerkt. Kommen Sie, inzwischen dürfte er seine Hunde zurückgepfiffen haben.«

Beide rannten zur Straße und beugten sich über Jansci. Er lag auf dem Rücken, hatte Arme und Beine von sich gestreckt, doch sein Atem ging ruhig und gleichmäßig. Sie brauchten nicht lange nach der Verletzung zu suchen – das Rot des Blutes, das der langen Wunde entströmte, die sich von der Schläfe über dem Ohr entlang nach hinten zog, stand in grellem Kontrast zu dem schneeigen Weiß des Haares. Der Graf beugte sich nahe über die Wunde, nahm sie kurz in Augenschein und richtete sich dann wieder auf, während auf seinem Gesicht ein breites Lächeln der Erleichterung erschien.

»Nein, so leicht stirbt Jansci nicht. Ein Streifschuß, aber ich glaube nicht einmal, daß der Knochen angesplittert ist. Er wird wahrscheinlich schon in ein paar Stunden wieder in Ordnung sein. Helfen Sie mir, ihn hochzuheben.«

»Ich nehme ihn schon«, sagte Sandor, der eben aus dem Wald aufgetaucht war, und schob sie sanft beiseite. Dann beugte er sich zu Jansci, schob ihm die Arme unter und hob ihn hoch, wie man ein kleines Kind hochhebt. »Ist er schwer verwundet?«

»Nein, Sandor, nur eine Schramme, vermutlich von einem Querschläger. Das mit der Brücke haben Sie übrigens großartig gemacht. Legen Sie ihn hinten in den Wagen, ja?« Dann wandte er sich an den Kosaken und sagte: »Eine Drahtzange, da hinauf auf diesen Telefonmast, und abwarten, bis ich Zeichen gebe. Und Sie,

Mr. Reynolds, seien Sie doch so gut, schon den Motor anzulassen. Es dürfte inzwischen kalt geworden sein.«

Der Graf stülpte sich die Kopfhörer des Feldtelefons über die Ohren, und auf seinen schmalen Lippen erschien ein ironisches Lächeln, als er Hidas am anderen Ende unruhig atmen hörte.

»Ihre Stunde hat noch nicht geschlagen, Oberst Hidas. Jansci ist schwer verwundet, aber er wird durchkommen. Und jetzt hören Sie bitte sehr genau zu. Wir haben nicht die Absicht, den Austausch der Geiseln hier vorzunehmen – wir haben keinerlei Garantie, daß Sie Ihr Wort halten, es spricht im Gegenteil alles dafür, daß Sie es nicht tun werden. Fahren Sie etwa einen halben Kilometer weit querfeldein – das wird bei dem tiefen Schnee ein bißchen schwierig sein, aber Sie haben ja genügend Leute zur Verfügung, und wir haben inzwischen Zeit, uns auf den Weg zu machen – nach fünf- bis sechshundert Metern kommen Sie zu einer Holzbrücke, über die Sie wieder die Straße erreichen. Dann fahren Sie unverzüglich zu der Fähre. Ist das klar?«

»Ja, das ist klar. Wir werden sobald wie möglich dort sein.«

»Sie werden in genau einer Stunde dort sein, Oberst Hidas. Wir denken überhaupt nicht daran, Ihnen überflüssige Zeit einzuräumen, damit Sie vielleicht Verstärkung heranholen und uns den Weg nach dem Westen verlegen lassen. Übrigens, verschwenden Sie bitte Ihre kostbare Zeit auch nicht durch einen Versuch, telefonisch Hilfe herbeizurufen. Ich lasse unmittelbar nach Beendigung dieses Gespräches alle Telefonkabel durchschneiden, und ich werde dieses Manöver etwa fünf Kilometer nördlich von hier wiederholen.« Der Graf nahm die Kopfhörer ab, gab dem Kosaken das Zeichen, die Kabel durchzuschneiden, warf einen Blick hinten in den Wagen, um zu sehen, ob Jansci gut lag, und lief dann eilig nach vorn. Reynolds, der den Motor bereits angelassen hatte, rückte beiseite, um dem Grafen Platz zu machen, und wenige Sekunden später waren sie aus dem Wäldchen heraus und fuhren auf der Hauptstraße nach Nordost:

Es dämmerte schon, und der Schnee begann wieder heftiger zu fallen, als der Graf mit dem Wagen von der Straße abbog, die neben dem Fluß entlangführte, einige hundert Meter weit einen schmalen Feldweg entlangholperte und unten in einem kleinen, nicht mehr benutzten Steinbruch anhielt. Reynolds, der tief in Gedanken neben ihm gesessen hatte, hob den Blick und sah den Grafen überrascht an.

»Sie sind vom Fluß abgebogen? Und wo ist das Fährhaus?«

»Knapp dreihundert Meter von hier. Aber ich wollte den Wagen nicht so stehen lassen, daß Hidas ihn sofort sehen kann, wenn er am anderen Ufer ankommt – man soll niemanden in Versuchung führen.«

Reynolds nickte, sagte aber nichts. Er hatte kaum ein Dutzend Worte gesprochen, seit sie von Janscis Haus losgefahren waren, hatte während der ganzen Fahrt schweigend neben dem Grafen gesessen, hatte auch mit Sandor kaum ein Wort gewechselt, als er ihm dabei geholfen hatte, die Brücke zu sprengen, über die sie eben erst hinübergefahren waren. Er war völlig verwirrt, zerrissen von widerstrebenden Empfindungen, verzehrt von einem so quälenden Kummer, daß alle früheren Sorgen dagegen verblaßten. Und noch unerträglicher als alles andere war, daß der alte Jennings jetzt redselig und von einer so munteren Heiterkeit geworden war, wie Reynolds sie bei ihm noch nie erlebt hatte. Er bemühte sich aus allen Kräften, die anderen bei guter Laune zu halten – und das, so vermutete Reynolds, obwohl er sich durchaus darüber im klaren war, daß er seinem sicheren Tod entgegenging. Der Gedanke war unerträglich, ja es war einfach nicht auszudenken, daß man diesen alten Mann, der so großartig und so mutig war, auf diese Weise umkommen lassen sollte. Doch wenn sich der Professor seinen Henkern nicht stellte, dann starb Julia – darüber gab es nicht den geringsten Zweifel. Reynolds wehrte sich dagegen, es sich klar einzugestehen.

»Wie geht es Jansci?« fragte der Graf, der die Luke nach hinten aufgemacht hatte.

»Er bewegt sich«, antwortete Sandor mit seiner tiefen, sanften Stimme. »Und er murmelt vor sich hin.«

»Wunderbar. Es braucht halt mehr als einen Kopfschuß, um mit Jansci fertig zu werden.« Der Graf machte eine kurze Pause und fuhr dann fort: »Wir können ihn nicht im Wagen lassen – es ist zu kalt; ich möchte auch nicht, daß er zu sich kommt, ohne zu wissen, wo er ist und wo wir sind. Ich denke...«

»Ich werde ihn zum Haus tragen«, sagte Sandor.

Fünf Minuten später kamen sie bei dem Haus des Fährmanns an, einem kleinen steinernen Gebäude, das zwischen der Straße und dem kieselbedeckten Uferstreifen stand, der schräg zum Fluß hinunterführt. Der Fluß hatte hier eine Breite von etwa zwölf Metern und floß sehr langsam. Obwohl es inzwischen schon ziemlich dunkel geworden war, hatte man den Eindruck, als sei er gerade hier an dieser Stelle sehr tief. Während die anderen am Eingang des Fährhauses stehenblieben – der Eingang lag auf der dem Fluß zugewandten Seite –, sprangen der Graf und Reynolds von der steilen Uferböschung hinunter auf das Kieselgeröll und gingen nach unten an das Wasser.

Die Fähre war ein kleiner Prahm von etwa vier Metern Länge, ohne Motor oder Ruder, und die einzige Fortbewegungsmöglichkeit bestand aus einem Seil, das zwischen zwei einbetonierten eisernen Pfosten straff über den Fluß gespannt war. Dieses Seil lief durch drei Rollen, die vorn, hinten und in der Mitte des Bootes angebracht waren, und wer über den Fluß hinüber wollte, der zog das Boot einfach an diesem Seil entlang von einem Ufer zum anderen. Eine Fähre dieser Art hatte Reynolds bisher noch nie gesehen, doch er mußte zugeben, daß für zwei Frauen, die vermutlich keine Ahnung hatten, wie man mit einem Boot umzugehen hatte, diese primitive Methode genau richtig war. Der Graf schien seine Gedanken zu erraten.

»Zweckmäßig, Mr. Reynolds, außerordentlich zweckmäßig«, sagte er. »Und genauso zweckmäßig ist die Beschaffenheit des anderen Ufers.« Er zeigte hinüber, wo der Wald beiderseits der Anlegestelle im Halbkreis zurückwich und eine weite, unberührte Schneefläche offenließ, in deren Mitte die Straße hinunter zum Wasser führte. »Kommen Sie, wir wollen den Fährmann begrüßen, dem ein unerwarteter und zweifellos auch unerwünschter Spaziergang bevorsteht.«

Der Graf hob gerade die Hand, um anzuklopfen, als der Fährmann die Tür öffnete. Er starrte erst die hohe Mütze des Grafen und dann den Dienstausweis an, den der Graf in der Hand hielt, und seine Lippen schienen plötzlich trocken geworden zu sein. Man muß kein schlechtes Gewissen haben, um beim Anblick eines AVO-Beamten zu zittern.

»Sie sind allein in diesem Haus?« fragte der Graf.

»Jaja, ich bin allein. Was – was ist denn, Genosse?« sagte der Fährmann, der sich bemühte, seine Angst zu überwinden. »Ich habe nichts getan, Genosse. Wirklich nichts!«

»Das behaupten sie alle«, sagte der Graf. »Ziehen Sie sich Hut und Mantel an, und kommen Sie sofort heraus.«

Der Mann war im nächsten Augenblick wieder da und zog sich

eine Pelzmütze über die Ohren. Er wollte etwas sagen, doch der Graf hob abwehrend die Hand.

»Wir brauchen für kurze Zeit Ihre Wohnung. Wozu, das geht Sie nichts an. Sie selbst brauchen wir nicht.« Der Graf zeigte auf die Straße nach Süden. »Machen Sie sich ein bißchen Bewegung, Genosse, und kommen Sie nicht vor einer Stunde wieder. Wir werden dann nicht mehr da sein.«

Der Mann sah den Grafen ungläubig an, blickte sich angstvoll um und verschwand eilig und wortlos um die Hausecke. Innerhalb einer halben Minute war er um eine Biegung der Straße verschwunden.

»Seine Mitmenschen auf den Tod zu erschrecken, ist eine Beschäftigung, die mir allmählich immer unerträglicher wird«, murmelte der Graf. »Ich muß ein Ende damit machen. Tragen Sie Jansci ins Haus, Sandor, ja?« Der Graf ging voraus durch den kleinen Vorraum und in das Wohnzimmer des Fährmanns, an dessen Tür er stehenblieb und sich umdrehte.

»Ich habe es mir überlegt, wir lassen ihn doch besser hier draußen. Drin im Zimmer ist eine derartige Hitze, da würde er nur von neuem ohnmächtig werden.« Er beobachtete Jansci aufmerksam, den Sandor mit Hilfe einiger Mäntel und einiger Kissen aus dem Wohnzimmer in eine Ecke des Vorraums bettete. »Sehen Sie, er hat die Augen schon wieder offen, ist aber noch benommen. Bleiben Sie bei ihm, Sandor, und lassen Sie ihn von allein wieder zu sich kommen. Nun, mein Junge?« fragte der Graf, als in diesem Augenblick der Kosak hereingestürzt kam. »So aufgeregt? Was ist los?«

»Oberst Hidas und seine Leute«, stieß der Kosak, nach Luft schnappend, hervor. »Sie sind da. Die beiden Wagen haben eben unten am Wasser angehalten.«

13

Der Graf ging durch den Vorraum zur Tür, blieb plötzlich stehen und versperrte den Ausgang mit seinem Arm.

»Sie bleiben im Haus, Herr Professor, wenn ich bitten darf.«

»Ich?« fragte Jennings und sah den Grafen erstaunt an. »Ich soll im Haus bleiben? Mein lieber Mann, ich bin der einzige, der nicht hier bleibt.«

»Gewiß. Ich darf Sie dennoch bitten, im Augenblick das Haus nicht zu verlassen. Sandor, Sie passen auf, daß er es nicht tut.« Der Graf drehte sich um und ging rasch nach draußen, ohne dem Professor Gelegenheit zu geben, etwas zu erwidern. Reynolds folgte ihm auf den Fersen, und seine Stimme war, als er jetzt sprach, leise und bitter.

»Sie meinen vermutlich, daß ein einziger gutgezielter Schuß in das Herz des Professors genügt, damit sich Oberst Hidas befriedigt mit seinen beiden Geiseln wieder zurückziehen kann.«

»Ein Gedanke dieser Art war mir auch gekommen«, sagte der Graf.

Sie gingen über das Ufergeröll hinunter zu dem Fährprahm und sahen über das dunkle, kalte Wasser des träge fließenden Flusses hinüber zum anderen Ufer. Ein einzelner Mann aber stand ein Stück von den anderen ganz unten am Wasser, und an diesen wandte sich jetzt der Graf.

»Oberst Hidas?«

»Ja, ich bin es, Major Howarth.«

»Gut, dann wollen wir jetzt keine weitere Zeit verlieren. Ich schlage vor, den Austausch der Geiseln möglichst rasch durchzuführen. Es ist schon fast Nacht, Oberst Hidas – Sie sind bei Tage heimtückisch genug, und ich habe nicht die Absicht festzustellen, wessen Sie bei Nacht fähig wären.«

»Ich werde mein Versprechen einhalten.«

»Sie sollten keine Redewendungen benutzen, deren Bedeutung Ihnen unverständlich ist. Sagen Sie Ihren Fahrern, sie sollen zurücksetzen bis zum Waldrand. Sie selber und Ihre Leute gehen gleichfalls bis dorthin zurück. Auf diese Entfernung – rund zweihundert Meter – dürfte es ziemlich unmöglich sein, einen von uns zu erkennen. Es kommt gelegentlich vor, daß sich versehentlich ein Schuß löst, aber nicht heute abend.«

»Es soll genau geschehen, wie Sie es wünschen«, sagte Hidas, drehte sich um, erteilte einige Befehle, wartete, bis die beiden Lastwagen und seine Leute angefangen hatten, sich vom Ufer zum Waldrand zurückzuziehen, und wandte sich dann wieder dem Grafen zu. »Und was jetzt, Major Howarth?«

»Folgendes: Wenn ich rufe, werden Sie die Frau und die Tochter des Generals freilassen, und die beiden werden auf die Fähre zugehen. Im gleichen Augenblick wird sich Professor Jennings hier in das Fährboot begeben und damit zum anderen

Ufer hinüberfahren. Dort angekommen, wird er das Ufer hinauf-
steigen und warten, bis die beiden Frauen bei ihm angelangt
sind, wird an ihnen vorbeigehen, während die Frauen sich dem
Ufer nähern, und dann langsam auf den Waldrand zugehen, wo
Sie, Oberst Hidas, stehen. Bis er bei Ihnen angelangt ist, dürften
die beiden Frauen sicher über den Fluß sein, und es dürfte bis
dahin auch so dunkel sein, daß weder von Ihrer noch von unserer
Seite aus durch wahlloses Schießen irgend etwas zu erreichen ist.
Ich glaube, irgendeine Panne ist auf diese Weise ausgeschlossen.«

»Es soll alles genauso geschehen, wie Sie es wünschen«, wiederholte Hidas. Er machte kehrt, kletterte das Ufer hinauf und
schritt über die helle Schneefläche auf den dunklen Waldrand zu,
während der Graf ihm nachsah und zum Haus hin rief: »Sandor!
Kosak!«

Er wartete, bis die beiden aus dem Fährhaus erschienen waren,
und fragte dann Sandor: »Wie geht es Jansci?«

»Er sitzt aufrecht, ist aber noch ein wenig benommen. Sein
Kopf tut ihm sehr weh.«

»Kein Wunder«, sagte der Graf und wandte sich dann an
Reynolds. »Ich möchte noch ein paar Worte mit dem Professor
sprechen, allein, nur Jansci und ich. Ich hoffe, Sie verstehen das.
Es wird nicht länger dauern als eine Minute, das verspreche ich
Ihnen.«

»Bitte, so lange Sie wollen«, sagte Reynolds dumpf. »Ich habe
keine sonderliche Eile.«

»Ich weiß«, sagte der Graf, »ich weiß.« Er zögerte, als ob er
etwas sagen wollte, schien es sich dann aber anders zu überlegen.
»Vielleicht könnten Sie inzwischen den Fährprahm schon zu
Wasser bringen, ja?«

Reynolds nickte wortlos, sah dem Grafen nach, bis er im Haus
verschwand, und ging dann zu den beiden anderen, um ihnen zu
helfen, das Boot über das Kieselgeröll des Ufers ins Wasser zu
schieben. Das Seil straffte sich, als die sachte Strömung die Fähre
erfaßte. Sandor und der Kosak gingen wieder nach oben zu der
Uferböschung hinauf, während Reynolds unten am Wasser blieb.
Nach einer Weile holte er seine Pistole heraus, überzeugte sich,
daß sie gesichert war, und schob sie dann mitsamt der Hand, die
sie hielt, in seine Manteltasche.

Es schien noch keine Minute vergangen zu sein, als auch schon
der Professor an der Tür des Fährhauses erschien. Er sagte irgend

etwas, was Renolds nicht verstehen konnte, dann kam Janscis tiefe Stimme.

»Sie – Sie sind mir hoffentlich nicht böse, Professor, wenn ich nicht mitkomme, sondern im Hause bleibe.« Zum erstenmal, seit Reynolds ihn kannte, klang die Stimme Janscis zögernd und unsicher. »Es ist nur, weil ich – wissen Sie, ich möchte doch lieber...«

»Ich verstehe durchaus«, sagte der Professor mit ruhiger und gefaßter Stimme. »Sie brauchen sich keine Vorwürfe zu machen, mein Freund – und Dank für alles, was Sie für mich getan haben.«

Jennings wandte sich abrupt ab, nahm Sandors Arm, der ihm half, die steile Böschung hinunterzusteigen, und ging dann mühsam, mit unsicheren Schritten, über das Kieselgeröll nach unten zum Fluß.

»Ja, lieber junger Freund, hier trennen sich nun also unsere Wege«, sagte er, als er bei Reynolds angelangt war. Er schien noch immer durchaus gefaßt, wenn auch seine Stimme ein wenig heiser klang. »Ich bedaure wirklich außerordentlich, daß ich Ihnen so viel Kummer bereitet habe, und ganz umsonst. Einen so weiten Weg haben Sie gemacht – und dies ist nun das Ende. Es muß ein harter Schlag für Sie sein.«

Reynolds sagte nichts, er wagte nicht, irgend etwas zu sagen; doch die Hand mit der Pistole kam aus der Tasche heraus.

»Ach, etwas habe ich vergessen, was ich Jansci noch sagen wollte«, murmelte Jennings. »Dowidzenia – bitten richten Sie ihm das von mir aus. Einfach nur: Dowidzenia! Er wird es verstehen.«

»Ich verstehe es nicht, und das ist auch gleichgültig.« Jennings, der in das Boot steigen wollte, blieb erschrocken stehen, als er gegen den Lauf der Pistole stieß, die Reynolds unbeweglich in der Hand hielt. »Sie gehen keinen Schritt weiter, Professor Jennings. Was Sie Jansci auszurichten haben, können Sie ihm selber sagen.«

»Wie meinen Sie das, junger Freund? Ich verstehe Sie nicht recht.«

»Dabei ist auch gar nichts zu verstehen. Jedenfalls gehen Sie jetzt wieder zurück ins Haus.«

»Ja, aber – aber dann wird Julia...«

»Ich weiß.«

»Aber – der Graf hat mir doch erzählt, Sie wollen sie heiraten!«

Reynolds nickte schweigend in der Dunkelheit.

»Und Sie wollten also – ich meine, Sie wären tatsächlich bereit, auf sie zu verzichten?«

»Es gibt Dinge, die wichtiger sind«, sagte Reynolds mit so leiser Stimme, daß Jennings sich vorbeugen mußte, um ihn zu verstehen.

»Ist das Ihr letztes Wort?«

»Mein letztes Wort.«

»Ja, dann allerdings«, murmelte Jennings. »Dann ist hierzu wohl nichts mehr zu sagen.« Er schickte sich an, das Ufer wieder hinaufzugehen, drehte sich plötzlich um und versetzte Reynolds, der gerade dabei war, seine Pistole zu verstauen, mit aller Kraft einen Stoß. Reynolds rutschte auf dem lockeren Geröll aus, fiel hintenüber und schlug mit dem Kopf so heftig gegen einen Stein, daß er einen Augenblick lang wie betäubt liegen blieb. Als er nach einer Weile schwankend wieder auf die Füße kam, hatte Jennings inzwischen mit lauter Stimme irgend etwas gerufen – erst sehr viel später begriff Reynolds, daß dieser Ruf das mit Hidas verabredete Zeichen gewesen war, Julia und ihre Mutter loszuschicken –, war eilig in das Fährboot gestiegen und schon auf halbem Weg zum anderen Ufer.

»Zurück! Kommen Sie sofort zurück!« brüllte Reynolds, während er gleichzeitig verzweifelt an dem Seil zerrte, das sich über den Fluß spannte, bis ihm allmählich klar wurde, daß er das Boot damit nicht zurückholen konnte. Da kletterte er das Ufer hinauf, und seine Beine fühlten sich an, als wären sie aus Blei. Er richtete den Blick auf Jansci, sah das weiße Haar, das blasse Gesicht und das geronnene Blut, das auf der einen Seite von der Schläfe bis zum Kinn gelaufen war. »Sie sollten sich vielleicht doch lieber das Blut abwaschen. Ihre Frau und Julia werden bald hiersein – wie ich sehe, sind Sie eben vom Waldrand losgegangen.«

»Ich verstehe leider nicht recht, was Sie meinen«, sagte Jansci und griff sich mit der Hand an den Kopf.

»Macht nichts«, sagte Reynolds, holte mit unsicheren Fingern eine Zigarette heraus und zündete sie an. »Jedenfalls haben wir unsererseits die Abmachung eingehalten, und Jennings ist fort.« Er starrte nach unten auf die Glut der Zigarette, die er in der Hand hielt, und hob nach einer Weile den Blick. »Das hätte ich beinahe ganz vergessen. Ich sollte Ihnen noch etwas von ihm ausrichten. Ich glaube, es hieß: Dowidzenia.«

»Dowidzenia?« Jansci, der verständnislos das Blut an den Fingern der Hand betrachtete, mit der er sich an den Kopf gefaßt hatte, richtete jetzt den Blick auf Reynolds und sah ihn sonderbar an. »Hat er das wirklich gesagt?«

»Ja. Sie würden es schon verstehen. Was heißt es denn?«

»Das ist Polnisch, und es heißt: auf Wiedersehen.«

»Mein Gott«, sagte Reynolds leise. »Mein Gott!« Er warf seine Zigarette in den Schnee und ging sehr langsam durch den Vorraum in das Wohnzimmer. Das Sofa stand hinten in der Ecke neben dem Ofen, und auf dem Sofa lag der alte Jennings, ohne Hut und ohne Mantel, schüttelte den Kopf wie benommen hin und her und versuchte, sich wieder aufzurichten. Reynolds ging, während gleichzeitig auch Jansci hereinkam, zu Jennings hin, legte dem alten Mann den Arm um die Schulter und richtete ihn auf.

»Was haben Sie?« fragte Reynolds behutsam. »War der Graf hier?«

»Ja, er war hier.« Jennings rieb sich das Kinn, das ihm offenbar weh tat. »Er kam herein, holte aus einem Beutel zwei Handgranaten, legte sie auf den Tisch, und als ich ihn fragte, was er damit vorhabe, da sagte er: Wenn die Leute von der AVO mit ihren Lastwagen nach Budapest zurückwollen, dann werden sie verdammt lange schieben müssen. Danach kam er zu mir und gab mir die Hand – und von da an kann ich mich an nichts mehr erinnern.«

»Weiter war auch gar nichts, Herr Professor«, sagte Reynolds beruhigend. »Bleiben Sie jetzt hier sitzen. Wir sind gleich wieder da – und innerhalb der nächsten achtundvierzig Stunden werden Sie Ihre Frau und Ihren Sohn wiedersehen.«

Sie standen jetzt vorn an der Tür, und Reynolds strengte seine Augen an, um auf der offenen Schneefläche drüben am anderen Ufer etwas zu erkennen. Julia und ihre Mutter konnte er deutlich sehen, wie sie langsam auf das Ufer zukamen, doch von dem Grafen konnte er zunächst nichts entdecken. Dann aber, als sich seine Augen nach der Helligkeit drin im Wohnzimmer allmählich wieder an die Dunkelheit draußen gewöhnt hatten, entdeckte er ihn schließlich, nur undeutlich als dunkleren Umriß vor dem fahlen Strich des Waldrands – und, wie ihm mit plötzlichem Schreck klar wurde, dem Waldrand schon viel zu nahe. Julia und ihre Mutter hatten bisher kaum mehr als die Hälfte der freien Fläche hinter sich gebracht.

»Da sehen Sie doch!« sagte Reynolds und packte Jansci am Arm. »Der Graf ist schon fast angelangt – und Julia und Ihre Frau kommen kaum vorwärts. Um Himmels willen, was ist denn los mit den beiden? Die AVO wird sie schnappen – man wird sie erschießen! Was zum Teufel war das?«

Vom Wasser kam ein lautes, klatschendes Geräusch, es zerriß die Stille der Nacht so plötzlich und so heftig, daß Reynolds erschreckt zusammenfuhr. Er lief das Ufer hinunter und sah, wie das dunkle Wasser des Flusses weißlich aufschäumte, aufgewühlt von unsichtbaren Armen. Es war Sandor, er hatte die Gefahr erkannt, hatte sich den Mantel und die Jacke heruntergerissen und ruderte jetzt mit seinen mächtigen Armen durch das Wasser.

»Die beiden haben Schwierigkeiten, Michael«, sagte Jansci, der inzwischen gleichfalls unten ans Wasser gekommen war, und seine Stimme bebte vor Angst. »Die eine, es muß Katharina sein, kann kaum laufen – sehen Sie nur, wie sie sich schleppt. Das ist zuviel für Julia.«

Sandor, der inzwischen das andere Ufer erreicht hatte, kam aus dem Wasser heraus, lief das Ufer hinauf und sprang über die Steilkante der Böschung, als ob sie nicht existierte. Und in diesem Augenblick, als Sandor gerade anfing, über die freie Schneefläche zu laufen, da hörten sie es: das unverkennbare Geräusch einer detonierenden Handgranate aus dem Waldrand am Ende der Schneefläche, und das Echo der ersten Explosion war noch nicht vergangen, als es ein zweitesmal krachte, und unmittelbar darauf kam das harte Rattern eines Maschinengewehrs – und dann Stille.

Sandor war inzwischen bei den beiden Frauen angelangt, hatte die Arme um sie gelegt und kam, sie mehr tragend als führend, eilig mit ihnen durch den verharschten Schnee auf den Fluß zugelaufen. Reynolds fuhr herum, als er einen Schritt hinter sich hörte, und sah, daß es der Kosak war.

»Es gibt dicke Luft«, sagte Reynolds rasch zu ihm. »Gehen Sie hinauf zum Haus, und bringen Sie das Maschinengewehr am

Fenster in Stellung. Und sobald Sandor unterhalb der Kante der Uferböschung ist...« Doch der Kosak hörte nicht mehr zu, sondern rannte bereits zum Haus hinauf.

Reynolds wandte sich wieder um, sah zum anderen Ufer hinüber und ballte die Hände krampfhaft zur Faust vor ohnmächtiger Angst. Noch dreißig Meter, fünfundzwanzig Meter, hinten aus dem Wald kam noch immer niemand, war seltsamerweise noch immer nichts zu hören, und Reynolds begann schon gegen alles bessere Wissen dennoch zu hoffen, als vom Waldrand ein scharfes Kommando kam, unmittelbar darauf eine automatische Schnellfeuerwaffe zu rattern anfing und die ersten Schüsse Reynolds bedrohlich dicht um die Ohren pfiffen. Er ließ sich, Jansci im Fall mit sich reißend, wie ein Stein zu Boden fallen und lag dort, während die Geschosse harmlos und hoch über ihren Köpfen durch die Luft fuhren. Er war verzweifelt ob seiner Unfähigkeit, irgend etwas zu unternehmen. Gleichzeitig aber stellte er verwundert fest, daß da nur ein Mann schoß – man hätte erwarten sollen, daß Hidas seine gesamte Feuerkraft einsetzen würde.

Dann hörte er auf einmal, wenn auch gedämpft durch den hohen Schnee, das eilige Stampfen schwerer Schritte, und im nächsten Augenblick sah er Sandor in einer stäubenden Schneewolke wie einen angreifenden Stier über die Kante der Uferböschung stürmen, mit einem Sprung, bei dem er Julia und ihre Mutter glatt durch die Luft trug; er landete wenigstens drei Meter unterhalb der Kante, rutschend und knirschend, auf dem Kies – und noch während er, unsicher schwankend auf den kollernden Steinen, das Gleichgewicht wiederzugewinnen suchte, begann ein Maschinengewehr zu schießen, das einen anderen Rhythmus hatte: Der Kosak hatte genau im richtigen Augenblick das Feuer eröffnet, ohne auch nur eine einzige Sekunde zu verlieren. Es schien fraglich, ob er vor dem dunklen Hintergrund des Waldrandes irgend etwas erkennen konnte, doch das Maschinengewehr der AVO war genau hierher gerichtet, und das rötliche Mündungsfeuer mußte seine Position verraten haben. Jedenfalls verstummte es fast augenblicklich.

Sandor hatte jetzt das Boot erreicht und hob eine der beiden Frauen hinein. Er half der anderen, einzusteigen, schob das beladene Boot mit einem Stoß vom Ufer los und zog es mit solcher Kraft an dem Seil über den Fluß hinüber, daß das Wasser vorn am

Boot aufrauschte und eine Bugwelle bildete, deren weißes Leuchten selbst in der Dunkelheit der Nacht zu sehen war.

Jansci und Reynolds, die wieder aufgesprungen waren, standen am Rande des Wassers und streckten die Arme aus, bereit, das Boot zu ergreifen und an Land zu ziehen, als plötzlich irgend etwas fauchend und zischend durch die Luft fuhr; dann ein leiser Knall, und keine dreißig Meter über ihren Köpfen stand ein weißes, blendendhelles Licht am Himmel, während fast im gleichen Augenblick ein Maschinengewehr und mehrere Gewehre das Feuer eröffneten, auch diesmal vom Waldrand her, aber sehr viel weiter südlich, wo der Wald nahe ans Ufer herankam.

»Schießen Sie das Ding da ab!« brüllte Reynolds dem Kosaken zu. »Kümmern Sie sich nicht um die AVO – schießen Sie um Gottes willen die verdammte Leuchtkugel ab!« Er stieg geblendet von dem grellen Licht planschend ins Wasser, hörte, wie Jansci gleichfalls ins Wasser ging, fluchte leise, als ihm die Kante des Bootes schmerzhaft gegen die Kniescheibe stieß, griff mit beiden Händen nach der Ducht, zog das Boot mit einem Ruck auf den ansteigenden Strand herauf. Er taumelte, als eine der beiden Frauen, die unvorsichtigerweise im Boot aufgestanden war, vornüber und gegen ihn fiel, gewann sein Gleichgewicht wieder und fing sie in seinen Armen auf, während gleichzeitig das grelle Licht, das über dem Fluß am Himmel hing, so plötzlich erlosch, wie es erschienen war. Der Kosak bewährte sich in dieser Nacht. Das Feuer drüben vom Waldrand ging weiter, die Schützen schossen nach der Erinnerung, und noch immer pfiffen rings um sie her die Geschosse und wimmerten die Querschläger.

Es gab für Reynolds keinen Zweifel, wen er da in seinen Armen hielt, es mußte Janscis Frau sein, sie war viel zu zart und zu leicht, als daß es hätte Julia sein können. Nach der blendenden Helligkeit der Leuchtrakete konnte er in der Dunkelheit überhaupt nichts sehen, die einzige Orientierungsmöglichkeit war die Uferschräge, die er hinauf mußte. Reynolds machte einen ersten Schritt und wäre um ein Haar zu Boden gesunken, so grausam war der Schmerz in seinem Knie, das im Augenblick wie gelähmt war. Er ergriff mit einer Hand das straffgespannte Seil, um einen Halt zu finden, hörte ein dumpfes Geräusch, als ob jemand gestürzt sei, fühlte, wie irgendwer an ihm vorbeilief, und hörte Schritte, die eilig das Ufer hinaufliefen. Mit zusammengebissenen Zähnen humpelte er, so rasch er konnte, über das Geröll nach oben. Die

Steilkante der Uferböschung, die einen Meter hoch war und die er mit seinem schmerzenden, gelähmten Knie und der Frau in seinen Armen hinauf mußte, stand wie ein unüberwindliches Hindernis vor ihm, dann ergriffen ihn von hinten zwei mächtige Pranken, und er stand oben auf dem Ufer, noch immer die Frau in seinen Armen haltend, noch ehe er überhaupt richtig begriff, was eigentlich geschah.

Vor ihm, keine drei Meter entfernt, war ein hellerleuchtetes Rechteck, die Tür zum Haus des Fährmanns, und als er jetzt den Blick darauf richtete, während noch immer die Kugeln krachend gegen die Steine der Mauern schlugen, sah er, wie Jansci, der als erster das Haus erreicht hatte, wieder in der offenen Tür erschien, ein dunkler Umriß vor der Helligkeit hinter ihm, geradezu selbstmörderisch deutlich sichtbar. Reynolds wollte ihm schon eine Warnung zurufen, besann sich dann aber anders – es war ohnehin zu spät, falls irgendein Scharfschütze ihn aufs Korn genommen haben sollte –, ging auf ihn zu, hörte, wie die Frau in seinen Armen irgend etwas sagte, begriff, ohne die Worte zu verstehen, instinktiv, was sie wollte, und stellte sie behutsam auf die Füße. Sie machte unsicher und schwankend zwei oder drei Schritte und warf sich dann in die ausgebreiteten Arme des Mannes, der sie erwartete, während sie leise und mit schwacher Stimme rief: »Alexej! Alexej!« Dann schien sie zusammenzuzukken und lehnte sich schwer gegen ihn, als ob sie ein Schlag von hinten getroffen habe, doch mehr konnte Reynolds nicht sehen. Im nächsten Augenblick hatte Sandor sie alle in den Vorraum geschoben und die Tür zugeschlagen.

Dann sah Reynolds hinten im Vorraum Julia, halb sitzend und halb am Boden liegend, gestützt von dem Professor, der ein besorgtes Gesicht machte. Er war mit zwei Schritten bei ihr und kniete neben sie. Sie hatte die Augen geschlossen, ihr Gesicht war sehr blaß, oben auf ihrer Stirn war eine Schramme zu sehen, die sich zu röten und zu schwellen begann, doch sie atmete, ihr Atem ging schwach, aber gleichmäßig.

»Was ist mit ihr?« fragte Reynolds mit heiserer Stimme. »Ist sie – sie ist doch nicht...«

»Nichts Schlimmes«, sagte Sandors tiefe Stimme hinter ihm beruhigend. Sandor nahm sie in die Arme, hob sie hoch und schickte sich an, sie in das Wohnzimmer zu tragen. »Sie ist hingefallen, als sie aus dem Boot ausstieg, und muß mit dem Kopf auf die Steine geschlagen sein. Ich werde sie drin auf das Sofa legen.«

Reynolds sah zu, wie der riesige Sandor, aus dessen durchnäßten Kleidern das Wasser tropfte, sie hineintrug, als ob sie ein Kind sei, erhob sich langsam und wäre um ein Haar gegen den Kosaken gerannt, der über das ganze Gesicht strahlte.

Jansci kniete auf dem Holzfußboden und hielt seine Frau in seinen Armen. Er hielt sie so, daß ihr Rücken Reynolds zugewandt war, und das erste, was er sah, war das kreisrunde, an den Rändern rötlich gefärbte Loch in ihrem Mantel, dicht unterhalb der linken Schulter. Es war ein sehr kleines Loch, und auf dem Mantel war auch nur sehr wenig Blut zu sehen. Reynolds ging langsam durch den Vorraum und ließ sich neben Jansci auf die Knie nieder. Jansci hob den Kopf und sah ihn aus blicklosen Augen an.

»Ist sie tot?« fragte Reynolds mit leiser Stimme.

Jansci nickte wortlos.

»Mein Gott!« sagte Reynolds entsetzt. »Jetzt – daß sie jetzt noch sterben mußte!«

»Nein, Michael, Gott ist gütig, und dies ist eine große Gnade. Noch heute früh habe ich mit Gott gehadert und ihn gefragt, warum er Katharina nicht habe sterben lassen. Doch er hat mir vergeben, und seine Weisheit war größer, als ich ahnte. Er hatte schon beschlossen, sie zu sich zu nehmen. Michael, Katharina war schon tot, ehe diese Kugel sie überhaupt erreichte.« Jansci schüttelte in ehrfürchtigem Staunen das Haupt. »Kann es etwas Wunderbareres geben, Michael, als von dieser Erde zu scheiden, ohne jeden Schmerz, im Augenblick des größten Glücks? Sehen Sie ihr Gesicht an – wie sie lächelt!« Er wandte sich ab und neigte sich über die Tote, und Reynolds merkte, daß er mit ihr allein zu sein wünschte. Er erhob sich unsicher, entfernte sich langsam und wandte sich mit ruhiger Stimme an Sandor.

»Dürfte ich Sie jetzt wohl bitten, den Lastwagen herzuholen?«

»Sofort«, versprach Sandor. Er zeigte auf Julia, die auf dem Sofa lag. »Sie kommt gerade wieder zu sich. Doch wir müssen uns beeilen.«

»Danke. Ja, wir werden uns beeilen.« Reynolds richtete den Blick auf den Kosaken. »Paß gut auf inzwischen, Kosak. Ich bin gleich wieder da.« Er ging durch den Vorraum, an Jansci und

Katharina vorbei, ohne einen von beiden anzusehen, nahm die Maschinenpistole, die an der Wand lehnte, ging zur Tür hinaus und machte sie leise hinter sich zu.

14

Das dunkle Wasser des Flusses war eiskalt, kalt wie das Grab, doch Reynolds spürte es überhaupt nicht; zwar zitterte er unwillkürlich am ganzen Körper, als er leise in den Fluß stieg, doch sein Bewußtsein hatte den Schock nicht einmal registriert. In seinem Bewußtsein war kein Platz für irgendeine körperliche Empfindung, für irgendein anderes Gefühl, irgendeinen anderen Gedanken, so völlig erfüllte und beherrschte ihn dieser eine Trieb, diese nackte, atavistische Begierde, die den dünnen Firnis der Zivilisation heruntergewaschen hatte, falls er jemals dagewesen sein sollte: die Begierde nach Rache. Imre, Janscis Frau, der Graf – sie alle waren tot. Sie waren in erster Linie tot, weil er, Reynolds, nach Ungarn gekommen war, doch die Verantwortung hierfür trug einzig und allein Hidas, und Hidas hatte schon zu lange gelebt.

Reynolds hielt die Maschinenpistole hoch über seinem Kopf, während er durch das kalte Wasser schwamm und seine Brust sich durch die dünne, splitternde Eisschicht schob, die sich vom anderen Ufer aus ein Stück weit auf den Fluß hinaus erstreckte, fühlte Grund unter den Füßen und watete an Land. Hier bückte er sich, füllte sein Taschentuch mit Kieselsteinen und Sand, knotete die Enden zusammen und lief im nächsten Augenblick weiter, ohne sich einen Augenblick Zeit zu lassen, seine klatschnassen Sachen auszuwringen.

Er war, bevor er über den Fluß hinüberschwamm, zweihundert Meter weit stromabwärts gerannt und befand sich jetzt an dem einen Ende des Waldrands, der im Bogen nach hinten führte zu der Straße, wo die beiden Lastwagen standen. Hier, im Schutz der Bäume, konnte er nicht gesehen werden, und die Schneedecke machte seine Schritte unhörbar. Er hatte sich die Maschinenpistole umgehängt, und das Taschentuch mit den Steinen darin, das er in der Hand hielt, pendelte sacht hin und her, während er vorsichtig von Baum zu Baum schlich.

Doch so vorsichtig er sich auch bewegte, um jedes Geräusch zu vermeiden, so bewegte er sich doch sehr rasch, war in weniger als drei Minuten bei den parkenden Lastwagen angelangt und spähte hinter einem Baumstamm hervor. Beide Wagen schienen still und ohne jedes Leben, die hinteren Türen waren geschlossen, nichts war zu sehen oder zu hören. Reynolds richtete sich auf und machte sich bereit, über den Schnee leise auf den Wagen von Hidas zuzuschleichen, erstarrte aber im nächsten Augenblick und verharrte unbeweglich, eng gegen die Rinde des Baumes ,gedrückt, an dem er stand: Hinter dem Wagen von Hidas war ein Mann hervorgekommen, und dieser Mann kam direkt auf ihn zu, ging dann knapp zwei Meter an dem Baum vorbei, hinter dem Reynolds stand, und als er weiterging, wartete Reynolds nicht länger. Er trat hinter dem Baum hervor, machte einen langen Schritt und hob den rechten Arm, und als der Posten herumfuhr und den Mund öffnete zum Schrei, da traf ihn das mit Kieselsteinen gefüllte Taschentuch genau hinter dem Ohr. Reynolds hatte eben noch Zeit, den Mann und sein Gewehr aufzufangen und beide geräuschlos zu Boden sinken zu lassen.

Er nahm die Maschinenpistole von der Schulter, stand im nächsten Augenblick vorn vor dem braunen Lastwagen – desses Motorhaube, wie Reynolds feststellen konnte, weggerissen und dessen Motor unbrauchbar geworden war durch die Explosion der Handgranate des Grafen – und näherte sich dann leise dem Wohnwagen von Oberst Hidas, wobei seine Augen mit so intensiver Wachsamkeit auf die hintere Tür dieses Wagens gerichtet waren, daß er um ein Haar über das zusammengesunkene Bündel gestolpert wäre, das vor seinen Füßen auf der Erde lag. Reynolds beugte sich darüber, und obwohl ihm sofort klar war, was da lag, traf ihn die Bestätigung dennoch mit einem solchen Schock, daß er den Lauf der Maschinenpistole mit seinen Händen umklammerte, als ob er ihn zerdrücken wollte.

Der Graf lag mit dem Gesicht nach oben im Schnee, und der Ausdruck seines scharfgeschnittenen, aristokratischen Gesichts schien im Tod noch kühler und abweisender, als er es im Leben gewesen war. Es war nicht schwer zu sehen, wie er gestorben war: Der Feuerstoß des Maschinengewehrs mußte ihm den halben Brustkorb weggerissen haben. Man hatte ihn niedergeschossen wie einen Hund, und wie einen Hund hatte man ihn liegenlassen in der Dunkelheit dieser kalten Nacht, und der sacht fallende Schnee begann langsam das kalte, tote Gesicht zu bedecken. Reynolds zog aus der Brusttasche des Toten ein Taschentuch und bedeckte ihm behutsam das Gesicht damit. Darauf stand er auf und schlich an die Tür des Wohnwagens von Hidas.

Zu dieser Tür führten vier hölzerne Stufen, und Reynolds ging sie so leise und unhörbar hinauf wie eine Katze, kniete sich auf die oberste Stufe und spähte durch das Schlüsselloch. Er brauchte nur eine Sekunde, um alles zu sehen, was er zu sehen wünschte: auf der linken Seite ein Stuhl, ein aufgeschlagenes Bett auf der rechten Seite, und hinten ein Tisch, auf dem etwas angebracht war, was aussah wie ein Funkgerät. Hidas, mit dem Rücken zur Tür, war gerade dabei, sich an diesen Tisch zu setzen, und als er jetzt mit der rechten Hand eine Kurbel betätigte und mit der linken Hand einen Hörer ans Ohr führte, da erkannte Reynolds, daß es sich um ein Funksprechgerät handelte. Das war etwas, womit man eigentlich hätte rechnen müssen. Hidas war nicht der Mann danach, sich durch die Gegend zu bewegen, ohne eine Möglichkeit zur Verfügung zu haben, sich sofort mit irgendwelchen anderen Stellen in Verbindung zu setzen, und jetzt, da der Schneesturm nachließ und der Himmel klar wurde, war es so gut wie sicher, daß er in einem letzten, verzweifelten Versuch, seinen Gegnern den Weg zu verlegen, die Hilfe der Luftwaffe herbeirufen würde. Doch was sollte das jetzt noch, fand Reynolds. Dazu war es jetzt zu spät, es änderte nichts an dem Schicksal, das Hidas erwartete.

Reynolds suchte tastend nach dem Türgriff, fand ihn, öffnete die Tür einen Spaltbreit und glitt schnell und unhörbar wie ein Schatten durch die Öffnung, während er die Tür hinter sich zuzog, aber nicht ganz schloß. Hidas, der soeben die Kurbel des Rufzeichens betätigte, deren Rastergeräusch sein Ohr füllte, hörte nichts. Reynolds machte drei rasche, lautlose Schritte, hob die Maschinenpistole, deren Lauf er mit beiden Händen gefaßt hatte, hoch und ließ sie, als Hidas eben zu sprechen anfangen wollte, heruntersausen mit einem Schlag, der den kunstvollen Mechanismus des Funksprechgeräts zertrümmerte.

Hidas saß einen Augenblick wie erstarrt da und fuhr dann mit einem Ruck herum; doch er hatte den einzigen Augenblick verpaßt, den er um keinen Preis hätte verpassen dürfen. Reynolds war zwei Schritte von ihm entfernt, hatte die Maschinenpistole wieder herumgedreht, und die Mündung des Laufes war genau auf die Brust von Hidas gerichtet. Das Gesicht von Hidas erstarrte zu Stein, nur seine Lippen bewegten sich lautlos, während

Reynolds langsam rückwärts ging, den Schlüssel ergriff, den er auf dem Bett hatte liegen sehen, nach dem Schlüsselloch tastete und die Tür abschloß, ohne Hidas auch nur für einen Augenblick aus den Augen zu lassen. Dann näherte er sich ihm wieder und blieb vor ihm stehen, und die Mündung seiner Maschinenpistole war, knapp einen Meter von dem Mann im Stuhl entfernt, unbeweglich auf die Brust des Sitzenden gerichtet.

»Sie scheinen überrascht, mich hier zu sehen, Oberst Hidas«, sagte Reynolds leise. »Dabei sollten Sie der letzte sein, den das überrascht. Wer Wind sät, der wird Sturm ernten, das sollte Ihnen eigentlich bekannt sein, und gerade deshalb sollte für Sie klarer sein als für irgendeinen anderen, daß für jeden von uns einmal die Stunde schlägt. Und für Sie ist diese Stunde jetzt gekommen.«

»Sie sind gekommen, um mich zu ermorden«, sagte Hidas, und was er sagte, war weniger eine Frage als vielmehr eine Feststellung.

»Um Sie zu ermorden?« sagte Reynolds. »Nein, ich bin gekommen, Ihr Todesurteil zu vollstrecken. Mord? Was Sie Major Howarth getan haben, das ist Mord! Was für einen Grund gibt es, daß ich Sie nicht ebenso kalten Blutes niederschießen sollte, wie Sie ihn niedergeschossen haben? Er hatte nicht einmal eine Schußwaffe bei sich.«

»Er war ein Feind des Staates, ein Volksfeind.«

»Herrgott noch mal, wollen Sie etwa versuchen, Ihre Handlungen zu rechtfertigen?«

»Meine Handlungen bedürfen keiner Rechtfertigung, Captain Reynolds. Die Pflicht bedarf niemals irgendeiner Rechtfertigung.«

»Soll das etwa Ihre Handlungsweise entschuldigen?« sagte Reynolds, während er Hidas wütend anstarrte. »Oder betteln Sie einfach um Ihr Leben?«

»Ich bitte nie um irgend etwas.« Hidas sagte es ohne jeden Stolz, ohne jegliche Arroganz.

»Wenn Sie nicht wären, dann würden drei Menschen, die Frau des Generals, der Graf und Imre, noch am Leben sein. Gibt es also – ich fragte Sie zum letztenmal – irgendeinen Grund, weshalb ich Sie nicht töten sollte, jetzt und auf der Stelle?«

»Dafür gäbe es viele Gründe, Captain Reynolds – aber keinen, der einen feindlichen Agenten aus dem Westen überzeugen könnte.«

»Stehen Sie auf, Oberst Hidas!«

Hidas stand auf, seine Arme hingen an den Seiten herunter, und sein Blick war auf die Mündung der Maschinenpistole gerichtet.

»Rasch und sauber, Oberst Hidas, oder?«

»Ganz wie Sie meinen«, sagte Hidas, hob den Blick von dem Finger, der sich um den Abzug krümmte, und richtete ihn auf das Gesicht von Reynolds. »Ich habe nicht die Absicht, etwas für mich zu erbitten, was ich so vielen Menschen versagt habe, die meine Opfer waren.«

Für den Bruchteil einer Sekunde zog Reynolds den Abzug weiter durch, dann aber, fast als ob sich etwas in ihm gelöst hätte, lockerte er den Finger und trat einen Schritt zurück. Die Stichflamme des Zorns brannte noch immer in ihm, glühte unverändert, doch bei den letzten Worten seines Gegners, den Worten eines Mannes, der keinerlei Furcht davor empfand, zu sterben, fühlte er das bittere Gefühl der Ohnmacht so deutlich in sich hochsteigen, daß er es im Mund schmecken konnte. Und als er jetzt sprach, war seine Stimme rauh und heiser und klang so fremd, daß er selber sie kaum als seine eigene erkannte.

»Drehen Sie sich um!«

»Besten Dank, aber lieber nicht. Ich ziehe es vor, so zu sterben.«

»Drehen sie sich um«, sagte Reynolds, wild vor Wut, »oder ich zerschmettere Ihnen beide Kniescheiben und drehe Sie meinerseits herum.«

Hidas richtete den Blick auf das Gesicht von Reynolds, sah die Unerbittlichkeit dieses Antlitzes, ergab sich achselzuckend in das Unvermeidliche, drehte sich um und sank lautlos über seinem Tisch zusammen, als der Kolben der Maschinenpistole ihn über dem Ohr traf. Reynolds starrte einen Augenblick lang auf den Rücken des zusammengesunkenen Mannes, fluchte erbittert vor sich hin, in einer Erbitterung, die sich nicht gegen Hidas richtete, sondern gegen sich selbst, wandte sich um und ging aus dem Wohnwagen hinaus.

Er verspürte ein Gefühl der Leere, fast der Verzweiflung in sich, während er die Stufen hinunterstieg. Er war nicht mehr darauf bedacht, seine Anwesenheit zu verheimlichen. Doch im nächsten Augenblick verhielt er den Schritt und blieb stehen, blieb völlig bewegungslos stehen; denn soeben war etwas in sein Bewußtsein gedrungen, was ihm schon vor mehreren Minuten hätte auffallen müssen, wenn er nicht so erpicht darauf gewesen wäre, mit Hidas abzurechnen: Ihm wurde klar, daß die Stille um den braunen Lastwagen etwas zu Unnatürliches an sich hatte, um wahr zu sein.

Mit drei Schritten hatte er den braunen Lastwagen erreicht und preßte das Ohr dagegen. Es war nichts zu hören, überhaupt nichts. Er rannte nach hinten, riß die Tür auf und spähte hinein. Es war völlig dunkel im Innern des Wagens, er konnte nichts erkennen, doch er brauchte auch gar nichts zu sehen: Der Wagen war leer, niemand bewegte sich, niemand atmete auch nur darin.

Die Erkenntnis traf ihn so plötzlich, mit einem so heftigen Schlag, daß er im Augenblick wie betäubt war, unfähig zu irgendeiner Handlung. Der Graf, dachte Reynolds, wäre niemals darauf hereingefallen, nie und nimmer. Die Leute von Hidas mußten schon auf dem Weg gewesen sein, weiter südlich den Fluß zu überqueren, als die Leuchtkugel abgeschossen wurde, und sowohl er, Reynolds, wie auch der Kosak hatten das vorgetäuschte Geräusch des Rückzugs durch den Wald blindlings als echt akzeptiert. Die AVO-Leute, die Hidas losgeschickt hatte, waren vermutlich inzwischen am Ziel angelangt, sie mußten ganz zweifellos inzwischen ihr Ziel erreicht haben, und er, Reynolds, war nicht da in diesem Augenblick, da seine Anwesenheit für seine Freunde so notwendig war wie noch nie, und was sein Versagen noch schlimmer machte: Er hatte Sandor, den einzigen Mann, der vielleicht imstande gewesen wäre, sie zu retten, weggeschickt, um den Lastwagen heranzuholen. Jansci war noch immer halb betäubt, der Kosak war nicht mehr als ein Junge, und außerdem war da auch noch Julia. Als er an Julia dachte und an das hämische Grinsen auf dem Gesicht des Riesen Coco, da regte sich im Bewußtsein von Reynolds irgend etwas, was ihn aus seiner bewegungslosen Erstarrung löste.

Zweihundert Meter trennten ihn vom Ufer des Flusses, zweihundert Meter tiefen, verharschten Schnees, er war erschöpft und behindert durch das Gewicht seiner durchnäßten Kleider, doch er legte die Strecke in einer kürzeren Zeit zurück als zuvor. Und er war halbwegs über den Fluß hinüber, mit starken Stößen schwimmend und die Maschinenpistole hoch über seinen Kopf haltend, als er aus dem Haus des Fährmanns den ersten Schuß hörte, und wenn es auch bisher geraten gewesen war, leise zu sein, so war diese Zeit jetzt jedenfalls vorbei. Reynolds schlug mit dem freien Arm durch das Wasser, daß es schäumte, hatte in wenigen

Sekunden das andere Ufer erreicht, spürte Grund unter den Füßen, eilte hastig das Ufer hinauf, schwang sich über den Rand der Böschung, stellte den Hebel seiner Maschinenpistole von Dauerfeuer um auf Einzelfeuer – eine automatische Feuerwaffe war nicht nur wertlos, sie war sogar ausgesprochen gefährlich, wenn Freund und Feind auf engem Raum gegeneinander kämpften – und lief geduckt durch das mattschimmernde hochstehende Rechteck, den Eingang zum Haus des Fährmanns. Es waren höchstens zehn Minuten verstrichen, seit er aus dieser Tür hinausgegangen war.

Katharina, Janscis Frau, lag nicht mehr in dem Vorraum, doch dieser Vorraum war deshalb nicht leer. Ein AVO-Mann, das Gewehr im Arm, war soeben aus dem Wohnzimmer herausgekommen und machte die Tür hinter sich zu, und im selben Augenblick begriff Reynolds, daß dies nur eines bedeuten konnte: Der Kampf drinnen im Wohnzimmer, falls es überhaupt so etwas wie einen Kampf dort gegeben haben sollte, war vorbei. Der AVO-Mann, der Reynolds plötzlich vor sich sah, versuchte, seine Waffe in Anschlag zu bringen, begriff, daß es hierzu zu spät war, und wollte einen Warnungsschrei ausstoßen, der aber in seiner Kehle erstarb, als ihn der Kolben der Maschinenpistole von Reynolds mit entsetzlicher Wucht seitlich am Kopf traf.

Reynolds, der die Maschinenpistole im nächsten Augenblick wieder herumgedreht hatte, stieß vorsichtig mit der Fußspitze die Tür auf und sah hinein. Ein Blick auf das Bild, das sich ihm bot, genügte, ihm zu zeigen, daß der Kampf in der Tat zu Ende war. Reynolds konnte sehen, daß sich im Zimmer sechs AVO-Leute befanden, von denen vier noch am Leben waren: einer lag, in dieser sonderbaren, völlig entspannten Haltung, wie sie nur Tote haben können, fast unmittelbar vor seinen Füßen, und ein zweiter lag an der Wand rechts, nicht weit von Professor Jennings, der am Boden hockte und den Kopf, der ihm fast bis auf die Knie heruntergesunken war, langsam hin und her bewegte. Hinten in der einen Ecke hielt ein Mann seine Schußwaffe auf den blutenden Jansci gerichtet, während ein zweiter ihm die Hände an den Stuhl fesselte, auf dem er saß, und in der anderen Ecke lag der Kosak auf dem Rücken und wehrte sich verzweifelt gegen den Mann, der auf ihm lag und seinen Kopf mit kurzen Schwingern bearbeitete; doch der Kosak gab nicht auf, und Reynolds sah auch, wie er kämpfte: Er zog mit aller Kraft an dem Stock seiner

Peitsche, deren Schnur sich in vielen Windungen um den Hals seines Gegners wickelte und ihm unerbittlich die Luft abschnitt, daß sein Gesicht sich bläulich verfärbte. In der Mitte aber stand der Riese Coco, kümmerte sich überhaupt nicht um die vergeblichen Befreiungsversuche des Mädchens, das er mit einem seiner mächtigen Arme umklammert hielt, und verzog die Lippen zu einem lüsternen Grinsen, als er sah, wie der AVO-Mann, der mit dem Kosaken kämpfte, aufhörte, ihn mit Faustschlägen zu bearbeiten, mit der rechten Hand nach hinten griff, sich an seinem Gürtel zu schaffen machte und ein Messer herauszog.

Reynolds hatte eine sehr harte Ausbildung hinter sich, er war ausgebildet worden von Leuten mit Kriegserfahrung, die ähnliche Situationen ein dutzendmal und öfter erlebt hatten und dadurch überlebt hatten, daß sie den Gegner weder aufgefordert hatten, sich zu ergeben, noch den Bruchteil einer Sekunde darauf verwendet hatten, höchst überflüssigerweise ihre Anwesenheit kundzutun. Die Tür drehte sich noch sacht in ihren Angeln, als Reynolds den ersten von drei wohlüberlegten und sorgfältig gezielten Schüssen abgab: Der erste schleuderte den Mann, der dem Kosaken nach dem Leben trachtete, in die Ecke des Zimmers, während das Messer, das er schon erhoben hatte, aus seiner Hand klirrend zu Boden fiel; der zweite traf den Mann, der die Schußwaffe auf Jansci gerichtet hielt, und der dritte erledigte den, der Jansci die Hände gefesselt hatte. Reynolds wollte eben den vierten Schuß abgeben und zielte sorgfältig und so ohne jede Hast, daß es fast schon unmenschlich war, nach Cocos Kopf, als ein Kobenschlag seinen linken Unterarm und die Maschinenpistole traf, die er in den Händen hielt, daß die Waffe polternd zu Boden fiel. Ein weiterer AVO-Mann hatte hinter der Tür gestanden, als diese aufging, und war dadurch für Reynolds völlig unsichtbar geblieben – und offenbar hatte er angenommen, der Hereinkommende sei derselbe, der eben hinausgegangen war, er hatte seinen Irrtum erst entdeckt, als Reynolds den ersten Schuß abgab.

»Nicht erschießen! Erschieß ihn nicht!« rief Coco heiser und befehlend. Er versetzte Julia achtlos einen Stoß, so daß sie quer durch den Raum und auf das Sofa fiel, und stand da, die Hände in die Hüften gestemmt, während die Erbitterung über das, was soeben geschehen war, und die Freude darüber, Reynolds wehrlos vor sich zu sehen, auf seinem brutalen Gesicht um den Vorrang stritten. Doch dieser Streit dauerte nicht lange. Das

Leben eines Menschen bedeutete für Coco wenig, nicht einmal, wenn es das Leben seiner eigenen Kameraden war, und auf seinem Gesicht erschien ein ekelerregendes Grinsen sadistischer Vorfreude.

»Sieh mal nach, ob unser Freund bewaffnet ist«, befahl er.

Der andere durchsuchte Reynolds kurz, indem er mit den Händen seine Sachen abtastete, und schüttelte dann den Kopf.

»Großartig«, sagte Coco. »Da, nimm das solange.« Er warf dem anderen seine Maschinenpistole zu und strich mit den flachen Händen langsam über seinen Uniformrock. »Ich habe noch eine Rechnung mit Ihnen zu begleichen, Captain Reynolds. Oder sollten Sie das vielleicht vergessen haben?«

Coco wollte ihn umbringen, das war Reynolds klar, und er wollte den Genuß haben, ihn mit seinen bloßen Händen umzubringen. Reynolds linker Arm war unbrauchbar, er fühlte sich an, als sei er gebrochen, und er würde auch die nächste Zeit unbrauchbar bleiben. In seinem Innersten wußte Reynolds, daß er keinerlei Aussichten hatte und daß er sich Coco höchstens einige Sekunden lang vom Leibe halten konnte; doch er sagte sich, falls es überhaupt noch irgendeine Chance für ihn gab, dann jetzt, bevor der Kampf begonnen hatte und solange noch die Möglichkeit bestand, den Gegner zu überrumpeln – und er hatte den Gedanken noch nicht zu Ende gedacht, als er sich auch schon mit einem Sprung durch die Luft warf, während seine Beine sich wie eine Schere weit öffneten und nach dem Brustkorb des Riesen langten. Fast wäre es ihm gelungen, Coco zu überrumpeln – fast, aber nicht ganz. Noch während die Füße ihn trafen und ihn vor Schmerz aufstöhnen ließen, wich Coco beiseite, und einer seiner Arme traf Reynolds wie ein Dreschflegel mit solcher Wucht hinter dem Kopf, daß ihm die Luft wegblieb und er gegen die Wand neben dem Sofa schlug, ehe er zu Boden ging.

Einen Augenblick lang blieb er bewegungsunfähig liegen, dann aber, obwohl ihm noch immer alles weh tat und er kaum Luft bekam, zwang er sich, wieder hochzukommen, ging auf den angreifenden Riesen los und schlug mit aller Kraft, die ihm geblieben war, in das hämisch grinsende Gesicht, spürte, wie seine Faust knirschend auf harte Knochen und festes Fleisch traf, und schnappte vor Schmerz ächzend nach Luft, als Coco, der seinen Schlag überhaupt nicht beachtete, ihn mit ungeheurer Wucht unterhalb der Gürtellinie traf.

Reynolds hatte noch nie einen so harten Schlag eingesteckt, er hatte sich überhaupt nicht vorstellen können, daß irgendein Mensch in der Lage sein sollte, so hart zuzuschlagen. Dieser Kerl hatte die Kräfte eines Ochsen. Reynolds war völlig benommen, sein ganzer Leib war ein einziger Schmerz, Wogen von Übelkeit stiegen würgend in ihm hoch, er war noch auf den Füßen, doch nur, weil er sich mit den flachen Händen hinten an der Wand festhielt, gegen die Coco ihn geschleudert hatte. Er meinte zu hören, wie Julia seinen Namen rief, doch genau wußte er das nicht, er schien plötzlich taub geworden zu sein. Auch sehen konnte er nur noch undeutlich und verschwommen, wie durch einen Nebel sah er Jansci, der verzweifelte Anstrengungen machte, sich von seinen Fesseln zu befreien – und dann sah er, wie Coco von neuem auf ihn zukam. Völlig verzweifelt und ohne jede Hoffnung warf sich Reynolds auf ihn, in einem letzten vergeblichen Versuch, seinem Peiniger einen Schlag zu versetzen, doch Coco machte nur einen Schritt zur Seite, lachte und versetzte Reynolds mit der flachen Hand einen Stoß, daß er quer durch den Raum gegen den Rahmen der offenen Tür flog, an dem er langsam zu Boden ging.

Für einen Augenblick verlor er das Bewußtsein, kam dann langsam wieder zu sich und schüttelte betäubt den Kopf hin und her. Coco stand noch immer in der Mitte des Raumes, die Arme in die Hüften gestemmt, Triumph in jeder Falte seines brutalen Gesichts und die Zähne fletschend in bösartiger Vorfreude. Coco wollte ihn langsam umbringen, um seinen Triumph besser auskosten zu können. Nun, wenn er so weitermachte, dann konnte es nicht mehr sehr lange dauern. Reynolds hatte überhaupt keine Kraft mehr, und jeder keuchende Atemzug kostete ihn eine ungeheure Anstrengung.

Irgendwie gelang es ihm, doch noch einmal auf die Füße zu kommen, unsicher schwankend stand er an der Tür, als er sah, wie sich der Ausdruck auf Cocos Gesicht plötzlich veränderte – und im nächsten Augenblick kam Sandor langsam zur Tür herein.

Solange er lebte, würde Reynolds nie den Anblick vergessen, den Sandor in diesem Augenblick bot. Fünfzehn oder vielleicht auch zwanzig Minuten waren vergangen, seit sich Sandor in das eiskalte Wasser des Flusses gestürzt hatte, und den größten Teil dieser Zeit hatte er draußen in der bitteren Kälte zugebracht. Er war von oben bis unten von einer Eisschicht bedeckt, und auch der Schnee, der auf ihn gefallen war, hatte sich in Eis verwandelt: In seinem starren Eiskostüm, das im Schein der Petroleumlampe des Fährmanns funkelte und glitzerte, sah er aus wie ein unheimlicher Besucher aus einer fremdartigen Welt.

Dem AVO-Mann, der bei der Tür stand, blieb vor Schreck der Mund offen stehen, doch er faßte sich, wenn auch mit sichtlicher Anstrengung, schleuderte die eine der beiden Maschinenpistolen, die ihn behinderten, zur Seite – Coco hatte ihm ja seine Maschinenpistole zugeworfen – und versuchte, den Lauf der anderen auf Sandor zu richten, doch zu spät. Sandor ergriff die Waffe mit einer Hand, entriß sie dem Mann, wie man einem Kind ein Stöckchen wegnimmt, und schob ihn mit der anderen Hand beiseite. Der Mann fluchte, nahm einen Anlauf und warf sich mit einem Sprung auf Sandor; doch der griff ihn einfach aus der Luft, drehte sich mit ihm einmal um die eigene Achse und schleuderte ihn dann quer durch den Raum an die gegenüberliegende Wand, wo er einen Augenblick lang, wie von unsichtbaren Händen festgehalten, hängenblieb, ehe er herunterfiel und auf dem Boden wie eine zerbrochene Gliederpuppe zusammensank.

In dem Augenblick, als der AVO-Mann auf Sandor losgegangen war, hatte sich Julia von hinten auf Coco gestürzt und die Arme um ihn geschlungen, in dem verzweifelten Versuch, ihn zurückzuhalten, und sei es auch nur für eine Sekunde. Doch Coco hatte sie abgeschüttelt und beiseite gestoßen, ohne sie eines Blickes zu würdigen, und war schon mit heftigen Schwingern auf Sandor losgegangen, noch ehe dieser wieder fest auf beiden Beinen stand, und Sandor war zu Boden gegangen und lag jetzt auf dem Rücken, während Coco, der sich auf ihn geworfen hatte, ihn mit seinen klobigen Händen am Hals gepackt hielt und ihn würgte. Das hämische Grinsen auf Cocos Gesicht war verschwunden, und in seinen kleinen schwarzen Augen leuchtete keine bösartige Vorfreude mehr, denn jetzt kämpfte er um sein Leben, und das wußte er auch.

Für die Dauer eines Augenblicks lag Sandor regungslos, während Coco seine Pranken in unerbittlichem Würgegriff um Sandors Hals schloß und mit aller Kraft zudrückte. Doch dann hob Sandor die Arme und packte Coco mit beiden Händen an den Gelenken.

Reynolds, der noch immer kaum stehen konnte, starrte fasziniert auf dieses Schauspiel, während Julia, die jetzt neben ihm stand, sich an seinen Arm klammerte. Zunächst war es Schreck, was auf Cocos Gesicht erschien, ein ungläubiges Staunen, doch aus dem Schreck wurde sehr bald Schmerz und schließlich Angst, als sich Sandors Fingerspitzen immer tiefer in die Sehnen seiner Handgelenke bohrten, bis er gezwungen war, Sandors Hals loszulassen. Sandor schob Coco, den er noch immer an den Handgelenken gepackt hielt, zur Seite, erhob sich, zog den riesigen AVO-Mann in die Höhe, ließ seine Handgelenke los und hatte die Arme um Cocos Brustkorb gelegt, noch ehe dieser überhaupt begriffen hatte, was eigentlich geschah. Im nächsten Augenblick hatte Sandor seinen Kopf gegen Cocos Brust gerammt, hob seine mächtigen Schultern und begann, den Brustkorb des Riesen in einer mörderischen Umarmung zusammenzupressen: Und Coco mußte schlagartig begriffen haben, daß er dieser Umarmung nicht lebend entkommen werde, denn der Ausdruck der Angst auf seinem Gesicht verzerrte sich zum Entsetzen, während sich die Gesichtshaut gleichzeitig durch den Mangel an Sauerstoff bläulich verfärbte. Coco schnappte ächzend nach Luft und trommelte mit den Fäusten verzweifelt auf Sandors Rücken und Schultern, aber ohne jeden Erfolg, als ob er gegen einen Block aus Granit schlüge. Doch was sich Reynolds unvergeßlich einprägte, das war nicht Cocos verzweifeltes Umsichschlagen und die panische Angst auf seinem schmerzverzerrten, dunkel anlaufenden Gesicht, war auch nicht Sandors ausdruckslose Miene mit den immer noch freundlich blickenden Augen, sondern das gleichmäßige Knacken und Knistern des Eises, das splitternd brach, während Sandor immer stärker, immer erbarmungsloser preßte, und das Entsetzen auf Julias Gesicht. Reynolds zog sie an sich und hielt ihr mit den Händen die Ohren zu, um soweit als möglich zu verhindern, daß sie das grauenhafte Röcheln hörte, das den ganzen Raum erfüllte, langsam schwächer wurde und lautlos verging.

15

Es war kurz nach vier Uhr morgens, als Jansci, der an der Spitze ging, in der Mitte eines dichten Gestrüpps aus mannshohem Ried haltmachte, sich umdrehte und wartete, bis die anderen herangekommen waren. Sie kamen in einer Reihe hintereinander: Julia, Reynolds, der Kosak, und zum Schluß Professor Jennings mit

Sandor an seiner Seite, der ihn bei dem schwierigen Marsch durch die zugefrorenen Sümpfe stützte und den alten Mann halb trug. Alle ließen die Köpfe hängen und gingen mit dem mühsamen, taumelnden Gang von Menschen, die kurz vor dem Zusammenbrechen sind – alle, mit Ausnahme von Sandor.

»Zum Träumen ist im Augenblick keine Zeit, Michael«, sagte Jansci freundlich. Er schob das hohe Schilf auseinander, damit Reynolds sehen konnte, was dahinter lag: ein schmaler Streifen aus Eis, vielleicht drei Meter breit, der sich nach beiden Seiten erstreckte, so weit er sehen konnte.

»Ein Kanal?« fragte er.

»Nein, nur ein Graben«, sagte Jansci. »Nur ein kleiner Entwässerungsgraben, doch der wichtigste Graben, den es in ganz Europa gibt: Auf der anderen Seite des Grabens liegt Österreich.« Er sah Reynolds lächelnd an. »Nur noch fünf Meter trennen Sie von der Freiheit, Michael, von der Freiheit und von dem erfolgreichen Abschluß einer wichtigen Mission. Jetzt kann Sie nichts mehr aufhalten.«

»Nein, jetzt kann mich nichts mehr aufhalten«, wiederholte Reynolds mit tonloser Stimme. Da war sie nun: die langersehnte Freiheit, der erfolgreiche Abschluß seines Auftrags. Aber dieser Erfolg hatte einen bitteren Geschmack, denn der Preis dafür war allzu hoch. Doch fast das Schlimmste von allem war, was jetzt kommen würde, und Reynolds war sich nur allzu klar darüber, was jetzt kam. Er schauderte in der bitteren Kälte. »Es wird immer noch kälter, Jansci. Ist der Grenzübertritt hier sicher? Keine Posten in der Nähe?«

»Der Übergang ist sicher.«

»Dann wollen wir nicht länger warten – kommen Sie.«

»Ich nicht«, sagte Jansci und schüttelte den Kopf. »Nur Sie, der Professor und Julia. Ich bleibe hier.«

Reynolds nickte wortlos. Er hatte gewußt, was Jansci sagen würde, und er wußte auch, daß jeder Versuch, ihn zu überreden, vergeblich war. Er wandte sich schweigend ab, da er nicht wußte, was er hätte sagen können, während Julia im gleichen Augenblick zu ihrem Vater stürzte und ihn bei den Aufschlägen seines Mantels ergriff.

»Was war das, Jansci? Was hast du da eben gesagt?«

»Julia, bitte! Es geht nicht anders, und das weißt du doch auch. Ich muß dableiben.«

»Nein, Jansci, nein!« rief Julia verzweifelt. »Du kannst nicht dableiben, du darfst nicht dableiben. Jetzt nicht mehr, nicht nach allem, was inzwischen geschehen ist!«

»Mehr denn je, nach allem, was geschehen ist«, sagte Jansci. »Ich habe hier etwas zu tun, ich habe sogar sehr viel hier zu tun, und bisher habe ich noch kaum damit angefangen. Wenn ich jetzt aufgeben und aufhören wollte, so würde mir der Graf das nie und nimmer verzeihen.« Er strich ihr mit seiner verstümmelten Hand über das blonde Haar. »Julia, Julia – wie könnte ich jemals für mich selbst die Freiheit wählen, solange ich weiß, daß es Hunderte unglücklicher Menschen gibt, die nie und nimmer die Freiheit kennenlernen, es sei denn durch meine Hilfe – kein anderer kann diesen Menschen so helfen, wie ich es kann, das weißt du sehr gut. Meinst du denn, ich könnte glücklich sein, wenn ich mir mein Glück auf Kosten anderer Menschen erkaufte? Denkst du wirklich so gering von deinem Vater, Julia?«

Julia vergrub ihr Gesicht an seiner Brust, und ihre Stimme war flehend. »Ich kann dich nicht allein lassen, Jansci.«

»Doch, du kannst es, und du mußt es. Man kennt dich jetzt bei der AVO, und deshalb ist für dich in Ungarn kein Platz mehr. Mir wird nichts zustoßen, Julia, nicht, solange Sandor lebt. Auch der Kosak wird auf mich aufpassen.«

»Und du willst mich wirklich allein lassen? Du bringst es fertig, mich fortgehen zu lassen?«

»Du brauchst mich nicht mehr, mein Kind. Du bist all die Jahre bei mir geblieben, weil du dachtest, daß ich dich brauche – und jetzt ist Michael da, der auf dich aufpassen wird. Du weißt es.«

»Ja«, sagte sie, und ihre Stimme war kaum noch zu hören.

Jansci nahm sie bei den Schultern, hielt sie mit ausgestreckten Armen vor sich und sah ihr ins Gesicht. »Für die Tochter des Generalmajors Illjurin bist du ein törichtes Mädchen. Weißt du wirklich nicht, Julia, daß Michael, wenn er es nicht um deinetwillen täte, jetzt nicht zurückgehen würde nach dem Westen?«

Sie drehte sich um und sah zu Reynolds hin, und in ihren Augen schimmerten Tränen. »Ist das – ist das wahr?«

»Es ist wahr«, sagte Reynolds und lächelte matt. »Ich habe lange mit Jansci darüber gestritten, doch ich konnte ihn leider nicht überzeugen. Er wollte mich um keinen Preis haben.«

»Das – das hatte ich nicht gewußt«, sagte sie mit erstorbener Stimme. »Ja, damit ist wohl alles aus; denn ich bleibe bei dir.«

»Nein, Julia, im Gegenteil – es fängt gerade erst an.« Jansci nahm sie wieder in die Arme und drückte sie an sich, während ihr Körper von einem lautlosen Schluchzen geschüttelt wurde, sah über ihre Schulter und nickte Reynolds und Sandor zu. Reynolds erwiderte das Nicken, drückte Jansci schweigend die narbenbedeckte Hand, verabschiedete sich leise von dem Kosaken, schob das hohe Schilf auseinander und ging hinunter an den Graben, begleitet von Sandor, der den Stiel der Peitsche des Kosaken in der Hand hatte, während Reynolds das andere Ende festhielt und vorsichtig auf das Eis trat. Beim zweiten Schritt brach das Eis unter seinem Gewicht. Reynolds ließ das Peitschenende los, als er auf dem schlammigen Grund des Grabens stand, bis an die Hüften in dem eiskalten Wasser, doch er kümmerte sich nicht darum, zerbrach das Eis, das ihm den Weg versperrte, und kletterte auf der anderen Seite aus dem Graben.

Hinter sich hörte er ein planschendes Geräusch, und als er sich umdrehte, sah er Sandor, der durch das Wasser und die Eisschollen herankam und den Professor trug, und kaum hatte Reynolds ihn sicher oben auf dem Ufer, als Sandor zurückwatete auf die ungarische Seite, Julia sanft von ihrem Vater löste und sie gleichfalls über den Graben hinübertrug. Für einen Augenblick klammerte sie sich verzweifelt an ihn, als habe sie Angst davor, den letzten Kontakt mit dem Leben zu verlieren, das sie hinter sich ließ; doch dann beugte sich Reynolds zu ihr und zog sie zu sich auf die Böschung.

»Vergessen Sie nicht, was ich Ihnen gesagt habe, Professor Jennings«, rief Jansci leise. Er und der Kosak waren durch das Schilf gekommen und standen auf der anderen Böschung. »Wir wandern einen langen, dunklen Weg entlang, aber wir möchten nicht gern ewig auf diesem Weg weiterwandern müssen.«

»Ich werde es nicht vergessen«, sagte Jennings, der vor Kälte zitterte. »Ich werde es niemals vergessen.«

»Das ist gut«, sagte Jansci und nickte ihnen abschiednehmend zu. »Gott mit euch – Dowidzenia.«

»Dowidzenia«, rief Reynolds zurück. Dowidzenia – auf Wiedersehen. Er wandte sich zum Gehen, nahm Julia und Professor Jennings am Arm und führte sie, den vor Kälte zitternden alten Mann und das lautlos weinende Mädchen, den sanften Hang hinauf, der nach oben und in die Freiheit führte.

Alistair MacLean
ein Meister der Spannung

Mit einer Gesamtauflage von inzwischen mehr als 26 Millionen Exemplaren ist Alistair MacLean einer der gefragtesten internationalen Thriller-Autoren. Tapfere Agenten, rauhe Soldaten und edle Spione stehen im Mittelpunkt der Romane des ehemaligen Marineoffiziers.

MacLean wurde 1922 im schottischen Hochland geboren, diente 1941 bis 1946 als Offizier und studierte dann bis 1953 an der Universität von Glasgow. Sein erster großer Bucherfolg, der Seekriegsroman »H.M.S. Ulysses« (1955; dt. »Die Männer der Ulysses«), erlaubte es ihm, die Stelle als Kunsterzieher aufzugeben und als freier Schriftsteller zu arbeiten.

Seitdem ist Alistair MacLean auf griffige Action-Thriller mit Bestsellerauflagen spezialisiert. Die Details stimmen: Er beherrscht den Agenten-Jargon, er kennt die Arbeit der Geheimdienste. Seine visuelle Art zu schreiben, ist der Grund dafür, daß so viele seiner Bücher verfilmt worden sind.

Nach dem Erfolgsrezept seiner Bücher befragt, sagte MacLean: »Ich glaube, man muß die Handlung so schnell anlegen, daß der Leser niemals Zeit hat, über die Wahrscheinlichkeit oder Unglaubwürdigkeit irgendeiner Begebenheit nachzudenken.« Tatsächlich sind seine Bücher so packend geschrieben, daß derjenige, der Entspannung durch Spannung sucht, voll auf seine Kosten kommt.

Alistair MacLean starb 1987 in München.

Alistair MacLean
Lieferbare Titel

(Stand Januar 1987)

Agenten sterben einsam
(01/956)

Angst ist der Schlüssel
(01/642)

Circus (01/5535)

Einsame See (01/6772)

Eisstation Zebra (01/685)

Die Erpressung (01/673)

Fluß des Grauens (01/6515)

Geheimkommando Zenica
(01/5120)

Geheimkommando Zenica.
Angst ist der Schlüssel. Die
Überlebenden der Kerry
Dancer. Drei Romane in einem
Band (23/1)

Das Geheimnis der San
Andreas

Golden Gate (01/5454)

Goodbye Kalifornien (01/592)

Die Hölle von Athabasca
(01/6144)

Die Insel (01/5280)

Jenseits der Grenze (01/576)

Die Kanonen von Navarone
(01/411)

Die Männer der »Ulysses«

Meerhexe (01/5657)

Das Mörderschiff

Das Mörderschiff. Rendezvous
mit dem Tod. Zwei Romane in
einem Band

Nacht ohne Ende (01/433)

Nevada Pass (01/5330)

Partisanen (01/6592)

Rendezvous mit dem Tod

Der Satanskäfer (01/5034)

Die schwarze Hornisse
(01/944)

Dem Sieger eine Handvoll
Erde (01/5245)

Souvenirs (01/5148)

Tödliche Fiesta (01/5192)

Der Traum vom Südland
(01/7013)

Die Überlebenden der Kerry
Dancer (01/504)

ALISTAIR MACLEAN
ZUSAMMEN MIT JOHN DENIS

Geiseldrama in Paris (01/6032)

Höllenflug der Air Force I
(01/6332)

*Die Bandnummern der
Heyne-Taschenbücher
sind jeweils in Klammern
angegeben.*

TIP DES MONATS

Tip des Monats bringt große Romane großer Autoren als einmalige Sonderausgabe zum Sonderpreis.

3 Romane in einem Band
Alistair MacLean
Angst ist der Schlüssel
Geheimkommando Zenica
Die Überlebenden der Kerry Dancer

23/1 - DM 8,–

2 Romane in einem Band
Johannes Mario Simmel
Gott schützt die Liebenden
Ich gestehe alles

23/2 - DM 8,–

3 Romane in einem Band
Sandra Paretti
Rose und Schwert
Lerche und Löwe
Purpur und Diamant

23/3 - DM 8,–

3 Romane in einem Band
Willi Heinrich
Geometrie einer Ehe
In einem Schloß zu wohnen
Gottes zweite Garnitur

23/4 - DM 10,–

2 Romane in einem Band
Desmond Bagley
Die Erbschaft
Der goldene Kiel

23/5 - DM 8,–

3 Romane in einem Band
Victoria Holt
Die Braut von Pendorric
Die siebente Jungfrau
Die Rache der Pharaonen

23/6 - DM 8,–

2 Romane in einem Band
Michael Burk
Nimm wenigstens die Liebe
Das goldene Karussell

23/7 - DM 10,–

3 Romane in einem Band
Marie Louise Fischer
Wichtiger als Liebe
Frauenstation
Ein Herz verzeiht

23/8 - DM 10,–

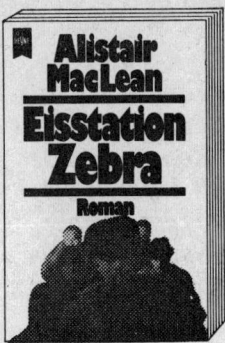

Mac Lean

GOODBYE KALIFORNIEN
Es beginnt im Atomkraftwerk
San Ruffino in San Francisco.
Fünf Atomphysiker und eine
Sekretärin werden gekidnappt.
Sie verschwinden spurlos
wie Monate zuvor der weltbe-
kannteste Wasserstoffbomben-
Experte. Dann läßt eine Drohung
die Welt aufhorchen... Sergeant
Ryder, die Polizei und das FBI
stehen vor einer fast unlösbaren
Aufgabe...
348 Seiten. Gebunden

HÖLLENFLUG DER
AIRFORCE 1
mit John Denis.
Wie entführt man die sechs
wichtigsten Männer der Welt,
im bestbewachten Flugzeug der
Welt — der Maschine des amerikanischen Präsidenten?
Ein teuflischer Plan, den die
Handlanger des Mr. Smith mit
der Präzision und Kälte von
Robotern ausführen.
Wird die Maschine in die Luft
gejagt? Werden alle OPEC-
Minister ausgelöscht? Welche
politische Macht steht hinter
Mr. Smith? Um diese Fragen zu
beantworten benötigt man einen
ganzen Mann und ein unschlag-
bares Team. Amerika hat
beides...
264 Seiten. Gebunden